21世纪经济学系列教材

U0873776

宏观经济学二十五讲

中国视角

徐　高■著

Lectures on Macroeconomics from a Chinese Perspective

中国人民大学出版社

·北京·

21 世纪经济学系列教材

学术顾问（按姓氏笔画为序）：

卫兴华　吴大琨　吴易风　宋　涛
陈　共　胡　钧　胡乃武　高成兴
高鸿业　黄　达　阎达五

主编：

杜厚文　林　岗

编委：

韦　伟　李子奈　杨瑞龙　邱华炳
易丹辉　周立群　周茂荣　洪银兴
姚开建　徐茂魁　高德步　高培勇
黄卫平　黄泰岩　彭　刚　舒　元

献给我的儿子徐昊天

他为我的世界赋予了新的意义

总　序

改革开放以来，经济社会的发展对中国经济学教育、教学产生了重要的影响，提出了新的要求。为了使经济学教育、教学根植于我国改革开放和现代化建设的肥沃土壤，服务于时代和实践的需求，中国人民大学出版社从本世纪初就开始组织国内知名经济学者编写适应新时期经济学教学的“21世纪经济学系列教材”。

十多年来，21世纪经济学系列教材已经逐步推出了许多适合中国特点的经济学教科书，影响了一批又一批的青年学子。这其中，我国经济学界杰出教育家、西方经济学学科主要奠基人之一高鸿业先生主编的《西方经济学》，已成为我国高校经济学专业的权威性教材，读者早已超过千万！中国马克思主义政治经济学的奠基人宋涛先生的《政治经济学教程》，对马克思主义政治经济学在中国的传播、普及和发展发挥了重要作用。该系列已经出版的其他教材，如孙久文教授的《区域经济学教程》、彭刚教授的《发展经济学教程》、王则柯教授的《博弈论教程》、黄卫平教授的《国际经济学教程》等等，都产生了广泛的影响，为中国的经济学教育做出了贡献。

近几年来，中国的经济学教育、教学面临新的形势，取得了长足的进步：一是我国经济学界教育思想、教育观念已经发生了重大转变，更加重视素质教育；二是教学内容有了重大改革，在学科专业调整建设、课程体系、教学内容改革方面取得了进展；三是教育、教学方法有了重大进步，更加重视理论联系实际，实验、实践、案例教学逐步加强，现代化教学手段被广泛应用。

有鉴于此，为了应对新的形势与变化，中国人民大学出版社在认真调查研究高等学校经济学专业本科培养方案和课程教学大纲的基础上，组织专家学者，经过反复研究论证、合理定位、精心写作、吐故纳新，进一步整合优化了“21世纪经济学系列教材”。这套教材将涵盖经济学专业所有的基础课、主干课、核心课，使学生通过《政治经济学》《微观经济学》《宏观经济学》等基础理论教材的学习，掌握经济学的基础理论，培养厚实的经济学理论功底；通过《产业经济学》《区域经济学》《国际经济学》等应用类主干课程教材的学习，掌握现实经济部门的运行和发展；通过《经济学说史》《经济思想史》《世界经济史》等经济史学类教材的学习，理解经济学的发展和演变规律；通过《计量经济学》《统计学》等经济学方法类教材的学习，掌握经济学的思考方法和具体的研究方法；通过《博弈论》《行为经济学》等专业教材的学习，了解经济学理论的前沿进展；通过《〈西方经济学〉典型题题解》《政治经济学学习与教学手册》等基础课程的配套教辅书，牢固掌握所学经济学理论。

这套教材的编写特色主要体现在以下几个方面：

第一，作者阵容强大，教学经验丰富。作者大都是来自中国人民大学、北京大学、清华大学、南开大学、复旦大学、浙江大学、武汉大学等国内重点大学的学科带头人，有很高的科研水平和丰富的教学经验。

第二，在教材编写和内容安排上，强调基础知识、基本理论、基本技能。同时充分吸收国内外优秀教材的优点，定位明确，体系科学，概念准确，深入浅出。

第三，融合本学科现有的研究成果，反映本学科研究的最新进展，反映中国改革开放和现代化建设实践中的新成果，反映当今世界发生的深刻变革对经济学理论和实践产生的影响。

第四，教材重视加入现实经济生活中的案例、新闻素材等内容，使教材的可读性更强，更能够与当前中国经济现实结合起来，使学生能够学以致用。

中国人民大学出版社希望通过这套教材的出版，与广大教师、学生一起研究和探讨，进一步提高中国经济学教材的编写水平，提高经济学教学质量，为经济学的发展，为培养具有创新能力与实践能力、具有国际视野又了解中国国情的高层次经济学人才做出新的贡献。

前　言

《宏观经济学二十五讲：中国视角》是一本写给高年级本科生和研究生的、以中国经济为视角的宏观经济学教材，是一份以宏观经济学思想和理论来分析当前中国宏观经济现象的讲义。过去4年，我每年秋季学期在北京大学国家发展研究院开设宏观经济学的课程，给攻读经济学双学位的学生讲授中国经济。这份讲义就是这些课程所讲授内容的忠实记录。在过去几年的春季学期中，我还给攻读经济学双学位的学生讲授金融课程。其课程讲义已经以《金融经济学二十五讲》为名在中国人民大学出版社出版，可作为这份讲义的姊妹篇一并阅读。

我相信，与已有的国内外宏观经济学教材相比，本书是独特的。对宏观经济学的初学者来说，这份讲义是一个进入这个领域的便捷导引。而由于讲义中包含了大量有关中国经济的现实内容（如消费不足、“四万亿元刺激”政策、“钱荒”、“股灾”等），那些对中国经济感兴趣的人也会发现这份讲义是有帮助的。因此，这份讲义既可以被当作学习宏观经济学的导引性教材，也可以被看成分析中国宏观经济的著作。

1. “中国视角”与“宏观经济学”

在这份讲义的标题中，“中国视角”和“宏观经济学”是两个关键短语。对这两个短语的解释将揭示这份讲义的特点。

“中国视角”包含两层含义。第一层含义是这份讲义以中国经济为分析对象。在讲义中，我试图用宏观经济学的思想和方法来解释中国经济，对那些正鲜活地发生在我们身边的经济现象给出解释。我的目的是给出这些现象背后的逻辑，理出不同观点之间的头绪，进而让读者形成自己的观点，最终能够参与到当前有关宏观经济现象的激烈辩论中去。这些辩论的议题包括但不局限于：中国经济是否存在结构性失衡，调结构与稳增长应该是什么样的关系？中国的债务是不是太多了，是否会爆发债务危机？中国是否发行了太多的货币，是否存在货币超发现象？中国是否存在房地产泡沫？这些问题正真切地影响着我们每一个人的生活。

中国视角的第二层含义是，讲义以中国经济这个研究对象为标准来筛选要介绍的宏观经济学思想和理论，而且围绕对中国经济的分析来展开对理论的阐释。宏观经济学是一个巨大的工具箱，包含数量庞大的分析现实世界的理论和模型。想在一份讲义中全面介绍这些理论模型，既不可能，也不必要。因此，这份讲义以是否能够增进我们对中国经济的认识为标准，挑选理论模型来加以介绍。最后被选入讲义的模型既包含像新古典增长模型（拉姆齐模型）这样当前主流宏观经济学的基本分析模型，也包含像市场分割、预算软约束这样一般宏观经济学教材很少涉及却能极大加深我们对中国经济现象的理解的理论模型。在讲义的最后，我还跳出了当前主流宏观经济学的范式，简短介绍了非主流宏观经济学中的剑桥模型，并用其来解释中国"一放就乱、一收就死"的"活乱循环"。

正因为此，尽管讲义中涉及的绝大多数理论都是当前主流宏观经济学的分析模型，但这份讲义对这些模型的选取和组织有别于已有的宏观经济学教材。现有的教材更多从宏观经济学的内在逻辑出发，重在介绍理论的体系架构。而这份讲义则更多从中国宏观经济实践提出的现实问题出发，以回答这些问题的思路为线索串起一个个模型。在对问题的回答中，这些不同的模型最终能组成一个理解中国经济运行的自洽逻辑体系。用这样的思路来组织理论模型的介绍，能让读者感受到理论对现实的解释力，消除二者之间的隔阂之感。

讲完了"中国视角"之后，我再来说说"宏观经济学"这个关键短语。这是一本以高年级本科生为主要目标读者群的宏观经济学教材。既然是教材，这份讲义自然要由浅入深地介绍宏观经济学的基本思想和常用分析工具。但与现有本科生阶段的中级宏观经济学教材相比，这份讲义有三个比较大的差别。

第一个差别当然是这份讲义采用的"中国视角"。将宏观经济学理论放到现实世界中，直面我们身边正在发生的经济现象，是我撰写这份讲义的指导思想。市面上虽然已经有一些结合中国经济现实的宏观经济学教材，但它们大多按照宏观经济学理论内在的逻辑脉络来展开陈述，只是在中间穿插一些中国经济事实作为佐证。而这份讲义则完全以现实问题为导向，用一个又一个相互联系的问题来引出理论。可以说，现有的宏观经济学教材更多在介绍"宏观经济理论是怎样的"，而这份讲义则更多在讲"宏观经济理论怎么用"，并在运用的过程中让读者逐步体会到"宏观经济理论为什么会是这样的"。

第二个差别是这份讲义对一般均衡理论的全面拥抱和对特设模型（ad hoc models）的摒弃。所谓特设模型，是那些假设宏观经济变量之间存在特定数量关系的模型（比如假设存在稳定的货币需求函数）。从理论上来说，宏观变量之间的数量关系是不稳定的，微观居民和企业行为的改变会让这些关系消失（比如菲利普斯曲线的消失）。因此，自从 20 世纪 70 年代的"理性预期革命"爆发之后，这些特设模型就已被移出了主流宏观经济学的工具箱。建立在微观基础之上（基于微观主体最优化）的一般均衡模型成为宏观经济学的主要分析工具。

除了理论基础不牢固之外，特设模型的更大问题是它阻碍了分析思路走向深入。我们可以给出一个货币需求函数，假定经济对货币的需求与经济规模正相关，与名义利率负相关。但是，需求函数所反映的相关关系其实是深层次经济运行力量产生的结果。当我们突兀地给出一个货币需求函数之后，投向这些深层次经济力量的视线就会被外生设定的函数关系所阻挡。有些初学者甚至会把这些外生设定的函数关系当成经济运行的“真理”去相信，而不去问这个函数关系是怎么得出来的。按照这样的思路去分析经济，总会碰到一些“神秘”的黑箱，阻碍思维向经济运行根本逻辑的渗透。

正是看到了特设模型在理论与实务两方面的弊端，我才在这份讲义中完全采用一般均衡模型来进行经济分析。宏观一般均衡分析的难点在于求解复杂的动态优化问题。但在这份讲义中，我将一般均衡模型都设定为只有两期（只存在今天和未来两个时期），从而让模型既可以用本科生能接受的代数水平解出来，又保留着动态决策的韵味。由于高级宏观经济学教材都采用一般均衡的分析方法，这份讲义可以与高级宏观经济学教材无缝衔接，消除传统中级宏观教材与高级宏观教材间的落差。几年的教学实践向我证明了，以本科生能够接受的数学水平来讲宏观一般均衡模型是完全可行的，其效果更是好于用具有神秘主义色彩的特设模型来做的讲授。

相比现有的中级宏观经济学教材，这份讲义的第三个差别在于对宏观经济学理论背后的经济思想的重视与呈现。伟大的经济学家凯恩斯曾经说过，统治世界的只是思想。在业界从事经济分析实务工作的时间越长，我就越认同凯恩斯的这个观点。在我看来，只要分析得足够深入，真实世界中的所有经济现象都可以追溯到某些人头脑中的某些想法上去。次贷危机之后，对中国经济政策的争论持续而热烈地进行着，各方人士在应该“调结构”还是应该“稳增长”、应该注重供给侧还是应该注重需求侧这样的问题上莫衷一是。但这些热闹的辩论不过是宏观经济学长久以来对市场效率争论的延续，可追溯至古典经济学家对萨伊定律的观点分歧。因此，只有把握住了这些影响着人们思考的思想源流，才能深入政策辩论各方的思想深处，从而触及宏观经济现象的最深层次成因。

正因为此，我在这份讲义中用相当大的篇幅介绍了宏观经济理论背后的经济思想。其中有些思想的接受度是如此之广，以至于已成为西方主流经济理论无须言明的前提假设。但正因为此，这些假设也就为主流理论的适用范围划定了边界。中国是一个转型经济体，其市场运行有不少异于西方的特征，有不少不符合西方主流宏观经济学前提假设之处。分析者将得自西方的结论运用到中国现实时，之所以常常有插头与插座不兼容的感觉，原因就在这里。因此，这份讲义在介绍宏观经济学理论时，还会跳出理论来看理论背后的思想，并对理论的应用边界加以识别。也正因为此，这份讲义对宏观经济学的介绍没有止步于当前主流的新—新古典综合范式，还包含了一些非正统的宏观经济模型（如剑桥模型）。只有能够针对不同问题而选取恰当的理论，理论才能真正为人所用，而不是反过来让人成为理论的奴隶。

2. 两个角度

这份讲义试图用主流宏观经济学的一般均衡方法来分析中国经济的现实问题。在这个过程中，如何将中国视角与宏观经济分析方法有机结合起来是个挑战。面对这一挑战，讲义以“水”和“石头”两个相结合的角度来切入分析。

所谓“水”，指的是市场经济的运行规律，而“石头”则是市场运行面临的约束条件。

理想状况下的市场经济就像水一样灵活，会根据周围环境的变化而调整自己。但这种灵活性使得水没有自己的形状——盛水的容器有什么样的形状，水就是什么样的形状。因此，想知道水是什么样的，离不开对装水容器的把握。同样的道理也适用于真实世界中的宏观经济研究。经过40年的改革开放，中国已经基本建立起了市场经济制度。但毫无疑问，我国市场经济运行仍然受到许多计划经济残余成分的约束。面对中国所特有的这些约束条件，市场经济在中国的运行就表现出与西方成熟市场经济体很不一样的特征。

如果把中国和西方成熟市场经济体分别比作两条河流，那么这会是很不一样的两条河流。市场经济在西方国家已经建立了数百年。在西方国家这样的河流中，因为水流的长期冲刷，河中阻碍水流的石头基本上都被冲走了。要分析这样的河流，仅用描述水流规律的流体动力学就够了。

而在中国这条河流中，因为水流动的时间并不长，所以河中还留着不少石头。水冲在这些石头上就形成了许多浪花和漩涡。这样，仅凭流体动力学就不足以深入彻底地研究这条河流——如果看不到河中的石头怎样阻碍了水流，就无法理解河水为什么会如此不平静。要真正弄懂中国这条河流为什么会是现在这个样子，必须把流体动力学的知识和水中石头分布的信息结合起来。所以这份讲义的任务可以说成是，把可比作“流体动力学”的宏观经济学分析方法，与可比作“石头”的市场经济运行约束条件结合起来，讲出中国市场经济运行背后的逻辑。

但要注意，这份讲义讲的不是“中国宏观经济学”，而是“中国视角的宏观经济学”。就像水在哪里都是水，市场经济运行的基本规律在哪里都一样。这份讲义用的是宏观经济学中那些已被证明行之有效的分析方法来研究中国经济，而不是另起炉灶，搞出一个与当前主流宏观经济学不一样的分析框架来。但在不同的约束条件下，市场经济运行规律所呈现出来的现象可能会很不一样。所以在运用宏观经济学的分析方法时，不能将得自西方国家的结论生搬硬套到中国来，而必须结合中国的现实约束条件，推演出市场在这些约束条件下的运行特性。

当然，当前的主流宏观经济学范式（新—新古典综合的框架）并不能解释所有的现实问题。从实践的需求出发，这份讲义也简单介绍了非正统宏观经济学分析模型。但在运用这些模型进行分析的时候，我也坚持了用普适的分析方法结合中国面临的特别约束条件来分析的风格。从这个意义上来说，这份讲义是用一般的宏观经济学语言来讲述中国故事的一种尝试。

3. 三条线索

这份讲义从中国视角来筛选和组织宏观经济学的分析模型。因此，这份讲义并不追求成为一本现代宏观经济学的百科全书，而只是从分析中国经济现实问题的实践需求出发，选取那些确实能增进我们认识的理论模型加以介绍。这份讲义用三条主要线索串起了这些模型，把它们组织成理解中国宏观经济的统一框架。这三条线索分别是中国经济的结构失衡、中国货币政策传导路径的阻塞以及绵延数百年至今的有关萨伊定律的思想论争。

中国经济中最大的一块“石头”是调节消费与投资之市场机制的缺失。这是中国经济结构失衡的核心原因。可以说，中国实体经济和货币金融体系中翻起的大部分“浪花”都与这块“石头”有关。这块“石头”自然是这份讲义的第一条线索。

按道理说，投资的机会成本是消费，消费者（同时也是储蓄者）为了获得投资带来的回报，必须放弃当前消费可以获得的效用。因此，消费者会在消费与投资之间权衡。如果投资已经太多，压低了投资回报率，消费者就会把更多收入用来消费而不是投资——这样就自动形成了消费与投资之间的资源优化配置。但因为这份讲义将会深入分析的原因，中国经济中存在大量不进行消费的储蓄者。他们对投资回报率并不敏感，较少因为投资回报率下降而削减自己的投资。这样，调节投资的市场机制就会失灵，令投资过剩、消费不足的失衡现象浮现。又因为投资项目建成后会带来生产能力的扩张，投资过剩自然就演变成了产能过剩。在产能过剩的背景下，需求不足就成为中国经济长期增长的瓶颈。此外，中国过度的投资还在国家间产生了外溢效应，推升了全球失衡的程度。

在这份讲义的第 7 至 11 讲中，我用主流宏观经济学的核心分析模型——新古典增长模型——严格讨论了上述逻辑。新古典理论的一个重要隐含假设是企业部门的投资行为受到居民部门的约束。这样一来，企业储蓄与居民储蓄就都是居民的财富，是一回事。所以在建模时，可以假设企业不做储蓄和投资（企业每期都清算），而只是从居民部门借入资本来进行生产活动。在分析中国经济现实时，我们只是简单地放松了这个假设，将企业与居民投资决策之间的不一致性引入模型，以体现中国经济中企业部门与居民部门的割裂状况，进而反映出经济中缺乏调节消费与投资之市场机制的现状。将这块“石头”引入新古典增长模型后，中国经济的消费不足、储蓄过剩、投资过剩、产能过剩、需求不足、对外失衡，乃至全球失衡、次贷危机、欧债危机等现象都可以用统一的逻辑线索串起来，从而揭示这些现象背后的深层次成因及其相互之间的联系。

讲义中的第二条线索是中国经济中货币政策传导路径的阻塞。绝大多数宏观经济学教材都把货币抽象为一个代表货币总量的大写字母 M，而将对货币的讨论集中在 M 与其他宏观经济变量之间的关系上。这种分析思路的隐含假设是，货币被创造出来之后就瞬时均匀地分布在了整个经济中。用更学究的话来说，这里假设货币政策的传导路径是完全顺畅的——钱一发出来就顺畅地流动到经济中的每个角落。当然，只要货币在经济中流动时碰到的摩擦力足够小、流动得足够快，这种理想化的假设就不失为对现实的不错近似。

但在中国经济中，货币政策的传导路径却远远谈不上顺畅。货币流动面临不少阻碍和摩擦，因而形成了货币在经济中的非均匀分布。这造成了经济中不同部分的流动性状况差异。对于理解中国经济中的货币金融现象而言，把握货币分布的这种非均匀性尤为重要。在这份讲义的第 13 至 22 讲中，我们以理想化的货币模型（货币传导机制完全顺畅）为起点，逐步引入黏性价格、市场分割、预算软约束等摩擦因素，逐步勾勒出了中国货币传导路径的状况，并以之来解释现实世界中复杂的货币金融现象。常规货币政策和包括量化宽松在内的非常规货币政策也在这一框架中得到了有效统一。在这一框架中，包括影子银行、“钱荒”、“股灾”在内的种种发生在中国金融市场中的乱象得到了有力解释，呈现出了现象背后的统一逻辑。

讲义中的第三条线索是围绕萨伊定律展开的长久历史论争。萨伊定律的简洁表述形式是“供给创造自己的需求”。许多初识这一定律的人可能对其不以为然——任何一个商人都知道把自己的产品卖出去比把它们生产出来更困难。不过萨伊定律并不像初看上去那样天真，而是蕴含着对市场运行的深刻洞察，反映了对市场的高度信仰。现代的市场经济虽然复杂，却与原始社会以物易物的贸易并无本质差异。人之所以要从事生产活动，一定是他有需求需要得到满足——要么用自己生产出来的产品直接满足，要么交换别人的产品来满足。因此，生产活动在进行的时候，一定有相应的需求已经产生了。不管这二者之间隔着多远的距离，高效运转的市场都会把它们联系起来，让供给找到自己的需求。因此，对信奉萨伊定律的人来说，所有的供给都会通过市场找到自己的需求，经济增长的约束因而一定在供给面而不在需求面，经济中不可能长期存在需求不足的状况，就像人不会只为了生产而生产一样。

不过，有关萨伊定律的争论从未平息。古典经济学家虽然大多信奉萨伊定律，但也有马尔萨斯提出有效需求的概念来对其加以反驳。马克思所说的生产过剩的经济危机则更是与萨伊定律相左。而到现代，凯恩斯相信市场运行并非那么高效，萨伊定律只在长期才会成立。按照凯恩斯的话来说，“在长期我们都死了”。因此，凯恩斯认为萨伊定律不成立才是经济的常态，政府因而需要通过宏观政策来进行需求管理。而在凯恩斯之后，尤其在 20 世纪 70 年代的“理性预期革命”之后，萨伊定律又作为新古典宏观经济学的核心潜在假设，在主流宏观经济学中被复活。

事实上，只有在萨伊定律历史争论的背景中，我们才能深刻理解当今中国许多关键的政策辩论。次贷危机之后，稳增长与调结构一直是多方争辩的话题。一方认为，中国政府有必要通过积极的宏观政策来刺激需求，保持经济增长的稳定。另一方则认为，刺激政策反而延缓了经济结构的调整，中国政府应该放任经济增长的下滑来换取经济结构的优化。在这一争论中，双方观点的核心差异其实在于是否相信市场有自发调整的机制。萨伊定律的信徒会认为政府的稳增长政策只是在干预市场调整机制的发挥，因而是不可取的。而稳增长政策的拥护者则认为市场的自发调整机制是失灵的，放任经济增长下滑不仅不会自动换来经济结构的优化，反而会导致经济危机。近些年来，关于宏观政策是应该聚焦于需求面还是供给面的争论，其实也只是另一种形式的稳增长与调结构之争。在这些争论的背后，我们能看到凯恩斯与哈耶克、马尔萨斯与斯密的影子。

正是为了让读者深入理解宏观政策辩论背后深层次的思想冲突，这份讲义有意识地以萨伊定律为线索，牵出了宏观理论的思想脉络。在介绍宏观经济理论的时候，我们除了分析其假设、逻辑和结论外，还注重揭示理论的思想渊源。在讲义的第 23 和 24 讲，我们还专门介绍了当前主流宏观经济学范式（新—新古典综合）和非正统经济学（后凯恩斯理论）的思想，试图从方法论的角度厘清宏观经济理论的思想源头。讲义的第 25 讲作为全书的总结，则试图从世界观的层面探究中国经济运行背后的思想源动力。这样以思想发展为线索来组织宏观经济理论，能够让宏观经济理论体系中蕴含的张力和生命力更真切地呈现出来，让读者形成对宏观经济现象更通透的认识。

4. 讲义的使用

在我的心目中，这份讲义的目标读者群主要是两类人：一类是正在学习宏观经济学的学生；另一类则是对中国宏观经济现象充满好奇的人。对于前者，我假设读者已经学过了中级微观经济学课程，能熟练求解消费者效用最大化、厂商利润最大化等优化问题。由于这份讲义所用的一般均衡分析方法与微观经济学衔接更为紧密，而与用特设模型做主要分析工具的中级宏观经济学教材有很大不同，所以读者不需要有中级宏观经济学的预备知识。对于那些没有精力深入学习一般均衡分析方法，但又对中国经济感兴趣的人来说，这本书则没有什么入门门槛。在每一讲中我都会先讲清楚要解决的问题是什么。在数理模型推演结束后，我也会用大白话总结模型的逻辑，并解释其应用。读者就算只阅读这些内容，而将模型推演略过，也应该能了解我要传达的中心思想。

这份讲义是在我 4 年的课堂教学中逐步形成的，并不断根据学生的反馈进行修改。因此，这份讲义应该算是一本教学友好型教材。讲义中的每一讲都严格对应一次两学时的课程。且每一讲的内容都相对独立，包含问题的提出、分析、回答及运用几块内容，从而比较完整地解答了某个现实问题。而从整个 25 讲的布局中，则可以看出逻辑推理的层层递进，从实体到货币金融，从理论到思想，解释中国经济的统一分析框架逐步浮出水面。

全书 25 讲的内容对应一门 4 学分（总共 50 学时）的课程。对于 2 学分（26 学时）和 3 学分（38 学时）的课程，序表 1 中给出了推荐的课程讲授计划。按照这样的计划，即使在 2 学分的课程中，也基本能够把讲义的三条主要线索完整呈现出来。如果在课上无法专门花时间讲授第 5、6 两讲的均衡宏观经济学方法论，那么教师需要在讲授各个模型时穿插介绍求解一般均衡模型的方法，并最好布置习题让学生巩固，以便学生掌握一般均衡分析的基本方法。

序表 1　推荐课程讲授计划

序号	题名	2 学分	3 学分	4 学分
第 1 讲	有关中国经济的关键问题	●	●	●
第 2 讲	通过 GDP 认识中国经济	●	●	●
第 3 讲	中国经济增长的供给面分析		●	●
第 4 讲	发展战略与经济绩效		●	●
第 5 讲	均衡宏观经济学方法论（上）			●
第 6 讲	均衡宏观经济学方法论（下）			●
第 7 讲	消费与储蓄的决定（上）	●	●	●
第 8 讲	消费与储蓄的决定（下）	●	●	●
第 9 讲	中国的消费不足	●	●	●
第 10 讲	从内部失衡到外部失衡	●	●	●
第 11 讲	外部失衡与经济危机	●	●	●
第 12 讲	财政政策：凯恩斯和李嘉图		●	●
第 13 讲	灵活价格下的货币经济	●	●	●
第 14 讲	黏性价格下的货币经济与货币政策	●	●	●
第 15 讲	货币政策传导与流动性效应	●	●	●
第 16 讲	理解中国金融市场的预算软约束视角	●	●	●
第 17 讲	常规货币政策			●

续前表

序号	题名	2学分	3学分	4学分
第18讲	非常规货币政策			●
第19讲	中国的货币政策实践		●	●
第20讲	开放经济中的货币			●
第21讲	中国的通货膨胀与房价			●
第22讲	中国的债务问题与金融乱象		●	●
第23讲	新—新古典综合给出的正统答案	●	●	●
第24讲	非正统宏观经济理论给出的不同答案		●	●
第25讲	理解中国经济的六层思维	●	●	●

在撰写这份讲义时，我也有意识地把它写成了一本自学友好型的书。这与我个人的经历有关。在进入北京大学国家发展研究院攻读经济学博士学位之前，我在很长时间里都是在自学经济学知识，因而深知独自啃教材的不易。被一个小问题卡住却又无人可以请教的懊恼时常伴随着那时的我。因此在写这份讲义的时候，我有意识地采用了较为口语化的风格，以便营造出一种耳边絮语的氛围，让读者有一些身临课堂之感。在论述的时候，我也尽量用浅显的语言把道理说清楚。我不怕读者嫌我啰嗦，就怕一句话没点透而让人不得其门而入。

对于那些仅关心中国经济现实而不愿过多涉入模型细节的读者来说，可以略过文中的数理模型推导部分。事实上，这份讲义中的绝大部分内容都取自我在业界撰写的分析报告。只不过在这份讲义中，我更多用数理模型来呈现分析逻辑，而在报告中则只是用文字和图表。在每个模型推演结束之后，我都会用文字将模型的逻辑和结论总结出来。因此，读者就算完全跳过数理分析的内容，而只阅读每一讲的引言及结论部分，也可以把握讲义要传达的核心逻辑。我还在讲义中列出了一些自己之前撰写的文章报告作为参考读物。通过阅读这些参考资料，读者可以看到讲义中抽象的数理模型是怎样转化为现实世界中的分析文章的。

不过，尽管把讲义中的模型推演部分略过是完全可以的，但我还是强烈建议读者花些精力把这些模型推演一遍。相比纯文字的论述，数理模型是一种更加精确而高效的沟通工具，能省去很多因为误解而带来的麻烦。数理模型还能把复杂推理转化为相对程式化的数学推演，从而成为逻辑演绎的有力助手。最后，数理模型还是一种简记符号，用一两个式子浓缩核心逻辑。对我自己而言，数理模型与日常所做的经济分析之间的关系是密不可分的。我在研究报告中陈述的观点只是自己思想中各种模型的文字化表述而已。读者只有掌握了这份讲义中所介绍的数理模型，才会对书中给出的论述有更深的认识。我向读者们保证，花在模型推演上的时间一定会带来丰厚的回报。

5. 致谢

十几年前，我就有了写一本书讲讲中国经济的心思。在从最初起意到最终把书写出来的过程中，我得到了许多帮助。没有这些帮助，这本书还不知道什么时候才能面世。

我首先要感谢北京大学国家发展研究院的姚洋院长邀请我在这里开课，给了我在北京大学得天下之英才而教之的机会。没有这 4 年教学的打磨，这份讲义不可能成长到现在这个样子。我还要感谢北京大学国家发展研究院双学位办公室的老师们。他们用其卓有成效的工作为我提供了优良的教学环境。在这 4 年中，赵辰宇、潘佳佳、黄水华、卢智坤、金洋、詹硕、陈鑫泉同学在我的宏观经济学课上做过助教。他们高效的工作极大地减轻了我的压力，让我能够把更多精力放在对讲义的完善上。在过去 4 年的 4 个学期中，累计有近 700 位学生修过我的宏观经济学课程。这些学生求知的眼神是我最大的动力，而他们每每有所得之后的欣喜也是我最好的回报。在这些学生中，庞宇杰、文婧、黄河清、马浩平、梁馨予等同学还帮我指出了讲义中的不少错漏。最后，我还要感谢中国人民大学出版社的高晓斐编辑在本书出版过程中提供的大力帮助。我得到的帮助其实远不止于此。这里虽然不能一一列出致谢，但我心中的感激之情是一样的。当然，我个人对这份讲义中存在的所有错漏承担全部责任。

尽管这份讲义已经在 4 年的教学中修改和扩充了三轮，但我对它的评价也只是“基本满意”而已。这本书离我心中的理想状况还有不小的差距。我甚至怀疑我心中的理想状况是否可能真正达到。柏拉图曾经七次修改《理想国》，黑格尔则希望把他的《逻辑学》改上七十七遍。与这些先哲相比，仅仅三次修改还很不够。但丑媳妇终究还是要见公婆的。虽然这份讲义还远远说不上完美，但拿出来见人应该还是可以的。而且我相信，这份讲义在更多读者的反馈之下，应该能以更快的速度成长。并且，如果能够帮助读者更好地认识中国经济，乃至催生出更好的分析中国经济的文章和书籍，从而让这本书变得过时，那么这份讲义就达到了它所期望的最高目标。

徐 高

2018 年 7 月 1 日

目　录

第 1 讲

有关中国经济的关键问题

以问题为导向是本书的一个鲜明特点。在导论性质的第一讲中，我们从关键问题、回答问题的方法以及回答问题的人三个角度来介绍这门课。首先，我们会给出有关中国经济的一些关键问题。未来我们对宏观经济理论的介绍将围绕这些问题展开，并为回答这些问题而服务。当然，我们并不是为了介绍经济理论才用经济理论来分析问题，而是因为经济理论是我们能够找到的对经济问题的最好回答。其次，在这一讲中，我们还会通过供需图这个简单分析工具来展示经济理论对现实问题的穿透力。最后，我们还要介绍运用经济理论来分析现实问题的人——经济学家——需要具备的特质。如果阅读本书能够对培养这些特质有些帮助，那就达成了本书作者的一个重要目标。

1.1 有关中国经济的关键问题概述

经济学研究的是真实世界中的经济现象。我们对中国经济的分析自然要从现实世界提出的关键问题出发。而中国作为一个世界大国、一个转型中的经济体，绝不缺乏既重要又引人入胜的问题。

1.1.1 有关经济增长的问题

在其享誉世界的著作《世界经济千年史》中，经济学家麦迪逊（Angus Maddison）估计了从公元 1 年到公元 2008 年这两千多年里世界各个主要经济体的经济规模。根据他的估算，大概从公元 1500 年开始，中国经济总规模就超过了印度，跃居世界第一。到 1820 年，中国几乎占到了世界经济总量的 1/3。但从那之后，伴随着中国屈辱的近代史，中国经济走入了长达一百多年的下坡路。在 1978 年改革开放的前夕，中国占世界经济的比重不足 5%，被许多国家甩在身后。

以 1978 年党的十一届三中全会的召开为标志，中国进入了改革开放的新阶段，经济增长进入快车道。麦迪逊的估计截止于 2008 年。据他估计，2008 年中国占世界经济的比重已回升到 17.5%，与美国 18.6%的比重相差不大。而根据国际货币基金组织（IMF）的估算，中国的经济规模在 2014 年已经超过美国，重回世界第一的位置（见图 1-1）。

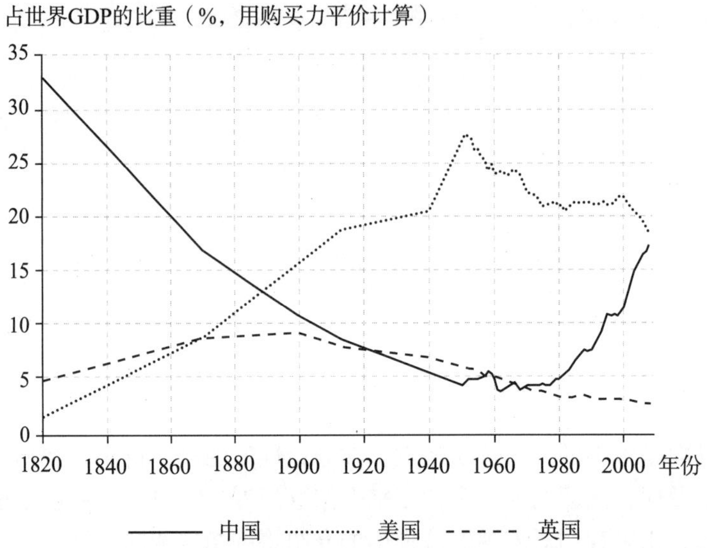

图 1-1 在人类历史中，中国经济在改革开放之后的快速发展具有重要意义

资料来源：Maddison

麦迪逊和 IMF 都是用**购买力平价**（purchasing power parity，简称 PPP）来做的估算。所谓购买力平价，是根据各国不同的价格水平来计算各国货币之间的等值系数，以便避免市场汇率波动对比较的干扰，更为合理地评价各国的经济规模。相比按市场汇率进行的计算，用购买力平价算出来的中国经济规模会更大一些。但即使用市场汇率计算，中国的 GDP 在 2017 年也已达到 12.2 万亿美元，仅次于美国 19.4 万亿美元的 GDP 规模，居世界第二位。按照中美两国的经济发展趋势推算，以市场汇率计算的中国 GDP 规模会在 2030 年左右超过美国，中国经济在那时将毫无争议地重回世界第一的宝座。

在过去两千年的经济史中，人类仅仅见证过两次新的世界第一的出现。一次是中国超过印度，另一次是美国超过中国。但在现在，我们正在见证新一次世界第一的诞生。而且一个曾经的世界第一跌落宝座后浴火重生，再回世界之巅的情况，在世界上还从来没有出现过。从这个意义上来说，改革开放之后中国经济的发展正在改写人类历史，具有其非凡的意义。能够身处这样的历史时期，是我们这一代中国人的幸运。

不过，中国经济的伟大复兴并非自然就会发生的事情，而是无数人艰苦努力，不断克服各种困难才得到的结果。即使现在，中国经济发展仍然面临许多障碍，有许多问题尚待解答。对这些问题的分析绝不只是智力游戏，而是攸关十多亿中国人的命运，更影响全人类的福祉。

简单对比改革开放前后中国经济的表现就能看出巨大的不同。在 1953—1977 年这 25

年间，中国人均真实 GDP 增速（扣除了通货膨胀因素后的人均实物量增长）平均下来只有 4.3%。其间，在三年困难时期（1959—1961 年）和"文化大革命"时期（1966—1976 年）还有过明显的负增长。而在改革开放之后，中国经济增长速度明显加快，1978—2016 年，人均真实 GDP 的平均增速达到了 8.6%，经济增长的平稳性也大为增强（见图 1 - 2）。

在复利的作用下，每年几个百分点增速的差异会在多年后累积成经济绩效的巨大差异。1977 年，在扣除价格因素后，中国人均 GDP 水平仅仅是 25 年前的 2.5 倍。而同样经过 25 年的发展，2003 年中国人均真实 GDP 水平则是 1978 年的 7.3 倍。如果把时间拉到 2017 年，这一年中国人均 GDP 水平差不多是 1978 年的 24 倍（见图 1 - 3）。

这就引出了第一个关键问题：同样都是这些人、这片土地、这个国家，为什么中国经济增长的绩效在改革开放前后会有如此巨大的差异？换个问法，中国在改革开放之后究竟做对了些什么，有什么成功的经验，才能创造出如此惊人的经济成就？如果占世界 1/5 的人口能够在一穷二白的基础上取得这样的经济奇迹，其他国家的人没有理由不能做到。从这个意义上来说，中国经济的成功经验具有世界意义，对中国经济增长的研究与全人类福祉息息相关。

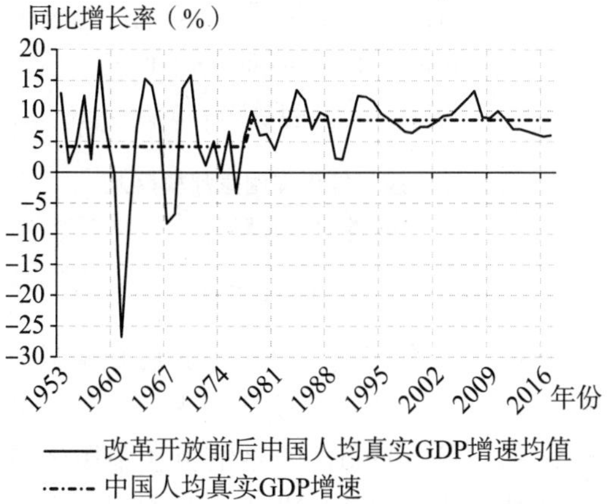

图 1 - 2　改革开放后中国经济增速明显加快，增长也更为平稳

资料来源：Wind

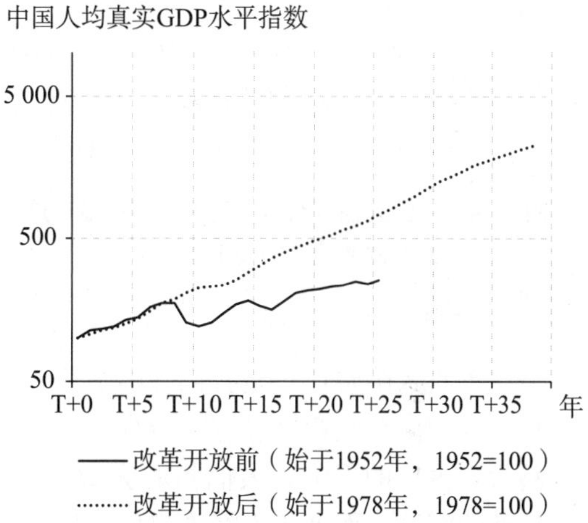

图 1 - 3　改革开放前后经济增速的微小不同累积出了经济绩效的巨大差异

资料来源：Wind

从发展阶段来看，次贷危机（subprime crisis）之后的中国正站在一个关键岔路口。以购买力平价（PPP）计算，并除去价格因素后，中国 2015 年的人均收入水平仅与 20 世纪 60 年代初的日本以及 20 世纪 80 年代中期的韩国相当。对日韩这两个成功的东亚经济体来说，这个收入水平仅仅处在它们黄金增长期的前半段，如图 1 - 4 中虚线圈出的轨迹。如果按照东亚的成功经验，中国的高增长至少还能够维持十多年，并最终将中国引向发达国家的行列。但这只是历史经验呈现的一种可能。

摆在中国面前的还有另外一种可能——中等收入陷阱。**中等收入陷阱**（middle-income trap）是世界银行创造的一个词汇，描述的是一个国家进入中等收入水平之后，过去经济快速增长所依赖的廉价劳动力等要素逐渐消失，从而导致经济增长后继乏力的现象。

如果这个国家不能找到其他增长来源，收入水平将如落入陷阱般长期停滞在中等收入水平。

南美洲的巴西和阿根廷是两个陷入中等收入陷阱的代表性国家。如图 1-5 所示，巴西和阿根廷分别在 20 世纪 70 年代和 20 世纪 60 年代达到了 1 万美元左右的人均收入水平。但从那之后，这两个南美国家陷入了经济增长低迷、收入水平停滞的局面，并在那种状态里一待就是几十多年。如果中国在未来也步巴西和阿根廷的后尘，落入这个中等收入陷阱，那不仅高增长将成为镜花水月，经济社会的稳定也会面临巨大挑战。

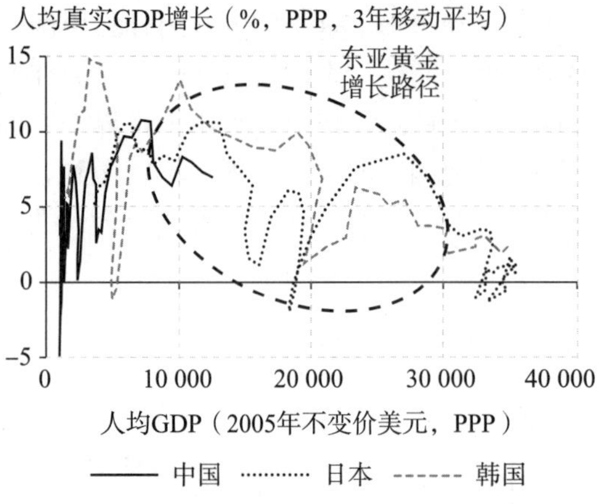

图 1-4　中国处在岔路口：是沿着“东亚奇迹”的轨迹继续高增长十年以上？

资料来源：Penn World Table

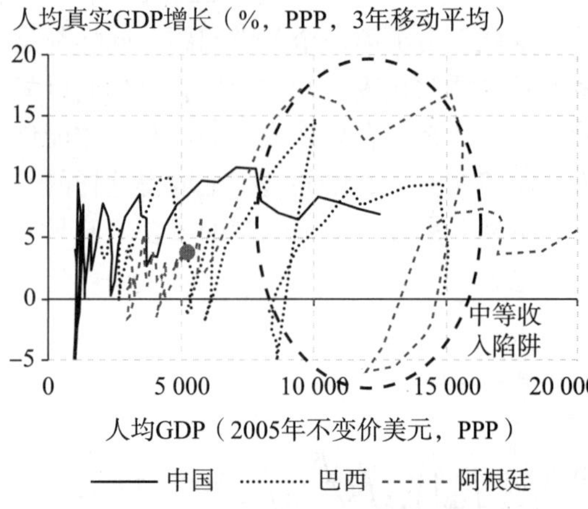

图 1-5　还是像南美国家那样落入“中等收入陷阱”？

资料来源：Penn World Table

中等收入陷阱还只是我们在经济增长方面需要担心的一个问题。改革开放后开始强力推行的计划生育政策已经深刻改变了中国的人口结构，令老龄化社会快速到来。随着劳动年龄人口占比的下降，人们担心**人口红利**（demographic dividend）的终结会让中国经济增长就此沉沦。而老年人在人口中占比的增加也让人忧心中国会未富先老，从而引发一系列经济社会问题。

面对这些阻力和风险，人们在追问：中国是否能够延续过去几十年的高速增长？中国可以采取什么样的措施来避开中等收入陷阱，尽可能延长高增长阶段？此外，随着中国经济粗放型增长模式的副作用不断显现，还有人在问中国是否应该继续以经济高增长为追求目标。

1.1.2　有关经济波动的问题

增长和波动是宏观经济学的两个永恒话题。从长远来看，经济增长当然更为重要。前面我们已经看到，几个百分点的增速差异在多年后能累积成经济绩效的巨大鸿沟。但经济波动也非常重要。我们可以在各种宏观经济活动中看到周期波动的现象。这些经济的起伏往往对应着居民福利的重大变化——对中国这个大国来说，0.1 个百分点的失业率增加都意味着几十万人丢掉工作，其生活水平显著下降。而有些巨大的经济波动（如

1929年的大萧条和2008年的次贷危机）还可能打断长期增长趋势，改变经济运行的大方向。

我们在前面已经看到，中国经济在改革开放前后的波动性相差很大。改革开放之前曾出现过两次经济总规模的大幅倒退。改革开放之后，中国经济运行得虽然比改革前更平稳，但仍存在比较明显的波动。在2008年次贷危机之后，中国经济的波动性还明显加大了。用更能反映实体经济状况的**克强指数**（Keqiang index）来观察，这一点尤为明显。[①] 2009年，在国内"四万亿元刺激"政策的带动下，中国实体经济实现了"V字形"复苏，克强指数的同比增长率创下了20年的高点。而在2015年底，随着国内宏观政策刺激经济增长力度的减弱，克强指数增速下滑至0附近，创出20年中的最低水平，甚至比1998年亚洲金融危机以及2008年次贷危机时的低谷还要更低（见图1-6）。

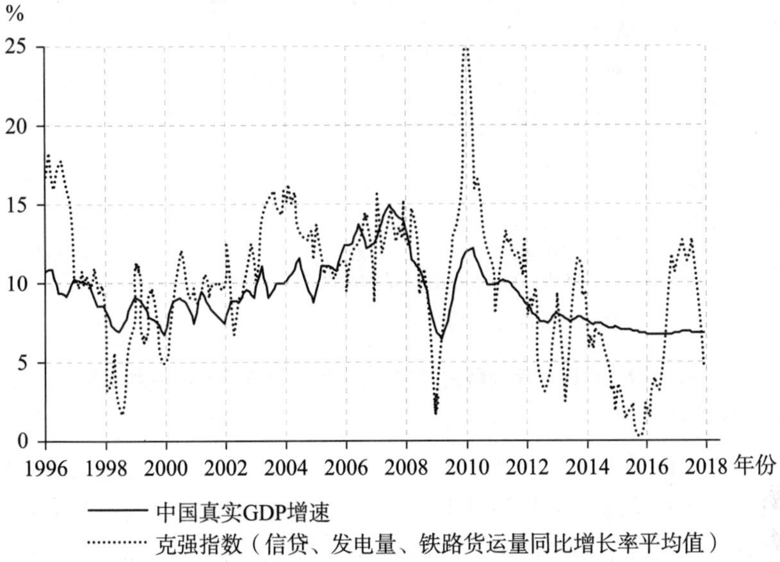

图1-6　中国经济增长的波动在次贷危机后明显加大

资料来源：Wind

面对经济波动，我们自然会问：经济为什么会波动？经济波动会摧毁经济吗？我们应该试图平滑经济的波动吗？经济波动可以被宏观政策所平滑吗？什么样的政策可以降低经济波动？中国经济的波动为什么在次贷危机之后加大？在经济的低谷，我们是应该用政策来托底经济增长，还是应该放任经济增速的下滑？

1.1.3　有关经济结构的问题

经济增长与波动是与经济总量相联系的问题。但经济是由不同部分组成的有机整体，

---

① "克强指数"是信贷和发电量、铁路货运量三个指标同比增长率的简单算术平均。相传李克强总理在地方主政时，不太信任经济统计数据的质量，因而比较关注信贷和发电量、铁路货运量这三个不太容易做假的数据，用它们来研判经济形势。这个事情被经济学家知道之后，就有人计算了这三个指标的平均增长率，构造了所谓的克强指数。必须承认的是，克强指数的确对中国实体经济的运行状况有极强的跟踪性，灵敏度高过统计局每月发布的工业增加值。因此，克强指数就成了经济学家跟踪中国经济的又一重要指标。

总量问题总与结构问题联系在一起。在中国经济结构中，明显偏低的居民消费占 GDP 的比重是最令人困惑的问题。图 1-7 中的虚线是世界上各个国家在不同人均 GDP 水平上的居民消费占 GDP 的比重之均值。中国的数据在图中用深色实线绘出。可以看到，在改革开放之后的经济发展中，中国居民消费占 GDP 的比重明显走低，大幅低于国际平均水平。

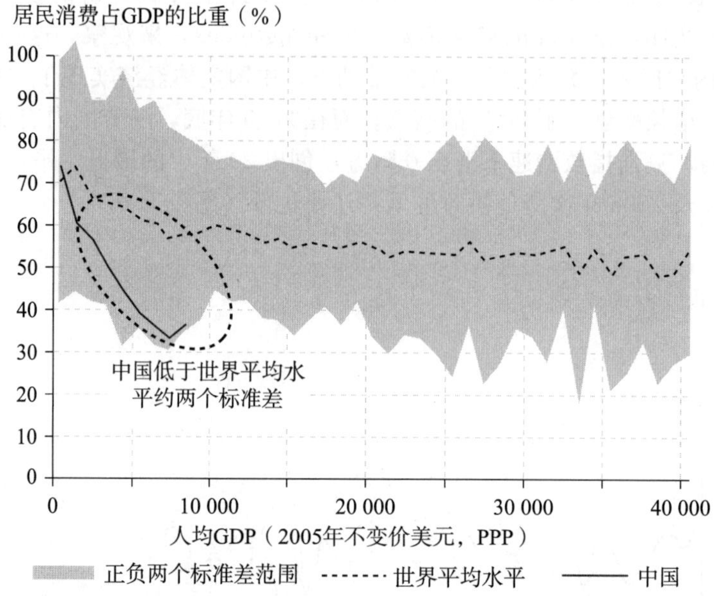

图 1-7　中国居民消费占 GDP 的比重明显低于世界平均水平

资料来源：Penn World Table

居民消费占比偏低带来了两个不利后果。第一，因为消费是居民效用提升的主要方式，偏低的消费占比意味着中国经济成长的果实并未充分转化为居民福利的提升。第二，因为消费与投资共同组成了一个经济体的内需，消费偏低就意味着投资占比偏高。而投资终将带来生产能力的扩张。于是，中国经济在终极需求（消费）与生产能力之间的不平衡就越来越突出，最终形成了需求不足、产能过剩的格局。这是次贷危机之后中国经济增长乏力的最主要原因。针对这一状况，中国政府提出了消费转型的政策导向，希望增加消费占 GDP 的比重，将中国经济从投资拉动型增长模式转向消费引领型增长模式。

但要成功实现消费转型的结构调整，有些关键问题需要回答。如果我们相信居民消费占经济的比重太低了，那么多高的比重才算合适，判断的标准又是什么？中国居民消费占比低的核心原因是什么？什么样的政策能实现消费转型？简单地给居民涨工资能推进消费转型吗？对这些问题的回答决定了我们对当前中国经济结构的评价，以及结构转型政策的设计。

1.1.4　有关经济政策的问题

财政政策和货币政策是政府影响经济的两个主要手段。对中国是否会爆发债务危机，以及是否存在货币超发，有人提出了质疑。这些质疑是次贷危机后中国实行财政政策和货币政策时面临的最主要约束。

根据国际清算银行（Bank of International Settlement，简称 BIS）的估计，中国非金融部门（政府、居民以及非金融企业）的债务总额占 GDP 的比重在 2016 年就已经超过 250%，且还在持续上升中。这一比重已经超过了国际平均水平，并明显高于新兴市场经济体的平均值（见图 1－8）。政府如果要通过财政政策来刺激经济增长，必然需要发行国债来扩大财政开支。在全社会存量债务规模已经较大，且上升速度较快的背景下，债务危机的忧虑成为中国财政扩张的一个主要障碍。所以，在提议实行宽松的财政政策之前，必须分析中国债务走势前景，回答债务可持续性的问题。我们需要问：中国经济能够承受多高的债务水平？当前债务上升的势头是否可以持续？我们是应该削减债务的水平，还是应该通过容忍债务的上升来给财政政策留出空间？

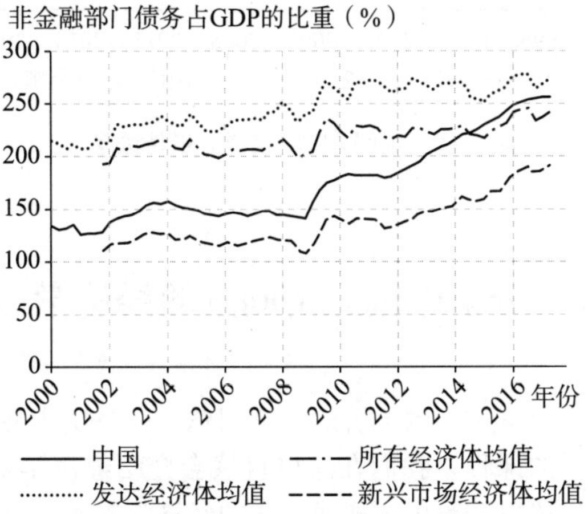

图 1－8　中国非金融部门债务总额上升速度很快

资料来源：BIS

货币政策也面临类似问题。2017 年，中国货币总量（M2）已超过 160 万亿元人民币，是中国 GDP 的两倍还多（见图 1－9）。如此之多的货币堆积在经济中是否会引发物价飞涨，催生资产价格泡沫和金融危机，是中央银行进行货币政策操作时必须回答的问题。中国是否已经出现了货币超发的情况，以至于货币政策必须大幅收紧来回笼货币？如果说中国的货币并未超发，那又怎么解释中国远高于其他大多数国家的 M2 与 GDP 的比率？为什么中国在次贷危机之后有更高的货币增速，但经济增速却比之前更低？更多的货币流到哪里去了？对这些问题的回答决定着货币政策的走向。

以上虽然提出了不少有关中国经济的问题，但只能算挂一漏万。不过仅从这里的列举也能看出，中国经济中确实存在许多问题有待解答。对这些问题的回答决定着政策的调整、经济的运行，进而会真切地影响到我们每个人的生活。本书的目的便是回答这些关键问题，并用一个个问题的答案搭起理解中国经济的分析框架，让读者有分析中国经济现实问题的能力，从而可以参与到真实世界中激烈的政策辩论中去。

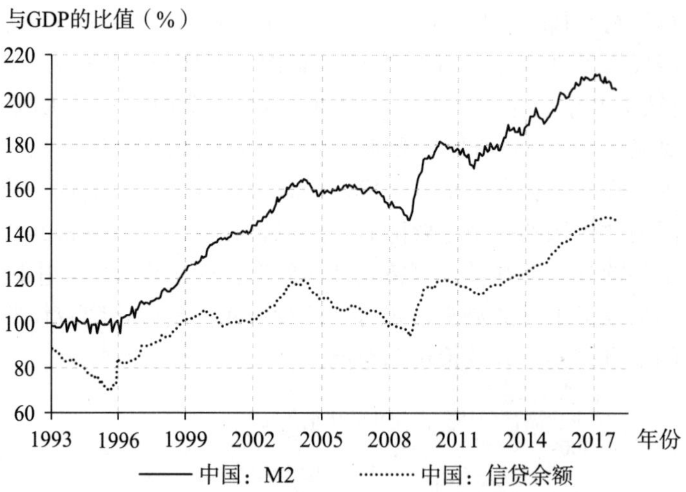

图 1-9 中国 M2 和信贷总量持续攀升

资料来源：Wind

1.2 分析中国经济问题的经济学方法

前面仅仅列出了一部分有关中国经济的关键问题。在真实世界中，类似这样的问题数不胜数。作为一门经济学的课程，我们在这里自然会介绍经济学对这些问题给出的回答。不过不要搞错了，我们在这里会给出这样或那样的经济学答案，并不是因为它们是经济学给出的答案，而是因为经济学的答案是我们能找到的对这些问题的最好解答。毕竟，作为一门专门研究经济的学科，经济学如果不能对经济问题给出最好的解答，这门学科就没有存在的必要了。

还有一点也不要搞错了。当我们用经济学来回答这些问题时，并不是说已经有现成答案在书中可循。事实上，这门课会追问的很多问题在书本里并没有现成的答案。要回答这些问题，我们需要基于对现实的理解，运用那些行之有效的经济分析方法，通过严密的推理来得到结论，并用来自现实世界的证据对其进行验证。① 所以，这门课要传递的其实是用经济理论来分析现实问题的方法。

1.2.1 为什么要用经济理论来分析问题?

即使在许多学过经济学的人看来，经济理论与现实世界也是脱节的。我自己也曾有过这样的强烈感受。2006 年，我刚刚开始接触实际经济分析工作时，明显觉得经济理论似乎在现实中用不上。在那个时候，一方面，数年的经济学学习让自己掌握了相当多的经济

① 科学哲学家波普尔认为，科学理论只能被证伪，不可能被证实。经济学作为一门建立在理性人假设之上的学科，更不敢说能被现实世界的证据所证实。更何况，现实世界中的经济现象都受到多种因素的共同影响，很难精确符合陈述单一逻辑线条的某个经济学结论。所以，经济学永远只能是对现实世界的一种“寓言”式描述。但在这里，我们不进入这些涉及哲学的思辨，而不太严格地说用现实世界的证据来验证我们用经济学分析得到的问题答案。

理论和模型（尤其是在宏观经济学领域），颇为自得，但另一方面，当面对现实世界中鲜活的经济现象时，我却发现自己很难将所学的经济理论用起来，而只能像那些没有学习过经济学的人一样做出一些缺乏深度的观察和判断。在那时的我看来，经济理论和经济现实似乎是两个世界的东西，互不相干。我虽然学了不少号称解释现实的经济理论，却在现实世界中深深地感到了自己的无知。

事实上，这样的脱节之感并非为我所独有。据我了解，甚至有些大学教授也对自己讲授的经济理论缺乏信心，认为那不过是学术圈的自娱自乐，难以应用到现实中。而在业界，分析师们面对复杂的经济现象，也很少将经济理论转变为实际可用的分析视角和逻辑。因此，业界的经济分析大多停留在看图说话的水平，充斥着对数据变动的肤浅点评，而缺乏对现象背后经济运行逻辑的深入分析。

这种面对现实的挫败感让我难以接受。所以在进行经济分析工作时，我有意识地沿着从理论到现实和从现实到理论两个方向，试图打破理论与现实之间的隔阂，并在长期努力之后终于略有心得。读者眼前的这本书就是这些心得的体现。现在，我眼中的经济理论与经济现实之间再无鸿沟。经济理论对现实问题的穿透力每每令我赞叹。而反过来，由现实问题引出的思考，也总能让我看到理论的精妙和不足。可以说，我现在对经济现实的思考完全离不开经济理论。甚至可以毫不夸张地说，离开了经济理论的指引，我完全无法思考经济现实。这种运用经济理论来解决现实问题的成就感，是我急切地想与众人分享的，也是促使我写下本书的动因之一。

泛泛而谈理论对现实的指导力，读者未必能够相信。下面，我用一个具体例子来展示将理论运用到现实中会获得何种令人振奋的穿透力。这是经济学中最基本的供需分析。有一个笑话说，如果教会鹦鹉说“供给”和“需求”两个词，鹦鹉也能变成经济学家。这虽然是调侃，但也说明了供需分析在经济分析中的基础地位。

供需分析说起来很简单。对某种商品来说，价格越高，需求量越低；价格越低，需求量越高。所以，在数量—价格坐标图上，需求曲线是一条向下倾斜（负斜率）的曲线。而就供给来说，价格越高，供给量越大；价格越低，供给量越小。所以，供给曲线是一条向上倾斜（正斜率）的曲线。需求曲线与供给曲线的交点就对应市场的成交价格和成交数量。乍看上去，供需分析平淡乏味，没有什么神奇之处。尽管如此，只要把供需分析真正用起来，我们就可以立即回答很多极具现实意义的重要问题。

可以对供需分析稍作引申。如果市场中的需求方发生波动（表现为需求曲线的左右平移），那么成交价格与成交数量会同向变化——价量同涨同落。这很符合直觉：如果更多人愿意购买某种商品，那么这种商品的价格肯定上升，且成交量也会增加，因而形成价量同向变化的趋势（见图1-10）；反过来，如果是供给方变化引发的市场波动，则成交价格与成交数量会反向变化——价跌量涨或是价涨量跌（见图1-11）。下面我们用供需分析的逻辑来分析两个中国经济中极具现实意义的重要问题：房地产调控和通货膨胀应对。

我们先来看房地产的问题。进入21世纪之后，中国曾出台过好几轮房地产调控政策，试图通过打压房地产需求来抑制房地产价格的过快上涨。但考虑到房地产行业在中国经济中举足轻重的地位（房地产投资长期占中国固定资产投资总量的1/4），政府在调控房价时又希望能够保证房地产投资的稳定，以免给经济增长带来太大的负面影响。所以，房地产调控政策的目标可以简单概括为“价跌量涨”，即让房价上涨慢下来，但让房地产销售和投资增长仍然保持稳健。这种调控目标能够实现吗？

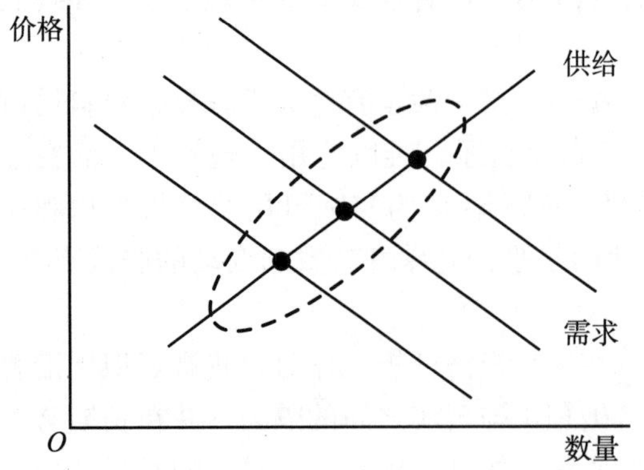

图 1-10　需求引发的市场波动中价量同向变化

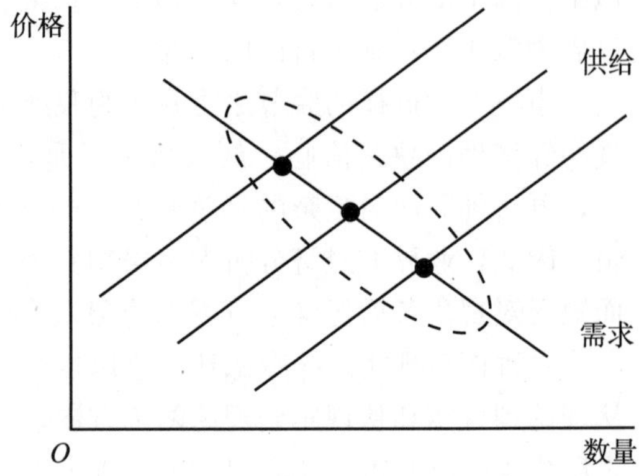

图 1-11　供给引发的市场波动中价量反向变化

让我们来看看房地产市场的运行态势。图 1-12 中绘制了中国 70 个大中城市新房房价的同比涨幅，以及全国房屋销售面积的同比涨幅。很显然，房屋销量和房价之间存在明显的正相关关系（房屋销量还领先房价）。用供需分析的框架来看，这清楚地表明中国房地产市场的波动主要由需求因素所引发。之所以会这样，是因为中国土地供应由政府垄断，导致土地及房屋的供给受限。相应地，需求方就成为房地产市场波动的主要来源。而需求引发的波动都是价量同涨同落。在这种情况下，调控需求的房地产政策不可能实现

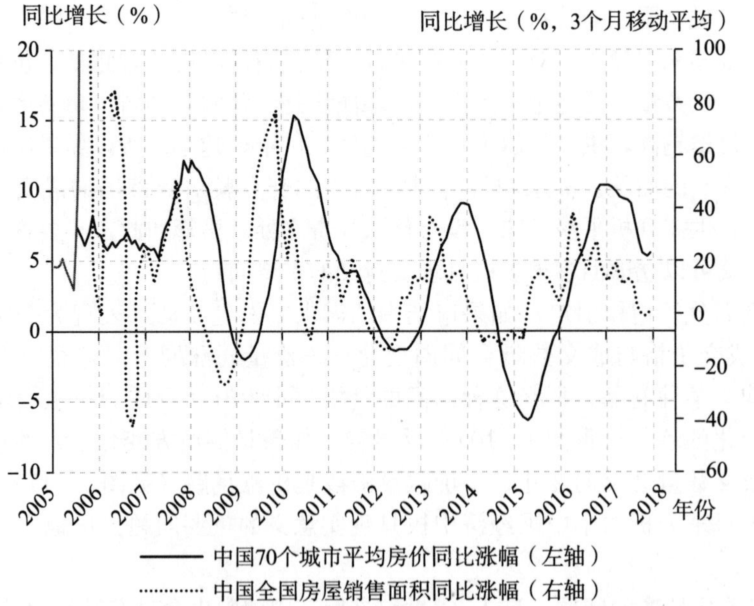

图 1-12　中国房地产销量与房价正相关，表明房地产市场波动主要来自需求侧因素

资料来源：Wind

“价跌量涨”的政策目标。如果真的想要在平抑房价的同时又保持房地产销售和投资的稳定增长，政府应该加大土地供给，通过供给的扩大来压低房价。但是增加土地供给会导致地价下降，令地方政府土地财政收入减少，从而为政府所不喜。于是，国内房地产市场就在房地产需求的数次调控中来回震荡，却怎样也无法实现调控政策最想达到的目标。

下面我们再来看国内的猪肉市场。大家可千万不要小看猪肉。2017 年中国猪肉总产量约为 5 340 万吨。按照当年猪肉年平均价格 15 元/千克来计算，这些猪肉的总价值达到约 8 000 亿元。而 2017 年中国全年 GDP 也就不过 82.7 万亿元。

更为重要的是，猪肉价格波动对 CPI 的影响很大。CPI 是“消费者价格指数”（consumer price index）的简称，是一篮子商品价格的平均变动幅度，表征了消费者面对的总体物价变动状况。在 CPI 中，猪肉这一种商品的占比接近 3%，是占比最大的单一商品。而猪肉价格的波动又非常剧烈，一年涨幅超过 50%的情况并不少见。这样一来，由于猪肉在 CPI 篮子中占比大，其价格波动幅度又剧烈，所以 CPI 的通货膨胀压力经常主要来自猪肉。有人因此调侃说：“CPI 通货膨胀是一块猪肉引发的焦虑。”

那么问题就来了，货币政策的重要目标是保持物价稳定，当 CPI 因为猪肉价格上涨而上升时，中央银行是否应当收紧货币来抑制这种通货膨胀的上升？这是调控货币政策时必须回答的问题。此外，由于货币政策是资产价格的重要决定力量，货币紧缩时资产价格的表现一般都不好，这个问题对投资者来说也非常重要。

这个问题的答案来自对猪肉市场的供需分析。图 1－13 中绘制了生猪出栏量（即被屠宰的生猪数量，代表了猪肉的供给）和猪肉价格的同比涨幅序列。很显然，这二者高度负相关：猪肉供应增长快的时候猪肉价格涨幅低，反之则反是。这说明猪肉价格的波动主要来自猪肉供给的波动。简单地说，猪养得少了，猪肉价格就高。而货币政策是需求管理的工具，通过收放货币来调控经济中的总购买力。显然，不太可能通过紧缩货币来增加猪肉的供给。也就是说，面对供给减少带来的猪肉价格上涨，以及随之而来的 CPI 上涨时，货

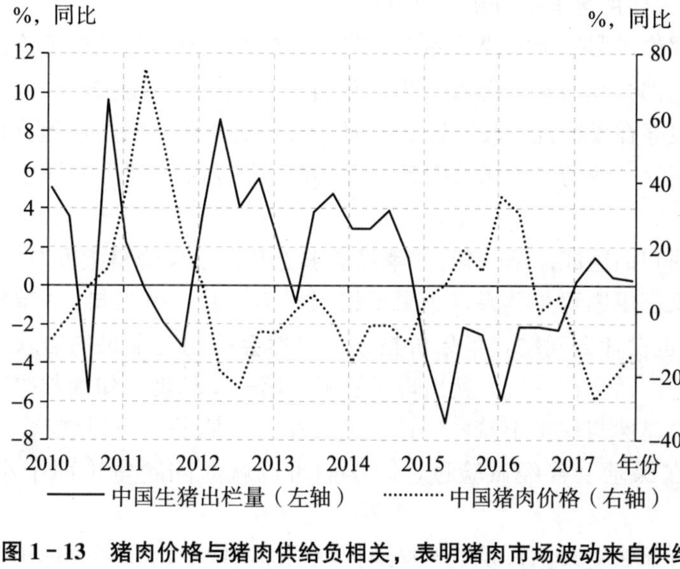

图 1－13　猪肉价格与猪肉供给负相关，表明猪肉市场波动来自供给

资料来源：Wind

币政策不具有直接调控的能力。所以，对于这种猪价带来的CPI通货膨胀，货币政策最优的应对方式是不做反应。等到猪肉供给自然恢复后，猪肉价格自己就会下去。

2015年第二季度，中国CPI通货膨胀率曾经因为猪价的快速上涨而上升。当时市场普遍忧虑货币政策会因此而收紧。而2015年8月7日中国人民银行发布的《货币政策执行报告》的第52页说得非常清楚："货币政策并不针对个别商品价格变化进行调整"，表明货币政策不会因为猪价的上升而收紧。如果我们对前述猪价的运行规律有所了解，就不会对央行的这种态度感到意外。我们甚至可以在央行申明之前就预判央行的行为。对投资者来说，这种准确预判意味着丰厚的投资回报。而要做出这种预判，只需要简单运用一下供需分析的理论即可。

以上只是对供需分析的简单应用。大家可以看到，仅仅是这样简单的理论运用都能得到让人震撼的结论——这就是经济理论的威力。就这一点，没有人比伟大的经济学家约翰·梅纳德·凯恩斯说得更好了。在其传世名著《就业、利息和货币通论》（1936）中，凯恩斯写下了这么一段被广为引用的名言：

> 经济学家以及政治哲学家之思想，其力量之大，往往出乎常人意料。事实上统治世界者，就只是这些思想而已。许多实践者自以为不受任何学理之影响，却往往当了某个已故经济学家之奴隶。狂人执政，自以为得天启示，实则其狂想之来，乃得自若干年以前的某个拙劣学人。我很确信，既得利益之力量，未免被人过分夸大，实则远不如思想之逐渐侵蚀力之大……或迟或早，对形成善良或丑恶的观念而言，更危险的是思想，而不是既得利益。

经济理论就是经济学家思想的结晶。许多人之所以看不到理论巨大的"逐渐侵蚀力"，只是因为他们不会在实践中应用理论而已。

1.2.2 为什么要用数学来分析经济问题？

思想也好，理论也罢，都需要载体来承载。自然语言当然是承载理论的一种选择。不管什么样的理论，都必须用常人能够听懂的语言表述出来，才能影响人，进而影响世界。但是，自然语言也存在模糊性、歧义性，因而不够精确。在我们严格地分析推演时，这些缺点就变得不能接受。我的老师霍德明教授喜欢在经济学原理课上向同学们扔出下面这个"苹果悖论"。

苹果悖论由两句话组成。第一句：**"苹果需求上升，苹果价格上升"**。这听上去没有任何问题。如果大家都更愿意买苹果，苹果价格当然会上升。第二句：**"苹果价格上升，苹果需求下降"**。这也没什么问题，苹果价格上升自然会抑制对苹果的需求。但是，把这两句看起来都没问题的话合在一起，就出现矛盾了。**第一句和第二句加起来不就意味着苹果的需求不变吗**？这显然与现实不符，悖论就此而生。不同的人可以就这个悖论争论不休。据霍老师说，他在课堂上曾经试验过，同学们可以就此问题争论两个小时而仍然莫衷一是。

不过其实没有那么复杂。只要更严格地把苹果悖论中的两句话表述出来，就能发现悖论的产生只是因为自然语言不够精确，在两句话之间发生了不易觉察的概念偷换。

我们先来看第一句话："苹果需求上升，苹果价格上升"。这句话讲的应该是在任何一个给定的苹果价格上，都有对苹果更多的需求。我们可以设想这样的情景：某天，一位著名养生专家号召大家多吃苹果来延年益寿。于是，许多之前不吃苹果的人也开始吃苹果了。而那些一直在吃的人也吃得更多了。这样，市场上对苹果的需求就相应上升。在供需图上，这表现为需求曲线的整体右移——在任何一个价格水平上，对苹果的需求都增加了。于是，市场中苹果的成交价格也就上升至更高水平（见图 1-14)。

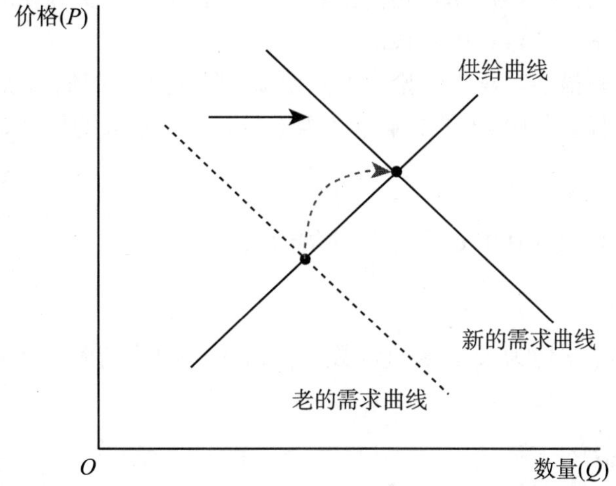

图 1-14　苹果需求上升，苹果价格上升——需求曲线的右移令成交价格上升

再来看第二句话："苹果价格上升，苹果需求下降"。这句话讲的是价格上升对需求的抑制。也就是说，在给定其他条件不变的情况下（没有养生专家引发的大家对苹果偏好的变化)，苹果价格越高，消费者愿意购买的苹果数量越少。用供需图来表述，这说的是在一条固定的需求曲线上，需求量随着价格的上升而下降的情况（见图 1-15)。

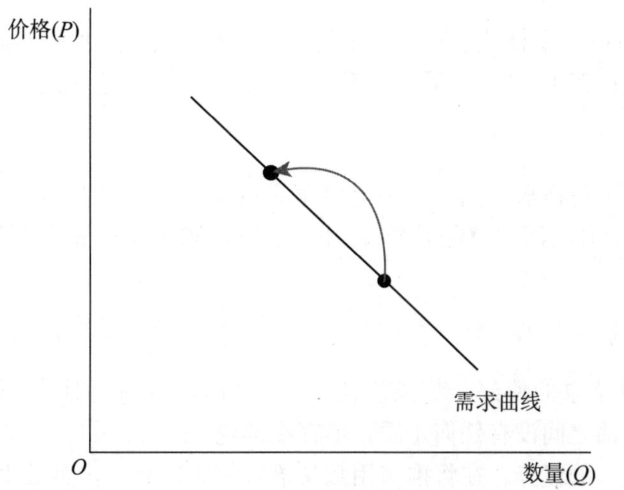

图 1-15　苹果价格上升，苹果需求下降——给定需求曲线，价格上升令需求下降

于是，之所以会产生苹果悖论，是因为两句话中的“需求”并非同样的意思。在“苹果需求上升，苹果价格上升”这**第一句话中**，“需求”指的是消费者对苹果的**“偏好”**。这里的**“需求上升”**指的是**需求曲线的整体右移**。而在“苹果价格上升，苹果需求下降”这**第二句话中**，需求指的是在一定价格下消费者表现出来的对苹果的**“需求量”**。这里的**“需求下降”**指的是**沿着需求曲线的需求量的变化**。所以，两句话的意思并不能简单相加。这样，苹果悖论自然就得到了化解。而我们也能看出，这里之所以看似有矛盾，其实是因为我们所采用的自然语言并不严密，虽然是同一个词，但其含义在两句话中是不一样的。将这两句话用图形表示出来，意思就很清楚了。

如果用数学语言来描述，苹果悖论中的问题就更明显了。我们可以将苹果的需求曲线表示为如下的直线方程。其中 Q^d 是对苹果的需求量，P 是苹果的价格。

$$Q^d=a-bP$$

苹果的供给曲线可以写为（其中 Q^s 是苹果的供给量）

$$Q^s=c+dP$$

上述两式中的 a，b，c，d 均为大于零的常数。在市场达到均衡时（市场出清时）有 $Q^d=Q^s$，即

$$a-bP=c+dP$$

从中可以解出均衡的苹果价格为

$$\bar{P}=\frac{a-c}{b+d}$$

均衡时的苹果成交量为

$$\bar{Q}=\frac{ad+bc}{b+d}$$

上述两式中在 P 和 Q 上的横线表示这是市场达到均衡时的成交价格和成交数量。

在这样的数学框架中，“苹果需求上升，苹果价格上升”这句话可用数学语言表述为

$$a\uparrow\Rightarrow\bar{P}\uparrow$$

即，如果在任何一个价格水平上，市场上对苹果的需求量都增加（a 上升），那么苹果的成交价格（$\bar{P}$）会上升。而“苹果价格上升，苹果需求下降”这句话则可用数学语言表述为

$$P\uparrow\Rightarrow Q^d\downarrow$$

说的是如果给定对苹果的偏好，苹果价格（P）越高，市场上对苹果的需求量（Q^d）越小。显然，这两句话之间没有任何矛盾，不存在悖论。

这就是数学语言的优势。在将推演用数学语言表达出来后，思维中的模糊之处就无所遁形。这样，许多因为自然语言不精确而带来的混淆和纷争就能得到化解。而将理论用数学表述出来之后，也可以利用数学推导来完成复杂的逻辑推理，因而更容易找到结论。由

于数学语言在精确性及推理便捷性上具有明显的优势，经济学在近几十年来已变得深度数学化。这种数学化反过来让经济学得到了长足发展。

所以，本书对经济理论的介绍会大量用到数学。不过读者们不用担心，我们所用的数学都是相当初级的，不会涉及高深的数学工具。读者只要有大学本科的数学水平，再加上一些耐心，就应该不难掌握本书中所介绍的各个数理模型。通过数学语言，我们可以从看似复杂的现实问题中抽出简单直接的逻辑，从而直达问题的本质。而利用数学语言，我们也可以规避讲授中的模糊之处，确保我所讲的与读者所想的是同一内容。

不过永远要记住，**数学只是工具，我们真正的目的是给现实问题找出答案**。数学公式写得精美，不代表问题回答得漂亮。最为重要的是数学所呈现出来的经济逻辑。可以说，数学只是我们的渡河之舟。在我们运用数学工具理清了思路之后，应该可以完全抛开数学，将逻辑用平实的大白话讲述出来，让人信服。只有这样，问题才算得到了真正的解答。

1.2.3　经济理论与中国特色

本书叫做《宏观经济学二十五讲：中国视角》，着力介绍用经济理论来分析中国经济现实的方法。关于这一题目有两点需要说明。这两点说明也阐释了我所认为的经济理论与中国经济的关系。

第一，**在一定程度上说，没有只限于中国的"中国经济理论"，但有经济理论在中国的应用**。经济学发展至今，早已形成了一整套行之有效的方法论和分析工具。中国经济虽然特殊，但许多分析人士用来分析中国经济的经济理论却并不特别，都是基于理性人假设的一般均衡分析。所以，虽然本书的视线聚焦在中国经济上，但书中的不少内容是对经济理论（尤其是宏观经济理论）的介绍。而那些针对中国经济的内容，也是一般的经济理论在中国具体问题上的具体应用而已。所以，本书不以"中国宏观经济学"为题，而是"中国视角的宏观经济学"。

第二，**虽然经济理论都是一样的，但理论被应用到不同环境中所得的结论却可能很不相同**。就像理性人在不同的约束条件下会表现出不同的行为一样，同样的经济理论被运用到不同的具体环境中，也可能得到不一样的结论。因此，**要将经济学方法的普适性和经济研究结论的特殊性区分开来**。中国作为一个从计划经济向市场经济转型的大国，其经济运行机制与西方发达市场经济国家有很大不同。而现代经济理论产生并壮大于西方国家，将许多西方国家经济的特性当成了理所当然，变成了理论的隐含假设。而在中国，这些隐含假设往往并不成立，于是造成了理论结论与中国现实的落差乃至矛盾。这样的结论自然无法用来指导中国的实践。所以，尽管必须运用现代经济学的分析方法来分析中国经济问题，但绝不可将得自西方的结论视为圭臬，看作不变的真理。**正确的做法是运用经济分析的方法，结合中国的实际，得出契合中国实情的结论**。因此，有必要以中国为视角来审视和发展宏观经济理论，形成以中国为核心对象的分析工具集和结论集。这便是本书所阐述的主要内容，所以标题中的"中国"二字是必不可少的。

1.3　经济学家应具备的素质

经济理论是为人所用的。运用经济学、发展经济学的专业人士是经济学家。前面说过，理论只有让人懂，才能影响人，进而影响世界。显然不能期望世界上所有人都很懂数学，更不能要求大多数人都能理解用复杂数学语言（有时甚至是高深的数学语言）所描述的经济思想。所以经济学家还必须能够将经济思想和结论变成平实的自然语言，让普通人也能听得懂。

所以，经济学家需要不断在自然语言和数学语言之间做双向翻译：既要把现实问题转换成数学语言，以便于分析；又要把用数学推理得到的逻辑和结论翻译成自然语言，让非经济专业的人士领悟。这种双向翻译需要持续不断地进行。数学语言固然精确，但这种精确性反过来也制约了其应用范围。有许多现实问题如果原原本本地转化为数学问题，根本无法求解。因此，经济学家在将现实问题翻译成数学问题时（进行数学建模时）必须做取舍，把一些因素简化掉，以便得出数学结论。而如果现实中的重要因素被简化掉了，得到的数学结论自然就难以应用到现实中。为了利用数学工具真正解决现实中的经济问题，经济学家必须既精通数学，又对现实有深刻理解，还得有高超的语言文字能力以便与人沟通。所以，经济学家只有具备多方面的复合能力，才能良好地完成其工作。

关于经济学家的能力要求，我们必须引用凯恩斯的另一段名言。这段话出自凯恩斯1924年为另一位伟大经济学家马歇尔（同时也是凯恩斯的老师）所写的纪念文章。在这篇名为《纪念阿尔弗雷德·马歇尔》的文章中，凯恩斯写道：

> 经济学研究看起来并不要求那种出类拔萃的独特天赋。理智地说，与那些哲学和纯科学中的高深内容相比，经济学难道不是一个简单至极的学科吗？然而，优秀的，甚至是合格的经济学家却如凤毛麟角。一个简单的学科，而精通者寥寥！这种说法看似矛盾，但似乎能从这里得到解释：一位经济学中的大师必须是诸种天赋的综合。他必须在各个方面都达到相当的水准，然后把这些很难捏合在一起的各种天分融为一体。在某种程度上，他必须既是数学家又是历史学家，同时还是政治家和哲学家。他必须能理解符号而又能诉诸言语。他必须在研究现在的同时回顾过去、展望未来。人类的天性与习俗没有哪些完全处于他的视野之外。他必须富有激情，追寻目标而又排除先入之见。他必须像艺术家那样远离尘世，又像政治家那样脚踏实地。

凯恩斯所说的“各种天分融为一体”正是我们这门课在教学中试图达到的目标。我们既要利用数学语言来讲授经济理论的主要思想，也要掌握从现实到理论再到现实的转换。我们要从经济理论的视角切入中国经济鲜活的现实中，既看到理论对现实的解释力和影响力，又看到现实对理论发展的塑造力，并最终在这个过程中让每个参与者的认识水平和实践能力都得到提升。

在《纪念阿尔弗雷德·马歇尔》这篇文章中，凯恩斯还谈到了一个细节。在决心研究经济学之后，马歇尔购买了一幅小油画挂在了他的宿舍中。画上画了一个面容憔悴的"落魄者"的形象。马歇尔将这幅画称为他的保护神，并立志要让那些像画中人一样的人们获得幸福。在这里，我们看到的是一位心怀苍生的学者的情怀。具有这种情怀对经济学的学习（尤其是宏观经济学的学习）是非常有帮助的。

经济理论的学习能够满足我们对复杂经济现象的无穷好奇心。但我们必须随时提醒自己，任何经济现象、任何经济数据都是由一个个活生生的人构成的。我曾经在互联网上看到这样一张令人心酸的照片。照片上是一对贫困的母女。在 2011 年 6 月 23 日上午浙江义乌商贸城附近，这对母女看到了马路上两包被汽车压碎的方便面。她们非常高兴地走到了这包方便面旁边，用一个塑料袋把散落在地上的方便面碎块搜集了起来。在做这一切的时候，她们的脸上都浮现着灿烂的微笑。透过这笑容，我们完全可以想象她们当时心中的喜悦。但是，她们的这种喜悦并不能让我高兴，反而深深刺痛了我。在改革开放几十年之后，在我国东部发达地区，在我们身边，竟然还有这样贫困的人，会仅仅因为在路上捡到了被压碎的方便面碎屑而高兴成这样！如果说"落魄者"是马歇尔的保护神，那么这对母女就是我们的保护神，让她们获得幸福就是我们的任务所在。

因此，对于我们这些学习经济学的人来说，在关注经济现象和数据的时候，还必须将关切投向现象和数据背后的鲜活之人。为什么我们要在意 0.1 个百分点的经济增长率差异？是因为那对应着亿万人巨大的福利差异。为什么我们要试图减缓经济的波动？是因为经济的一次衰退就可能让许多人的生活脱离正轨。我们将思绪集中到这些人身上之后，才能理解经济理论的真正使命所在，也才有学习和运用经济理论的无穷动力。

进一步阅读指南

凯恩斯写于 1924 年的长文《纪念阿尔弗雷德·马歇尔》可算是为马歇尔所写的一篇传记（Keynes，1924）。通过这篇文章可看到一位经济学大师眼中的另一位经济学大师，体察到经济学大师所具有的一些特质。本讲正文中所引的凯恩斯讲经济学大师的文字就来自这篇文章。阅读这篇文章会对经济学的学习带来很大帮助。

如果想了解真实世界中的经济学家在做些什么样的工作，如何在政策决定中发挥作用，可读一读考希尔·巴苏所著的《政策制定的艺术》（巴苏，2016）。巴苏是美国康奈尔大学的经济学教授。在 2009 年，他出任印度政府的首席经济顾问。在 2012—2016 年，他担任世界银行首席经济学家。巴苏以学者的身份步入政界。他写的这本书可以让人更好地理解在现实世界中应用经济理论的复杂性。

练习题

1.1　请分辨以下几句话中的"需求"二字指的是需求曲线的变化，还是沿着需求曲线的数量变化（提示：首先弄清每种情况下的交易商品和对应的价格）。

(a)"居民收入水平的上升推升了对房屋的需求。"

（b）“房价下降刺激了对房屋的需求。”

（c）“需要提升房屋按揭贷款利率来抑制对房地产的需求。”

（d）“利率的上升抑制了对房屋按揭贷款的需求。”

1.2　请观察一个真实世界中的市场。这个市场中的价量之间有什么样的相关性？这个市场中的波动因何而起？

第 2 讲

通过 GDP 认识中国经济

认识对象是研究对象的前提。宏观经济包罗万象，头绪极多。要认识这么一个复杂的对象，我们需要一个切入点。大家耳熟能详的国内生产总值（gross domestic product，简称 GDP）就是一个很好的入口。这个统计指标不仅仅告诉了我们一个国家经济规模的大小，还给我们提供了深入经济内部的思路。在这一讲中，我们将会通过对 GDP 的不同计算方法来初步认识中国经济。这会为未来的宏观经济分析打下基础。

2.1 从国民财富到 GDP

一个国家的财富是从哪里来的？这是任何一个思考宏观经济的人都必然会问的问题，也是经济学之父亚当·斯密在他 1776 年名著《国民财富的性质和原因的研究》（简称《国富论》）中着力探讨的问题。我们对中国经济的分析就从这个问题开始。

对国民财富成因的探究可以拆分成一系列层层递进的追问：**什么是国民财富？国民财富怎样衡量（如何统计）？国民财富从何而来？国民财富如何增加**？而在这些问题背后，还有一个更为关键的问题：**我们为什么关心国民财富**？对这个问题的回答决定了前面那些问题的答案。这一系列问题构成了研究宏观经济的一条主线。

先来看国民财富是什么的问题。究竟什么才算作国民财富，不同人会有不同的想法。而且这种差异由来已久。在《国富论》第四篇第一章，斯密就写道："在他们（鞑靼人）看来，财富由牲畜构成，这就像在西班牙人看来，财富由金银构成。"不管是牲畜还是金银，都是对国民财富的朴素认识。牲畜和金银的共性是对人有用，为人所需要。但对人有用的显然不止于牲畜和金银。按照是否对人有用的逻辑，我们似乎可以笼统地将一国所拥有的所有能够满足国民需求的资源都算成国民财富。但这种想法并不符合我们对国民财富的直觉。比如，空气为所有人所需要，但我们并不把空气看成国民财富。显然，我们需要在资源中画出一条国民财富的分界线，**需要找出判断某种资源是否属于国民财富的原则**。

直接分析错综复杂的真实世界是困难的。我们需要从真实世界中抽象出一个简化模型，再利用这个模型来思考。这有点像讲寓言故事。真实世界中并没有在一起赛跑的乌龟和兔子。但这并不妨碍古希腊的伊索用龟兔赛跑的故事来劝告人们做事不能半途而废。经济学家做着类似的事情。他们在面对真实世界中的经济问题时，会将那些不重要的东西忽略，而只留下那些他们认为关键的因素，从而构造一个与现实世界在某些方面有些类似的虚构的简化世界——这个简化世界往往是用数学语言描述的模型。经济学家们再用分析这个简化世界所得到的逻辑线索来解释真实世界。

在这里，我们用一个非常简单的模型来分析国民财富的认定和衡量问题。我们假设经济中仅存在一位叫做**代表性消费者**（representative consumer）的人。乍看上去，假设经济中只有一个人似乎有点奇怪。但这其实不会让我们失掉太多一般性。在较为宽泛的效用函数的假设下，大量消费者的行为可以被加总起来——许多消费者的行为所产生的总体效应，与经济中只存在一位消费者（拥有所有消费者的禀赋）所产生的效应一致。所以，我们基于代表性消费者假设所得到的结论也适用于许多消费者组成的经济。

我们假设代表性消费者可以从消费苹果和闲暇中获得效用，其效用函数可写为

$$u(c,l)=\eta\log(c+c_0)+(1-\eta)\log(1-l)$$

其中，c 为消费者的苹果消费量，l 为消费者的劳动时间。我们还假设消费者在初始的时候拥有一些苹果禀赋，以 $c_0>0$ 表示（消费者无须劳动就能获得 c_0 这么多的苹果）。为了简便，我们将消费者可用的总时间正规化为 1（即消费者拥有的总时间为 1 单位）。这样，消费者的闲暇就为 $1-l$。上式中的 η（$0<\eta<1$）是一个参数，刻画了消费者对苹果和闲暇偏好的相对强度。η 越大，消费者越偏好于苹果而非闲暇。

这个经济中苹果的生产技术由以下生产函数刻画

$$y=l^\alpha$$

其中，y 是苹果的产出，l 是为了生产苹果而投入的劳动量，$0<\alpha<1$ 是一个参数。

显然，这个经济中苹果的产量应该等于苹果的消费量。将其代入效用函数，可以把消费者的效用最大化问题写成

$$\max_l u(c,l)=\eta\log(l^\alpha+c_0)+(1-\eta)\log(1-l)$$

最优化的一阶条件为

$$\frac{\alpha l^{\alpha-1}(1-l)}{l^\alpha+c_0}=\frac{1}{\eta}-1 \tag{2.1}$$

求解上面这个方程，可以算出这个模型中所有变量——苹果的总产量 l^α、消费者的苹果总消费量 $l^\alpha+c_0$，从而完成这个模型的数学求解。但数学求解只是模型分析的第一步。从模型中提炼有用的逻辑线索更为关键。接下来我们用这个模型来分析前面提出的那些有关国

民财富的问题。

我们先来回答最根本的问题：为什么要关心国民财富？经济学关心的是人的福利（即居民的效用）。在前面这个模型世界中如果要定义国民财富，其一定与效用水平相关。此外，这个所定义的国民财富一定要可以直接测量。按照可测量的标准，效用水平 $u(c, l)$ 就被排除了。它虽然代表了福利，却是一个无法观测的心理因素。

下一个国民财富的备选指标是消费者的商品消费量 $l^{\alpha}+c_0$ 与闲暇 $1-l$。它们虽然与效用水平直接相关，但在现实中其实也是很难观测的。每人每天都有 24 小时不假，但如何度量他享受的闲暇是多少？再来说消费，消费者消费了多少生产出来的苹果容易看到（就是 l^{α}），但他消费的苹果禀赋 c_0 统计起来就很难了。如果消费的不是苹果这样的有形物质，而是无形的服务产品，那就更麻烦了。举个例子，有人可能既自己在家里哼唱歌曲，也购买了音乐来听。这种情况下要测量他对音乐的总消费量就很困难了。

在前面这个模型世界中，与效用有关而且可以测量的经济指标只有 l^{α}。它既是经济中消费者购买的消费量，也是经济中的总生产量（总产出）。尽管这个指标与效用之间的联系还受到不可观测的禀赋消费 c_0 的影响，但我们可以说 l^{α} 越高，效用水平 $u(c, l)$ 越高。很自然地，l^{α} 就成为国民财富的最好衡量指标。这就是我们耳熟能详的**国内生产总值**。以 GDP 为核心的**国民收入核算体系**（system of national accounts，简写为 SNA）便是现代的系统衡量国民财富的方法。

这种用可观测指标来间接测量福利的方法早就为经济学家所用。著名经济学家欧文·费雪（Irving Fisher）在其 1930 年出版的名著《利息理论》的 1.2 节曾说：

> 享用收入是心理的实体，是无法直接衡量的。然而我们可以退回去一步，经由所谓实际收入来间接求得一个近似值。实际工资以及一般的实际收入，是由外部世界中那些最后物质事件所构成。这些物质事件给予我们内部的享受。

这便是费雪那句名言——“收入是一连串的事件”——的真正含义。按照费雪的话来说就是：“享用收入、实际收入以及生活费用不过是收入的三个不同阶段。”我们在做的其实是用可以观测的外部指标来间接推算我们真正关切的福利（人的内部享受）。

这便是现在用 GDP 来衡量国民财富的历史源头，也是我们应该关心 GDP 的原因——它是我们间接推算福利的最佳指标，提升 GDP 也就是在提升居民福利。如果我们忘记了这个历史源头，忘记了 GDP 只是手段而非目的，那就无法看到许多经济问题的本质。

2.2　对 GDP 的评论

2.2.1　GDP 与消费者偏好

GDP 是对国民财富的一种衡量方式，最终表现出来的是一个有关经济的统计数据。但与人口总量、国土面积等客观的统计量不同，**GDP 包含着价值判断**。

英国 17 世纪哲学家约翰·洛克曾经把物质的性质分成了两类，分别是“第一性的质”和“第二性的质”。第一性的质是那些如广延、形状等物质客观具有的属性。而第二性的质则是那些物体刺激人的感官而让人形成感觉的能力。人口总量就类似洛克所说的第一性的质，是一种经济体所客观固有的属性。不管组织经济体的人有什么样的想法，经济体中有多少人是确定的，谁来测量都会得到一样的结果。

而 GDP 则类似于第二性的质，是人们对经济中有价值劳动成果的数量评估。换言之，GDP 反映了人对经济的主观评价。在对不同产品进行加总的时候，**GDP 是利用市场价格来折算不同经济活动成果而得到的总量**。而价格则反映了组成经济的人（以后还会被称为居民或消费者）对不同成果的主观评价。从这个角度来说，居民偏好通过影响价格，最终决定了 GDP。

我们还是通过前面那个模型来研究消费者偏好与 GDP 之间的关系。由于那个模型中只有苹果一种产品，所以没法谈不同产品的价格。但我们至少可以研究消费者对苹果的偏好强度（η）与 GDP 的关系。

容易看出，（2.1）式左边是 l 的减函数（分子是 l 的减函数，分母是 l 的增函数）。因此，当消费者对闲暇的偏好增加时（η 减小时），方程右边变大。为了维持等号成立，l 需相应减小。换言之，消费者越是在苹果和闲暇中偏好后者，他愿意进行的生产活动就越少，经济中的 GDP（l^α）就越小。这背后的直觉不难理解。消费者越是偏好闲暇，自然就越不愿意牺牲闲暇来工作，经济中苹果的产出自然就越小。

为了留下更直观的印象，下面我们给参数代入具体数值，把模型中各个内生变量的取值计算出来。尽管（2.1）式是个非线性方程，一般无法得出解析解，但我们可以用计算机来求解数值解。这是宏观经济分析经常采用的手段。一般来说，宏观经济模型分析到最后会得到一系列刻画均衡的方程（如这里的（2.1）式）。这些方程多半难以得到解析解。通常情况下，讨论这些刻画均衡的方程就能给我们足够的启发。比如，前面我们通过对（2.1）式的比较静态分析，定性地给出了偏好对 GDP 的影响。但有时仅仅进行定性讨论还不够，还需要将模型的解求出来再做进一步的分析。这时就需要使用数值方法，用计算机来帮我们得到数值解。那些动态的宏观模型往往需要利用 Matlab 等专用数学软件，编程求解。而在这里我们看到的是一个静态模型（只有一期），因此利用 Excel 自带的“规划求解”功能即可求解。在本讲附录 2.A 中有求解的过程，供感兴趣的读者参考。这里我们仅仅列出数值求解的结果。

我们令 $\alpha=0.5$，$c_0=0$，计算两种情形下的 GDP（也就是 l^α）。表 2-1 中的情形 1 是比较基准。情形 2 与情形 1 相比，η 由 0.5 减小到了 0.3，表明情形 2 中的消费者更偏好闲暇。数值计算证实了之前的比较静态分析。消费者对闲暇的更强偏好降低了经济的 GDP。

表 2-1

	η	c_0	l	l^α
情形 1	0.5	0	0.33	0.58
情形 2	0.3	0	0.18	0.42

但更低的 GDP 并不意味着更低的福利。用情形 2 中的效用函数（$\eta=0.3$）来衡量，0.58 的 GDP 带来的效用反而比 0.42 的 GDP 对应的效用更低。换言之，让情形 2 中的消费者来选择，他们会偏好更低的 GDP。

在本讲的附录 2.B 中对这个模型做了拓展，把经济中的产品数目变成了 2 个（有苹果和梨两种产品）。这样就可以讨论偏好对不同产品的价格和 GDP 的影响。结论是类似的。

消费者的偏好变化的确会影响产品价格，进而影响用价格折算出来的 GDP。所以，GDP 并非一个客观的统计指标，而反映了人对不同产品的偏好。

2.2.2　GDP 与稀缺性

当然，也不能说 GDP 完全是人主观意识的产物。价格为正的商品必然是稀缺的，不稀缺的商品不会有价格。比如，空气虽然对我们每个人来说都是必需的，但由于其供给量足够充足，所以没有价格。自然，在计算 GDP 时也不会考虑空气。但是，如果因为污染或是其他原因导致清洁空气变得稀缺，那么空气在市场上就会有正的价格，生产它的经济活动就会被计入 GDP。例如，当城市里雾霾严重时，对空气净化器的需求出现，生产空气净化器就能推高经济的 GDP。所以，价格最终决定于相对于需求（人的偏好）的供给稀缺性。这样，我们就可以用劳动所带来的稀缺性的下降来对劳动成果估价。**把所有能够降低稀缺性的劳动成果加总起来，就是 GDP**。

我们还是用前面的模型来看看资源稀缺性与 GDP 的关系。对（2.1）式做比较静态分析，容易看出等号左边分式的分子部分是 l 的减函数。因此，当 c_0 变大而导致分母变大时，为了保证等式仍然成立，l 需要变小以使得分子部分也变大。所以，苹果禀赋的增加会使得经济的 GDP 下降。之所以会这样，是因为禀赋的增加使得消费者消费苹果的边际效用下降。为了获得最高的效用，消费者就会减少劳动，增加闲暇，使得闲暇的边际效用也下降。于是经济中的总产出就变少了。

我们还是代入具体的数字来算算看。表 2 - 2 中的情形 1 就是前面给出的基准比较情形。情形 3 相比情形 1，苹果的初始禀赋从 0 变成了 0.4。可以看到，经济的 GDP 确实从情形 1 中的 0.58 下降到了情形 3 中的 0.46。不过，GDP 的下降并不意味着消费者效用水平也会降低。相比情形 1，情形 3 中的消费者效用反而更高——从情形 1 中的 -0.48 上升到情形 3 中的 -0.19。

表 2 - 2

	η	c_0	l	l^{α}	$u(c, l)$
情形 1	0.5	0	0.33	0.58	−0.48
情形 3	0.5	0.4	0.21	0.46	−0.19

这个例子告诉我们，**GDP 测量的是劳动所带来的资源稀缺度的下降**。由于消费者的边际效用递减，所以如果经济中初始的稀缺度比较低（资源比较多），降低稀缺度带来的效用提升就相对不明显。此时，消费者就会相应减少劳动量，从而让 GDP 减少。尽管初始消费品的增加（初始稀缺度的下降）会降低 GDP，但会提升居民的效用水平。

在这里我们还可以再做一个思想实验，把场景推至极致。让我们假设苹果的初始禀赋为无穷大（$c_0 \to +\infty$），这时经济中的 GDP 是多少？由于此时苹果消费带来的边际效用会趋近于 0，所以优化问题不再有内点解，优化条件（2.1）式不再成立。不过，运用一些经济逻辑推理就能得出结论。当苹果消费的边际效用趋近于 0 时，消费者显然不愿意牺牲自己的闲暇去生产更多的苹果，所以此时劳动的供给量 $l=0$，经济中的 GDP 为 0。尽管此时 GDP 是 0，但消费者的效用会因为无穷的苹果消费而趋近于无穷大。

我们可以将这种禀赋极其丰裕的状况理解为身处伊甸园——资源不再稀缺，所有人的需求都可得到满足。如果真是这样，连 GDP 这个概念都会变得没有意义。因为前面我们说过：GDP 衡量了所有降低商品稀缺性的劳动的总价值。稀缺性不再有，劳动就不再有价值，GDP 自然就没有意义了。

2.2.3 对 GDP 的简单总结

现在我们可以给 GDP 下一个定义了：**GDP 衡量了经济中所有降低了资源稀缺性的生产活动的成果的总价值**。从这个定义能看到，**GDP 是一个以人为本的统计指标**。什么样的经济活动会被统计在 GDP 之中？那些通过降低稀缺性从而提升了居民福利的生产活动会被统计在 GDP 之中。我们为什么要关心 GDP？因为 GDP 与居民福利息息相关。尽管在现实世界的 GDP 测算中还存在遗漏与误差（比如家务劳动就不包含在 GDP 中），但这不妨碍 GDP 成为一个衡量经济中居民福利的较好指标。

GDP 本质上是一个市场经济的概念。在自由的市场中，居民通过交易将其偏好信息包含在了价格信号中，进而形成了评价各种劳动成果的依据。于是，依据价格来加总得到的 GDP 就与居民福利有了密切联系。但是，如果价格信号被扭曲，并不反映居民偏好，那么 GDP 就失去了与居民福利之间应有的联系。结果可能是 GDP 虽然很高，但居民并不幸福。在 20 世纪 70 年代，苏联为了转嫁军备竞赛的负担，大幅提高了国内生活品的价格。结果，苏联生产的低质量电视机（甚至有爆炸的可能）却在国内卖出了高价。这种扭曲价格下的虚高 GDP 并未带来苏联居民福利的相应提升，引发了苏联民众的不满，最终成为苏联解体的重要原因。

还要注意，**GDP 是一个流量（flow）的概念，衡量的是一段时间内生产活动成果的总价值**。而在讲国民财富的时候，大家一般会把它理解成一个存量（stock）。如果非要按存量来理解国民财富，那就把国民财富叫做能够产生 GDP 的一切东西的总和就好了。只不过对这些东西存量的估计远比 GDP 的核算困难。从居民福利的角度来说，把 GDP 理解为国民财富也没什么大问题。

抽象地讲了这么久，下面我们来看看真实世界中 GDP 的定义。在中国国家统计局的网站（www. stats. gov. cn）上有 GDP 的官方定义：**“GDP 指按市场价格计算的一个国家（或地区）所有常住单位在一定时期内生产活动的最终成果。”**这个定义虽然不长，但包含了 6 个关键词来对概念加以限定：

■ **市场价格**：用市场价格来折算加总不同的经济活动成果。

■ **一个国家（或地区）**：GDP 的计算总是针对一个有清晰地域边界的经济体进行的。我们可以对一个国家、一个省、一个市、一个县来计算 GDP。但对跨国公司、国际组织这些不具有地域属性的实体就不能计算 GDP。

■ **常住单位**：所谓常住单位，是那些在一国（或地区）经济领土内从事经济活动，并超过一定时间的单位或个人。注意，这里并没有说单位或个人需要属于这个国家或地区，而只需要在地域上属于这个国家即可。所以，外国人只要在中国领土上居住的时间足够长，他的经济活动也会被统计进中国的 GDP 中。

■ **一定时期**：这说明 GDP 是一个流量的概念，是一段时间内经济活动的总和。

■ **生产活动**：GDP 的统计一定对应着生产活动的发生。那些非生产性的活动不被计算在 GDP 之内。比如，单纯在郊野踏青就不被计算在 GDP 内。但如果通过一个旅游公司来安排踏青活动，那么这个旅游公司就进行了生产活动，其成果需要算在 GDP 之内。

■ **最终成果**：为了扣除重复计算的问题，GDP 只计算最终成果。那些中间产品不被计算在 GDP 之内。否则，中间产品被计算一次，其价值凝结在了最终产品中又被计算一次，就会造成重复计算，虚增经济活动总量。

大家可以看到，我们前面讨论的有关 GDP 的各种理念都包含在了这个真实世界的定义中了。所以即使是 GDP 这么一个看似简单的经济统计指标，背后其实都包含着深邃的经济思想。

2.3　通过 GDP 认识中国经济

前面论证了 GDP 是一个衡量国民财富的指标。下面我们就用这个指标来认识中国经济。由于 GDP 本质上是一个市场经济的概念。所以，要理解在现实世界中 GDP 的统计方法，需要从市场经济的逻辑出发。

市场经济是一个由产出、收入与需求三阶段组成的无尽循环过程（见图 2－1）。经济中的生产活动形成产出。产出又变成劳动要素（劳动力、资本、土地等）的回报，并最终变成居民、企业、政府的收入。而经济主体在获得收入之后，又会把这些收入消费出去，形成对经济产品的各种需求。而这些需求再激发出又一轮的产出。在这个循环过程中，从产出到收入是收入分配的问题，从收入到需求是消费和投资行为的问题，从需求到产出是经济总供给与总需求的关系问题。在这三个环节的每一部分，政府都深入其中：政府提供公共品，因而是重要的生产者；政府还会通过税收、社保以及其持有的生产资料参与收入分配，调节收入分配；政府的开支同时也是全社会总需求的重要组成部分。而整个市场经济的循环需要以货币为媒介、以金融体系为中介来进行。这就是市场经济的全貌。需要注意，尽管这里我们的叙述是从产出到收入再到需求，好像三者之间有某种先后关系，但在现实中三者是同时发生、相互影响的。

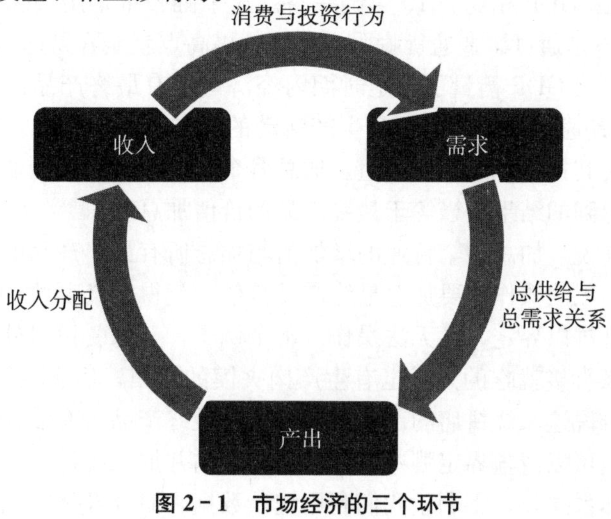

图 2－1　市场经济的三个环节

市场经济循环包含产出、收入和需求三个环节。其中的每一个环节都代表了观察宏观经济的一个视角。而每一个视角都对应一种统计经济总量的方法，即计算 GDP 的方法，分别对应**生产法 GDP**（GDP by production）、**收入法 GDP**（GDP by income）以及**支出法 GDP**（GDP by expenditure）。在中国宏观指标体系下，三种 GDP 计算方法的定义如表 2－3所示。

表 2－3　GDP 的三种统计方法

统计方法	定义	计算方法
生产法	所有常住单位的增加值之和	第一、二、三产业的增加值（＝总产品－中间投入）之和
收入法	所有常住单位在一定时期内创造并分配给常住单位和非常住单位的初次收入之和	劳动者报酬＋生产税净额＋营业盈余＋固定资产折旧
支出法	所有常住单位在一定时期内最终使用的货物和服务价值与货物和服务净出口价值之和	最终消费＋资本形成总额＋出口－进口

资料来源：中国国家统计局

2.3.1　生产法 GDP

在中国，**生产法 GDP** 是最重要的 GDP 数据。国家统计局每季度发布的 GDP 增速，政府每年设定的 GDP 增长目标，乃至中国长期经济发展目标（比如 2020 年实现 GDP 比 2010 年翻一番）都是指的生产法 GDP。2017 年，中国生产法 GDP 为 82.7 万亿元人民币，GDP 真实增速为 6.9%。前面列出的中国国家统计局给的 GDP 定义，指的就是生产法 GDP。

需要注意的是，当我们通常说 GDP 增速时，指的都是扣除了物价因素之后的真实增速。真实增速也叫做实际增速、不变价增速。政府设定目标时，也是基于 GDP 的真实增速。比如，中国要在 2020 年实现全面建成小康社会的目标。小康社会目标有一项关键经济指标是 2020 年中国 GDP 相比 2010 年翻一番。这个翻一番是用扣除了价格因素的真实 GDP 来计算的，而不是通过制造通货膨胀，把物价搞高点就能容易达到的。

简单来说，生产法 GDP 衡量了一定时期内经济体所有最终产品的价值总额。而在现实中，生产法 GDP 是通过加总各个部门生产活动的增加值来统计的。所谓增加值，就是企业的产出价值减去其投入中间品的价值。加总各个环节的增加值而非产出价值，就避免了重复计算问题，得到的结果应当等于最终产品的价值加总。

尽管从理论上来说，加总各个行业的增加值与加总所有最终产品的价值应该相等，但在现实中后者却根本无法操作。要加总最终产品价值，就得定义哪些产品是最终产品。在现实中，这个定义既难以界定，又无法操作。举个例子，一家餐馆对外出售烧饼。烧饼的买家中既有那些买来直接就吃的人，也有生产肉夹馍的餐馆，后者买烧饼来夹肉后出售。在这种情况下，很难说这家烧饼店的产品中有多少是最终产品，有多少是中间产品。再退一万步说，就算我们可以清晰界定哪些商品是最终产品并加以统计，也会将中间产品厂家的信息排除在统计体系之外，不利于我们利用统计数据来研究经济。相反，统计增加值就不会有以上这些操作上的困难，并且能够给我们提供经济生产中整个增加值形成的全貌。从这一点来看，我们可以知道经济分析绝不仅仅是坐在书斋中的纯理论设想，而必须像凯恩斯在纪念马歇尔的悼词中所说的那样“必须像艺术家那样远离尘世，又像政治家那样脚踏实地”。

既然要计算各个部门的生产活动的增加值，就需要对部门进行分类。所以，生产法GDP是按产业来计算的，产业被分成三大类，分别是**第一产业**（产品直接取自自然界的生产部门）、**第二产业**（对初级产品再加工的生产部门）以及**第三产业**（提供各种服务的部门）。在中国的统计体系中，第一产业是农业，第二产业是工业及建筑业，第三产业是服务业。2017年，第一、二、三产业占中国GDP的比重分别为8%、41%、51%。而从更细的划分来看，工业是GDP中占比最大的部门。又因为工业部门增速波动往往大于其他部门，所以生产法GDP的波动时常由工业部门所主导。因此，工业部门是中国政府调控宏观经济的主要抓手（见图2-2、图2-3）。

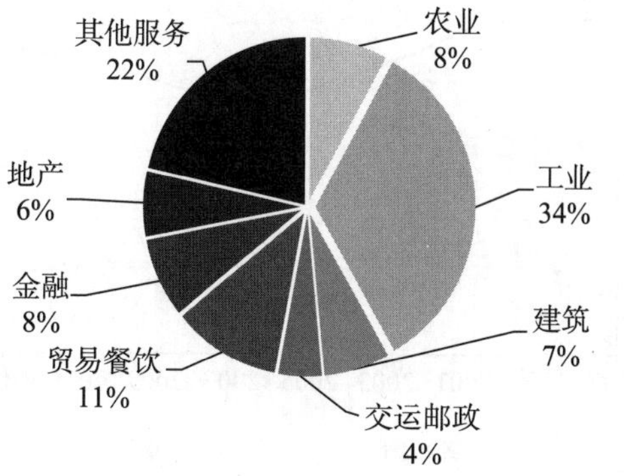

图2-2　2017年中国生产法GDP的构成

资料来源：Wind

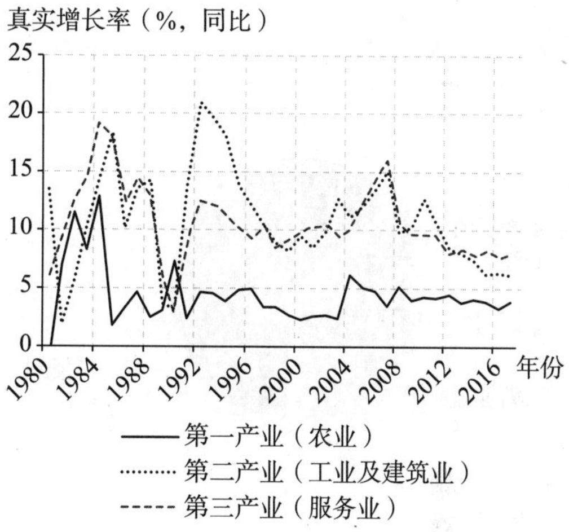

图2-3　中国三次产业的GDP增速

资料来源：Wind

2.3.2　收入法GDP

在中国，**收入法GDP**是被忽视的GDP数据。国家统计局甚至不发布年度的全国收入法GDP数据，其只能在投入—产出表（input-output table，简称IO表）中找到。但由于投入—产出表每5年只发布两次，相当滞后，因而只在分析长期趋势方面有一定价值。国家统计局虽然按年发布分省的收入法GDP数据，从理论上来讲可以将其加总得到全国数据，但因为这一数据的质量不高，所以价值也不大。

所以，收入法GDP数据不会给我们提供太多信息。我们只能从投入—产出表的数据中大略地看出劳动者报酬（工资）、生产税净额、营业盈余及固定资产折旧的占比（见图2-4、图2-5）。但我们还必须注意，收入法GDP所反映的只是收入的**初次分配**（primary distribution of income）的结果，即收入是如何被生产要素（劳动力、资本）及政府税收所分别获得的。在初次分配之后，还有收入的**二次分配**（secondary distribution of income)，即政府通过征税、转移支付等手段再次调节收入分配，形成新的分配格局。二次分配后，经济中的各个主体（居民部门、企业部门、政府部门、外国机构）得到的**可支配收入**（disposable income）才是各个主体能够自由支配的收入。

尽管收入法GDP在中国并不受重视，但对收入分配的分析却是理解任何一个经济的前提。这是因为在市场经济中，每个经济主体（个人、企业、政府机构）的偏好都只能通过其交易行为才能在市场中表现出来，进而影响经济的运行。我们可以将市场机制理解为一个大的投票机制，谁拥有的选票多，谁对市场的影响力就大。钱是每个人在市场中的选票。而收入分配就决定了钱这种选票在不同经济主体之间的分配。

前面我们说过，GDP是一个以人为本的统计指标，反映了居民对经济成果的评价。但是，如果收入分配的结构不利于居民（收入没有充分流向居民，而被其他部门截留），那么市场反映出来的偏好就未必与居民偏好一致。而这种偏好所引致的经济结构也未必为居民所喜。在后面我们分析中国经济的结构失衡时会回到这一点做深入讨论。

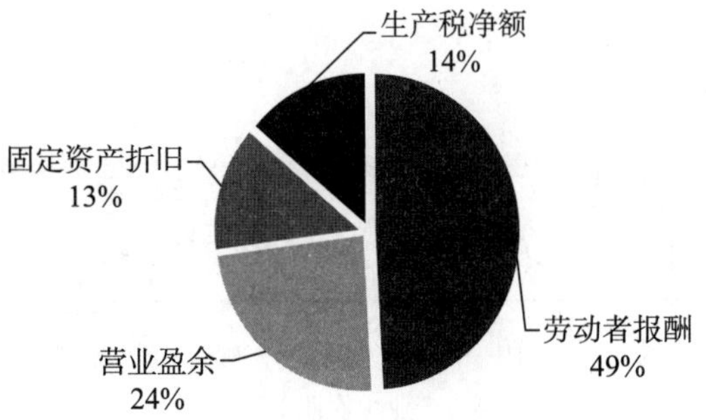

图2-4 2012年中国收入法GDP的构成

资料来源：Wind

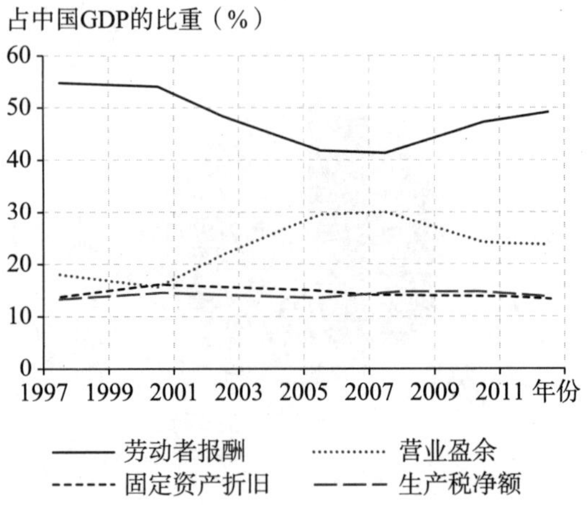

图2-5 中国收入法GDP构成的变化

资料来源：Wind

2.3.3 支出法GDP

在西方发达国家，**支出法GDP**是最重要的GDP指标。欧美国家每季度发布的GDP数据就是支出法GDP。相比之下，中国支出法GDP的统计就相对落后，目前只发布年度支出法GDP数据，且发布时间相当滞后。

2017年，中国支出法GDP为81.2万亿元，与同年的生产法GDP数值略有差异，属于正常的统计误差。支出法GDP由消费、投资（又叫资本形成总额）以及净出口（出口减去进口）三大类组成。其中，消费又由城镇居民消费、农村居民消费和政府消费三项组成。投资则由固定资产投资和存货增加组成。从占比来看，消费和固定资产投资是支出法GDP绝对的大头，合起来占比达到了96%。而存货增加和净出口都只占GDP的2%。但是，尽管存货增加和净出口占比低，它们的波动性却很大，经常是经济波动的重要来源（见图2-6）。

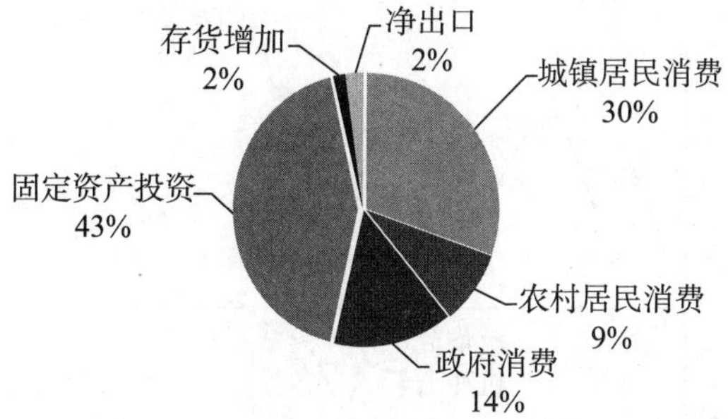

图2-6 2017年中国支出法GDP构成

资料来源：Wind

讲到这里，我们要引入**拉动**（contribution）的概念来辅助分析。宏观数据一般由多个组成部分构成（比如GDP由几项构成）。这些组成部分的占比和增长率都不一样。有些组成部分可能占比并不高，但增长很快，因而能够在总体的增长中占据较大份额。而由于我们关心的往往是增长，所以并不能仅仅因为某些组成部分的占比小就忽视它们。为了更清楚地看出各个组成部分对总体增长的影响，我们要计算各个组成部分对总体增长的拉动力。

我们先简单介绍一下拉动是怎样计算的。假设某个指标C包含A和B两个部分（$C=A+B$）。那么C的变化就是A和B的变化之和（$\Delta C=\Delta A+\Delta B$）。因此，$C$的变化率就可以被拆分为由$A$带来的和由$B$带来的两部分，即

$$\frac{\Delta C}{C}=\frac{\Delta A+\Delta B}{C}=\frac{\Delta A}{C}+\frac{\Delta B}{C}=\frac{A}{C}\cdot\frac{\Delta A}{A}+\frac{B}{C}\cdot\frac{\Delta B}{B}$$

让我们在其中代入具体的数字，以获得一个直观的形象。假设$C=100$，$A=25$，$B=75$。再假设$\Delta C=20$，$\Delta A=10$，$\Delta B=10$。容易计算，C的变化率为20%。而在这20个百分点的增长率中，有10个百分点来自A，另外10个百分点来自B。因此，尽管A在C中的占比只有25%，但因为它的增速高（$\Delta A/A=40\%$），所以它对C的拉动力与B一样，都为10个百分点。

弄清了拉动的概念，我们再回过头来看支出法GDP的各组成部分对GDP增长的拉动。中国国家统计局会按年发布消费、投资和净出口对我国GDP增长的拉动数据。这就是俗称的“三驾马车”对经济增长的拉动。2017年中国6.9%的GDP增长中，有4.1个百分点来自消费的拉动，2.2个百分点来自投资的拉动，0.6个百分点来自净出口的拉动。回溯过往，我们可以从“三驾马车”的拉动变化中看到引发中国经济波动的冲击来源。

在2008年和2009年，中国净出口对GDP增长的拉动累计下降了约6个百分点。这意味着如果其他条件不变，仅仅因为净出口的收缩，中国GDP增速就会损失6个百分点之多。这便是次贷危机带给中国的冲击。为了应对次贷危机带来的经济下行压力，中国在2008年推出了“四万亿元刺激”政策。受其影响，中国投资对GDP增长的拉动在2008年大幅上升了3个百分点，在一定程度上抵消了外部冲击对我国经济的影响（见图2-7）。

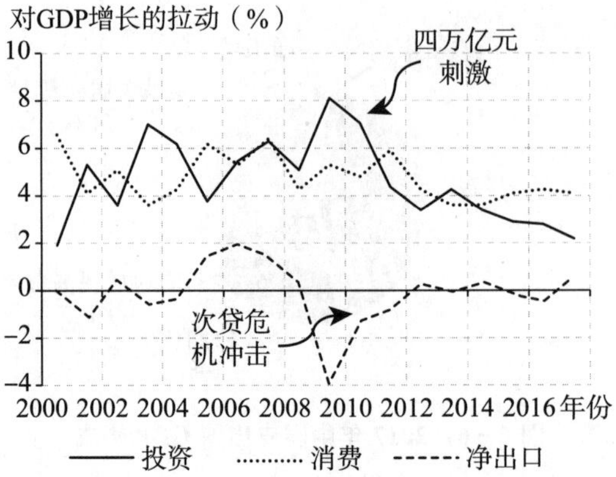

图 2-7 “三驾马车”对中国 GDP 增长的拉动

资料来源：Wind

2.4 初探中国经济的消费不足问题

支出法 GDP 数据显示，中国城乡居民消费占 GDP 的比重不足 40%，远远低于国际平均水平。这便是现在许多人讨论的中国**消费不足**（underconsumption）的现象。这一现象是在过去几十年里逐步产生的。在从 20 世纪 60 年代至 21 世纪初的这 50 多年里，中国居民消费占 GDP 的比重一直趋势性下降，从 1962 的 71%的高点一路降到了 2010 年 36%的最低点。同期，投资占 GDP 的比重则大幅上升。从 20 世纪 90 年代到 2008 年次贷危机爆发时，净出口占 GDP 的比重也有一定程度的上升。而在过去的 60 多年间，政府消费占 GDP 的比重一直较为稳定，波动不大（见图 2-8）。

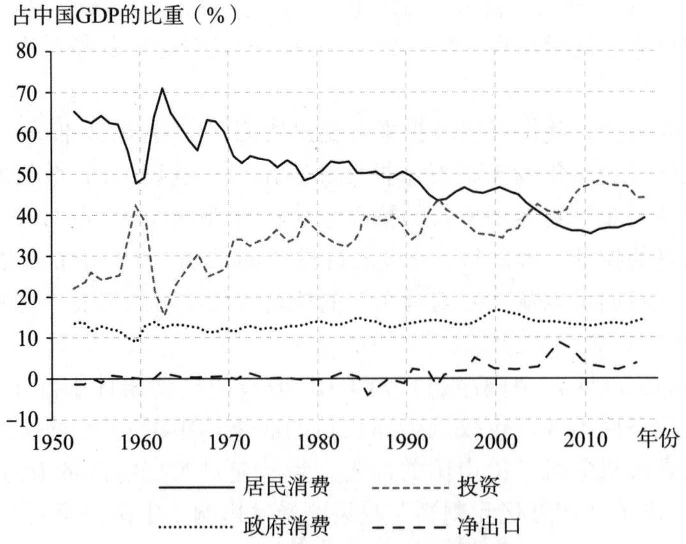

图 2-8 中国支出法 GDP 构成的变化

资料来源：Wind

下面我们借助国民收入恒等式来对图 2-8 中呈现的这种结构变化做一些初步分析。所谓国民收入恒等式，是一些国民收入统计中的会计等式。根据数据的定义，这些等式是永远成立的恒等式。

按照支出法 GDP 的定义，GDP（Y）由居民消费（C）、政府消费（G）、投资（I）和净出口（NX）组成。可将其写成方程

$$Y=C+G+I+NX$$

可以将上式变形为

$$\underbrace{Y}_{\text{产出}}-\underbrace{(C+G+I)}_{\text{内需}}=\underbrace{NX}_{\text{外需}} \tag{2.2}$$

这表明国内产出与国内需求（居民消费、政府消费与投资之和）之间的差额就是外需（净出口）。直觉上来说，如果国内产出在满足了国内需求后还有剩余，那多出来的部分就得让外国人来用，表现为净出口。

注意，产出（Y）同时也是全社会的总收入。而收入中未被消费的部分就是储蓄，可以用字母 S 表示之。于是有 $S=Y-C-G$。将其代入上式，可以得到一个重要的国民收入恒等式

$$S-I=NX \tag{2.3}$$

即国内储蓄减去国内投资等于净出口。直觉上来说，投资要靠储蓄来支持。如果国内投资较少，用不光国内所有的储蓄，那么剩余的储蓄就得借给外国人，形成正的净出口。反过来，如果国内储蓄较少，不足以支持国内的高投资，那么国内投资的一部分来源就必然是借入的外国人的储蓄。这样，净出口就会是负值。

由于政府消费占我国 GDP 的比重一直稳定，居民消费占比的持续下降意味着经济中储蓄占比持续上升，以及随之而来的投资占比攀升。但大量投资会压低投资回报率，抑制经济中的投资意愿。于是在 2001 年加入世界贸易组织（WTO）后，中国的储蓄开始越来越明显地输出到国外，从而令中国净出口的顺差占 GDP 的比重明显扩张。

但中国的净出口顺差势必对应着别国的逆差——整个全球经济是一个封闭经济体。从（2.3）式可知，净出口逆差意味该国的国内投资大于其国内储蓄，该国势必要借入别国的储蓄来支持其投资，因而会增加其对外负债。外债越高，这个国家就越有可能爆发**国际收支危机**（balance of payment crisis）——无法偿还外债而导致的经济危机。这是国际经济体系自动调节净出口逆差国行为的一种机制。这种机制的存在意味着别国的逆差规模不可能无限扩张。相应地，中国的净出口顺差也不可能无限放大。

事实上，在 2008 年次贷危机之后，美国和欧洲深陷经济危机的泥潭，对外国产品和服务的需求大为下降，导致中国净出口占 GDP 的比重明显回落。于是，中国的大量国内储蓄只能通过国内投资来消化。在国内资本回报率已经因为过去大量投资而处于低位的时候，净出口顺差向国内投资的转化加重了国内投资过剩的程度，令国内投资意愿走低，投资对经济的带动力日渐下降。在投资和净出口都面临较大阻力的时候，为了保证中国产出与需求之间的匹配，有必要增加消费占 GDP 的比重，降低国内储蓄的规模。如若不然，

国内需求不足、供给过剩的问题就会愈发严峻，威胁经济的稳定。这便是中国政府在次贷危机后一直倡导“消费转型”的主要原因。

这样，摆在中国经济政策决策者面前的就是一个现实的问题：如何增加居民消费占GDP的比重？面对这个问题，各方人士给出了五花八门的答案。有人认为应该通过一些优惠政策来刺激居民消费；有人认为应该减少投资，把资源留给消费；还有人提议应该通过完善社会保障体系来降低居民消费时的后顾之忧。这些观点看上去都有一定的道理。但在现实中，这些举措却并未取得明显的效果。尽管尝试过推进消费转型的种种举措，但中国经济增长仍然高度依赖投资的带动。

真实世界中消费转型推进得迟缓，归根结底是有关中国消费不足的关键问题少被人问起。当我们在谈论中国存在消费不足，需要改变的时候，需要首先明确比较的标准，应该首先问出这个问题：**对中国来说，恰当的消费占GDP的比重是多少**？中国的消费占比确实明显低于世界其他国家，但这并不代表中国的状况就一定不好。我们需要从思辨的角度来找出与现实比较的标尺，才能对现状做出价值判断。

而这个标尺最终来自经济学的终极关切——居民福利。我们需要从居民福利出发，以居民的效用最大化为起点，来论证恰当的消费占比应该是多少。我们还需要分析，这种恰当的比例是通过什么样的经济制度和机制在真实世界中实现的，其中的哪些在中国经济当前的现实中是缺失的。这样我们才能找到推进消费转型的关键突破口。

这条思路正是之前从国民财富到GDP的分析思路。我们看到一个经济问题，不能仅仅停留在就事论事的程度，而应该从经济学的终极关切出发，看到作为手段的经济制度安排与作为目的的居民福利提升之间的联系，以及二者间可能存在的矛盾。只有这样才能直达经济问题的本质。这也是我们在这一讲中会绕个大圈子，从亚当·斯密对国民财富的追问开始讨论，而不是一上来就抛出GDP概念的原因。对经济分析者来说，看到经济手段与终极关切之间的联系，是看透经济问题表象的必要条件。也只有这样，我们才能感受到经济现象与亿万人福祉之间的紧密联系，迸发出改变世界的情怀。

专栏2-1

中国统计数据的质量对经济分析有什么影响？

一直有一些人质疑中国宏观经济数据的质量。就像中国经济正处在计划经济向市场经济的转型过程中一样，中国的宏观数据统计体系也正处在市场化转型的中途。在中国脱胎于计划经济的经济数据调查统计体系中，许多数据都依赖报表体系来统计，要靠从下到上的层层汇报和加总来得到。各级地方官员为了夸大自己的政绩，有在统计数据上作假的动机，从而导致了一定的“数字出官、官出数字”的现象。在这样的体系中，数据自然会产生一定的偏差。

数据是经济分析的素材。有人可能会怀疑，用低质量的统计数据是否能得到可信的分析结论。出于两方面的原因，答案是肯定的——统计数据质量虽然低，但我们仍然能从中得到有意义的结论。

第一，只要统计数据中的误差是系统性的，就不妨碍我们用数据来把握经济运行的走势。统计数据是宏观经济的“温度计”，其数字本身的大小并无太大意义。对应同样的体温，水银温度计中水银柱的长度和酒精温度计中酒精柱的长度不一样。但这并不意味着水银柱和酒精柱的长度中有一个错了。当我们说中国 2017 年 GDP 有 82.7 万亿元的时候，82.7 万亿元这个数字有可能高估也有可能低估了中国经济的规模——但这不太重要。在计算经济规模变化的时候，系统性误差会被消除。因此，当我们说（在扣除价格因素后）2017 年中国 GDP 比 2016 年高出了 6.9%时，这个 6.9%的增长率就是可信的。所以，我们可以把宏观统计数据看成一个个标尺不太准的温度计。但即使这样，也不妨碍我们用它们来研究宏观经济的走势。

第二，交叉比对不同来源的经济数据，可以让我们避开数据中的陷阱。中国经济数据有很多来源。国家统计局、中国人民银行、海关总署、发改委、商务部等部委都会发布自己统计的经济数据（当然是各有侧重）。行业组织、商业机构也会发布它们调查统计的数据。别的国家和地区也会有与中国相关的统计数据发布（主要是进出口贸易数据）。通过仔细比对这些数据，能够发现数据中的不实之处，从而规避其对分析的影响。

比如在 2012 年、2013 年，中国内地曾出现过虚假贸易现象。那时，中国内地的出口企业通过高报出口货值来实现将资本转移到境内的目的。于是在这段时间里，中国海关公布的中国内地对中国香港的出口额大于同期香港发布的香港从中国内地的进口额。用香港的数据来矫正内地的数据，就能规避虚假贸易对分析的影响。类似这样的例子还能举出很多。

所以，尽管中国统计数据与现实有偏差，但这并不妨碍我们利用这些数据来得出有关中国经济的可信洞察。事实上，当一些观察者在抱怨中国统计数据质量不高，分析难做的时候，其实是他们自己数据分析的“功课”没有做好。

附录 2.A　利用 Excel“规划求解”功能求解模型

在本附录中，我们介绍怎样用 Excel 软件自带的“规划求解”功能来求解本讲正文中的模型。本课程所遇到的模型均是单期或是两期模型，用这种方法都能求出数值解。

求解的第一步是把模型的方程输入 Excel 中。如图 2-9 所示，我们首先将模型的参数输入 Excel 中（单元格 B4、B5、B6）。为了简化，我们可以减少模型内生变量的数量，将模型的一些内生变量表示为其他内生变量的函数。比如在这个模型中，我们可以将苹果的消费量（同时也是经济的总产出）以及消费者的效用水平表示为劳动量 l 的函数（单元格 B9、B10、B11）。初始时我们可以给 l 设定一个任意的数值（单元格 B9 中的 0.3 是任意设定的）。最后，将刻画均衡的方程在 Excel 中用公式写出（单元格 B14、B15、B16）。注意，均衡方程一定要写成方程一边减去方程另一边的形式。方程左右两边差的平方这一公式被置于单元格 B16 中。这是为了下面“规划求解”的方便。

	A	B
1	**利用Excel“规划求解”功能求解模型**	
2		
3	**参数**	
4	α =	0.5
5	η =	0.5
6	c_0 =	0
7		
8	**待求解内生变量**	
9	l =	0.3
10	$c=l^{\alpha}$ =	=B9^B4
11	$u(c,l)$ =	=B5*LN(B10+B6)+(1-B5)*LN(1-B9)
12		
13	**优化一阶条件**	
14	左边 =	=B4*B9^(B4-1)*(1-B9)/(B9^B4+B6)
15	右边 =	=1/B5-1
16	(左边-右边)^2=	=(B14-B15)^2
17		

图 2－9

下面进入规划求解过程。这一功能可以在 Excel 的“数据”选项卡最右侧找到（见图 2－10）。如果这一功能未出现在那里，那么需要点击 Excel 的“Office 按钮”（页面左上角的圆形按钮），在弹出的对话框中点击“Excel 选项”按钮。然后选择“加载项”，再在“管理”列表中选择“Excel 加载项”，并点击“转到”按钮。在弹出的对话框中勾选“规划求解加载项”并按“确定”按钮即可（在更新版本的 Excel 中加载的方式可能不同，请查阅 Excel 说明）。

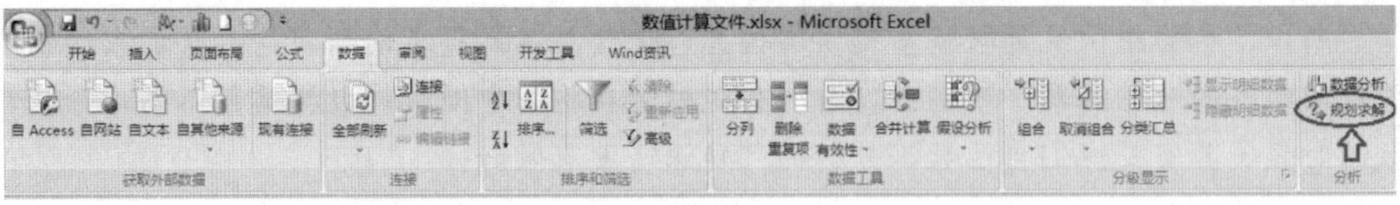

图 2－10

点击“规划求解”按钮后，会弹出“规划求解参数”对话框（见图 2－11）。在“设置目标单元格”处将目标单元格设为 B16。下面的选项中选择“最小值”。由于单元格 B16 是均衡方程左右两边相减之差的平方，最小化这个单元格中的数值就是尽可能让均衡方程左右两边相等。接下来，将“可变单元格”设为 B9。由于 B9 中是劳动量（其他内生变量都被表示成了劳动量的函数），这样的设定就是告诉 Excel，让它通过选择劳动量的取值，来尽可能让均衡方程左右两边相等。找到了使方程左右两端相等的劳动量取值，就求出了方程的数值解。尽管我们在一开始将劳动量任意设成了 0.3，在规划求解结束后，Excel 会自动将 B9 单元格中的数值改成 0.33。这个 0.33 就是我们要求的解。它对应的 0.58 的产出就是前面正文表格中汇报的情形 1 下的 GDP 数字。

使用规划求解时还有一点需要注意。其实内生变量的初始值并不可以完全任意设定。Excel 会以我们任意设定的初始内生变量为起点开始搜寻数值解。有时我们初始值设定得不恰当，可能会导致规划求解失败。此时，重新设定合适的初始值后再运行规划求解即可。有时可能需要尝试多次来找出不会令规划求解失败的初始值。

关于规划求解的更详细内容读者可以查看相关的 Excel 书籍。

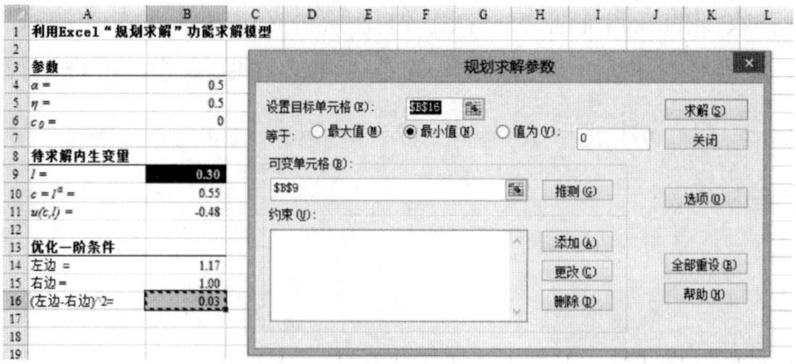

图 2-11

附录 2. B　两种商品情况下的 GDP

在这个附录中，我们将前面正文中的模型扩展到包含两种商品。这样，我们就能看到居民的偏好怎样影响不同商品之间的相对价格，进而影响 GDP。注意，在这个附录中我们在求解一般均衡的问题，与前面正文模型的求解方法有所不同。在未来的课程中我们会详细介绍宏观一般均衡模型的设定与求解。读者在这里了解这个模型的基本结论就好了，不必太深究模型求解的过程。

我们假设经济中的代表性消费者有如下偏好

$$u(x,y,l)=\eta\log x+(1-\eta)\log y+\mu\log(1-l)$$

其中，x 为消费者的苹果消费量，y 为消费者的梨消费量，l 为消费者的劳动时间。我们将消费者的总时间正规化为 1（即消费者拥有的总时间为 1 单位），则消费者的闲暇为 $1-l$。从上面这个效用函数来看，消费者从其苹果的消费量和闲暇中获得效用。上式中的 $\eta(0<\eta<1)$ 是一个参数，刻画了消费者对苹果和梨偏好的相对强弱。参数 μ 是一个正的参数，刻画了消费者对闲暇的偏好强度。

这个经济中完全竞争的企业生产苹果或梨。它们的生产技术分别由以下两个生产函数刻画

$$x=l_x^{\alpha}$$
$$y=l_y^{\alpha}$$

其中，l_x 与 l_y 分别为投入苹果生产与梨生产的劳动量。显然，$l_x+l_y=l$。α 为 0～1 的参数。我们假设两类企业都通过一次总付的形式将其所有利润转移给消费者（意味着消费者拥有企业）。

设以苹果为计价物的梨的价格为 p，工资率为 w。（注意，这里的计价物的选择是任意的，用梨甚至劳动来作为计价物也是完全可以的，并不影响下面我们将要得出的结论。）于是，消费者效用最大化问题可以写为

$$\max_{x,y} u(x,y,l)=\eta\log x+(1-\eta)\log y+\mu\log(1-l)$$
$$\text{s. t.}\quad x+py\leqslant wl+\pi$$

其中的 π 为消费者收到的来自企业的一次总付型利润支付（消费者在决策时将这笔利润当成外生给定的）。注意到在优化时约束条件的不等号必然取等号，可设定拉格朗日函数

$$\mathcal{L}=\eta\log x+(1-\eta)\log y+\mu\log(1-l)+\lambda(wl+\pi-x-py)$$

其优化的一阶条件为

$$\frac{\partial\mathcal{L}}{\partial x}=0:\quad \frac{\eta}{x}=\lambda$$

$$\frac{\partial\mathcal{L}}{\partial y}=0:\quad \frac{1-\eta}{y}=\lambda p$$

$$\frac{\partial\mathcal{L}}{\partial l}=0:\quad \frac{\mu}{1-l}=\lambda w$$

消去拉格朗日乘子 λ 得

$$y=\frac{1-\eta}{p\eta}x \tag{2.4}$$

$$(1-l)\eta w=\mu x \tag{2.5}$$

由于生产苹果和梨的厂商都是完全竞争的，所以它们的利润最大化问题可以写为

$$\max_{l_x} l_x^{\alpha}-wl_x$$

$$\max_{l_y} pl_y^{\alpha}-wl_y$$

其利润最大化的条件分别为

$$\alpha l_x^{\alpha-1}=w$$

$$p\alpha l_y^{\alpha-1}=w$$

于是

$$p=\left(\frac{l_x}{l_y}\right)^{\alpha-1}$$

在均衡时有如下均衡条件成立

$$x=l_x^{\alpha}$$

$$y=l_y^{\alpha}$$

$$l=l_x+l_y$$

将企业的利润最大化条件及均衡条件代入消费者的优化条件（2.4）式，可得

$$\frac{l_x}{l_y}=\frac{\eta}{1-\eta}$$

所以

$$l_x=\eta l,\quad l_y=(1-\eta)l$$

因此

$$w=\alpha(\eta l)^{\alpha-1},\quad x=(\eta l)^{\alpha}$$

将其代入（2.5）式可得

$$(1-l)\alpha=\mu l$$

从中解出

$$l=\frac{\alpha}{\alpha+\mu} \tag{2.6}$$

从前面的推导可以得出

$$p=\left(\frac{\eta}{1-\eta}\right)^{\alpha-1} \tag{2.7}$$

经济中的 GDP 为（以苹果为计价物计算）

$$\begin{aligned}
&x+py\\
&=(\eta l)\alpha+\left(\frac{\eta}{1-\eta}\right)^{\alpha-1}((1-\eta)l)^{\alpha}\\
&=\left(\frac{\alpha}{\alpha+\mu}\right)^{\alpha}\left[\eta^{\alpha}+\left(\frac{\eta}{1-\eta}\right)^{\alpha-1}(1-\eta)^{\alpha}\right]\\
&=\eta^{\alpha}\left(\frac{\alpha}{\alpha+\mu}\right)^{\alpha}\left[1+\frac{1-\eta}{\eta}\right]\\
&=\eta^{\alpha-1}\left(\frac{\alpha}{\alpha+\mu}\right)^{\alpha}
\end{aligned}$$

从上式可以看出，消费者越是偏好闲暇（μ 越大），或是在苹果和梨之间越是偏好苹果（η 越大），经济中的 GDP 越小。

进一步阅读指南

任何一本中级宏观经济学教材都会介绍 GDP 及其他重要宏观经济指标。斯蒂芬・D. 威廉森《宏观经济学（第 5 版）》的第 2 章和第 3 章是适合初学者的不错材料。戴安娜・科伊尔（Diane Coyle）写于 2014 年的新书 *GDP: A Brief But Affectionate History* 中有对 GDP 来龙去脉的全面而又不失风趣的介绍，值得一读。由中国国家统计局编写的《中国主要统计指标诠释》是有关中国统计体系的权威参考资料，是宏观分析的实务者必备的参考资料。

亚当・斯密的《国富论》是经济学的开山之作。不过这本书毕竟年代久远，讨论的问题颇为陈旧，论述也远比不上现代经济学著作清晰。读者如果有访古情怀而愿意读一读这本书，那么推荐阅读其第一篇的前四章。费雪的《利息理论》虽然从出版至今已经快 90 年了，但这本书的内容与现代经济学思想仍然相当契合。其实更恰当的说法是，现代经济学思想在很大程度上继承了费雪的观点。所以《利息理论》这本书现在仍然可读。推荐阅读这本书的第一篇。至于该书后面几篇，由于其讨论的问题在现代经济学书籍中可以找到更好的表述，因此不读也罢。

练习题

2.1 假设你是外星人，站在几光年外的星球上用望远镜观察我们人类社会。请问你会怎样统计人类社会的经济规模。特别地，你会有 GDP 的概念吗？

2.2 假如一个社会存在于物质极度丰富的伊甸园中（所有人的所有需求都能瞬时得到满足），请问在这种情况下这个社会的 GDP 是多少？回答了这个问题之后，你认为 GDP 与居民福利之间有什么关系？

2.3 在本讲 2.1 节的模型中，假设经济中的生产函数为 $y=Al^{\alpha}$。其中，A 是表征技术水平的正的常数。请问，在 A 上升的时候，经济中的 GDP、福利和劳动量会变大还是变小？请用经济逻辑解释你所得到的结论。

第 3 讲

中国经济增长的供给面分析

3.1 有关经济增长的重要问题

上一讲介绍了用 GDP 来衡量国民财富的理念，以及 GDP 与居民福利之间的关系——只要价格充分反映了居民的偏好，那用它计算出来的 GDP 越大，居民的福利就越高。因此，GDP 的增长是宏观经济学研究的关键问题之一。

在第 1 讲我们已经看到，在复利的威力之下，经济增速的微小差异在长期能带来 GDP 水平的巨大不同。以中国为例，同样都是 25 年，在平均 4.3%的人均真实 GDP 增长率下，中国 1977 年的人均真实 GDP 水平仅是 1952 年的约 2.5 倍。而在 8.4%的增长率下，中国 2003 年的人均真实 GDP 水平则是 25 年前（1978 年）的 7 倍以上。

在 1988 年发表的一篇经典文章中，1995 年诺贝尔经济学奖得主罗伯特·卢卡斯（Robert E. Lucas，Jr.，1937—　）在列举了不同经济体之间迥异的增长表现之后，写下了下面这段著名的话①：

> 我不相信人们会看不到这些数字所代表的可能性。有没有印度政府能够采取的措施，可以将印度的经济增长提升到印度尼西亚或埃及的水平？如果有的话，是什么？

① Robert. Lucas，“On the Mechanics of Economic Development，” *Journal of Monetary Economics*，22 July，1988：5. 在这篇文章中，卢卡斯列举了 1960—1980 年间，印度人均 GNP 平均增速只有 1.4%，埃及有 3.4%，而印度尼西亚的增速则由 3.9%上升到了 7.5%，平均增速远高于上述两国。考虑到印度巨大的人口基数，如果能将印度的经济增速提升到埃及或印度尼西亚的水平，那么全人类福利提升的幅度将是巨大的。卢卡斯因而有那样的感慨。

如果没有，是印度的什么东西让它这样的？这样的问题对人类福利产生的影响是巨大的：一个人一旦开始思考它们，就很难再去想别的问题。

卢卡斯思考的正是每一个研究经济增长的人都关注的重要问题。这些问题包括：经济为什么会增长？不同国家间经济增长状况为什么会不同？同一个国家不同时期的经济增长状况为什么有差异？决定经济增长状况的主要因素有哪些？资本、劳动力、技术、制度、文化等起的作用有多大？可以通过什么样的政策措施来提升一个国家的经济增长率？

要思考经济增长，中国显然是一个无法回避的课题。从 1978 年改革开放至今，中国创造了人类经济增史中的又一个增长奇迹，让拥有占世界 1/5 人口的国家从十分贫困的状况中走到了中等收入国家之列。同样是那一块土地，同样是那么一些人，经济增长为什么能够在改革开放前后有如此之大的差异？这个问题既对人类的好奇心提出了巨大挑战，也对人类发展具有重大意义——中国成功的经验如果能总结出来，并被运用到其他发展中国家去，那就意味着数十亿人福利的持续提升。

而在次贷危机之后，中国经济增长面临着比较大的下行压力，增速持续放缓。怎样解释这种增速的放缓？未来的中国还能维持前几十年的高增长吗？中国是否会就此落入“中等收入陷阱”？我们能够用政策来提升经济增长速度吗？如果可能的话，该用什么样的政策？这些正是当前各界人士激烈争论的问题。能否对这些问题做出正确解答，在很大程度上决定了未来几十年中国经济的走向。

3.2　供给与需求的争论

所谓经济增长，无非就是经济中生产出越来越多的产品（这里说的产品也包括服务）为人所用而已。量化地看，经济增长就是经济中产出数量越来越大，以及经济中被使用的产品越来越多。前者是供给的概念，后者是需求的概念。上一讲已经介绍过了，一个国家的 GDP 既可以用生产法来核算，算成经济的总产出，也可以用支出法来核算，算成经济中产品和服务的总需求量。因此，研究经济增长，可以从供给和需求两个角度分别切入：从供给侧来看经济的生产能力是如何扩大的；从需求侧来看经济人的需求是如何得到越来越多的满足的。

但这里有一个难点。观察任何一个市场，都会发现市场中的交易量永远既等于（在交易价格下的）供给量，也等于（在交易价格下的）需求量。换言之，当我们观察到市场上的成交数量时，市场中的供给与需求一定都等于这个数值（否则这就不可能是成交的数量）。于是，怎样分清市场交易数量的变动是供给还是需求在主导，就成为一个较为困难的问题。

有人可能觉得这种困难只是在微观层面研究单个商品的市场时才存在。因为不同商品之间有替代性，对某种商品的需求肯定是会变化的，因而需求有可能成为市场交易的约束——有产品卖不出去。研究宏观经济时似乎不应该碰到这样的问题。因为人的欲望永远是无穷的（经济学假设人的偏好是无餍足的），所以人对产品的需求总是无限的。而相比需求来说，产品的供给总是稀缺的，只能通过生产活动来降低其稀缺性。这样看起来，在宏观层面，经济增长的约束就应该只在供给面，而不可能在需求面——人无限的欲望怎么可能约束得了有限的生产活动。

但没那么简单！不要忘记，在研究市场经济时，重要的是市场上具有购买力的需求。只有这些需求才有能力影响到供给。有人可能想吃遍天下所有的美食，但如果他不具有购买力，无法把这些想法变成市场上真切的交易行为，那他的想法就只是想法，而不算会对经济产生实质影响的需求。

所以在**谈论需求时，一定指的是有购买力支撑的需求。这其中的关键是收入分配**。收入分配决定了在市场这个投票机制中每个人手中选票（也就是收入）的多寡，从而也就决定了市场中有购买力的需求的大小。设想一种极端的情况，经济中有一个守财奴拥有所有收入，而其他人则什么收入也没有。如果这个守财奴相当吝啬，不愿意将收入都花出去，那么经济中有购买力支撑的需求就会较少，生产者就会因为找不到足够的买家而无法充分开工。

这种需求约束供给的状况究竟是否会产生，经济学中早就有争论。18世纪的经济学家让-巴蒂斯特·萨伊（Jean-Baptiste Say，1767—1832）就提出了著名的**萨伊定律**（Say's law）**"供给会创造自己的需求"**，认为需求不可能会成为供给的约束。而以提出了"马尔萨斯陷阱"闻名于世的马尔萨斯（Malthus，1766—1834）则提出了**有效需求**（effective demand）的概念，认为需求有可能小于供给，从而对供给构成约束。这里我们先不深入萨伊和马尔萨斯的争论。但这种争论的存在本身就表明，研究经济增长时供给和需求两个视角都是成立的。

经济学是一门实践的学科，任何争论都需要用现实数据来做裁判。在第1讲的1.2.1节我们曾经说过，可以用交易价格和数量之间的相关性来判定主导市场的因素在供给面还是在需求面——价量反向变化表明供给因素主导市场，价量同向变化表明需求面是主导因素。这一方法对宏观经济分析也是适用的。

可以计算美国自20世纪初至今的GDP真实增速与其通货膨胀率之间的相关性。通货膨胀率是用**GDP缩减指数**（GDP deflator）来衡量的。GDP缩减指数是用GDP名义增速减去GDP真实增速来计算的，是口径最大的通货膨胀指标，表征了经济中整体物价水平的变动。我们每10年计算一个增长与通货膨胀之间的相关系数，并以此类推，得到了10年滚动相关系数的序列（比如，1910年的数据对应1901—1910年这10年间增长与通货膨胀的相关系数）。

从数据中可以看到，在从1945年第二次世界大战结束到2008年次贷危机爆发的这半个多世纪里，美国经济增长与通货膨胀长期负相关，表明这段时间里的美国经济为供给面因素所主导。现在的主流宏观经济学（新古典宏观经济学）发展并成熟于这一时期。了解了这一时间上的对应，我们就不应对当代主流宏观经济学对萨伊定律的全盘接受感到奇怪了。相应地，当前主流经济学（包括主流的经济学教材）都只会从供给面来分析长期经济增长问题。不过我们还应注意到，在第二次世界大战之前以及次贷危机之后，从价量配合来看，美国经济的主导因素其实在需求面。换言之，**现代主流宏观经济学的分析范式其实也只是契合美国经济的部分历史**（见图3-1）。

再来看中国经济。在1978年改革开放开始之后，尤其是1992年邓小平南方谈话发表之后，中国经济增长与通货膨胀长期正相关，显示需求面因素对中国经济有更大影响力。这与萨伊定律并不相符，与西方主流宏观经济学所假设的长期增长决定于供给因素的基本假设有差距。事实上，这是把西方经济学生搬硬套到中国经济上来会水土不服的最主要原因（见图 3-2）。

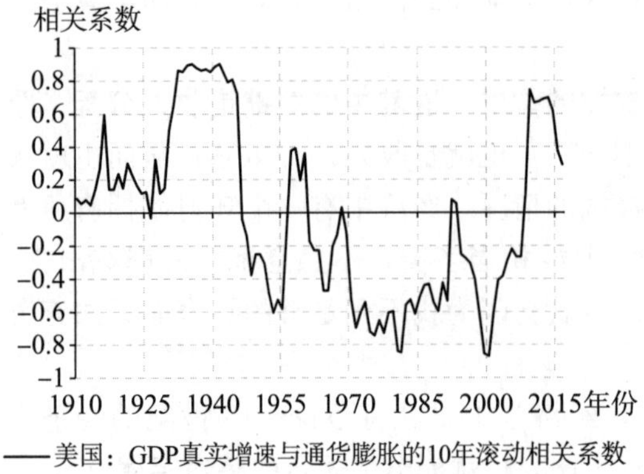

图 3-1 美国 GDP 真实增速与通货膨胀在第二次世界大战后长期负相关，表明供给因素主导其经济增长

资料来源：Wind

图 3-2 中国 GDP 真实增速与通货膨胀在改革开放后长期正相关，表明需求因素主导中国经济增长

资料来源：Wind

从数据来看，要分析中国经济，需求面是比供给面更好的切入角度。不过在这里我们还是先沿着当前主流经济学的思路，从供给视角展开分析。这一视角下的分析相对简单，并可以为未来需求面的分析打下基础。

3.3 生产函数

从供给面来分析经济增长，核心问题是：经济中的产出为什么会越来越多？我们需要把那些与宏观经济相关的因素组织起来，给出一个可以进行数量分析的框架。这一框架就是**生产函数**（production function）——一个把投入要素和产出联系起来，概括了经济中生产活动的函数。

观察微观层面一个企业的生产活动，可以启发我们在宏观层面对经济总供给的研究。一个企业要越做越大，生产出越来越多的产品，肯定需要投入更多的生产要素。而生产要素主要包含资本（厂房、机床等）和劳动力两大类。可以对其用一个简单的生产函数来概括

$$Y=F(K,L) \tag{3.1}$$

其中，Y 代表产出（GDP），K 代表资本存量，L 代表劳动力投入。

3.3.1 规模报酬不变

对（3.1）式这个宽泛的形式我们能说些什么？一个合理的要求是**规模报酬不变**

(constant return to scale，简称 CRS)：如果用同样的要素投入再建设一个同样的企业，那么两个企业合起来的产量应该是一个企业的两倍。换言之，如果所有投入要素都倍增，那么总产出也应该倍增。所以应该有 $2Y=F(2K, 2L)$。更为一般地，我们要求对任意的正数 t，都有如下等式成立

$$tY=F(tK, tL) \tag{3.2}$$

在数学上，(3.2) 式这样的函数被称为**一次齐次** (homogeneous of degree one) 函数。将 (3.2) 式左右两端对 t 求导有

$$Y=\frac{\partial F(tK, tL)}{\partial(tK)}K+\frac{\partial F(tK, tL)}{\partial(tL)}L$$

上式对所有 t 都成立，当然对 $t=1$ 也成立。将 $t=1$ 代入上式可得

$$Y=\frac{\partial F(K, L)}{\partial K}K+\frac{\partial F(K, L)}{\partial L}L \tag{3.3}$$

(3.3) 式即为**欧拉定理** (Euler's theorem)。

在微观经济学中我们知道，对一个竞争性的企业，生产要素的价格等于要素的边际产出。因此，如果定义 r 为资本的租金，w 为劳动者获得的工资，则有

$$r=\frac{\partial F(K, L)}{\partial K}, \quad w=\frac{\partial F(K, L)}{\partial L}$$

将其代入欧拉定理 (3.3) 式得到

$$Y=rK+wL \tag{3.4}$$

因此，总产出 Y 被资本的回报 rK 和劳动的回报 wL 完全分割。所以，在完全竞争的经济中，规模报酬不变的生产方式必然导致投入要素收入完全分割产出。

3.3.2 稻田条件

除了规模报酬不变，我们还能预期生产函数具有什么样的性质。合乎直觉地，我们要求在没有投入生产要素时就没有产出，即

$$F(0, 0)=0 \tag{3.5}$$

除此而外，我们还预期每种要素投入得越多，产出就越多。但随着要素投入的增加，新增的单位要素投入所带来的增量产出变得越来越少——这便是所谓的规模报酬递减的铁律。以上描述可以用数学的语言写成

$$\begin{aligned}&\frac{\partial F(K, L)}{\partial K}>0, \quad \frac{\partial F(K, L)}{\partial L}>0\\&\frac{\partial^2 F(K, L)}{\partial K^2}<0, \quad \frac{\partial^2 F(K, L)}{\partial L^2}<0\end{aligned} \tag{3.6}$$

另外，我们还假设

$$\lim_{K\to 0}\frac{\partial F(K, L)}{\partial K}=\infty,\quad \lim_{K\to\infty}\frac{\partial F(K, L)}{\partial K}=0$$
$$\lim_{L\to 0}\frac{\partial F(K, L)}{\partial L}=\infty,\quad \lim_{L\to\infty}\frac{\partial F(K, L)}{\partial L}=0 \tag{3.7}$$

即当资本投入量非常小时，增加一点资本带来的边际产出非常巨大。相反，当资本投入已经很多时，增加资本带来的边际产出微乎其微。劳动力的情况也是完全类似的。这些条件，再加上对生产函数的可微性要求（以方便进行微分运算），便构成了新古典经济学对生产函数的经典假设，即所谓的**稻田条件**[①]（Inada conditions）。这组条件因为最先为日本经济学家稻田献一（Ken-Ichi Inada）所阐述而得名。

利用规模报酬不变的性质，可以将稻田条件改写为更加简洁的形式。在生产函数 $Y=F(K, L)$ 中，等式两边同时除以 L，并定义小写变量为对应大写变量的人均量（$y=Y/L$，$k=K/L$），则有 $y=F(k, 1)$。再定义 $f(k)=F(k, 1)$，可将生产函数（3.1）式改写成

$$y=f(k)$$

相应地，稻田条件可写为：$f(0)=0$，$f'(k)>0$，$f''(k)<0$，$\lim_{k\to 0}f'(k)=\infty$，$\lim_{k\to\infty}f'(k)=0$（见图 3-3）。

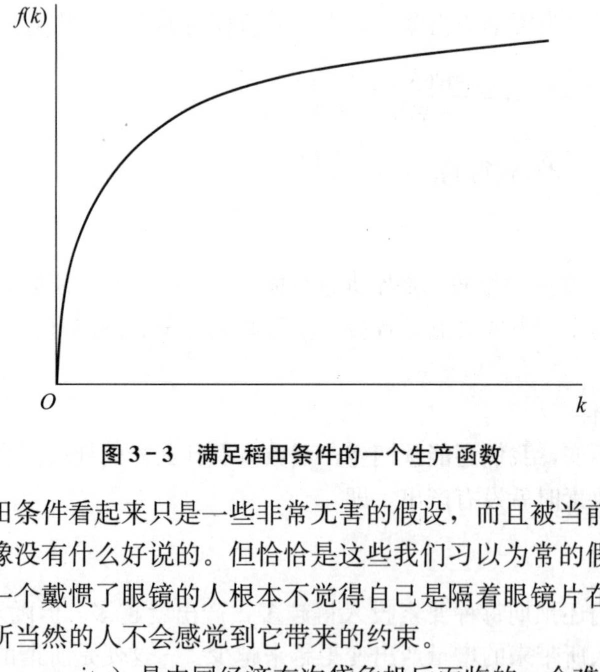

图 3-3 满足稻田条件的一个生产函数

上面所列的稻田条件看起来只是一些非常无害的假设，而且被当前主流经济学广泛采用，所以看起来好像没有什么好说的。但恰恰是这些我们习以为常的假设，往往最能局限我们的思维。就像一个戴惯了眼镜的人根本不觉得自己是隔着眼镜片在看东西一样，一个将稻田条件视为理所当然的人不会感觉到它带来的约束。

产能过剩（over-capacity）是中国经济在次贷危机后面临的一个难题。所谓产能过剩，就是资本已经多到无用，甚至需要被摧毁（去产能）。很自然地，我们会认为产能过剩状况下资本的边际回报率应该是零，甚至是负值（需要付成本来清理过剩的产能）。在 1929 年大萧条时，美国发生过把牛奶倒入河中、把牲畜沉入海里的事情，便是资本回报率为负

① Inada, Ken-Ichi (1963), "On a Two-Sector Model of Economic Growth: Comments and a Generalization," *The Review of Economic Studies* 30 (2): 119-127.

的一个实例。但在以稻田条件为基本假设的新古典主流宏观经济学中，根本无法讨论这样的问题——因为（3.6）式规定了资本的回报率永远为正。所以，稻田条件这个技术性假设一旦做出，实际上就将产能过剩问题排除在了经济分析的视野之外。因此，为了深入分析产能过剩这种对中国经济至关重要的问题，就必须跳出以稻田条件为前提假设的新古典宏观经济分析框架。在本书的第 24 讲，我们会再回到这个问题。

所以对经济分析来说，弄清你使用的分析工具的各种假设（尤其是那些隐含假设），了解工具应用的边界是非常重要的事情。千万不要被理论和工具局限了自己的视野之后，还觉得真实世界就如理论所呈现的那样，那就有些削足适履的味道了。

3.3.3　引入技术

增长除了源自生产要素投入的增加外，还来自技术进步、管理水平提升。我们将这种来自物理投入要素之外的产出增长源泉用大写字母 A（可以随时间变化）来表示。但要注意，虽然 A 经常被称为“技术”，但它的内涵远不止技术。其他影响到产出的非物质因素都被囊括在 A 里。在这一讲后面介绍索洛模型时，我们会对 A 做更为详细的分析。在这里，我们先研究 A 是怎样进入生产函数的。

有三种方法将 A 放入生产函数。其中最常见的是

$$Y=AF(K,L) \tag{3.8}$$

在这种生产函数的设定下，A 被称为**全要素生产率**（total factor productivity，简称 TFP）。也就是说，技术进步会同时提升资本和劳动力的产出效率。除此而外，还有以下两种将技术引入生产函数的方式：

■ 资本增进型（capital-augmenting）技术进步：$Y=F(AK,L)$，技术进步会增加资本的生产力。

■ 劳动增进型（labor-augmenting）技术进步：$Y=F(K,AL)$，技术进步提升劳动力的产出效率。

3.3.4　柯布-道格拉斯生产函数

前面说过，在规模报酬不变的生产技术下，劳动力回报和资本回报会分割总产出。但分割的比例以及比例的稳定性需要用真实世界的数据来确定。在中国和美国的宏观数据中，都可以发现资本与劳动力的回报在总产出（GDP）中的比重基本稳定，不受工资水平和资本回报率水平变化的影响（见图 3-4、图 3-5）。

在这稳定比例背后，有经济道理可讲。对劳动力和资本这两种投入要素来说，价格与数量的变化会相互抵消。比如，当工资率上升时，就业的人所获得的工资性收入当然增加。但从企业的角度来看，工资率上升也意味着劳动力成本上升。因此，利润最大化的企业会相应减少劳动力雇佣，转而用资本来替代人工。所以，工资率的上升会带来两种相反的效应：它虽然会增加就业者的工资性收入，但同时也会压低就业总量。而劳动者的总工资收入是工资率乘以就业总量。当劳动力市场是完全竞争的时候，这两种效应相互抵消，从而让工资总额占总产出的比重成为一个常数。

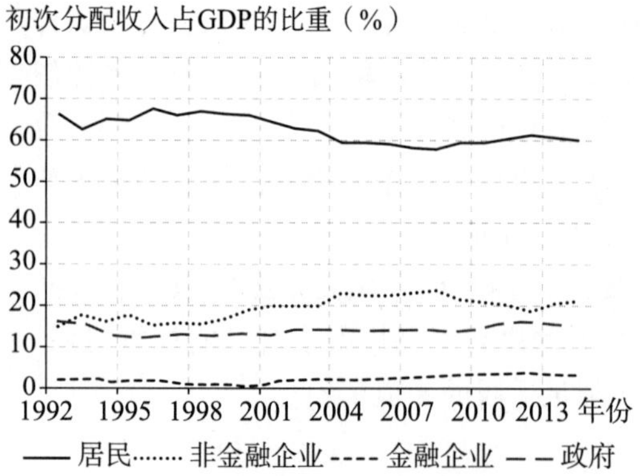

图 3-4 中国资本与劳动力在总产出中的份额长期保持稳定（中国资金流量表数据）

资料来源：CEIC

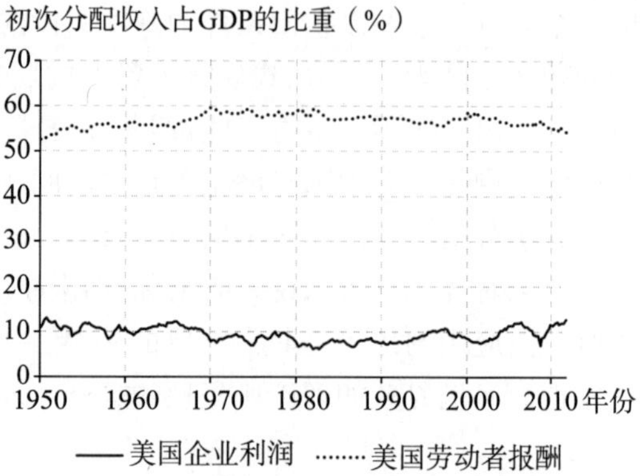

图 3-5 美国资本与劳动力在总产出中的份额长期保持稳定（美国国民收入账户数据）

资料来源：CEIC

这种资本回报与劳动力回报占比的稳定性早就为经济学家所知。20 世纪初，美国有一位名叫道格拉斯（Paul Douglas）的参议员同时也是一位经济学家，他研究了 1899—1922 年美国制造业的数据，发现资本和劳动力在产出中的份额保持不变。于是，他找到他大学的数学老师柯布（Charles Cobb），询问什么样的生产函数能产生这样的特性。在柯布构造出了这样的生产函数后，他们于 1928 年发表了一篇文章，提出了著名的**柯布-道格拉斯生产函数**（Cobb-Douglas production function）。①

$$Y=K^{\alpha}L^{\beta}$$

当 $\alpha+\beta=1$ 时，这一生产函数呈现出规模报酬不变的特性。此时，此生产函数可写为

$$Y=K^{\alpha}L^{1-\alpha}$$

这便是在宏观经济学研究中最为常见的生产函数形式。

前文介绍了三种在生产函数中引入技术的方式。在柯布-道格拉斯生产函数中，这三种形式是完全等价的。我们可以将生产函数非常宽泛地写成

$$Y=\hat{A}_1(\hat{A}_2K)^{\alpha}(\hat{A}_3L)^{1-\alpha}$$

其中，$\hat{A}_1$，$\hat{A}_2$，$\hat{A}_3$ 均为代表技术的变量。只需要重新定义 $A=\hat{A}_1\hat{A}_2^{\alpha}\hat{A}_3^{1-\alpha}$，上式即可重写为

$$Y=AK^{\alpha}L^{1-\alpha} \tag{3.9}$$

所以，以后在讨论技术时，我们都采用上式这样的生产函数形式。

① Cobb, C. W., Douglas, P. H. (1928), "A Theory of Production," *American Economic Review* 18 (Supplement): 139-165. https://www.aeaweb.org/aer/top20/18.1.139-165.pdf.《美国经济评论》(*American Economic Review*) 是美国经济学联合会的会刊，也是国际顶尖的经济学学术期刊之一。2011 年，《美国经济评论》从该刊创刊 100 年以来所发表过的数千篇文章中，评选出了 20 篇百年经典文章。柯布与道格拉斯的这篇文章榜上有名。

在柯布-道格拉斯生产函数（3.9）式中，α 叫做资本份额（capital share），$1-\alpha$ 叫做"劳动力份额"（labor share）。这是因为 α 与 $1-\alpha$ 正好分别是资本总回报和劳动力总回报占总产出的比例。下面是其非常直接的证明过程。

$$\frac{rK}{Y}=\frac{\frac{\partial Y}{\partial K}K}{Y}=\frac{\alpha AK^{\alpha-1}L^{1-\alpha}\cdot K}{AK^{\alpha}L^{1-\alpha}}=\alpha$$

$$\frac{wL}{Y}=\frac{\frac{\partial Y}{\partial L}L}{Y}=\frac{(1-\alpha)AK^{\alpha}L^{-\alpha}\cdot L}{AK^{\alpha}L^{1-\alpha}}=1-\alpha$$

在真实世界中，资本份额 α 决定于生产技术。那些资本密集度高的行业（如电子芯片制造），α 会高一些；而那些劳动密集型的行业（如服装鞋帽的生产），α 会低一些。

最后，如果我们利用规模报酬不变的性质，可以把柯布-道格拉斯生产函数改写为人均量的形式。将（3.9）式左右两边同时除以 L，有 $Y/L=A(K/L)^{\alpha}$。写成人均量为

$$y=Ak^{\alpha}$$

在分析时，我们往往会采用上面这种更为简洁的人均量形式的柯布-道格拉斯生产函数。

专栏 3-1

涨工资能推进消费转型吗？

消费转型是次贷危机后中国政府一直着力推进的改革举措。有些人认为，为了增加居民消费占 GDP 的比重，可以通过建立工人与企业之间的工资谈判制度来加快工资上涨速度，从而增加居民的工资性收入，进而增加居民消费。

这个逻辑看似有道理，但其实犯了宏观经济分析中常见的混淆宏观与微观的错误。在微观层面，工资涨上去了，有工作的人确实能有更高的收入。但在宏观层面，工资上涨意味着劳动力成本上升，会导致企业更多地用资本来替代劳动力，从而压低就业。而工资总额是工资率与就业的乘积。在完全竞争的市场中，工资上升与就业下降的影响会相互抵消。最终，工资高低与工资总额占 GDP 的比重无关。因此，试图通过涨工资来推进消费转型的政策意图注定不会成功。

在一百多年前，经济学家就已经发现了工资总额占产出的比重基本不变的现象，并找出了它背后的逻辑。现在所有经济学学生都知道的柯布-道格拉斯生产函数就是对这一逻辑的凝练总结。会有前述涨工资论点的人未必不知道柯布-道格拉斯生产函数。但只知这一函数的形式，而不去想函数背后的经济道理，恐怕是这些人闹笑话的主要原因。

3.4　增长计量

对生产函数的讨论同时也是对生产技术的梳理。在经济分析中，我们每写下一个生产函数，就对生产技术做出了不少重要的假设。当我们假设生产函数是柯布-道格拉斯形式

时，也就意味着我们相信生产技术有规模报酬不变、边际报酬递减等性质。利用生产函数，我们可以将经济增长分解为来自资本、劳动力以及技术的贡献，从而对经济增长的生产面源泉有一个大致的认识。这就是**增长计量**（growth accounting）。

真实世界中生产活动持续发生着。生产函数可被理解为对某一时段生产行为的概括。为了区分不同的时段，可在柯布-道格拉斯生产函数中加上表示时间的下标 t，得到

$$Y_t = A_t K_t^{\alpha} L_t^{1-\alpha}$$

对上面这个方程两边同时取对数有

$$\log Y_t = \log A_t + \alpha \log K_t + (1-\alpha)\log L_t$$

将上面这个方程再向后推一期可得

$$\log Y_{t+1} = \log A_{t+1} + \alpha \log K_{t+1} + (1-\alpha)\log L_{t+1}$$

以上两个方程相减可得

$$\log Y_{t+1} - \log Y_t = \log A_{t+1} - \log A_t + \alpha(\log K_{t+1} - \log K_t) + (1-\alpha)(\log L_{t+1} - \log L_t)$$

注意，在宏观经济分析中经常会用到以下近似等式[①]

$$\log Y_{t+1} - \log Y_t = \log\left(\frac{Y_{t+1}}{Y_t}\right) = \log\left(1 + \frac{Y_{t+1} - Y_t}{Y_t}\right) \approx \frac{Y_{t+1} - Y_t}{Y_t}$$

根据这一近似等式，可以得到

$$\frac{Y_{t+1} - Y_t}{Y_t} = \frac{A_{t+1} - A_t}{A_t} + \alpha \frac{K_{t+1} - K_t}{K_t} + (1-\alpha)\frac{L_{t+1} - L_t}{L_t}$$

或者等价地写为

$$\frac{\Delta Y_t}{Y_t} = \frac{\Delta A_t}{A_t} + \alpha \frac{\Delta K_t}{K_t} + (1-\alpha)\frac{\Delta L_t}{L_t} \qquad (3.10)$$

（3.10）式将产出增长速度和资本积累速度、劳动力增长速度以及技术进步速度联系了起来。它意味着经济增长源自资本积累、劳动力增长以及技术进步。

在现实中，经济增速 $g_Y = \Delta Y/Y$、资本积累速度 $g_K = \Delta K/K$ 以及劳动力增长速度 $g_L = \Delta L/L$ 都可以比较容易地观测到。只有技术进步速度 $g_A = \Delta A/A$ 无法直接观测。所以在实践中，是用经济增速对资本积累速度和劳动力增长速度做回归，得到系数 α 的估计值。技术进步速度 g_A 则是作为估计方程的残差而被估计出来。

因此，尽管我们将 g_A 看作技术进步的表征，又将其称为**索洛剩余**（Solow residual），或**全要素生产率**（TFP，total factor productivity），但对它最贴切的称呼还是**“对我们未知的度量”**（measure of our ignorance）。这是因为在把 g_A 当作回归残差估计出来的过程中，

① 当 x 是微小量时，$\log(1+x) \approx x$。对 $\log(1+x)$ 在 $x=0$ 处做泰勒展开可以很容易证明这一近似等式：$\log(1+x) = \log(1+0) + x + \cdots \approx x$。此外，在经济研究中说到对数时，除非特别说明，均以自然常数 e 为底。但书写时大家习惯将其写成 log，而不是 ln。

凡是经济增长中无法为资本和劳动力所解释的部分，最后都进入了索洛剩余。因此，索洛剩余是个黑箱子，里面包含了技术水平、制度、文化等各种因素。更加精确的增长计量就是用别的解释变量把索洛剩余中的东西尽量再拆分出来（比如用教育水平来衡量人力资本）。

3.5　索洛增长模型

我们需要一个模型来解释经济为什么会增长，如何增长。比较狭义地来理解，**经济模型是描述真实世界的数理模型**。这些模型省略了真实世界中那些建模者认为次要的东西，而只留下了最基本、最重要的因素，可以通过数学推理严格地研究其中的逻辑和数量关系。

前一小节介绍的增长计量只是一种数据分析方法，还称不上是一个经济模型。在增长计量中，我们虽然能分解出经济增长的驱动力，但并不知道这些驱动力从何而来，如何变化。为了深入经济增长表象背后的机制中，我们现在介绍一个经典的经济增长模型——索洛增长模型。这一模型由 1987 年诺贝尔经济学奖得主罗伯特·索洛（Robert Solow，1924—　）于 1956 年创立。①

3.5.1　模型设定

在索洛模型中，我们讨论一个封闭经济体（不与别国发生经贸往来）。这个经济中只有消费者和厂商，没有政府。在这个经济中，人口数量（同时也是劳动力供给的数量）以及技术水平都按照外生给定的速率增长。只有资本是在模型内部内生积累的。

关于模型的外生和内生变量需要多说几句。所谓**外生变量**（exogenous variables），是那些取值由建模者设定的变量。而**内生变量**（endogenous variables）则是取值在模型内部被决定的变量。换言之，内生变量的取值要通过求解模型计算出来，而外生变量的取值在模型求解之前就已经给定了。外生变量其实只是一个假设而已，没有什么好说的。真正重要的是内生变量。内生变量的变化体现了模型的内部机制，体现了我们通过模型想要发掘的经济运行机制。

经济中的生产活动用规模报酬不变的生产函数 $Y_t=A_tF(K_t, L_t)$ 来刻画。假设经济中的人口数量（也是劳动力数量）以外生给定的恒定速率 n 增长（$n>-1$），即有

$$L_{t+1}=(1+n)L_t$$

技术水平以外生给定的速率 g 增长，即有

$$A_{t+1}=(1+g)A_t$$

索洛模型中的关键假设是经济中的储蓄率 $s(0<s<1)$ 外生给定，并不随时间变化。每期的所有产出都是居民的收入；经济中的所有储蓄都由居民做出。居民每期将总收入

① Solow, Robert M. (1956), "A Contribution to the Theory of Economic Growth," *Quarterly Journal of Economics* 70 (1): 65 - 94.

（也就是总产出）的 s 份额用作储蓄，剩余的 $1-s$ 份额用作消费。每期，资本存量的 δ 份额会被折旧掉（可以将其形象地理解为机器设备的磨损消耗）。这样，经济中的资本存量运动就可以用下面这个方程来描述

$$K_{t+1}=sA_tF(K_t, L_t)+(1-\delta)K_t \tag{3.11}$$

这是索洛模型的关键方程。

注意到生产函数是规模报酬不变的。所以在（3.11）式左右两边同时除以 L_t 可以得到

$$\frac{K_{t+1}}{L_{t+1}}\cdot\frac{L_{t+1}}{L_t}=sA_tF\left(\frac{K_t}{L_t}, 1\right)+(1-\delta)\frac{K_t}{L_t}$$

上式可以用人均量化为

$$k_{t+1}=\frac{sA_tf(k_t)+(1-\delta)k_t}{1+n} \tag{3.12}$$

这一方程概括了索洛模型均衡时的人均资本运动规律，是我们用索洛模型来讨论经济增长的关键依据。

3.5.2 稳态

在这里我们先考虑没有技术进步，即 $A_{t+1}=A_t=A$ 的情形。在本讲的习题中我们会涉及存在长期技术进步的情形。在没有技术进步的时候，人均资本存量最终将收敛到一个不变的水平。这意味着人均产出的增长终将停滞。我们可以用图形来分析为什么会这样。

图 3-6 中的曲线是（3.12）式等号右边的函数。这条曲线告诉我们，对应任意一个 t 期的人均资本存量 k_t，下一期的人均资本存量 k_{t+1} 会是多少。图中还有一个 45 度倾斜的辅助直线。由于生产函数 $f(k)$ 满足稻田条件，所以曲线和 45 度直线在坐标系原点之外必然还有一个交点。假设第 1 期的人均资本存量是 k_1，处在曲线和 45 度线的交点左侧。从曲线可知，第 2 期的人均资本存量就必然是曲线上 C 点的纵坐标所对应的数值。用 45 度线将其转移到横坐标，就得到第 2 期人均资本存量 k_2。依次类推，可以将未来各期的人均资本存量都找出来。容易看出，人均资本存量最终将收敛到曲线和直线交点处对应的人均资本存量值。如果初始的人均资本存量在交点的右侧，结果也是一样收敛至交点处。这说明，无论初始人均资本存量是高还是低，最终都必然收敛至某一固定的水平，即交点处对应的人均资本存量为 k^*。

这个人均资本存量不变的状态被称为**稳态**（steady state）。这一状态下的人均资本存量水平被称为稳态人均资本存量，用 k^* 来表示。用代数的方法，稳态人均资本存量水平的决定方程应该为

$$k^*=\frac{sAf(k^*)+(1-\delta)k^*}{1+n}$$

可转化为

$$sAf(k^*)=(n+\delta)k^*$$

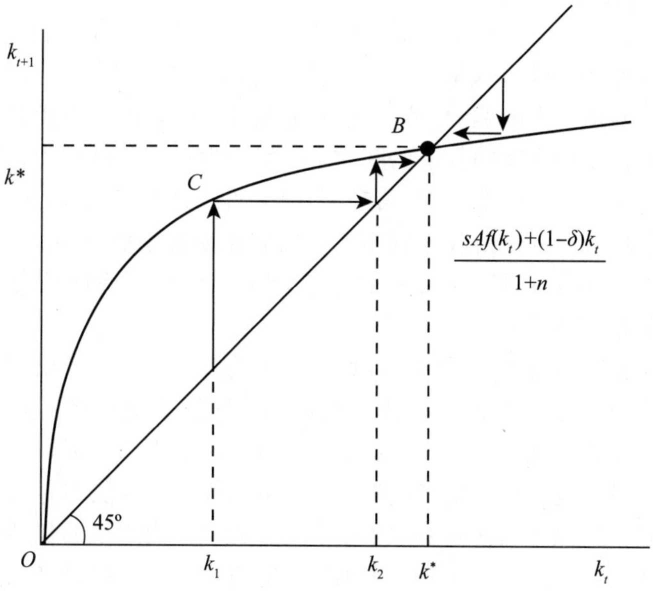

图 3－6　稳态人均资本存量的决定

我们为什么要关心稳态？这是因为在没有技术进步时，人均资本存量最终会收敛到这个稳态水平上。而由于稳态人均产出水平（也是人均收入水平）$Af(k^*)$、稳态人均消费水平 $(1-s)Af(k^*)$ 都是稳态人均资本存量的单调函数，所以那些变量最终也会收敛到一个稳态值。换句话说，我们要讨论一个经济中居民的长期福利水平（与居民消费水平正相关），就讨论这个经济的稳态人均资本存量就好了。

将柯布-道格拉斯生产函数 $y=Ak^{\alpha}$ 代入稳态人均资本存量的决定方程中，可以解出稳态人均资本存量为

$$k^*=\left(\frac{sA}{n+\delta}\right)^{\frac{1}{1-\alpha}} \tag{3.13}$$

相应地，稳态时的人均产出水平为

$$y^*=A\left(\frac{sA}{n+\delta}\right)^{\frac{\alpha}{1-\alpha}} \tag{3.14}$$

3.5.3　对索洛模型的讨论

我们求解一个经济模型，是为了通过分析这个模型得到对现实世界的洞见。因此，将刻画模型均衡的一些关键方程求解出来只算是做好了准备工作。接下来更为关键的是利用这些求取的数学结果来分析现实世界。尽管我们求解的索洛模型并不复杂，但它已经可以给我们很多有关经济增长的洞见了。在这里，我们重点讨论与当前中国经济有关的两个结论。索洛模型的其他结论（比如不同经济体间的收敛）可以参见本讲“进一步阅读指南”中列出的参考书。

1. 长期经济增长的源泉是什么？

索洛模型最让人吃惊的结论是资本积累对长期经济增长没有贡献。所谓**长期，就是经济收敛到稳定状态后的时候**。这里我们需要首先弄清两个问题：(1) 为什么要关心稳态？(2) 长期有多长？对前一个问题的回答来自实证和数学两方面。当我们在观察宏观经济数据的时候，发现不同指标之间的数量比例关系一般较为稳定。这与动态经济模型达到稳态后的状态更类似。另外，在经济学中还有一个理论叫做**大道定理**（turnpike theorem），从数学上证明了经济增长会很快地收敛到稳态，然后长期处于稳态上。[①] 根据“大道定理”，如果以收敛到稳态来定义长期，长期很快就会到来，而且经济增长会长期处在稳态。因此，讨论长期增长是有意义的。

索洛模型显示，尽管有资本积累，但稳态的人均资本、人均产出等指标的增长只与技术水平增长的速度有关系。如果没有技术增长，人均量的增长将走向停滞。之所以会这样，是因为随着资本存量规模的扩大，资本的边际产出会下降，但资本的总折旧却会不断增加。于是，投资越来越多地被用来抵消折旧，因而无法再像资本存量规模较小时那样带来较快的资本增长。所以从索洛模型的角度来看，人均产出水平的长期经济增长源泉只有一个，那就是技术进步。因此，如果一个国家只靠资本积累来推动增长，其增长的持续性必然有限。

2. 储蓄率多少算合适？

储蓄过剩、消费不足一直是我国经济被人诟病的结构问题。现在我们可以在索洛模型的框架下来讨论储蓄率多少算是合适的。

从稳态人均产出的表达式（3.14）式来看，储蓄率 s 越高，人均产出水平越高。所以，如果经济增长的目标是追求尽可能高的人均产出水平（人均 GDP），那么储蓄率越高越好。换言之，在保证消费者生存的前提下（因为消费者是劳动的提供者），将所有资源都储蓄起来变为投资是最优的选择。但这样的资源配置方式显然不能为大多数人所接受。

更多人会从居民福利的角度来考虑储蓄率的问题。居民的福利由居民的消费水平所决定。消费水平越高，福利越高。在索洛模型中容易算出稳态时的人均消费量为

$$c^*=(1-s)y^*=A(1-s)\left(\frac{sA}{n+\delta}\right)^{\frac{\alpha}{1-\alpha}}$$

技术水平与储蓄率共同决定了稳态时的人均消费量。技术进步毫无疑问对居民福利是利好的。技术水平越高，稳态时的人均消费量越高。但储蓄率的上升会给人均消费带来两方面的影响。一方面，储蓄率上升意味着更高的人均产出水平；但另一方面，高储蓄率也意味着产出中被用作消费的份额较少。给定技术水平，有一个最大化稳态人均消费量的储蓄率，被称为储蓄的**黄金律**（golden rule）水平。

$$s^{\text{Golden}}=\arg\max_{s} c^*$$

由这一优化问题的一阶条件可以解出，$s^{\text{Golden}}=\alpha$。所以，如果以居民福利为经济增长的目标，储蓄率就不是越高越好，投资也不是越多越好。

① McKenzie, Lionel (1976), “Turnpike Theory,” *Econometrica* 44: 841-865.

3.6　对中国经济增长的数量分析

下面我们运用前面给出的框架来分析中国经济增长的状况。这里我们主要用增长计量这个工具。增长计量听上去很简单。似乎只要找到经济增速、资本存量增速以及劳动力增速的时间序列，简单做一个线性回归就能得到结果。但对计量分析来说，魔鬼永远在细节中。由于我国的经济数据质量不高，所以进行计量分析存在困难。在本讲的附录 3. A 中，我们详细介绍了从数据处理到回归估计的全过程。从中可以看到针对中国经济数据做计量分析的困难。在这里，我们只列出最主要的结果。

表 3－1 中列出了不同时间段 GDP 增速的增长计量分解——将 GDP 增速分解为资本、劳动力以及技术的贡献。表中所反映的中国经济增长的一些趋势值得关注。

表 3－1　**中国 GDP 增速的增长计量分解**　（单位：%）

	1965—1977 年	1978—1990 年	1991—2000 年	2001—2008 年	2009—2016 年
总就业人口估算					
GDP 增速	6.9	9.3	9.9	10.7	8.3
资本贡献	3.0	3.9	4.0	4.8	5.3
劳动力贡献	1.5	2.1	0.6	0.3	0.2
技术贡献	2.4	3.3	5.2	5.6	2.7

资料来源：CEIC，作者估算

第一，1965—2008 年次贷危机爆发之前，中国 GDP 增长持续加快。而在 1978 年改革开放之后，GDP 增速上了一个非常明显的台阶。但从 2009 年至今，中国 GDP 增长已明显减慢。这段时间的平均增速创下了 1978 年改革开放以来几个时间段中的最低点。

第二，从 1965 年至今，资本积累对 GDP 增速的贡献一直在持续增大中。1965—1977 年，资本积累贡献了 6.9%的 GDP 增速中的 3.0 个百分点。而在 2009—2016 年，资本积累对 GDP 增速的贡献更是上升到了 5.3 个百分点，远高于同时期劳动力和技术进步的贡献总和。从这一数据来看，中国经济增长有非常明显的投资拉动特征。而这种特征在次贷危机后还进一步加强。

第三，改革开放之后，劳动力对经济增速的贡献一直不大，并且还在持续下降。2000 年之后，劳动力对 GDP 增速的贡献不超过 0.5 个百分点，看上去并不是经济增长的主要驱动力。而比较次贷危机前后的 2001—2008 年和 2009—2016 年这两个时间段，劳动力对 GDP 增速的贡献只是小幅地从 0.3 个百分点下降到 0.2 个百分点。近些年有一个非常流行的说法，说中国经济增长近年来的减速是因为所谓的“人口红利”耗尽。具体来说，是因为中国快速进入老龄化社会，所以劳动力人口数量的增长持续放慢，因而导致经济增长减速。这个说法虽然听上去似乎有道理，但只要做过非常简单的增长计量分析，就应该知道它在数量上远远解释不了我们在近些年观察到的经济增长减速的幅度。

第四，1965—2008 年，技术进步对中国 GDP 增速的贡献逐步增大。但在次贷危机之后，它的贡献大幅下滑，成为经济增长减速的主要原因。在改革开放前的1965—1977年，技术进步对GDP增速的贡献仅有2.4个百分点。而到了2001—2008年，其贡献上升到了5.6个百分点，超过了资本和劳动力的贡献。这表明，中国改革开放后所取得的经济增长成绩绝不仅仅是要素投入增加所带来的。技术进步、资源配置优化对经济增长的加快有重要意义。但在次贷危机之后，技术对GDP增速的贡献一改过去40多年持续上升的趋势，大幅下滑，成为危机后我国经济增长减速的最主要原因。

基于以上观察，我们可以对次贷危机后中国经济增长减速的事实给出一些判断。首先，后危机时代经济增长减速的原因不在于资本积累。事实上，因为“四万亿元刺激”政策以及接下来几年的经济刺激，中国投资率进一步上升，资本积累的速度在后危机时代还快于之前。相应地，资本积累对GDP增速的贡献不降反增。

其次，“人口红利终结”的逻辑解释不了中国后危机时代增长的减速。从增长计量的分析结果来看，劳动力对我国GDP增速的贡献十分微小，且波动不大。后危机时代劳动力对GDP增速的贡献只比前10年低0.1个百分点。这一贡献度的下降比我们要解释的GDP增速下降的幅度要小一个数量级！有人可能会用人力资本的概念来试图挽救“人口红利终结”的逻辑，但这会适得其反。因为如果我们把人口素质也考虑进来，那么次贷危机后我国居民教育水平的上升是不争的事实。因此，我国后危机时代人力资本增长的速度应该不比危机前更慢。这样一来，更无法将次贷危机之后的经济减速归咎到人口因素上去。

最后，但是最重要地，后危机时代中国经济增长的减速主要源于技术进步贡献的大幅下降。如果从生产面来解读，那就意味着生产技术大幅下滑，或者资源调配出现了问题，在同样的资本和劳动力投入水平上，中国经济生产不出像原来那么多的产品了。但这样的逻辑似乎很难在微观层面找到证据。在微观企业中，并没有看到技术退步或是组织能力退化的现象。[①] 因此，尽管我们可以通过增长计量把后危机时代经济减速的主要原因标定在技术上，但这只是把问题向前推了一步。接下来，我们必须问，技术这个黑箱里的什么东西导致了我国经济增速的下滑？

专栏3-2

似是而非的“人口红利终结说”

“人口红利终结”是次贷危机之后中国国内一个流传甚广的说法。持这种观点的人观察到，中国因为20世纪80年代开始施行的计划生育政策，人口结构在2010年之后快速老龄化。劳动年龄（15～64岁）人口占中国总人口的比重已经越过高点，进入了会延续几十年的下降趋势中。这意味着在未来，每个劳动者会对应更多的老年人，从而令经济增长的速度持续下滑。为了论述方便，我们把这种将中国经济增长在次贷危机后的减速归结为人口老龄化的说法称为“人口红利终结说”。

① 在宏观分析中，需要经常性地把宏观和微观结合起来考虑问题。宏观层面的趋势在微观层面上应该表现为什么现象？微观层面的苗头又预示着宏观层面什么样的发展方向？这样不断地在宏观和微观层面做印证，可以更容易判别宏观的观点，加深对宏观经济的理解。

人口老龄化、劳动年龄人口占比下降的确是中国人口结构变化的事实。但要用这一事实来解释中国经济增长在次贷危机之后的明显减速就实在有些牵强了。通过简单的分析就能看出其中的问题（见图 3－7）。

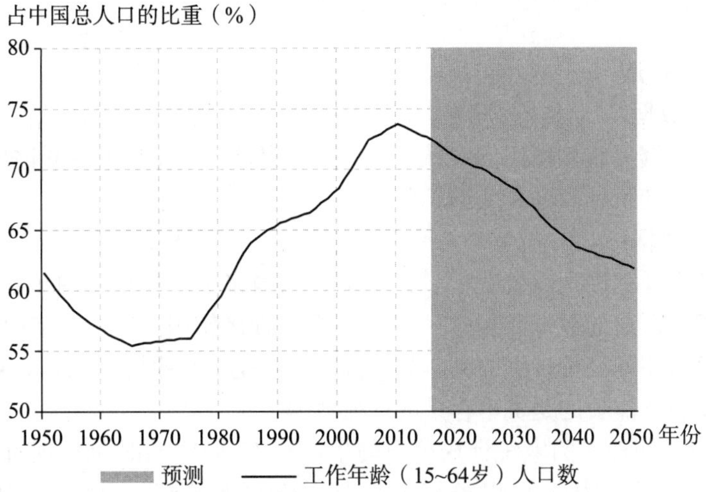

图 3－7　中国劳动年龄人口占比已经开始下降

资料来源：UNPD

前面正文所用的增长计量的分析已经清楚表明，相比中国经济增长在后危机时代的减速幅度，人口结构变化能解释的部分至少在数量上低了一个数量级。在本讲附录 3. A 中还有用通过更细致处理得到的劳动力数据所进行的估算，结论也是一样的。那些把后危机时代中国经济减速归结到人口红利消失上的人，显然没有做好数量分析。

其实不需要用数量分析，仅仅从逻辑上推演也能看出人口红利终结说的问题。在未来几十年，中国的人口老龄化都是一个单向变化的过程。就算现在已经放开了二胎，哪怕未来再放开三胎四胎，要扭转这一趋势也是几十年后的事情了。也就是说，中国劳动年龄人口的增速会在未来几十年越来越低。如果说次贷危机之后这几年中国经济增速数个百分点的下降是老龄化所致，那么二三十年后中国经济增速岂不是要下滑到负的百分之十几?

更为可笑的是，按照人口红利的逻辑，改革开放之后中国经济之所以会发展得那么好，是因为改革开放前（尤其是“文化大革命”时期）中国人能生小孩；而次贷危机后中国之所以经济走下坡路，则是因为改革开放后中国人小孩生得少了。这样荒谬的逻辑能够在相当长时间内大行其道，实在是中国经济学界的悲哀。

附录 3. A　中国增长计量的细节

本附录讨论利用中国数据进行增长计量分析的技术细节。我们所用的模型方程是

$$g_Y = \alpha g_K + (1-\alpha) g_L + g_A$$

其中，经济增长的速度 g_Y、资本积累的速度 g_K 以及劳动力增长的速度 g_L 是可以观测到的。g_A 可以作为拟合残差估计出来。尽管估计的方法说起来很简单，但在数据构造和计量模型选择两方面都有很多现实问题需要仔细处理。

3.A.1 数据构造

1. 经济增速数据

经济增速的数据可直接使用国家统计局发布的生产法 GDP 年度同比增速序列。这一序列本身就是以不变价计算的真实增长率。

2. 资本存量数据

资本存量的增长率序列需要我们自己构造。在国家统计局公布的年度支出法 GDP 数据中，有固定资产形成的数据。但这一序列并不能直接使用。其一，支出法 GDP 数据只有现价数，而没有用不变价计算的真实数。其二，这是每年投资的数据，对应着资本的增量，而增长计量分析需要的是资本存量的增速数据。

前者比较容易处理。国家统计局公布的生产法 GDP 中同时包含现价 GDP 和不变价 GDP 数据。将这二者相比，可以推算出每年物价水平的涨幅（即所谓的 GDP 缩减指数）。利用这一推算的 GDP 缩减指数可以将现价的固定资产形成数据转化为以不变价表示的真实数据。

从固定资产形成数据来推算资本存量序列也不困难。资本存量满足如下运动方程

$$K_{t+1} = (1-\delta) K_t + I_t$$

其中，K_t 为每期的资本存量，I_t 为每期的投资（即固定资产形成），δ 为资本的折旧率。国家统计局曾经公布过直到 1991 年的国有企业的资本折旧率。1992 年至今的折旧率则可以用我国投入—产出表所给出的每年资本折旧规模估算出来。这样可构造出完整的资本折旧率序列。然后，我们再假设 1952 年的资本—产出比（资本存量与 GDP 的比值）为 2，就可以算出 1952 年资本存量的数据。再利用每年固定资产形成的不变价数据，以及折旧率的序列，就可以把不变价资本存量的时间序列构造出来。

1952 年资本—产出比的这个假设需要多解释一下。为了从投资的序列推导出资本存量的数据，我们必须有一个起点的资本存量。在现有文献中，有对某些时点我国资本存量的估计数据。可以将这些文献中的成果作为我们估计的起点。但更为简便的方法是自己假设一个初始的资本存量（比如我们在研究中假设 1952 年的资本—产出比为 2）。事实上，由于 1952 年距今已经很远，当年的资本存量在几十年后已经折旧殆尽。所以 1952 年的资本—产出比假设对当前资本存量的估计并没有太大影响。就算假设 1952 年的资本—产出比为 10，估算出的现在的资本存量也不会与假设 2 时有明显差异。而在估算中我们也发现，不管初始时点的资本—产出比被假设为多少，在一段时间后资本—产出比都会收敛到 2 附近。这反过来说明我们假设 1952 年的资本—产出比为 2 不算太离谱。当然，这一假设对后续的计量分析并没有实质性的影响。

3. 劳动力增长数据

由于国家统计局发布了中国年度就业数量的数据，所以找到劳动力增长数据看起来不是什么问题。但恰恰相反，由于国家统计局就业数据质量很低，我们必须对数据做很多处理。因此，劳动力增长数据构造起来反而最费时间。

在国家统计局发布的就业序列中，可以看到 1990 年就业数量有一个明显的跳升。我们推测这是根据当年人口普查数据做了调整。但这样一来，1990 年前后的就业数据就不可比。为了平滑数据，我们利用就业年龄人口的数据，对 1980—1989 年的就业数据进行了调整，使得数据变得平滑可比（见图 3-8）。

但即使这样，就业数据质量仍然很低。对多个国家就业市场的研究显示，就业与宏观经济周期之间是正相关的——经济好的时候就业状况也好。但哪怕是利用调整后的就业量数据算出来的中国就业增长，仍然与中国宏观经济周期没有太大相关性。这应该主要是由中国农业就业严重冗余造成的。因此，用非农就业（第二和第三产业的总就业）计算出的就业增速是做增长计量的更好的选择。而从数据走势来看，非农就业的增速也确实与中国经济增长周期高度同步（见图 3-9）。所以，在增长计量中，我们使用总就业和非农就业分别做了估计。

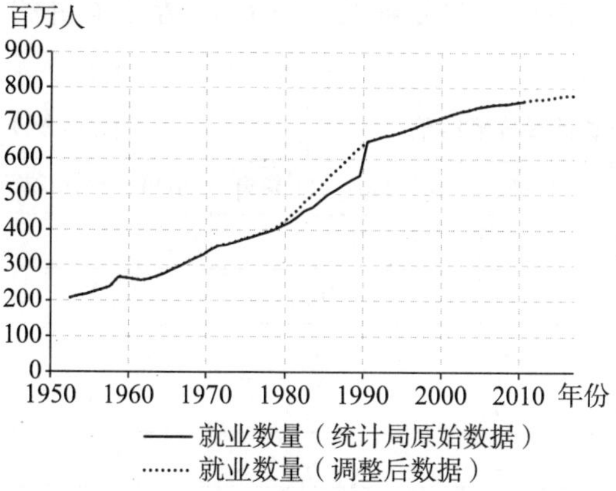

图 3-8 中国就业数量官方数据及调整后数据

资料来源：CEIC

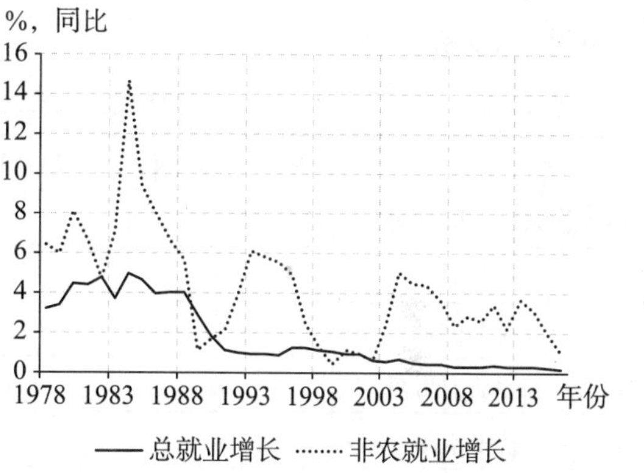

图 3-9 中国总就业增长与非农就业增长

资料来源：CEIC

3.A.2 计量模型选择

在设定计量方程时，我们有两种选择

$$g_Y=\mu+\alpha g_K+(1-\alpha)g_L+\varepsilon$$
$$g_Y=\mu+\alpha g_K+\beta g_L+\varepsilon$$

这二者的差异在于在估计时是否加上了规模报酬不变的约束（即资本和劳动力增长的系数和是否等于 1）。不加上这个约束固然能够提高拟合优度，但会得到加起来明显不等于 1 的两个回归斜率系数，难以用之来做增长计量的分解。因此，在实际估计时我们还是使用带规模报酬不变约束的计量模型（第一个方程）。

用总就业增长率估计的方程为（括号内为估计系数的 t 值）

$$g_Y = 4.28 + 0.45 \times g_K + 0.55 \times g_L$$
$$(3.43)(3.12)$$
$$R^2 = -0.011$$

估计出来的系数都很显著，符号和大小也都接近预期。但令人尴尬的是，拟合的 R^2 竟然是−0.011。这应该主要是因为就业增长与经济增长完全没什么相关性，所以导致模型拟合效果很差。如果将就业增长率换成非农就业增长来做估计，可以得到以下估计方程

$$g_Y = 3.26 + 0.39 \times g_K + 0.61 \times g_L$$
$$(4.96)(4.00)$$
$$R^2 = 0.321$$

这一拟合效果就大大好于前一个。不仅拟合优度提升到了 0.321，估计得到的参数也更加显著。因此，用非农就业来做增长计量效果更好（见表 3-2）。

不过，尽管估计的两个方程在系数、拟合优度方面有明显差异，但其所得到的增长计量结果是类似的。从中可以得到同样的结论。因此，为了简化叙述，在前面的正文中我们只汇报了用总就业数据所得到的增长计量分解结果。对分解结果的讨论请见本讲的 3.6 节。

表 3-2　两种就业数据对应的增长计量分解结果　（单位：%）

	1965—1977 年	1978—1990 年	1991—2000 年	2001—2008 年	2009—2016 年
总就业人口估算					
GDP 增速	6.9	9.3	9.9	10.7	8.3
资本贡献	3.0	3.9	4.0	4.8	5.3
劳动力贡献	1.5	2.1	0.6	0.3	0.2
技术贡献	2.4	3.3	5.2	5.6	2.7
非农就业人口估算					
GDP 增长	6.9	9.3	9.9	10.7	8.3
资本贡献	2.6	3.3	3.5	4.1	4.6
劳动力贡献	3.4	4.1	2.0	1.8	1.6
技术贡献	0.8	1.9	4.4	4.7	2.0

资料来源：CEIC，作者估算

进一步阅读指南

关于索洛增长模型，威廉森《宏观经济学》（第 5 版）的第 7、8 章两章可作为入门性的辅助读物（威廉森，2015）。讨论经济增长的经济学文章和书籍浩如烟海。巴罗与萨拉伊马丁的《经济增长》（*Economic Growth*）一书是经典的资料（Barro and Sala-i-Martin,

1995）。关于萨伊和马尔萨斯在经济需求上的争论，埃克伦德与赫伯特合著的《经济理论和方法史（第四版）》的第 7 章中有值得一看的简短介绍（埃克伦德和赫伯特，2001）。

练习题

3.1 （**带长期技术增长的索洛模型**）在正文介绍的索洛模型中，假设存在持续增长的技术，其运动方程为 $A_{t+1}=(1+g)A_t$。为了用数学处理起来简便，假设技术以劳动增进型的方式进入生产函数

$$Y_t=F(K_t,A_tL_t)$$

（a）请证明在长期的稳态，$K_t/(A_tL_t)$ 会收敛到一个常数。在这个长期的稳态，经济总产出、总投资和人均消费的增长率分别是多少？

（b）g 的上升对长期人均产出和消费有什么影响？

3.2 （**AK 生产函数下的索洛模型**）在正文介绍的索洛模型中，将生产函数替换为如下的 AK 形式

$$Y_t=AK_t$$

其中，A 是表征技术水平的正常数。在这样的生产函数下，产出只决定于资本存量。

（a）请证明在这样的设定下，人均产出的长期增长是可能的。

（b）储蓄率的变化会怎样影响长期人均产出的增速？

（c）请解释为什么这个模型中同样没有技术的持续进步，但会得到与正文中的索洛模型不同的结论。

3.3 （**美国经济的增长计量分解**）请从美国圣路易斯联邦储备银行的 FRED 数据库（https：//fred. stlouisfed. org/）中提取美国 GDP、劳动力和投资的数据，并依照本讲所介绍的方法对美国经济增长做增长计量分解。你分解出来的结果与中国的有何差别？如何解释？

第 4 讲

发展战略与经济绩效

4.1 从总量到结构

在这一讲中，我们继续从供给面来分析中国经济增长，并试图回答之前提出来的一个关键问题：改革开放前后的中国经济为何会如此不同？

上一讲介绍的增长计量框架可以给我们一些线索。将中华人民共和国成立以来的历史以 1978 年为界分成两段。1953—1977 年是改革开放前的时期。这段时间中国 GDP 平均实际增速为 6.5%。而在 1978—2016 年的改革开放时期，中国 GDP 平均增速达到了 9.7%，比改革开放前的平均水平高出了 3.2 个百分点。这其中，有 1.3 个百分点（=4.4−3.1）来自资本贡献的增加，有−0.4 个百分点（=1.0−1.4）来自劳动力贡献的增加，有 2.4 个百分点（=4.3−1.9）来自技术贡献（索洛剩余）的增加。看上去，要解释改革开放前后经济绩效的差异，重点应该放在对索洛剩余的分析上（见表 4-1）。

表 4-1　　中国经济在改革开放前后的增长计量分解结果

	1953—1977 年	1978—2016 年
GDP 增速	6.5	9.7
资本贡献	3.1	4.4
劳动力贡献	1.4	1.0
技术贡献（索洛剩余）	1.9	4.3

资料来源：CEIC，作者估算

不过，上一讲中的这种基于生产函数的增长计量分析是相当初步的。当我们用一个简单的总量生产函数来概括真实世界中的复杂生产活动时，不可避免地会丢失大量信息。对于这种分析方法，我们要一分为二地看待。

一方面，这是经济分析一步值得赞赏的跨越。借助生产函数的框架，我们直达了生产活动的本质。这个框架体现了资本和劳动是生产活动两个最基本的投入要素，并且可以在一定程度上相互替代。在这个框架下我们也发现，生产活动不能完全由资本和劳动力两个要素所解释——所以才需要引入索洛剩余这个对我们未知的度量。由于人均产出水平才与我们关心的福利相关，所以理应以人均产出来衡量经济增长。这样一来，人口增长自然就不能是长期经济增长的源泉。另外，资本边际报酬递减的规律与资本折旧率大致恒定的事实结合在一起，也决定了资本积累不可能是长期经济增长的源泉。于是，长期经济增长的最终源泉只能来自索洛剩余。从前面中国经济改革开放前后的增长计量结果来看，索洛剩余也的确是两段时间经济绩效差异的主要来源。

另一方面，我们要看到这种总量生产函数分析框架的局限。首先，这个框架把我们研究的视线聚焦到了索洛剩余上。但这个索洛剩余是经济产出中不能为资本和劳动力所解释的部分，是对我们未知的度量，是一个黑箱。将经济增长的源泉、经济绩效的差异归结到一个我们不知道的东西上，怎么也不能算是让人满意的研究。

总量生产函数更重要的局限是它忽略了总量中的结构问题。宏观经济是由许许多多微观主体（如企业、居民等）组成的有**结构**的系统，任何一个经济体都不是由原子式的微观主体构成的一盘散沙。只不过结构问题在当前主流的新古典经济学中处理起来比较复杂，到现在也没有特别简便的办法，所以大多数宏观经济理论会忽略这个问题。因此，我们在绝大多数主流新古典宏观经济模型中看不到经济结构的维度。现在仍方兴未艾的宏观经济异质性模型正在试图将结构视角引入宏观经济分析。但这些尝试仍然处在较为初步的阶段。

上面指出的这两点局限是正是我们这一讲分析的方向。我们将会在生产活动中引入结构的概念，进而从索洛剩余这个黑箱中拆出点可以把握的东西，并以之来解释我国改革开放前后迥异的经济表现。这正是林毅夫所倡导的**新结构经济学**（new structural economics）的思路。在这一讲中，我们会把分析的重心放在新结构经济学的滥觞——林毅夫提出的**比较优势发展战略**（comparative advantage development strategy）上。

4.2　生产技术的资本密集度

我们对生产结构的探讨从柯布-道格拉斯生产函数中的资本份额（α）开始。上一讲推导了，对生产函数 $y=k^{\alpha}l^{1-\alpha}$来说，资本份额是资本的总回报占总产出的份额

$$\alpha=\frac{rk}{y}$$

当我们写下这个柯布-道格拉斯生产函数时，就同时做出了资本总回报占总产出的比重是常数 α 的假设。这当然是柯布-道格拉斯生产函数所具有的一个数学性质。但我们要知道，不是因为我们所用的生产函数有这么一个数学性质，现实世界中的经济才是这样

的，而是因为我们观察到了经济中有这么一个现象（道格拉斯最早发现了这个现象），所以才用数学式子将其表达出来。大家可以看看下面的专栏 4－1，了解只见数学而不见经济现实会带来的问题。

专栏 4－1

谈点经济研究的方法论——经济分析要利用数学，但不能被数学所支配

在对数学的运用上，有些经济分析者往往容易犯一个自己都不易觉察的错误——把数学推演的结果当成真理来运用。

现代经济理论大多用数学语言呈现。这样做的好处我们在第 1 讲就已经说过，此处不再赘述。但我们永远要记住，数学只是用来表达真实世界的一种语言，只是分析推理的一个工具。经济分析的结论是否成立，最终的评价标准是实践。数学推理过程是否正确，只是结论成立的一个必要条件——不符合逻辑的结论，必定与现实不符。但就算是严密数学推演所得到的结论，也未必与现实相符。

必须看到，数学推演有其局限性。为了得到结论，分析者往往需要在进行数学建模时做出不少假设（设定特殊的效用函数、生产函数等）。这时，尤其需要注意这些数学假设中哪些反映了经济现实，哪些只是为了便利数学推演而做出的简化假设。在得到数学推演的结论后，也需要仔细分析这一结论究竟是反映了经济运行的逻辑，还是仅仅是数学简化假设带来的数学结论。不注意这一点，而盲目地把数学结论强加到现实世界上，就容易做出数学上看起来优美但其实错误的经济分析。

对于经济学的初学者，尤其是还未接触社会的在校学生来说，书本上的经济学数学模型是比真实世界经济更早接触的东西。相应地，从数学中学习经济是很难绕过的环节。但正因为这样，学生们更需要追问数学模型中每一个假设的源头，找出其背后的经济思想。要知道，经济学科发展了这么多年，其中每个数学假设一定都有其道理。这些假设有些代表了经济学家们对世界的深刻洞察，有些则是在现实世界复杂性和数学可求解性之间无奈选取的平衡。找出了这些数学背后的经济学思想，我们学到的才是真实世界经济运行的道理，而不是一堆与现实无关的数学方程。也只有这样，数学才能成为我们的经济分析工具，而不是反过来，让我们对经济的认识被数学所支配。

中世纪的时候，大家把古希腊哲学家亚里士多德的话视为圭臬。相传，一天有几位僧侣在争论马有多少颗牙。大家纷纷引用亚里士多德的话来支持自己的观点，却没有一个人想着去找匹马来数数它究竟有多少颗牙。现在我们会嘲笑这些僧侣的迂腐，但如果我们将经济学的数学模型当成真理而胡乱套用，就犯了和这些僧侣一样的错误。

既然 α 代表了资本总回报在总产出中的份额，下一个问题自然是：这个份额又是由什么经济力量决定的？观察生产函数 $k^{\alpha}l^{1-\alpha}$ 可以给我们启示。其中，α 是资本头上的指数。在其他条件不变的情况下，α 越大，资本对产出的贡献越高。因此，可以把 α 视为生产活动中资本的有用性。α 越大，生产对资本的依赖越大；α 越小，生产对劳动的依赖越大。

可以从企业的生产要素需求中更清楚地看到这一点。所谓企业的要素需求，就是在给定价格和产量目标的前提下，企业对资本和劳动力两种投入要素的需求。它可以从下面这

个企业成本最小化问题中求出

$$\min_{k,l} rk+wl$$

$$\text{s.t.}\quad k^{\alpha}l^{1-\alpha}=y$$

其中，r 和 w 分别为市场上资本的租金率和劳动力的报酬率（工资率）。而 y 则是企业的产量目标。为求解这个优化问题，设定拉格朗日函数为

$$\mathcal{L}=rk+wl+\lambda(y-k^{\alpha}l^{1-\alpha})$$

其一阶条件为

$$\frac{\partial\mathcal{L}}{\partial k}=0\quad\Rightarrow\quad r=\lambda\alpha k^{\alpha-1}l^{1-\alpha}$$

$$\frac{\partial\mathcal{L}}{\partial l}=0\quad\Rightarrow\quad w=\lambda(1-\alpha)k^{\alpha}l^{-\alpha}$$

上面两式相除有

$$\frac{w}{r}=\frac{1-\alpha}{\alpha}\cdot\frac{k}{l}\tag{4.1}$$

从这个式子就能看出，在给定劳动力与资本的相对价格 w/r 时，α 越大，厂商会选择的资本与劳动力比率 k/l 越大。还可以把上式代入生产函数，计算出厂商的要素需求函数为

$$y=k^{\alpha}l^{1-\alpha}=k^{\alpha}\left[\frac{(1-\alpha)r}{\alpha w}k\right]^{1-\alpha}\quad\Rightarrow\quad k=y\Big/\left[\frac{(1-\alpha)r}{\alpha w}\right]^{1-\alpha}$$

$$y=k^{\alpha}l^{1-\alpha}=\left[\frac{\alpha w}{(1-\alpha)r}l\right]^{\alpha}l^{1-\alpha}\quad\Rightarrow\quad l=y\Big/\left[\frac{\alpha w}{(1-\alpha)r}\right]^{\alpha}$$

容易看出，在其他条件不变的情况下，α 越大，k 就越大，l 就越小。也就是说，生产函数中的资本份额（α）越大，厂商越会倾向于使用资本而非劳动力来进行生产。

从以上推导可以看出，资本份额（α）与生产活动对应的资本和劳动力配比是正相关的。因此，**可以把资本份额（α）看成是对生产技术本身资本密集度的刻画**。在像电子芯片制造这样的行业中，企业厂房内看不到几个工作人员，倒是有大量高度自动化的生产机器。这种行业的资本密集度就很高，对应的生产函数有比较大的资本份额。而在像服装鞋帽这样的行业中，企业会雇用大量员工进行手工加工，机器设备则相对较少。这种行业就需要用资本份额较小的生产函数来刻画。

在上面要素需求函数的推导中，我们的问题是：给定生产技术的资本密集度，企业会选择什么样的资本和劳动配比来进行生产。问题其实也可以反过来问：给定了企业拥有要素的资本密集度（资本和劳动力配比），企业会选择何种资本密集度的生产技术来生产？

上面提出的这个反向问题可以从直觉上给出答案。如果企业拥有要素的资本密集度比较高（企业拥有的资本比较多），那它就应该选择资本密集度高的生产技术来生产。这一答案可以通过图形分析直观地得到验证。

把资本密集度高低不同的两种生产技术的等产量线绘制在 k—l 坐标系中（见图 4-1）。其中，横轴对应资本，纵轴对应劳动力。图中左上位置的曲线是劳动密集型（资本

份额较低）技术的等产量线。资本密集型（资本份额较高）技术的等产量线则在靠右下的位置。等产量线都是越往右上，产量越高。当企业拥有要素的资本密集度比较高的时候（图中 A 点），用资本密集型技术对应更高产量的等产量线。而当企业拥有要素的资本密集度较低的时候（图中 B 点），用劳动密集型技术反而能有更高的产量。

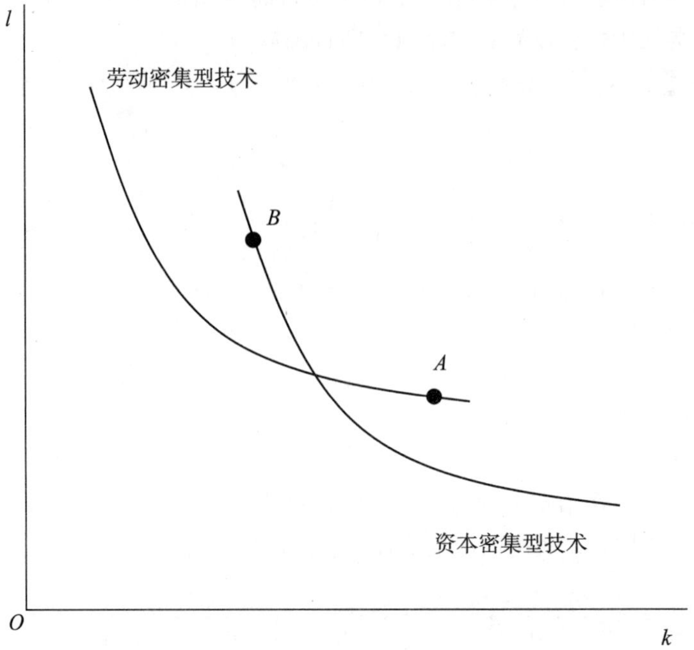

图 4-1 不同资本密集度生产技术的等产量线

在这里，有些读者可能会有疑惑。在上一讲中，我们把生产函数 $y=Ak^{\alpha}l^{1-\alpha}$ 中的 A 叫做技术。而在这一讲中，我们把这个 A 给忽略掉了，而把 α 叫做技术。那到底哪个参数才代表了生产的技术？这个自然而生的问题恰恰说明了“技术”这个概念的模糊性。因此，当有人泛泛而谈要通过提升技术进步速率来加快经济增长的时候，他其实并没有说出什么有营养的东西。

在本书中，为了清晰起见，我们把柯布-道格拉斯生产函数中的资本份额 α 称为生产技术的**资本密集度**（capital intensity）。这是对生产方式的一个刻画。我们会用**索洛剩余**（Solow residual）来称呼生产函数中的 A，而尽量避免把它叫做技术，以表明 A 所对应的范围其实很广——索洛剩余中不只有技术；技术也不都在索洛剩余中。

4.3 经济对不同资本密集度技术的选择

4.3.1 产业选择问题

虽然生产函数 $y=Ak^{\alpha}l^{1-\alpha}$ 中的 A 和 α 都可被视为技术的表征，但二者有本质不同——A 总是越高越好，而 α 则未必。在柯布-道格拉斯生产函数的框架中，在任何时候、任何情况下，索洛剩余都是越高越好。但技术的资本密集度 α 则不是越大越好，而是有一个优化选择的问题。在宏观经济层面选择与经济相适宜的资本密集度技术，是一个产业选择问题。这是真实世界中政府决策者时常会碰到的问题。

如果把所有制造业行业按照资本密集度从低到高做个排序，排在前面的大多是服装、鞋帽、家具等手工成分较高的行业。而排在后面的则是汽车制造、航空航天这样对资本依赖比较大的行业。① 在一般人看来，**劳动密集型**行业（低资本密集度行业）往往给人低端的感觉。**资本密集型**行业则显得更加高大上（高端、大气、上档次）。而比较发达国家和发展中国家，容易发现发达国家中资本密集型行业的占比更高，发展中国家中则是劳动密集型行业的占比更高。

因此，发展中国家的领导人容易形成这么一种看法：我们国家之所以落后，是因为我们的产业不够高端；我们要想赶上发达国家，就需要复制发达国家的产业结构，大力发展资本密集型行业。这种想法并不新鲜，且一度流行。在中国服装鞋帽产品大量出口的时候，有好事者会说中国出口多少亿条裤子、多少亿双袜子才能换回一架飞机。其潜台词是中国因为从事劳动密集型的工作而吃了大亏。也正是出于这种思路，中国在改革开放前曾力推**赶超战略**（leap forward strategy），试图通过大力建设重工业来“赶美超英”。

但从赶超战略运行的实效来看，愿望良好并不意味着结果一定美好。落后国家试图复制发达国家产业结构的战略并不能加速自己的发展速度，反而会拉大与发达国家的差距。这是中国经济在改革开放前绩效很差的主要原因。

4.3.2　自由竞争市场中的静态产业选择

下面我们从理论上来分析产业选择问题。在这里我们再次强调，这里的产业选择是指在不同资本密集度的产业中挑选需要进入的产业。我们从一个静态问题展开分析。我们要问的是：给定一个经济当前所拥有的资本和劳动力的**资源禀赋结构**（endowment structure），这个经济应该采用什么样资本密集度的生产技术？作为分析的基准，我们先研究在一个自由竞争的经济中，产业选择的结果会是怎样。

假设经济可在下面两种生产技术中自由选择

$$y_1 = k_1^{\alpha} l_1^{1-\alpha}$$
$$y_2 = k_2^{\beta} l_2^{1-\beta}$$

其中，α 和 β 是衡量技术对应的资本密集度的参数。我们假设技术 1 的资本密集度比技术 2 更低（$0<\alpha<\beta<1$）。

假设经济中存在大量自由竞争的企业，可以自由地选用两种技术中的一种来进行生产。根据资源禀赋情况的不同，所有厂商可能只选择两种技术中的一种来生产，也可能选取不同技术的厂商同时生产。在这里，我们关心的是经济的资源禀赋会怎样影响厂商对生

---

① 对行业资本密集度的测量其实应该在更细分的层面上展开。因为即使是在电子产品的大行业中，也同时存在着资本密集型的子行业（如芯片制造）和劳动密集型的子行业（如零部件组装）。

产技术的选择。

如果有厂商选择了技术 1（我们将这种厂商称为 1 类厂商），它的行为应该是下面这个厂商利润最大化问题的解

$$\max_{k_1,l_1} k_1^{\alpha} l_1^{1-\alpha} - rk_1 - wl_1$$

其优化一阶条件为

$$\begin{aligned} r &= \alpha k_1^{\alpha-1} l_1^{1-\alpha} \\ w &= (1-\alpha) k_1^{\alpha} l_1^{-\alpha} \end{aligned} \tag{4.2}$$

上两式相除可得

$$\frac{w}{r} = \frac{1-\alpha}{\alpha} \cdot \frac{k_1}{l_1}$$

上式可变形为

$$l_1 = \frac{1-\alpha}{\alpha} \cdot \frac{r}{w} \cdot k_1$$

将其代入生产函数 $y_1 = k_1{}^{\alpha} l_1^{1-\alpha}$ 中，可得

$$y_1 = k_1^{\alpha} \left(\frac{1-\alpha}{\alpha} \cdot \frac{r}{w}\right)^{1-\alpha} k_1^{1-\alpha} \Rightarrow k_1 = \left(\frac{1-\alpha}{\alpha} \cdot \frac{r}{w}\right)^{\alpha-1} y_1$$

这是厂商对资本的需求函数（这就是微观经济学所讲的要素需求函数）。类似地，可以计算厂商对劳动力的需求函数为

$$y_1 = \left(\frac{1-\alpha}{\alpha} \cdot \frac{r}{w}\right)^{-\alpha} l_1^{\alpha} l_1^{1-\alpha} \Rightarrow l_1 = \left(\frac{1-\alpha}{\alpha} \cdot \frac{r}{w}\right)^{\alpha} y_1$$

对 2 类厂商（选择了技术 2 的厂商）的分析与 1 类厂商完全相同。因此有

$$\begin{aligned} r &= \beta k_2^{\beta-1} l_2^{1-\beta} \\ w &= (1-\beta) k_2^{\beta} l_2^{-\beta} \end{aligned} \tag{4.3}$$

以及要素需求函数

$$\begin{cases} k_2 = \left(\dfrac{1-\beta}{\beta} \cdot \dfrac{r}{w}\right)^{\beta-1} y_2 \\ l_2 = \left(\dfrac{1-\beta}{\beta} \cdot \dfrac{r}{w}\right)^{\beta} y_2 \end{cases}$$

在自由竞争的市场中，两类厂商面对同样的资本租金率和工资率。如果两种技术同时被厂商所选择，那么两类厂商的一阶条件（资本租金率和工资率分别等于资本和劳动力的边际回报）一定同时成立。则两类厂商给出的资本回报率一定相等，即

$$\alpha k_1^{\alpha-1} l_1^{1-\alpha} = r = \beta k_2^{\beta-1} l_2^{1-\beta}$$

将两类厂商的要素需求函数代入上式可得

$$\alpha\left(\frac{1-\alpha}{\alpha}\cdot\frac{r}{w}\right)^{1-\alpha}=\beta\left(\frac{1-\beta}{\beta}\cdot\frac{r}{w}\right)^{1-\beta}$$

从中解出

$$\frac{w}{r}=\left[\frac{\beta}{\alpha}\left(\frac{1-\alpha}{\alpha}\right)^{\alpha-1}\left(\frac{1-\beta}{\beta}\right)^{1-\beta}\right]^{\frac{1}{\alpha-\beta}}\triangleq\Theta$$

可见，在两类技术都被采用的时候，工资率与资本租金率之间的比值是一个常数。我们将这个常数定义为 Θ。容易看出 $\Theta>0$。用这里所定义的常数，可将两类厂商的要素需求函数化简为

$$\begin{cases}k_1=\left(\dfrac{1-\alpha}{\alpha\Theta}\right)^{\alpha-1}y_1\\ l_1=\left(\dfrac{1-\alpha}{\alpha\Theta}\right)^{\alpha}y_1\end{cases}\qquad\begin{cases}k_2=\left(\dfrac{1-\beta}{\beta\Theta}\right)^{\beta-1}y_2\\ l_2=\left(\dfrac{1-\beta}{\beta\Theta}\right)^{\beta}y_2\end{cases}\tag{4.4}$$

务必注意，上面这种形式的要素需求函数只是在两种技术都被采用时才成立。

在两类企业都存在时，两类企业所租用的资本之和应该等于全社会的总资本，所雇用的劳动力之和应该等于全社会的总劳动力，即

$$\begin{cases}k_1+k_2=k\\ l_1+l_2=l\end{cases}$$

将要素需求函数（4.4）式代入上面的市场出清条件可得

$$\begin{cases}\left(\dfrac{1-\alpha}{\alpha\Theta}\right)^{\alpha-1}y_1+\left(\dfrac{1-\beta}{\beta\Theta}\right)^{\beta-1}y_2=k\\ \left(\dfrac{1-\alpha}{\alpha\Theta}\right)^{\alpha}y_1+\left(\dfrac{1-\beta}{\beta\Theta}\right)^{\beta}y_2=l\end{cases}$$

这是一个包含 y_1 和 y_2 两个未知数（其他都是参数）的二元一次方程组。从中可以解出

$$\begin{cases}y_1=\left(\dfrac{\alpha\Theta}{1-\alpha}\right)^{\alpha}\left(\dfrac{\beta\Theta}{1-\beta}-\dfrac{\alpha\Theta}{1-\alpha}\right)^{-1}\left(\dfrac{\beta\Theta}{1-\beta}l-k\right)\\ y_2=\left(\dfrac{\beta\Theta}{1-\beta}\right)^{\beta}\left(\dfrac{\beta\Theta}{1-\beta}-\dfrac{\alpha\Theta}{1-\alpha}\right)^{-1}\left(k-\dfrac{\alpha\Theta}{1-\alpha}l\right)\end{cases}\tag{4.5}$$

在 y_1 和 y_2 的表达式中，前两个括号中的项都是正的（因为 $\alpha<\beta$）。所以，y_1 和 y_2 是否大于 0，就要看第三个括号中的项是否为正。容易看出

$$y_1\geqslant0\Leftrightarrow\frac{k}{l}\leqslant\frac{\beta\Theta}{1-\beta}\tag{4.6}$$

$$y_2\geqslant0\Leftrightarrow\frac{k}{l}\geqslant\frac{\alpha\Theta}{1-\alpha}\tag{4.7}$$

只有上面两个条件都成立，经济中才会有两种类型的企业同时生产。也就是说，只有全社会的人均资本存量处在下面这个区间中时，两类技术才会同时被采用

$$\frac{\alpha\Theta}{1-\alpha}\leqslant\frac{k}{l}\leqslant\frac{\beta\Theta}{1-\beta} \tag{4.8}$$

人均资本存量如果不在这个区间中，倒不是说某种类型企业的产量会为负，而是说我们在前面提到的两种企业都开工的假设不成立，碰到了角点解（只有一种技术被采用），不能再这样联立求解方程。尽管以上推导只在资本存量处在（4.8）式所示的这一区间内时才成立，它还是告诉了我们角点解和内点解（两种技术都被采用）存在的参数区间。

从上面的推导可以看出，经济对生产技术的选择与经济的人均资本存量 k/l（也叫资本密集度）联系在一起。技术 2 的资本密集度较高，因而只有在全社会人均资本存量比较高的时候才会被采用。技术 1 的资本密集度较低，就只有在人均资本存量较低的时候才会被使用。在人均资本存量处在中等水平时（（4.6）式与（4.7）式均成立的时候），两种技术会被同时采用。从（4.5）式能看出，技术 2 的产量 y_2 是人均资本存量 k/l 的单调增函数，而技术 1 的产量 y_1 是 k/l 的单调减函数。因此，在两种技术同时被采用的情况下，经济中的人均资本存量越高，高资本密集度技术产出占经济总产出的比重就越大。

我们可以借助图形来建立对以上分析过程的形象感知。在图 4－2 的 k—l 坐标系中，可以像之前一样画上劳动密集型技术（$y=k^{\alpha}l^{1-\alpha}$）和资本密集型技术（$y=k^{\beta}l^{1-\beta}$）的等产量线。坐标系第一象限中的各个点代表各种资本和劳动力的禀赋组合。（4.8）式中给出的人均资本存量区间在图中是一个锥形，用阴影标出。当人均资本存量在这个锥形中时，两种生产技术会被同时采用。所以这个锥叫做**多样化锥**（diversification cone）。在多样化锥中，整个经济面临的等产量线是图中相切于两种技术的等产量线的虚线。从图中可以看出，通过混合两种生产技术，经济获得了比单独采用任何一种技术时都更高的产出。而在多样化锥之外，经济中只会有一种生产技术被采用。

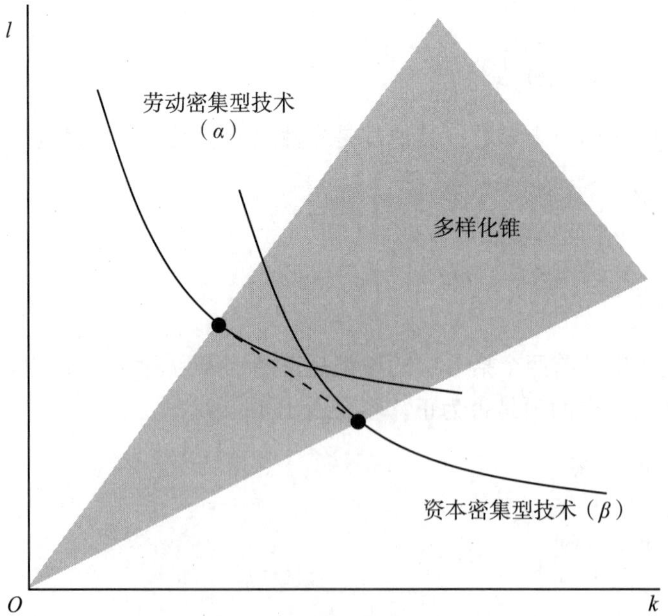

图 4－2　经济对生产技术的选择

4.3.3　自由竞争经济体产业结构的动态变迁

现在，我们把前一小节的分析结果放到索洛模型中，研究这种情况下经济的增长路径和产业结构的动态变迁过程。索洛模型的关键方程是资本的动态演进方程

$$k_{t+1}=sy_t+(1-\delta)k_t \tag{4.9}$$

其中，s 是外生给定的储蓄率，δ 是外生给定的资本折旧率。在上一讲的索洛模型中，经济的总产出 y_t 由一个简单的生产函数给出。但在这里因为涉及生产技术的选择问题，产出由下面这个分段生产函数给出

$$y_t=\begin{cases} k_t^{\alpha}l_t^{1-\alpha} & \text{如果}\ \dfrac{k_t}{l_t}<\dfrac{\alpha\Theta}{1-\alpha} \\ y_{1t}+y_{2t} & \text{如果}\ \dfrac{\alpha\Theta}{1-\alpha}\leqslant\dfrac{k_t}{l_t}\leqslant\dfrac{\beta\Theta}{1-\beta} \\ k_t^{\beta}l_t^{1-\beta} & \text{如果}\ \dfrac{k_t}{l_t}>\dfrac{\beta\Theta}{1-\beta} \end{cases} \tag{4.10}$$

其中，y_{1t}与 y_{2t}由（4.5）式决定。注意，因为这里在研究动态过程，所以我们在式子中加上了表示时间的下标 t。（4.9）式、（4.10）式，再加上描述劳动力 l_t变化的方程，就完整刻画了整个经济的动态过程。

下面我们用一个数值模拟来看看这个经济的动态变化过程究竟是怎样的。我们假设 $\alpha=0.1$，$\beta=0.4$，$\delta=0.05$，$s=0.4$，$l_t=1$，$k_0=0.01$。这里我们假设劳动力总量恒定为 1，不发生变化。由于在真实世界中资本积累的速度一般明显大于劳动力增长的速率，所以这一假设并不会让这里的计算失去一般性。从这个参数假设来看，经济的初始人均资本存量非常低（只有 0.01）。

图 4-3 给出了经济在三种不同的发展思路下人均产出水平随时间变化的动态过程。图中的横坐标代表时间，纵坐标代表人均产出水平。很显然，让市场来自由选择生产技术的发

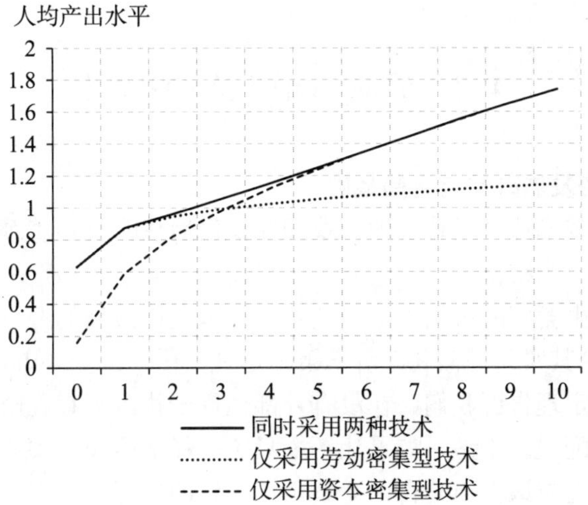

图 4-3　经济动态轨迹的数值模拟

展路径是最好的，产出水平一直不低于其他两条路径，且有一段时间严格高于它们。

以上的动态模拟过程也可以在之前的图形中形象地展示出来。在图 4-4 的 k—l 坐标系中，虚线箭头绘出了经济资源禀赋的变化过程。由于劳动力数目被假设为 1 不变，经济的资源禀赋就随着资本的积累在图中画出了一条水平向右的直线。在这个过程中，资源禀赋最开始会处在仅采用劳动密集型技术的区域。随着资本的积累，资源禀赋会进入多样化锥（同时采用两种技术），并最终进入只采用资本密集型技术的区域。就算我们假设人口有增长，由于在资本存量较低的时候，资本积累速度总是高于人口增速，那也只是使图中的虚线箭头变得略微向上，并不改变分析结论。

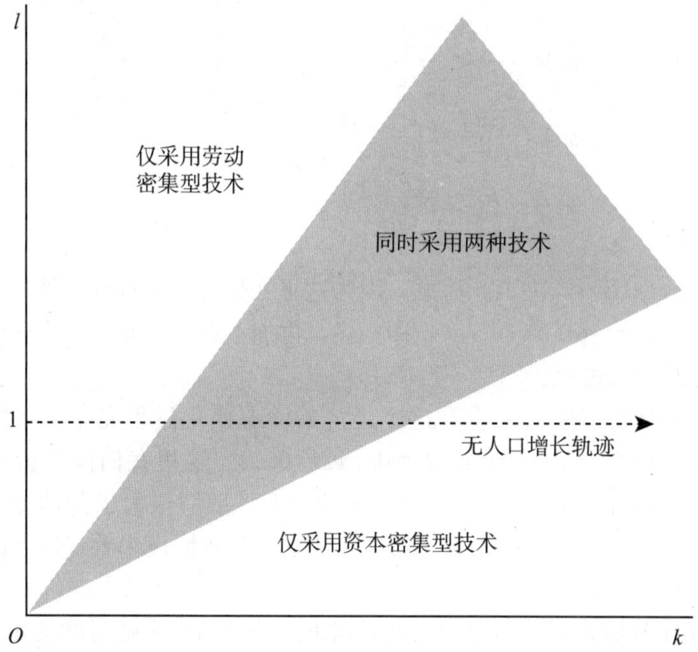

图 4-4　数值模拟的图形展示

4.4　发展战略与经济绩效

4.4.1　比较优势发展战略与赶超战略

前面讨论的生产技术选择问题有助于我们厘清发展战略与经济绩效之间的关系。从前面的分析中可以得到三个结论。

第一，如果让自由竞争的市场来选择技术，可以获得最高的经济绩效（以人均产出水平来衡量）。这一结论其实只是福利经济学第一定理（the first welfare theorem）的一个体现。福利经济学第一定理告诉我们，在没有外部性等干扰因素存在时，自由竞争的市场可以实现最有效的资源配置。于是，如果让一个只关心经济增长、关心经济产出的决策者来选择最优发展路径，他应该做出与自由竞争市场一致的选择。

第二，随着资源禀赋（人均资本存量）的变化，对经济最有利的生产技术（产业）会发生变化。在人均资本存量很低、资本很稀缺时，劳动密集型技术对经济更有利。而在人均资本存量很高时，资本密集型技术更有利。也就是说，在资本由少到多的积累过程中，经济需要根据自身资源禀赋的变化动态选择生产技术。这其实是国际贸易中比较优势（comparative advantage）理论所阐述的思想。前面图形分析中提到的多样化锥的概念也来自国际贸易理论。我们可以说，**对一个国家的发展最有利的战略是，根据不同阶段经济的资源禀赋状况，选择各阶段对自己最有利的生产技术来组织生产**——这便是林毅夫提出的**比较优势发展战略**（comparative advantage development strategy）。

第三，对一个资本密集度比较低的经济体，强行选择资本密集度高的生产技术会损害经济绩效。从图 4-3 的数值模拟能看出来，在刚开始资本较为稀缺时，采用资本密集型技术得到的产出会大幅低于劳动密集型技术的产出。这意味着落后国家试图复制发达国家的产业结构，优先发展资本密集型行业的**赶超战略**（leap forward strategy）只会适得其反，让自己更难赶上发达国家。

这就是说，在资本比较稀缺的时候，生产几亿条裤子去换别国生产的一架飞机是完全合理的。如果试图违背自己的资源禀赋和比较优势，非要自己去生产飞机，那就飞机和裤子都造不出来了。在改革开放后，中国比较好地沿着自身的比较优势进入了对自己最有利的行业，从服装鞋帽等劳动密集型行业做起，而后随着资本密集度的提升，逐步进入了家电、汽车、造船等行业，到现在也能生产大型喷气式客机。这种小步快走的发展战略虽然看上去不如赶超战略那么有雄心壮志，但产生的经济绩效却远远好于后者。

4.4.2　赶超战略与中国传统计划经济体制的形成

如果说改革开放后中国经济的快速发展是遵循了比较优势发展战略所致，那么改革前经济的低效则很大程度上来自赶超战略的施行。赶超战略带来的危害并不仅仅是产出下降，还包含因为赶超战略而生的一系列宏观和微观层面的扭曲因素带给经济的长期损害。

中华人民共和国成立初期，中国政府采取了重工业优先发展的赶超战略。这一方面是受到了苏联的影响，另一方面则是在当时的国际政治经济环境下，中国国家领导人觉得有必要通过重工业建设来打造中国独立自主的工业体系，从而维护国家安全。在 1953—1957 年的第一个五年计划时期内，中国以苏联援助建设的 156 个重点工程（其中 155 个为重工业项目）为核心，建立起了门类基本齐全的重工业部门。在整个“一五”期间，中国的重工业投资占到了工农业总投资的 73%。

不过，重工业优先的赶超战略与当时中国以小农经济为主、资本稀缺的资源禀赋状况并不匹配。在当时的禀赋状况下，劳动密集型行业才是中国的比较优势所在。换言之，如果让市场自发地配置资源，重工业部门很难如国家领导人所希望的那样快速发展。对应到前面 4.3.2 节的模型中，中国当时的人均资本密集度应该还未跨过资本密集型行业能够自发出现的阈值 $\alpha\Theta/(1-\alpha)$。在这样的情况下，根据（4.5）式，资本密集型行业的最优产量应该是一个负数。这说明在这样的资源禀赋下，如果要让资本密集型行业负担劳动密集型行业所能负担的资本租金率和工资率，它们将无法获得正的利润，无法在自由竞争的市场中存活下去。按照林毅夫的定义，这样的企业缺乏**自生能力**（viability）。

为了让缺乏自生能力的重工业企业存活下来，政策必须扭曲整个宏观环境，人为压低利率和工资率，使得重工业企业能够有利润。而在压低了城市劳动者的工资率之后，为了保证城市居民的生存所需，需要相应压低生活必需品的价格。粮食作为最重要的生活必需品，其价格更是要被压低。

出于两方面的原因，这种对价格的人为压制必然导致资源计划配置体系的出现和强化。第一，在压低的要素价格下，重工业企业都能有利润，符合比较优势的劳动密集型企业就会有更高的利润。因此，如果让劳动密集型企业与重工业企业在市场上自由竞争资源，要素价格会很快上升到重工业企业不能承受的水平。第二，当对价格的压制成为一种长期制度安排后，市场上供不应求的供需缺口会成为常态，从而需要通过市场之外的机制来决定有限的供给究竟流向何处。这样，**资源的计划经济配置体系作为调和赶超战略与资源禀赋之间矛盾的机制，愈发得到强化**。

仅仅是宏观层面的计划经济和价格压制还不足以保证重工业部门的持续发展。在微观层面，如果企业是私有的，那么逐利的企业主就会有很强的动力将其资源投入劳动密集型行业中以获取更高的利润，而不是投资到重工业行业。因此，有必要将企业收归国有，让国家直接管理企业的经营活动。而在农村，为了保证在农产品价格被压低的情况下城市仍然有充足的农产品供应，需要通过人民公社、粮食统购统销等制度设计来抑制农民的自主权，从而控制农产品的流向。至此，赶超战略所需要的宏观和微观层面的制度保障完全到位，从而形成了中国改革开放前的传统计划经济体制。

这种传统计划体制对经济绩效带来了不利影响。在宏观层面，通过价格扭曲、计划经济等手段建立起来的重工业企业并不符合中国当时的比较优势，因而在国际市场上缺乏竞争力，无法在竞争中茁壮成长，而只能成为政策呵护下娇嫩的花朵。重工业对资源的需求又挤占了其他生产部门和消费者部门能够获得的资源，导致经济畸形发展，人民生活水平提高缓慢。

在微观层面，对微观企业和个人自主权的抑制导致微观激励缺失。干好干坏一个样、干与不干一个样的“大锅饭”现象大面积出现。相应地，企业和个人的生产积极性都难以被调动起来，从而严重地抑制了生产力的发挥。改革开放后，农村包产到户责任制改革所释放的巨大生产力从相反的方向方面说明了改革前微观激励机制缺失对经济绩效的严重负面影响。

至此，我们可以看到改革开放前中国传统计划经济体制的形成有清晰的逻辑主线可抓。其中，较低的人均资本存量和赶超战略是外生给定的，是逻辑线索的源头。为了调和二者之间的矛盾，扭曲的宏观环境、资源的计划配置制度以及对微观主体自主性的抑制相应而生。换言之，我们所观察到的种种传统计划经济体制机制安排并非领导者随意的拍脑袋决策，而是内生于资源禀赋和发展战略，其道理可循。这种体制导致了宏观层面的产业结构失衡、微观层面的激励不足，从而降低了经济绩效（见图 4－5）。

当发展战略从改革开放前的赶超战略转变为改革开放后的比较优势发展战略时，上述的这些为赶超战略服务的扭曲制度体系就不再必要，可以通过改革来逐步革除。它们所产生的负面经济后果也就相应减轻乃至消失。这是改革开放前后中国经济表现大不相同的又一重要原因。

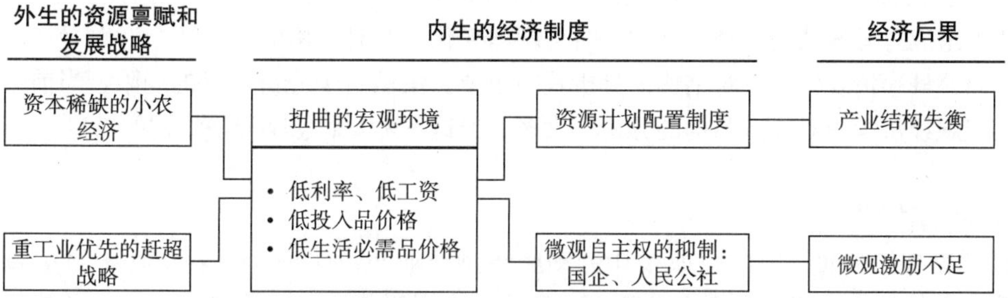

图 4-5　中国传统计划经济体制的形成逻辑

资料来源：林毅夫，蔡昉，李周．中国的奇迹：发展战略与经济改革（增订版）．上海：上海三联出版社，1999：55，图 2.2，略有改动。

在改革开放 40 年后，中国的经济体制已经跟改革前的计划经济体制相去甚远。但因为两个原因，理解中国传统计划经济体制的成因对我们认识当前的中国经济仍有重要意义。

第一，中国传统计划经济体制的残余成分仍在影响着中国经济的运行。几十年的改革开放虽然已经革除了不少传统计划经济体制的弊端，但并未完全消除中国经济中的计划经济成分。这些非市场的成分仍然对市场运行发挥着不可忽视的影响，是中国特色市场经济的特色的一个来源。只有看清了这些源自计划经济的因素，我们才能理解当前中国市场经济的运行。

第二，中国传统计划经济产生于赶超战略与资本稀缺的资源禀赋之间的矛盾。现在，虽然已不能说中国还在明显偏离资源禀赋而追求赶超，但经济政策与资源禀赋状况之间的矛盾仍然存在，并成为新的经济扭曲的来源。在本书第 22 讲讨论中国的债务问题与金融乱象时，我们会看到去杠杆政策与储蓄过剩的经济状况之间的矛盾，以及由此矛盾所产生出的次贷危机之后中国金融体系内的种种乱象。那里的分析对象虽然是次贷危机之后的中国经济，但分析问题的思路与这里分析传统计划经济体制的思路完全一致。

4.5　对索洛剩余的再认识

现在让我们再回到索洛剩余。之前我们已经不止一次地说过索洛剩余虽然被不少人认为是技术的代名词，但其本质只是一个未知的黑箱。在这一讲中，我们从经济发展战略的角度解释了改革前后中国经济的巨大差异。其中的关键在于所采用的生产技术是否符合经济的资源禀赋。

如果我们不考虑产业结构的差异，而只是用一个总量生产函数去试图分解改革前后的经济增速，会得到什么样的结果？我们会发现，在改革开放起点的前后，资本和劳动力都没有太明显的变化，但经济产出却有巨大差异。这样，增长计量就会把产出的差异大部分归结于索洛剩余的变化。但这种索洛剩余的变化其实是经济发展战略的调整所导致的，与通常意义上对索洛剩余的理解并不一致。这再次表明了索洛剩余所对应的经济力量有很大的模糊性。

我们还想通过对索洛剩余的回顾揭示结构分析的重要。从总量上来把握经济固然简单，却忽略了组成总量的结构。经济结构有时会剧烈变化。有时结构的变化还会对总量产生明显影响。当这种事情发生时，对结构的分析就很重要。虽然由于分析工具的局限，当前主流的新古典宏观经济学中对经济结构的分析不太多，但这不是我们忽略经济结构的借口。

进一步阅读指南

这一讲的核心思想基本来自林毅夫、蔡昉、李周所著的《中国的奇迹：发展战略与经济改革》一书（林毅夫等，1999）。这本书的第一版于1994年面世。在当时苏联解体、东欧巨变之后的世界环境中，且正值中国持续面临经济过热、宏观调控等内部问题的时候，该书提出“中国的奇迹”是需要有前瞻和魄力的。该书的增订版于1999年出版，正是亚洲金融危机之后，中国刚进入持续通货紧缩、国企分流下岗大幕拉开之时。20多年过去了，此书对中国经济运行逻辑的分析已被各方普遍接受，书中做出的中国将成为世界最大经济体，“创造中华民族由衰至盛的人间奇迹”的预言也越发显得真实，让人不禁叹服作者的先见之明。因此，任何想严肃了解中国经济的人，都必须读一读这本书。书中与本讲内容直接相关的章节是第2章“赶超战略与传统经济体制的形成”，以及第4章“比较优势战略”。读者可对其做重点阅读。林毅夫担任世界银行首席经济学家之后，又提出了“新结构经济学”的理论，作为其之前理论的自然延伸。林毅夫所著的《新结构经济学》一书值得一读（林毅夫，2012）。

练习题

4.1 假定在一个封闭的经济中，经济中大量自由竞争的企业可以自由地在以下两种生产技术中做选择

$$y_1=k_1^{0.5}l_1^{0.5}$$

$$y_2=l_2$$

经济中的人口保持恒定，被正规化为1。经济中的储蓄率外生给定为 s（$0<s<1$）。经济中的资本折旧率为 $\delta=0.1$。

（a）经济中资本存量达到什么水平时，经济会只采用第一种生产技术？

（b）请给出刻画这个经济的生产活动的生产函数。

（c）什么样的储蓄率 s^{Golden} 可以实现稳态最高的消费水平？在这个稳态上的消费是多少？

（d）假设 $k_0=0.01$，储蓄率为前一小问中算出的黄金律水平。请用Excel模拟出从第0期到第100期的人均产出水平并绘制图形。

第 5 讲

均衡宏观经济学方法论（上）

在前两讲中，我们从供给面分析了中国经济的增长问题。在供给面的分析中，我们关心的是经济中的总产出是怎样生产出来的。至于这些产出被用到了哪些方面，满足了经济中的何种需求，则不是供给面分析要讨论的问题。如果我们研究的是经济长期增长问题，而且我们相信经济长期增长的约束只在供给面，那么供给面的分析也就足够了。事实上，当代主流的新古典宏观经济学因为相信“供给创造需求”的萨伊定律，只从供给面研究经济增长问题，试图从资本、劳动力和技术三个所谓经济增长的源泉入手，解释各种经济增长问题。

不过，我们对中国经济的研究不能止步于供给面的分析。因为经济产出是如何被运用的，本身就是重要的问题。而且在第 3 讲的 3.2 节我们也看到了，真实世界的宏观数据显示，改革开放之后中国的经济波动应该主要是由需求面因素引发的。这意味着需求更可能是中国经济增长的瓶颈。所以从这一讲开始，我们会进入对中国经济需求面的分析。

从供给到需求，并不仅仅是研究视角发生了变化，而是整个研究方法论都要有根本性转变。我们不能再把经济视为一台像汽车一样，有着不以人的意志为转移之运动规律的机器；我们必须把经济看成一个客观世界与主观意志相结合的、与自然科学的研究对象截然不同的复杂组织。相应地，我们必须抛弃多年自然科学学习所形成的机械式的研究方法论，拥抱基于理性假设的均衡宏观经济学的方法论。在有人质疑我故弄玄虚之前，我们还是赶快进入具体问题，让读者通过现实世界的问题来看到讨论方法论的必要。

5.1 消费函数与持久收入假说

5.1.1 消费函数及乘数效应

在第3讲我们介绍过GDP的三种计算方法。生产法GDP是从供给面对经济规模进行的核算，统计了一定时期内经济生产出来的最终产品和服务的总量。支出法GDP则是从需求面对经济进行的统计，衡量了总产出在不同需求形式之间的划分。支出法GDP对应着下面这个国民经济核算的会计等式

$$Z=C+I+G+NX \tag{5.1}$$

等号左边的Z代表经济的总需求，等号右边的四项分别代表消费、投资、政府支出和净出口（出口减进口）。这里之所以把总需求写成Z，而不是像第3讲那样写成Y，是为了在下面区分经济中的需求和供给。

（5.1）式是一个会计等式，没什么经济思想在里面。不过在这个式子上稍微做些拓展，就能把它变成一种经济理论的阐述。在《就业、利息和货币通论》一书中，凯恩斯提出经济中的总消费是总产出的函数。可以将凯恩斯说的这个**消费函数**（consumption function）写成如下线性形式

$$C=c_0+c_1Y \tag{5.2}$$

其中，c_0和c_1是两个参数，Y是经济的总产出（也是经济的总收入）。参数c_1叫做**消费的边际倾向**（marginal propensity to consume），衡量了每增加一单位收入，消费者会增加多少消费。很容易想到，c_1应该介于0和1之间（$0<c_1<1$）。参数c_0是消费者的最低消费（收入为0时的消费）。毕竟，人总得吃东西来活着，所以最低消费必然大于0（$c_0>0$）。如果消费者的收入低于最低消费c_0，他就必须动用储蓄或是借贷来支持自己的消费。

将消费函数（5.2）式代入支出法GDP的会计方程（5.1）式，可得

$$Z=c_0+c_1Y+I+G+NX$$

当整个经济的产品市场都出清的时候，经济中的需求应该等于产出，即

$$Z=Y$$

这样，就有

$$Y=c_0+c_1Y+I+G+NX \tag{5.3}$$

上面这个方程就是著名的IS—LM模型的***IS*** **曲线**（IS curve）。从中可以解出

$$Y=\frac{1}{1-c_1}(c_0+I+G+NX) \tag{5.4}$$

上式就是经济产出Y的决定方程。其中括号内部的$c_0+I+G+NX$叫做**自发性支出**（autonomous spending），是经济中的居民、企业和政府能自主选择的支出水平。

在前两讲，我们曾经给出过这样利用生产函数来决定产出的方程

$$Y'=AF(K,L) \tag{5.5}$$

为了与（5.4）式中的 Y 区分，上式中的 Y 加上了一撇。与（5.5）式相比，（5.4）式完全是另外一个东西。既然这里有了两个很不一样的产出决定方程，大家自然会问究竟哪个才是对的。答案很简单，这两个方程分别代表了分析产出决定问题的两条不同的思路，适用范围不同。当我们用（5.5）式来研究产出时，隐含假设是需求不会成为生产活动的约束，生产出来的东西总能找到需求方——这正是萨伊定律阐述的意思。因此，经济能生产出来多少东西，产出就有多大。

而（5.4）式则是从支出法 GDP 的会计等式中推导出来的，代表的是需求方力量对产出的决定。在使用这个方程时，潜台词是经济中存在需求不足的问题（需求小于生产能力），因此最终的产出由需求决定，而不是由生产函数决定。也可以说，只有在 $Y<Y'$ 时，（5.4）式才是成立的。这是凯恩斯理论的一个隐含假设。

观察（5.4）式可以发现一个很重要的结论。因为 $0<c_1<1$，所以 $1/(1-c_1)$ 是个大于 1 的数。于是，最低消费 c_0、投资 I、政府支出 G 和净出口 NX 中任意一项需求扩张 1 单位，经济产出会扩张 $1/(1-c_1)$，数量上比 1 大。这就是凯恩斯理论中著名的**乘数效应**（multiplier effect）——自发性支出的扩张会成倍地增加总产出。$1/(1-c_1)$ 就是**乘子**（multiplier）。特别地，政府增加 1 单位的开支，会通过乘数效应带来超过 1 单位的经济总产出之扩张。所以政府可以通过财政政策的调整来管理经济的总需求，熨平经济波动。

5.1.2　消费函数的估计与持久收入假说

很显然，在凯恩斯的乘数理论中，消费函数是关键。消费的边际倾向 c_1 直接决定了乘子的大小、乘数效应的强弱。既然消费函数如此关键，自然会有很多研究者试图用真实世界的数据来估计消费函数的参数取值。但这些估计的结果令人沮丧——大家怎么也估计不出一个稳定的消费函数。用宏观和微观数据估计出来的结果很不一样；而用不同人群的数据（如分别用黑人和白人的数据）估计出来的结果也有明显差异。

要理解为什么无法估计出消费函数，需借助弗里德曼（Friedman）的**持久收入假说**（permanent income hypothesis）。我们用一个简单的两期模型来介绍这个假说。假设消费者在两期中的每一期都有收入并进行消费。消费者关心的是两期的总效用，并且可以通过借贷在两期之间自由转移资源。为简单起见，这里我们假设两期之间的贴现率和利率都是 0。消费者面临的效用最大化问题可以写成

$$\max_{C_1,C_2} u(C_1)+u(C_2)$$

$$\text{s.t.}\quad C_1+C_2=Y_1+Y_2$$

设立拉格朗日函数

$$\mathcal{L}=u(C_1)+u(C_2)+\lambda(Y_1+Y_2-C_1-C_2)$$

一阶条件为

$$u'(C_1)=\lambda=u'(C_2)\quad\Rightarrow\quad C_1=C_2$$

于是

$$C_1=C_2=\frac{Y_1+Y_2}{2}\triangleq Y^P$$

这也就是说，消费者当期的消费并不完全决定于当期的收入，而是决定于他对自己未来平均收入的预期（将其定义为 Y^P）。Y^P 叫做**持久收入**（permanent income）。当期收入与持久收入之间的差异叫做**暂时收入**（transitory income），用 Y^T 表示。

$$Y_1=Y_1^T+Y^P$$

按照这样的定义，可以说消费者的消费只会因为持久收入的变化而变化，而不会对暂时收入的变化做出反应。

比如说，一个人跳槽换了工作，中间有一段空档时间在家休息。这个人在这段时间里没有工资，短时间内收入下降了很多。但他预期中的持久收入并未大幅下降，所以他这段时间的消费不会比之前减少很多。又比如说，一人所在的公司发生了严重危机，破产风险大幅上升。此时，公司员工的工资虽然暂时没受影响，但员工对自己持久收入的预期会明显下调。相应地，员工的消费在其当前收入没有发生大幅变化时会下降不少。

正因为消费更多由对未来持久收入的预期所决定，所以研究者无法在当前收入与当前消费之间找到稳定的数量关系。因此，凯恩斯所说的消费函数虽然听上去好像符合直觉，事实上却并不存在。这给我们提出了警示，如就连一个看似简单的消费与收入之间的关系，都会因为牵涉了消费者的预期和行为而变得相当复杂，那么恐怕就不能想当然地认为宏观经济变量之间存在什么数量关系了。菲利普斯曲线的消失就说明了这一点。

5.2 菲利普斯曲线的消失

消费函数是估计不出来的。事实上，即使估计出了一些宏观经济变量之间的数量关系，这些关系也很可能是不稳固的。**菲利普斯曲线**（Phillips curve）的消失就是这方面最著名的例子。菲利普斯曲线的消失在 20 世纪 70 年代掀起了宏观经济学中的**理性预期革命**（rational expectation revolution）。现代的基于均衡分析的主流宏观经济学范式就是这次革命的产物。

所谓菲利普斯曲线，是 20 世纪 50 年代被发现的通货膨胀率和失业率之间的负相关关系。这一现象最早由新西兰经济学家威廉·菲利普斯在 1958 年提出。在他发表的《1861—1957 年英国失业和货币工资变动率之间的关系》一文中，菲利普斯提出在通货膨胀率和失业率之间存在此消彼长的负相关关系。这一数量关系在美国数据中也被发现。之后，大家就把这种通货膨胀率和失业率之间的负相关关系称为菲利普斯曲线。

菲利普斯曲线问世之后，很快被视为宏观经济的基本事实之一，被写入了当时标准的宏观经济模型，成了凯恩斯宏观经济学的一块基石。在实践中，菲利普斯曲线的发现也让宏观调控者如获至宝。看起来，只要付出一定的通货膨胀率升高的代价，就能把失业率压下去。站在宏观决策者的角度来看问题，失业显然是更不好的东西。压低失业率能够让政府获得更高的支持率。因此，在 20 世纪 70 年代石油冲击之后，美国开始有意识地通过推高通货膨胀率来压低失业率。

但是，决策者和经济学家惊讶地发现，当政策开始利用菲利普斯曲线这一数量关系调控经济，试图推高通货膨胀率来压低失业率时，菲利普斯曲线竟然消失了！高通货膨胀并没能带来低失业，反而造成了高通货膨胀和高失业并存的**滞胀**（stagflation）局面（见图 5－1）。滞胀的出现严重打击了当时基于凯恩斯理论而形成的宏观经济学范式——在凯恩斯的理论中不可能出现滞胀的现象。这种现实对理论的否定成了理论发展的契机和动力。

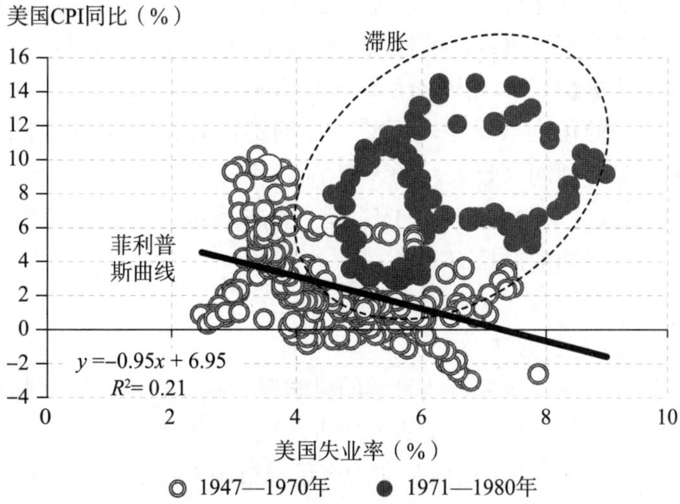

图 5－1　美国菲利普斯曲线的消失

资料来源：CEIC

5.3　菲利普斯曲线为什么会消失?

我们用一个微观双寡头竞争模型来解释菲利普斯曲线为什么会消失。之所以在一个微观模型中来阐述，而不是直接在宏观经济模型中来分析，是为了让读者更清楚地看到现象背后的机理。

5.3.1　环境设定

让我们来看一个由两个厂商垄断的寡头市场。这个市场中只有两个厂商（厂商一与厂商二）在持续竞争。它们在第 t 期的产量分别记为 q_{1t} 与 q_{2t}。因为都在同一个产品市场中销售产品，所以它们共同面对同一条向下倾斜的需求曲线

$$p_t = a_t - (q_{1t} + q_{2t})$$

其中，a_t 是一个表征第 t 期市场需求强度的变量，每一期都可能会变化。为了简化分析，我们假设产量与价格之间在数量上存在一对一的关系（产量增加 1 单位，价格下降 1 单位）。当然我们也可以在产量之前加上不为 1 的系数，让产量和价格变化的幅度不再相当。

但那只会增加数学推演的难度，而不会带来不同的结论。

两个厂商的目标都是最大化自己的利润。还是为了简化问题，假设两个厂商的生产成本都是0。因此，厂商利润最大化问题等价于收入最大化问题，可以写成

$$\max_{q_{it}} \Pi_{it} = p_t \cdot q_{it} \quad i=1,2$$

也就是说，两个厂商都需要通过选定自己的产量来使自己的利润最大化。两个厂商都知道需求曲线的形式，并且在每期决定其产量之前都可以观察到当期需求冲击 a_t 的实现值。

两个厂商的产量决策有先后顺序。厂商一先决定自己的产量。厂商二在观察到厂商一的产量之后，再做自己的产量决策。学过微观经济学的人应该能看出，这里描述的是一个**斯塔克伯格双寡头竞争模型**（Stackelberg duopoly model）。

让我们站在厂商一的角度来思考。厂商一每期都需要在观察到需求冲击 a_t 的实现值后，选择能够最大化自身利润（收入）的产量 q_{1t}。由于两个厂商的产出共同决定了市场价格，所以厂商一的最优产量决策取决于厂商二的产量 q_{2t}。因此，厂商一在做产量决策的时候必须预测厂商二当期的产量。

5.3.2 自然科学的分析方法

让我们来想想，如果一个研究自然科学的科学家碰到了厂商一所面临的问题，会怎样来分析。很自然地，它会使用自然科学研究的方法论——从现象中总结规律，再用规律来进行预测（参见专栏5-1）。由于厂商每期的产量与市场上每期需求冲击 a_t 的强度正相关，因此，厂商一可以试图总结出厂商二产量与 a_t 之间的数量关系。我们假设厂商一先把自己每期的产量都固定在4单位（这里的4是任意选取的），然后持续观察厂商二的行为。

那么厂商一会观察到厂商二什么样的行为呢？站在厂商二的角度来思考就很容易得出答案。当厂商一的产量固定在4单位时，厂商二的利润最大化问题就变成

$$\max_{q_{2t}} \Pi_{2t} = (a_t - 4 - q_{2t}) q_{2t} = (a_t - 4) q_{2t} - q_{2t}^2$$

其优化条件为

$$q_{2t}^* = \frac{1}{2} a_t - 2 \tag{5.6}$$

这样一来，厂商一会观察到，需求冲击每增加1单位，厂商二的产量会增加0.5单位，且当需求冲击 $a_t > 4$ 时，厂商二才会开始生产。厂商一只要把他每期观测到的需求冲击 a_t 和厂商二的产量 q_{2t} 绘制在坐标系上（见图5-2），就可以很容易地把（5.6）式估计出来。

在知道了厂商二的产量决定规律（（5.6）式）后，厂商一可以把厂商二的产量决定规律方程代入自己的利润最大化问题，得到

$$\begin{aligned}\max_{q_{1t}} \Pi_{1t} &= \left[a_t - \left(\frac{1}{2} a_t - 2\right) - q_{1t}\right] q_{1t} \\ &= \left(\frac{1}{2} a + 2\right) q_{1t} - q_{1t}^2\end{aligned}$$

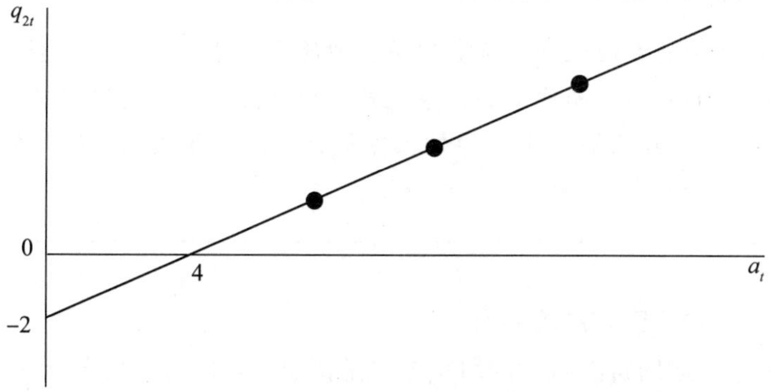

图 5－2　厂商一眼中的厂商二的行为“规律”

由优化条件可以解出厂商一的最优产量为

$$q_{1t}^{*}=\frac{1}{4}a_t+1 \tag{5.7}$$

看起来，我们似乎解决了厂商一的问题。但是，**这种方法正确吗**？

专栏 5－1

自然科学的研究方法

发现海王星的故事很好地体现了自然科学研究的方法论。在 16 世纪，丹麦天文学家第谷·布拉赫（Tycho Brahe，1546—1601）经过数十年的仔细观测，积累了大量天文观测资料。基于对第谷观测资料的研究，第谷的弟子德国天文学家约翰尼斯·开普勒（Johannes Kepler，1571—1630）发现了行星运动的三大定律。① 1687 年，英国科学家艾萨克·牛顿（Isaac Newton，1643—1727）发表了《自然哲学的数学原理》，用一套严谨的力学体系解释了包括开普勒三大定律在内的行星运动规律。

之后，有天文学家注意到，天王星的运行轨道与牛顿力学体系所做的预言有明显偏差。因此，不少人认为在天王星轨道之外还有另一颗行星在对天王星施加摄动作用。1846 年，法国工艺学院的天文学教师奥本·勒维耶（Urbain Jean Joseph Le Verrier，1811—1877）独立完成了海王星位置的推算。在不久之后的 1846 年 9 月 23 日的夜晚，海王星就在与勒维耶预测位置相距不到 1°的地方被发现了。海王星因此被称为“笔尖下发现的行星”。其发现过程也被作为牛顿理论的伟大成功而载入史册。

在发现海王星的例子中我们能清楚地看到归纳法的使用。从第谷的观测资料，到开普勒对规律的总结，到牛顿对规律背后理论的发现，再到利用理论来做出新的发现，这便是自然科学研究的路径。其中，如果条件允许，还可以通过进行受控实验来做更为精确的观测以验证假说。总的来说，**自然科学的研究方法就是从观察和实验中总结出规律，进而找出规律背后的理论，然后再用观察和实验验证理论的不断循环的过程**。

① 开普勒行星运动三大定律分别是轨道定律（行星在大小不同的椭圆轨道上运行）、面积定律（在同样的时间里行星向径在轨道平面上扫过的面积相等）和周期定律（行星公转周期的平方与它椭圆轨道半长轴的立方成正比）。三大定律的发现为开普勒赢得了“天空立法者”的美名。

> 很自然地，早期的数理经济学家会利用类似的方法来研究经济社会。他们把经济社会想象成一台复杂的机器，而他们的任务就是找出这台机器的运转规律（不同经济变量之间的数量关系）。调控经济就是像操控机器那样，用一些政策能够控制的变量（如货币总量、财政支出等）来影响整个经济的运行。

5.3.3 自然科学研究方法的误用

事实上，在这里运用自然科学的研究方法是错误的，因为它使分析过程中出现了自相矛盾之处。在前面的例子中，厂商一把自己的产量固定在 4 单位，观察得到了厂商二产量和需求之间的数量关系。但是，这种数量关系只在厂商一的产量为 4 单位时才成立。而当厂商一利用观察到的厂商二的行为方式，反过来求取自己的最优产量时，厂商一的产量就不再是 4 单位了。正如前面所计算的，当需求冲击为 8 时，厂商一的“最优产量”是 3 单位而不是 4 单位。而当厂商一的产量为 3 单位的时候，厂商二会选择的产量就不再是 (5.6) 式给出的数值了。

用计量经济学的语言来说，在运用自然科学研究方法的过程中，厂商一在用如下计量模型估计厂商二的行为规律

$$q_{2t}=\alpha+\beta a_t+\varepsilon_t$$

其中，ε_t是计量模型的随机项。在经过一段时间的观察之后，厂商一可以得到方程两个系数的估计值 $\hat{\alpha}$ 与$\hat{\beta}$。于是，在厂商一的眼中，厂商二的行为就由如下估计方程所代表

$$\hat{q}_{2t}=\hat{\alpha}+\hat{\beta}a_t \tag{5.8}$$

但是，如果厂商一的产量为 $\bar{q}_1$，厂商二的利润最大化问题可以写成

$$\max_{q_{2t}}\Pi_{2t}=(a_t-\bar{q}_1-q_{2t})q_{2t}=(a_t-\bar{q}_1)q_{2t}-q_{2t}^2$$

其优化条件为

$$q_{2t}^*=\frac{1}{2}a_t-\frac{1}{2}\bar{q}_1 \tag{5.9}$$

这才是厂商二的产量决定方程，也是回归模型所对应的真实模型。所以，在估计出来的回归方程中，$\hat{\alpha}$ 其实是$-\bar{q}_1/2$ 的估计量，而$\hat{\beta}$其实是 1/2 的估计量。因此，一旦厂商一的产量不再是 $\bar{q}_1$，厂商一之前估计的回归方程 (5.8) 式也就不再成立了。

如图 5-3 所示，厂商一将产量维持在 4 单位时，厂商二的行为确实处在原来估计出来的那条反应方程直线上。但是，一旦厂商一的产量发生变化，厂商二的行为就需要用新的反应方程来刻画，自然与之前估计的反应方程不符。因此，再用原来估计的方程来推测厂商二的行为就是错误的。厂商一基于这一错误推测所设定的“最优产量”当然也就不是

最优的。简而言之，厂商二的行为受厂商一行为的影响。**厂商一行为的改变将使以前观察到的厂商二的行为模式不再成立**（见图 5－3)。

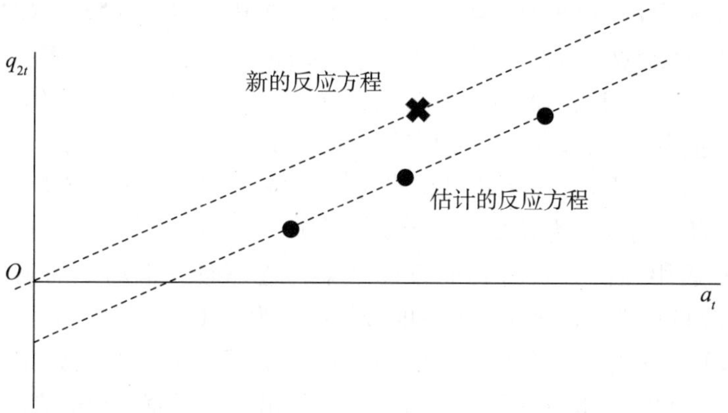

图 5－3　如果厂商一的产量改变，厂商二的反应方程就随之变化

在这种自然科学式的研究中，厂商一完全忽略了厂商二也是一个理性主体。厂商二每期都在求解着最优化问题，追寻着利润最大化的目标。厂商二的最优行为会因为厂商一行为的改变而改变。换句话说，如果要把厂商二理解为一台机器，那么它是一台运转规律会因为厂商一行为变化而变化的、具有主观能动性的机器。忽略了这一点，厂商一在自以为是地设计自己的利润最大化产量时，其实并没有真正地做到利润最大化。

5.3.4　经济学的分析方法

那么，厂商二应该选择多少产量才合适呢？这其实就是微观经济学中斯塔克伯格竞争模型所要解答的问题。厂商一必须考虑到厂商二会对自己的产量决策做出反应。因此，厂商一必须先站在厂商二的角度，思考厂商二的利润最大化问题，求出厂商二对厂商一产量的最优反应。这个厂商二的最优反应方程就是前面推导出的（5.9）式。

然后，厂商一再将厂商二的反应方程（5.9）式代入它自己的利润最大化问题，可得

$$\max_{q_{1t}} \Pi_{1t} = \left(a_t - q_{1t} - \frac{1}{2}a_t + \frac{1}{2}q_{1t}\right)q_{1t} = \frac{1}{2}a_t q_{1t} - \frac{1}{2}q_{1t}^2$$

从其优化条件可知厂商一的最优产量为

$$q_{1t}^{**} = \frac{1}{2}a_t \tag{5.10}$$

再由（5.9）式知，在此种情况下厂商二的最优产量为

$$q_{2t}^{**} = \frac{1}{2}a_t - \frac{1}{2}q_{1t}^{**} = \frac{1}{4}a_t \tag{5.11}$$

5.3.5　数值算例

为了获得直观印象，我们把具体数值代入前面的推导，研究两种研究方法的结果会有

怎样的差别。我们假设厂商一先将其产量固定在 4，利用“工程师方法”来观察厂商二的行为规律。前面已经推导出，此时厂商一观察到的厂商二的行为表现为（5.6）式。

我们来看自然科学研究思路产生的结果。假设在某一期，市场上需求冲击为 8（$a_t=8$）。这时，厂商一会认为厂商二的产量为 2（＝0.5×8－2）。基于这样的预期，（5.7）式告诉厂商一应该将自己当期的产量设定在 3（＝0.25×8＋1）。但是，（5.9）式告诉我们，看到厂商一的产量为 3 之后，厂商二的产量会是 2.5（＝0.5×8－0.5×3），而不是厂商一所预期的 2。于是，市场上最终的产品价格为 2.5（＝8－3－2.5），而厂商一的利润为 7.5（＝3×2.5），厂商二的利润为 6.25（＝2.5×2.5）。

我们再来看运用经济分析得到的正确结果。还是假设市场上的需求冲击为 8。由（5.10）式和（5.11）式知，此时厂商一的最优产量为 4（＝0.5×8），厂商二的最优产量为 2（＝0.25×8）。此时产品价格为 2（＝8－4－2）。厂商一的利润为 8（＝4×2），厂商二的利润为 4（＝2×2）。相比之下，厂商一此时给出了对厂商二产量的正确预期，而且得到了更高的利润。而在这种情况下，厂商二只能接受其利润下降到 4。这是因为当厂商二看到厂商一的产量已经是 4 的时候，如果它还是生产 2.5 单位的产品，就只能得到 3.75（＝(8－4－2.5）×2.5）的利润，还不如生产 2 单位产品的利润高。

5.3.6 自然科学研究方法的再评述

其实可以用一个更简单的例子来把前面这个算例要表达的思想体现出来。想象一个警察抓小偷的故事。警察的任务是抓住一个出没在某个市场的小偷。警察的习惯是每天上午到这个市场来巡逻。但很显然，小偷因为知道警察每天上午都会来，不会在上午出现在市场上，而只会下午来。这样一段时间之后，警察可能认为自己发现了小偷出没的规律——小偷只在下午到市场上来。基于这样的观察，警察决定把自己巡查市场的时间改成每天下午，并相信这样就能抓住小偷。但警察能如愿吗？答案应当是否定的。因为当小偷看见警察每天下午来市场时，就会改成上午到市场来偷窃。于是，警察巡查市场行为的改变也就改变了小偷的行为方式。因此，警察之前观察到的小偷下午出现的行为规律就不再成立了。

从斯塔克伯格竞争到警察抓小偷的故事，人的行为方式改变的原因更加明显。但这两个故事背后的道理是完全相同的——**人的行为方式会因为环境的改变而改变，因而是不稳固的**。经济学家逐步认识到，经济社会作为一个系统，与自然科学所研究的那些客观系统有本质差异。经济数据所呈现出来的种种统计规律也必须以有异于自然科学的方式来理解。

5.4 理性预期革命

菲利普斯曲线为什么会在 20 世纪 70 年代消失？前面的例子已经给出了答案。我们可以把政府想象成前面例子中的厂商一，而把民间经济想象成厂商二。政府发现了民间经济的不少行为规律（包括菲利普斯曲线），但并未想到这些规律本身会受到政府行为的影响。

菲利普斯曲线之所以在 20 世纪五六十年代成立，是因为当时的政府没有人为制造通货膨胀，所以民众相信通货膨胀上升代表着经济向好。因此当通货膨胀走高时，民众参与工作的热情就会比较高，从而压低失业率。但当政府开始有意识地通过推升通货膨胀来压低失业时，民众就逐步认识到更高的通货膨胀只不过来自政府多印的钞票，而并不代表经济变好了，因此也就不会因为通货膨胀上升而更多地工作。这样一来，通货膨胀上行就不再对失业率有抑制作用，而只能带来高通货膨胀与高失业并存的“滞胀”，菲利普斯曲线因而消失。

前面分析的菲利普斯曲线消失的原因，正是宏观经济学中有名的**卢卡斯批判**（Lucas critique）的内容。1975 年，罗伯特·卢卡斯发表了一篇题为《经济计量政策评估：一项评论》（Econometric Policy Evaluation：A Critique）的文章，论证说**用观察到的历史数据之间的数量关系来评价经济政策调整的效果是无效的。如果历史数据用的是高度加总的宏观数据，则更是如此。**① 卢卡斯批判引发了学者对经济研究方法的深层次思考，并最终掀起了一场宏观经济学中的“科学革命”——理性预期革命。这场革命彻底改变了宏观经济学的研究范式。

在理性预期革命之前，经济学家认为宏观经济不过是一台机器，与汽车、拖拉机并无本质差异。经济学家的任务不过是弄清这台机器的结构，标定出机器的各项参数，然后交给宏观决策者一本操作手册。按照这本手册，决策者可以通过调控宏观经济机器的若干操作按钮和手柄（宏观政策），将机器的运行调节到合意的水平。也就是说，在理性预期革命之前，经济学家的主要工作就是找出宏观经济变量之间的逻辑关系，估计其数量关系，进而构建描述宏观经济的整体数量模型。其中复杂的模型甚至包含数百个回归方程。*IS—LM* 模型就是这一思路的产物。

而在理性预期革命之后，经济学家认识到宏观经济变量之间的数量关系都建立在人的行为之上，受到人的预期的影响。预期一变，之前看似稳固的数量关系就不再成立。换句话说，**如果把宏观经济想象成一台机器，那这是一台内部结构和参数会因为机器操作方式不同而发生改变的机器。因此，宏观经济分析的结论不能构建在宏观变量间的数量关系之上，因为这些关系都是偶然而易变的。宏观分析的基础需要构建在经济中最深层次的“不变”——也就是人的理性——之上**。也就是说，**宏观分析需要有微观基础**（micro-foundation）。

从那时至今，宏观经济模型都是从微观个体的理性出发，以各个相关主体的最优化问题为宏观建模的基础。而在思考宏观政策时，也会充分预估到民间对宏观政策的最优反应，并对这一反应在设计政策时就加以考虑。

所以，理性预期革命前后的宏观经济学截然不同。经济学家研究宏观经济的范式已经发生了根本性的改变。这种变革带给宏观经济学的影响可以用托马斯·库恩的文字加以最形象的描述。②

> 范式改变的确使科学家对他们研究所及的世界的看法变了。仅就他们通过所见所为来认知世界而言，我们可以说：在革命之后，科学家们所面对的是一个不同的世

---

① Lucas, Robert (1975), “Econometric Policy Evaluation: A Critique,” In Brunner, K, Meltzer, A. *The Phillips Curve and Labor Markets*. Carnegie-Rochester Conference Series on Public Policy 1. New York: American Elsevier. pp. 19-46. ISBN 0-444-11007-0.

② 库恩. 科学革命的结构. 4 版. 北京：大学出版社，2012：94.

界……革命之前的科学家世界中的鸭子到了革命之后就成了兔子……在科学革命的时候，常规科学传统发生了变化，科学家对环境的知觉必须重新训练——在一些熟悉的情况中他必须学习去看一种新的格式塔。在这样做之后，他所探究的世界似乎各处都会与他以前所居住的世界彼此间不可通约了。

很多同学在学习宏观经济学时会有很大的困惑，迷惑于中级宏观经济学与高级宏观经济学为什么会有这么大的不同。这种困惑其实来自理性预期革命前后两种不可通约的宏观经济研究范式。目前主流的中级宏观经济学教材还基本以宏观指标相互联系为研究的切入点。诸如消费函数、*IS—LM* 模型这样描述总量宏观指标之间联系的假设仍大行其道。但在高级宏观经济学中，学生接触的都是从微观个体优化出发建立起来的宏观模型。这样的反差还表现在中级宏观经济学与微观经济学之间。这二者看起来根本就是不同的学科，有着截然不同的分析方式。相比起来，高级宏观经济学更类似微观经济学，而不是中级宏观经济学。

但从前文的介绍大家可以看出，传统中级宏观经济学那种机械看待宏观经济的方式是错误的，容易将人引入歧途。类似 *IS—LM* 这样的宏观模型虽然在宏观经济学发展中起过重要作用，并且一度成为宏观分析的标准框架，但以现代的眼光来看，这些模型的弊端是相当明显的。所以在本书中，我们将主要利用理性预期革命之后的宏观经济学范式来研究中国经济。

看到这里，可能有读者会有疑惑：既然宏观经济变量之间的联系可能是不稳固的，那为什么在前两讲的供给面分析中，我们又会用一个生产函数来概括经济的生产活动？生产函数难道不会受到卢卡斯批判的攻击吗？

必须指出，消费函数与生产函数虽然好像都是对宏观经济变量的数量关系做出的假设，但二者有本质的不同。消费函数是对人的行为做出的假设。人的想法不一样，行为改变后，之前的假设就不再成立了。而生产函数是对不以人的主观意志为转移的生产活动潜力的描述。这里特别要注意，生产函数描述的是产出潜力——有多少投入要素和技术水平，产量最多能是多少。这种关系是客观存在的，跟人的想法和行为没关系。如果我们假设经济的产出一直都在其产出能力的极限，生产函数就描述了经济的总产出。

但有可能发生的是，产出水平因为种种原因低于产出潜力。这时并不是说产出函数就失效了，而是说实际的产出水平并非由生产函数来决定。比如，在上一讲中我们曾经看到，如果经济没有选择最适合自己资源禀赋的生产技术，那么产出会低一些。但在存在两种生产技术时，经济的生产活动理应由上一讲 4.3.3 节给出的分段函数来描述。那个分段函数是一个不以人的意志为转移的函数。

我们在供给面分析中不需要讨论经济学方法论。但在进入需求面分析后，却必须先讲方法论。这么做的道理就在这里。

5.5 均衡经济学方法论

菲利普斯曲线的消失提示经济研究者，经济分析里不能忽略微观经济主体（企业、个人）的主观能动性。宏观经济分析要从人的理性出发来构建微观基础。从之前机械论的宏观分析到理性预期革命之后的宏观经济理论，需要的不仅是方法论的变革，还包括世界观的改变。我们现在习以为常的均衡经济学正因为很好地越过了这些障碍，才让**经济学成为社会科学中唯一的自然科学**，给予了经济学“帝国主义”的地位。

5.5.1　唯物与唯心的鸿沟

先来看看经济研究所面对的困难。与物理、化学这些自然科学学科不同，经济学研究的对象不是无生命的物体，而是活生生的人，以及由人所组成的经济社会。菲利普斯曲线的消失已经非常明确地告诉我们，忽略了人的主观能动性，经济分析必然会得到错误的结论。但随着研究对象从自然界转向人类社会，研究者就从唯物世界跨入了唯心世界。这种转变在研究方法论的层面产生了问题——**自然科学学科中行之有效的唯物科学研究方法，面对经济问题时不再适用**。

唯物科学研究方法以归纳法为主，通过重复观察和实验，总结出现象背后的一般性规律，并将其升华为普适的理论。只要客观环境是相同的，物体的运行就会一样。以伽利略在比萨斜塔上做的自由落体实验为例，不管是谁来扔球，一轻一重的两个铁球都会同时落地。所以可以容易地从中总结出物体下落速度与物体重量无关的规律。

但这种研究方法不适用于以人为研究对象的社会科学。因为研究对象一旦涉及人，客观的唯物世界就不再是决定结果的充分条件，人的主观意识同样会影响到结果。即使可以把一个人无数次地放回同样的场景中，他也完全可能因为想法不一样而有不同的行为。

这样，以是否受到人主观意志影响为标准，自然科学与社会科学之间出现了一条天然的鸿沟——这是唯物世界与唯心世界之间的鸿沟。不认识到这一点，而试图将社会科学当成自然科学来加以研究的努力必然会失败。菲利普斯曲线的消失就是一个经典的例子。

5.5.2　理性——跨越唯物与唯心的桥梁

认识到人主观意识的重要性是一回事，但处理人的主观意识则是另一回事。怎样解开意识这个黑箱，成了经济研究看似无法逾越的障碍。因为不要说是经济学了，就算专门研究思维的心理学，至今也离破解人的思维之谜差了何止十万八千里。任何一个研究者，不管他是心理学家、经济学家还是其他学科的专家，都不敢说他能够精确预测人或人群的行为。

所以对经济学来说，人的主观意识虽然是必须掌握的一个维度，但同时也是无法把握的一个维度。既然无法捉摸人的主观意识，就无法预料人的主观行为，因而也就无法分析和预测经济社会的运行。这就是经济研究面临的困局（见图 5－4）。但如果要等到把人的意识规律弄清楚了之后再来研究经济问题，经济学就根本无从发展。

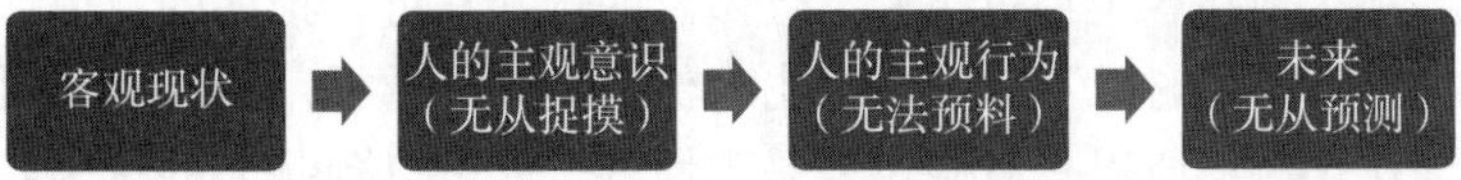

图 5－4　经济研究面临的方法论困局

面对这样的困局，经济学引入了“理性人”的假设，巧妙地绕开了意识这个障碍。在宽泛的偏好假定之下（人寻求自身利益的最大化，偏好更多甚于更少），给定客观的约束条件，什么样的行为对某人最有利不难知道——一个简单的优化问题就能给出答案。因此，经济学假定人都是**理性的**（rational），**会在约束条件之内，做出对自己最有利的选择**。这样，人的主观意识和行为这样唯心的课题，就变成了一个在客观约束条件之下的客观优化问题，是一个用唯物的科学研究方法可以研究的对象（见图5-5）。

图5-5 “理性”假设让经济研究绕开了人的意识这个分析的障碍

当所有的人都和谐地实现了最优的时候，经济就达到了均衡（equilibrium）。因此，经济学家求解均衡其实就是在求解多个联立的优化问题。当求出了均衡之后，我们就知道经济状态应该是怎样的了，因而可以对现实世界中的经济社会做出解释和预测。这便是均衡经济学的分析方法。

“理性”这个假设看似简单，但它成功地将人的意识这个研究对象变成了客观的优化问题。有了这样的假设，自然科学的科学研究方法才可以运用到经济学上。经济学才在这个意义上成为一门科学，开始了快速发展，并且以“经济学帝国主义”的姿态，日益侵入其他社会科学领域。

但要注意，理性只是经济学引入的一个假设，并非真理。经济学辩护说，市场竞争可以保证人都是理性的——那些不理性的、行为方式没有做到最优的人，会在竞争中持续处于劣势，最终要么变得理性，要么在竞争中被淘汰。但是，竞争中非理性向理性的收敛路径是怎样的，收敛的时间有多长，甚至这种收敛是否一定会发生，经济学家们统统不知道，而只是相信这种收敛会发生。因此，可以说“理性”只是经济学家们的一种信念。建构在这种信念之上的均衡经济学体系，天然地就将那些非理性的行为排斥在了分析框架之外。当然，基于理性假设的经济学理论确实成功地解释了许多经济和社会现象，这反过来增强了人们对理性假设的信心，让大家相信“理性”至少是一个对现实的极好近似。但这并没有改变理性只是个假设，并没有什么直接证据的现实。

5.5.3 对理性假设的哲学讨论

1. 理性假设是无奈的选择

为什么经济学要假设人是理性的？因为在通常情况下，最优只有一个，而不是最优的方式有无数种。我们希望经济学给出明确的结论，这样将其才能应用到实际中去。如果假设人是理性的，那么他在客观约束条件下会做出的选择是可以预期的。但如果人是不理性的，那么他面对约束条件时就不一定会做出对他最有利的选择。这样，他可能做出的选择便是任意的，无法预测。所以只有假设人是理性的，才可以预测人的行为，才有可能进行经济分析。从这个角度来说，理性是经济分析必须做出的一个无可奈何的假设。

有人可能会以目前逐步兴起的**行为经济学**（behavioral economics）、**行为金融学**（behavioral finance）来反驳上面的观点。行为经济学便是以人的非理性的行为和认知偏差（过度自信、厌恶损失等）作为其理论推演的起点。但我们必须指出，行为经济学中的

"非理性"并不是任意假设的。只有那些由大量心理学实验所证实的行为偏差才被用作行为经济学的分析起点。之所以要这样，也是因为**行为经济学需要避免"非理性"的任意性，因而需要用心理学的研究成果来约束"非理性"的可能形式**。事实上，正是因为心理学在近些年确认了一些普遍存在的非理性行为偏差，行为经济学才得以基于这些被确认的非理性行为偏差而发展起来。如果行为偏差是可以任意假设的，那么任何可能的经济现象都可以用某种行为偏差来解释。但这样一来，看似能解释一切的行为经济学其实什么也解释不了。所以，**正是行为偏差假设的非任意性，才让行为经济学变得有意义**。

更为重要地，行为经济学至今也无法取代构建在理性假设之上的均衡经济学分析。在未来，我也不相信行为经济学能替代后者。原因在于**对理性的最优反应是理性，但对非理性的最优反应不是非理性**。理性意味着人做到了最好，找到了最优的选择。当我知道我做到了最好时，我当然会继续力争做到最好。所以，当人知道自己是理性的，他会愿意继续理性下去。但是，如果我知道自己因为一些行为偏差而没有做到最好，那么我会怎么做？显然我会力争变得理性，从而做得更好。所以，当不理性的人知道他是不理性的时，他会想变得理性，消除非理性给自己带来的劣势。因此，当行为经济学用作假设的这些非理性行为偏差为人所熟知时，多半也就是这些行为偏差逐步消失的时候。所以，**行为经济学的发展有自我打败的倾向**。而这是构建在理性假设之上的均衡经济学不会碰到的问题。

2. 理性假设的真理性辩护

怎样看待构建在理性假设上的经济学？它能否带领我们走向真理，还是仅仅是从一个虚构假设推演出来的无意义的空中楼阁？要回答这个问题，我们需要求助于有关真理的哲学讨论。

判断一个陈述是否为真，我们可以借助三种有关真理的理论。（1）**真理的符合论**（correspondence theory of truth）：一条陈述为真当且仅当它与事实相符合时；（2）**真理的融贯论**（coherence theory of truth）：一条陈述为真，是因为它最能与我们的经验和信念构成的整体网络相一致；（3）**真理的实用论**（pragmatic theory of truth）：一条陈述为真，是因为它最"管用"，即它能让我们更好地行动。

因为怀疑论的发展，也因为德国伟大哲学家伊曼努尔·康德（Immanuel Kant，1724—1804）所引发的哲学中的"哥白尼式革命"，真理的融贯论和实用论已经在真理判断方面成为更广为接受的标准。从融贯论和实用论的角度来看，理性基础上的均衡经济学确实具有真理的成分。毕竟，经济理论与其他学科的研究成果之间具有很高的一致性，并被广泛应用于其他学科的研究。而经济学带给我们认识经济社会、改造经济社会的能力也是不容抹杀的。

在《实证经济学方法论》（1953）这篇著名的文章中，米尔顿·弗里德曼宣称，不能通过比较"假设"与"现实"来检验理论。弗里德曼说："某一理论是否'足够'真实这一问题，只有通过考察该理论所产生的预测，对于我们所要解决的问题来说，是不是足够令人满意的，或者是不是比来自其他假说的预测更令人满意来做出回答。"[①] 显然，弗里德

① Milton. Friedman, 1953, "The Methodology of Positive Economics," in *Essays In Positive Economics*, University of Chicago Press, pp. 3 - 43.

曼这里用到了真理的融贯论与实用论来为经济学做出辩护。

3. 理性假设的代价

经济学中理性假设的引入并非全无代价。**理性假设局限了经济学家的视野，也从经济分析中抽离了人性。**

很显然，**当我们假设所有人都是理性时，我们就看不到非理性的行为和它们的后果。**这方面最好的例子是“有效市场”。所谓有效市场，是指市场价格已经包含了所有可用的信息，因而是对资产价格的公允定价。如果市场是有效的，那么打败市场就是不可能的，投资者利用一篮子资产做被动投资就好。关于市场是否有效有大量的理论和实证文献，但各方对这个问题至今仍然争论不休。

但用经济学方法论来探讨这个问题，结论显而易见：有效市场是理性假设的必然推论。一个力求做到最好的理性人，当然会充分利用他能获得的一切信息。而他在运用这些信息时，同时会把信息散布到资产价格中去。当市场参与者都是理性的，所有信息就都会被及时而充分地包含到市场价格中去，形成有效的市场。所以，在均衡经济学的范式之下，研究者只能看到有效的市场。但理性假设本身至多只能算对现实的一个较好的近似，而并不代表真实世界中的所有人都是理性的。相应地，构建在理性人假设上的有效市场理论也就只是对真实世界的近似，绝不代表现实中的市场就一定是有效的。

理性假设的另一个负面效应是它从分析中抽离了人性。理性人等同于一台计算机，时时根据客观的约束条件求解最优化问题。我们常说，投资者需要与自己的恐惧和贪婪做斗争，以获取更高的投资回报。但在理性人那里，我们只能看到冷静的计算，而无法看到人类情绪的变化。所以精通经济分析的经济学家未必是一个好的投资者。

而从伦理学的角度来说，我们人具有自由意志，因而需要也能够对自己的行为后果负责。但理性人只是依据外部客观环境的变化来做出机械的反应，与受到物理定律约束的弹球并无本质差异。这意味着**经济分析缺乏人文、道德的维度。这并不是说经济分析是粗鄙的、不道德的，而是说在经济分析中涉及不到人文和道德的问题**。所以，尽管我们可以从功利主义的角度利用经济分析来讨论一些伦理问题，但经济学其实并不能给我们带来太多伦理方面的见解。经济学评价一种分配状况优劣的重要标准是帕累托最优。完全独裁和完全平等的分配方式都可能是帕累托最优的。因此，**在把经济分析运用到其他领域的时候，一定要注意避免经济分析的滥用。因为那可能会让我们对人性中真正重要的东西视而不见。**

进一步阅读指南

在经济学方法论方面，弗里德曼的《实证经济学方法论》是必读的文献（Friedman，1953）。尽管这篇文章引发了有关假设是否应该符合现实的激烈讨论，但文章的主要思想还是为大多数经济学家所认可，并成为经济学为理性人假设辩护的重要论辩。对科学研究方法的讨论属于科学哲学的范畴。而谈到理性预期革命，卢卡斯的《经济计量政策评估：一项评论》是相当经典的文献（Lucas，1975）。

练习题

5.1 “卢卡斯批判”说的是，建立在人的行为之上的统计关系是不稳定的，会因为人行为方式的改变而改变（比如菲利普斯曲线的消失）。因此，我们要从人的偏好、人的理性出发来进行经济分析。但如果人的偏好会随着时间的变化而变化呢？比如，人在经济繁荣时更偏好闲暇，在经济衰退时更偏好消费。基于这种可变化的偏好而形成的统计关系是稳定的吗？还会继续受到卢卡斯的批评吗？为什么？

5.2 有人批评经济学的“理性人”假设要求太高，真实世界里的人不可能都是理性的。他们因此认为建立在理性人假设之上的经济分析没有意义。你该怎样反驳他们的观点？

5.3 在本讲 5.3 节的模型中，现在假设两个厂商共同面对的需求曲线方程为

$$p_t = a_t - 0.5(q_{1t} + q_{2t})$$

两个厂商生产产品的单位成本均为 1。

(a) 如果厂商一用自然科学的研究方法来分析这个问题，将自己的产量固定在 8，它会观察到厂商二的产量与需求冲击 a_t 之间有何种关系？基于这样的对厂商二的行为的认知，厂商一在需求冲击 $a_t = 20$ 的时候会给自己选择多大的产量？获得的利润是多少？

(b) 如果厂商一用正确的经济学分析方法来研究这个问题，它应该在需求冲击 $a_t = 20$ 的时候选择什么样的产量？获得多少利润？

第 6 讲

均衡宏观经济学方法论（下）

通过上一讲的介绍，我们知道了为什么经济学体系需要建立在理性人假设这个基石之上。这一讲我们继续展开对方法论的讨论，介绍当代主流的宏观经济学分析体系是怎样从理性人假设中衍生出来的。我们要展示，怎样基于理性概念来构建具有微观基础的宏观一般均衡模型，以及怎样用这种模型来分析现实经济问题。

6.1 从理性人到一般均衡的思想渊源

何谓理性人？理性人就是在其面临的约束条件之内，总会做出对自己最有利选择的人。简单来说，理性人就是那些精于计算、自私自利的人。这里我们不再重复上一讲说过的对理性人假设的种种辩护，而只是去思考这么一个问题：**完全由理性人组成的经济社会是什么样子的**？尽管人不都是完全理性的，理性人假设所包含的那种自利心在每个人身上都或多或少地存在。所以，与前一个问题相关的另一个问题是：**由自利的人所组成的经济社会是什么样子的**？绝不能轻视这个问题。对这个问题的回答直接决定了我们如何认识人类社会，如何设计经济乃至政治体制。

对人性持悲观看法的人相信，一群自利的人聚在一起会相互争斗不休，最后导致每个人甚至连自己的人身安全都无法保障。因此，必须靠强权来控制住所有人。这正是英国政治哲学家托马斯·霍布斯（Thomas Hobbes）的观点。1651 年，霍布斯出版了他的名著《利维坦》。在这本书第一部分的第十四章中，霍布斯说人们在没有社会组织的自然状态中，处在“每一个人对每一个人交战的状况下；在这种状况下，人人都受自己的理性控制”。为了自拔于这种朝不保夕的自然状态，所有人都自愿结成契约，将自己的权利让渡给一个主权者，服从后者的统治。按照霍布斯的话，“剑从此交到主权者手中”。霍布斯之所以有如此见解，关键在于他对人性有相当悲观的看法，相信如无强力的慑服，一群理性人聚集起来就会陷入每一个人对每一个人的战争中。①

不过，另外一种对人性更为乐观的看法也源远流长，而且与经济学有直接关系。这就是经济自由主义。经济自由主义并不否认人是自私自利的，但认为不同人的自利行为可以在社会中融洽共存。比霍布斯早出生一百多年的另一位政治哲学家尼可罗·马基雅维利（Machiavelli，《君主论》的作者）就说过徇私利可能有利于公益。而该派观点的最著名总结则是 1776 年亚当·斯密在《国富论》中提出的“看不见的手”。在这本书的第一篇第二章中，斯密说道：

> 我们的晚餐并非来自屠宰商、酿酒师和面包师的恩惠，而是来自他们对自身利益的关切。我们不是向他们乞求仁慈，而是诉诸他们的自利心；我们从来不向他们谈论自己的需要，而只是谈论对他们的好处。

斯密要表达的意思是，自利的人在“看不见的手”的引导下会形成一种融洽的社会运行状态，而非霍布斯所认为的那种全民战争的可怕局面。如果相信自利的人们不是一言不合就开战，那么来自政府的强力约束就非必要，政府只要做好“守夜人”，剩下的交给市场就好了。

“看不见的手”的总结固然形象而精辟，而经济社会的运行历史中似乎也不乏其佐证，但如何从理论上来严格证明这只手的存在，却是一个长期困扰经济学的问题。诺贝尔经济学奖得主、一般均衡理论创始人之一肯尼斯·阿罗（Kenneth Arrow）在一篇 1976 年发表的文章中曾说过：

> 从 1776 年亚当·斯密出版《国富论》以来，大量个体看似分散的商品买卖决策可以如此和谐地共存便是经济分析的一个持续主题。在日常的经验中，可以感觉到在商品和服务的供需之间存在着某种平衡。买家一般都能实现其购买意图，而卖家一般也不会发现他们生产了太多东西而卖不出去。这种平衡是如此的普遍，以至于一般人都将其当成理所当然，而完全不会对其产生任何疑问，更不会愿意去理解它产生的机制。②

在经济学家这里，“看不见的手”被描述为一种平衡的状态。用经济学术语来描述，就是**均衡**（equilibrium）。“看不见的手”会将经济引导到均衡状态。在其中，所有人的自利行为都和谐地得到了满足。当我们把视线投射到整个宏观经济中时，均衡就变成了**一般均衡**（general equilibrium）——经济中的各个部分都同时达到均衡。经济学中的一般均衡理论就是在分析经济在何种条件下可以达到一般均衡。

一般均衡理论的一个早期贡献者是生于 1834 年的列昂·瓦尔拉斯（Leon Walras）。

---

① 在《利维坦》第一部分第十三章“论人类幸福与苦难的自然状况”中，霍布斯说道：“由于人们这样互相疑惧，于是最合理的自保之道就是先发制人，也就是用武力或机诈来控制一切他所能控制的人，直到他看到没有其他力量足以危害他为止……在没有一个共同权力使大家慑服的时候，人们便处在所谓的战争状态之下。”

② 这段话出自阿罗于 1973 年发表在 *American Economic Review* 上的“General Economic Equilibrium: Purpose, Analytic Techniques, Collective Choice”一文。

他用数学描述了经济系统，并发现一般均衡是否存在的问题可被归结为一个方程组是否有解的问题。当他发现这个方程组里方程数目与未知数的数目正好相等时，就想当然地认为这个方程组有解。不过现在我们都知道，就算方程数目与未知数数目相当，方程组也未必有解，所以瓦尔拉斯的证明是错误的。尽管如此，瓦尔拉斯无疑将对“看不见的手”的研究往前推进了一大步。

一般均衡的存在性证明直到20世纪50年代才由阿罗、德布鲁等人给出。之所以要等这么久，是因为证明均衡存在的数学工具（布劳威尔不动点定理、角谷静夫不动点定理）在20世纪才出现。直到一般均衡的存在性得到证明，斯密的“看不见的手”才算从一个鬼魂变成了血肉丰满的概念和工具，可以被应用到经济分析中。

6.2 单期宏观经济一般均衡模型

在回顾了思想的历程之后，下面我们通过一个例子来阐述怎样将一般均衡的思想运用到现实经济分析中去。

基于“卢卡斯批判”的思想，宏观模型必须以经济中的微观个体的最优化问题作为出发点——以不变的理性为出发点。但宏观经济研究的目的通常是了解经济总体行为。因此，要同时考虑经济中各个主体的优化问题，以得到个体加总后的总体行为。所以我们既要分析所有微观主体的理性行为（优化行为），又要研究这些理性行为如何相互作用，最终形成何种经济状态。

下面我们先不加解释地给出一个简单的单期一般均衡模型。这个模型可算是现在主流新古典宏观经济模型的极致简化版。单期的假设让我们避开了跨期优化带来的种种麻烦。我们还假设经济中的消费者和企业都是同质的，因而可以用代表性消费者和代表性厂商来简化分析居民和企业的行为。这个模型虽然简陋，但已经可以给我们提供经济洞察了。更重要地，我们可以通过这个简单模型看到宏观经济模型分析的基本方法。这一小节完整给出了这个模型的设定及其求解后，下一小节会做更多的解释，以揭示模型背后的深层次经济思想。

6.2.1 模型设定

1. 消费者部门

假设经济中存在大量完全竞争的消费者，他们有着同样的偏好。他们只关心两种东西：消费和闲暇。他们的效用函数可写成 $u(c, 1-n^s)=\log c+\log(1-n^s)$。[1] 其中，$c$ 是消费者的消费量，1是消费者所有可以支配的时间（可以将其理解为消费者每天都拥有1天的时间），n^s是消费者的意愿劳动供给量（上标 s 表示这是供给方），$1-n^s$就是消费者所享受的闲暇。以消费品为计价物，代表性消费者面临的预算约束为

---

① 在经济分析中如非特别指明，所有的对数都以自然常数 e 为底。所以 $\log c$ 应该被视为以自然常数 e 为底的消费量的对数。

$$c=wn^s+\pi-t$$

其中，w 为劳动力的工资率，π 为消费者所得的厂商转移来的利润（假设消费者拥有厂商），t 为政府的税收。这里我们以消费品为计价物。

消费者通过选择消费量 c 和劳动提供量 n^s 来最大化其效用。其最优化问题可写为

$$\begin{aligned}&\max_{c,n^s} \log c+\log(1-n^s)\\&\text{s.t.}\quad c=wn^s+\pi-t\end{aligned}\tag{6.1}$$

观察仔细的人可能会问，在消费者的优化问题中还有 π 与 t 两个变量，为什么消费者不对它们做选择呢？这是个关键的问题，也是宏观建模和分析极易出错的地方。对这个问题的简单回答是，消费量和劳动力供给量是消费者自己能够选择的，因此在消费者优化问题中被当成**内生变量**（endogeneous variables）——数值在问题内被决定。而厂商转移来的利润以及政府税收是消费者不能控制的，所以在求解消费者优化问题时需要被当成**外生变量**（exogenous variables）——数值的决定在问题之外。

在分析不同问题，以及在分析同一个问题的不同层次时，弄清哪些变量是内生的、哪些变量是外生的很重要。这是宏观经济模型分析的难点。在这里，经济学思维，而非数学，是最为需要的。**变量究竟是外生的还是内生的，取决于其经济含义**。在这个模型中，税收被消费者当成外生变量很容易理解。毕竟，政府来收税，消费者是不能讨价还价的。但企业转移来的利润被消费者当成外生变量却需要解释一下。我们做了这样的假设，就意味着我们认为企业的管理权和经营权是分离的。因此，尽管企业的所有权归消费者，但消费者并不清楚企业的经营状况，更不直接参与企业的运营。因此，对消费者来说，企业转移来的利润不是自己所能控制的。

2. 厂商部门

完全竞争厂商向消费者购买劳动力 n^d（这里的上标 d 表示厂商是劳动力的需求方），以之为投入生产出消费品 $y=z(n^d)^\alpha$（其中 z 是外生给定的技术水平，α 是一个介于 0～1 之间的表征技术资本密集度的参数）。代表性厂商最大化其利润

$$\max_{n^d}\{z(n^d)^\alpha-wn^d\}\tag{6.2}$$

而厂商转移给消费者的利润为 $\pi=\max_{n^d}\{z(n^d)^\alpha-wn^d\}$。

3. 政府

我们假设政府只是简单地执行平衡预算，用税收来支持外生给定的花费额度 g。我们可以把 g 理解为由非经济因素所决定，因而它在模型中只是一个参数，而不是内生变量。

$$t=g$$

6.2.2　一般均衡的定义

下面我们来定义这个模型的均衡。在后面我们会更详细介绍均衡定义背后的经济思想。在这里，我们只需要简单地知道，均衡意味着两点——所有微观主体都达到其最优以及所有市场都出清。所谓定义均衡，其实就是在模型的框架中，用数学语言把这两点严谨

地表述出来。

定义 6.1：给定 g（也就同时给定了 t）、z 和 α 这几个模型的外生变量的值，**均衡**是工资率，消费者的消费量、劳动提供量，厂商的劳动雇用量这几个模型内生变量的组合 $\{w, c, n^s, n^d, \pi\}$。这一组合满足

i）给定 w、π、t，$\{c, n^s\}$ 是消费者最优化问题（6.1）的解；

ii）给定 w、z，$\{n^d\}$ 是厂商最优化问题（6.2）的解；

iii）所有市场出清，即 $n^s=n^d$，$c=z(n^d)^\alpha-g$。

注意，在定义的第 3 个条件中，我们列出了所有市场出清的条件。但其实这里面有一个条件是重复的。学过微观经济学的人应该知道，**瓦尔拉斯法则**（Walras' law）告诉我们，当经济中有 n 个市场时，$n-1$ 个市场的出清必然导致最后一个市场出清。在这里的模型中，只存在劳动力市场和产品市场两个市场。所以劳动力市场出清就意味着产品市场也必然出清，反之亦然。

6.2.3 一般均衡的求解

一般均衡模型的求解是有套路可循的。简单说来，就是先求解微观主体（在这里是消费者和厂商）的最优化问题，将微观主体的行为（他们选择的内生变量）表达为市场价格的函数，然后再通过市场出清条件将价格求解出来，进而算出模型所有内生变量的取值。

我们先来求解消费者优化问题（6.1）。设定拉格朗日函数为

$$\mathcal{L}=\log c+\log(1-n^s)+\lambda(wn^s+\pi-t-c)$$

其一阶条件为

$$\frac{\partial\mathcal{L}}{\partial c}=0:\quad \frac{1}{c}=\lambda$$

$$\frac{\partial\mathcal{L}}{\partial n^s}=0:\quad \frac{1}{1-n^s}=\lambda w$$

消去拉格朗日乘子后得到

$$c=w(1-n^s) \tag{6.3}$$

这样，就把消费者的消费 c 和劳动供给 n^s 表示成了工资率 w 的函数。

再求解厂商的利润最大化问题（6.2）。容易得出其优化条件为

$$w=z\alpha\,(n^d)^{\alpha-1} \tag{6.4}$$

这样，企业的劳动需求 n^d 也被表达成了工资率 w 的函数。

在均衡时必有 $n\equiv n^d=n^s$（劳动力市场出清）。将其代入上述两式，并注意到居民消费加政府支出必然等于总产出（产品市场出清），可以得到以下刻画均衡的方程组

$$\begin{cases}c=zn^\alpha-g\\ w=z\alpha n^{\alpha-1}\\ c=w(1-n)\end{cases} \tag{6.5}$$

从此方程组中消去 c，可得方程

$$z(1+\alpha)n^{\alpha}-z\alpha n^{\alpha-1}=g \tag{6.6}$$

这个方程决定了 n，进而决定了 w 和 c。这就完成了这个一般均衡模型的求解。

6.2.4　宏观一般均衡分析的套路

上面给出的这个一期一般均衡模型虽然简单，但已经体现了宏观一般均衡模型分析的基本套路。宏观一般均衡模型分析一般包括三大块内容——模型设定、均衡定义以及模型求解。

模型设定就是用数学语言描述出模型中的世界。在这部分，建模者需要明确指出模型中包含什么样的经济决策主体，他们面临着什么样的约束条件，他们之间如何互动，他们在各个时点分别知道些什么。这里尤其关键的是想清楚对不同经济主体而言，哪些变量是内生的（是这个经济主体可以影响的），哪些是外生的（是这个经济主体无法改变，而只能被动接受的）。比如，对完全竞争的厂商来说，市场价格就是外生给定，厂商只能被动接受的。而对垄断竞争的厂商来说，市场价格则是自己可以主动加以影响的。

均衡的定义部分则相当程式化，一般包含两类条件。一类条件是所有经济主体都达到其最优（实现其理性）。另一类条件则是所有市场都出清——或者更为广义地说，所有经济主体在约束条件下都和谐地达到各自的最优。这样定义的均衡就反映了真实世界应该处于什么状态。后面我们还会更详细地解释均衡这个概念。

在模型求解部分，则是先求解各个经济主体的最优化条件。然后再通过市场出清条件求取模型各个内生变量的取值。不过，并不是要把所有内生变量的取值都计算出来才算完成了模型求解。一般来说，只要把刻画均衡的一系列数学方程（内生变量需要满足的方程）列出来就差不多了。因为通过讨论这些方程，我们已经可以知道很多均衡的性质，从而得出解释现实世界的结论了。但有些时候，则可能需要求出内生变量的取值才足够了解均衡。

6.3　对模型的讨论

尽管在前面我们已经完整地设定并求解了一个宏观模型，但有一个关键问题尚未得到回答：**前面这个模型为什么能够帮助我们分析现实世界**？或者说，**这个模型的结论与现实有什么联系**？凭什么我们构造了一个数学模型，定义了一个均衡，就要相信分析这个均衡所得到的结论会帮助我们认识现实世界？我们的答案是：**构造的一般均衡模型是现实世界的一个镜像（当然是大幅简化后的镜像）。当我们对模型做数学推演时，其实就是在对现实世界做逻辑推理**。

6.3.1　均衡

我们先从**均衡**（equilibrium）这个概念讲起。别忘了，我们的目标是理解现实世界。

所以我们要问：**现实世界应该是什么样的？**如果没有任何限定，现实世界的状态有无穷种可能。为了知道现实世界究竟处在哪种状态中，我们需要通过一些限定条件来把一些可能性排除。如果能够给出一系列限定条件来排除很多种状态，使现实世界可能存在的状况只有一种，我们就可以有把握地说，现实世界就处在这种状态中。所以，我们对现实世界提出的限定条件越多，对现实世界的了解就越清楚。这一过程就是在"刻画"现实。

由自利的人（用理性人来近似）所组成的世界会是什么样的呢？我们马上可以给出两个限定条件。第一，所有的人都已经达到了他的最优。因为如果有人并未达到他的最优，他一定会调整行动来追求最优。因此，一个状态中如果还有人未达最优（未实现其理性），这个状态一定是不稳定的、稍纵即逝的，会很快被追求最优的行为改变。只有所有的人都达到了最优的状态才是稳定存在的状态，因而才是我们最可能在现实世界中观察到的状态。

第二个条件就更简单了，我们要求，**现实世界发生的状态一定不能违背自然规律**。比如，如果桌上一开始只有一个蛋糕，那我们应该知道，桌旁的两个人不可能都吃了一个蛋糕。因为自然规律告诉我们，物质不可能无中生有，一开始只有一个蛋糕，两人加起来最多只可能吃了一个蛋糕。

前面这两个条件合起来，就是经济学对均衡的定义。**所谓均衡，就是所有人都达到了自己的最优，且所有人的最优化行为都和谐共存（不违反自然世界定律）的状态**。由于人都是追求最优的，因此当他达到最优时，就不会有动力再偏离。所以我们还可以说，**均衡是这么一个状态，其中所有的参与人都没有动力偏离这个状态**。从这个定义可以得出结论：**现实世界处在均衡之中**。因为如果现实世界不在均衡中，那么一定有人有动力改变这个状态，而且他也一定会去这样做。因此，**不均衡的现实世界转瞬即逝**。稳定长存的状态，也是我们能够观察到的状态，就一定是均衡的状态。这就是在经济学中，我们利用均衡来分析现实世界的原因。我们了解清楚了均衡的种种性质后，也就知道了对应的现实世界的性质。

现在我们回过头来看 6.2 节给出的那个模型。在定义模型的均衡时，我们给出了 3 个条件。第 1 个和第 2 个条件要求消费者效用最大化、企业利润最大化。这是在要求所有参与者都达到其最优。第 3 个条件是市场出清条件，要求劳动力的供给等于需求，居民消费和政府支出加起来等于总产出，其实也就是要求最后的状态满足自然世界定律（不能凭空创造劳动力供给和产品）。这三个条件合起来就刻画了均衡。而由于满足这些条件的状态只有一个（方程组（6.5）只有一个解），所以我们就通过这些条件精确刻画了现实世界。

6.3.2 均衡求解的程序

现在我们再来看前面对均衡的求解。这个求解过程与我们对现实世界的分析是对应的。首先，我们求解了消费者的优化问题。由于我们假设消费者是完全竞争的，所以他们是价格的接受者。因此，在求解其最优化问题时，消费者将工资率 w 当成外生给定。而政府的税收 t 显然也不是消费者所能决定的，因此在求解时也需要将其当作外生给定。最后是企业的利润。由于我们假设企业的所有权归消费者所有，所以企业的利润会变成消费者收入的一部分。而我们又假设企业利润对消费者来说是外生给定的，这其实是在说企业的管理权并不在消费者手里，消费者并不能直接控制企业的行为。当然我们也可以对企业利润做不一样的假设，但那就对应着其他企业和消费者关系的假设了。

还需要注意的是，在进行消费者和企业优化问题的求解时，我们分别假设了消费者的劳动力供给量为 n^s，企业的劳动力需求量为 n^d。尽管在达到均衡时劳动力供需量相等，但在求取消费者和企业最优化问题时，不能把这个条件代入。这是因为所有微观主体在求解其优化问题，实现其理性时，只考虑自己。所以，居民在提供劳动力时，不考虑企业需要多少劳动力，而只考虑在当前的市场工资率水平下，自己愿意提供多少劳动力。

但问题就来了，既然消费者和企业的劳动力供给和需求决策是分别做出的，怎样保证他们的行为相互协调、最后达致劳动力市场出清呢？答案是价格。从（6.3）式、（6.4）式可以看到，居民和企业的最优化行为（c、n^s、n^d）最终都可以表示为价格 w 的函数。也就是说，消费者和企业的行为都受到价格影响。**价格协调了不同微观主体的行为**。如果消费者和企业的行为不相协调，导致市场不出清，价格就会相应调整，进而改变微观主体的行为，最终实现均衡。所以，**斯密说的“看不见的手”其实就是价格机制**。

这样来看，**一般均衡的数学求解过程与现实世界中市场机制的发挥有对应关系**。数学求解分成两大步：第一，求解所有微观个体的优化问题，将其优化行为表示为价格的函数。第二，由于所有优化行为都是价格的函数，所以均衡时的市场出清条件就可以表示为包含价格的一组方程。由这个方程组可求出均衡时的价格和所有人的行为。在现实世界中，第一步对应着所有微观主体依照价格来做出自己的决策，第二步对应通过价格的调整来实现所有人优化行为的和谐共存。这样一来，就通过市场机制实现了所有人的协调。经济社会就不会像霍布斯所担忧的那样演化成冲突不断的全民战争了。

6.4　一般均衡与福利

6.4.1　经济学的福利分析

到目前为止，我们对一般均衡理论的介绍都停留在**实证经济学**（positive economics）的范畴内。换言之，我们在思考**“是怎样”**的问题。但是情况是这样，并不代表情况就应该是这样。**“应该是怎样”**是一个同样重要的问题。对这类问题的思考属于**规范经济学**（normative economics）的范畴。

要回答应该是什么样的，需要判断的标准——什么是好的，什么是不好的。经济学判断的标准就是**福利**（welfare）。**功利主义**（Utilitarianism）哲学创始人边沁（Jeremy Bentham）在其 1789 年发表的杰作《道德和立法原则概述》中说道：

> 大自然把人类置于两个至上的主人——“苦”与“乐”——的统治之下。只有它们两个才能指出我们应该做些什么，以及决定我们将要怎样做。在它们的宝座上紧紧系着的，一边是是非的标准，一边是因果的链环。

在边沁及其追随者看来，增加快乐和减少痛苦就是好的。人的快乐就是值得追求的福利。边沁认为，福利可以度量，并且可以在不同的人之间分配。增进了社会总福利的事情就是好事情。这样的思想对应着**基数效用**（cardinal utility）的理论。在这一理论看来，我们可以像用温度计测量温度那样，用某种方式测量每个人的效用，从而加总出全社会的总效用。这个总效用就是判断好和坏的依据。这是**古典经济学**（classical economics）的认识。

但基数效用有两个致命的缺点，因而被**新古典经济学**（neoclassical economics）的**序数效用**（ordinal utility）理论所取代。首先，效用是一种心理现象，因而无法测量（甚至连计量单位都不可能找得到）。其次，效用在人与人之间的分配必然牵涉对不同的人怎样设定权重的问题——谁更重要，谁更不重要。这本身就是一个能引起巨大争论的问题。通过设定不同的占全社会总效用的权重，任何形式的分配方式都可以用效用理论来辩护为正当的，这就失去了判断福利的意义。①

为了避免陷入伦理学的争论，经济学家转而采用一种所有人都能同意的方式来定义什么是“好”。既然人们在判断什么是“好”的时候有很大分歧，那就换个分析问题的方向，来看什么是大家都能认可的“不好”的定义。最保险的做法是，只要有一个人说这是不好的，那就把这看成是不好的。这样一来，只有所有人都认为的“好”才是“好”。

具体来说，**现代经济学给了每一个人否定什么是“好”的无限权力**。现代经济学认为，**只有那些所有人都能接受的变化才能被称为“改进”**。换言之，改进不会让任何人的效用下降，而且会让部分人的效用绝对提升。某个状态如果不存在任何“改进”的可能，那就被称为“最优”。这样的“改进”和“最优”分别被称为**帕累托改进**（Pareto improvement）和**帕累托最优**（Pareto optimality）。

以帕累托最优做标准来衡量社会福利，大大降低了对信息的要求。在这样的定义下，我们不需要做人与人之间的福利比较，而只需要知道每个人对消费的排序关系就行了。于是在基于这样的思想所建立的“序数效用”理论中，效用就只是一个标记不同消费欲望程度的排序指标，其绝对数值没有任何含义。

归根结底，帕累托最优是个效率的概念。经济没有达到帕累托最优，意味着还存在着在不损害任何人的前提下，增进某些人效用的可能。这一定说明有资源没有被充分地利用起来，因而存在着效率提升的可能。这就是为什么帕累托最优也被称为**帕累托有效**（Pareto efficiency）。这个帕累托有效（或是帕累托最优）就是经济学思考“应该是怎样”的判断标准。需要注意，帕累托最优不是一个伦理学的判断标准。一个经济中所有资源都归于一人，而让其他所有人都饿死，是一个帕累托最优，但显然不是伦理学所认可的“好”。

在这样的定义下，可以证明两个联系了一般均衡和帕累托最优的定理——福利学第一和第二定理。简单来说，这两个定理说的是：

■ **福利经济学第一定理**（first theorem of welfare economics）：在完全竞争的竞争性市场中，均衡是帕累托最优。

■ **福利经济学第二定理**（second theorem of welfare economics）：在完全竞争的竞争性市场中，如果消费者偏好和生产技术都是凸性的，那么任何帕累托最优配置都可以用竞争性均衡来实现。

---

① 需要指出，边沁本人认为所有人的权重都是1，完全一样。但为什么要将所有人的权重都设为相同，本身也是需要论证的。

简单来说，福利经济学第一定理说竞争性均衡都是帕累托最优。换言之，用帕累托最优来衡量，竞争性均衡都是"好"的。这给市场均衡提供了规范经济学的支撑。打破垄断、鼓励竞争这样的政策的合理性都暗含在福利经济学第一定理中。福利经济学第二定理则是说，可以用竞争性均衡来实现任何有效率的配置。当然，这需要对禀赋的分配做相应的调整。通过这两个定理，经济学就在均衡与帕累托最优之间建立起了等价关系（当然是在一定条件之下的）。

6.4.2　求取均衡的又一种方法

通过前面的例子我们能看到，求取均衡的过程是相当烦琐的。即便是对 6.2 节列出的这么一个简单的例子，求取其均衡都需要经过不少步骤。不过，前面给出的两个福利经济学定理除了论证均衡的福利含义之外，还给了我们一条求取均衡的捷径。当条件满足、两个福利经济学定理成立时，帕累托最优和均衡之间有等价关系。这样就可以把求取均衡的问题转化为一个相对容易的求取帕累托最优的问题。

达到了帕累托最优，就意味着所有资源都被充分地利用了起来。我们想象，如果社会中有一个心地善良、全知全能的**仁慈的中央计划者**（benevolent central planner），他知道所有人的偏好，可以随意调配经济中的所有资源，愿意让所有人获得尽可能高的效用。那么，他会做出的资源配置一定是帕累托最优的。相应地，这种资源配置的状态也就是我们要求取的均衡。

让我们以前面的模型为例来展示如何用中央计划者问题求取均衡。中央计划者的优化问题可以写成

$$\max_{c,n} \log c + \log(1-n)$$

$$\text{s.t.}\quad c = zn^{\alpha} - g$$

注意，在中央计划者问题中，我们没有给劳动量 n 加上表示供给或需求的上标。因为这里我们根本就没有考虑市场。中央计划者可以在自然规律的约束内自由调整资源。所以中央计划者面临的约束只是整个经济的资源约束——消费者的消费与政府支出之和不能超过总产出。

为求解中央计划者模型，设立拉格朗日函数为

$$\mathcal{L} = \log c + \log(1-n) + \lambda(zn^{\alpha} - g - c)$$

其一阶条件为

$$\frac{\partial \mathcal{L}}{\partial c} = 0:\quad \frac{1}{c} = \lambda$$

$$\frac{\partial \mathcal{L}}{\partial n} = 0:\quad \frac{1}{1-n} = \lambda z \alpha n^{\alpha-1}$$

消去其中的拉格朗日乘子，并注意到 $c = zn^{\alpha} - g$，可以将一阶条件化为

$$z(1+\alpha)n^{\alpha} - z\alpha n^{\alpha-1} = g$$

这里得到的式子与前面均衡求解得到的（6.6）式一模一样。这种一致性并非偶然，而是

为福利经济学的两个定理所保证。于是，这里我们就非常简洁地得到了前面经过烦琐推导才得到的结论。

显然，中央计划者问题求解起来比直接求均衡简便很多。所以在宏观分析中，我们经常会利用这种便捷性，通过求解中央计划者问题来间接求取均衡。以后大家在看宏观经济学的书籍或文章时，如果看到作者用中央计划者问题来分析市场均衡，不要感到惊讶。那只是一种简化分析的手段，并不意味着作者真的认为在现实世界中存在这么一个中央计划者。

但有时我们也会遇到一些模型，在其中福利经济学定理并不成立（比如存在信息不对称时）。对这种模型的分析就不能再走中央计划者问题的捷径了，而只能老老实实地按步骤求取均衡。因为在这种情况下，均衡求解的结果与中央计划者问题的结果并不一致。

6.5　一般均衡模型的数量分析

求取均衡并不是最终目标，我们的最终目标是利用一般均衡模型来分析现实世界。一方面，在计量经济学中，我们通过各类统计工具来寻找经济数据中的规律。但卢卡斯批判让我们知道，宏观变量之间的统计关系并不稳固，直接估计这些统计关系没太大意义。另一方面，一般均衡模型对应的是真实世界中的整个世界，其解释力强弱应该以模型整体的数量表现与真实世界的相似性来衡量。也就是说，我们要以模型能否产生在宏观经济数据中看到的整体特征来衡量模型，而并不太看重模型的某一部分是否接近现实。所以在宏观一般均衡的分析中，我们会采取与计量经济学很不一样的数量分析方法——**校准**（calibration）。

所谓校准，就是将模型中的参数设为符合现实世界的数值，然后观察模型产生的模拟数量结果。比如，我们可以通过观察资本回报占总产出的份额，大致知道 $\alpha=0.4$。将这些参数值代入后，可以求解出模型所有内生变量的数值。将这些内生变量，尤其是内生变量之间的相关关系（对动态模型而言）与真实世界中的观察所得做比较，就可能得到解释现实的洞察。这一讲我们给出的模型相当简化，因而很难从中算出与真实世界接近的模型内生变量值。尽管如此，这个简化模型仍然能够给我们启发。

6.5.1　中国经济波动的基本事实

我们先来看看中国经济的现实状况是怎样的。表 6－1 列出了改革开放后（1978—2016 年）中国宏观经济波动的基本事实。这种表格是分析经济体波动的常用套路，表中的数值代表了经济理论需要解释的最基本事实。

简单来说，这个表中的数字给出了各个重要经济指标真实增长率的均值（表中第Ⅰ列）、标准差（第Ⅱ列）及其与真实 GDP 增长率之间的交叉相关系数（第Ⅲ至第Ⅶ列）。比如，表中“GDP”一行的第Ⅰ列是 9.7。这表明在 1978—2016 年间，中国 GDP 真实增长率的平均值是 9.7%。这一行的第Ⅱ列是 2.7，表明这段时间 GDP 真实增长率的波动标准差是 2.7%。

表 6-1　　1978—2016 年中国经济波动基本事实

	均值（%）	标准差（%）	与 GDP 真实增长率的交叉相关系数[a]				
			−2	−1	0	1	2
	Ⅰ	Ⅱ	Ⅲ	Ⅳ	Ⅴ	Ⅵ	Ⅶ
GDP	9.7	2.7	0.00	0.54	**1.00**	0.54	0.00
GDP 缩减指数[b]	5.0	4.7	−0.02	0.08	0.45	**0.61**	0.30
第一产业	4.4	2.5	0.27	**0.44**	0.14	−0.10	−0.15
第二产业	11.0	4.3	−0.04	0.39	**0.89**	0.52	0.03
工业	11.1	4.4	−0.06	0.34	**0.88**	0.53	0.01
建筑业	10.3	6.9	0.12	0.44	**0.60**	0.30	0.11
第三产业	10.7	3.3	0.02	0.48	**0.84**	0.46	−0.05
消费	9.1	2.4	−0.24	0.09	0.45	**0.50**	0.16
居民消费	8.9	2.7	−0.26	−0.05	0.34	**0.56**	0.33
政府消费	10.0	4.8	−0.01	0.32	**0.35**	0.03	−0.26
投资	10.6	8.2	0.06	0.36	**0.78**	0.40	−0.23
固定资产投资	11.1	9.1	0.19	0.51	**0.70**	0.19	−0.28
存货增加[c]	0.6	1.6	−0.18	−0.17	0.30	**0.45**	0.03
净出口[c]	0.3	1.8	0.11	0.12	−0.16	**−0.24**	0.21
二三产业就业增长	4.6	3.9	0.11	0.13	**0.21**	0.05	0.19
城镇平均工资增长[d]	7.9	3.8	−0.13	0.00	**0.20**	0.14	0.15

注：各行指标如非特别说明，均用真实同比增长率计算。

a. −2、−1、0、1、2 代表行对应指标滞后 GDP 真实增长率的期数（负数表示领先）。

b. GDP 缩减指数用 GDP 名义增长率除以 GDP 真实增长率计算。对其更进一步的解释参见 21.1 节。

c. 为对 GDP 真实增长率的拉动。

d. 城镇平均工资为城镇非私营企业平均工资。

资料来源：CEIC

又比如，在表中的“GDP 缩减指数”一行的第Ⅲ列中的数值是−0.02。这表明在 1978—2016 年间，GDP 真实增速与两年前的 GDP 缩减指数之间的相关系数是−0.02。类似地，这一行第Ⅴ列的数值是 0.45，表明 GDP 增速与同期 GDP 缩减指数的相关系数是 0.45。而这一行第Ⅶ列中的数值是 0.30，表明 GDP 真实增速与两年后的 GDP 缩减指数之间的相关系数为 0.30。

计算交叉相关系数的目的是辨别各个指标相对于 GDP 真实增长率的领先和滞后性。

每一行都计算了 GDP 真实增长率与 2 年前、1 年前、当前、1 年后和 2 年后的对应经济指标之间的相关性（第Ⅲ列到第Ⅶ列）。为了醒目，这 5 列中每一行绝对值最大的那个数都被加粗标出。

如果当期的 GDP 增速与某个指标一两年前的数值相关性最高，就意味着在那个指标变化之后，GDP 增速倾向于跟随其变化。那个指标就应该被算成 GDP 增速的**领先指标**（leading indicator）——它领先于 GDP 增速而变化。反过来，如果当前 GDP 增速与某个指标一两年后的数值相关性最高，这个指标就应该被算成 GDP 增速的**滞后指标**（lagging indicator）——其变动落后于 GDP 增速的变化。对应在表 6－1 中，如果某指标与 GDP 增速相关性最大的数值出现在第Ⅲ列或第Ⅳ列，它就是 GDP 增速的领先指标。而如果最大相关性数值出现在第Ⅵ列或第Ⅶ列，它就是滞后指标。最大相关性数值如果出现在第Ⅴ列，这个指标就是 GDP 增速的**同期指标**（coincident indicator）——其变化既不领先，也不滞后于 GDP 增速。

可以发现，绝大多数经济指标与 GDP 真实增长率之间的最大相关系数（绝对值）出现在第Ⅴ列，表明大多数指标是 GDP 增速的同期指标。对 GDP 缩减指数和消费这两项指标来说，与 GDP 增速的最大相关系数出现在第Ⅵ列，表明这两个指标滞后于 GDP 增速。从统计关系上来说，这两个指标的波动慢于 GDP 增长率。唯一领先于 GDP 增速的是第一产业（农业）的增速，其与 GDP 增速的最大相关系数出现在第Ⅳ列。因此，从统计关系上来说，农业增速可算是 GDP 增速的领先指标——尽管这种领先性不太容易用经济理论来解释。

观察这个表还可以发现两个有趣的结论。第一，几乎所有的经济指标都与 GDP 真实增速正相关。用更学究的话来说，这些指标都是**顺周期**的（pro-cyclical）。换言之，经济中绝大多数宏观经济指标都随着 GDP 的波动而起伏。如果非要在中国经济中找**逆周期的**（counter-cyclical）指标，只能找到净出口。第二，在支出面数据中（不含存货和净出口），固定资产投资的波动标准差最大，消费的波动标准差最小。所以要研究中国经济波动，投资应该是首要的研究对象。

6.5.2 中国经济波动的来源初探

运用上面描述中国经济波动的表格，以及 6.2 节给出的模型，我们可以回答一个具有现实意义的问题：**政府支出的波动是不是中国经济波动的主要来源？**会有这样的问题并不奇怪。中国政府控制着许多经济资源，政府支出往往占到 GDP 的 10%以上。而且政府支出波动很大——从表 6－1 可以看到，中国政府消费增速的波动标准差明显高于居民消费增速的标准差。如果政府支出波动是经济波动的主要来源，那么降低政府支出的波动性就能减轻中国经济的波动。

为了回答前面这个问题，我们先在 6.2 节的一般均衡模型中分析了财政支出变化对经济的影响。为了看起来方便，我们把描述均衡的（6.6）式抄在下面

$$z(1+\alpha)n^{\alpha}-z\alpha n^{\alpha-1}=g$$

容易看出等号左端对 n 的导数为正，因而是 n 的增函数。因此，当政府支出 g 增大的时

候，为了保持方程的平衡，n 也需相应增大。而从工资率的决定方程可知，w 会随之下降。又由于 $c=w(1-n)$，所以 g 增大后 c 也会随之减小。总结一下，在此模型中，政府支出的增加会导致经济中劳动量的增加（GDP 随之增加）、工资率的下降以及居民消费量的下降。

之所以会有这样的结果，是因为模型中的政府支出并不进入消费者的效用函数。站在消费者的角度来看，政府支出越多，自己做同样多的工作能够得到的消费量越少。相应地，消费的边际效用就越高，从而促使消费者提供更多的劳动力来获取收入和消费品。劳动力的增加自然压低了工资率。但即使消费者增加了劳动力供给，消费者获得的消费品数量也少于政府支出小的情形。这样，政府支出就增加了全社会的总产出，但压低了居民消费和工资率。

根据模型的分析，如果财政支出变化是经济波动的主要原因，那么财政支出应该是顺周期的——财政支出与 GDP 正相关。同时，工资率及居民消费应该是逆周期的——与 GDP 负相关。但从表 6－1 中给出的中国宏观经济数据可见，财政支出、工资率和居民消费都是顺周期的，与模型给出的结论不符。这表明，用财政支出作为驱动因素来解释经济周期并不成功。中国经济周期波动的主要来源在别的方面。

于是，在这个非常简单的模型中我们也得到了具有政策含义的结论。如果有人认为通过平滑财政支出就能减弱经济周期波动，我们就可以告诉他，由于财政支出并非经济周期波动的主要来源，所以就算平滑了财政支出，也无法有效降低经济的周期波动。

可能还有人会质疑说，这里的模型中产生了财政支出增加令工资率和私人消费减少的结果，是不是在其他的模型设定中会得到不一样的结论。但我们要说，这里的这个模型固然简单，但它还是包含了不少宏观经济运行的基本逻辑。我们可以做更为复杂的假设，比如把财政支出放到消费者的效用函数里，又或者把财政支出放入生产函数里。但在这个简单模型中得到的基本结论在那些更复杂的模型中还会继续保留。

类似地，我们还可以分析技术水平 z 的变动对各个内生变量的影响。当技术水平 z 上升时，为了保证（6.6）式成立，n 必须下降。又因为 $w=z\alpha n^{\alpha-1}$，z 的上升与 n 的下降会导致 w 上升。最后，因为 $c=w(1-n)$，所以居民消费水平会上升。也就是说，在 6.2 节的模型中，技术水平的上升会导致经济中劳动量的减少（主要是因为这是一个单期模型，消费者无法跨期调节其工作）、GDP 和居民消费量的增加以及工资率的上升。这与我们在表 6－1 中所看到的宏观经济数据的相关性较为吻合。所以，有不少学者认为经济周期波动的驱动因素来自技术冲击（技术水平 z 的波动），因而形成了**真实经济周期**（real business cycle，简称 RBC）学派。

进一步阅读指南

威廉森的《宏观经济学》（第 5 版）的第 4、5 两章更为详细地介绍了本讲中的这个一期宏观一般均衡模型（威廉森，2015），可作参考。如果想更详细地了解宏观经济波动的基本事实和分析方法，《宏观经济学手册》第 1 章是权威的参考材料（Stock and Watson，1999）。

练习题

6.1　在类似 6.2 节的一期模型中，假设消费者的效用函数为

$$u(c,1-n)=\log c+\log(1-n)$$

经济中的生产函数为

$$y=n$$

政府执行平衡预算，政府支出 g 外生给定。

（a）请定义这个模型的均衡。

（b）假设 $g=0.2$，请按照（a）小问中给出的定义求解这个模型的均衡，并计算均衡时的消费量和劳动供给量。

（c）请列出这个经济对应的中央计划者问题并求解。

（d）假设 $g=0.4$，请求解这个模型中的消费和劳动力供给量。这里的答案和（b）小问中的答案有何差异，其背后的经济道理是什么？

6.2　请观察表 6-1 后回答以下问题：

（a）在中国经济的生产面的三次行业中，哪个行业的波动最大？你能想出为什么会这样吗？

（b）表中的“存货增加”和“净出口”两项用对 GDP 增长率的拉动来计算（拉动的概念请见本书 2.3.3 节）。为什么这里不直接用这两项的同比增长率来计算？（提示：找数据来算算这两项的同比增长率并画图看看。）

（c）从表中给出的生产面及需求面各项的平均增速中，你能读出中国经济怎样的结构变迁趋势？

第 7 讲

消费与储蓄的决定（上）

正如第 5 讲所说，当研究对象是客观与主观相互纠缠的经济社会时，只有那些从微观经济主体最优化问题导出的结论才是稳定的。所以，需要用具有微观基础的一般均衡模型来做宏观经济分析。上一讲给出了一个一般均衡模型的例子，展示了怎样运用这样的模型来分析现实中的宏观经济问题。这一讲我们要用一般均衡模型来探讨中国经济的一个关键问题——消费不足。由于消费和储蓄是一个硬币的两面（消费加储蓄等于总收入），消费不足也就等价于储蓄过剩。未来我们会逐步看到，对消费不足的分析是理解中国经济的关键。

我们的分析分为两大步。第一步，我们探讨在一个私有制的完全竞争的经济体中，消费与储蓄是怎样决定的。在这个过程中，我们会看到新古典宏观经济学的一个关键基本假设——萨伊定律——对应着现实世界中的何种经济机制。此外，这个分析过程还会向我们展示当代宏观经济学最基本的分析模型——新古典增长模型——的面貌。由于这个模型最早由拉姆齐（Ramsey）于 1928 年提出，所以又叫做拉姆齐模型。我们未来在新古典框架下对中国经济问题的探讨基本都展开自这个模型。

第二步，在搞清了私有制完全竞争经济体的状况后，我们会分析在中国经济中的何种收入分配格局令中国的消费与储蓄行为偏离了完全竞争的基准。我们会看到，这种偏离是怎样令萨伊定律不再成立，从而使需求面因素成为中国经济长期增长的瓶颈的。

这一讲和下一讲停留在前面说的第一步，梳理私有制完全竞争经济体中消费和储蓄的决定问题。这将为第 9 讲分析中国的消费不足打好基础。不过按照惯例，在进入理论探讨之前，我们还是先看看中国消费和储蓄的基本事实。

7.1 中国消费和储蓄的基本事实

7.1.1 储蓄的基本概念

我们之所以把消费和储蓄行为并列起来同时研究，是因为这二者是同一枚硬币的正反两面，搞清楚了一个，也就搞清了另外一个。按照定义，**储蓄**（saving）是当前收入中未被消费的部分，可以写成如下会计恒等式

储蓄≡收入－消费

所以，讨论消费就是在讨论储蓄；而讨论储蓄也就是在讨论消费。还要注意，储蓄严格地说是一个流量（flow）。由储蓄累积起来的存量叫做**财富**（wealth）。虽然在日常用语中我们有时并不区分储蓄与财富，但在本书的讨论中为了避免混淆，我们还是将储蓄特指收入中未被消费的部分，将其视为一个流量的概念。

对任意一个经济主体，都可以计算其储蓄。对一个国家来说，收入就是GDP，消费就是国民总消费（包含居民消费和政府消费）。所以国民总储蓄可以写成

国民总储蓄＝GDP－国民总消费

类似地，居民储蓄可以写成

居民储蓄＝居民收入－居民消费

政府储蓄可以写成

政府储蓄＝政府收入－政府消费

对企业储蓄要稍微多解释几句。从会计上来说，企业收入是企业支付了工人工资和股东分红后剩下的利润。一般来说，企业是不会把它的收入拿来消费的，因为消费只是消费者的行为。所以企业的收入会全部转化为企业的储蓄，最终变成企业的投资。所以企业储蓄可以写成

企业储蓄＝企业收入

但在过去的计划经济体制下，中国企业曾经“大办社会”，承担了很多提供公共服务的功能。比如，许多国有企业都建立了自己的幼儿园、学校、医院等公共服务机构。相应地，这些企业其实也有一些属于政府消费的消费开支。不过，这种情况在进入21世纪后已经大为改变，企业的政府消费职能已经被大幅剥离。就算还有一些剩余，与企业收入比起来也是微乎其微的。所以我们在分析企业储蓄时，就用上面给出的这个企业储蓄等于企业收入的定义。

在第2讲介绍国民收入核算体系的时候曾经讲过，对一个封闭的国家来说（不与别国发生贸易往来），储蓄就等于投资。而在开放经济体中，储蓄与投资之差就是贸易顺差。所以，对储蓄的讨论会有助于我们理解一个国家的投资和贸易行为。

7.1.2　中国的基本事实

中国消费和储蓄的状况可以用“**消费偏低、储蓄偏高**”八个字来概括。所谓**消费偏低**，说的是中国的居民消费占 GDP 的比重（以及加上政府消费后的总消费占 GDP 的比重）低于世界其他国家和地区。所谓**储蓄偏高**，指的是中国的国民总储蓄占 GDP 的比重明显高于世界其他国家和地区。

注意，这里我们说的是“消费偏低”而不是“消费不足”，讲的是“储蓄偏高”而非“储蓄过剩”。“偏低”与“不足”以及“偏高”与“过剩”虽然看上去好像两两都差不多，但有本质的区别。“偏低”和“偏高”是中国数据相比世界平均水平呈现出的客观态势，不以人的意志为转移。而“不足”和“过剩”则包含了价值判断。同样的一个消费占比，有些人可能认为还不够高，有些人则认为已经足够了。所以一个东西是足还是不足，取决于人对于“足”的判断标准。“过剩”也是一样的道理。所以，在这里陈述基本事实的时候，我们要用“消费偏低”和“储蓄偏高”这样的字眼。从这样的基本事实到“消费不足、储蓄过剩”的判断，是第 9 讲的核心工作。

下面我们来看数据。图 7－1 是我们在第 1 讲就看到过的一幅图。这是利用“宾州世界表”（Penn World Table）数据库绘制的居民消费占 GDP 的比重与收入水平之间的关系图。图中，横轴是以购买力平价（PPP）计算，即以 2005 年美元不变价计价的人均 GDP 水平。可以将其简单理解为扣除了价格和汇率因素后的人均收入水平。而纵轴对应居民消费占 GDP 的比重。国际平均水平指在各个人均收入水平上世界各国消费占比的均值。灰色阴影是围绕这个均值上下两个标准差的范围。而中国改革开放后的数据在图中用深色实线代表。很明显，中国在人均收入水平提升的过程中，消费占比明显下滑。目前，这个比重已经低于世界平均水平 20 多个百分点。

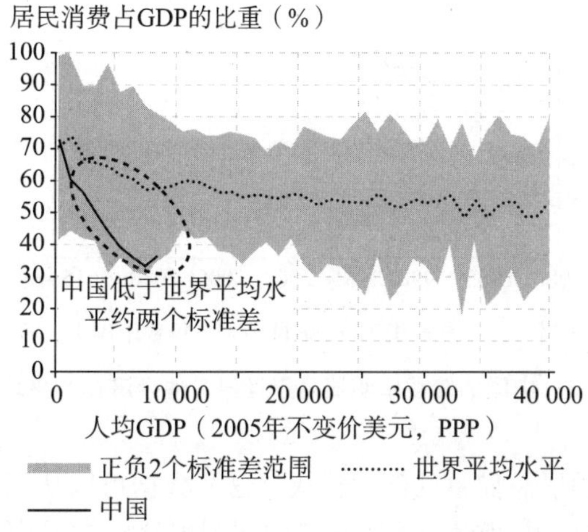

图 7－1　中国居民消费占 GDP 的比重远低于世界平均水平

资料来源：PWT

中国这种低消费状况不能归因于重节俭的儒家文化。图 7－2 将中国的消费比重与同样受到儒家文化影响的日本和韩国做了对比。这里同样可以看到中国的消费占比远远低于其他两个东亚国家。因此，中国居民消费占比偏低是一个不争的事实。

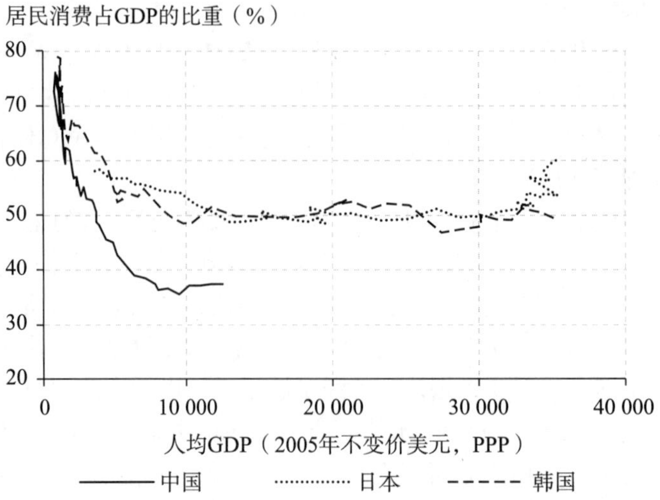

图 7－2　即使以东亚标准来看，中国的居民消费占比也实在太低

资料来源：PWT

消费占比偏低也就意味着储蓄占比偏高，因为消费与储蓄加起来就是总收入（即GDP)。消费少，储蓄就多。中国的储蓄数据印证了这一点。根据国际货币基金组织国际经济展望数据库（WEO）的数据，在 2000 年之后，中国国民总储蓄占 GDP 的比重常年维持在 40％以上。次贷危机前的最高点甚至超过了 50％。而剔除中国后的世界各国家和地区的平均储蓄率则一直稳定在略高于 20％的水平（见图 7－3)。

图 7－3　中国的储蓄率明显高于世界其他经济体的平均水平

资料来源：WEO

下面再来看看中国国民总储蓄的部门构成。这一数据可以从国家统计局按年发布的**资金流量表**（flow of funds）中获得。很明显，中国国内储蓄主要由居民和非金融企业两个部门做出。进入 21 世纪后，这两大部门的储蓄占 GDP 的比重都接近 20％。其中居民储蓄更多一些。居民的银行存款、基金、股票和房产是居民储蓄的主要承载资产。企业储蓄就是企业未分红的利润。目前，中国政府的储蓄占 GDP 的比重也有大概 5％。这虽然看起来不多，但考虑到其他大多数国家政府都是负储蓄者（净借债者），5％的政府储蓄占 GDP

的比重算是相当高的数值了。中国金融机构的储蓄较少，也就占中国 GDP 的 2%～3%，因此可以忽略（见图 7－4）。

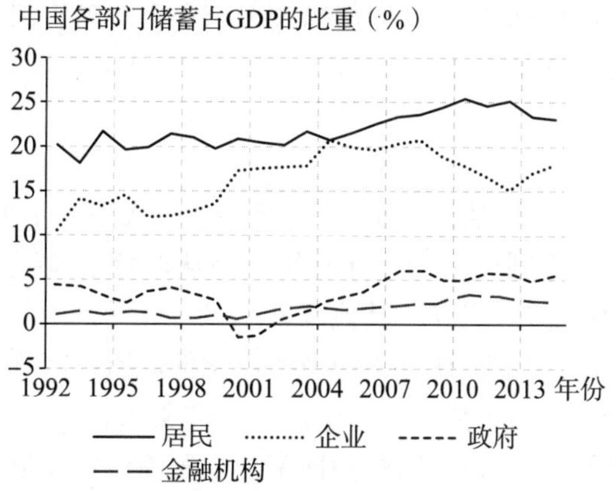

图 7－4　中国储蓄的部门构成

资料来源：CEIC

下面我们来看有关中国储蓄的最重要的一幅图。图 7－5 是居民储蓄和企业储蓄的跨国比较。图中横轴代表居民储蓄占 GDP 的比重，纵轴代表企业储蓄占 GDP 的比重。图中的圆点是除掉了 OPEC 国家和中国的世界各国数据。之所以剔除 OPEC 国家，是因为这些国家的经济结构相当畸形，不具有普遍性。图中包括了最近 9 年的数据。所以每个国家会对应图上的 9 个点。中国在图中由深色菱形标出。

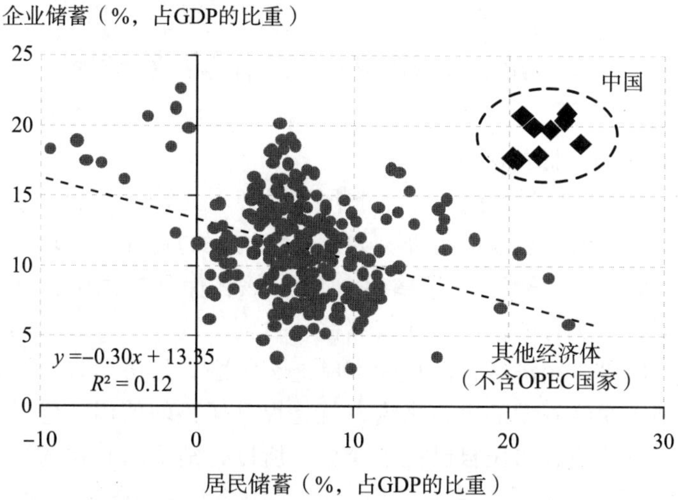

图 7－5　居民储蓄与企业储蓄的跨国比较

资料来源：UNData

图中有两点值得关注。第一，在除开中国和 OPEC 国家的世界各国中，居民储蓄和企业储蓄占比之间有一个非常清楚的负相关关系——居民储蓄多的国家企业储蓄少，居民储蓄少的国家企业储蓄多。第二，中国以同时较高的居民储蓄和企业储蓄占比而与其他国家区别了开来。单看居民储蓄或是企业储蓄占 GDP 的比重，世界上还有其他国家与中国的水平相当。而单看企业储蓄占比，印度也不比我国低。但同时有中国这么高的居民储蓄和企业储蓄的，国际上就没有第二个国家了。这一讲和下一讲的主要任务就是解释为什么在其他国家，存在居民储蓄与企业储蓄之间的负相关关系。解释中国为什么与其他国家有这么大的差异，则是第 9 讲的任务。

7.1.3 关键问题

跨国比较的结果显示，中国居民消费占 GDP 的比重大幅低于世界平均水平。相应地，中国国内储蓄占 GDP 的比重则远高于国际水平。而从储蓄的构成来看，中国同时具有很高的居民储蓄和企业储蓄，这一点异于其他国家。

看到这样的结果，有人可能会认为中国消费占比低，所以存在消费不足的现象，因而需要加以改善。但这看似顺畅的逻辑其实存在一步非常大的思维跳跃，因而必须仔细研究。正如前面所说的，事实与价值判断是两回事。中国消费占比低是一个数据表现出来的事实。但是，说中国消费不足，则是一个价值判断，意味着中国当前消费占比要比中国应有的消费占比水平低。而要这么说，必须首先回答：**中国消费占比应该是多少**？在回答这个问题前，我们没有判断中国消费足或不足的标准。因此，这个问题是我们研究中国消费的出发点。

接下来，我们要用宏观经济分析的最基础模型——拉姆齐模型——来回答这个问题。分析的过程也会给出居民储蓄和企业储蓄负相关关系的解释。这一解释将是我们揭开中国消费偏低（以及我们即将论证的消费不足）谜团的关键。

7.2 拉姆齐模型：仅居民积累资本

7.2.1 居民的消费与储蓄决策

我们在第 2 讲讨论 GDP 时曾说过，分析经济必须先确定经济增长的目标是什么。这个目标就是评价经济增长表现的标准。如果经济增长的目标是追求尽可能高的人均产出（人均 GDP），那么按照索洛模型的结论，就应该在保证居民生存（注意是生存而不是生活）的前提下，把所有的产出都变成储蓄和投资。这样能有最高的储蓄率以及最高的人均产出水平。但是，经济增长的目标不应这么狭隘。经济学认为，经济增长的目标是提升居民的福利。用经济学的术语来说，就是提升居民的效用。怎样运用资源才能最大化居民的效用，自然只有居民自己说了才算。所以，消费与储蓄的决策应当由居民来做出。

我们先来研究单个居民会怎么做消费和储蓄决策。在未来的讨论中，我们会混用“居民”和“消费者”这两个词，认为它们都指向同一个含义。为了简化分析，我们假设居民只需要在“今天”和“明天”这两期决定每期的消费和储蓄分别是多少。这里的两期分别对应我们模型中的第 1 期和第 2 期。第 2 期期末就是世界末日。因此，居民在第 2 期应该会把所有的资源都消费完。所以模型中的居民只会在第 1 期进行储蓄。在这个情景下，居民的偏好可以写成

$$U=u(c_1)+\beta u(c_2) \tag{7.1}$$

其中，$0<\beta<1$，β 是居民的主观贴现因子，反映了居民缺乏耐心的心理倾向。它表明，站在今天（第 1 期）来看，今天消费产生的效用比未来等量消费产生的效用更大。换句话说，越早消费，对居民效用提升的效果越好。这种设定体现了人性的“不耐”。

以消费品为计价物容易写出第 1 期和第 2 期居民的预算约束

$$\begin{aligned} &c_1+k_1\leqslant k_0+r_1k_0+w_1L \\ &c_2\leqslant k_1+r_2k_1+w_2L \end{aligned} \tag{7.2}$$

其中，下标表示时期，c 为消费，k 为资本存量（也可理解为财富），r 为资本回报率，w 为工资率，L 为居民可向外提供的劳动量，是个不变的常量。为了简化，我们假设资本不会折旧，并且居民每期都会无弹性地把所有劳动力都提供出去。因此，L 不用带上时间下标。我们还假设资本折旧率为 0。这两个式子说的是，每期居民的支出（消费以及为下期累积的资本）都不能大于每期居民的收入（资本的回报和工资收入）。

显然，居民效用最大化时约束条件中的不等号一定会取等号。所以居民的优化问题可写为

$$\begin{aligned} &\max_{c_1,c_2,k_1} u(c_1)+\beta u(c_2) \\ &\text{s. t.}\quad c_1+k_1=k_0+r_1k_0+w_1L \\ &\qquad\quad c_2=k_1+r_2k_1+w_2L \end{aligned} \tag{7.3}$$

设定拉格朗日函数

$$\mathcal{L}=u(c_1)+\beta u(c_2)+\lambda_1(k_0+r_1k_0+w_1L-c_1-k_1)+\lambda_2(k_1+r_2k_1+w_2L-c_2)$$

其一阶条件为

$$\frac{\partial\mathcal{L}}{\partial c_1}=0\Rightarrow u'(c_1)=\lambda_1$$

$$\frac{\partial\mathcal{L}}{\partial c_2}=0\Rightarrow \beta u'(c_2)=\lambda_2$$

$$\frac{\partial\mathcal{L}}{\partial k_1}=0\Rightarrow -\lambda_1+(1+r_2)\lambda_2=0$$

消去其中的拉格朗日乘子可得

$$u'(c_1)=\beta u'(c_2)(1+r_2) \tag{7.4}$$

这是居民跨期优化的最优条件，也称为**欧拉方程**（Euler equation）。由这一方程及居民的两期预算约束（7.2）式，可以求解出居民两期的消费。这就是说，欧拉方程（7.4）式即为居民消费和储蓄的决定方程。

来看看这个消费和储蓄的决定方程告诉了我们什么。欧拉方程的左边 $u'(c_1)$ 代表了把第 1 期的消费增加 1 单位，居民总效用在边际上增加的幅度。而欧拉方程等式右边则代表了把第 1 期的 1 单位产品储蓄起来留待第 2 期消费，居民总效用的提升幅度。具体来说，第 1 期的 1 单位产品储蓄起来，在第 2 期会变成 $1+r_2$ 单位的产品。而在第 2 期消费

这么多的产品，消费者效用的增幅（在第 1 期看起来）会增加 $\beta u'(c_2)(1+r_2)$ 那么多。所以欧拉方程实际上体现了居民在第 1 期的一种权衡：是把第 1 期的产品消费掉更好，还是储蓄起来留到第 2 期更好。当居民在两种选择之间无差异的时候，就是最优的消费和储蓄水平。这是因为如果消费者在两种选择间不是无差异的，那么消费者一定可以通过增加更偏好的那种选择来提升自己的效用和。

从欧拉方程来看，居民的消费与储蓄决策决定于两个东西。其一是居民两期之间的边际效用比 $u'(c_1)/\beta u'(c_2)$，它代表了居民的主观偏好。其二是储蓄回报率 $1+r_2$，它代表了居民面对的客观环境。

7.2.2 一般均衡

前面求解了居民的最优消费与储蓄问题。但我们想知道的是经济中的整体消费和储蓄状况。有了前面的基础，这处理起来并不复杂。只需要把前面的居民优化问题嵌入一般均衡的框架里即可。我们想象一个世界，其中所有居民都与前面描述的居民一样。而居民的总数量被正规化为 1（想象经济中有 1 亿人）。我们也可以把前面的居民理解为**代表性消费者**（representative consumer），即所有的居民都跟他一模一样。

同时，经济中还存在大量完全相同的竞争性企业（也可叫做厂商，同样可以用代表性企业来理解它们），其总量也被正规化为 1。企业并不拥有资本和劳动力两种生产要素，并且生命周期只有 1 期（到期末就清算）。这种企业不拥有资本，并且生命周期只有 1 期的假设看起来和真实世界中的企业相去甚远。在下面讨论完企业拥有资本的模型之后，我们会回过头来解释在什么情况下这种假设成立。在这样的设定下，经济中所有储蓄决策都由消费者做出。

在每期期初，企业需要向居民租用资本和购买劳动力来组织生产。得到产出后，企业向居民提供资本和劳动力的回报（资本租金和工资），然后再清算。企业的生产技术为规模报酬不变。因此，企业的产出将完全被资本和劳动力的回报所分割，在期末不会有利润。因为企业利润是零，所以无须考虑其所有权归属问题。以上的模型设定可以用图 7－6 来表示。

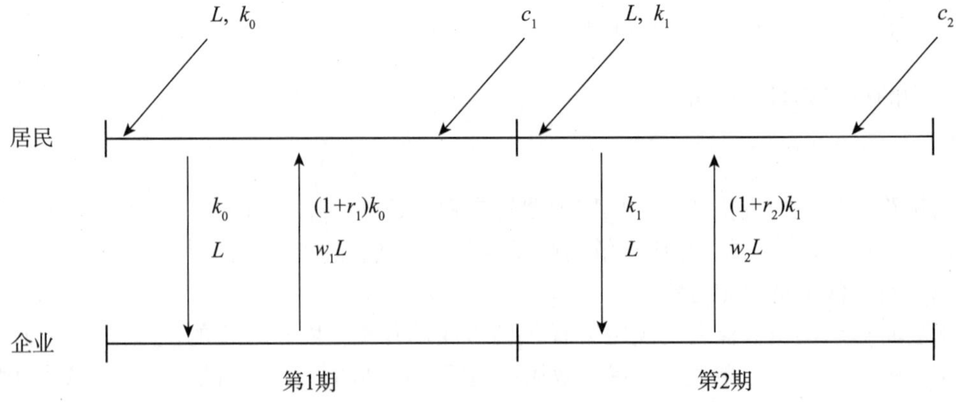

图 7－6　时序图

模型变量时间下标的设定需要专门解释一下。正如时序图中所显示的，第 1 期资本存量以 k_0 来表示。也就是说，每期资本存量的下标都对应着前一期。尽管这看起来似乎有些奇怪，却是合理的时间下标设定。因为这样就统一了时间下标的含义——**时间下标对应着变量取值被决定的时期**。第 1 期的消费是在第 1 期为居民所决定的，所以它以 c_1 代表，下标为 1。但第 1 期的资本存量并不是在第 1 期决定的。它在第 1 期之前就已经被决定了下来，在第 1 期无法改变。所以，第 1 期资本要以 k_0（而非 k_1）来标示。事实上，动态宏观模型中的内生变量总能够被区分为两类：一类取值在当期被决定，叫做**控制变量**（control variable）；另一类取值在上一期被决定，叫做**前定变量**（pre-determined variable），或**状态变量**（state variable）。当我们用了这个模型中的时间下标标示规则后，控制变量和状态变量就容易区分了——**控制变量的时间下标在当期，状态变量的时间下标在前一期**。

企业每期的最优化问题为

$$\max_{k_{t-1}^d, l_t^d} AF(k_{t-1}^d, l_t^d) - r_t k_{t-1}^d - w_t l_t^d$$

其中，$t=1$，2。另外解释一下，式中的 k_{t-1}^d 是企业在第 t 期对资本的需求量，在第 t 期被企业决定。不过，为了与第 t 期的资本供给（k_{t-1}）下标保持一致，所以也把下标标为了 $t-1$。企业优化问题的一阶条件（最优条件）为

$$AF_1(k_{t-1}^d, l_t^d) = r_t$$
$$AF_2(k_{t-1}^d, l_t^d) = w_t$$

下面我们进入均衡的求取。在均衡时，有以下市场出清条件成立（这些条件保证了均衡时居民和企业的最优化和谐地同时达成）。

$$l_1^d = l_2^d = L$$
$$k_0^d = k_0$$
$$k_1^d = k_1$$

将以上条件代入企业的一阶条件，可得

$$AF_1(k_0, L) = r_1$$
$$AF_1(k_1, L) = r_2$$
$$AF_2(k_0, L) = w_1$$
$$AF_2(k_1, L) = w_2$$

将其代入消费者的跨期优化欧拉方程（7.4）式，可以得到

$$u'(c_1) = \beta u'(c_2)[1 + AF_1(k_1, L)] \tag{7.5}$$

以上这个方程类似于我们前面分析过的方程（7.4）。再将均衡时资本回报率和工资率的决定方程代入消费者的预算约束，并注意到

$$AF(k_{t-1}, L) = r_t k_{t-1} + w_t L \qquad (t=1,2)$$

可以将消费者的预算约束化为

$$c_1+k_1=k_0+AF(k_0,L) \tag{7.6}$$

$$c_2=k_1+AF(k_1,L) \tag{7.7}$$

上面这两个方程是经济活动所面临的总量物理约束。（7.5）式、（7.6）式与（7.7）式共同构成了包含 3 个未知数（c_1、c_2、k_1）、3 个方程的方程组。由此可以把两期的消费以及第 2 期期初的资本存量求解出来。这样，这个两期模型中所有的内生变量都能确定下来。而储蓄回报率就是资本回报率。至此，模型求解完毕。

7.2.3 对模型的讨论

以上这个模型给出了一个经济最优消费（同时也是最优储蓄和最优投资）的决定机制，也就给我们提供了一个比对现实的**基准**。当然，这个基准本身建立在“经济增长是为了提升居民福利”这个终极目标之上。

这个模型告诉我们，最优的消费（以及储蓄和投资）由居民的主观偏好与客观世界能够给出的资本回报率共同决定。居民需要在当前和未来消费之间做出权衡。当前少消费一点，就能多储蓄（投资）一些，从而给未来带来更多的消费品（投资回报）。但又因为人性的“不耐”，所以未来的消费给当前带来的效用提升是要打折扣的（主观贴现）。居民在这几个因素之间权衡，选择出最优的消费和储蓄（也就是投资）水平。

但这里有关最优消费的抽象逻辑要应用到现实中，还必须解决两个问题：第一，从这个模型来看，消费和储蓄决策完全由居民做出，看不到企业在其中起的作用。但在真实世界中，企业也会做大量储蓄，并且是投资的主要操作者。居民储蓄的绝大部分要通过企业部门来转化为投资。因此，怎么能说企业在经济最优消费和储蓄的决定中不起作用呢？

第二，这个模型给出的最优消费尽管可被视为一个比较基准，但这个基准取决于居民的主观偏好和客观的资本回报率两个因素。前者看起来纯粹是一个理论上的想象，在真实世界中完全无法测量。因此，这个想象出来的基准怎么能够用来分析现实世界呢？

为了回答这两个问题，我们需要对前面的模型做一个修改，把资本积累的任务由居民部门转到企业部门。在分析接下来这个修改后的模型时，前两个问题的答案会自然浮现出来。

7.3 拉姆齐模型：仅企业积累资本

在前一节的模型中，我们假设企业只存活一期，每期期末都结业清盘；企业也不拥有任何生产要素。但真实世界可不是这样。现实中，企业一般都会存续相当长的时间，而包括厂房、机床在内的资本主要由企业拥有，投资决策也多由企业做出。为了贴近这样的现实，我们现在假设企业长期存在（在两期模型中存活两期），并拥有资本，也负责做资本积累的决策。为了简化，我们在这里假设居民不积累任何资本。

现在，企业因为拥有资本，所以会有正的利润（资本回报归企业所有）。所以，在这个模型中，企业产权归属必须被清晰设定出来。因为谁拥有企业，谁就拥有企业的利润。我们假设模型对应一个私有制社会——**企业为居民所拥有，其股份由居民所持有**。

模型的时序设定如图 7-7 所示。在第 1 期期初，企业持有经济中所有的初始资本 k_0。

而居民部门在第 1 期期初的时候持有企业所有的股份 $s_0=1$（我们将企业的股份总量正规化为 1）。居民仍然拥有劳动力禀赋 L，并可将其提供给企业以获得劳动报酬。

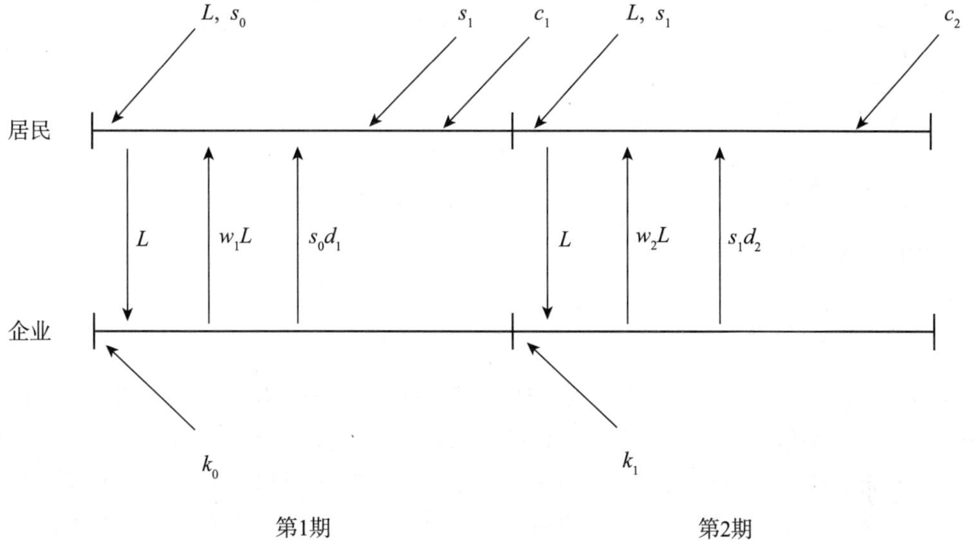

图 7-7

7.3.1 居民

居民偏好不变，仍为 $u(c_1)+\beta u(c_2)$ 的形式。但其约束条件不再一样。由于居民不再拥有资本，所以不会再收到企业支付的资本租金。但居民持有企业的股份，因而在每期都会收到企业的分红。在第 1 期，企业每股分红 d_1——因此居民第 1 期收到的红利总量为其持有的股份数量乘以每股分红，即 s_0d_1。在第 1 期红利支付之后，居民可以交易手中的企业股权（此时企业股价为 v_1），从而将自己第 1 期期末（同时也是第 2 期期初）的股份持有量变为 s_1。在第 2 期，居民所获得的总红利支付将为 s_1d_2（d_2为第 2 期企业每股红利支付量）。由于在第 2 期期末就是"世界末日"，所以在第 2 期企业红利支付之后，企业的股价将变成 0。

在这样的设定下，居民第 1 期的预算约束变为

$$c_1+v_1s_1\leqslant w_1L+d_1s_0+v_1s_0 \tag{7.8}$$

第 2 期预算约束变为

$$c_2\leqslant w_2L+d_2s_1+0\cdot s_1 \tag{7.9}$$

显然，最优时不等号一定取等号，所以居民的优化问题可写为

$$\max_{c_1,c_2,s_1} u(c_1)+\beta u(c_2)$$

$$\text{s.t.}\quad c_1+v_1s_1=w_1L+d_1s_0+v_1s_0$$

$$c_2=w_2L+d_2s_1$$

设定拉格朗日函数

$$\mathcal{L}=u(c_1)+\beta u(c_2)+\lambda_1(w_1L+d_1s_0+v_1s_0-c_1-v_1s_1)+\lambda_2(w_2L+d_2s_1-c_2)$$

求得一阶条件

$$\frac{\partial \mathcal{L}}{\partial c_1}=0\Rightarrow u'(c_1)=\lambda_1$$

$$\frac{\partial \mathcal{L}}{\partial c_2}=0\Rightarrow \beta u'(c_2)=\lambda_2$$

$$\frac{\partial \mathcal{L}}{\partial s_1}=0\Rightarrow -\lambda_1 v_1+\lambda_2 d_2=0$$

消去其中的拉格朗日乘子可得

$$v_1=\beta\frac{u'(c_2)}{u'(c_1)}d_2 \tag{7.10}$$

上式是资产定价的方程，非常重要。资产的价值来自资产未来给其拥有者带来的收入流。未来收入流与当前资产价格之间有什么样的联系是资产定价理论研究的核心问题。上面这个资产定价方程表明，资产当前的价格是其未来收入流的贴现和（由于这里的模型只有两期，所以在第 1 期之后，资产的收入流就只剩下 d_2 了）。只不过贴现因子并不是消费者的主观贴现因子 β，而是包含了 β 在内的跨期边际效用比 $\beta u'(c_2)/u'(c_1)$。这个跨期边际效用比在金融学里有一个专门的名字叫做**随机贴现因子**（stochastic discount factor）。记得前面我们曾经说过，居民的主观偏好，也就是这个跨期边际效用比，无法观测。但上面这个定价方程告诉我们，居民的主观偏好其实可以通过资产的价格反推出来。

7.3.2 企业

在企业积累资本的情形中，企业的优化问题就比之前复杂多了。在第 1 期期初，企业拥有 k_0 的初始资本存量。而它所有的股份 s_0 尽归居民所有。在每一期，企业向居民购买劳动力，再结合自己拥有的资本进行生产。得到产出之后，企业除了支付居民劳动报酬，还需要决定每一期给其股东（也就是居民）分多少红利。

第 2 期的企业分红很容易决定。因为第 2 期期末就是“世界末日”，所以作为企业股东的居民一定会要求企业把它手里的所有资源（包含存量资本）全部通过分红转移给自己，以便让自己消费掉，以尽可能提升效用。

关键是第 1 期分红量 d_1 的决定。这个分红量决定了企业在第 2 期期初的资本存量 k_1。这就引出了关键问题：**企业该如何决定分红量**？或者更进一步地问：**企业基于什么原则来决定分红量**？

答案是：**企业选择分红量来最大化它分红前的股票价值，**也就是 d_1+v_1。**因为如果不这样做，企业的管理层就饭碗不保**。因为企业为居民所拥有，所以企业管理层只有使自己的股东满意（也就是让居民满意），才能够保住自己的工作，否则股东会更换企业管理层。我们可以将居民在第 1 期的预算约束（7.8）式右边稍作变形，得到

$$c_1+v_1s_1\leqslant w_1L+(d_1+v_1)s_0$$

可见，d_1+v_1 是居民在第 1 期从所持有的企业股份中获得的所有收益。这些收益再加

上工资收入，构成了居民在第 1 期所拥有的资源总量。这些资源可被用来消费或是购买下一期的企业股份。要最大化居民的效用（让居民最满意），企业当然应该最大化居民的预算约束，也就是 d_1+v_1。

在现实世界中，股票市场中投资者对企业所有权的竞争保证了以上论述的成立。如果企业管理层并不以最大化企业股票价值为目标，一定意味着它的股票价值低于它所可能达到的最大值。观察到这一点，股票市场中的“敌意购并者”（也被称为“门口的野蛮人”）会在当前价格上大量吃进股票，变成大股东。然后再炒掉现有企业管理层，换上自己的人，按照最大化企业股票价值的方法运作企业。企业的股票价值就会上升，让“敌意购并者”获利。为了消除潜在“敌意购并者”的获利空间，从而保住自己的饭碗，企业管理层必然会以最大化企业股票价值为经营的最终目标。

有人可能会有疑问，为什么在企业的目标中只包含 d_1+v_1，第 2 期的分红 d_2 不需要考虑吗？事实上，在企业股价 v_1 中已经包含了第 2 期分红 d_2 的信息了。利用（7.10）式我们有

$$d_1+v_1=d_1+\beta\frac{u'(c_2)}{u'(c_1)}d_2$$

所以，企业的经营目标也可以说是最大化企业从现在到未来的贴现红利和（其中的贴现因子用随机贴现因子）。

因此，企业的最优化问题可以写作

$$\begin{aligned}&\max_{\{l_1^d,l_2^d,d_1,d_2,k_1\}}\quad d_1+\beta\frac{u'(c_2)}{u'(c_1)}d_2\\ &\text{s. t.}\quad d_1+k_1\leqslant AF(k_0,l_1^d)-w_1l_1^d+k_0\\ &\qquad\quad d_2\leqslant AF(k_1,l_2^d)-w_2l_2^d+k_1\end{aligned}$$

将两个约束条件的不等号变成等号，代入最优化目标中，可得

$$\max_{\{l_1^d,l_2^d,k_1\}}\ AF(k_0,l_1^d)-w_1l_1^d+k_0-k_1+\beta\frac{u'(c_2)}{u'(c_1)}[AF(k_1,l_2^d)-w_2l_2^d+k_1]$$

其一阶条件为

$$\begin{aligned}&l_1^d:\quad AF_2(k_0,l_1^d)=w_1\\ &l_2^d:\quad AF_2(k_1,l_2^d)=w_2\\ &k_1:\quad \beta\frac{u'(c_2)}{u'(c_1)}[1+AF_1(k_1,l_2^d)]=1\end{aligned}$$

7.3.3　均衡

在均衡时有 $l_1^d=l_2^d=L$，$s_1=s_0=1$，所以有关 k_1 的一阶条件可化为

$$u'(c_1)=\beta u'(c_2)[1+AF_1(k_1,L)]$$

这与前一小节模型的均衡条件（7.5）式一模一样。容易看出，经济总量面临的物理约束（7.6）式与（7.7）式仍然成立。所以这个模型中所有内生变量的取值与前面那个居民积累资本的模型完全一样。换言之，无论是居民积累资本，还是企业积累资本，经济中的消

费和储蓄都完全一样。

7.3.4 刺穿企业帷幕

资本即为财富。初始资本在由居民拥有和由企业拥有的两种情况下，居民消费完全相同。这一事实说明，在企业为居民所拥有时，财富在居民与企业之间的分配并不重要。因为企业会以最大化其股票价值为经营目标。而**由于股票价格由居民所决定，所以最大化股票价值，也就间接最大化了居民的效用**。所以，经济学中有一个理论叫做**“刺穿企业帷幕”**(piercing the corporate veil)，**意思就是居民与企业两部门之间的收入分配变化不会影响居民的消费与储蓄决策**。

这是为什么在许多宏观经济模型中都假设企业不做投资决策，而是每期都清算。这并不是因为建模者真的认为现实世界中的企业都是短命的，而是因为他们知道如果假设企业积累资本，除了让模型的推演变得更加复杂之外，并不会改变模型的结论。所以，将企业设定成为每期都清算，不积累资本就是一个“无害”的简化假设。

现在我们可以理解在前面图 7－5 中，为什么居民储蓄与企业储蓄之间会存在负相关关系了。这是因为如果企业由居民所拥有，企业的储蓄也是居民财富的一部分。居民的总储蓄由居民的偏好及资本回报率所决定，与储蓄在企业与居民部门之间的分布无关。所以如果企业储蓄比较多，那么居民储蓄就会相应较少。反之，如果企业储蓄较少，居民储蓄就会较多。这样一来，就会在数据中呈现出企业储蓄和居民储蓄的负相关关系，一如前面跨国比较所显现的情形。

7.4 模型求解的三点技术注释

在前面求解模型的过程中，有三点技术细节需要单独拿出来加以解释。

7.4.1 居民优化问题中企业股份的选择

在模型设定中已经说两期的企业股份总数都等于 1。也就是说，$s_1=s_0=1$。但在前面居民优化问题中，我们又将 s_1 看成是一个居民可以自由选择的变量。为什么会这样呢？

这并不是模型求解方法错了。这种模型求解方法对应着分析问题的经济思维。宏观模型的求解需要在微观和宏观两个层面上思考问题。在微观层面，需要站在居民、企业等微观主体的角度，思考他们在给定约束条件下会怎样行动。在完全竞争的经济环境设定中，这些微观主体是价格的接受者，基于经济中给定的价格（资本租金、工资率、企业股价）来做出其最优选择。而宏观层面的变量并不直接成为微观主体的约束条件，因此也不是微观主体要考虑的东西。当然，在真实世界中，我们经常能看到一些微观主体（主要是企业）会密切关注宏观经济的变化，并将其作为自己决策的重要依据。但在那里，微观主体关注宏观信息是为了预测自己所面临的微观约束条件会怎样变化。所以归根结底，微观主体的约束条件还在微观层面。因此，在模型抽象中，我们就假设微观主体只关心微观层面，而完全不清楚宏观的状况。

在前文的模型中，尽管企业的股份总数被正规化为1，是个常数，但这是宏观层面的状态。由于经济中有很多居民（这是一个关键假设），所以每个居民持有的股份数并不会等于1，而是可以自由选择的。而又由于我们假设了所有的居民都是一样的，所以最终所有居民的股份持有量都会是一样的。

有人可能会问，如果每个家庭愿意持有的股份数乘上家庭的个数不等于1（股票的宏观总量），那怎么办？这时，股票市场必然处在没有出清的状态，整个经济也未达到均衡。此时，股票的价格会发生变化，使得股票市场最终出清。

所以，**价格联接了宏观和微观**。微观主体在做决策的时候虽然只考虑自己面对的微观价格，但这些价格本身已经包含了宏观信息。而宏观层面一些市场的不均衡（不出清）会导致价格发生相应变化，从而影响微观主体的行为，最终让这些不出清的市场出清，从而让经济达到均衡。

所以，在求解一般均衡模型时，我们要分两步进行。第一步先在微观层面求解各个微观主体的优化问题。这些优化问题的解会将微观主体的行为表达为价格的函数。在求解出了这些优化问题，找出了各个微观主体的行为和价格间的联系后，再进入第二步，通过均衡条件（主要是市场出清条件）来求取均衡。这时就进入宏观的思考层面。在这里，不同的微观主体通过价格相互影响，并最终实现所有市场的出清，从而达成均衡。在第一步中，一定不能把均衡条件代入微观主体的优化求解中。具体在这里的模型中，不能把$s_1=s_0=1$代入居民的优化问题中。

我们可以用更加不容易混淆的方式来设定并求解模型。我们可以假定居民数量不等于1，而等于N。这样，微观变量和宏观变量的数值就会不一样，因而需要用不同的字母来代表。但那样模型会变得更加烦琐，而实质又不会有差别。因此，在进行一般宏观模型的设定时都会把微观个体总数设为1，这样宏观和微观变量就一样，因而可以用同一个变量字母来代表。但在享受了这种设定带来的便捷的同时，我们心里一定要清楚，自己在思考模型的哪个部分，又是在哪个层面上思考问题，在这个层面上，哪些变量是外生给定的，哪些又是需要内生决定的。

7.4.2 企业的优化目标函数

前面我们刚区分了宏观和微观层面。不同微观主体之间通过价格在宏观层面相互影响。但我们在写企业优化目标时，要求企业最大化第1期分红之前的股价d_1+v_1。之所以有这样的优化目标，我们给出的理由是企业股东——居民——会要求企业这样行事。但这里难道不是和我们刚刚才做出的第一点注释矛盾吗？在这里，我们不是在求解企业微观优化问题时就把居民的影响考虑进来了吗？这该做何解释？

在真实世界中，没有人是活在真空中的。所有的微观主体都和其他微观主体相互联系、相互影响，从而构成一个有机的宏观经济。但微观主体之间的相互联系分成两类，一类是间接联系，一类是直接联系。所谓间接联系，就是通过价格发生的相互影响。比如，消费者可能听信了一种鼓励吃苹果的养生理论，因而对苹果的需求上升。这导致苹果的价格上升，从而刺激苹果的生产者加大生产（多种苹果树）。在这种相互影响中，消费者和生产者之间并无直接联系，而只是通过价格相互影响。微观主体也不会直接观察到这种间接联系对自己的影响，而只能通过价格的变化间接感受到别的微观主体的影响。相应地，在进行模型求解时，这类间接联系就不会体现在微观主体的优化问题中。而在求取模型均衡时，我们求解令市场出清的价格水平的过程才对应这种间接联系。

直接联系是那些微观主体能够直接感受到，并且会在做决策时将其考虑在内的影响。比如，在这个模型中，居民是企业的股东，因而会对企业经营行为有直接的影响（比如股东大会、董事会）。这种股东对企业的影响就不是通过价格，而是通过股东对企业行为的直接干预而实现的。相应地在模型中，这种直接联系就必须体现在微观主体的优化问题中。

7.4.3 均衡求解

当我们求解一个数学问题时，一般期望把最终结果是多少给算出来。但在这里我们求解模型均衡时，却只是在得到几个均衡条件之后就结束了，并没有把消费、储蓄等变量到底是多少给计算出来。这难道就算是分析完一个模型了吗？

对这个问题到底给出肯定还是否定的答案，取决于我们要用这个模型来干什么。记住，模型只是我们用来对现实进行分析的一个工具。我们求解模型的过程，其实就是在不断认清现实的过程。事实上，求解模型均衡的过程，就是给出越来越多的条件来越来越精确地刻画现实的过程。

我们可以想象自己用一个模型来对现实世界的未来做预测。一开始，我们可能对未来完全不清楚，未来存在多种可能。而在求解了微观主体的优化问题后，我们知道了未来需要满足一些条件（比如前面模型中从居民优化问题推导出来的资产定价方程）。这样，未来可能呈现的范围就会缩小。然后，我们又把均衡条件加入进来，进一步限制未来可能的范围。而如果我们可以把未来可能的范围缩小为一种情况，就能精确地知道未来是什么样了。微观主体的优化条件、市场出清条件等一个个条件，就刻画了现实应该满足的性质，因而增进了我们对现实的理解。这些均衡条件就是我们求解经济模型最想得到的东西。

在前面的模型中，尽管我们并没有最终求解出消费和储蓄的具体数量，但已经发现在私有制前提下，无论资本由居民还是由企业拥有，均衡条件都是一样的。这说明这两种情况下的消费与储蓄也必定是一样的。我们因而知道在私有制下，资本（或者说财富）在居民和企业两大部门之间的分配不影响居民的消费与储蓄决策。这正是我们想要知道的结论。所以模型求解到这里就足够了。

相传，有人问艺术家米开朗基罗：“您是如何创造出‘大卫’这一巨作的?”米开朗基罗答道：“很简单，我去采石场，看见一块巨大的大理石，我在它身上看到了大卫。我要做的只是凿去多余的石头，去掉那些不该有的大理石，大卫就诞生了。”求解宏观模型也是一样的道理。我们要知道的是隐藏在迷雾中的真实世界。通过求解均衡，我们逐步将现实可能的范围局限了出来。只要我们到达了我们心中的“大卫”，通过均衡对现实世界有了足够程度的了解，模型就完成了它的工作。

附录 7.A 多期模型中消费和储蓄的决定

有人可能会觉得这一讲正文中的两期模型太不真实了——“世界末日”就在一期之

后。这些人可能会担心前面模型推导出来的结论不具有一般性。这个附录就是要回应这样的忧虑。在这里，我们会把两期模型拓展到多期，在这个更接近现实的模型设定下来研究消费和储蓄的决定。我们会看到，从两期模型所得到的基本结论在多期模型中仍然成立。

在多期的状态下，消费者的效用函数应该写成

$$\sum_{t=1}^{T}\beta^{t-1}u(c_t)$$

当 $T=2$ 时，这个效用函数就是（7.1）式所给出的两期条件下的效用函数。在多期情况下，消费者每期都会面临预算约束。因此，在一个 T 期的模型中，消费者会面对 T 个预算约束。其中，非最终期（第 1 到 $T-1$ 期）的预算约束可以写成

$$c_t+k_t=k_{t-1}+r_tk_{t-1}+w_tL \quad (t=1, \cdots, T-1)$$

其中，所有的选择变量的下标都是 t，状态变量的下标都是 $t-1$。最终期第 T 期的预算约束可以写成

$$c_T=k_{T-1}+r_Tk_{T-1}+w_TL$$

于是，消费者的优化问题可以写成

$$\begin{aligned}\max_{c_1, \cdots, c_T, k_1, \cdots, k_{T-1}} \quad & \sum_{t=1}^{T}\beta^{t-1}u(c_t)\\ \text{s. t.} \quad & c_t+k_t=k_{t-1}+r_tk_{t-1}+w_tL \quad (t=1, \cdots, T-1)\\ & c_T=k_{T-1}+r_Tk_{T-1}+w_TL\end{aligned}$$

容易看出，当 $T=2$ 时，这就是（7.3）式那个两期模型中消费者的优化问题。为求解这个优化问题，建立拉格朗日函数

$$\begin{aligned}\mathcal{L}= & \sum_{t=1}^{T}\beta^{t-1}u(c_t)+\sum_{t=1}^{T-1}\lambda_t(k_{t-1}+r_tk_{t-1}+w_tL-c_t-k_t)\\ & +\lambda_T(k_{T-1}+r_Tk_{T-1}+w_TL-c_T)\end{aligned}$$

别被这函数的复杂形式给吓倒。像以前一样求一阶条件就是了

$$\frac{\partial\mathcal{L}}{\partial c_t}=0\Rightarrow\beta^{t-1}u'(c_t)=\lambda_t$$

$$\frac{\partial\mathcal{L}}{\partial k_t}=0\Rightarrow-\lambda_t+(1+r_{t+1})\lambda_{t+1}=0$$

从中消去拉格朗日乘子，可得

$$u'(c_t)=\beta u'(c_{t+1})(1+r_{t+1}) \tag{7.11}$$

上式正是前面在两期模型中推导出来的欧拉方程（7.4）式的更一般形式。对上面这个（7.11）式的讨论与正文中两期模型的讨论是类似的，结论也是类似的。所以，我们在两期模型中得到的结论具有一般性。考虑到这份讲义面对的是本科生程度的读者，所以在这份讲义的讨论中，我们主要用两期模型作为分析工具。

附录 7. B 理性预期

有人在看这一讲前面的推导时可能会有这么一个疑惑：为什么我们可以假设消费者知道未来的情况。要知道，优化问题（7.3）式是在两期中的第 1 期提出的。消费者也是在第 1 期求解的这个问题，从而决定自己两期的消费。在这里，我们假设消费者在第 1 期就预知了第 2 期的状况（资本回报率 r_2 与工资率 w_2）。这在现实中怎么可能？这种看上去有些荒唐的分析方法怎么能得出能解释现实的结论？

要解释前面的这种分析方法为什么是正确的，需要费不少口舌。简单来说，这种方法就是经济分析中**理性预期**（rational expectation）这个概念的应用。下面我们细细来讲这个理性预期是什么。

在分析储蓄率的决定问题时，一个方法论上的难题需要首先解决：人的预期是如何形成的？人在做储蓄决策时，权衡的是现在和未来。当一个人要决定存多少钱在他的银行存款账户中时，他考虑的一定是现在他需要花多少钱，未来又有什么样的支出需求。如果希望未来有更多的钱可花，那现在就得多存钱、多储蓄。而如果更希望现在多花钱，那就少储蓄（甚至通过借债形成负储蓄）。那种为了存款而存款，只是追求自己存款数字增长的人不说全然没有，也应该是非常少见的。

但问题来了，储蓄行为取决于现在和未来之间的权衡，而未来又未曾发生，那么这个行为决策该如何做？答案自然是，基于现状以及对未来的预期来做出当前的储蓄行为决策。这样，问题被向前推了一步，我们必须问：**人如何形成预期**？看上去，这是一个相当困难的问题。因为人对未来的预期就是对未来的想象。文学中有一种常见的修辞说法说是“给想象插上翅膀”。用它来形容想象的自由无拘再合适不过了。但这种自由对经济分析却是一种灾难。很显然，一个人是否预期下个月他会中彩票巨奖，会极大地影响他当前的储蓄行为。但我们怎么能知道他是怎样预期的呢？在这里，我们再次碰到了在前面介绍经济分析方法论时碰到过的“意识黑箱”这个障碍。这个障碍不突破，任何涉及现在和未来的经济分析（即所谓的动态经济分析）都不可能。

突破这个障碍的就是经济学中的**理性预期**。我们用一个例子来解释什么是理性预期。这是穆思（Muth）于 1961 年发表的一篇理性预期开创性文章中所举例子的简化版。想象这么一个农产品市场。市场中的需求由一条向下倾斜的需求曲线所表示，即

$$Q_t = 10 - P_t \tag{7.12}$$

其中，Q 与 P 分别为数量与价格，下标 t 表示这是第 t 期。与一般的市场不一样的是，这个农产品市场的供给具有滞后性，当前的产出在上一期决定。想象这是一个小麦的市场，当前小麦的供给量由之前小麦的播种量所决定。农夫在决定究竟需要播种多大面积时，只能基于对未来产品价格的预期（因为他对于究竟在未来能够把小麦卖出多高的价钱还不清楚）。很显然，对未来价格的预期越高，当年的播种面积就会越大。我们可以将市场的供给曲线写成

$$Q_t = P^e_{t|t-1} \tag{7.13}$$

其中，$P^e_{t|t-1}$是农夫在第 $t-1$ 期对第 t 期产品价格的预期（上标 e 表示预期）。注意，为了简化分析，我们将供给曲线中的截距项和斜率项都省略了，把供给曲线设为了一条通过原点、斜率为 1 的直线。这种简化并不影响我们后面的分析。

显然，在这个市场中，农夫对未来价格的预期是市场运行最重要的决定因素。形成预期的方式不同，所产生的市场运行状态也就不同。下面我们先讨论最简单的预期形成方式——静态预期，作为后面理性预期的引子。

7.B.1　静态预期

在静态预期中，人认为未来的价格等于当前的价格。用公式来描述就是

$$P^e_{t|t-1} = P_{t-1}$$

将其代入供给曲线（7.13）式，可知

$$Q_t = P_{t-1}$$

再将上式代入需求曲线（7.12）式可得

$$P_t = 10 - P_{t-1}$$

这表明市场价格将形成持续震荡的态势。这便是**蛛网模型**（cobweb model）所描述的现象——蛛网波动。

让我们代入具体的数值来解释这为什么叫蛛网模型。假设第 1 年的产品价格为 3。做静态预期的农夫相应地会预期明年的价格也是 3，从而将当前播种量也选择为 3（图 7-8

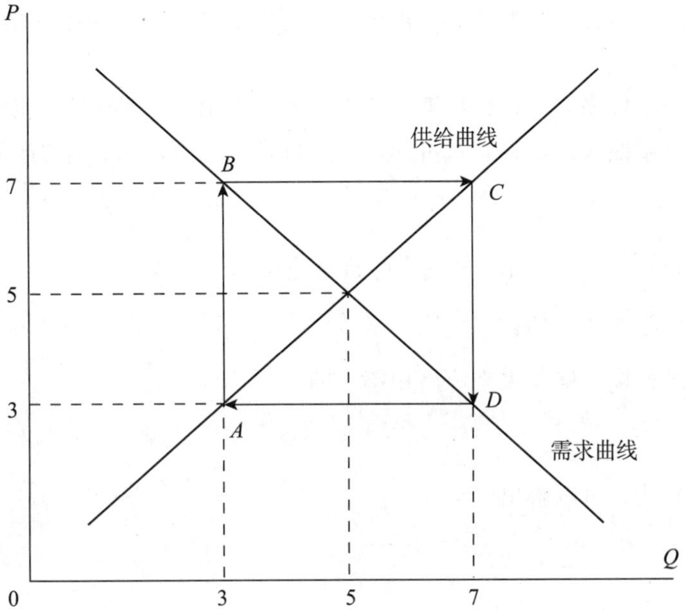

图 7-8　蛛网模型

中供给曲线上的 A 点）。到了第 2 年，由于产品供给为刚性的 3，无法变化，所以根据需求曲线，第 2 年价格会上涨到 7（图中需求曲线上的 B 点）。农夫于是预期第 3 年价格为 7，因此在第 2 年的播种量为 7（图中供给曲线上的 C 点）。到了第 3 年，由于供给为刚性的 7，所以价格跌回到 3（图中需求曲线上的 D 点）。于是，农夫预期第 4 年价格为 3，播种量也为 3（回到图中供给曲线上的 A 点）。如此一来，市场价格就在 3 与 7 之间往复震荡。

在这里，我们将供给曲线和需求曲线的斜率的绝对值都设成了 1，所以价格正好会做周期性的震荡。如果供给曲线与需求曲线的斜率的绝对值不一致，则取决于哪条曲线斜率的绝对值更大，价格会在震荡中收敛或发散。但不管是哪种情形，震荡都是价格运行的关键特征。

显然，静态预期这种预期的形成发生得太过简单，并不符合现实。正如在上面的算例中所显示的那样，做静态预期的人会不断发现自己的预期是错误的。再傻的人在连续犯了数次错误之后也会知道改进，而不再用静态预期这种预期形成方式。

7.B.2 理性预期

如果说静态预期是一种很失败的预期形成方式的话，那么**最好的预期形成方式是什么**？这里，评价好与不好的标准就是预期与未来的现实之间的契合度。如果一种预期形成方式所形成的预期总是在未来应验，这就是最好的预期形成方式。这种预期就是经济学中的理性预期。

对理性预期的推导过程与前面对静态预期的分析过程完全相反。在前面，我们首先给出了理性预期的形成方式（对未来的预期等于当前的取值），然后分析这种预期形成方式所产生的市场运行状态（蛛网波动）。但在分析理性预期时，我们会反其道而行之，从预期总被未来所应验这一理性预期的条件出发，反过来推导理性预期应该是什么。在后面我们会解释这么做的原因。

我们用加星号上标来表示理性预期。所以，农夫在第 $t-1$ 期对第 t 期价格的理性预期写作 $P^{e*}_{t|t-1}$。由供给曲线（7.13）式可知，在这种预期之下，第 t 期的产品供给为

$$Q_t = P^{e*}_{t|t-1}$$

由需求曲线（7.12）式可知，第 t 期的产品价格应该为

$$P_t = 10 - Q_t = 10 - P^{e*}_{t|t-1} \tag{7.14}$$

由于理性预期要求预期价格与未来价格相符，即

$$P_t = P^{e*}_{t|t-1}$$

将其代入（7.14）式，可以解出

$$P^{e*}_{t|t-1} = 5$$

这说明理性预期是 5。

让我们来验证一下上面求出的结果是否正确。假设农夫对未来农产品价格的预期是 5，

那么他的播种量也会是5。而在未来，5的产品供给量确实会导致产品的价格也是5。于是，农夫的预期就与未来发生的现实一致，可以说农夫精确地预期到了未来。也可以说，农夫在未来价格是5的预期之下，采取的行动确实会让未来的价格成为5。从这个意义上来说，“未来价格等于5”这个理性预期是**自我实现的预言**（self-fulfilling prophecy）。

7.B.3　对理性预期的评论

前面对理性预期的推导并没有告诉我们理性预期究竟是怎样做出的。事实上，我们也不可能知道理性预期究竟应该怎样做出。如果真有人知道怎样做出理性预期，他早就是个预言大师，相信不会再来研究经济学了。理性预期就像我们之前介绍的理性人假设一样，是帮助我们分析现实世界的思维工具。尽管现实世界中可能没有任何人具有理性预期，但在激烈的社会竞争中，那些在形成预期上老犯错的人会逐步被淘汰，从而让人群的行为逐渐向理性预期逼近。因此，可以说理性预期是现实世界收敛的方向。

理性预期革命的旗手卢卡斯早就指出了这一点。卢卡斯在他1978年发表的一篇著名的资产定价文章中说了这么一段话：

> 就像穆思所清楚阐明的那样，理性预期这个假设（就像“效用极大化”假设一样）并不是一个“行为假设”。也就是说，它并不试图描述人们怎样理解环境、怎样学习、怎样处理信息等这些方面。它更应该是一种结果（近似上）应该满足的性质。而这种结果是由某种未被明确设定的学习与适应过程所产生的。(Lucas，1978)

也就是说，我们并不知道人们到底是通过一个什么样的学习过程来得到“理性预期”的，我们仅仅知道它是一个均衡所应该满足的条件。

怎样将理性预期引入分析呢？即使在上面那个简单的农产品市场模型中，推导理性预期都是一个较为迂回的过程。而在更加复杂的模型中，把预期与未来相一致当作均衡条件来求取均衡将是相当复杂烦琐的。所幸我们有一个取巧的办法，就是在求解动态模型时，假设人清楚地知道未来的状况，然后计算其动态决策。比如，在这一讲正文中求解消费者的储蓄问题时，我们假设他们知道未来的所有状况，从而在现在与未来的权衡中做出了储蓄决策。这种取巧的方法是怎样将理性预期的观念融入进来的，在这里我们不做讨论。在高级宏观经济学用**递归方法**（recursive method）定义**理性预期均衡**（rational expectation equilibrium）时，会讨论这部分内容。但就本门课来说，这些内容已经远超我们的要求范围，因而在此不再深入。大家只需要简单记住，求解动态模型时之所以可以假设各个主体清楚知道未来，是因为假设了理性预期。对本门课的分析来说，知道这些就够了。

进一步阅读指南

“刺穿企业帷幕”在主流经济学中已经变成一个完全无须讨论的假设，因此现在很少有文献或书籍会专门讨论这一话题。萨克斯和拉雷恩所著的《全球视角的宏观经济学》的第4～10章有一个初步的介绍（萨克斯和拉雷恩，1997）。Obstfeld与Rogoff的经典国际经济学教材*Foundations of International Macroeconomics*的第2.5节有更为进阶的内容可作参考（Obstfled and Rogoff，1996）。

练习题

7.1　在本讲介绍的两期拉姆齐模型中，假设企业的生产函数为 $y=k^{0.5}$（生产不需要劳动力），全社会在第 1 期期初的资本存量为 1。

（a）如果在第 1 期期初全社会资本存量完全由居民所拥有，且每期企业的利润以一次总付的形式转移给居民，请画出模型的时序图，并求解均衡时居民两期的消费量以及第 2 期的资本回报率。

（b）如果在第 1 期期初全社会资本存量完全由企业所拥有，且企业的所有权归于居民，请画出模型的时序图，并求解均衡时居民两期的消费量及第 2 期的资本回报率。

（c）请给出这个经济的中央计划者问题并求解居民两期的消费量。

7.2　人们常用“门口的野蛮人”来形容一个公司的敌意并购者。基于本讲所阐述的逻辑，我们应该怎样评价这些“门口的野蛮人”？是否应该立法禁止敌意并购？

第 8 讲

消费与储蓄的决定（下）

在上一讲中，我们分别讨论了资本只为居民所有与只为企业所有的情形。它们分别对应只存在居民储蓄和只存在企业储蓄的状况。结论是只要企业的所有权在居民手上，那么无论资本归居民和企业哪一方所有都不会改变居民的消费与储蓄决策。很自然地，我们预期在这两种极端情况的中间，即居民和企业均拥有一些资本的时候，居民的消费与储蓄决策也是一样的。在这一讲中我们就通过一个模型严格证明这一点。对这个模型的假设稍做调整，就可得到下一讲分析中国消费不足和储蓄过剩问题的分析模型。

8.1　拉姆齐模型：居民与企业同时积累资本

在上一讲介绍的拉姆齐模型中，假设居民与企业同时积累资本。事实上，这个模型与上一讲的那个仅企业积累资本的模型是类似的，求解过程也差不多。不过由于这个模型是未来进一步分析中国消费不足问题的基础，在这里我们还是把模型的设定和求解过程完整地写出来。

8.1.1　模型设定

模型的设定与上一讲非常类似，仍然假设经济中存在大量完全竞争的居民与企业。居民与企业的数量均被正规化为 1。经济中的计价物为生产出来的消费品。消费品既可以被消费，也可以用来储蓄投资，以增加资本存量。

但与之前不同，现在我们假设在第 1 期期初，居民和企业分别拥有 k_{c0} 与 k_{f0} 的资本存量（$k_{c0}\geqslant 0$，$k_{f0}\geqslant 0$）。我们假设在第 1 期社会初始总资本存量为非负常数 $k_0(\equiv k_{c0}+k_{f0})$。

居民与企业在第 1 期各自做出消费和储蓄决策，形成各自在第 2 期期初的资本持有量 k_{c1} 与 k_{f1}。企业的所有权仍然属于居民。居民部门在第 1 期期初持有的企业股份数为 s_0。在第 1 期企业分红之后，居民可以以价格 v_1 交易企业股权，将自己的股权持有量变为 s_1。我们继续假设资本的折旧率为 0，并假设企业的股份总量为 1，保持不变。容易看出，上一讲的两个模型只是这个模型的特例；如果 $k_{f0}=0$，就回到了仅居民积累资本的情形；而如果 $k_{c0}=0$，就回到了仅企业积累资本的情形。现在这个模型的时序如图 8－1 所示。

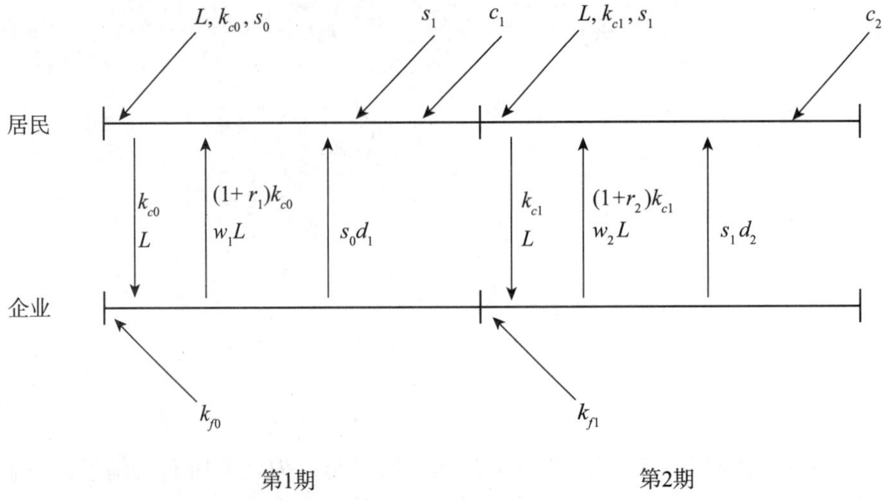

图 8－1

8.1.2 居民优化问题

居民优化的目标函数与之前一样，仍为两期贴现效用和 $u(c_1)+\beta u(c_2)$。居民部门两期所面临的约束条件有所变化。居民现在可以通过积累资本或购买企业股票两种方式来储蓄。居民第 1 期的预算约束为

$$c_1+k_{c1}+v_1 s_1\leqslant k_{c0}+r_1 k_{c0}+w_1 L+d_1 s_0+v_1 s_0 \tag{8.1}$$

在第 2 期

$$c_2\leqslant k_{c1}+r_2 k_{c1}+w_2 L+d_2 s_1$$

注意到在最优时约束条件取等号，设定拉格朗日函数

$$\begin{aligned}\mathcal{L}=&u(c_1)+\beta u(c_2)+\lambda_1(k_{c0}+r_1 k_{c0}+w_1 L+d_1 s_0+v_1 s_0-c_1-k_{c1}-v_1 s_1)\\&+\lambda_2(k_{c1}+r_2 k_{c1}+w_2 L+d_2 s_1-c_2)\end{aligned}$$

其一阶条件为

$$\frac{\partial\mathcal{L}}{\partial c_1}=0\Rightarrow u'(c_1)=\lambda_1$$

$$\frac{\partial\mathcal{L}}{\partial c_2}=0\Rightarrow \beta u'(c_2)=\lambda_2$$

$$\frac{\partial\mathcal{L}}{\partial s_1}=0\Rightarrow -\lambda_1 v_1+\lambda_2 d_2=0$$

$$\frac{\partial \mathcal{L}}{\partial k_{c1}}=0 \Rightarrow -\lambda_1+\lambda_2(1+r_2)=0$$

消去其中的拉格朗日乘子得

$$v_1=\beta\frac{u'(c_2)}{u'(c_1)}d_2 \tag{8.2}$$

$$1=\beta\frac{u'(c_2)}{u'(c_1)}(1+r_2) \tag{8.3}$$

上述两式分别对应着股票和资本的定价方程。由这两个方程可以得到无套利条件：股权收益率应该等于资本租借的收益率，即

$$\frac{d_2}{v_1}=1+r_2$$

8.1.3　企业优化问题

企业的目标仍然是最大化两期分红的贴现和（用随机贴现因子贴现），即

$$d_1+\beta\frac{u'(c_2)}{u'(c_1)}d_2$$

在第 1 期，企业面临如下约束条件

$$d_1+k_{f1}\leqslant AF(k_{f0}+k_0^d,l_1^d)-w_1l_1^d-r_1k_0^d+k_{f0}$$

第 2 期企业约束条件为

$$d_2\leqslant AF(k_{f1}+k_1^d,l_2^d)-w_2l_2^d-r_2k_1^d+k_{f1}$$

将两期的约束条件（不等号变等号）代入企业的目标函数中，可将企业优化问题化为如下形式

$$\max_{\{k_0^d,k_1^d,l_1^d,l_2^d,k_{f1}\}}\left[AF(k_{f0}+k_0^d,l_1^d)-w_1l_1^d-r_1k_0^d+k_{f0}-k_{f1}\right]$$
$$+\beta\frac{u'(c_2)}{u'(c_1)}\left[AF(k_{f1}+k_1^d,l_2^d)-w_2l_2^d-r_2k_1^d+k_{f1}\right]$$

其一阶条件为

k_0^d：　$AF_1(k_{f0}+k_0^d,l_1^d)=r_1$

k_1^d：　$AF_1(k_{f1}+k_1^d,l_2^d)=r_2$

l_1^d：　$AF_2(k_{f0}+k_0^d,l_1^d)=w_1$

l_2^d：　$AF_2(k_{f1}+k_1^d,l_2^d)=w_2$

k_{f1}：　$1=\beta\frac{u'(c_2)}{u'(c_1)}[AF_1(k_{f1}+k_1^d,l_2^d)+1]$

8.1.4　均衡

在均衡时，劳动力市场、资本市场以及股权市场全部出清。

$$l_1^d = l_2^d = L$$
$$k_0^d = k_{c0}, k_1^d = k_{c1}$$
$$s_0 = s_1 = 1$$

这里 $k_{c0}+k_{f0}=k_0$（其中 k_0 是外生给定的常数）。我们再定义 $k_1 \equiv k_{c1}+k_{f1}$。将这两个等式代入企业优化条件得到

$$AF_1(k_0,L)=r_1,\quad AF_1(k_1,L)=r_2$$
$$AF_2(k_0,L)=w_1,\quad AF_2(k_1,L)=w_2$$

而在均衡时，居民部门在两期持有的企业股份数量是一样的，都为1。（注意，这里我们在思考均衡，是在宏观层面考虑问题，因而可以把经济中企业股份的总数考虑进来。）因此，居民部门（注意是“居民部门”而不是“单个居民”）在两期面临的资源约束为

$$c_1+k_{c1}=k_{c0}+r_1k_{c0}+w_1L+d_1 \tag{8.4}$$
$$c_2=k_{c1}+r_2k_{c1}+w_2L+d_2$$

而企业部门的资源约束可化为

$$d_1+k_{f1}=AF(k_0,L)-w_1L-r_1k_{c0}+k_{f0} \tag{8.5}$$
$$d_2=AF(k_1,L)-w_2L-r_2k_{c1}+k_{f1}$$

将上述两式代入居民部门两期的资源约束（8.4）式中，消去 d_1 与 d_2 得

$$c_1=AF(k_0,L)+k_0-k_1 \tag{8.6}$$
$$c_2=AF(k_1,L)+k_1 \tag{8.7}$$

事实上，上面两个方程正是两个时期消费品市场的出清条件，完全可以利用经济学直觉将其直接写出来。如果经济学直觉没有那么强，那么按照前面这样加总消费者和企业预算约束的方法也能将其推导出来。

消费者的欧拉方程（8.3）式也可化为

$$1=\beta\frac{u'(c_2)}{u'(c_1)}[1+AF_1(k_1,L)] \tag{8.8}$$

上面的（8.6）式到（8.8）式共三个方程、三个未知数，从中可解出 c_1，c_2 与 k_1。这三个方程与上一讲中的两个模型均衡方程完全一样，且其中并不包含 k_{c0} 与 k_{f0}。这表明初始资本 k_0 在居民部门与企业部门之间的分布并不影响经济中的总消费和总储蓄。

为了强调，我们将这个模型求解出的刻画均衡的三个条件抄写在下面。

$$\begin{cases}u'(c_1)=\beta u'(c_2)[1+AF_1(k_1,L)]\\ c_1+k_1=AF(k_0,L)+k_0\\ c_2=AF(k_1,L)+k_1\end{cases} \tag{8.9}$$

这三个方程是我们看到的三个拉姆齐模型（仅消费者积累资本、仅企业积累资本以及消费者和企业共同积累资本）的共同结论。未来对模型的拓展都会体现在这三个方程上。

由于目前所看到的三个拉姆齐模型的结论都一样，所以它们实质上是同一个模型。因

此在建模时，经济学家往往选择最便于分析的形式——假设所有初始资本都归于消费者部门，企业不做储蓄决策。现在许多主流宏观模型都是如此假设的。但这并不意味着建模者真的相信现实世界中的企业不做储蓄，而是因为他们知道即使假设企业有储蓄，也不会带来不一样的结论。但我们不能忘记，当我们在模型中做出企业不做储蓄的假设时，其实已经假设了企业的所有权在居民手中。不注意这个隐含假设，而将模型往中国经济身上硬套，是许多经济分析无法触及中国经济本质的重要原因。

8.2　对储蓄的分析

8.2.1　储蓄的定义

下面我们来计算在前面这个模型中的总储蓄及居民和企业储蓄。由于模型在第 2 期就结束，所以只有第 1 期有储蓄。第 1 期全社会总储蓄很容易计算，就等于第 1 期全社会总产出减去全社会总消费，即

$$sav=AF(k_0,L)-c_1$$

其中，sav 代表储蓄。由于模型中只有第 1 期有储蓄，所以在这里略去了表示时间的下标。要注意，全社会总储蓄并不等于第 2 期期初的资本存量 k_1。这是因为 k_1 中的一部分来自第 1 期期初的资本 k_0。储蓄等于资本的增量 k_1-k_0。**储蓄是一个流量概念，而资本是一个存量概念。**

按照储蓄的定义，居民储蓄等于居民收入（工资收入、资本回报以及分红收入）减去居民消费。但我们必须明确是在微观层面计算单个居民的储蓄，还是在宏观层面计算所有居民组成的整体（居民部门）的储蓄。单个居民的预算约束（8.1）式可变形为

$$sav_c^{Micro}=r_1k_{c0}+w_1L+d_1s_0-c_1=(k_{c1}-k_{c0})+(v_1s_1-v_1s_0) \tag{8.10}$$

这里，我们给 sav 加上下标 c 表明这是居民储蓄（消费者储蓄），再给它加上上标 $Micro$ 表明这是单个居民的储蓄。从上式可以看出，单个居民的储蓄被用到了两个方面：一是增加其资本持有量，二是增加其企业股份持有量。变形整个居民部门的第 1 期预算约束（8.4）式，可以得到居民部门储蓄的表达式

$$sav_c=r_1k_{c0}+w_1L+d_1-c_1=k_{c1}-k_{c0} \tag{8.11}$$

这里我们用不带上标的 sav_c 来表示居民部门的总储蓄。可以看到，与微观层面不同，宏观层面计算的居民部门总储蓄完全被用在增加居民持有的总资本（$k_{c1}-k_{c0}$）上。

对比上面两个居民储蓄在微观层面和宏观层面的定义式，能够帮助我们更深入地理解宏观一般均衡建模以及宏观经济分析的思路。首先，在微观层面，居民除了可以用其储蓄来增加持有的资本量之外，还可以用其储蓄来增加自己持有的企业股份。但在宏观层面，储蓄就只剩增加资本量这唯一的用途了。这是因为所有股份都由居民所持有，居民买卖股份的对手方一定是别的居民。而由于我们假设所有居民的行为都一致，所以他们如果一致增持或减持其股份，股份市场一定是不出清的，经济也一定未达到均衡。在均衡时，价格

信号会让居民正好在第 1 期与第 2 期之间保持一样的股份持有量，因而储蓄只被用来增加居民持有的资本。

其次，在微观与宏观两个储蓄定义式中，第 1 期分红 d_1 前面的系数不一样，一个是 s_0，一个是 1。而资本回报、工资收入、两期的资本量之前的系数又都是 1。这怎样理解呢？事实上，两个式子中同样变量前的系数就算都是 1，含义也是不同的。如果我们假设经济中居民的总数是 M，而不是前面假设的 1，就清楚了。在居民总数是 M 的情况下，单个居民的储蓄式子不变，仍然是（8.10）式。但居民总体的储蓄式子会变成

$$sav_c = Mr_1k_{c0} + Mw_1L + d_1 - Mc_1 = Mk_{c1} - Mk_{c0} \tag{8.12}$$

注意，由于企业的总股份数量被假设为 1，所以在上式中第 1 期分红 d_1 前的系数为 1。将（8.11）式与（8.12）式对照着看，就能看出居民部门总储蓄的式子中所有变量都是宏观变量（所有消费者加总）。但是，在推导过程中一直带着 M 这个系数是很麻烦。所以在进行宏观建模时，我们通常会假设经济中居民的总数为 1。这样就能把 M 变成 1 省略掉，从而简化书写了。这种简化并不会改变模型的实质结论。我们将会让大家做一道习题来确认这一点。不过，在假设了总数为 1 之后，推导时一定要小心，区分清楚微观变量与宏观变量（它们被写在式子中的形式可能一样）。

看完了居民储蓄后，我们再来看企业储蓄。变形企业部门第 1 期的预算约束（8.5）式可得企业储蓄表达式

$$sav_f = AF(k_0, L) - w_1L - r_1k_{c0} - d_1 = k_{f1} - k_{f0} \tag{8.13}$$

由此式可知，企业第 1 期的储蓄用来增加企业持有的资本量。而企业储蓄来自企业的产出减去其支付给两种生产要素（资本和劳动力）的回报以及企业的分红。注意，企业储蓄比企业会计报表中利润口径的数据要大。在会计中，企业的资本性开支（投资）被算成企业成本，因而并不包含在企业利润中。但在经济分析中，这部分开支要算在企业储蓄之中。所以，尽管可以看到中国企业部门每年都会借入大量别的部门的储蓄（主要来自居民部门），但企业的储蓄仍然是不小的正数。主要是因为企业储蓄的规模赶不上企业投资的规模，所以企业部门还必须借入其他部门的储蓄。

如果将居民部门储蓄和企业部门储蓄的表达式（8.11）式和（8.13）式相加，容易得到

$$sav_c + sav_f = AF(k_0, L) - c_1 = k_1 - k_0$$

显然，居民储蓄与企业储蓄加起来是一个只与宏观经济变量有关，而与居民和企业间相对比例无关的数。这就验证了“刺穿企业帷幕”的结论。

8.2.2 总储蓄与净储蓄

接下来有必要引入**总储蓄**（gross saving）与**净储蓄**（net saving）两个概念。**总储蓄就是一个部门的收入减去其消费**。前文我们提到的储蓄都是总储蓄的概念。而**净储蓄则是一个部门的总储蓄减去投资所得的差额**。如果一个部门净储蓄为正，就说明这个部门的投资并没有将其总储蓄用干净，还剩下了一些结余可以借给别的部门。相反，一个净储蓄

为负的部门单靠其自身的总储蓄无法支持其投资，因而需要从别的部门借入储蓄。

储蓄的转移即是实物资料的转移。在前面的模型中，实物资料就是消费品，既可以用来消费，又可以用来积累资本。但在市场经济中，实物资料的转移不会是无偿的。假设经济中有 A 和 B 两个部门。A 将其富余储蓄（正的净储蓄）借给 B，A 就向 B 转移了实物资料，同时 B 就对 A 负有在未来偿还这些实物资料及利息的责任。这种责任表现为金融契约。在金融市场中，A 部门利用其持有的实物资料购买 B 部门发行的金融资产（如股票、债券等），就意味着 A 部门在将其富余储蓄借给 B 部门。这样，A 部门就有正的净金融投资（增加其金融资产的持有量），而 B 部门就有负的净金融投资。所以，部门的净储蓄就等于该部门的净金融投资。部门间正是通过金融活动调节储蓄的余缺的。因此，**各个部门的净储蓄状况对应着金融资金的净流向——资金总是从净储蓄为正的部门流向净储蓄为负的部门。**

以上总储蓄与净储蓄的概念对一个国家同样适用。一个国家的总储蓄（可叫做国民总储蓄）就是这个国家的总收入（GDP）减去其总消费。如果用 S 表示总储蓄，Y 表示 GDP，C 表示总消费，那么可以有如下定义式

$$S=Y-C$$

而如果用 S_{net} 表示净储蓄、I 表示投资的话，则有

$$S_{net}=S-I$$

一个国家总储蓄与总投资之间的缺口（净出口缺口）需要通过国际贸易及国际资本流动来填平。一个国家如果有正的净储蓄需要借给外国，这个国家就必然在国际贸易上表现为产品和服务的净流出国——这个国家对外提供的产品与服务超过其享受的外国提供的产品和服务——因而就在国际收支上形成**经常账户**（current account）的顺差。相反，如果一个国家有负的净储蓄，就需要通过经常账户的逆差，从国外吸收产品和服务。如果以 CA 来表示一个国家的经常账户，可以写出如下重要国民收入恒等式

$$CA=S-I=S_{net}$$

即**经常账户等于国内净储蓄**（国内总储蓄减去国内总投资）。而如果将 $S=Y-C$ 代入上式，并略作变形，就得到

$$Y=C+I+CA$$

这就是支出法 GDP 的定义式——GDP 等于国内消费加国内投资，再加上净出口（经常账户）。

8.3　从模型到现实：消费与储蓄是怎样决定的?

从上一讲到现在，我们已经连续看了三个分析经济中消费和储蓄的模型。这三个模型虽然设定不一样（居民拥有资本、企业拥有资本、居民和企业同时拥有资本），但产生的

全社会消费行为是完全一致的。而这三个从简单到复杂的模型，恰好能给出思考真实世界消费决策的线索。因此，在这里我们稍停一下，把由模型得到的启示梳理一下。

首先，永远不要忘记我们的问题是什么。我们想解释**为什么中国居民消费占整个经济的比重远低于其他经济体，以及相应地，为什么国民储蓄占比异乎寻常地高**。更重要地，我们想知道**中国的这种状况到底好不好**。因为只有知道了它是好还是不好，我们才能知道是否应该试图改变这个状态。但要回答好不好的问题，我们先得有个评价标准。因此，在回答以上这些问题之前，我们首先要问：**一个经济中消费（储蓄）占比应该是多少**？这实际是在问一个经济体最优的需求结构应该是怎样的——多少收入拿来消费，多少收入拿来储蓄。而为了回答这个问题，我们又需要问一个更为深层次甚至已经进入哲学范畴的问题：**经济增长（或者更为根本地，经济存在）的根本目的是什么**？但仅回答这个哲学问题还远远不够，因为我们需要的是一个在真实世界中可以应用的比较基准。所以，我们还必须回答**经济增长的最终目标是怎样落实在真实世界中，又是通过什么样的机制来实现的**。面对这由浅到深的一系列问题，我们结合前面的模型推导来一一作答。

首先，经济增长的最终目标是什么？奠基于**功利主义**（utilitarianism）的经济学给出的答案是：为了提升所有人的福利。这一目标估计不会有任何人反对。但把这一抽象的目标落实到经济生活的实践中才是关键。

接下来我们自然要问，福利是什么？福利是每个人所感受到的幸福程度。尽管功利主义的创始人边沁（Jeremy Bentham）认为幸福程度可以客观度量，甚至还能在人与人之间做比较，但现在的经济学家们普遍相信幸福程度是一个主观感受，无法测量，更无法在人与人之间比较。但是，人的幸福主要来自他的消费过程（物质消费、精神消费等）。因此，我们可以由人所享用的消费来近似衡量他的幸福程度。在最早出版于 1907 年的《利息理论》一书中，费雪在一开始就写道："享用收入是心理的实体，是无法直接衡量的。然而我们可以退回去一步，经由所谓实际收入来间接求得一个近似值。"①所以，提升所有人的福利的目标就可用提升所有人的消费来近似。当我们把效用函数 $u(c)$ 作为我们的优化目标时，隐含的就是这个想法。

但是，消费不是一锤子买卖，而是一个持续的过程。今天消费之后，明天、后天以及未来都还要继续消费。因此，**消费最大化的意义并不是最大化某一时点的消费，而是要最大化消费这个序列带给消费者的效用**。为了实现这个目标，必须对不同时期的消费做比较。而这个比较只能由消费者（又可叫做居民）来做。毕竟，消费的目标是提升消费者的效用和福利。为了反映这一思想，我们假设消费者最大化的是从现在到未来消费带来的效用贴现和。贴现所用的贴现因子是消费者的时间偏好，反映了人性的不耐。② 我们在模型中将消费者的最优化目标写成 $u(c_1)+\beta u(c_2)$ 就是这个道理。

到这里，我们就能讨论消费与投资（或者等价地说，消费与储蓄）的关系了。费雪又说过："消费是花钱于很快就要来到的享受。投资是花钱于延迟到日后的享受。"③ 费雪这

① 费雪．利息理论．上海：上海人民出版社，1999：4.

② 费雪首先用人性的不耐来解释利息。他所著的《利息理论》的第 4 章题目就是"时间偏好（人性不耐）"。

③ 同①7.

里说的其实是：**投资是为了在未来获得消费**。所以，消费与投资之间该有何种比例关系，实质上取决于消费者对当前和未来消费的主观评价，即消费者认为今天和未来的消费应该有什么样的比例关系才能最大化其贴现的效用总和。而这个贴现的效用和，就是我们的经济发展要追求的最终目标——居民的福利。

但除了消费者对不同时间消费的主观偏好之外，资本回报率由于决定了通过投资将今天的消费转移到未来的效率，因而也应该影响消费和投资的最优比例。当我们求解居民的优化问题时，总能得到类似以下形式的欧拉方程

$$\frac{u'(c_1)}{\beta u'(c_2)}=1+r_2$$

这就是以上逻辑的数学表述。这个方程左边的 $u'(c_1)/\beta u'(c_2)$ 是居民对不同时间消费的主观偏好（可将其称为跨期边际效用比）。这一主观偏好除了受到耐心 β 的影响之外，还受到不同时期消费水平的影响（因为消费水平不一样，消费的边际效用就不一样）。而方程右边的 $1+r_2$ 是资本回报率。为了最大化消费这一序列带给消费者的总效用，消费者对不同时间消费的主观偏好与资本回报率之间需要取得平衡。这样，最优的消费与投资比例就对应着消费者跨期边际效用比与资本回报率之间的平衡。这样，我们就可以通过对两个比率的比较来判断消费与投资比例是否合适。这就是我们评价现实中消费与投资比例的比较基准。

很显然，前面给出的这一基准非常抽象，无法直接运用到真实世界中。其中最主要的障碍是消费者对不同时期消费的主观偏好无法直接测量。不过，消费者偏好虽然无法直接观测，却能够利用资产价格来间接推测。在求解消费者的最优化问题时，我们得到了如下的资产定价方程

$$\frac{u'(c_1)}{\beta u'(c_2)}=\frac{d_2}{v_1}$$

从这一方程来看，消费者对不同时期消费的主观偏好决定了消费者所能接受的资本回报率。如果真实世界中的资产价格与这个消费者所认可的资产价格不相同，消费者就会买入（或卖出）这一资产，从而引发资产价格的变化，最终让资本回报率调整到消费者认可的水平。

在真实世界中，投资往往是通过企业部门来进行的。在消费者眼中，企业也是一种资产。企业这种资产的价格就是企业的股票价值。而企业带给消费者的回报就是企业未来的分红。当企业这种资本回报率达不到消费者的跨期效用比时，消费者就会让企业增加分红。这样，更多本来可被用来做投资的资源就会从企业部门流向居民部门，最终变成消费者的消费。而企业所能给出的回报率又决定于资本回报率。在前面求解居民优化问题时，我们还得到了下面这个无套利条件

$$\frac{d_2}{v_1}=1+r_2$$

至此，我们已经可以完整地阐述最优消费与投资比例在现实中是怎样实现的了。实现的关键在于资本市场。在资本市场中，消费者通过对资产的定价体现对资本回报率的要

求。这个要求便是消费者自己对不同时间消费的主观偏好（跨期边际效用比）。而资本回报率则决定了企业作为一种资产，能够给消费者提供的回报率。在资本市场中，这两个比率相遇，并最终取得平衡。如果投资太多，导致资本回报率赶不上消费者对回报率的要求，消费者就会要求企业增加分红。这一来，就会导致资源从企业部门向居民部门的流动，从而让更多资本被配置在消费而不是投资上。反过来，如果投资太少而导致资本回报率较高，更多的资源就会被配置到企业部门并转化为投资。这种现实的机制保证了经济中消费和投资的比例恰好适当。

但是，这种资本市场在消费和投资之间高效配置资源的市场机制的存在，前提是居民部门对企业部门（也就最终对资本）具有所有权。正因为消费者拥有企业、拥有资本，所以消费者才能够对企业的投资行为有影响力和支配力，才能在企业资本回报率很低时，让企业将资源通过分红的方式转移给居民部门，最终变成居民的消费。只有这样，提升居民福利的这个经济增长最终目标才能实现。

我们还可以换一个角度来思考这个问题。经济中的两大生产要素是劳动力和资本。这二者的回报完全分割了总产出。劳动力的回报当然归居民所有。但在这之外，只有资本的回报也归居民所有，居民才能拥有经济中所有的产出，才谈得上经济增长果实为居民所尽享。而资本的回报要为居民所有，就需要居民拥有资本的所有权。所以，为了实现提升居民福利这个相当私人的经济增长最终目标，最优的经济结构是居民拥有资本的所有权的市场经济。毕竟，福利的评价是由居民做出的，所以理应让居民来选择运用资源提升福利的方式。

因此，如果我们接受经济增长是为了提升居民福利这个最终目标，那么资本是否为居民所拥有便是判断经济结构是否最优的一个标准。这是因为实现最优消费与投资比例的市场化调节机制需要建立在居民对资本的所有权之上。**离开了这种市场机制，没有人知道一个经济体的消费与投资比例应该是多少**。

8.4 再论萨伊定律

现在我们可以再回过头来讨论一下萨伊定律。萨伊定律是古典经济学家所相信的一条经济法则。萨伊定律最简单也最为人所熟识的一种表述是“供给创造自己的需求”。这句话不能简单地按照其字面意思去理解。萨伊定律说的并不是一个微观企业只要把它的产品生产出来了，就自动能在市场上找到对这种产品的需求。萨伊定律是对宏观经济运行的一种假设，它认为经济中不可能出现生产过剩以及就业不足（非自愿失业）。归根结底，萨伊定律反映的是对市场高效运转的充分信任。

萨伊定律的思想最早由英国古典（classical）经济学家、功利主义的伦理学家詹姆斯·密尔（James Mill，又被翻译为詹姆斯·穆勒）提出。詹姆斯·密尔曾说过：“生产、分配、交换只是手段。谁也不为生产而生产。（他们的）目的是消费。”另一位著名古典经济学家大卫·李嘉图也曾说过：“任何人从事生产都是为了消费或销售；销售是为了购买对他直接有用或是有益于未来生产的某种其他商品。所以一个人从事生产时，他要不是成为自己商品的消费者，就必然会成为他人商品的购买者和消费者。”所以，任何生产行为都一定是因为生产者自己有对商品的需求才会发生——生产成果要么是直接为生产者所用，要么是用来交换生产者所需的其他产品。当交换活动使用货币为媒介进行时，其本质也是如此。所以可以说，生产活动之所以会发生，一定是因为有需求产生在它之前。

但这个逻辑还有一点需要补全。有人可能出于储蓄的动机，生产出超过自己当期需求的产品，从而形成储蓄。储蓄动机所引发的生产活动未必有同期需求对应。但古典经济学家们相信，灵活变动的利率（储蓄的回报率）会让储蓄市场出清。储蓄都会被那些有投资需求的人全部借走，变成投资。这样，储蓄所引发的生产活动就由当期的投资需求所对应。如果经济的投资需求下降，储蓄的回报率就会随之下降，令储蓄者减少其储蓄，并相应降低其生产。有了这样的机制，经济中的生产就会持续与需求相等，生产过剩的现象不会发生。

古典经济学家对市场的这种信仰被当代主流的新古典宏观经济学继承，并表现为这一讲的一般均衡模型所描述的市场机制。在这一讲中，我们看到了消费者与企业部门的关系，看到了生产活动与来自消费者的终端需求之间的联系。从最大化全社会居民福利的角度来看，消费者的消费是经济生产活动的终极目的。而投资（以及与之联系的储蓄）是在不同时间点之间转移消费的工具。当企业的所有权在消费者手中时，高效的资本市场就会确保企业的投资行为与消费者的主观偏好相一致，全社会的投资与消费配比处在消费者认可的水平上。

在前面的模型环境中，生产过剩不会发生。这是因为经济中所有的产出都会直接或间接地变成消费者的收入（企业的未分红利润也是消费者的间接收入）。消费者把他的收入全部花在消费与储蓄（即投资）上，就一定会创造出与总产出相等的总需求。事实上，当前许多主流宏观经济模型都会直接假设企业每期都清算，不做任何储蓄。在做这样的假设时，建模者其实就已经隐含假设了企业的所有权在消费者手中。

在前面的模型环境中，资本过剩也不会发生。因为资本积累得越多，资本的回报率以及储蓄的回报率就越低，从而促使消费者把更多收入分配到消费而非储蓄上面。这也对应着企业部门对消费者部门的更多分红。因此，经济中过度投资，资本多到无处可用的现象是不会出现的。事实上，当我们利用新古典的稻田条件，假设资本的边际回报率总为正时，资本过剩（边际回报率为负）的现象甚至根本无法在模型中被描述出来。这并不代表这样的现象不会在现实世界中发生，只是这里的模型因为其所做出的一些假定，而根本无法描述这样的现象。

所以，在我们现在看到的这个拉姆齐模型中，其实隐含假设了萨伊定律的成立。这样一来，经济增长的瓶颈就一定在供给面而不在需求面。由于拉姆齐模型是新古典宏观经济的最基本模型，这个模型的隐含假设也就成为当前许多经济学家的信念。自然地，这些经济学家在面对中国经济时，就喜欢从供给面而非需求面入手。

8.5　模型与中国经济的数量对比

当建立了描述现实世界的数理模型后，通过数学推演而找出解释世界的逻辑是一项成果。而另一项成果则是利用模型来对现实做数量分析。利用模型，我们可以进行在现实世界中难以进行的实验——比如研究宏观政策对经济的影响。在这里，我们推导出了标准的拉姆齐模型，自然需要对模型与中国经济的现实数据做一下对照，看看模型的数量解释能力有多强。

8.5.1 储蓄率

这两讲我们分析的焦点是储蓄。自然，我们希望知道模型给出的储蓄率是多少，能否解释中国储蓄率偏高的现象。不过遗憾的是，出于求解简便的考虑，这里的模型只有两期——世界末日就在不远的未来。而在临近世界末日时，储蓄当然不会太高，甚至完全有可能为负（末日前尽情狂欢的人将之前积累的资本也消费掉）。所以，这个模型并不能给出与现实世界接近的储蓄率。但不管怎么样，还是让我们看看模型会给出的储蓄率是多少。

为了进行数值计算，我们需要给出效用函数和生产函数的具体形式，并标定模型中各个参数的取值。我们将居民效用函数取为 CRRA 形式，即

$$U=\frac{c_1^{1-\sigma}}{1-\sigma}+\beta\frac{c_2^{1-\sigma}}{1-\sigma}$$

其中，σ 是居民的相对风险规避系数。根据微观个体在风险下的行为，可以知道 σ 大概是 2。消费者主观贴现因子 β 则按照宏观经济分析的惯例取为 0.98。我们还假设企业生产函数为柯布-道格拉斯形式

$$AF(k,l)=Ak^{\alpha}l^{1-\alpha}$$

并假定 $k_0=L=A=1$，$\alpha=0.4$。

利用以上的函数形式设定，可将模型的 3 个均衡条件（8.6）式到（8.8）式化为

$$c_1=Ak_0^{\alpha}L^{1-\alpha}+k_0-k_1$$
$$c_2=Ak_1^{\alpha}L^{1-\alpha}+k_1$$
$$(c_2/c_1)^{\sigma}=\beta(1+\alpha Ak_1^{\alpha-1}L^{1-\alpha})$$

将具体参数值代入，有

$$c_1=2-k_1$$
$$c_2=k_1^{0.4}+k_1$$
$$(c_2/c_1)^2=0.98(1+0.4k_1^{-0.6})$$

用 Excel 的“规划求解”功能可以解出 $c_1=1.30$，$c_2=1.57$，$k_1=0.70$。经济的储蓄率为 $1-c_1/Ak_0^{\alpha}L^{1-\alpha}$，计算得$-29.8\%$。这是因为世界在第 2 期期末会结束，所以居民在第 1 期不仅会消费掉当期所有的产出，还会消费掉一部分初始资本存量。所以计算出来的第 1 期储蓄率是负值。如果将模型扩展为多期（甚至是无穷期），模型产生的储蓄率就不会像这里这样与现实相去甚远了。

8.5.2 中国的消费之谜

这一讲的模型由于只有两期，世界末日近在眼前，所以推导出来的储蓄率数值对解释

现实世界没什么帮助。但是，模型中推导出来的消费者跨期优化的欧拉方程则与模型期数无关。不管世界末日离现在有多远，消费者都要在现在与未来之间取得最优的消费分配。所以，模型中的欧拉方程可以用来分析中国经济的现实。

我们沿用前面的效用函数的设定，并定义贴现率为 $\rho \equiv 1/\beta - 1$（即 $\beta \equiv 1/(1+\rho)$）。这样一来，欧拉方程（8.3）式就可以化为

$$(c_2/c_1)^{\sigma} = \frac{1}{1+\rho}(1+r_2)$$

上式左右两边取对数有

$$\sigma \log\left(1+\frac{c_2-c_1}{c_1}\right) = -\log(1+\rho) + \log(1+r_2)$$

可近似化为

$$r_2 = \sigma \frac{\Delta c}{c} + \rho \tag{8.14}$$

一般认为 $\sigma=2$，$\rho=2\%$。而在 2000—2015 年中，我国人均消费平均真实增长率为 7.7%。将这些数据代入上式，可以计算出真实利率 r_2 应该为 17.4%，比我们在现实中观察到的真实利率（可用一年期定存利率减去通货膨胀率计算）高出了一个数量级！这说明这个模型在数量上与真实世界存在巨大差异。

具体来说，如果前面这个模型是正确的，那么考虑到我国这么高的消费增长率（意味着未来的消费很多），我国的居民应该很少储蓄才对。但在均衡时又不可能不储蓄，所以必定需要一个很高的储蓄回报率（利率）来跟高增长带来的减少储蓄的动机相平衡。但在现实中，我们并没有看到理论上所计算出来的这么高的利率水平。从一个角度来看，可以说是现实中的利率太低了。而从另一个角度来看，也可以说现实中的储蓄太多了（相对现实中这么低的利率）。

所以，前面所介绍的拉姆齐模型无法解释中国的消费与储蓄行为。如果硬要让模型与中国经济的数据相契合，只能假定中国消费者非常有耐心，以至于贴现率竟然是负值（$\rho<0$，$\beta>1$）。这显然不是能令人满意的解释。在学术界，中国消费数据与理论模型的差异被称为中国的“消费之谜”。如何来解释这个谜题，是我们未来要讨论的内容。

进一步阅读指南

这一讲的内容是上一讲的延伸，所以上一讲所列的文献仍然是值得参考的。有关储蓄的定义，可以参见常见的国民经济统计教材。莫迪利安尼等人于 2004 年发表的“The Chinese Saving Puzzle and the Life-Cycle Hypothesis”一文是探讨中国消费之谜的经典文章（Modigliani et al.，2004）。

练习题

8.1　在本讲介绍的两期拉姆齐模型中，假设企业的生产函数为 $y=k^{0.5}$（生产不需要

劳动力），全社会在第 1 期期初的资本存量为 1。在第 1 期期初全社会的总资本中，有一半属于居民、另一半属于企业。企业的所有权在居民手中。

（a）请画出模型的时序图并定义模型均衡。

（b）求解均衡时居民两期的消费量以及第 2 期的资本回报率。

8.2 以下几个小问题可以帮助大家熟悉储蓄的概念。

（a）请解释以下几个概念：国民总储蓄、居民储蓄、企业储蓄、政府储蓄。

（b）请列举出以上几个概念在真实世界中的具体表现形式（无须穷尽，指出几个例子即可。如，居民的银行存款是居民储蓄的一种表现形式）。

（c）请查找最近一年的宏观统计数据，计算以上几个概念对应的指标占中国当年 GDP 的比重。（提示：在中国国家统计局每年发布的中国资金流量表（实物部分）中可以找到这些数据。）

（d）请计算不包含中国的全球经济储蓄率（国民总储蓄占 GDP 的比重），并将其与中国的储蓄率做对比。从中你能得到什么样的启示？［提示：在国际货币基金组织（IMF）的国际经济展望数据库（World Economic Outlook Database）中可以查到相关数据。[①]］

8.3 你认为萨伊定律在中国成立吗？请论述你的论点、逻辑和证据。

① IMF 的国际经济展望数据库可以从如下网址下载：http：//www.imf.org/external/ns/cs.aspx？id=28。

第9讲

中国的消费不足

9.1 引 言

现在让我们再来看看在第7讲中曾经见过的一幅图——企业储蓄与居民储蓄的跨国比较图（见图9-1）。在学过了前两讲的内容之后，现在我们应该知道图中负斜率的回归线因何而来了。这条回归线反映了企业为居民所拥有时，企业储蓄与居民储蓄之间的替代性——二者都是居民的财富。企业储蓄多了，居民就会相应减少其个人储蓄，以保证其总储蓄（以及消费）继续保持在合意的水平上。换言之，如果企业为居民所有，那么居民的消费和储蓄决策不受收入在企业和居民部门间分配的影响。收入不管流向居民部门还是企业部门，终归都是流进了居民的口袋。所以说，企业只是“蒙在居民部门之上的一层帷幕”，分析企业行为必须“刺穿企业帷幕”，看到企业行为背后的居民意愿。前两讲的主要任务就是用数学语言来论证这个结论。

在弄清了图中这条负斜率曲线的由来之后，现在该来分析中国经济了。这幅图以最明显的方式显现了中国在储蓄上与世界其他国家和地区的不同。从总量上来说，中国的国民总储蓄（占GDP的比重）只是高于其他国家和地区，但从结构上来看，中国国民储蓄的构成与其他大多数国家明显相异——企业储蓄与居民储蓄之间此消彼长的负相关关系在中国这里并不成立。中国同时拥有很高的企业储蓄和居民储蓄，远远偏离了其他国家所表现出来的态势。中国很高的企业储蓄率和居民储蓄率加起来，就形成了超高的国民总储蓄率。

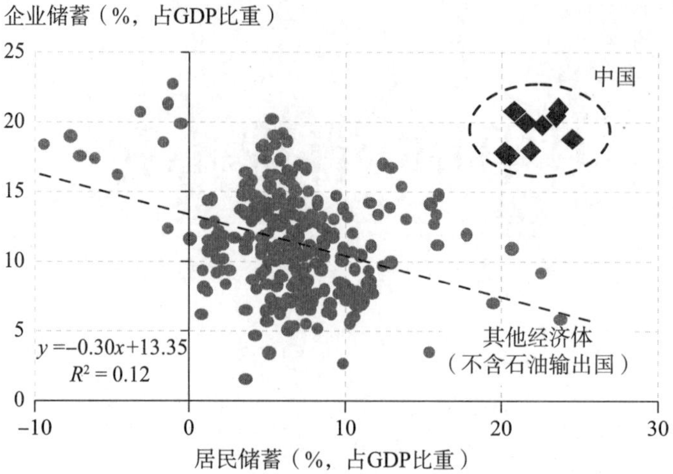

图 9－1　居民储蓄与企业储蓄的跨国比较

资料来源：UNData

有了前面的理论储备，我们在这里大致可以猜出，中国经济在储蓄上的独特性多半与企业所有制有关。事实正是如此。在这一讲中，我们将会论证中国企业的所有制是如何推升国民总储蓄的。但在那之前，还是让我们先简单回顾一下前面两讲给出的主要逻辑。

第一，经济中最优的消费与储蓄的比例应当由居民来决定。如果以居民效用作为经济增长的最终目标，那么经济活动就只是手段而不是目的。居民的效用是居民从消费中获得的一种主观感受。什么样的消费流能够给居民带来最高的总效用（以贴现效用和来计算），居民说了才算。所以，经济资源中多少拿来消费、多少拿来储蓄（用以增加未来的消费），应该由居民来决定。

第二，要做到第一点，居民需要对经济中的各种资源有支配力。经济总产出为劳动力和资本两种生产要素的回报所分割。劳动力回报自然归居民所有。但只有资本回报也流向居民，才能说居民掌握了经济中的全部收入。因此，为了实现经济增长的最终目标，资本应当由居民所拥有。由于资本往往由企业所掌握，所以企业的所有权应当属于居民。

第三，当企业由居民所拥有时，资本市场就会引导企业行为，确保企业的投资决策与居民的偏好一致。具体来说，居民对不同时期消费的偏好会体现在资本市场上，表现为居民对储蓄回报率（风险调整后的回报率）的要求。这种要求也就是资本市场对投资项目回报率的要求。它是企业筛选投资项目的依据。那些回报率达不到这个要求的项目就无法获得融资支持（就算企业要用自有资金来做这些项目，也通不过股东那一关），因而只剩下那些回报率高于这个回报率要求的项目能够上马。

这样，居民的主观偏好与投资项目能够产生的客观的资本回报率就联系在了一起。一种自动调节消费与储蓄（投资）的市场化机制也随之而生。如果经济中资本已经太多，资本的回报率就会比较低。这时，居民从资本市场中能够获得的储蓄回报率就相对较低。这会促使居民多消费、少储蓄，产出中的更大份额就会被分配到消费而不是投资上面。反过来，如果经济中资本不足，资本回报率和储蓄回报率都会很高，从而使得居民多储蓄、少消费，更多资源就被配置到投资上了。这种机制的存在，可以确保经济中的消费和投资的比例总是能处在恰当的水平上，或者更明确地说，处在最大化居民福利的比例水平上。

不过这里我们必须做一点说明。事实上，储蓄回报率的上升会带来替代效应和收入效应两种效果。一方面，储蓄回报率的上升使得储蓄行为变得更有利可图，因而会刺激人们多做储蓄——这是替代效应。另一方面，储蓄回报率的上升使得人们未来的收入上升。因此，出于平滑消费的动机，人们会倾向于减少当前储蓄，增加当前消费——这是收入效应。储蓄回报率的上升究竟是让储蓄增加还是下降，取决于这两种效应孰强孰弱。由于从宏观经济数据中可以看到储蓄率与储蓄回报率之间的正相关关系，所以替代效应应该是占上风的——更高的储蓄回报率带来更高的储蓄率。

到这里，我们有了判断一个经济体消费是否足够（消费与储蓄占经济的比重是否恰当）的标准，也知道了这个标准是如何体现在一个私有制经济的经济活动中的。考虑到中国经济中有相当比例的资本并不由居民部门所拥有，居民并未获得这部分资本的回报，前面逻辑的一个自然推论是中国经济会存在消费不足的现象。只要弄清了所有制状况，我们甚至不需要看消费和投资数据，就能得出这个结论。

根据 2011 年举行的第三次全国经济普查的数据，中国第二和第三产业企业所拥有的 200 多万亿元的资产中，有 54%为国有企业所有，10%为外资及港澳台资企业所有。包括民营企业在内的其他所有制企业占比仅为 36%（见图 9－2）。而从资金流量表数据来看，中国居民部门从企业部门获得的分红收入微乎其微。这表明，中国居民部门与企业部门在产权上的联系很弱（见图 9－3）。

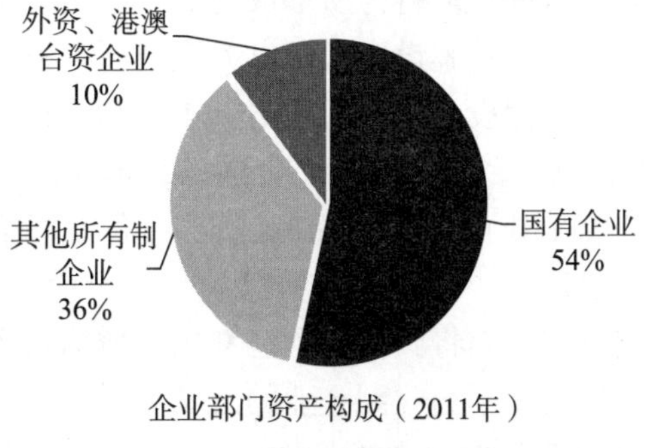

图 9－2　中国第三次全国经济普查显示国有企业占据整个企业部门的一半以上

资料来源：中国国家统计局

图 9－3　中国居民部门从企业部门获得的分红收入非常微小

资料来源：CEIC

国有企业为国家所拥有，股东是国家。国务院国有资产监督管理委员会（简称“国资委”）是专门管理国有企业的政府部门，并履行国有资产出资人的职责。对于国有企业，国资委最核心的考核指标是国有资本保值增值率和主营业务收入平均增长率。[①] 前者是国

① 参见国资委 2010 年下发的《中央企业负责人经营业绩考核暂行办法》第十六条。http://www.sasac.gov.cn/n85881/n85921/c968977/content.html。

有企业资本的增长率，后者是收入的增长率，都对应着企业规模的增长率。所以从国有企业的考核导向来看，国有企业的目标之一是“做大规模”。因此，哪怕国有企业的资本回报率低于居民部门的跨期边际效用比（也就是说，降低一些投资、增加一些消费能够增加居民的效用），国有企业也有动力继续投资。

基于前面的逻辑，到这里我们已经能够知道国有企业的这种行为方式会导致消费不足、投资过度的格局。但下面我们还是通过模型严格地来分析一下国有企业对消费的影响。

9.2 中国消费不足的模型分析

为了分析国有企业对国民储蓄的影响，我们修改之前的模型。我们假设：(1) 企业的所有权由国家而非居民所拥有（居民不持有企业的股份）。(2) 企业的目标是最大化其规模，即其每期所持有的资本存量。这里我们还有一个关键假设，那就是企业在第 2 期期末世界毁灭之前，不会将其手中的资源转移给居民而变成居民的消费。在第 2 期期末世界毁灭时，企业所掌握的所有资源随之灭失。除此之外，模型的其他设定与上一讲的模型完全一样。

有人可能会觉得，假设企业宁可让自己所拥有的资本在第 2 期期末灭失也不分给居民，似乎太过极端。但仔细分析一下，这个假设其实是符合现实的。在现实世界中，世界当然不会马上终了。国有企业不断为了扩大自己的规模而投资，直至未来。这种做法会带来越来越大的企业规模，但站在消费者的角度来看，这种投资行为所形成的资本存量并不能直接为自己所用，就像被浪费了一样。因此，在模型中将其设定为随世界末日而灭失是合理的。如果这里的模型是无穷期的，那么我们只需要假设企业不断积累资本，最终在无穷远的未来积累出很大的资本存量就行了（具体能积累多少，取决于资本的折旧率是多少）。这样无穷期模型中的企业设定看上去就没那么极端了。但这种设定其实等价于我们在两期模型中所做的企业资本在第 2 期期末灭失的设定。

在这样的设定之下，企业部门不再向居民部门分红，而将其所有利润都用来增加自己持有的资本量。相应地，居民部门也不再拥有企业股份，不会收到企业的红利支付，自然也不会有买卖企业股份的选择。这个模型的设定可以用图 9 - 4 的时序图来描述。

在第 1 期期初的时候，居民部门与国有企业部门分别持有 k_{c0} 与 k_{f0} 的初始资本。全社会的初始资本为 $k_0(\equiv k_{c0}+k_{f0})$。注意，在这里我们将所有企业都看做是国有企业，其所有权都不在居民手里。我们完全可以假设企业中有一部分是国有企业、一部分是私营企业。但从前两讲的分析可以知道，私营企业的行为由居民的偏好所决定。因此，k_{c0} 也可以被理解为私营企业所拥有的初始资本。在每期，居民都向国有企业部门提供资本和劳动力，并获取资本和劳动力的回报。在每期，国有企业在生产结束后，都将其所有利润用作投资来提升自己下一期的资本存量。我们假设企业的目标是尽可能扩大自己的规模（最大化其持有的资本存量）。

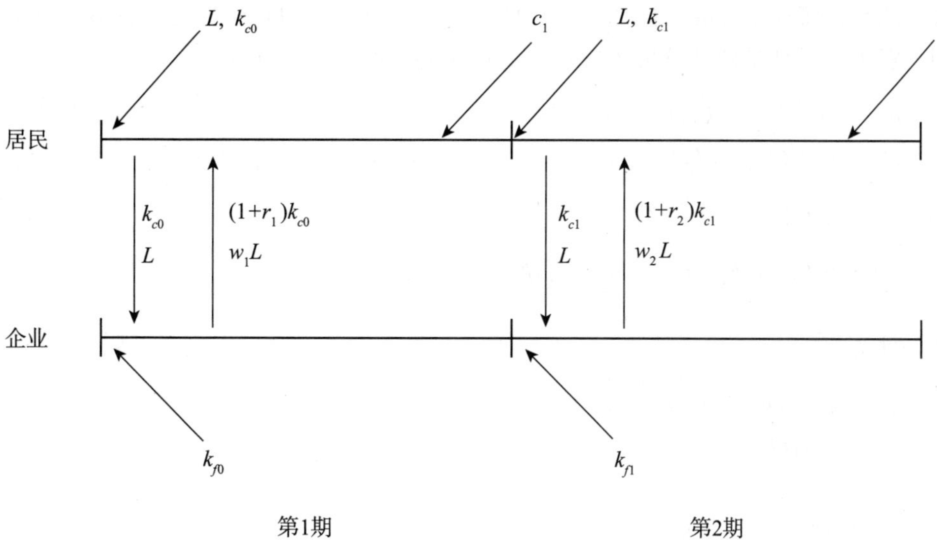

图 9－4

9.2.1　居民优化问题

这个模型的求解方法与前两讲的模型相同，仍然是先解出消费者和企业的优化问题，然后再代入市场出清条件，求出刻画均衡的方程。我们先来求居民的优化问题。

居民的优化目标仍然是最大化两期的贴现效用和 $u(c_1)+\beta u(c_2)$。但在这个模型中，由于居民只能通过积累资本这一种方式来做储蓄，所以其第 1 期预算约束应该为

$$c_1+k_{c1}\leqslant k_{c0}+r_1k_{c0}+w_1L$$

类似地，居民第 2 期的预算约束为

$$c_2\leqslant k_{c1}+r_2k_{c1}+w_2L$$

接下来，就应该是设立拉格朗日函数，求取一阶条件。由于这个过程我们已经做过多次，所以这里就不详细列出推导了。不熟悉的读者可以回顾前两讲的消费者优化问题求解过程。求解这里的消费者优化问题可得我们已经非常熟悉的欧拉方程

$$1=\beta\frac{u'(c_2)}{u'(c_1)}(1+r_2)$$

9.2.2　企业优化问题

下面再来看企业的优化问题。企业规模由其所拥有的资本存量所决定。由于企业在第 1 期期初所拥有的资本存量 k_{f0} 外生给定，所以企业的目标就是最大化在第 2 期期初持有的资本存量 k_{f1}。因此，企业第 1 期的优化问题可写为

$$\max_{k_0^d,l_1^d} k_{f1}=AF(k_{f0}+k_0^d,l_1^d)-r_1k_0^d-w_1l_1^d+k_{f0}$$

其中，k_0^d 与 l_1^d 与之前一样，继续代表第 1 期企业对居民手中的资本和居民劳动力的需求。

但要注意的是，每期企业除了向居民租用资本外，还可以利用自己拥有的资本。每期企业所使用的资本总量都是两部分资本之和。此优化问题的一阶条件为

$$k_0^d\text{：}\quad AF_1(k_{f0}+k_0^d, l_1^d)=r_1$$
$$l_1^d\text{：}\quad AF_2(k_{f0}+k_0^d, l_1^d)=w_1$$

第 2 期，企业最大化其当期利润

$$\max_{k_1^d, l_2^d} AF(k_{f1}+k_1^d, l_2^d)-r_2k_1^d-w_2l_2^d+k_{f1}$$

其一阶条件为

$$k_1^d\text{：}\quad AF_1(k_{f1}+k_1^d, l_2^d)=r_2$$
$$l_2^d\text{：}\quad AF_2(k_{f1}+k_1^d, l_2^d)=w_2$$

9.2.3 均衡

在均衡时，两期的劳动力市场和资本市场均出清，即

$$l_1^d=l_2^d=L$$
$$k_0^d=k_{c0},\quad k_1^d=k_{c1}$$

将其代入企业的优化一阶条件可得

$$AF_1(k_0, L)=r_1,\quad AF_1(k_1, L)=r_2$$
$$AF_2(k_0, L)=w_1,\quad AF_2(k_1, L)=w_2$$

在均衡时，居民部门的资源约束为

$$c_1+k_{c1}=k_{c0}+r_1k_{c0}+w_1L$$
$$c_2=k_{c1}+r_2k_{c1}+w_2L$$

企业部门第 1 期的资源约束为

$$k_{f1}=AF(k_0, L)-w_1L-r_1k_{c0}+k_{f0}$$

将居民第 1 期的预算约束式左右两边同时加上 k_{f1}，并将企业第 1 期预算约束中 k_{f1} 的表达式代入，可得

$$c_1=AF(k_0, L)+k_0-k_1 \tag{9.1}$$

对于居民第 2 期消费的表达式可以做如下代换（注意，其中多次利用了均衡资本回报率和工资率的表达式）

$$\begin{aligned}
c_2 &=(1+r_2)k_{c1}+w_2L\\
&=(1+r_2)(k_1-k_{f1})+w_2L\\
&=k_1+(r_2k_1+w_2L)-(1+r_2)[AF(k_0, L)-w_1L-r_1k_{c0}+k_{f0}]\\
&=k_1+AF(k_1, L)-(1+r_2)[w_1L+r_1k_{c0}+r_1k_{f0}-w_1L-r_1k_{c0}-k_{f0}]\\
&=k_1+AF(k_1, L)-(1+r_2)(1+r_1)k_{f0}
\end{aligned}$$

其实推导上式不用这么麻烦，用一点经济学思维能直接得到结论。在第 2 期生产活动结束之后，经济中所有可用的消费品总量为 $AF(k_1, L)+k_1$，即第 2 期的产出加上第 2 期期初的资本存量。而这些消费品只能有两个去处，要么被居民消费掉（即 c_2），要么变成企业第 2 期期末的资本存量而灭失。由于企业在第 1 期期初时的资本持有量为 k_{f0}。企业在两期中又都不会消耗资本，而只会投资。因此，企业在第 2 期期末的资本存量应该是 $(1+r_1)(1+r_2)k_{f0}$。所以，c_2 就应该等于第 2 期生产完成后经济中的总消费品量减去第 2 期期末时企业的资本存量，即为上式。

将资本回报率的表达式代入上式，并定义

$$k_{f0} \triangleq \theta k_0$$

即第 1 期初始资本存量中有 θ 份额为企业所拥有，$1-\theta$ 为居民所拥有，可以得到

$$c_2=AF(k_1,L)+k_1-[1+AF_1(k_0,L)][1+AF_1(k_1,L)]\theta k_0 \tag{9.2}$$

居民的欧拉方程可化为

$$u'(c_1)=\beta u'(c_2)[1+AF_1(k_1,L)] \tag{9.3}$$

上面的（9.1）式、（9.2）式与（9.3）式共同决定了消费和储蓄的水平。当 $\theta=0$ 时（初始资本存量完全由居民持有），此模型与居民拥有企业股份的模型完全等价。而当 $\theta>0$ 时，经济中的居民消费会少于企业由居民所拥有的情况，储蓄则会多于企业由居民所拥有的情况。也就是说

$$\frac{\partial c_1}{\partial \theta}<0,\frac{\partial c_2}{\partial \theta}<0,\frac{\partial k_1}{\partial \theta}>0$$

这可以通过对（9.1）式、（9.2）式与（9.3）式 3 个均衡条件做比较静态分析来验证。在本讲附录 9.A 中有比较静态分析的完整过程，供感兴趣的读者参考。

有人可能会问，这里会有这样的结果，是不是因为模型中只有两期，第 2 期之后就是世界末日，企业持有的资本也随之灭失？是不是把模型拓展到无穷期，不再有世界末日后，就没有这样的结论了？答案是否定的。即使在无穷远的未来国有企业持有的资本量会趋向于无穷大大（因为这个模型中假设资本折旧率为 0），也跟居民部门没有直接联系，无法转化为居民的收入与消费。站在居民的角度来看，国有企业无限积累的资本就像灭失了一样。

9.3　模型数量模拟

现在，我们把这一讲的模型和前两讲的模型做一下对比。当企业所有权归居民所有时，不管经济中的初始资本 k_0 如何在居民部门和企业部门间分布，均衡均由以下 3 个方程刻画。

$$\begin{cases} u'(c_1)=\beta u'(c_2)[1+AF_1(k_1,L)] \\ c_1=AF(k_0,L)+k_0-k_1 \\ c_2=AF(k_1,L)+k_1 \end{cases} \tag{9.4}$$

在这一讲中我们知道，当经济中存在国有企业（其股份不为居民所持有）时，均衡由如下 3 个条件刻画

$$\begin{cases} u'(c_1)=\beta u'(c_2)[1+AF_1(k_1,L)] \\ c_1=AF(k_0,L)+k_0-k_1 \\ c_2=AF(k_1,L)+k_1-[1+AF_1(k_0,L)][1+AF_1(k_1,L)]\theta k_0 \end{cases} \tag{9.5}$$

为了称呼简便，我们将企业股份由居民持有的模型称为“私有经济模型”，将国有企业存在的模型称为“国有经济模型”。比较两个模型的均衡条件，唯一差别就在于当存在国有企业时，国有企业在第 2 期期末持有的资本存量$[1+AF_1(k_0,L)]\cdot[1+AF_1(k_1,L)]\cdot\theta k_0$将会被白白损失掉，而无法为居民部门所消费。

在这里，我不禁要为经济理论的优美而插叙一段。从方程组（9.4）和（9.5）我们能看到数学化经济学语言的精炼。在私有经济模型的均衡条件方程组（9.4）中，后两个方程是两期的资源约束，没什么特别的。在索洛模型中这样的资源约束方程也成立。索洛模型无非是再添加一个每期消费等于总产出固定比例（1 减去储蓄率）的条件而已。而在进入拉姆齐模型后，固定的储蓄比例方程为消费者的欧拉方程所替代。这个欧拉方程就是内生储蓄率后模型相对于索洛模型的关键变化。而国有经济模型相比私有经济模型，变化只有一点，就是被国有企业所“浪费”的它在第 2 期期末持有的资本存量。这告诉我们，虽然国有企业的引入让模型的各个内生变量都发生了改变，但在这个模型的设定条件下，国有企业对居民的福利没有直接贡献。如此犀利的结论就是方程组（9.4）和（9.5）的对比告诉我们的结论。这种穿透事物表象而直达本质的穿透力，就是经济理论美感的一种体现。

插叙结束之后，让我们回到模型的数量对比上来。为了进行数量分析，我们给出效用函数、生产函数的具体形式，并给模型中的各参数赋值。假设居民的效用函数为 CRRA 形式，即

$$U=\frac{c_1^{1-\sigma}}{1-\sigma}+\beta\frac{c_2^{1-\sigma}}{1-\sigma}$$

企业生产函数为柯布-道格拉斯函数

$$F(k,l)=k^\alpha l^{1-\alpha}$$

我们还假定 $k_0=L=A=1$，$\alpha=0.4$，$\beta=0.98$，$\sigma=2$。

9.3.1 私有经济模型

利用以上给出的函数形式，可将私有经济模型的 3 个均衡条件改写为

$$(c_2/c_1)^\sigma=\beta(1+\alpha Ak_1^{\alpha-1}L^{1-\alpha})$$
$$c_1=Ak_0^\alpha L^{1-\alpha}+k_0-k_1$$
$$c_2=Ak_1^\alpha L^{1-\alpha}+k_1$$

再将具体参数值代入，可得

$$(c_2/c_1)^2 = 0.98\times(1+0.4\times k_1^{-0.6})$$
$$c_1 = 2 - k_1$$
$$c_2 = k_1^{0.4} + k_1$$

用 Excel 的“规划求解”功能可以解出 $c_1=1.30$，$c_2=1.57$，$k_1=0.70$。储蓄率为 $1-c_1/Ak_0^{\alpha}L^{1-\alpha}$，计算得 -29.8%。注意，由于世界在第 2 期期末会结束，所以居民在第 1 期不仅会消费掉当期所有的产出，还会消费掉一部分初始资本存量。所以计算出来的储蓄率是负值。

9.3.2 国有经济模型

类似地，利用函数形式的设定将国有经济模型的均衡条件改写为

$$(c_2/c_1)^{\sigma} = \beta(1+\alpha Ak_1^{\alpha-1}L^{1-\alpha})$$
$$c_1 = Ak_0^{\alpha}L^{1-\alpha} + k_0 - k_1$$
$$c_2 = Ak_1^{\alpha}L^{1-\alpha} + k_1 - (1+\alpha Ak_0^{\alpha-1}L^{1-\alpha})(1+\alpha Ak_1^{\alpha-1}L^{1-\alpha})\theta k_0$$

将参数设定代入其中，可进一步化为

$$(c_2/c_1)^2 = 0.98\times(1+0.4\times k_1^{-0.6})$$
$$c_1 = 2 - k_1$$
$$c_2 = k_1^{0.4} + k_1 - (1+0.4)(1+0.4\times k_1^{-0.6})\theta$$

假设 $\theta=0.5$，用 Excel 的“规划求解”功能可以解出 $c_1=0.95$，$c_2=1.10$，$k_1=1.05$。储蓄率为 5.4%。当资本更多地为国有企业所拥有时，全社会的储蓄率确实上升了，而居民消费则相应下降了。

9.4 中国消费不足的成因

9.4.1 国企与消费不足

现在我们回到对中国经济的讨论中。从之前的分析我们可以知道，中国存在消费不足，而消费不足与大量存在的国有企业有一定关系。可以沿宏观和微观两条逻辑线来论证这个结论。

第一，从经济增长的最终目标出发来论证。如果我们接受经济增长是为了提升居民福利这个最终目标，那么经济增长就应当通过尽可能提升居民消费的方式提升居民效用。换句话说，只有所有经济产出尽归居民所有，为居民所支配，才有可能达到前述的目标。而经济产出为资本和劳动力两种生产要素所分割。只有资本也直接为居民所拥有，资本的回报才会为居民所用，最终变成居民的消费而提升居民的效用。但国有企业的大量存在意味着经济中相当比重的资本所有权并不直接为居民所拥有，这部分资本的回报难以直接推升居民福利。从这个角度来看，中国存在消费不足的状况，居民福利因而偏低。

第二，从国有企业经营的角度来论证。这里，我们必须问一个根本的问题：企业存在的目的是什么？这个微观层面的问题与前面所问的宏观层面经济增长最终目标的问题是对应的。企业存在的意义应该是尽可能提升居民的福利。因此，企业不应当只追求规模，而应当在恰当的时候将其资源转移给居民部门，变成居民的收入和消费。但什么是恰当的时候？企业又如何得知？这需要通过资本市场来实现。正如上一讲所阐述的，资本市场是居民对储蓄的回报率要求（反映了居民对不同时间消费的主观偏好）与投资项目能够提供的回报率相遇的场所。资产价格（企业的股价）反映了居民的消费与储蓄意愿，因而间接支配了企业的投资行为，从而让企业在恰当的时候（消费者的消费偏好很强的时候）将其资源转移给居民。这种市场机制保证了消费与投资的恰当比率。

但对国有企业来说，这种居民与企业之间的市场化调节机制很难发挥出来。由于国有企业的所有权并不直接为居民所拥有，因此居民部门不能直接影响国有企业的投资行为。即使在居民部门有很强消费偏好的时候，国有企业也不会因此而将资源转移给居民。

事实上，在缺乏资本市场的调节机制时，政府就算是有意识地想通过行政性手段来将资源从国有企业转移到居民部门，也很难做到。中国政府已经推出了国有企业强制分红的政策，要求国有企业将其一部分利润以分红的形式转移给国家。且不说这些来自国有企业的分红很难流向居民部门（其中的相当部分又以各种补贴的形式返回了国有企业），就算这些红利真的从国家再流到了居民部门手中，也无法化解中国的消费不足问题。这是因为离开了资本市场的定价，包括政府在内的所有人，都不可能知道分红比例为多少才算恰当。

9.4.2 外企、私企与消费不足

尽管国有企业的存在确实会推高经济中的总储蓄率，但也不能说中国的消费不足都是因国有企业而生。事实上，以资产和利润来衡量，国有企业占我国工业部门的比重在过去几十年持续下降（见图 9－5、图 9－6）。而在同时，我国居民消费占 GDP 的比重却明显下滑。也就是说，在国有企业占比下降的同时，我国消费不足的状况却愈发严重。基于这一事实，似乎不好说国有企业是我国消费不足的主要原因。

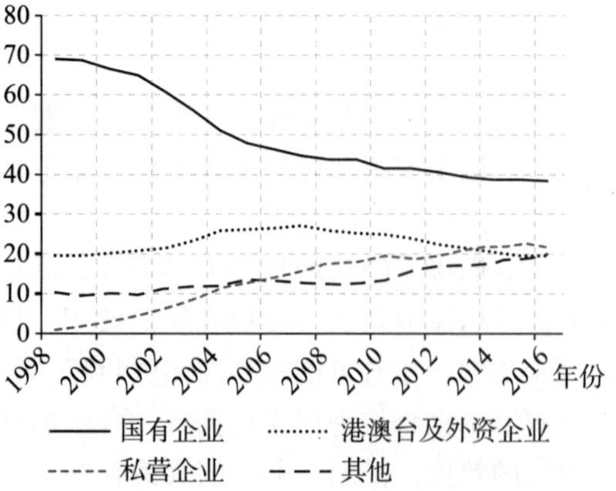

图 9－5 工业企业资产的所有制构成

资料来源：CEIC

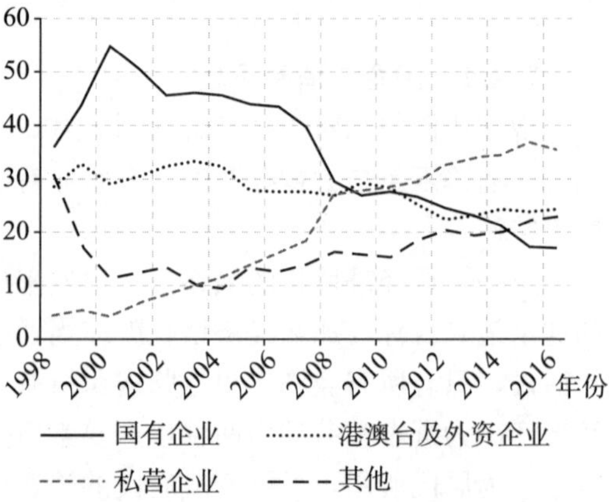

图 9－6 工业企业利润的所有制构成

资料来源：CEIC

在前面的模型中，我们一直用国有企业来推演消费不足的产生。**但造成消费不足的最核心因素并非企业所有制，而是企业经营目标与居民偏好的偏离**——国有企业以做大规模为目标，而居民则会在当期消费与投资扩产之间进行权衡，并不认为企业规模越大越好。用前面模型的语言来说，消费不足的关键原因是企业的经营目标偏离了下面这个应有的目标

$$\max\ d_1+\beta\frac{u'(c_2)}{u'(c_1)}d_2 \tag{9.6}$$

其中，c_1与c_2是经济中的总消费（代表性消费者的消费）。只有企业以（9.6）式为目标，企业的投资行为才与消费者的偏好相一致，经济中的消费与投资的配比才符合最大化居民福利的目标。

对外资企业来说，其经营目标应该是

$$\max\ d_1+\beta\frac{u'(c_2^*)}{u'(c_1^*)}d_2$$

其中，c_1^* 与 c_2^* 是外国居民的总消费。显然，外资企业的投资行为未必会契合本国居民的偏好。更何况外资企业的利润归外国居民所有，不会变成本国居民的收入。

中国的私营企业虽然股权在居民手中，但其股票在居民中的分布并不均匀。由于我国市场经济发展的时间并不长，许多私营企业仍然由企业创始人所拥有，于是，少数居民拥有大量私营企业股份，而绝大多数人拥有的私营企业股份则很少。对那些股份由巨富集中持有的私营企业来说，其企业经营目标有可能为

$$\max\ d_1+\beta\frac{u'(c_2^j)}{u'(c_1^j)}d_2$$

其中，c_1^j 与 c_2^j 是企业的大股东（称其为 j）的消费，未必与全社会总消费的变化一致。甚至，私营企业也可能以扩大规模为导向。毕竟，对那些巨富来说，消费可能已经不再是最重要的考虑因素，做大做强自己的企业反而会成为最重要的目标。这样一来，私营企业的经营目标仍然会与居民部门整体偏好有差距。

总而言之，中国的企业部门的经营目标与居民的偏好不一致，从而导致资源在企业与居民部门之间难以灵活转移，因而使得“刺穿企业帷幕”失效，企业与居民两大部门间的收入分配变化会导致居民消费行为的变化。这样一来，当中国企业部门的利润占GDP的比重上升时，中国居民消费占GDP的比重就下降——两个比重呈现出此消彼长的负相关关系（见图9-7）。这种企业部门与居民部门的割裂，是中国消费不足的主要原因。

9.4.3 居民部门与消费不足

除此而外，中国居民部门内部也有少消费、多储蓄的倾向。在上一讲中，我们将居民的跨期优化条件（欧拉方程）近似化为了如下形式

$$r_2=\sigma\frac{\Delta c}{c}+\rho$$

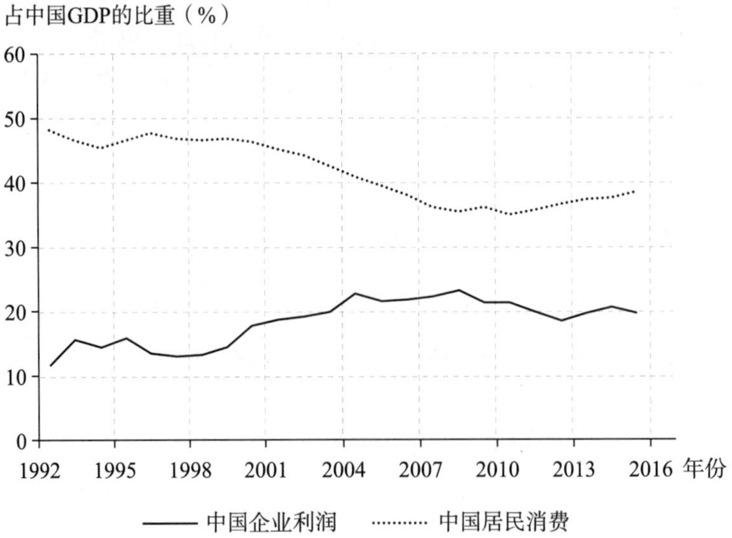

图 9-7　中国的企业利润与居民消费之间负相关

资料来源：CEIC

其中，σ 是居民的跨期替代弹性，一般认为等于 2，ρ 是居民主观时间偏好率，一般认为等于 2%。而在 2000—2016 年这 17 年中，我国居民消费平均真实增速为 8.4%。将这些数据代入上面的方程，可以算出我国的真实利率水平应当接近 20%！而同期我国真实存款利率（名义存款利率减去通货膨胀率）平均下来只有约 0.2%。很明显，现实的数据并不满足理论上推导出来的居民跨期优化条件。

要注意，居民的跨期优化欧拉方程仅仅是从居民部门的优化问题推导出来的，与企业的状况没有关系。只要居民部门的消费增长率达到 8.4%之高，居民就应该不愿接受仅仅 0.2%的真实利率。换言之，由于消费的增长率已经很高，居民可以预期未来的消费会比现在多不少，在面对接近 0 的真实利率时（不管这个真实利率是由什么样的企业提供的），居民理应少做储蓄，而多消费。而现实中恰恰又看到了居民在如此之低的真实利率下仍然在进行大量的储蓄（居民储蓄占中国 GDP 的比重接近 1/4）。这说明，居民部门本身也是储蓄过剩、消费不足的重要原因。造成这种现象的其他主要原因可能是预防性储蓄（precautionary saving）动机——为未来的不确定性所增加的储蓄，也可能是为未来大宗支出所做的储蓄（为买房及子女教育等所做的储蓄）。

9.5　推进消费转型的国企改革

从上面的分析可以看到，中国消费不足的格局是多方面原因造成的。但化解消费不足，推进消费转型的政策应将重点放在国企改革上。原因有三。第一，从数量上来看，国企应该是消费不足的重要原因——第三次全国经济普查数据显示国企占整个企业部门的比重超过 1/2。第二，国企对消费不足的影响更有福利上的含义。如果中国的低消费完全是因为居民部门的储蓄意愿强，那么从居民福利的角度来看，不应通过政策来强制调整居民自愿选择的高储蓄。但国企所导致的低消费则会严格降低居民福利，因而有必要加以纠正。第三，相比之下，国企改革容易推进。从前面对私营企业的分析可以看出，增加居民内部持有企业股权的平均度有助于增加居民消费。但这意味着“劫富济贫”式的财富转移分配，既难以形成共识，也很难推进。而对国企做改革，阻力则会小很多。

从前面的分析来看，国企私有化似乎是自然的改革方向。但在这一节我们会论述，中国的国企改革不应该以私有化为目标。变目前的二级国有资产管理体系为三级管理体系，构建国企所有权的竞争市场，是平衡经济结构、推进消费转型的最优选择。

9.5.1 国企所有权竞争市场的缺失

谈到国企，大家都会想到效率低下、垄断等弊端。但前面的论证向我们指出了国企存在的一个并未为人所熟知的弊端——**国有企业公司治理中合理经营目标的缺失**。

所谓公司治理，广义上来说是企业权力的安排。但谈到权力，必须问权力所服务的目标是什么。相应地，谈公司治理，必须说明公司存在的目的是什么。这实际上又回到了对经济增长最终目标的追问。如果我们接受经济增长是为了提升居民福利，那么企业存在的目的就应该也是如此。在这种情况下，企业就应该按照居民的偏好行事。在股权分散在广大居民手中的那种私营企业中（可以将其称为公众企业），有一套成熟的机制，通过资本市场、公司治理来确保企业行为与居民偏好的协调。但在国企中，这套机制却并不存在。国家作为国企的大股东，并不清楚居民的消费偏好，自然也无法指导企业在恰当的时候向居民部门转移资源。更何况，现实中还缺乏这种转移资源的可用渠道——私营企业可以向居民部门分红，国企则不行。因此，对国企，国家只能以最大化规模、最大化利润为目标。而这一目标与提升居民福利的经济增长最终目标并不匹配。

那么，是否可以通过强制国企分红来推进消费转型呢？中国已经建立起了国企强制分红制度，且分红比率还几次提升。不过，强制分红政策固然有帮助，但靠它还不足以改变中国消费不足的状况。

国企强制分红政策碰到的最大困难是政府并不清楚各个企业应该以多大的比率来分红。不同的企业因为所在的产业和生命周期不同，应当有不同的分红比率。那些新兴企业因为有广阔增长前景，非但不应当分红，还理应大量吸收融资。而那些成熟的企业投资前景没有那么好，就应当将其利润中的较大比率分红给居民部门。所以，一刀切的强制分红比率并不是对所有企业都适用。事实上，每个企业应该分红多少，只有企业所有权的竞争市场才知道。离开了这个市场，谁也不知道各个企业的分红比率应该是多少。而不知道恰当的分红比率，就更谈不上通过强制分红来推进消费转型了。

强制分红政策还会碰到信息不对称这个障碍。如果国家设定的强制分红比率较高，那么国企会有很强的动力低报利润，从而少分红。而政府官员处在信息的劣势方，很难真正弄清国企的真实利润是多少。这也会制约强制分红政策的效果。

谁能知道企业的分红比率应当是多少，谁又能克服信息不对称？只能是市场，是企业所有权的竞争市场。很多人都注意到了国企在产品市场上的垄断，但忽视了国企所有权也是被垄断的——被国家垄断。缺乏对国企所有权的竞争，政府对国企的管理就缺乏比较的基准，也受制于信息不对称。因此，**国企的核心问题其实在于其所有权竞争市场的缺失**。

9.5.2 国企私有化并非良策

将国企私有化，让所有人都来竞争国企的股权，似乎可以实现对国企所有权的竞争。有人可能认为，中国国企私有化的主要障碍在意识形态。意识形态的作用当然不可否认，但中国国企不能私有化的更重要障碍在经济层面。出于两方面的原因，国企私有化将极可能给中国经济带来难以承受的恶劣后果。

其一，是国企私有化过程中几乎肯定会产生的**内部人控制**（insider control）问题。[①]所谓内部人控制，是指企业的内部人利用其信息优势掌控公司，损害企业股东利益的状况。在苏联及东欧的国企改革中，内部人控制现象普遍存在。在其国企私有化浪潮中，国企内部人利用其信息优势低价攫取国有资产，从而变成了巨富，又进一步成为操纵经济和社会的寡头。比如，在私有化一片国有油田时，油田的真正储量只有内部人最清楚。因此，内部人可以通过低报油田储量，以低价获取油田所有权。这毫无疑问使国有资产流失，侵害了所有国民的利益，自然会带来民众巨大的不满。

其二，是国企的政策性负担问题。在本书第 4 讲“发展战略与经济绩效”中，我们曾介绍赶超战略怎样造就了缺乏自生能力，需要国家持续补贴的企业。改革开放之后，中国的发展战略明显转向了比较优势的发展路径。但这并不意味着所有的企业都已经具有了自生能力。直到现在，还有不少国企有政府设定的非经济目标。为实现这些目标，国企当然会付出成本。这就给国企带来了政策性负担，导致这些国企缺乏自生能力。相应地，政府需要给这些国企提供补贴。当企业仍为国有时，尚有法律法规来约束企业寻求补贴的行为。而如果在政策性负担未消除时就私有化国企，政府补贴就直接进了私人老板的口袋。私人老板就很可能狮子大张口向国家要补贴。在苏联和东欧国家，一些国有企业在私有化之后，政府所需提供的补贴反而大幅上升，在增大了国家负担的同时却富了这些企业的私人拥有者。

这些前车之鉴表明，简单地私有化国企并非良策。因此中国理应对国企私有化的提议保持戒心。

9.5.3 国企改革之路：构建三级国资管理机制

为了规避前面提到的问题，中国的国企改革应该在不改变企业所有制的前提下进行，而这是完全可能的。正如前面所分析的，消费转型的关键是建立调节消费和投资的市场机制。这个市场既可以在私有制下存在，也可以在公有制下建立。我的建议是，构建“国家—国有投资基金—国有企业”的三级国资委管理体系，在不改变国企所有权的情况下构造国有企业所有权的竞争市场。

目前，国有资产监督管理委员会（简称国资委）作为国务院下属的一个正部级单位，

---

① 青木昌彦，钱颖一. 转轨经济中的公司治理结构——内部人控制和银行的作用. 北京：中国经济出版社，1995.

以出资人角色负责监管中央所属的非金融国有企业。尽管不能抹杀国资委在监管国企方面做出的努力以及取得的成绩，但这种单一国资委监管国企的模式也确实存在先天不足。国资委固然可以用各种各样的考核指标来约束国企管理层，但像企业是否过度投资、分红是否不足这样与经营有关的重大问题，国资委并不知道答案。事实上，离开了市场，谁也不知道这些问题的答案，国资委当然也不知道。目前国资委对国企的监管，仍然是行政序列中上级对下级的管理，而不是市场经济中股东对企业管理层的支配（见图 9－8）。在这种模式下，消费与投资之间的动态平衡根本无从谈起。

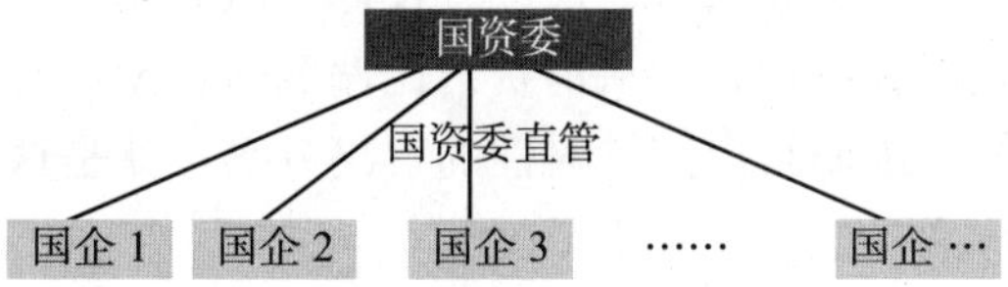

图 9－8　国资委单一直管国企的两级国资管理体制

我的设想是建立数十个（甚至更多）国有投资基金，让这些基金在二级市场上竞购各个国企的股票，争夺国企所有权。同时，把这些国有投资基金的份额放入居民的社保个人账户，让居民可以分享国有投资基金带来的投资回报。同时，赋予居民将其持有的基金份额转换成其他国有投资基金份额或者社保基金份额等其他产品的权利，从而保证居民可以通过“用脚投票”的方式对基金的管理层施加影响。这样，居民的时间偏好就会变成基金管理层能感受到的切实压力。国有投资基金在行政上受国家管理，但在运营上对基金份额的持有者负责（见图 9－9）。基金管理人的考核也很简单透明——就考核基金的投资收益率即可。而基金要最大化投资收益，自然就要关心从资产价格中传递出来的居民偏好的信息，从而让基金的投资行为与居民的偏好相一致。

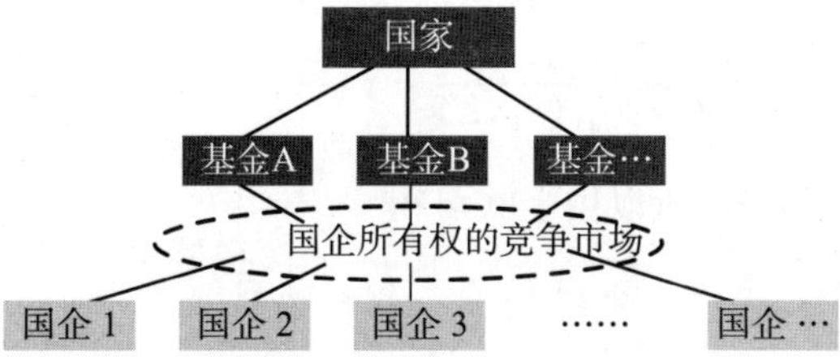

图 9－9　“国家—国有投资基金—国企”的三级国资管理体系

国有投资基金所感受到的业绩考核压力会通过市场传递到国企管理层身上。基金间竞争的压力会让基金充分行使其股东的权利，确保企业管理层按照基金的意志来行事——最大化企业价值，从而提升基金业绩。国资委监管下的国企管理层还可以对公司股票价格不闻不问。但国有投资基金成为大股东之后，股价就会成为管理层的指挥棒，从而确保国企管理层对股东负责。

这样可以在不改变国企所有制的前提下（国有投资基金都是国有的，它们所拥有的企业自然也是国有的），构造一个国有企业所有权的竞争市场。在这个市场中，居民的偏好就能变成对投资项目的筛选标准。资本回报率与居民时间偏好也就能因此而平衡。调整消费和投资的市场机制就此建立。

当然，建立三级国资管理体系只是消费转型的一个必要条件，而非充分条件。消费转型的成功还有赖于其他一些配套改革的完成。比如说，如果没有剥离国企所承担的政策性负担，那么市场化的改革仍不能化解国企的预算软约束问题，甚至还会令情况恶化。而银行系统改革、利率市场化等完善金融市场的举措，也是消费转型取得成功的必要条件。不过，由于中国经济消费不足的核心原因在国企，通过构建这种三级国资管理体系来推进国企改革，会为其他改革创造条件。

上面提出的方案在某些人听起来可能像天方夜谭。但如果我们接受了这三讲所阐述的经济逻辑，这样的方案就很容易理解。从消费占比偏低的表象，看到消费不足的本质，再找到造成消费不足的症结，进而给出有针对性的解决方案，就是这三讲的总体思路。经济分析的威力已经充分地体现在这个过程中了。

附录 9. A　模型均衡的比较静态分析

对（9.1）式、（9.2）式与（9.3）式分别求全微分可得

$$\mathrm{d}c_1+\mathrm{d}k_1=0 \tag{9.7}$$

$$\begin{aligned}\mathrm{d}c_2=&\{AF_1(k_1,L)+1-[1+AF_1(k_0,L)]\theta k_0AF_{11}(k_1,L)\}\mathrm{d}k_1\\&-[1+AF_1(k_0,L)][1+AF_1(k_1,L)]k_0\mathrm{d}\theta\end{aligned} \tag{9.8}$$

$$u''(c_1)\mathrm{d}c_1=\beta u''(c_2)[1+AF_1(k_1,L)]\mathrm{d}c_2+\beta Au'(c_2)F_{11}(k_1,L)\mathrm{d}k_1 \tag{9.9}$$

将（9.7）式代入（9.9）式，消去 $\mathrm{d}k_1$，有

$$\begin{aligned}&u''(c_1)\mathrm{d}c_1=\beta u''(c_2)[1+AF_1(k_1,L)]\mathrm{d}c_2-\beta Au'(c_2)F_{11}(k_1,L)\mathrm{d}c_1\\&\Rightarrow\frac{\mathrm{d}c_1}{\mathrm{d}c_2}=\frac{\beta u''(c_2)[1+AF_1(k_1,L)]}{u''(c_1)+\beta Au'(c_2)F_{11}(k_1,L)}\end{aligned} \tag{9.10}$$

由于 $u''(\cdot)<0$，$F_{11}(\cdot)<0$，所以由上式可得

$$\frac{\mathrm{d}c_1}{\mathrm{d}c_2}>0$$

如果定义

$$\Delta\equiv\frac{u''(c_1)+\beta Au'(c_2)F_{11}(k_1,L)}{\beta u''(c_2)[1+AF_1(k_1,L)]}>0$$

那么就有

$$\mathrm{d}c_2=\Delta\mathrm{d}c_1$$

将其代入（9.8）式，并注意到 $\mathrm{d}c_1=-\mathrm{d}k_1$，可得

$$\begin{aligned}&\{\Delta+1+AF_1(k_1,L)-[1+AF_1(k_0,L)]\theta k_0AF_{11}(k_1,L)\}\mathrm{d}k_1\\&=[1+AF_1(k_0,L)][1+AF_1(k_1,L)]k_0\mathrm{d}\theta\end{aligned}$$

容易验证上式中 dk_1 前的系数是正的（因为 $F_{11}(k_1, L)<0$），$d\theta$ 前的系数也是正的。这说明

$$\frac{dk_1}{d\theta}>0$$

因此，θ 越大，第 2 期期初的总资本越大。由（9.7）式可知这意味着 θ 越大，居民在两期的消费越小，所以，越多的初始资本被分配给企业，第 1 期的社会总储蓄越多。

进一步阅读指南

这一讲所讲的内容是理解中国经济的核心。笔者曾于 2011 年 12 月 17 日发表过一篇题为《中国消费不足吗？来自“世界末日”的启示》的文章（徐高，2012c）。这是一篇以资本市场投资者为读者对象的文章，意在解释中国存在的消费不足现象。借着“2012 年世界毁灭”这个当时流行的话题，笔者把这一讲正文所阐述的逻辑讲述了出来。阅读这篇文章可以帮助读者理解前面两期模型中假设企业资本随世界末日而灭失的道理。此外，读者也可以看到理论模型中所阐述的道理是怎样体现在业界的分析报告中的。笔者于 2012 年发表的《深度理解消费转型》一文也是一篇面向资本市场投资者的报告。这篇文章以更低的技术要求水平完整阐述了本讲的思想（徐高，2012a）。本讲所设想的国企改革的思路在笔者 2012 年发表的《构建国企所有权竞争市场，推进消费转型》的文章中已被阐发（徐高，2012b）。在林毅夫等人所著的《充分信息与国有企业改革》一书中，有对国企承担的政策性负担与国企改革之间关系的深入分析，值得参考（林毅夫等，2014）。

当然，学术界中还有对中国消费不足的其他理解。其中一种比较流行的逻辑认为，中国的消费不足是统计数据质量低下带来的假象。在这方面，读者可参阅张军在 2010 年曾发表的题为《消费不足是个伪命题》的文章（张军，2010）。了解了不同观点后，读者才能兼听则明，形成自己独立的看法。

练习题

9.1　在本讲介绍的两期拉姆齐模型中，假设企业的生产函数为 $y=k^{0.5}$（生产不需要劳动力），全社会第 1 期期初的资本存量为 1。第 1 期期初全社会的总资本中，有一半属于居民、另一半属于企业。企业的所有权不在居民手中。企业的目标为最大化其规模（资本存量）。

（a）请画出模型的时序图并定义模型均衡。

（b）求解均衡时居民两期的消费量以及第 2 期的资本回报率。

（c）相比上一讲习题 8.1 中求出的第 2 期资本回报率，这里求出的资本回报率是更高还是更低？请用经济逻辑解释其原因。

9.2　有人说中国的统计数据质量很差，存在大量对居民消费的低估，所以认为中国并不存在“消费不足”问题。请用这一讲介绍的逻辑驳斥其观点。

第 10 讲

从内部失衡到外部失衡

前面我们在新古典增长模型（拉姆齐模型）的框架下分析了中国国内消费不足的问题。我们的基本结论是：由于中国企业与居民两大部门之间存在割裂，全社会总产出无法充分流向居民部门，因而产生了消费不足、储蓄及投资过剩的状况。用经济学的术语来说，中国处在**动态无效率**（dynamic inefficient）的状态。也就是说，如果减少一点储蓄和投资，增加一些消费，可以提升居民的贴现效用和（一生的总福利）。

在前面的讨论中，我们都是在一个封闭经济体的模型中讨论问题。也就是说，我们之前假设世界上就只有中国一个国家（或者解释为中国不与其他国家发生任何经贸往来）。这种封闭经济的讨论简化了分析，让我们能够更容易看到产生消费不足的核心机制。但在这种简化的封闭经济框架中无法讨论国际贸易、国际关系这些问题。在这里，我们会把视角拓展到全球，将之前的封闭经济模型扩展为开放经济模型，探讨经济内部失衡与外部失衡（国际收支不平衡）之间的关系，并分析全球经济中颇受关注的**全球失衡**（global imbalances）问题。

10.1 一些国民经济统计的知识准备

要讨论国际经济问题，需要先了解相关的统计体系。描述一国对外经贸联系的最重要统计指标是**国际收支平衡表**（balance of payments，简称 BOP）。BOP 反映了一定时期内一个国家（或地区）同别的国家（或地区）全部经济往来的收支**流量**。当然，有流量就有对应的存量统计——**国际投资头寸表**（international investment position，简称 IIP）。IIP 反映了特定时点上一个国家（或地区）对世界其他国家（或地区）金融资产和负债的存量。国际投资头寸表在计价、记账单位和折算等核算原则上与国际收支平衡表一致，与国际收支平衡表共同构成一个国家或地区完整的国际账户体系。

10.1.1 国际收支平衡表

我们先来看国际收支平衡表（见表 10－1）。国际收支平衡表按照复式记账的规则，包含贷方（credit）、借方（debit）和差额（balance）三类数据。**差额是贷方减去借方所得之差**。每一笔国际交易一定会在平衡表中记录两次。**导致资源从本国流出的业务被计入贷方；导致资源流入本国的业务被计入借方**。相应地，**贷方业务使得本国的资产减少（或负债增加）；借方业务则使得本国资产增加（或负债减少）**。因此，当我们说国际收支某一项差额为正时，就是说这一项存在国际收支盈余，因而代表着国内资源的流出。为了让读者有一个更为形象的感觉，我们在表的最右一列还加上各项差额与中国 GDP 的比例关系。

表 10－1　　中国 2017 年国际收支平衡表（BOP）

	贷方（亿美元）	借方（亿美元）	差额（亿美元）	差额与 GDP 之比（%）
经常账户（current account）	**27 089**	**25 440**	**1 649**	**1.3**
货物贸易	22 165	17 403	4 761	3.9
服务贸易	2 065	4 719	−2 654	−2.2
初次收入（雇员报酬、投资收益）	2 573	2 918	−344	−0.3
二次收入（转移支付）	286	400	−114	−0.1
资本和金融账户	…	…	570	0.5
资本账户（capital account）	**2**	**3**	**−1**	**0.0**
金融账户（financial account）	**4 353**	**3 782**	**571**	**0.5**
非储备性质的金融账户	4 353	2 867	1 486	1.2
直接投资	1 682	1 019	663	0.5
证券投资	1 168	1 094	74	0.1
金融衍生工具	−10	−15	5	0.0
其他投资（货币、存贷款、应收款）	1 513	769	744	0.6
储备资产净获得变化	…	…	−915	−0.7
货币黄金	…	…	…	…
特别提款权	…	…	−7	0.0
在国际货币基金组织的储备头寸	…	…	22	0.0
外汇储备	…	…	−930	−0.8
净误差与遗漏	…	…	**−2 219**	**−1.8**

资料来源：Wind

从大项来看，国际收支平衡表由**经常账户**（current account）、**资本账户**（capital account）与**金融账户**（financial account）三项组成。其中后两项又被合称为**资本和金融账户**（capital and financial accounts）。理论上，由于每笔业务都应该在借贷双方等额地体现出来，所以经常、资本和金融三大账户加起来应该等于 0。但由于统计误差的存在，这三者之和往往不是 0。因此需要有**净误差与遗漏**（net errors and omissions）一项来平衡。净误差与遗漏项被定义为三大账户之和的负值。这样，三大账户再加上净误差与遗漏项之和必然等于0。

国际收支平衡表中最重要的一项是经常账户。它包括货物（goods）、服务（services）、收入（income）和单边转移（unilateral transfers）四个项目，反映了因贸易、收入和转移所导致的资源流动。经常账户的差额如果为正，就表明本国在经常账户上存在盈余，有产品和服务的对外净输出。要注意，经常账户顺差（current account surplus）与贸易顺差（trade surplus）是两个东西。海关发布的贸易数据仅包含货物贸易。所以贸易顺差只是货物贸易产生的顺差。这部分顺差再加上服务贸易、收入和单边转移带来的差额，才是经常账户的顺差。

国际收支平衡表中的资本和金融账户反映了一国一定时期内对外资本流动与金融交易收支的状况。差额为负，表明实物或金融资本流入本国。其中的资本账户对应着非金融的资本流动业务。比如固定资产所有权在本国居民和外国居民之间的转让，移民带来或带走的货物或资产，固定资产的交易、继承、赠与、保险支付等。而金融账户则反映了金融交易带来的资本流动。金融账户中又包含非储备性质的金融账户以及储备资产的变化。所谓储备资产，就是一国政府为国际支付所准备的国际硬通货。它包含货币黄金（央行金库中的金块）、在国际货币基金组织的储备头寸、特别提款权（special drawing rights，简称SDR）以及外汇储备（美元、欧元、日元等国际普遍接受的货币）。

结合中国2017年的国际收支平衡表，我们要做五点介绍。第一点有关经常账户盈余的重要性。经常账户盈余意味着本国产品和服务的净输出。这种净输出会帮本国"挣钱"，带来金融账户下金融资源的净流入，增加我国的金融资产。反过来，如果经常账户是赤字（差额为负），那就必然导致本国金融负债的持续增加（或资产持续减少），最终可能会因无法偿付外债而爆发**国际收支危机**（balance of payment crisis）。2017年，中国经常账户盈余达1 649亿美元，与中国当年GDP的比例为1.3%。相比中国2007年经常账户与GDP比例的高点9.9%，2017年的数据已经下降很多了。

第二点是对"储备资产"的解释。所谓**储备资产**（reserve asset），是一国政府为国际支付所准备的国际"硬通货"，是一个存量的概念。国际收支平衡表由于反映的是一段时期内的流量，所以在其中录入的是储备资产的变化量。可以看到，2017年中国"储备资产净获得变化"项的差额为−915亿美元。这表明中国的储备资产在2017年增加了915亿美元。这主要是因为中国的外汇储备在这一年增加了930亿美元。

第三点是解释"净误差与遗漏"项。2017年，我国经常账户盈余为1 649亿美元。资本和金融账户的差额为570亿美元。这就出现了很大的不协调。按道理说，既然中国在经常账户下有价值1 649亿美元的商品和服务的对外净输出，就应该能在资本和金融账户下为中国"挣回"那么多的钱。但问题是这钱非但没挣回来，还净流出570亿美元。所以，就有2 219亿美元（=1 949+570）的钱少流入了中国。这部分在国际收支平衡表中就由"净误差与遗漏"一项来平衡。这有可能是统计误差或遗漏造成的，也有可能是那些未被政府观察到的业务带来的资源跨境流动。所以在实务中，分析者往往将国际收支平衡表中的"净误差与遗漏"一项的负差额视为资本外逃（capital flight）的证据。

第四点是讨论资本账户开放（open up capital account）。直到2017年，中国资本账户下的国际收支业务仍然受到高度管制，几乎没有什么交易。2017年资本账户下的贷方与借方业务分别只有2亿美元与3亿美元，与经常账户和金融账户相去甚远。放开资本账户，意思就是放开对这些交易的管制，让国内外居民都可以自由进行。这样，必然带来跨境资本的自由流动。这种流动有可能对国内金融市场和国内经济产生巨大的负面冲击（比如中国人大量到外国去买房，导致资本流出）。因此，中国在开放资本账户上一直十分审慎。

有人可能会有疑问，为什么中国在金融账户下有巨大的交易量，而不像资本账户那样近乎被堵死。答案是，经常账户下的交易必然对应金融交易。比如，本国厂商向外国出口产品必然会带来外汇从国外流入国内（出口商品挣到了外汇）。所以金融账户下不可能没有交易。但同时，我国金融账户下的交易也有非常多的管制规定——比如外国居民就只能通过有限的几个渠道参与到我国国内的金融市场中，而且会受到我国外管局所设定的额度管制。

第五点要介绍的是**特别提款权**（SDR）。[①] 2015年，人民币加入SDR吸引了很多眼球。所谓SDR，也叫做**纸黄金**（paper gold），是国际货币基金组织（IMF）于1969年所创造的一种用于国际支付的账面资产。具体来说，SDR是IMF分配给其成员的一种使用资金的权利。当成员发生国际收支逆差时，可以用SDR来向IMF指定的其他成员换取外汇，以进行国际支付。可以把SDR理解为一种IMF安排的、国家间的“信贷额度”。在纳入人民币之前，SDR由美元、欧元、英镑和日元这四种货币按照一定的比例组成（其中美元大概占1/2、欧元接近1/3）。在人民币加入SDR后，人民币在SDR中的权重略低于1/10。其他四种货币的权重则相应有所下降。

也就是说，IMF成员每使用一单位SDR，可以从其他成员获得对应的一篮子货币。所以，SDR其实并不是货币。人民币加入SDR，并不代表别的国家就马上会按照相应比例储备人民币。但是，一种货币如果能够被纳入SDR，表明国际社会对于这种货币比较认可，因而有较强的信号意义。从这个角度来说，人民币加入SDR有助于人民币国际化的推进。

10.1.2 国际投资头寸表

看完了国际收支平衡表（BOP），我们再来看国际投资头寸表（IIP）。国家收支所代表的流量会改变一个国家对外资产和负债存量的情况。这个存量的状况就由国际投资头寸表来反映。也就是说，国际投资头寸表反映了某个时点一个国家的对外资产负债存量的情况。

不过，IIP中存量的变化并非完全由BOP中的流量所带来。资产价格的变化、汇率的变动以及其他一些调整都会影响IIP中的存量数据。比如，我国外汇储备存量都公布总的美元计价的数额。但我国外汇储备中还会包含相当比例的非美元资产（如欧元、日元）。这样，当美元升值时，这些非美元资产的美元估价就会相应缩水，从而导致我国外汇储备总量的下降。相反，当美元贬值时，我国外储规模会因为非美元资产估值的上升而膨胀。在分析我国外汇储备的变动时，这种汇率波动带来的影响必须加以考虑。所以，国际投资头寸表中存量数据的变动未必与国际收支平衡表中的流量数据能精确相等。但大致上还是接近的。

国际投资头寸表本质上是一个国家对外的资产负债表，因而包含资产和负债两大部

---

① IMF对SDR给出的官方解释可见：http：//www.imf.org/external/np/exr/facts/chi/sdrc.pdf。

分。资产和负债中又都包含直接投资、证券投资（股票债券）以及其他投资（货币、存款、贷款、贸易信贷、SDR 等）三大类。在资产项中还额外包含储备资产一项，反映一个国家政府的国际支付工具储备。国际投资头寸表中最值得关注的是资产减去负债之后的"净头寸"。在 2017 年年底，中国国际投资净头寸超过 1.8 万亿美元，占中国 GDP 的比重约为 15%（见表 10-2）。由此可见，中国对外的资产负债状况非常健康。

表 10-2　　中国 2017 年国际投资头寸表（IIP）

	存量（亿美元）	占 GDP 的比重（%）
净头寸	**18 141**	**14.8**
资产	**69 256**	**56.6**
直接投资	14 730	12.0
证券投资（股权、债券）	4 972	4.1
其他投资（货币、存款、贷款等）	17 136	14.0
储备资产（外储、黄金、SDR 等）	32 359	26.4
负债	**51 115**	**41.7**
直接投资	29 014	23.7
证券投资（股权、债券）	10 439	8.5
其他投资（货币、存款、贷款等）	11 628	9.5

资料来源：Wind

10.1.3　国民收入恒等式

前面所介绍的国际收支统计与国内 GDP、投资等统计体系是相互联系的。在前面几讲介绍净储蓄时我们曾经推导过它们之间的联系。下面我们利用国民收入统计恒等式的变形再来推导一次，以加深印象。由 GDP 的支出法统计，我们知道总产出等于消费、投资与净出口之和。写成公式就是

$$Y=C+I+NX$$

其中，Y 为总产出、C 为国内消费、I 为国内投资、NX 为净出口（出口减去进口）。事实上，净出口并未完全包含一个国家的对外实物交往。更全面的分析应该用经常账户。所以，更全面的支出法 GDP 表达式应该是

$$Y=C+I+CA$$

将上式中的消费 C 与投资 I 都移到等号左边，上式又可以改写成 $Y-C-I=CA$。注意，总产出减去总消费（$Y-C$）就是国民总储蓄 S。将其代入式子，可得

$$S-I=CA \tag{10.1}$$

上式就是一个关键的国民收入恒等式。它表明，一个国家的经常账户顺差等于这个国家国内的总储蓄减去其国内总投资。从经济道理上来讲，就是一个国家的储蓄只能拿来做投资。国内投资如果用不光国内的储蓄，那就需要把剩余下来的储蓄借给外国，从而形成经常账户的顺差。反之，如果一个国家国内投资太多，超过了国内的储蓄，那这个国家就必

须从国际市场借入资金来支撑国内的投资。这样，就会有经常账户逆差。而经常账户逆差如果持续大量存在，必然会导致这个国家的国际投资头寸持续恶化。当这个国家没有足够的硬通货来支付其国际债务的本息之时，这个国家就会爆发国际收支危机。

10.2　全球失衡与过剩储蓄

有了前面的国民经济核算知识，现在我们来看看有关中国与世界经济联系的基本事实。在前面几讲中，我们分析了中国高储蓄背后的逻辑。从资金流量表数据来看，过去 10 年中国国内总储蓄占 GDP 的比重一直接近 50%，次贷危机前的高点甚至超过 60%。由于国内储蓄规模是如此巨大，所以尽管中国国内投资占 GDP 的比重已经远高于绝大多数国家，但国内仍然有比较多的富余储蓄（$S-I$）（见图 10－1）。从国民收入恒等式（10.1）式来看，国内的富余储蓄在流向别国的过程中，一定会导致我国出现大规模的经常账户顺差。从宏观数据来看也确实如此。我国国内富余储蓄与经常账户顺差之间高度同步。两个数据之所以不完全相等，是因为存在统计误差（见图 10－2）。

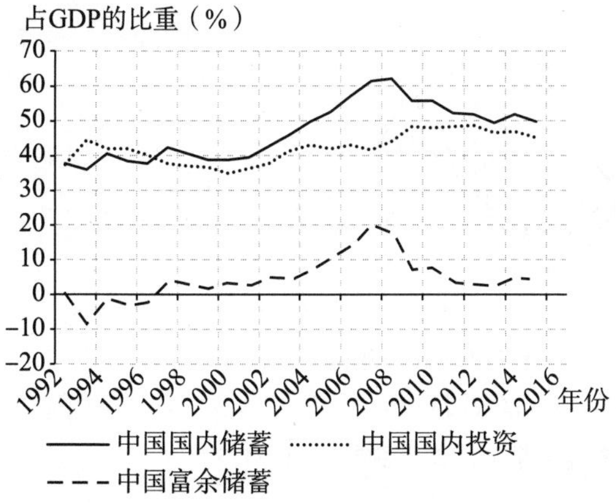

图 10－1　中国国内储蓄长期多于国内投资

资料来源：CEIC

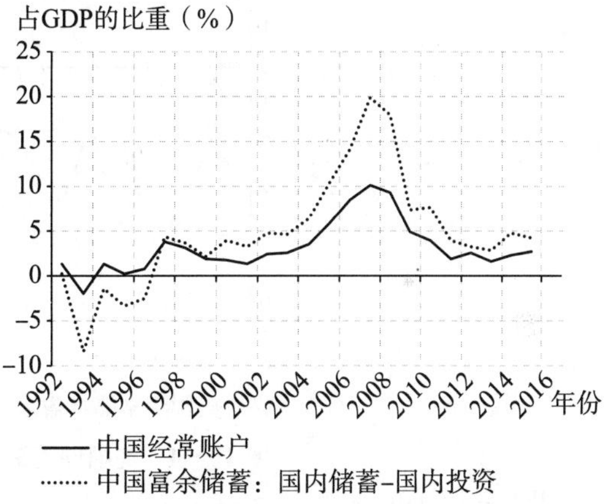

图 10－2　中国富余储蓄转变成了经常账户顺差

资料来源：CEIC

全球经济是一个封闭经济体。有国家存在经常账户顺差，就必定有国家存在经常账户逆差；有国家有富余储蓄向外借出，就必定有国家储蓄不足需要从外借入资源。因此，世界上必然会有国家与中国形成镜像，以它的储蓄不足、经常账户逆差来平衡中国的储蓄过剩、经常账户顺差。这个国家就是美国。在下一讲，我们将分析为什么这个平衡中国（以及其他经常账户顺差国）的国家必定是美国。在这里，我们先看看有关美国的基本事实。

尽管美国的国内投资占其 GDP 的比重目前只有约 20%，甚至不到中国投资占 GDP 的比重的一半，但美国国内储蓄仍然没有投资多。美国国内储蓄占 GDP 的比重目前还不足 20%。在过去 30 多年中，美国国内储蓄一直都低于同期投资规模（见图 10－3）。这意味着美国单凭其国内储蓄并不足以支持其国内的投资规模。二者之间的缺口需要从国际市场借入资源来弥补。相应地，美国在过去 30 多年里一直处在经常账户逆差的状态，且经常账户逆差的规模在 2008 年次贷危机爆发之前还创下了一个峰值（见图 10－4）。

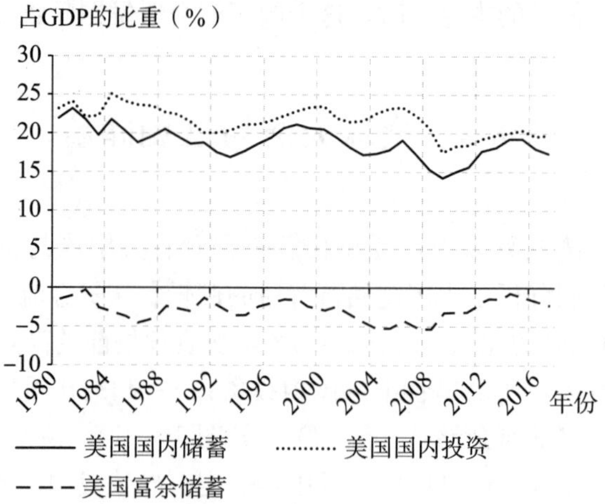

图 10－3　美国国内储蓄长期少于其国内投资

资料来源：IMF

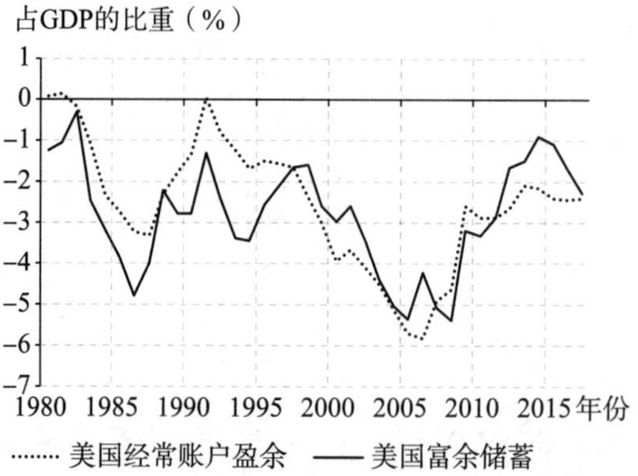

图 10－4　美国储蓄缺口由其经常账户逆差弥补

资料来源：IMF

这样，就形成了所谓**全球失衡**（global imbalances）的格局。在次贷危机爆发之前，这是国际经济学界最为关注的现象。在全球失衡中，中国、日本、其他亚洲新兴国家以及石油输出国持续有大量经常账户顺差。而这些顺差几乎全部由美国的经常账户逆差所平衡。在 2000—2008 年，全球失衡的程度（由所有顺差国经常账户顺差之和衡量）明显加大。在这个过程中，中国起了非常关键的作用。在这期间，中国经常账户顺差规模本身就有相当幅度的扩张。而中国对能源需求的增加也推高了油价，让石油输出国石油收入大增，国内储蓄增加，推升了这些国家的经常账户顺差（见图 10－5）。

在全球失衡中，包括中国在内的顺差国一方面大量向美国出口商品，形成大量贸易顺差，另一方面，顺差国也将其富余储蓄借给了美国，增加了美国国内储蓄的总供给（包括美国自己的国内储蓄，以及借入的其他国家的富余储蓄），因而也就压低了储蓄的回报率，即真实利率（见图 10－6）。

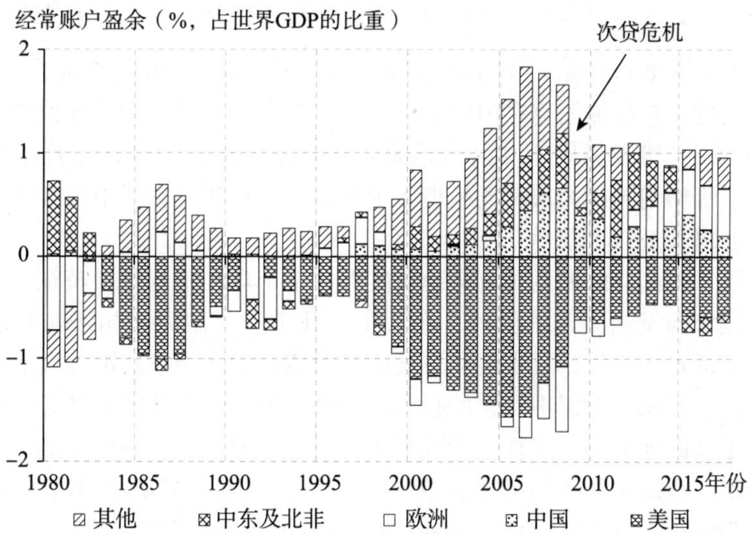

图 10－5　全球失衡

资料来源：IMF

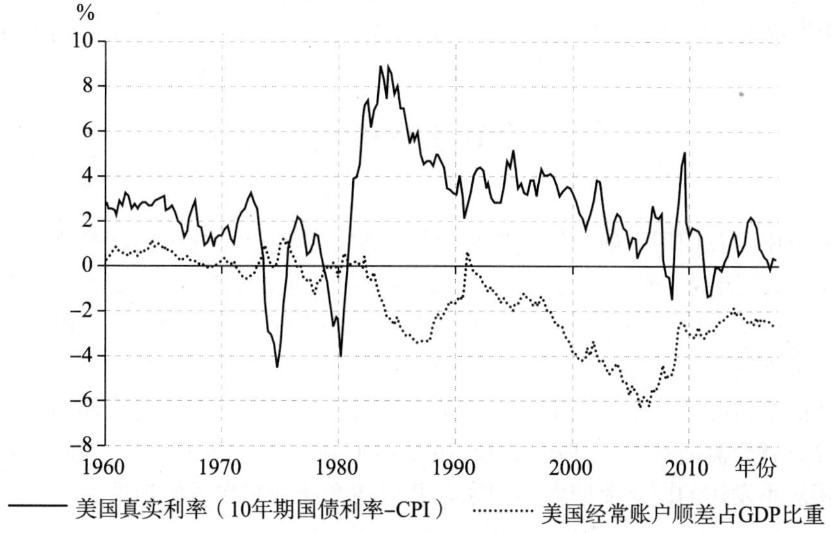

图 10－6　全球失衡扩张中美国真实利率持续下降

资料来源：Wind

2005 年 3 月，时任美联储委员的伯南克（Ben S. Bernanke，于 2006—2014 年担任美联储主席）做了一场题为《全球储蓄过剩与美国经常账户逆差》（The Global Saving Glut and the U. S. Current Account Deficit）的演讲。[①] 在演讲中，伯南克说道：

> 在过去的十年中，几种不同力量合起来造成了全球储蓄供给的显著增加——全球储蓄过剩——可以解释美国经常账户赤字的增大，以及全球较低的长期利率水平……全球储蓄过剩的一个特别有趣的方面是之前流向发展中和新兴市场经济体的信贷流动

① 演讲全文可见：http：//www. federalreserve. gov/boarddocs/speeches/2005/200503102/。

发生的逆转，让这些国家从之前的国际资本市场的借款人变成了净借出者。

从伯南克的这次演讲开始，全球**储蓄过剩**（saving glut）就越来越受到各方的关注。次贷危机爆发之后，包括伯南克在内的不少人都认为全球储蓄过剩所导致的低利率环境是美国出现泡沫的一个重要原因。其潜台词是：顺差国所提供的富余储蓄压低了美国的利率，催生了资产价格泡沫，为次贷危机埋下了种子。很自然，包括中国在内的顺差国不喜欢这种理论，并对其进行了驳斥。

但客观地说，伯南克的储蓄过剩理论确实抓住了全球经济的重要特征——全球失衡中资本从发展中国家向发达国家的流动。在其中有几个重要的而又相互联系的问题需要回答。其中最重要的是，为什么资本会从发展中国家流向发达国家？因为发展中国家的人均资本存量低于发达国家，发展中国家的投资回报率应该高于发达国家才是。由于资本总是会流向回报率更高的地方，所以理应看到资本从发达国家向发展中国家流动，而不是相反才对。换句话说，全球失衡中所看到的资本流动方向从经济理论方面来分析是难以理解的。既然难以理解，大家就有理由对这种资本流动的持续性保持怀疑。如果有一天发展中国家不再有富余储蓄提供给发达国家，发达国家的经常账户逆差就无法维持，其国内投资规模也就无法支撑，将会陷入经济危机。因此，在次贷危机爆发之前，国际经济学界普遍担心的是发展中国家不再提供富余储蓄给发达国家。特别地，大家尤其担心“中国抛弃美元”。

10.3 全球失衡的模型分析

在这一节中，我们用一般均衡模型来分析全球失衡现象。这个模型是前面用来分析中国内部消费不足/储蓄过剩模型的一个拓展。我们把之前的封闭模型变为开放模型，在模型中再加入一个新的国家（可以将其理解为除中国外的其他所有国家），以之来研究国际贸易和跨国资本流动。

新模型的逻辑并不复杂。当中国由于国有部门的大量存在而有过剩储蓄时，这些过剩储蓄的一部分就会流向别国，并压低全球的资本回报率（真实利率）。因此，我们就看到了资本从相对不发达的国家流向发达国家，并伴随全球利率水平的走低。

10.3.1 模型设定

假设世界上就存在两个国家：本国与外国（见图 10-7 和图 10-8）。本国中存在一个不由消费者所拥有的企业部门（这与第 5 讲的设定相同）。而外国的企业部门则完全由外国居民部门所拥有（外国是一个私有制的市场化经济）。本国与外国之间的劳动力不能自由流动，但资本可以。两国的生产技术和劳动力禀赋完全相同，资本仍然不折旧。在第 1 期生产结束之后、消费之前，两国之间可以在一个统一的国际资本市场中借贷资本。在第 2 期生产结束之后、消费之前，两国按照国际统一的资本回报率 r_{g2} 偿还第 1 期从国际资本市场借入的资本（本息）。本国的居民和企业部门均可借贷。

外国为完全私有制的市场经济，因此可以假设企业不做任何储蓄决策，而只假设仅外国居民累积资本，并且在国际资本市场上借贷。

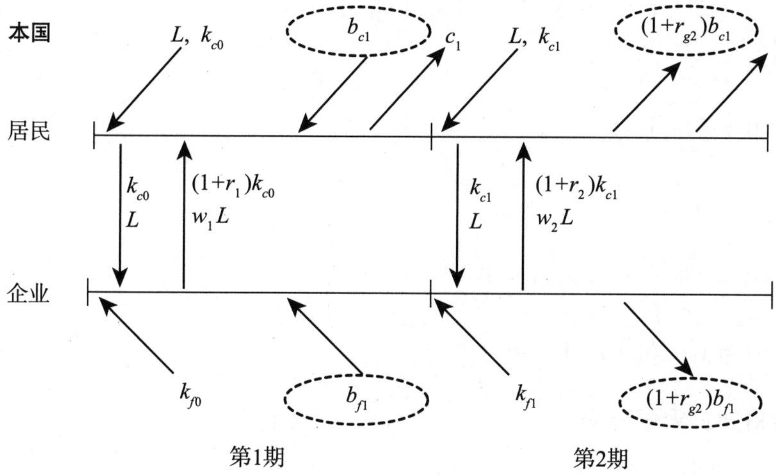

图 10－7　本国的时序图

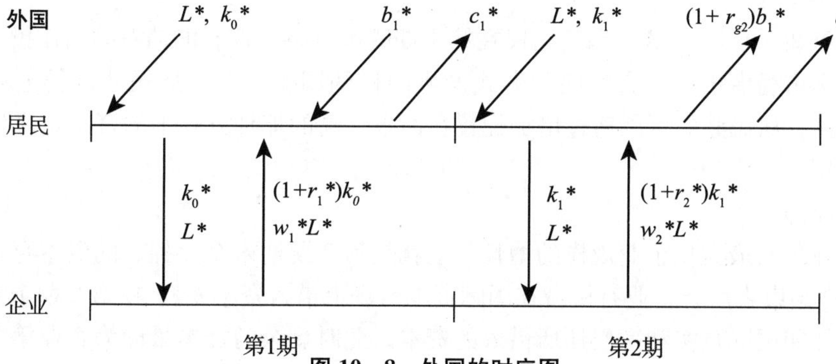

图 10－8　外国的时序图

注意，这里我们假设每期的国际资本市场借贷行为发生在生产活动之后。所以，第 1 期借入的资本并不进入第 1 期的生产函数中。也可以假设借贷发生在当期生产活动之前，但那并不会给模型结论带来本质不同。

10.3.2　模型内各主体优化问题

1. 本国居民

与前两讲的设定一致，本国居民最大化两期累积的效用

$$\max u(c_1)+\beta u(c_2)$$

以消费品为计价物，本国居民第 1 期的约束条件为

$$c_1+k_{c1}\leqslant k_{c0}+r_1 k_{c0}+w_1 L+b_{c1}$$

第 2 期的约束条件为

$$c_2+(1+r_{g2})b_{c1}\leqslant k_{c1}+r_2 k_{c1}+w_2 L$$

设定拉格朗日函数

$$\mathcal{L}=u(c_1)+\beta u(c_2)+\lambda_1(k_{c0}+r_1 k_{c0}+w_1 L+b_{c1}-c_1-k_{c1})$$

$$+\lambda_2(k_{c1}+r_2k_{c1}+w_2L-(1+r_{g2})b_{c1}-c_2)$$

优化一阶条件为

$$\frac{\partial\mathcal{L}}{\partial c_1}=0\Rightarrow u'(c_1)=\lambda_1$$

$$\frac{\partial\mathcal{L}}{\partial c_2}=0\Rightarrow \beta u'(c_2)=\lambda_2$$

$$\frac{\partial\mathcal{L}}{\partial k_{c1}}=0\Rightarrow -\lambda_1+(1+r_2)\lambda_2=0$$

$$\frac{\partial\mathcal{L}}{\partial b_{c1}}=0\Rightarrow \lambda_1-(1+r_{g2})\lambda_2=0$$

消去其中的拉格朗日乘子可得

$$u'(c_1)=\beta u'(c_2)(1+r_2)$$
$$u'(c_1)=\beta u'(c_2)(1+r_{g2})$$

由以上两式可知 $r_2=r_{g2}$。这是因为居民在第 1 期既可以将其拥有的消费品用作投资，也可以在国际资本市场借出。只有这两种方式产生同样的回报率时，居民才谈得上做到了最优。如若不然，居民必然可以通过增加配置在回报率高的那种方式上的资源量来进一步提升自己的效用。

2. 本国企业

本国企业仍然最大化企业规模的增长，也就是第 2 期期末企业拥有的资本存量。在第 1 期企业生产结束之后，企业有机会在国际资本市场上借入资本 b_{f1}。在第 2 期企业生产结束后，企业按照国际真实利率偿还所借入的资本。此时剩余的资本量即为企业第 2 期期末所拥有的资本量。本国企业第 1 期的预算约束为

$$k_{f1}\leqslant k_{f0}+AF(k_{f0}+k_0^d,l_1^d)-r_1k_0^d-w_1l_1^d+b_{f1} \tag{10.2}$$

本国企业第 2 期期末的资本持有量为

$$AF(k_{f1}+k_1^d,l_2^d)-r_2k_1^d-w_2l_2^d-(1+r_{g2})b_{f1}+k_{f1} \tag{10.3}$$

将约束条件中的不等号变为等号，企业的优化问题可以写为

$$\max_{\{k_0^d,l_1^d,k_1^d,l_2^d,k_{f1},b_{f1}\}} AF(k_{f1}+k_1^d,l_2^d)-r_2k_1^d-w_2l_2^d-(1+r_{g2})b_{f1}+k_{f1}$$
$$\text{s.t.}\quad k_{f1}=k_{f0}+AF(k_{f0}+k_0^d,l_1^d)-r_1k_0^d-w_1l_1^d+b_{f1}$$

设立拉格朗日函数

$$\mathcal{L}=AF(k_{f1}+k_1^d,l_2^d)-r_2k_1^d-w_2l_2^d-(1+r_{g2})b_{f1}+k_{f1}$$
$$+\lambda[k_{f0}+AF(k_{f0}+k_0^d,l_1^d)-r_1k_0^d-w_1l_1^d+b_{f1}-k_{f1}]$$

其一阶条件为

$$\frac{\partial\mathcal{L}}{\partial k_0^d}=0\Rightarrow AF_1(k_{f0}+k_0^d,l_1^d)=r_1$$

$$\frac{\partial \mathcal{L}}{\partial l_1^d}=0 \Rightarrow AF_2(k_{f0}+k_0^d, l_1^d)=w_1$$

$$\frac{\partial \mathcal{L}}{\partial k_1^d}=0 \Rightarrow AF_1(k_{f1}+k_1^d, l_2^d)=r_2$$

$$\frac{\partial \mathcal{L}}{\partial l_2^d}=0 \Rightarrow AF_2(k_{f1}+k_1^d, l_2^d)=w_2$$

$$\frac{\partial \mathcal{L}}{\partial k_{f1}}=0 \Rightarrow 1+AF_1(k_{f1}+k_1^d, l_2^d)=\lambda$$

$$\frac{\partial \mathcal{L}}{\partial b_{f1}}=0 \Rightarrow 1+r_{g2}=\lambda$$

由其中最后两式可得

$$r_{g2}=AF_1(k_{f1}+k_1^d, l_2^d)=r_2 \tag{10.4}$$

也就是说，国内第 2 期的资本回报率应该等于国际资本的借贷利率。这背后的道理与居民的选择一样。

关于本国企业优化问题的求解，我们要做两点技术性的说明。第一，这里在求解优化问题时，没法将企业第 1 期的预算约束代入优化目标函数中。因为 k_{f1} 既出现在目标函数的最后一项，又出现在生产函数中。如果将约束条件代入目标函数，就会出现两个生产函数的嵌套，处理起来很复杂。因此这里我们用拉格朗日方法来求解。

第二，对企业的目标函数（10.3）式我们要再解释一下。有人可能会奇怪为什么 k_1^d 前面的系数是 $-r_2$，而 b_{f1} 前面的系数却是 $-(1+r_{g2})$。为什么一个没有 1，一个又加上了 1？这主要是因为我们对生产函数的定义。在本书中，我们一直将生产函数定义为经济的总产出。也就是说，生产中所用到的资本存量是不被包含在生产函数中的。这里的一个潜台词是资本的存量会被还给资本的所有者。所以，资本存量无论是初始被借出来还是生产后被还回去，都没有体现在我们写下的方程中。所以在方程中我们只看到 $r_2k_1^d$，那是产出中支付给资本的回报。与企业归还给资本所有者的资本存量是两个东西。

而 b_{f1} 是借入的外国的资本。在企业第 1 期的预算约束式（10.2）式中借入的行为被明确地写了出来（其中有 $+b_{f1}$ 这一项）。既然借的行为在第 1 期预算约束中体现出来了，第 2 期的预算约束（也是目标函数）就得把还 b_{f1} 的本金这个动作也表现出来。因此在 b_{f1} 前面的系数是 $-(1+r_{g2})$，多了一个 1。

3. 外国居民

外国居民有着与本国居民一样的效用函数，同样追求最大化两期累积效用。按照宏观建模的习惯，我们用上标 * 来代表外国的变量。

$$\max u(c_1^*)+\beta u(c_2^*)$$

外国居民第 1 期面临的预算约束为

$$c_1^*+k_1^* \leqslant k_0^*+r_1^*k_0^*+w_1^*L^*+b_1^*$$

第 2 期的预算约束为

$$c_2^* + (1+r_{g2})b_1^* \leqslant k_1^* + r_2^* k_1^* + w_2^* L^*$$

设定拉格朗日函数

$$\mathcal{L} = u(c_1^*) + \beta u(c_2^*) + \lambda_1 (k_0^* + r_1^* k_0^* + w_1^* L^* + b_1^* - c_1^* - k_1^*) \\ + \lambda_2 (k_1^* + r_2^* k_1^* + w_2^* L^* - (1+r_{g2})b_1^* - c_2^*)$$

求取一阶条件为

$$\frac{\partial \mathcal{L}}{\partial c_1^*} = 0 \Rightarrow u'(c_1^*) = \lambda_1$$

$$\frac{\partial \mathcal{L}}{\partial c_2^*} = 0 \Rightarrow \beta u'(c_2^*) = \lambda_2$$

$$\frac{\partial \mathcal{L}}{\partial k_1^*} = 0 \Rightarrow -\lambda_1 + (1+r_2^*)\lambda_2 = 0$$

$$\frac{\partial \mathcal{L}}{\partial b_1^*} = 0 \Rightarrow \lambda_1 - (1+r_{g2})\lambda_2 = 0$$

消去其中的拉格朗日乘子可得

$$u'(c_1^*) = \beta u'(c_2^*)(1+r_2^*)$$

$$u'(c_1^*) = \beta u'(c_2^*)(1+r_{g2})$$

所以

$$r_2^* = r_{g2} \tag{10.5}$$

4. 外国企业

外国企业每期向居民租借资本和购买劳动力来进行生产。因此，有一阶条件

$$AF_1(k_{t-1}^{d*}, l_t^{d*}) = r_t^*$$

$$AF_2(k_{t-1}^{d*}, l_t^{d*}) = w_t^*$$

其中，$t=1$，2。

10.3.3 均衡

在均衡时，国际资本市场上的借贷要出清。有人借入，就必须有人借出。借入与借出的数量应该相等。所以必有

$$b_{c1} + b_{f1} + b_1^* = 0$$

如果定义 $b_1 \equiv b_{c1} + b_{f1}$ 为第 1 期期末本国从国际资本市场借入的总资本量，则必有

$$b_1 + b_1^* = 0 \tag{10.6}$$

国内与国外的劳动力市场和资本市场也需要出清，所以有

$$l_1^d = l_2^d = l_1^{d*} = l_2^{d*} = L$$

$$k_0^d = k_{c0}$$

$$k_1^d = k_{c1}$$

$$k_0^{d*} = k_0^*$$

$$k_1^{d*} = k_1^*$$

定义 $k_1 \equiv k_{c1} + k_{f1}$ 为本国第 2 期期初的总资本，并将上面的均衡条件代入前面求出的各个微观个体的优化条件，可以得到

$$AF_1(k_0, L) = r_1, \quad AF_2(k_0, L) = w_1$$
$$AF_1(k_1, L) = r_2, \quad AF_2(k_1, L) = w_2$$
$$AF_1(k_0^*, L) = r_1^*, \quad AF_2(k_0^*, L) = w_1^*$$
$$AF_1(k_1^*, L) = r_2^*, \quad AF_2(k_1^*, L) = w_2^*$$

由（10.4）式和（10.5）式，有 $r_2 = r_2^* = r_{g2}$，所以必有

$$AF_1(k_1, L) = AF_1(k_1^*, L) \tag{10.7}$$

由于我们假定两个国家有同样的生产技术和劳动力禀赋，所以（10.7）式意味着

$$k_1 = k_1^* \tag{10.8}$$

要注意，在第 1 期期初的时候，国际资本市场并未开放。所以在第 1 期期初国内外资本的回报率未必相等。相应地，在第 1 期国内外资本存量也未必一致。

接下来，应该推导两国消费品市场的资源约束式。这可以直接用经济学直觉写出。如果直觉不够强，通过变化国内外居民和企业的预算约束，也能得到相同的结果。下面我们就来推导一下。在均衡时，本国居民第 1、2 两期的预算约束可分别化为

$$c_1 + k_{c1} = k_{c0} + r_1 k_{c0} + w_1 L + b_{c1} \tag{10.9}$$

$$c_2 + (1 + r_2) b_{c1} = k_{c1} + r_2 k_{c1} + w_2 L \tag{10.10}$$

本国企业第 1 期的预算约束可化为

$$k_{f1} = k_{f0} + AF(k_0, L) - r_1 k_{c0} - w_1 L + b_{f1} \tag{10.11}$$

将本国居民第 1 期的预算约束（10.9）式左右两边同时加上 k_{f1}，并将本国企业第 1 期的预算约束（10.11）式代入，可以得到

$$c_1 = k_0 + AF(k_0, L) - k_1 + b_1 \tag{10.12}$$

居民第 2 期的预算约束（10.10）式可做如下变形

$$\begin{aligned}
c_2 &= (1 + r_2)(k_{c1} - b_{c1}) + w_2 L \\
&= (1 + r_2)[(k_1 - k_{f1}) - (b_1 - b_{f1})] + w_2 L \\
&= k_1 + (r_2 k_1 + w_2 L) - (1 + r_2)[k_{f1} - b_{f1}] - (1 + r_2) b_1 \\
&= k_1 + AF(k_1, L) - (1 + r_2)[k_{f0} + AF(k_0, L) - r_1 k_{c0} - w_1 L + b_{f1} - b_{f1}] - (1 + r_2) b_1 \\
&= k_1 + AF(k_1, L) - (1 + r_2)[k_{f0} + r_1 k_0 + w_1 L - r_1 k_{c0} - w_1 L] - (1 + r_2) b_1 \\
&= k_1 + AF(k_1, L) - (1 + r_1)(1 + r_2) k_{f0} - (1 + r_2) b_1
\end{aligned}$$

将资本回报率的表达式代入，并定义 $k_{f0} \equiv \theta k_0$（第 1 期初始资本存量中有 θ 份额为企业所拥有，$1 - \theta$ 为居民所拥有），可以得到

$$\begin{aligned}
c_2 = {} & k_1 + AF(k_1, L) - [1 + AF_1(k_0, L)][1 + AF_1(k_1, L)]\theta k_0 \\
& - [1 + AF_1(k_1, L)] b_1
\end{aligned} \tag{10.13}$$

在均衡时，外国居民两期的预算约束可分别化为

$$c_1^* + k_1^* = k_0^* + r_1^* k_0^* + w_1^* L^* + b_1^*$$
$$c_2^* + (1+r_2^*) b_1^* = k_1^* + r_2^* k_1^* + w_2^* L^*$$

将均衡条件代入外国居民两期的预算约束，可得

$$c_1^* = k_0^* + AF(k_0^*, L) - k_1^* + b_1^* \tag{10.14}$$
$$c_2^* = k_1^* + AF(k_1^*, L) - [1 + AF_1(k_1^*, L)] b_1^* \tag{10.15}$$

最后，我们还有国内居民和国外居民的欧拉方程

$$u'(c_1) = \beta u'(c_2)[1 + AF_1(k_1, L)] \tag{10.16}$$
$$u'(c_1^*) = \beta u'(c_2^*)[1 + AF_1(k_1^*, L)] \tag{10.17}$$

现在，我们有 c_1，c_2，k_1，b_1，c_1^*，c_2^*，k_1^*，b_1^* 总共 8 个未知数，并有（10.6）、（10.8）、（10.12）、（10.13）、（10.14）、（10.15）、（10.16）、（10.17）式共 8 个方程。因此，可以解出模型中的各个内生变量。

可以把这 8 个刻画均衡的方程分成三组

$$\begin{cases} u'(c_1) = \beta u'(c_2)[1 + AF_1(k_1, L)] \\ c_1 = k_0 + AF(k_0, L) - k_1 + b_1 \\ c_2 = k_1 + AF(k_1, L) - [1 + AF_1(k_0, L)][1 + AF_1(k_1, L)]\theta k_0 - [1 + AF_1(k_1, L)] b_1 \end{cases}$$

$$\begin{cases} u'(c_1^*) = \beta u'(c_2^*)[1 + AF_1(k_1^*, L)] \\ c_1^* = k_0^* + AF(k_0^*, L) - k_1^* + b_1^* \\ c_2^* = k_1^* + AF(k_1^*, L) - [1 + AF_1(k_1^*, L)] b_1^* \end{cases}$$

$$\begin{cases} b_1 + b_1^* = 0 \\ k_1 = k_1^* \end{cases}$$

第一组的 3 个方程描述了本国经济的状况；第二组的 3 个方程描述了外国的状况；第三组的 2 个方程描述了本国与外国的联系。观察第一组的 3 个方程，可以发现与前一讲的内容相比，只是增加了第 1、2 两期有关国际借贷的 b_1 与 $-[1+AF_1(k_1, L)]\ b_1$ 两项。

10.3.4 均衡的数量求解

为了给出数值结果，我们假设本国与外国居民的效用函数均为 CRRA 形式，即

$$U = \frac{c_1^{1-\sigma}}{1-\sigma} + \beta \frac{c_2^{1-\sigma}}{1-\sigma}$$

两国的企业生产函数为柯布-道格拉斯函数

$$F(k, l) = k^{\alpha} l^{1-\alpha}$$

假定 $k_0 = k_0^* = L = A = 1$，$\alpha = 0.4$，$\beta = 0.98$，$\sigma = 2$。

用 $b_1^* = -b_1$ 与 $k_1^* = k_1$ 消去方程组中的 b_1^* 与 k_1^*，并将具体参数值代入，可将前述 8 个方程组成的方程组化为以下包含 6 个方程的方程组

$$k_1=2+b_1-c_1 \tag{10.18}$$

$$c_2=k_1^{0.4}+k_1-(1+0.4)(1+0.4\times k_1^{-0.6})\theta-(1+0.4\times k_1^{-0.6})b_1 \tag{10.19}$$

$$k_1=2-b_1-c_1^* \tag{10.20}$$

$$c_2^*=2+k_1^{0.4}+0.4\times k_1^{-0.6}b_1-c_1^* \tag{10.21}$$

$$(c_2/c_1)^2=0.98\times(1+0.4\times k_1^{-0.6}) \tag{10.22}$$

$$(c_2^*/c_1^*)^2=0.98\times(1+0.4\times k_1^{-0.6}) \tag{10.23}$$

由（10.18）式和（10.20）式，我们有

$$k_1=2-\frac{c_1+c_1^*}{2},\quad b_1=\frac{c_1-c_1^*}{2}$$

由 Excel“规划求解”，可以得出不同 θ 取值下的模型均衡值。

10.3.5　模型分析

从模型的数量分析来看，本国的初始资本被不分红的企业拥有的越多（θ 越大），本国居民两期的消费就越低。这背后的原因在前几讲已经分析过了：不分红企业拥有的初始资本越多，经济中不能转化为消费的资源就越多，消费相应就越低。但在消费降低的同时，国内储蓄增加，第 2 期资本回报率下降。当模型拓展为包含外国的开放模型时，国内储蓄的增加就不仅仅压低本国的资本回报率，还会压低全球（本国及外国）的资本回报率。外国会相应向本国借入资本，来增加其第 2 期的资本存量。这样，第 2 期外国生产活动会用到一部分从本国借入的资本。换言之，本国所积累的储蓄一部分为外国所用。所以在借入了本国的资本之后，外国居民可以减少其储蓄，提升消费，增加其居民总福利。也就是说，本国不分红的企业事实上通过其刚性的储蓄补贴了外国居民的福利。而其代价就是本国居民消费和福利的下降（见图 10－9 至图 10－12）。

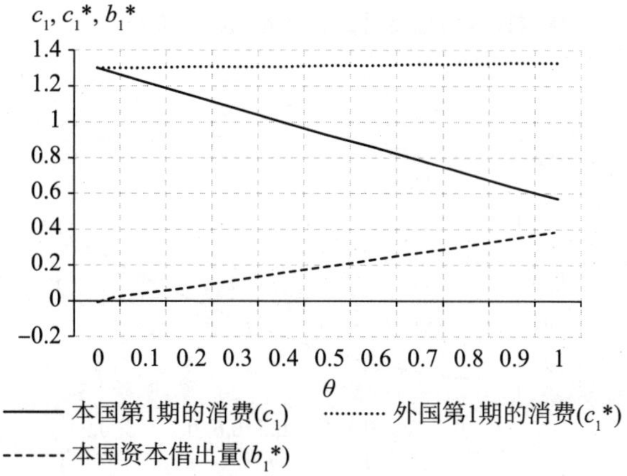

图 10－9　本国居民拥有的资本份额越少（θ 越大），本国消费越低，外国消费越高，本国向外国借出的资本越多

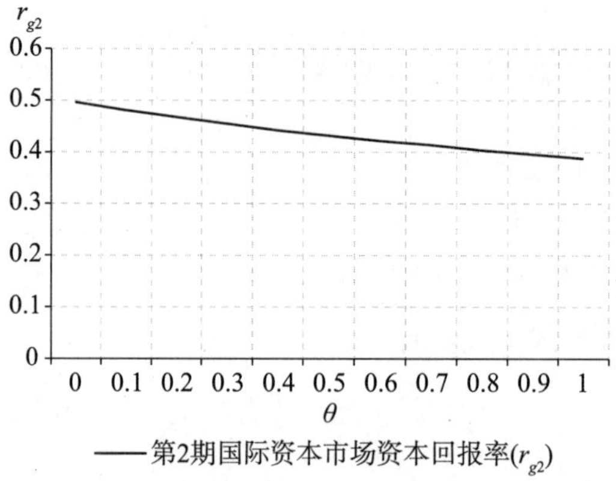

图 10－10 本国居民拥有的资本份额越少（θ越大），全球资本市场资本回报率越低

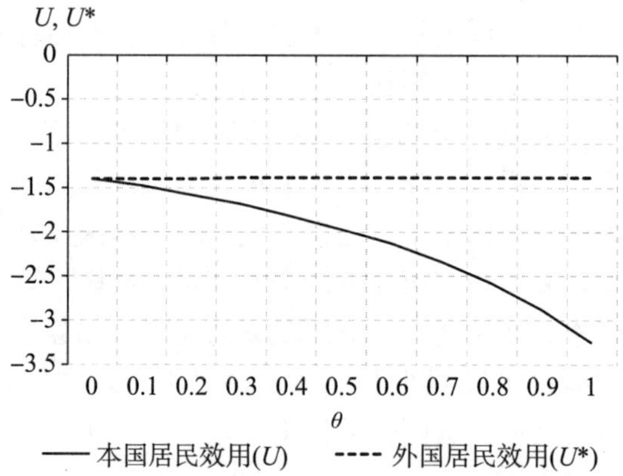

图 10－11 本国居民拥有的资本份额越少（θ越大），本国居民福利越低，外国居民福利越高（但提高的程度非常有限）

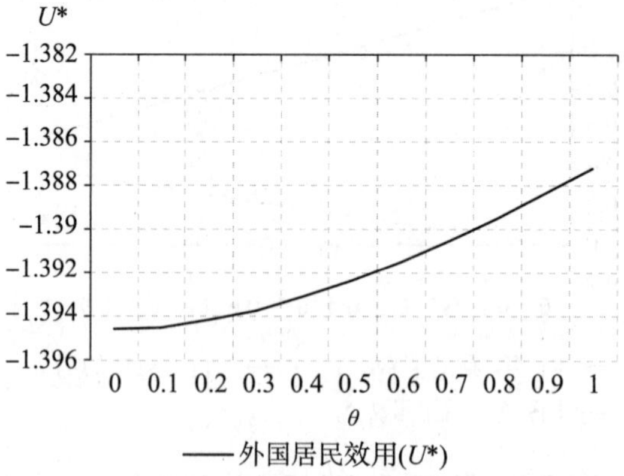

图 10－12 外国居民福利提高程度非常有限

我们还可以假设本国持有的第 1 期期初资本存量 k_0 小于外国第 1 期期初资本存量

k_0^*。也就是说，本国一开始的时候人均资本存量小于外国。由于发达国家的人均资本存量更高，所以 $k_0 < k_0^*$ 的假设意味着本国是发展中国家，外国是发达国家。这时，资本应从外国流向本国。但只要本国不分红企业掌握的初始资本足够多（θ 足够大），本国就会反过来把资本借给外国，形成从发展中国家向发达国家的资本流动。这背后的原因是，尽管本国人均资本存量较低，但不分红企业带来的刚性储蓄如果足够多，会使得本国第 1 期储蓄过大，倒需要反过来向外国输出资本。在这里，本国不分红企业是储蓄过剩的来源。而本国过剩储蓄向外国的溢出形成了全球失衡的格局。

进一步阅读指南

国际收支统计是一项很复杂的系统工程。读者们了解到本讲介绍的这个程度一般就够了。如果想更全面深入地理解国际收支统计，国际货币基金组织（IMF）编撰的《国际收支手册》（*Balance of Payments Manual*）是权威参考资料（IMF，2008）。国民收入恒等式将一个国家国内的不平衡与对外的不平衡联系在了一起，因此有不少文献是将中国国内的储蓄过剩与外部失衡联系起来研究的（尽管这些文献中很少是像本书这样从企业所有制结构出发来论证中国储蓄过剩的）。杨涛（Dennis Tao Yang）2012 年发表的"Aggregate Savings and External Imbalances in China"一文是讨论中国对外失衡的一篇不错的文献（Yang，2012）。伯南克 2005 年所做的演讲《全球储蓄过剩与美国经常账户逆差》（The Global Saving Glut and the U. S. Current Account Deficit）是全球失衡方面必看的文献（Bernanke，2005）。

练习题

10.1　在一个两期模型中，假设存在两个国家 A 和 B 可以自由贸易。两个国家的生产函数均为 $y=k^{0.5}$（生产不需要劳动力），且两个国家第 1 期期初的全社会总资本存量均为 1。在 A 国第 1 期期初的资本存量中，居民和企业部门各占一半。A 国的企业所有权不在居民手中，A 国的企业以最大化企业每期持有的资本存量为目标。在第 2 期期末，A 国企业手中的资本存量灭失。B 国第 1 期期初所有资本均归居民所有，企业每期向居民租借资本进行生产，且每期在生产活动结束后将当期企业利润以一次总付的形式转移给居民。在第 1 期生产活动结束后，A、B 两国可以相互借贷资本，并承诺在第 2 期生产活动结束后偿还。

(a) 请画出这一模型的时序图。

(b) 请计算均衡时 A、B 两国居民两期的消费分别是多少。

(c) 请计算第 2 期 A、B 两国的资本回报率分别是多少。相比第 9 讲习题 9.1 中的那个国家，A 国第 2 期的资本回报率是更高还是更低，为什么？

第 11 讲

外部失衡与经济危机

11.1 开放模型的拓展

在前几讲中，我们逐步拓展了分析中国经济的新古典增长模型。利用这个模型，我们分析了“刺穿企业帷幕”，论证了企业所有权在决定经济结构方面的重要性。利用封闭经济体的模型，我们论证了如果企业经营目标不是最大化企业的股票价值，而是规模最大化，那么经济会出现消费不足、储蓄过剩的问题。再后来，我们将模型拓展到了开放经济体，分析了本国过剩储蓄对外国的影响，探讨了外部失衡（国际收支的不平衡）与内部失衡之间的关系。

在这一讲中，我们要继续利用开放模型来分析国际经济问题。我们特别要分析外部失衡会导致的一种特殊经济危机——国际收支危机，并以之来解释亚洲金融危机、阿根廷比索危机和欧债危机。我们还会分析次贷危机的成因及其与国际收支危机的不同之处。

11.1.1 开放模型回顾

为了查看方便，我们先将上一讲介绍的开放模型抄在下面（相应的时序图见图 11-1 和图 11-2）。

这个模型的均衡为以下 8 个方程所刻画。其中包括刻画“本国”状况的 3 个方程

$$k_1=k_0+AF(k_0,L)+b_1-c_1 \tag{11.1}$$

$$c_2=k_1+AF(k_1,L)-[1+AF_1(k_1,L)]b_1-[1+AF_1(k_0,L)][1+AF_1(k_1,L)]\theta k_0 \tag{11.2}$$

$$u'(c_1)=\beta u'(c_2)[1+AF_1(k_1,L)] \tag{11.3}$$

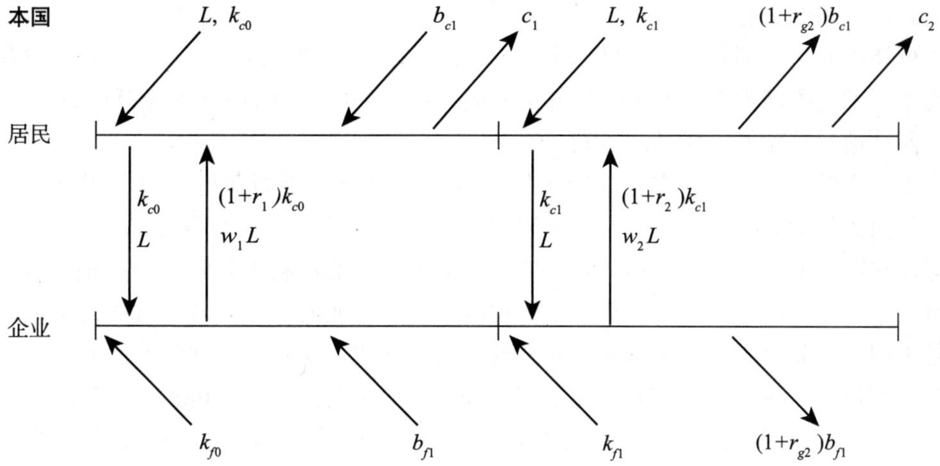

图 11-1　本国的时序图

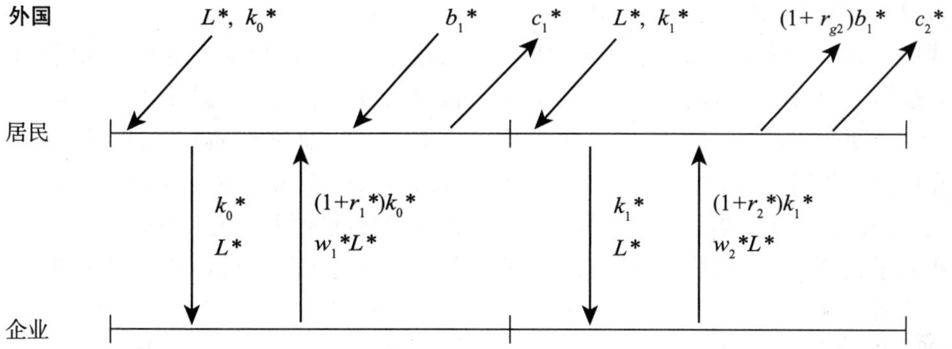

图 11-2　外国的时序图

刻画“外国”状况的 3 个方程

$$k_1^* = k_0^* + AF(k_0^*, L) + b_1^* - c_1^* \tag{11.4}$$

$$c_2^* = k_1^* + AF(k_1^*, L) - [1 + AF_1(k_1^*, L)]b_1^* \tag{11.5}$$

$$u'(c_1^*) = \beta u'(c_2^*)[1 + AF_1(k_1^*, L)] \tag{11.6}$$

和表征“本国”与“外国”联系的 2 个方程

$$b_1 + b_1^* = 0 \tag{11.7}$$

$$k_1 = k_1^* \tag{11.8}$$

在这个模型中，本国和外国的区别仅仅在于在第 2 期期末，本国不分红企业所持有的资源会被“浪费”掉，而外国不会。如果本国第 1 期期初所有资本都由居民所拥有（$\theta=0$），那么本国与外国完全一样，相互对称。

在前几讲中我们分析了，本国不分红企业是一个刚性的储蓄者。所谓刚性，是说这些企业因为不会消费，所以会把它们持有的所有资源都刚性地储蓄下来，变成未来的资本。

也就是说，本国的企业不会像居民那样在消费和储蓄之间做权衡。这样一来，以经济增长应当尽可能提升居民福利的最终目标来看，本国就陷入消费不足、储蓄（投资）过剩的状况。而本国的过剩储蓄会给外国带来外溢效应，提升外国居民的消费和福利。所以，本国事实上隐性地在补贴外国居民的福利。

从上一讲的数量分析来看，外国居民因为本国过剩储蓄而获得的福利提升幅度并不大。这是因为外国居民在第 2 期需要还清其第 1 期从国际资本市场借入的所有资本。如果外国居民在第 2 期并不需要偿还其第 1 期借入的资本，那福利提升的效果就很可观了。在现实世界中，这样的情况确实存在。中国拥有数万亿美元的外汇储备。这些外汇储备中的美元是中国用产品和服务从美国那里换来的。而在本质上来说，用这些产品和服务换来的美元其实不过是一些印制成本低廉的纸片。将其套用到我们在上一讲建立的模型上，把模型中的本国看成中国，把模型中的外国看成美国，那么外国在第 2 期偿付其第 1 期借入的资本时，用的并不是消费品，而是一些廉价印制的支付工具（美元）。为了抓住这种现实状况的实质，我们对上一讲的模型做一些拓展。

11.1.2 “国际支付工具”的引入

我们对前面的模型做如下拓展来分析这个问题。在之前的模型设定中，我们假设外国只能通过第 2 期的产品（同时也是资本存量、消费品量）来支付其国际债务。现在我们假设，在第 2 期期初，外国获得了 Z^* 的“国际支付工具”（而非产品），可以用来支付其外债。在后面，我们会给这个“国际支付工具”赋予不同的内涵，从而来讨论不同的问题。在这里，我们就先把它当成一个不是消费品，但能偿付国际债务的工具好了。

我们还假设，本国居民从外国居民那里拿到国际支付工具之后，可以用它到本国国企那里换取消费品。这在现实中也是说得通的。我国居民从外国赚取外汇后，可以到我国央行（中国人民银行）那里去结汇，把美元换成人民币。这里的模型中还没有考虑货币的因素，但意义是类似的。如果不考虑本国居民在第 2 期用国际支付工具换取消费品这一过程，而只是假设本国居民在第 2 期消费品数量会增加国际支付工具这么多的量，那么本国的时序图与之前一样。而外国的时序图变成如图 11 - 3 所示了。

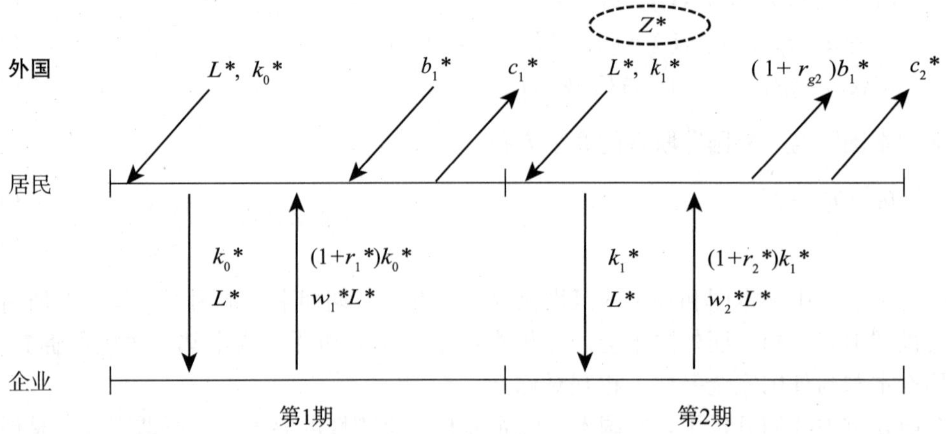

图 11 - 3　外国的时序图变化

相应地，外国居民第 2 期的预算约束变为

$$c_2^* + (1+r_{g2})b_1^* \leqslant k_1^* + r_2^* k_1^* + w_2^* L^* + Z^*$$

注意，Z^* 只是国际支付工具，不是产品。因此，我们还需要假设

$$Z^* \leqslant [1+AF_1(k_0,L)][1+AF_1(k_1,L)]\theta k_0 \tag{11.9}$$

即，支付工具的总量不超过本国厂商手中将会在第 2 期期末灭失的产品量。这样，就不会违反物理约束，凭空在模型中增加产品量了。这样一来，模型均衡条件（11.5）式将变成

$$c_2^* = k_1^* + AF(k_1^*,L) - [1+AF_1(k_1^*,L)]b_1^* + Z^* \tag{11.10}$$

其他 7 个均衡条件保持不变。除此以外，均衡条件还需增加不等式（11.9）式。但为了求解简便，我们还是只通过前面 8 个均衡条件来求解均衡，而把不等式（11.9）式作为求解完均衡之后再来检验的一个约束条件。

在假设 $\theta=0.5$ 时，让 Z^* 从 0 到 0.5 变化，可以得到图 11－4 和图 11－5 所示的内生变量的变化关系。显然，现在外国从国际借贷中得到的福利提升明显大于没有 Z^* 的时候。

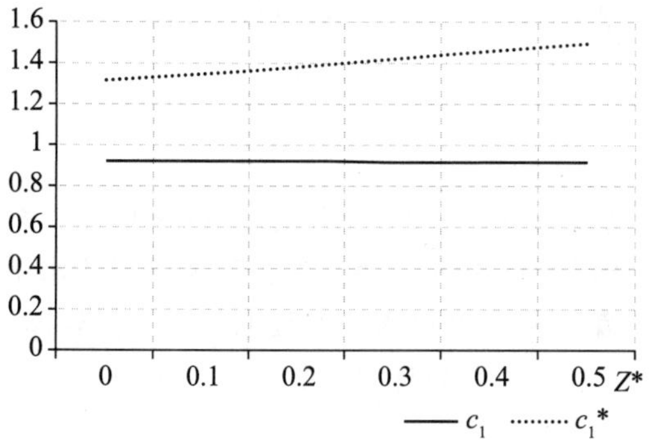

图 11－4　外国“国际支付工具” Z^* 越多，外国居民消费水平越高

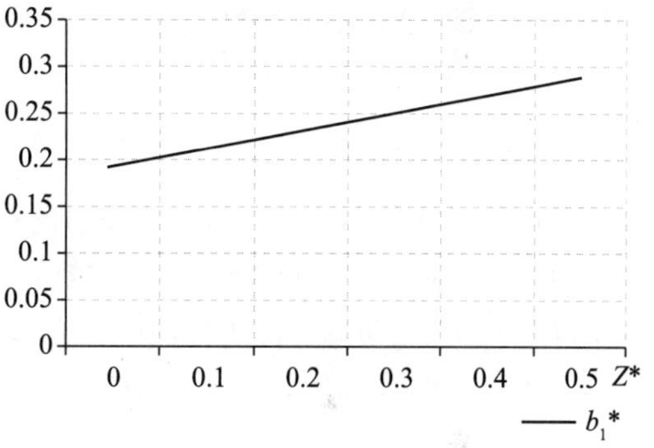

图 11－5　外国“国际支付工具” Z^* 越多，外国居民第 1 期借入的资本量越多

从上面的数量分析来看，国际支付工具 Z^* 的出现增加了外国居民的消费和福利。这是因为外国居民可以用 Z^* 来偿付其第 1 期所借入的资本，因而没有必要在第 1 期再做那么多储蓄了，所以其第 1 期的消费可以更多。而 Z^* 的存在也会小幅降低本国居民的消费和福利。原因在于国际支付工具的存在导致外国从本国借入的资本量加大，因而降低了本国第 2 期的产出。不过，这种国际支付工具带来的本国居民的福利损失还是远远赶不上本国不分红企业造成的福利损失。

下面，我们给国际支付工具 Z^* 赋予具体内涵，从而来解释现实问题。

思考问题：外国持有的国际支付工具的增加会怎样影响到第 2 期的全球资本回报率？

11.2　资产价格泡沫

假定 Z^* 代表了一种资产价格泡沫的预期。具体来说，本国和外国两国居民在第 1 期

预期第 2 期外国居民持有资产的价格会上升，带来总量为 Z^* 的资本利得。注意，这种资产并不是模型中的资本，而是一种投机性的资本。我们并不需要定义外国居民持有的这种资产具体是什么，只要求这种资产能够在预期中带来资产增值，让本国和外国的人都相信外国居民在第 2 期可以利用这种资产的增值部分来偿付其第 1 期借入的资本。

可以把故事想象成这样。外国居民在第 1 期持有房产，并预期房产价格在第 2 期可以上升，从而带来总量为 Z^* 的资本利得。基于这种预期，外国居民在第 1 期可以在国际资本市场上借入更多的资本，并预期在第 2 期用房产上的资本利得来偿付借入的资本。而本国居民和企业在第 1 期也认可这种预期，并乐于基于这种预期在第 1 期借给外国更多资本。我们假设，基于这种预期，外国居民会设计好他第 1 期和第 2 期的消费 $c_1^{*bubble}$ 和 $c_2^{*bubble}$。

但在第 2 期有一个预期差，预期中的 Z^* 并未实现（比如资产价格泡沫破灭），外国居民因而只能用其消费品来偿付第 1 期借入的资本。这样，外国居民只能降低其第 2 期的消费，用节省出来的消费品偿付其第 1 期借入的债务。所以，资产价格泡沫破灭之后外国居民第 2 期的消费应该是 c_2^{*crush}。显然应该有 $c_2^{*crush}<c_2^{*bubble}$。在这种泡沫预期生成并破裂的场景中，外国居民先会基于资产价格泡沫的预期而设计一条较高的消费路径 $c_1^{*bubble}$ 和 $c_2^{*bubble}$，并基于这种预期在第 1 期借入较多资本。根据前面的模型数量分析可知

$$c_1^{*bubble}>c_1^*$$
$$c_2^{*bubble}>c_2^*$$

即资产价格泡沫预期下外国居民两期的消费都会高于没有资产价格泡沫预期的情形（见图 11-6）。但是，随着资产价格泡沫的破裂，外国居民预期中的 $c_2^{*bubble}$ 无法实现，消费水平会下降至 c_2^{*crush}。而且，由于外国居民需要偿还在第 1 期资产价格泡沫预期下借入的资本，外国居民第 2 期的消费水平还会下降到没有资产价格泡沫预期时的消费水平，即

$$c_2^{*crush}<c_2^*$$

利用前面介绍的数量求解方法可以计算出，有资产价格泡沫预期时规划的消费路径能给外国居民带来最高的贴现总效用水平 $U^{*bubble}=u(c_1^{*bubble},c_2^{*bubble})$。这一效用水平会高于没有资产价格泡沫预期时的消费路径所产生的效用 $U^*=u(c_1^*,c_2^*)$。但是，资产价格泡沫破裂所产生的实际消费路径所带来的效用 $U^{*crush}=u(c_1^{*bubble},c_2^{*crush})$ 会低于前两者（见图 11-7）。即

$$U^{*bubble}>U^*>U^{*crush}$$

总结一下，当一国居民存在本国资产价格泡沫预期时，会基于这种预期做出乐观的消费路径设计，并通过在国际资本市场更多借入债务来提升其当前的消费水平。而在资产价格泡沫预期破裂之后，该国居民之前所做的乐观消费路径计划无法实现，反而会因为需要偿付其国际债务而大幅降低消费。这种资产价格泡沫预期生成和破裂所带来的“前高后低”的实际消费路径，反而会产生比完全没有资产价格泡沫时的消费路径更低的福利水平。因此，资产价格泡沫虽然开始看起来很甜蜜，但这种“甜蜜”是以泡沫破灭后更大幅度的福利损失为代价而获得的。在国际经济学中，有一个专门的理论叫做**突然停止**（sudden stop)，描述一个国家资本流入突然中止的状况。我们这里的这个模型是“突然停止”

理论的一个简化版本。

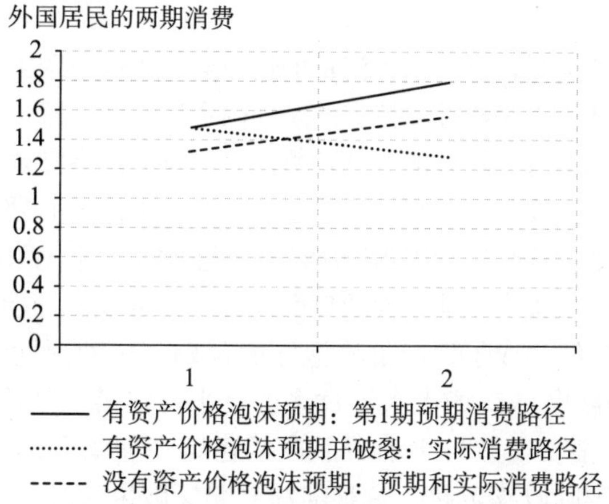

图 11-6　资产价格泡沫的破灭让外国居民实际消费路径偏离其预期消费路径

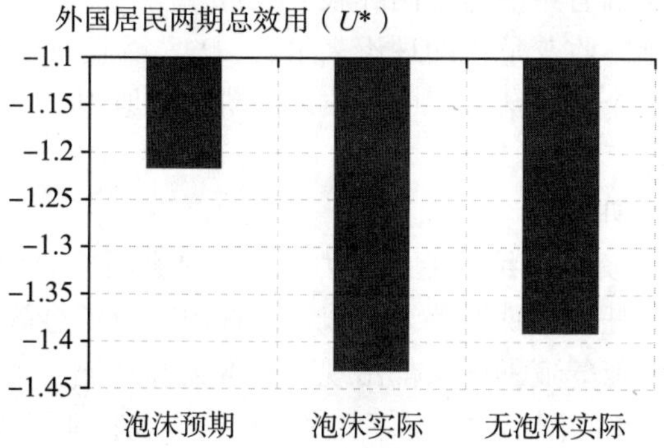

图 11-7　资产价格泡沫破灭造成的实际消费路径产生了比没有泡沫时更低的效用水平

11.3　国际收支危机

前面资产价格泡沫预期的解读将我们引向了**国际收支危机**（balance of payment crisis）的概念。所谓国际收支危机，是指一个国家因无法偿付其外债而产生的经济和金融危机。国际收支危机往往伴随着该国货币的大幅贬值，因而也被称为**货币危机**（currency crisis）。尽管到目前为止我们接触的模型里都没有货币的概念，但这并不妨碍我们用这些模型来思考国际收支的问题。事实上，这种简单模型更能让我们看到国际收支危机的本质——外债太多而不可持续。

上一讲介绍了国民收入恒等式 $S-I=CA$，即一国的经常账户盈余等于其国内的富余储蓄（储蓄减投资）。注意到储蓄等于产出减消费（$S=Y-C$），国民收入恒等式还可以等价写为 $Y-(C+I)=CA$，即经常账户盈余等于国内产出（Y）减去国内需求（$C+I$）。因此，一个国家如果内需比其国内产出还大，或者等价地说国内投资比国内储蓄还多，那么这个国家就必须从国际资本市场借入资源来弥补国内产出（或是储蓄）的不足。这就会表现为经常账户的逆差。相反，如果一个国家产出多于其内需（有超额储蓄），那就会有经常账户顺差。

经常账户逆差是一个流量概念。这个流量的逆差会导致这个国家资产负债表的恶化——表现为该国国际投资头寸表中净头寸（持有的净外国资产）的下降。而如果经常账户逆差持续的时间比较长，该国就会有比较多的对外负债。而对外负债终究要用本国的产出来还。如果前期积累了太多的对外负债需要在短期内偿还，那这个国家就必须大幅缩减其内需，以增加其国内的富余储蓄。如果这个过程因为国际债权人强行从这个国家抽出资源而发生得很迅速，那就会对这个国家的经济产生非常大的负面冲击，从而形成国际收支危机。

在前面，我们将 Z^* 解读成了资产价格泡沫的预期。这种预期让“外国”居民在第 1 期消费较高，因而从国际资本市场借入了过多的资本。在第 2 期泡沫破灭之后，“外国”居民就只能大幅降低其消费，节省出消费品来偿还第 1 期借入的债务。在模型中的第 2 期，“外国”就遭受了国际收支危机。这种泡沫兴起又破裂的过程是导致国际收支危机的一种可能，但不是唯一的可能。只要一个国家在前期借入了太多的国际债务，而不管借债的原因是什么，这个国家都有可能遭受国际收支危机。

接下来，我们会用国际收支危机的理论来解释 1997 年亚洲金融危机、2011 年的欧债危机以及巴西和阿根廷两个国家落入“中等收入陷阱”的原因。

11.3.1 亚洲金融危机

1997 年 7 月 2 日，在资本持续外流的压力下，泰国宣布放弃泰铢与美元挂钩的固定汇率制度，实行浮动汇率，任由泰铢对美元贬值。这标志着亚洲金融危机的开始。其后，马来西亚、韩国、印度尼西亚等亚洲国家都出现了资本大幅外流、汇率贬值、经济增速急剧下滑的状况。尽管危机中不同国家的状况不完全一样，但观察其国内储蓄缺口和经常账户的变化，能够清楚地看到一个统一的模式：危机前国内储蓄不足、经常账户逆差的状况在危机中发生急剧逆转。危机中，各国国内投资规模大幅下降，以便产生富余储蓄来形成经常账户顺差，从而偿付之前长时间经常账户逆差所形成的庞大外债（见图 11－8 至图 11－11）。

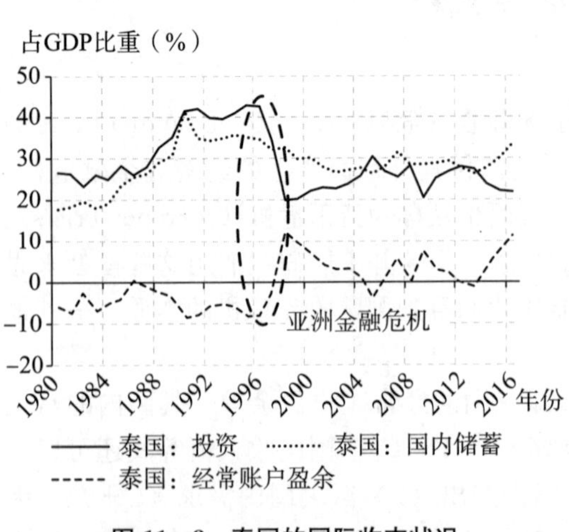

图 11－8 泰国的国际收支状况

资料来源：IMF

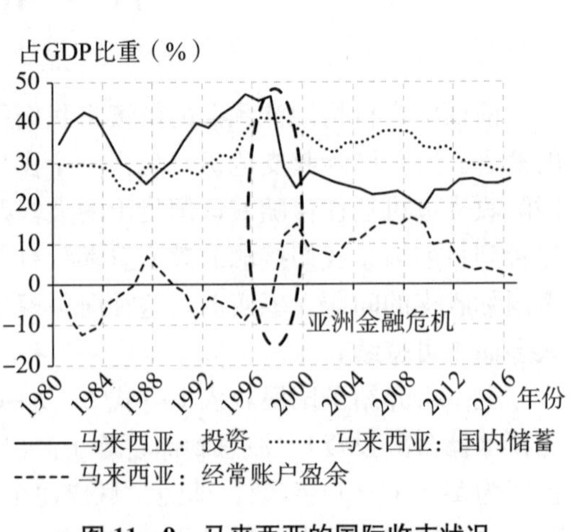

图 11－9 马来西亚的国际收支状况

资料来源：IMF

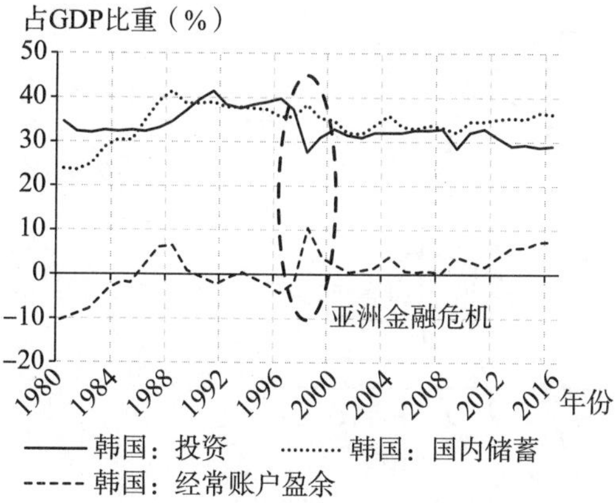

图 11－10　韩国的国际收支状况

资料来源：IMF

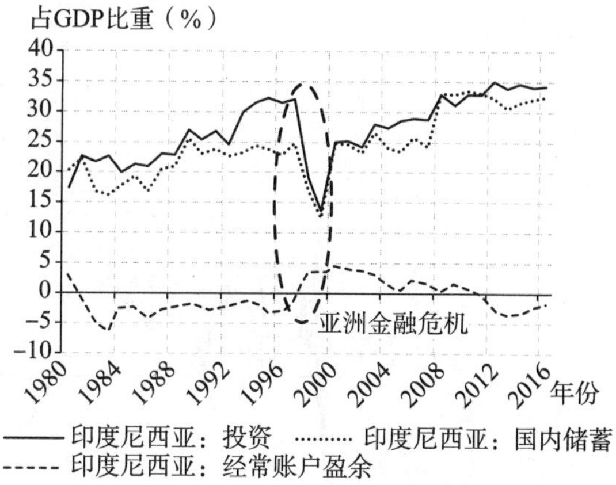

图 11－11　印度尼西亚的国际收支状况

资料来源：IMF

亚洲金融危机是一个非常典型的国际收支危机。尽管像索罗斯这样的国际炒家确实在危机中起到了推波助澜的作用，但危机爆发的真正原因还是这些亚洲国家内部储蓄和投资（产出和内需）的失衡，以及随之而来的大规模经常账户逆差和外债累积。外债欠得多了就得还。一个国家从借外债到还外债的转换如果很剧烈——这往往是由外国债主抽贷所造成的——就会造成危机，从而严重冲击国内经济。因此，靠从国际资本市场上借入资源来补足国内储蓄缺口的增长模式注定无法持续，迟早会以国际收支危机收场。

11.3.2　巴西、阿根廷的“中等收入陷阱”

国际收支危机爆发的根源在于国内储蓄不足，因而需要借入国际资本来维持国内的投资规模。这种建立在外债之上的增长模式注定无法长久。这凸显了国内储蓄对国内经济增长的重要性。投资是资本的来源，而投资的主要来源又是国内储蓄。国内储蓄如果不足，要想依靠高投资来获得高增长，必然会带来外债的持续增加和国际收支危机的爆发，从而打断增长路径。这正是巴西和阿根廷两个国家经济增长长期停滞，落入“中等收入陷阱”的原因。

所谓**“中等收入陷阱”**（middle income trap），是一个最早由世界银行在 2007 年提出来的概念。① 它的意思是一些国家的经济增长在中等收入水平停滞，因而长期无法从中等收入国家变成高收入国家。南美洲的巴西和阿根廷被认为是落入“中等收入陷阱”的两个代表性的国家。

我们利用宾州世界表数据库（Penn World Table，简称 PWT）的数据绘制了巴西、阿根廷经济增速与收入水平的对比图（见图 11－12）。图中的横轴为人均 GDP，代表了人均收入水平。数据用 2005 年的美元不变价计算，并用购买力平价（PPP）做了调整。也就是说，横轴所代表的人均收入水平是扣除了物价变化和市场汇率波动之后的真实收入水平。图中的纵轴代表了人均真实 GDP 增速，同样扣除了物价和汇率的影响。

---

① “中等收入陷阱”这个词最早出现在世界银行 2007 年报告 *An East Asian Renaissance*：*Ideas for Economic Growth* 的第 17～18 页。报告全文可见于：http：//web. worldbank. org/WBSITE/EXTERNAL/COUNTRIES/EASTASIAPACIFICEXT/0，contentMDK：21056110～pagePK：146736～ piPK：146830～theSitePK：226301，00. html。

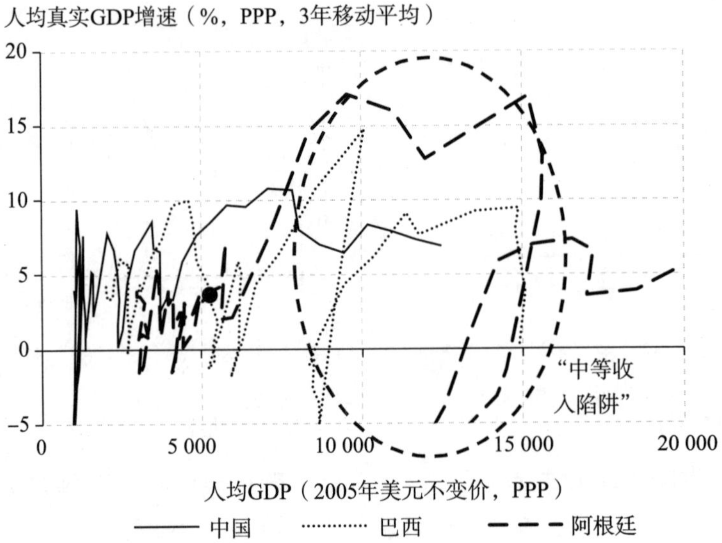

图 11－12　巴西、阿根廷落入"中等收入陷阱"

资料来源：PWT

从图中可以看出，巴西和阿根廷两个国家在人均收入水平接近 1 万美元时都发生了比较严重的经济衰退，经济增速一度为负，导致人均收入水平绝对下降。而用同样的计算方法，中国的人均收入水平也接近了 1 万美元，与巴西和阿根廷增长停滞时的收入水平靠近。从这个简单的比较来看，我们似乎有理由为中国重蹈巴西和阿根廷的覆辙而担忧。

但仔细分析巴西和阿根廷落入"中等收入陷阱"的原因之后，我们会发现这种担心是多余的。图 11－13 中绘制了巴西、阿根廷两国投资占 GDP 的比重和净出口占 GDP 的比重的对比关系。净出口基本等于经常账户盈余。我们可以清楚地看到，巴西和阿根廷两国的投资和净出口之间有显著的负相关关系——这两国投资较多时，就有大量净出口逆差；投资少时，净出口就是顺差。考虑到 $S-I=CA$ 的国民收入恒等式还可以变形为 $S=I+$

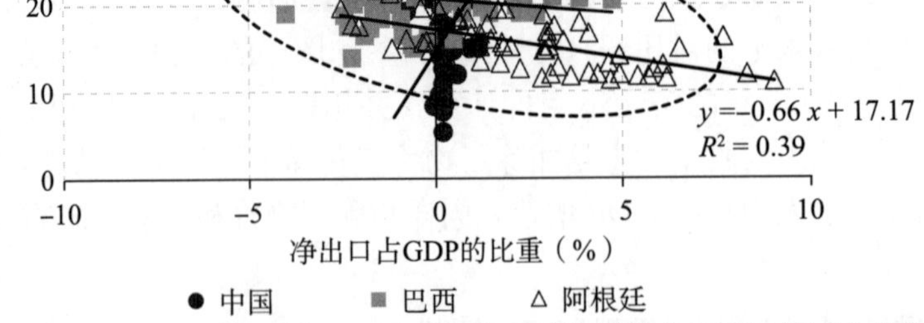

图 11－13　巴西、阿根廷落入"中等收入陷阱"的核心原因是其国内储蓄不足

资料来源：PWT

CA，在巴西和阿根廷两国宏观数据中看到的这种投资和净出口之间的负相关关系说明，这两国国内储蓄较低，是它们经济增长的瓶颈。

正因为储蓄不够，所以巴西和阿根廷一旦投资规模较大，就需要从国际资本市场借入资本来弥补国内储蓄的不足。这就表现为两国经常账户（净出口）的逆差，以及外债规模的快速上升。外债多了就会引发国际收支危机，强制把两国国内的高投资率降下来，同时把经济增速也拉下来。所以，巴西和阿根廷落入“中等收入陷阱”的原因是这两国国内储蓄偏少，不足以支撑其国内的高投资，从而导致其经济增长时常被国际收支危机所冲击。

看清楚了这一点，我们就完全不必担心中国会重蹈巴西和阿根廷两国的覆辙。中国与巴西和阿根廷截然相反，投资和净出口顺差之间明显正相关——投资多时，净出口规模也大（见图 11－13）。中国国内投资和净出口之所以会正相关，源于前几讲介绍的中国经济的独特结构。中国企业大量集中于重工重化这样的资本品行业。当国内投资高涨时，这些企业的利润较高，它们所产生的刚性储蓄就大。这样反而会在国内投资占比较高的时候产生更高的国内储蓄占 GDP 的比重。因此，中国在投资越高时，净出口反而越大。很显然，国内储蓄在中国并不成为投资的瓶颈。中国因此没有理由像巴西和阿根廷那样会发生国际收支危机。

到这里，我们可以看到中国大量甚至可以说是过剩的储蓄并非一无是处。这些储蓄其实为国内投资提供了有力的支持，从而让我们不需要像巴西和阿根廷那样把增长建立在外债的累积之上。从这一点来说，中国的经济增长比南美的那两个大国更具可持续性。当然，任何事物都有两面性，需要辩证地来看待。大量的储蓄有其好处，也会带来弊端。我国过剩的储蓄也造成了国内内需不足、投资效率低下、经济增长缺乏可持续性的问题。这些将是我们未来需要分析的问题。

11.3.3　欧债危机

看了前面典型的国际收支危机之后，现在我们来看一个表现为债务危机的国际收支危机——欧债危机。在多数人的眼中，欧债危机是一个主权债务危机，但那只是表象。在 1999 年欧元区成立之后，欧元区内各个国家的国债收益率曾收敛到同一水平。但在 2008 年次贷危机之后，欧洲边缘国家（希腊、葡萄牙、西班牙、爱尔兰、意大利）的国债发行和偿付开始面临越来越大的困难。投资者对这些国家的国债逐步失去信心，大量抛售，导致这些国家国债收益率大幅走高，在 2011 年引发欧债危机（见图 11－14）。

不过，欧债危机尽管表现为主权债务危机，实质上却是一场国际收支危机。事实上，尽管西班牙也在此时爆发了主权债务危机，但直到 2011 年，西班牙国债占西班牙 GDP 的比重都只有大概 70%，比同期德国的债务水平都低。债务危机之所以在希腊、葡萄牙、西班牙、爱尔兰、意大利 5 国展现得最为惨烈，并非这些国家的国债水平在欧元区中最高，而是这 5 个国家在欧债危机爆发之前在欧元区内积累了最多的经常账户逆差（见图 11－15、图 11－16）。

欧元区成立于 1999 年。从欧元区成立到次贷危机爆发的这十年中，欧元区内部出现了非常明显的失衡。包括希腊、葡萄牙、西班牙、爱尔兰、意大利在内的欧元区“边缘国家”出现了越来越大的经常账户逆差。而以德国为首的欧元区“核心国家”（又叫做盈余国家）则有了规模愈发庞大的经常账户盈余（见图 11－17）。同时，欧元区作为一个整体基本

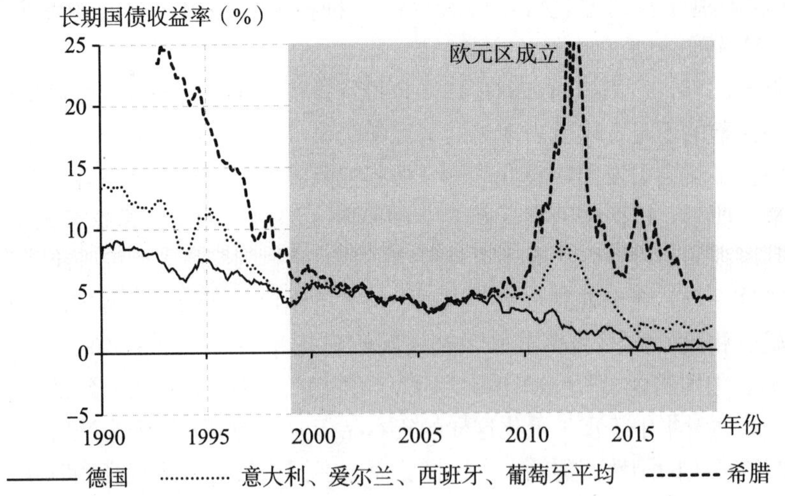

图 11－14　欧债危机期间欧洲边缘国家国债收益率大幅飙升

资料来源：Wind

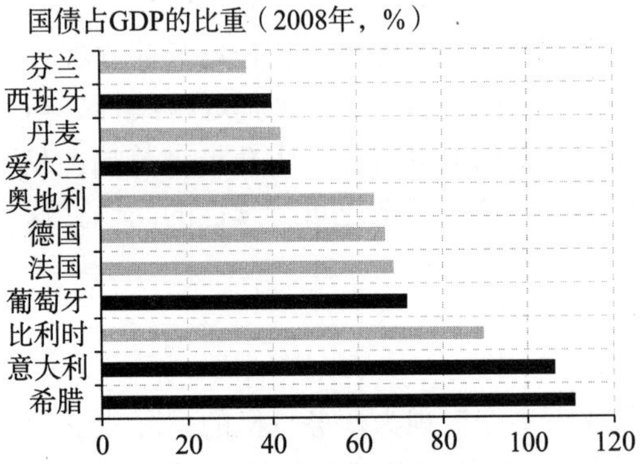

图 11－15　爆发债务危机的欧洲边缘国家并非都有很高的国债水平

资料来源：IMF WEO

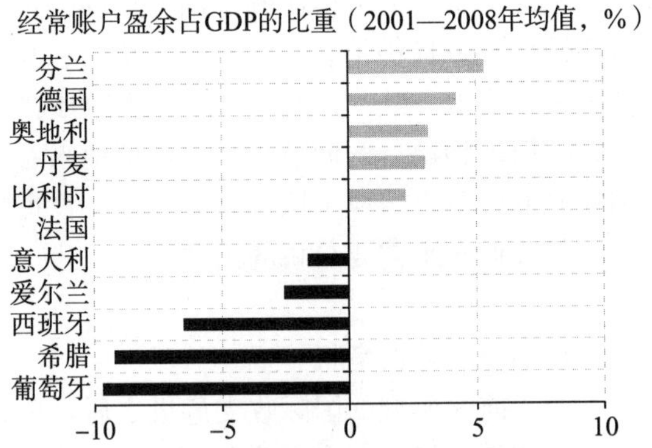

图 11－16　爆发债务危机的欧洲边缘国家都存在大量经常账户逆差

资料来源：IMF WEO

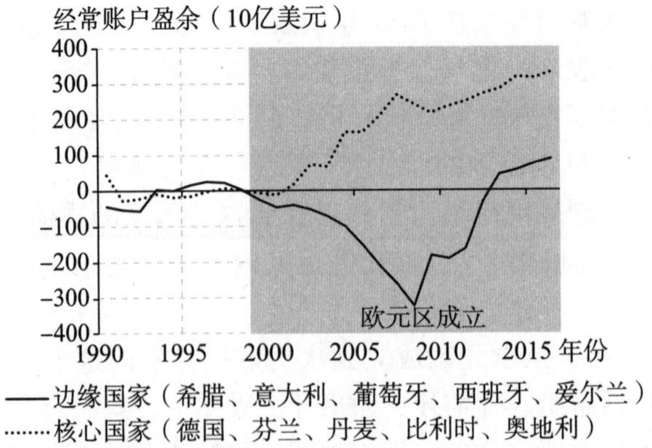

图 11－17　从欧元区成立到次贷危机爆发，欧元区内部出现了非常明显的失衡

资料来源：IMF WEO

保持了经常账户的平衡，没有大规模的盈余或逆差。在前一讲中，我们介绍了“全球失衡”。在全球失衡中，以中国为首的顺差国和美国形成了镜像的关系：顺差国生产，美国消费；顺差国积累对外债权，美国积累对外债务。同样的情况在欧元区内部也产生了：欧元区核心国家生产，欧元区边缘国家消费。核心国家相应累积起了对边缘国家的大量债权。

欧元区内部的失衡有两个重要原因：欧元区内部竞争力差异的扩大，以及欧洲边缘国家借债冲动的增加。而这两点都与欧元区的成立有直接关系。

在欧元区成立之后，德国由于保持了较为稳健的宏观政策，工资水平上升的幅度比较温和。但在同时，边缘国家的工资水平则快速上升，涨幅明显高于德国（见图 11 - 18）。一方面，由于德国及边缘国家都使用相同的货币（欧元），德国的成本优势不会像欧元区成立之前那样被德国本币（马克）的升值所抵消。这使得德国在欧元区内部的竞争优势持续增强，在欧元区内扩展了市场份额。另一方面，欧元区的成立也大幅降低了欧元区边缘国家的借债成本，从而刺激了这些国家债务的膨胀。而边缘国家从国际资本市场借入的债务并未被主要投入制造业行业（因为这些行业在德国企业的竞争压力之下前景并不好），反而支撑了这些国家的高消费和房地产泡沫。这样一来，边缘国家和德国之间互为镜像的失衡格局就在所难免了。

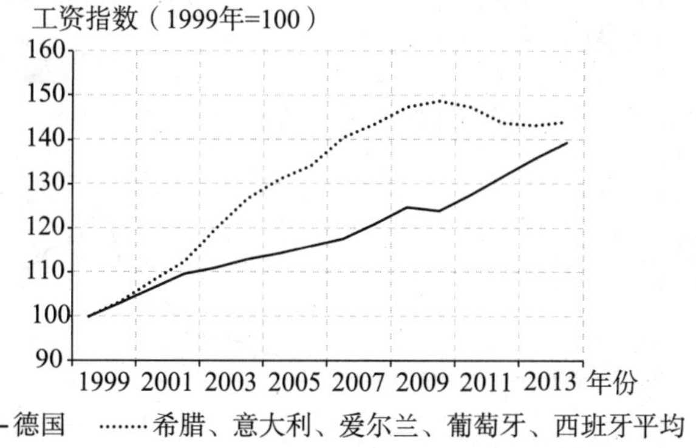

图 11 - 18　从欧元区成立到次贷危机，德国相对于欧元区边缘国家的劳动力成本优势日渐明显

资料来源：CEIC

在次贷危机之前，欧元区边缘国家的外债主要来自欧元区核心国家（主要是德国）银行体系的贷款。但是，次贷危机的爆发让欧洲银行自顾不暇，无力继续向边缘国家提供贷款，令边缘国家的偿债压力大增。面对这种局面，边缘国家的政府在次贷危机爆发之后挺身而出，通过政府债务的扩张来部分抵消了民间的债务压力。但是，尽管欧元区边缘国家的政府都是以本币借外债（其债务以欧元计价和清偿），但欧洲央行的成立已经剥夺了欧元区内各个国家的货币发行权。因此，欧元区边缘国家无法通过多发欧元的方式来清偿其债务。这样，当边缘国家的国债规模快速攀升时，这些债权就越来越难以在国际市场上找到买家了。因此，民间的债务危机就传导到了边缘国家的政府身上，形成了主权债务危机。

所以归根结底，欧债危机是一场表现为主权债务危机的国际收支危机。危机的彻底化解有赖于欧元区内部失衡格局的消解。从欧债危机爆发至今，欧元区内部再平衡的结构调整已经取得了明显进展。边缘国家的经常账户逆差已经消失，而边缘国家的工资水平也明显下降，在一定程度上增强了这些国家的出口竞争力。尽管这些调整还不足以让欧元区完全走出欧债危机的泥潭，但确实是在正确的方向上取得了显著的进展。

在这里，还必须介绍欧洲央行在稳定欧债危机中的重要性。欧债危机爆发的导火索是欧元区内部核心国家向边缘国家资本流动链条的中断（因为次贷危机冲击了欧洲的银行业）。而要让德国这样的核心国家直接向边缘国家进行财政转移支付也存在政治上的不小阻力。欧洲边缘国家因而面临国际收支危机的压力。

为了缓和危机，欧洲央行隐性地进行了从核心国家向边缘国家的转移支付。这种转移支付是通过欧洲央行的清算系统 TARGET2 来实现的。TARGET，是“泛欧实时全额自动清算系统”（Trans-European Automated Real-time Gross Settlement Express Transfer）的缩写。它的任务是为欧洲国家提供实时全额清算服务。该系统在 2007 年升级到了第二代，因此被称为 TARGET2。在这个清算系统中，由于边缘国家央行对外的放款多于它们吸收的存款，而德国央行吸收的存款多于它的放款，所以在系统中形成了大量德国央行对边缘国家央行的“债权”。这种债权债务关系对应着资金借道 TARGET2 系统从德国流向边缘国家的通路。这部分填上了边缘国家的融资缺口，缓解了危机的症状。因此，只要欧洲央行还在进行着这样的隐性跨境转移支付，边缘国家的国际收支危机就不会集中爆发，欧元区也就不会解体（见图 11－19）。

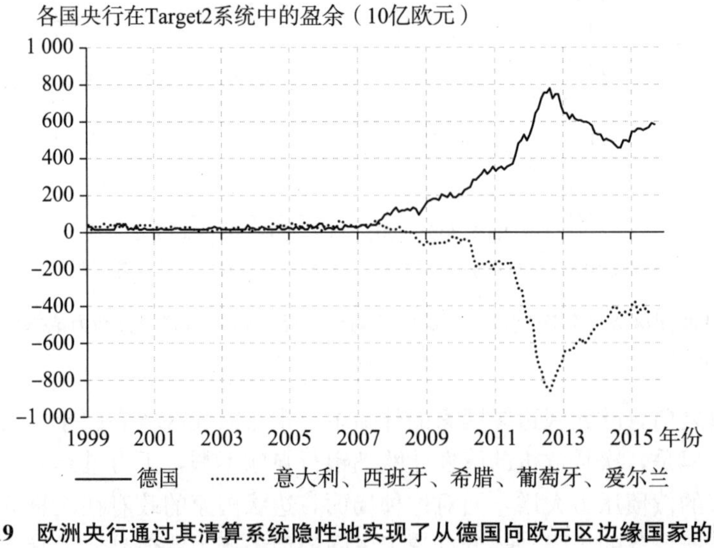

图 11－19　欧洲央行通过其清算系统隐性地实现了从德国向欧元区边缘国家的转移支付

资料来源：CEIC

当然，欧洲央行所进行的这种转移支付治标但不治本。它只能维持失衡格局不发生危机性的崩解，却无法消解造成失衡的深层次原因。欧债危机的最终化解，欧元区的最终稳定，需要靠欧元区内部的结构调整政策来平衡失衡的格局。具体来说，欧元区边缘国家要削减成本，减少债务，增强其出口竞争力。而欧元区核心国家（尤其是德国）则需要扩大内需。从长远来看，欧元区内部要通过更加紧密的整合，以及更加灵活的资本和人才流动来实现区内国家经济状况的收敛，从而消除国家间的差异，消除失衡产生的土壤。沿着这条路走下去，欧元区将不可避免地向主权国家演进，最终把区内国家整合成一个统一的国家——欧洲国。这种远景听上去像是天方夜谭，实践起来也会困难重重，但它却是欧元区要继续存在下去的唯一出路。欧债危机的爆发已经非常清楚地表明了这一点。

11.4　美国与次贷危机

11.4.1　美国的过度特权与全球失衡

在前面一节的讨论中，我们看到许多国际经济现象都可以用国际收支危机来概括。而国际收支危机的机制说起来也非常简单：一个国家外债欠多了就得还，这中间的转换如果是被动而迅猛发生的，就会冲击这个国家的经济，形成经济危机。

尽管国际收支危机会对当事国造成很大伤害，但危机也有它的正面意义。我们可以把国际收支危机看成是国家间失衡的自动消除工具。国际收支危机的存在给国家外债的积累施加了约束，从而让经常账户的逆差国重回平衡。

但是，世界上有一个经常账户的逆差国却不会面对国际收支危机的约束。这个国家就是美国。美国是世界上最大的储备货币发行国，其本币美元被广泛地接受为国际支付工具，并被其他各国大量储藏。根据IMF的“官方外汇储备币种构成”数据库（Currency Composition of Official Foreign Exchange Reserves，简称COFER）的数据，目前全球各国外汇储备中有超过60%以美元的形式存在，约20%是欧元（见图11-20）。[①] 还是根据COFER的数据，2017年世界各国的外汇储备总额约为11万亿美元。按照美元所占的比重计算，其中美元的总量大概有7万亿。而考虑到各国的民间部门也大量持有美元，外国持有的美元总量应该比7万亿多出不少。

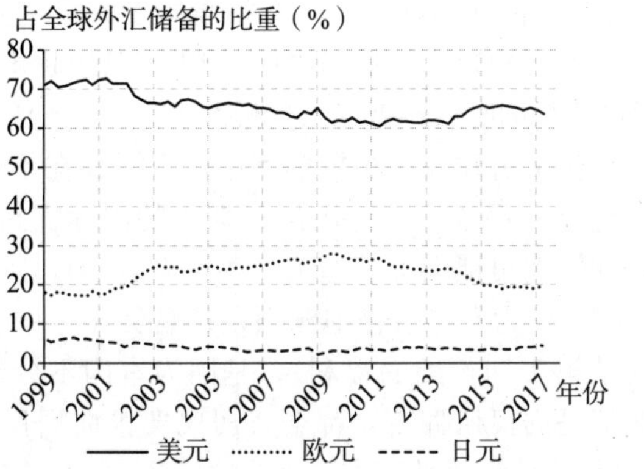

图11-20　全球外汇储备的绝大部分是美元资产

资料来源：Wind

① IMF的COFER数据库可在IMF的官方网站上下载（http：//www.imf.org/en/Data）。COFER数据库中只包含了那些向IMF汇报了外储币种构成的国家的数据的加总。个别国家的外储币种构成是高度机密。IMF内部也只有4个相关人士知道各个国家外储的币种构成（IMF就相关问题的回答可见：http：//datahelp.imf.org/knowledgebase/articles/484366-do-you-have-currency-composition-of-official-forei）。

这么多的美元是怎样从美国流到其他国家的呢？当然是其他国家用产品和服务来向美国交换的。也就是说，美国仅仅用非常低的成本印制一些钞票，就从其他国家换回了大量产品和服务。而由于美元在全球被广泛作为支付和价值储藏工具，美国在对外借债时都以美元计价，以美元做支付工具。也就是说，美国可以用本币借外债。因此，美国永远不会碰到无法偿付其外债的问题，因而不会发生国际收支危机。这种特殊的地位只有美国这样的储备货币发行国才具有。而美国要让其货币流向全世界，就必然会在经常账户下持续有逆差——美国不是无偿地把美元交给其他国家的，而是会用美元换回产品和服务。这样一来，美国国内也就自然出现消费过剩、储蓄不足的局面（对应美国负的净储蓄）。

回到我们这一讲建立的拓展模型。模型中的 Z^* 可以被解读为作为主要国际储备货币而存在的美元。前面的模型分析显示，美元这种国际支付工具的出现会让美国（对应模型中的“外国”）享受更高的福利。这种因为美元而带给美国的好处，被称为**过度特权**（exorbitant privilege）。过度特权这个词最早是由时任法国财政部长的德斯坦（Valéry Giscard d'Estaing）在 20 世纪 60 年代创造的。[①] 这个词又因为当时法国总统戴高乐的使用而为人所熟知。

所谓过度特权，是指美国通过国际储备货币发行国的地位，所获得的一些本不应该为其所拥有的权力。它包括：美国可以用自己的货币支付进口、偿还外债，从而不会发生国际收支危机——因此美国是唯一不会面临外部调整压力的贸易逆差国。另外，美国还可以用本币在国际市场上成本低廉地借债。而由于美国的外债主要以美元形式存在，美国如果多发货币来压低美元汇率，还会缩减美国的外债水平。由于美元被其他国家广泛持有，所以美国的货币政策（无论是好还是坏）对全球经济有很强的外溢效用。时常被人提起的“我的货币，你的问题”（my money，your problem）的说法，讲的就是这么一回事。

美国的这种过度特权凸显了当前**国际货币体系**（international monetary system）的弊端。因为这些弊端的存在，目前在国际社会上有很强的改革国际货币体系的呼声。但是，要改革这种体系谈何容易，绝非朝夕之功。这部分的内容已经超出了本讲的探讨范围，我们将在未来讨论国际货币体系的时候再做深入分析。

我们还需声明一点。在本讲建立的拓展模型中，本国存在不分红的企业，因而会补贴外国居民的福利。在这样的场景下，外国居民拥有的国际支付工具 Z^* 越多，其福利提升的程度就越大。这种设定可能会让有些人产生误解，误以为外国居民之所以可以从 Z^* 的持有（无论 Z^* 是被解读为资产价格泡沫预期还是美元）中获得福利提升（在资产价格泡沫解读中提升的是第 1 期预期的福利），是因为本国不分红企业的存在。实事并非如此。就算本国企业都是居民所拥有，都会按居民要求向居民部门分红（模型中 $\theta=0$），Z^* 提升外国居民福利的效应仍然存在。换言之，Z^* 的效应来自 Z^* 本身，而并不依赖于模型中“本国”的经济结构。

因此，世界各国中只有美国有能力长时间大规模累积经常账户逆差，而不会因为外债的大量增加而陷入国际收支危机。因此，如果计算 21 世纪头十几年世界各主要经济体经常账户的累计值，会发现只有美国有大规模的逆差。其他各个经济体的经常账户顺差基本

---

① 参见维基百科的解释 https://en.wikipedia.org/wiki/Exorbitant_privilege。

上都由美国的逆差所平衡。通俗地讲，各国的顺差都是从美国那里赚来的。之所以会有这样的全球失衡格局（美国一家逆差，其他许多国家顺差），是因为美国在国际货币体系中处在中心地位，拥有发行国际储备货币的能力（见图 11－21）。

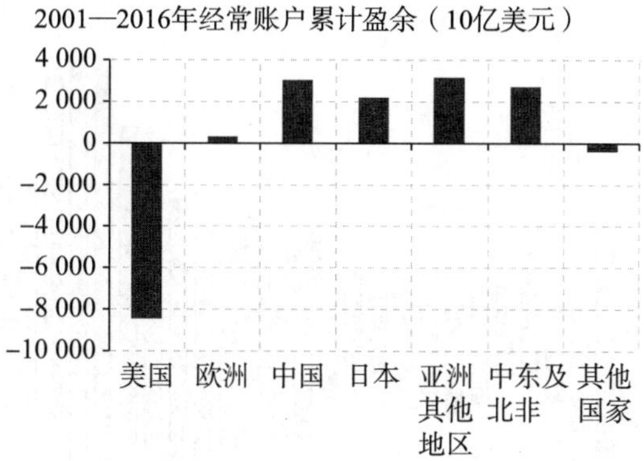

图 11－21　21 世纪头十几年只有美国大量积累了经常账户逆差

资料来源：IMF

这样，世界各国的国内失衡就镶嵌在了全球失衡的大图景中，相互联系在一起。美国因为要通过经常账户的逆差向全世界输出美元，国内就相应出现储蓄不足的格局。而包括中国在内的顺差国就通过国际资本市场将自己的富余储蓄借给美国，不断累积对美国的债权。从这个意义上来说，顺差国与美国这个逆差国就像镜像。顺差国与逆差国相反方向的国内失衡在国际上相互平衡，形成了全球失衡。

可以非常通俗地把全球失衡概括为：顺差国将自己的富余储蓄借给美国，让美国购买顺差国的产品和服务。在这个过程中，包括中国在内的顺差国事实上补贴了美国居民的福利。但顺差国在这个游戏中也并非“冤大头”。在补贴美国的同时，顺差国享受到了来自美国的外需拉动，经济增长速度很快。

11.4.2　次贷危机与全球失衡的收缩

现在我们来分析 21 世纪头十几年里全球经济最重要的事件——**次贷危机**（subprime crisis）。2008 年 9 月 15 日，当时美国第四大投资银行雷曼兄弟公司（Lehman Brothers）因投资次级按揭贷款资产而大幅亏损，申请破产保护。次贷危机就此全面引爆。作为 1929 年大萧条之后最严重的一次全球经济危机，次贷危机令全球经济增长大幅减速，世界各国经济均受其影响而长期低迷。次贷危机也成为全球失衡从扩张走向收缩的转折点——而这不是偶然的（见图 11－22）。

次贷危机的故事人们都已耳熟能详。在次贷危机前的房地产泡沫中，美国的商业银行大量发放房屋按揭贷款。其中还有相当比例是次级按揭贷款（subprime mortgage loan），即那些发放给还款能力不强的购房者的按揭贷款。与此同时，美国金融市场还将次级按揭贷款通过资产证券化的方式大量打包成了金融衍生产品，并通过多次资产证券化将这些衍生品做到了庞大规模。这样一来，在美国房价开始下跌，次级按揭贷款逐步违约后，以次级按揭贷款为底层资产的衍生品也就开始逐步违约，令持有它们的投资者遭受了重大损失。最终，连包括雷曼兄弟公司在内的那些具有系统重要性的金融机构也因此倒闭，从而引发了美国金融市场的海啸，冲击了全球经济。

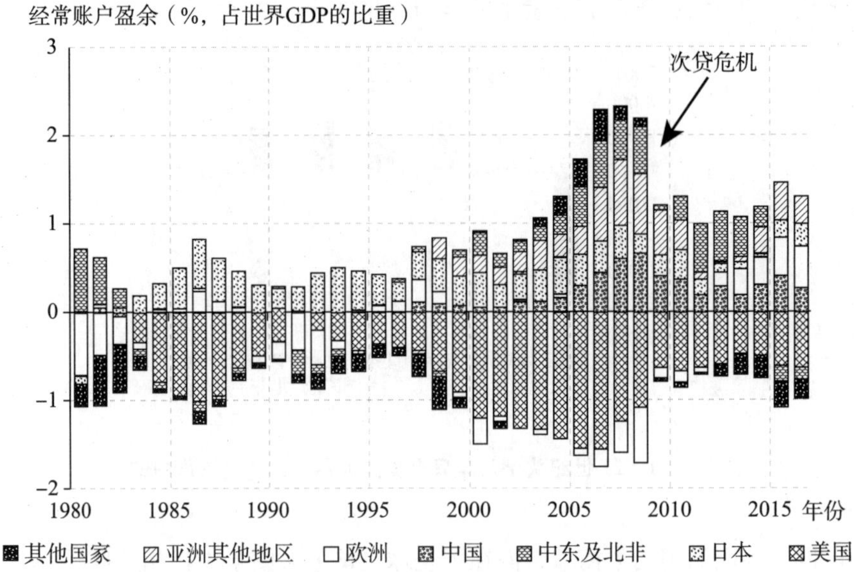

图 11－22　次贷危机是全球失衡从扩张转向收缩的分水岭

资料来源：IMF

但从金融逻辑角度来理解次贷危机只讲出了危机产生的一半故事。另一半故事要从宏观经济的角度，在全球失衡的框架下来讲述。我们知道，国民核算恒等式 $S-I=CA$ 将国际收支与国内净储蓄联系在了一起。因此，国际失衡中经常账户的不平衡就对应着国家间净储蓄的流动——从顺差国向主要逆差国美国的流动。从数据可以看到，进入 21 世纪后，中国经常账户盈余的大部分都变成了中国对美国金融资产的增持（如购买美国国债）。当中国增持美国金融资产的时候，也就是在把中国的资本借给美国（见图 11－23）。而在美国的数据中则能看到，美国经常账户逆差的走势与美国非金融私人部门（居民和非金融企业）债务的增量有很好的相关性。近 30 年中唯一较大的偏离发生在 2008 年次贷危机之后

图 11－23　中国经常账户盈余的大部分都变成了对美国金融资产的增持

资料来源：CEIC

（见图 11－24）。那时是因为美国联邦政府大规模地扩张了自己的债务，从而部分抵消了私人部门债务下降的影响。结合这两方面的数据，我们可以看到全球失衡图景中资本从顺差国向逆差国流动，变成逆差国债务的过程。

这里要区分一下外债和内债的概念。外债就是一个国家欠外国的钱，其增长往往由经常账户的逆差所导致。内债是一个国家的居民、企业和政府欠国内居民、企业和政府的钱，反映了国家内部不同经济主体之间的债权债务关系。图 11－24 中绘制了美国非金融私人部门欠的内债。不过由于统计的是居民和非金融企业两大部门的总债务，部门内部不同主体间的债务就轧差抵销掉了，所以该图反映的是非金融私人部门对外欠的债。但由于美国政府是个负储蓄者（总是在增加债务），美国金融部门又只是一个资本的转移者而非创造者，所以试图美国非金融私人部门欠的内债归根结底还是由美国所欠外债所支撑——资本的源头在美国国外。

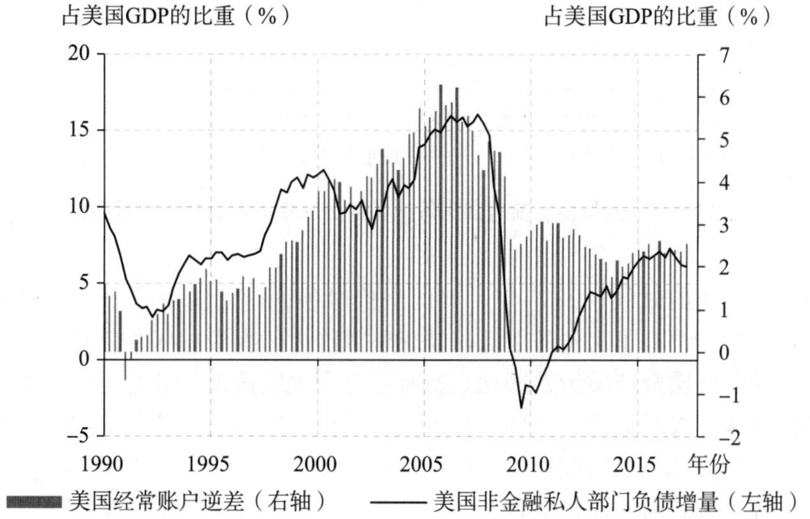

图 11－24　美国经常账户逆差对应着美国非金融私人部门债务的增加

资料来源：CEIC

前面说过，作为国际储备货币的发行国，美国是唯一不会遭受国际收支危机的逆差国。所以说，次贷危机不是国际收支危机，并非由美国的海外债逼债所致。次贷危机发生的原因在美国国内。与能够发行美元的美国政府不同，美国的居民和企业没有无限偿债的能力。因此，要让债主愿意把资本借给美国的居民和企业，至少得让债主们一开始相信这些居民和企业是有还款能力的。换言之，美国居民和企业要举债，得有条件。次贷危机之前美国房地产市场的泡沫就创造了这个条件。

从 20 世纪 90 年代初开始，美国房价持续上涨。进入 21 世纪，当房价连续涨了十多年后，不少美国人就形成了房价会一直涨上去的预期。在这样的预期之下，美国民众购房热情高涨。银行由于也相信房价会一直涨上去，发放房屋按揭贷款相当积极。其中的相当部分还属于次级按揭贷款。所谓次级按揭贷款，就是发放给那些收入不高（甚至没有固定收入）、信用记录不良的购房者的按揭贷款。在银行看来，只要房价一直上涨，这些人借钱买了房，终归是要从房价上涨中挣到钱的，偿还按揭贷款自然不在话下。正是在这种心理之下，美国的商业银行大幅降低了发放房屋按揭贷款的门槛，让美国房地产贷款的数量在次贷危机之前上升到历史高位。这自然助推了美国非金融私人部门债务的扩张（见图 11-25）。

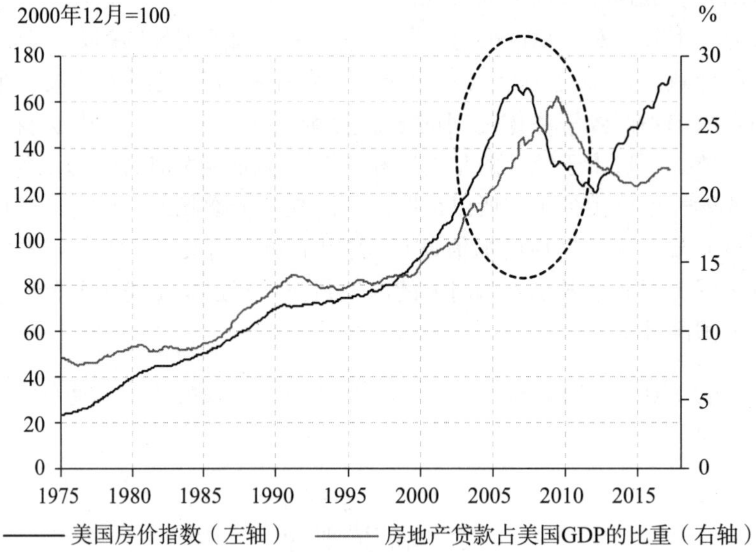

图 11-25　次贷危机前美国房价的长期上涨令美国房地产贷款膨胀

资料来源：CEIC

但舞曲总有终止的时候。2007 年，美国房价触顶回落。随着房价的下降，次级按揭贷款开始大量违约。没有了房价的上涨，缺乏还款能力的次级按揭贷款借款人就还不了按揭贷款了。而随着底层资产质量的恶化，所有建立在次级按揭贷款之上的金融衍生品也大量违约，最终形成了次贷危机。房价下行和次贷危机令银行发放贷款变得异常审慎。次贷危机之前美国非金融私人部门加速加杠杆的局面逆转。在次贷危机之后的几个季度里，美国非金融私人部门从之前的借钱消费变成了存钱还债，债务规模罕见地负增长。这使得美国国内债务的扩张大幅减速。相应地，美国对外国资本的吸纳能力也大幅走弱，美国的经常账户逆差也就随之急剧收缩。在 2008 年下半年，美国经常账户逆差占美国 GDP 的比重下降了一半。

由于美国是全球失衡中几乎唯一的逆差方。美国经常账户逆差的收缩必然导致顺差国经常账户顺差的收缩。对顺差国来说，这就表现为外需的大幅走弱。在 2007 年，净出口对中国真实 GDP 增长的拉动有 1.5 个百分点。仅仅两年之后的 2009 年，净出口对中国 GDP 增长的拉动就下降到－4.0 个百分点。也就是说，如果其他条件不变的话，仅仅因为外需的走弱，净出口的缩水，中国 2009 年 GDP 增速就要比 2007 年低 5.5 个百分点。中国在次贷危机中所遭受的国际冲击就体现在这里（见图 11-26）。

可以说，次贷危机是因美国房地产泡沫破灭所引发的金融危机。次贷危机令美国非金融私人部门加杠杆的进程快速逆转为去杠杆，美国国内需求因而明显走低，美国经常账户逆差随之减小，全球失衡相应急剧收缩。通过全球失衡的收缩，美国的去杠杆打击了包括中国在内的所有顺差国的外需，令这些国家也陷入程度不等的危机。

对中国来说，次贷危机暴露了中国长久以来存在的消费不足、储蓄过剩的问题。在次贷危机之前，中国将富余储蓄输出到美国，支撑了美国的需求，间接扩大了中国面对的外需。受蓬勃外需的拉动，中国经济在次贷危机前高速增长，持续处在过热状态。但次贷危机之后，尽管中国仍有大量富余储蓄产生，但这些富余储蓄难以再通过美国转变为对中国生产能力的需求，中国经济内需不足的问题再度浮现。为了克服外需走弱带来的冲击，中国政府在 2009 年出台了强有力的“四万亿元刺激”政策，希望通过刺激国内投资和消费来对冲外需的走弱。宽松的财政和货币政策显著带动了国内投资的增长，令投资对 GDP 增长的贡献大幅增强，从而稳定了中国经济（见图 11－26）。

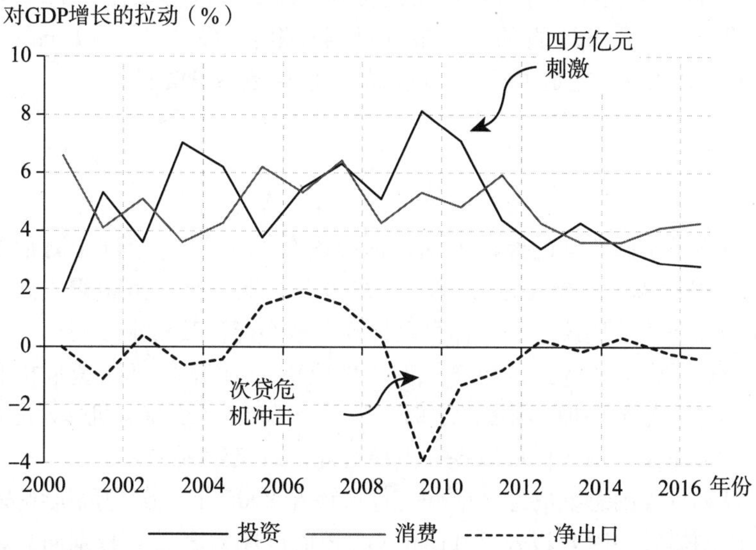

图 11－26　次贷危机打击了中国的外需；“四万亿元刺激”政策通过带动国内投资来加以对冲

资料来源：Wind

但是，在次贷危机前后，中国经济增长的逻辑发生了很大改变。在危机之前，外需是中国经济增长的重要引擎。而在危机之后，内需（尤其是投资）成为经济增长的主引擎。与外需不同，国内投资高度受国内宏观政策影响。于是，次贷危机之后中国经济形势对国内政策高度敏感，呈现出“政策市”的局面。而之前富余储蓄输出海外，累积对外净债权的局面也被打破。储蓄更多留在了中国国内，形成了中国内债的更快上升速度，并在随后几年引发了各方对中国债务持续性的担忧。

对美国来说，次贷危机之所以会发生，与来自全球的资本供给推高了美国国内债务水平有直接关系。所以，包括美联储前主席伯南克在内的不少美国学者会认为，是来自顺差国的大量储蓄导致了次贷危机。这显然有推卸责任之嫌，不过次贷危机至少在短期内逆转了美国国内债务运动的方向，令美国之前举债消费的模式有所收敛。美国扩大经常账户逆差，为全世界创造需求的能力随之走弱。全球富余储蓄流向美国，在美国形成对商品和服务的需求的循环受阻，从而顺差国和逆差国的经济都受到不利的影响。

全球经济如果要走出次贷危机的阴影，重见次贷危机前的繁荣局面，出路有两条。一条是美国重回次贷危机之前快速加杠杆，举债消费的局面。另一条则是全球各个国家经济结构的调整——美国要多储蓄，中国要多消费。到目前为止，这两个方向的进展都相当有限。所以全球经济在次贷危机已经过去许久之后，仍然难以看到新一轮繁荣的曙光。

进一步阅读指南

国际收支危机是本讲探讨的一个重要话题。本讲主要是从经常账户的顺差国与逆差国的对应角度来分析国际收支危机的。在萨克斯和拉雷恩所著的《全球视角的宏观经济学》一书的第 22 章中，有对发展中国家债务危机的介绍，可作为本讲的补充读物（萨克斯和拉雷恩，1997）。次贷危机是异于国际收支危机的一次经济危机。在 2011 年，美国金融危机调查委员会发布了一份 663 页的《金融危机调查报告（2011）》（*Financial Crisis Inquiry Commission 2011*）。这是了解次贷危机的一份权威参考资料。

练习题

11.1　假设你是泰国总理的经济顾问，你应该在 1994 年（亚洲金融危机爆发之前）、1997 年（亚洲金融危机刚刚爆发之时）以及 2000 年（亚洲金融危机爆发之后）分别给总理提出什么样的经济政策建议（每次你可以提 3 点核心经济政策纲领）?

11.2　假设你是欧洲领导人的经济顾问，你应该在 2007 年（次贷危机和欧债危机爆发之前）、2010 年（欧债危机刚刚爆发之时）以及 2013 年（欧债危机爆发之后）分别提出什么样的经济政策建议（每次你可以提 3 点核心经济政策纲领）?

11.3　假设你是美国总统的经济顾问，你应该在 2005 年（次贷危机爆发之前）、2008 年（次贷危机刚刚爆发之时）以及 2011 年（次贷危机爆发之后）分别向总统提出什么样的经济政策建议（每次你可以提 3 点核心经济政策纲领）?

第 12 讲

财政政策：凯恩斯和李嘉图

之前我们对中国经济的讨论一直局限于真实经济——模型中没有货币，以消费品为计价物计算所有价格。而政府也没有直接出现在模型中。在这样的简化环境中进行讨论，让我们清楚看到了消费和储蓄问题的本质，而不会被复杂的货币和财政现象遮挡了视线。在真实世界中，有人总是把储蓄和央行发行的货币联系起来，把储蓄过剩理解为货币发行得太多了。这种似是而非的看法之所以会产生，是因为分析者对储蓄的概念掌握不清，出现了混淆。我们先在简单环境中分析问题，就是为了让读者能够精准地把握各种概念和逻辑，而不至于在复杂环境中迷失方向。

但在模型中忽略了财政和货币因素，自然就无法讨论研究财政和货币问题，也就没法分析财政政策和货币政策这两个当今政府调控宏观经济的最重要手段。所以从这一讲开始，我们要把货币和财政因素引入之前的模型。这一讲会先把政府税收和支出放入模型中，研究财政政策对经济的影响。在下一讲，我们会把货币也引入模型。

但大家要注意，在模型中引入新的因素尽管会带来新的逻辑线索，但并不会让我们之前得到的结论失效。我们在收获了新的答案之后，也没有必要扔掉老的答案。新老答案结合在一起，会帮助我们形成对真实世界更全面而深入的认识。通过这样的方式，我们的研究就有了继承性，而不是像猴子掰玉米一样看到一个新现象就跳到一个新的逻辑体系中。通过这种前后相连的研究，我们对各种问题的研究结论会逐步组成一个统一的分析框架。这个框架就是我们对世界认识的结晶，是我们分析世界的坐标。

12.1 中国政府财政状况简介

正如我们之前曾说过的，研究任何对象的第一步都是认识你所研究的对象。自然，作为一门侧重研究中国宏观经济的课程，我们对财政问题的讨论始于对中国财政基本状况的介绍。

12.1.1 中国政府的收入

政府本身是一个经济主体，有其收入和支出。政府的收入和支出是政府影响经济的主要手段之一。衡量政府收支的最常用指标是公共财政收支。所谓公共财政，百度百科给出的解释是："**公共财政**（public finance），是指国家（政府）集中一部分社会资源，用于为市场提供公共物品和服务，满足社会公共需要的分配活动或经济行为。"公共财政收支就是公共财政活动产生的政府收入和支出。

在中华人民共和国成立之后的60多年里，中国公共财政收支占GDP的比重的变化大致经历了三个阶段。第一阶段是改革开放前的30年。在这段时间里，除"大跃进"和"文化大革命"初期两个短暂的时段，中国公共财政收支占GDP的比重大致稳定在25%～30%。第二阶段是改革开放的最初10多年，即从1978年到1994年分税制改革前。在这段时间里，中国公共财政收支占GDP的比重持续下降，从1978年的30%一路下滑到1994年的10%左右。毫无疑问，这段时间政府对经济的影响力在持续减弱。第三阶段是从1994年分税制改革到现在。在分税制改革之后，中国公共财政收支占GDP的比重止跌回升，从10%一路上升到了现在的超过20%（见图12-1）。

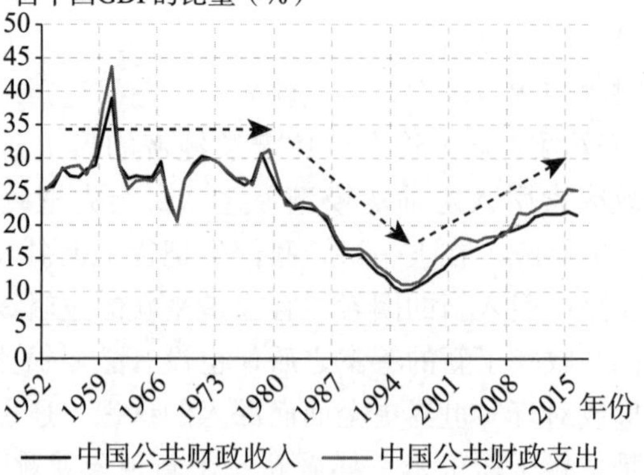

图12-1 中国公共财政收支占GDP的比重

资料来源：Wind

公共财政收入的最重要来源是各项税收。税收可以粗略地分为**直接税**（direct tax）和**间接税**（indirect tax）两大类。直接税是那些直接向个人和企业征的税。所得税和财产税都属于直接税。而间接税则是对商品和服务征收的税。增值税、关税属于间接税。相比直接税来说，间接税更容易征收。所以在发展中国家，间接税在整个税收中的比重较大。但是，间接税是一种累退的税制（穷人支付的间接税占其收入的比重要比富人高），因而不利于调节收入分配。在发达国家，直接税一般是税收的大头。

在中国，间接税是税收的大头。2016 年，中国公共财政总收入为 16.0 万亿元，占当年中国 GDP 的比重约为 21.5%。在所有的公共财政收入中，企业所得税和个人所得税合起来只占 24%，还不到增值税这一种间接税所占的比例（29%）。如果把关税等其他间接税加上，中国间接税占总公共财政收入的比重超过一半。但是，税收并非中国公共财政收入的全部。2016 年，中国公共财政总收入中还有 19%来自非税收入。所谓非税收入，就是“财政税费”中的“费”，主要包括行政事业性收费（比如考试费、鉴定费、办证工本费等）、专项收入（如教育附加费、电力建设基金等）、罚没收入（如交通违章罚款、没收犯罪分子的违法所得收入等）等（见图 12-2）。

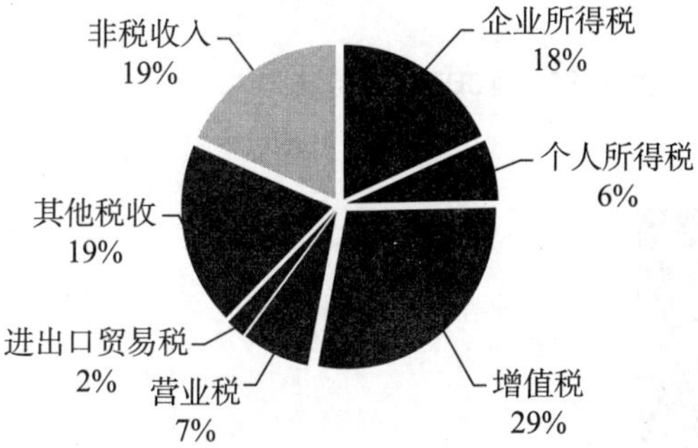

图 12-2　2016 年中国公共财政收入构成

资料来源：Wind

不过，公共财政口径并未涵盖中国所有政府活动。在公共财政之外，中国政府还有政府性基金（包括土地出让收入）、社会保险基金、国有资本经营这几个账本对应的收支活动。以下逐一解释。

政府性基金：《中华人民共和国预算法》规定：“政府性基金预算是对依照法律、行政法规的规定在一定期限内向特定对象征收、收取或者以其他方式筹集的资金，专项用于特定公共事业发展的收支预算。”依据这一规定理解，政府性基金就是按照法律法规向特定对象收取，专项用于特定公共事业的收费。举例来说，三峡水库库区基金、彩票公益金、文化事业建设费都属于政府性基金。2016 年，中国政府性基金收入占 GDP 的比重约为 5%。不过，尽管政府性基金预算与公共财政预算是两本账，但有时会将政府性基金预算收入调入公共财政收入。所以公共财政收入与政府性基金预算收入之间有重复计算问题，不可简单相加。但是，哪些政府性基金收入会被调入公共财政收入、调入比例又是多少，不同年份不一样，视具体情况而定。因此也很难在公共财政收入与政府性基金收入之间做出清晰划分。

政府性基金中的最大项收入是土地出让收入。按照中国现行的土地制度，城镇建设用地全部归国家所有，农村土地则归村集体所有。但是，法律又规定，只有在城镇建设用地上才能加盖商品房。农村土地如果要变为城镇建设用地，必须经过“征地”这个过程被卖给政府后，由政府对土地性质加以“变性”才行。也就是说，开发商如果要买地建商品房，只能找政府。这样，政府就通过在农村低价征地、在城市高价卖地获取了大量土地收益。2016 年，政府的土地出让收入占到了政府性基金收入的接近 4/5。

社会保险基金：根据《中华人民共和国社会保险法》的规定，社会保险基金包括基本养老保险基金、基本医疗保险基金、工伤保险基金、失业保险基金和生育保险基金。《全国社会保障基金条例》规定："全国社会保障基金是国家社会保障储备基金"，社会保险基金的收入主要来自我国职工的缴纳。2016 年，社会保险基金的总收入占我国 GDP 的比重为 6.5%。

国有资本经营收入：从它的名字就能知道该项是运营国有资本所创造的收入。国有资本经营收入主要包括国有企业上缴的利润，国有股份的红利、股息收入以及国有资本产权转让收入。2016 年，政府从国有资本经营中获得的总收入约为 2 609 亿元，占当年中国 GDP 的 0.4%（见图 12-3）。

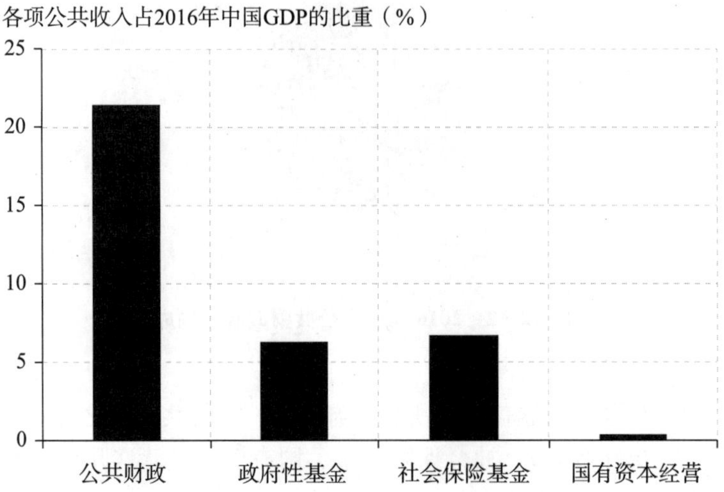

图 12-3　中国广义政府收入构成

资料来源：Wind

如果把公共财政收入和其他三项收入加在一起（不考虑其中的重复计算问题），中国政府收入占 GDP 的比重就从只考虑公共财政的 21%上升到了广义的约 35%。但即使这样，也并未涵盖我国政府的所有收入。事实上，2016 年中国国有企业总资产超过 120 万亿元，其中所有者权益约为 40 万亿元。而这 40 万亿元的国有企业股权仅带来了 2 609 亿元的国有资本经营收入，回报率算下来大概只有 0.6%。国有企业经营效率的确不高，但也绝对没到那么低的水平。政府从国有企业那里获得的收入之所以会这么低，主要原因是国企利润的大头并未被上交给政府，而是留在了国企内部。

造成这种结果的主要原因是，政府与国企之间并非完全市场经济意义上的股东和企业的关系，而在很大程度上带有上下级关系的色彩。国企在一定程度上可被视为政府的一个部门，其行为带有比较浓厚的政府色彩。在次贷危机之后，地方政府为了助推投资来稳定经济增长，出资设立了大量叫做地方政府融资平台（local government financing vehicle，简称 LGFV）的地方国有企业，利用这些国企来筹集资金、开展基础设施投资项目。这使得国企的行政色彩更为浓重。所以，如果要在最广泛的意义上来计算政府收支，需要将国企的收支也算进来。如果将国企的收入也算为政府收入，那么中国广义财政占 GDP 的比重会比之前算出的 35%还要高得多。中国政府在经济中的重要地位由此可见一斑。不过一般来说，我们在考虑中国政府规模时，还是不把国企考虑在内。但我们心里必须知道中国政府对国民经济的影响力绝不仅仅局限于财政收支的盘子。在做跨国财政比较时，尤其要注意这一点。

12.1.2　中国的财政盈余

财政收入与支出之间的差异叫做财政收支差额，正的财政收支差额叫做**财政盈余**（fiscal surplus）。负的财政收支差额叫做**财政赤字**（fiscal deficit）。在现实世界中，一个国家的财政收支既非时时相等，也不应该追求时时相等。政府需要有意识地调控财政盈余（赤字）来影响经济。如果一个国家财政盈余在减少（赤字在扩张），那意味着这个国家在施行**扩张性财政政策**（expansionary fiscal policy），财政在多花钱。相反，如果财政盈余在扩张（赤字在减少），就算是**紧缩性财政政策**（contractionary fiscal policy），财政在少花钱。

一般来说，一个国家的财政盈余是顺周期的（pro-cyclical）——经济增速快时财政盈余较多，经济增速慢时财政盈余较少。也可以把这种状况说成是**逆周期的财政政策**（counter-cyclical fiscal policy）——经济越好，财政越紧缩；经济越差，财政越扩张。

财政盈余的顺周期性（财政政策的逆周期性）在一定程度上由财政收入和支出的周期性所决定。财政收入的顺周期性很容易理解。当经济增长快时，经济活动比较活跃，企业和居民的收入也比较高，自然无论是间接税还是直接税都较多。财政支出逆周期变化也不难理解。在经济增长比较低迷时，企业经营绩效和就业状况都会比较差。这时，财政对企业和失业人员的补贴支出都会增加。此外，经济低迷时经济中的总需求会很弱，并很容易形成需求萎缩与经济增长下滑之间的恶性循环——需求越萎缩，经济增长越弱，从而导致更多企业经营困难，全社会收入预期和支出意愿下降，令需求进一步萎缩。这时，通过扩张性的财政支出来阻断这种恶性循环就很有必要。这样，财政收入的顺周期性和财政支出的逆周期性，合在一起就导致了财政盈余（财政收入减去财政支出）的顺周期性。

财政盈余的顺周期性让财政政策成为经济周期的稳定器，有平抑经济波动的倾向。事实上，财政政策平抑经济周期的效果在一定程度上是自发产生的——经济下行时财政收入自动减少，补贴类财政支出自动增加（比如政府支付的失业救济金在经济下行时自动增加）——所以在经济学里会说存在**财政自动稳定器**（automatic fiscal stabilizer）。在这种自动稳定器效应之外，政府还可以调整财政政策来放大或减小财政的稳定器效应。比如，在经济低迷时政府主动加大财政支出，就能够更有效地刺激总需求，从而起到托底经济增长的作用。当然，政府也可以反其道而行之，在经济低迷时减少财政支出，实行紧缩性的财政政策。这样，财政就会反而加大经济下行的压力，失去稳定器的功能。

在 2008 年次贷危机爆发之后，欧元区国家的银行体系也遭受了重创，因而大幅收缩其贷款。在次贷危机之前，欧元区边缘国家（意大利、西班牙、希腊、葡萄牙、爱尔兰）存在大量经常账户逆差，经济增长在很大程度上靠外国银行信贷支撑。次贷危机后，边缘国家民间所获得的信贷就大幅减少，经济增长因而滑坡。为了稳定经济，欧元区边缘国家的政府就大幅扩张财政支出，利用政府来借入外国资本，对冲民间资本流入的减少。但很快，压力就集聚在边缘国家的政府债务上，从而引发了欧债危机。2011 年欧债危机爆发后，欧洲边缘国家因为来自德国等欧元区核心国家的压力，被迫紧缩其财政政策来削减国债。这样的政策加重了这些国家的经济下行压力，引发了这些国家民众的极大不满。

而在中国，财政盈余大致是顺周期的，在一定程度上发挥了经济周期稳定器的作用。这方面最为明显的例子是 2008 年次贷危机之后，中国政府快速推出的“四万亿元刺激”政策。这一政策在使得中国财政赤字规模大幅度扩张的同时，也有效稳定了经济下滑的势头（见图 12－4）。

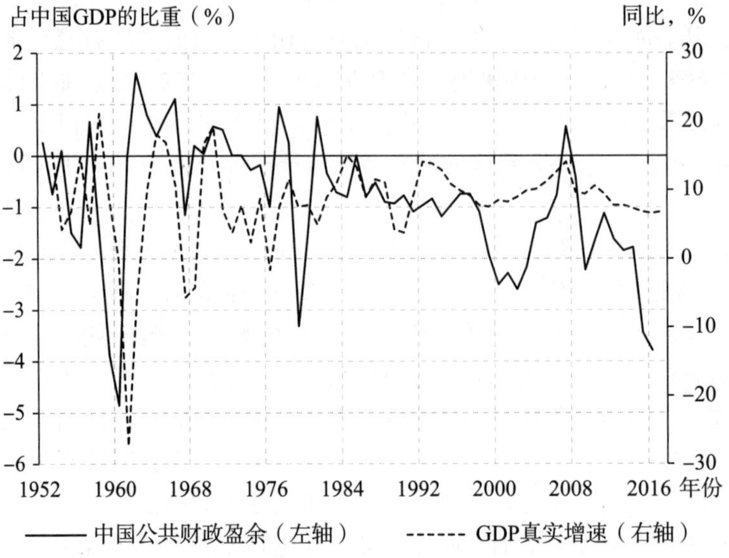

图 12－4　中国公共财政盈余顺周期变化

资料来源：Wind

12.2　有关财政政策的关键问题

关于财政政策，我们可以提出三个关键问题。

第一，是否应该运用财政政策来平滑经济周期？凯恩斯认为财政支出有**乘数效应**（multiplier effect），政府花一美元，可以带动经济中几美元的支出。因此，在经济低迷时可以通过财政支出有效扩大需求，带动经济增长。但古典经济学家李嘉图不会同意凯恩斯的观点。李嘉图会认为政府的支出会带来**挤出效应**（crowding-out effect），抑制民间投资，导致民间支出下降。所以政府扩大支出的行为会被民间支出的减少所抵消，不会带来总需求的扩张，因而对宏观经济没什么影响。按照李嘉图的观点，政府不应该在经济低迷时试图通过扩大财政支出来刺激经济。现在我们时常在财经媒体上看到是否应该通过扩张性财政政策来刺激经济的争论。这些争论反映的便是凯恩斯和李嘉图之间有关财政政策的观点分歧，因而可被视为两位伟大思想家思想交锋的延续。在两位思想家之间如何选边，是分析财政政策的人必须思考的问题。

第二，财政的可持续性如何判断？财政收支不可能时时都相等。这样一来，怎样填上收支之间的缺口就是一个重要的问题。就像企业和个人一样，政府可以通过借贷来弥补其收支之间的缺口。此外，由于政府还拥有铸币权，所以还可以通过发行货币来为自己的财政赤字融资。但就算可以发货币来融资，也不意味着政府可以无限制地寅吃卯粮，无限地扩大当前的支出。因此，怎样判断政府短期财政赤字的扩大是可持续的，不会对政府的运行和宏观经济带来负面影响，就是又一个重要课题。

第三，政府怎样最优地收税，以降低对经济运行的干扰？政府要运转就必须通过收税来获取收入。政府收税的方式有很多，可以直接向居民和企业征收直接税，也可以在交易环节征收间接税。甚至，政府发行货币也可被视为政府在征收**铸币税**（seigniorage）。不同的税收形式给经济带来的影响各不相同。怎样在保证征收到一定数量的税款的同时，又降低征税对经济产生的负面影响，便是最优税收（optimal tax）问题。

在这一讲中，我们会分别利用凯恩斯和李嘉图的思路来研究财政支出（税收）的乘数效应问题。对财政可持续性的研究则需留到把货币引入分析框架之后才能进行。因为那时我们会看到，财政政策和货币政策其实是密不可分的。对最优税收问题的研究则需等到更远的未来，结合经济学中的“次优理论”（second best theory）来分析。

12.3　凯恩斯的财政乘数效应

凯恩斯的财政乘数效应可以在 *IS—LM* 模型中用 *IS* 曲线简洁地表示出来。*IS—LM* 模型在理性预期革命之前提出，其建模的方法论思想会受到卢卡斯批判。因此，在本课程中我们仅在第 5 讲讨论宏观经济学方法论时将其作为一个反面例子做了简单介绍。在这里，我们要用 *IS—LM* 模型作为语言，来阐述凯恩斯提出来的财政乘数概念。在这里我们重申，类似 *IS—LM* 这样直接假设的宏观经济变量间的数量关系是不稳定的，使用时需要注意其局限性。

在这里，我们用 *IS* 曲线来介绍财政乘数的概念。凯恩斯认为，经济中的实际支出（actual expenditure）是居民、企业和政府**实际**花在产品和服务上的数额。而计划支出（planned expenditure）则是居民、企业和政府**计划**花费在产品和服务上的数额。在一个封闭经济中，可以把计划支出（E）用下式表示出来

$$E=C(Y-T)+I+G \tag{12.1}$$

这就是 *IS* 曲线，非常类似于 GDP 的支出法表达式。其中，$C(Y-T)$ 是消费函数，表明消费随可支配收入（总收入 Y 减去税收 T）的变化而变化。而 I 是投资，G 是财政支出。为了得到解析形式，可以把消费函数假设为一种非常简单的线性关系，即

$$C(Y-T)=c_0+c_1\times(Y-T)$$

其中，c_0是表示最低消费支出的参数；c_1是边际消费倾向的参数，表示消费者每增加 1 元可支配收入，愿意将其中的多大比例花在消费上。边际消费倾向必然在 0 和 1 之间

($0<c_1<1$)。最终，实际支出应该等于计划支出，即

$$Y=E$$

将上面两个式子代入（12.1）式可得

$$Y=c_0+c_1\times(Y-T)+I+G$$

从中把 Y 解出来可得

$$Y=\frac{1}{1-c_1}(c_0-c_1T+I+G) \tag{12.2}$$

由于 $0<c_1<1$，所以 $1/(1-c_1)>1$。由上式可以看出，财政支出每增加 1 元钱，经济的总产出会增加超过 1 元钱（增加 $1/(1-c_1)$ 元）。这便是财政支出的乘数效应。

为什么会有这种乘数效应？这是因为财政支出的增加在提高了收入的同时，也提高了消费。而消费的增加又进一步提高了收入，因而又进一步提高了消费。这种反馈机制会无限进行下去。我们可以如此计算财政支出增量ΔG 对收入的总效应。财政支出的最初增加会使得总收入增加ΔG。接下来的第 1 轮反馈效应会使总收入再增加 $c_1\times\Delta G$。然后，第 2 轮反馈再给总收入带来 $c_1^2\times\Delta G$ 的增量。如此类推，第 3 轮反馈带来 $c_1^3\times\Delta G$ 的增量，第 4 轮反馈带来 $c_1^4\times\Delta G$ 的增量……于是，财政支出乘数就是

$$\frac{\Delta Y}{\Delta G}=1+c_1+c_1^2+c_1^3+\cdots=\frac{1}{1-c_1}$$

类似地，可以计算出政府的税收乘数是

$$\frac{\Delta Y}{\Delta T}=-\frac{c_1}{1-c_1}$$

在这里，我们可以对凯恩斯的财政乘数做一个总结。凯恩斯的意思是，当政府增加 1 元钱的财政支出时，经济中的需求就增加了 1 元钱，而为这 1 元钱新增需求提供供给的人就增加了 1 元钱的收入。他获得了这 1 元钱的收入之后，一部分会储蓄起来，但还有一部分会消费掉。这样，就带来了新的需求扩张，以及相应的收入增加。这一逻辑还可以进一步推下去。把这些一次、二次、三次及更多次的影响都考虑进来，1 元钱财政支出的增加会带来超过 1 元钱的总需求以及总产出的增加。在前面的模型中，如果假设边际消费倾向 $c_1=0.6$，那么财政支出乘数就为 2.5（$=1/(1-0.6)$），税收乘数就为-1.5（$=-0.6/(1-0.6)$）。①

12.4 李嘉图等价

在看了凯恩斯对财政政策的观点之后，我们再来看一种截然相反的理论——**李嘉图等价**（Ricardian equivalence）。根据这种最早由 18 世纪经济学家大卫·李嘉图提出的思想，

---

① 有关财政乘数的更详细解释请看《新帕尔格雷夫经济学大辞典》中“财政乘数”（fiscal multipliers）词条。全文电子版可见于 http：//www. ssc. wisc. edu/～mchinn/Fiscal%20Multipliers. pdf。

财政乘数应该是 0。

我们在一个简化的拉姆齐模型中来展示李嘉图等价的含义。我们假设经济中的所有初始资本为居民所拥有，企业在每期期初向居民部门租用资本、购买劳动力来进行生产。正如前面已经分析过的，这种模型设定对应着企业所有权为居民部门所拥有的私有制社会。在每期厂商生产结束，并向居民支付了资本的租金和劳动报酬后，政府会向居民征税（t_1、t_2）、发行政府债券（b_1、b_2），并做财政支出（g_1、g_2）。在其之后，居民再做消费和储蓄的决策。整个模型的时序图如图 12－5 所示。

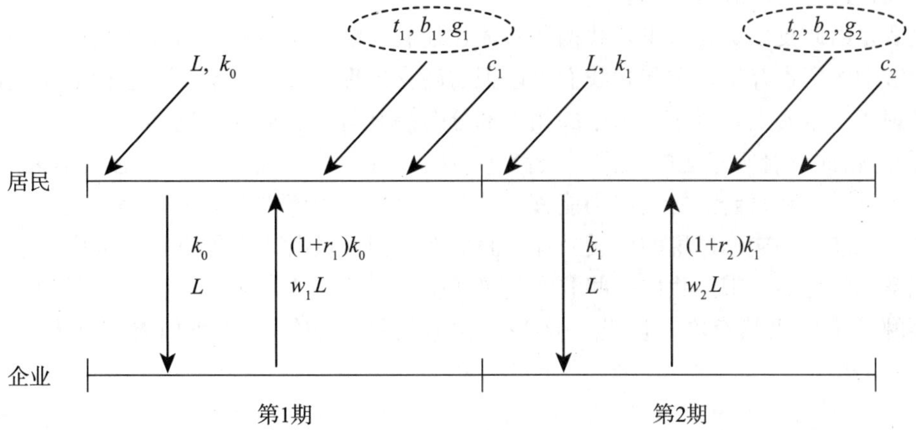

图 12－5

12.4.1　税收、政府债券与财政支出

为了简化分析，我们假设政府以**一次总付税**（lump sum tax）的形式征税。所谓一次总付税，就是政府收取一个固定数额的税金，而不管经济状况会如何变化。在现实中，我们几乎看不到这样的征税形式。绝大多数的税收都是以经济活动的一定比例来征收税款的。而在这里的模型中，之所以做一次总付税的假设，是因为在接下来的推演中我们就能发现，这种税收形式的假设能够大大简化我们的分析。当然，简化分析并非我们建模的目的（假设没有税收显然比假设一次总付税更为简便）。但我们之所以这样做，是因为在这种较为简便的假设下，已经可以给我们提供一些有关财政政策的重要洞察了。如果需要讨论各种不同征税形式对宏观经济的影响，自然可以在模型中对税收做出更加细致的假设。但在那之前，我们还是先从简单的情况入手。

征税和发债是政府的两大主要财政来源。与缴税这种强制义务不同，购买政府债券并非居民和企业的义务，而是它们的自愿行为。因此，为了吸引买家来购买政府债券，政府债券需要给投资者提供有足够吸引力的收益率。而由于政府拥有种种强制力，总是能够保证政府债券本金和利息的偿付，所以政府债券的收益率被称为无风险利率。当然，现实中的政府债券都是以本国货币为计价单位、以本国货币发行和偿付的，所以现实中的政府债券收益率一般都是名义利率。事实上，政府垄断了货币发行权，是政府债券总能被偿付的最重要原因。在后面探讨货币经济时，我们会详细解释。在这一讲的模型中尚未引入货币。因此，这里模型中的政府债券应该被理解为一种用消费品做计价物、用消费品发行和偿付的**真实债券**（real bond）。如果要在现实世界中找其对应物，那么应该是通货膨胀保值国债——国债的收益率会根据通货膨胀水平来调整，以保证债券持有人获得的真实利率达到预先设定的水平。

除了税收和发债外，政府还有许多其他财源，比如持有资产而获得的收益（如国有土地、国有企业带来的收益）。但在中国之外的其他许多国家，政府所持有的资产规模并不太大，带来的收益也不是很多。因此，在目前的讨论中，我们忽略这种收入，而仅仅分析税收和发债两种财政收入来源。

最后是财政支出。在这里，我们非常简化地假设财政支出并不增加居民的效用，也不增加经济中的资本存量。比如，我们可以把财政支出理解为国防支出。这种简化假设当然不符合现实。事实上，财政支出中的相当部分会提升居民的福利（比如政府在社保、医保上的开支）；而政府所修建的铁路、公路等基础设施也应被视为全社会总资本的一部分；政府在基础教育和科研上的支出则能够提升全社会的人力资本存量，并提升生产效率。但是，还是像前面一次总付税的假设一样，我们在目前假设财政支出直接就消失在经济中尽管不现实，但也能够带给我们一些洞察。事实上，在这些非常简化的假设下得到的结论在更复杂的设定中仍然存在。因此，这些简化假设往往能够帮助我们看到问题最为本质之处。

12.4.2　居民的优化问题

与之前一样，居民仍然寻求最大化其两期贴现的效用和

$$u(c_1)+\beta u(c_2)$$

但在有了政府之后，居民第 1 期的预算约束变成（直接将不等号取为等号）

$$c_1+k_1+t_1+b_1=(1+r_1)k_0+w_1L$$

方程的右边是居民在第 1 期的总收入（资本回报加上劳动力报酬），而左边则是居民第 1 期的总支出。除了之前几讲就有的第 1 期消费 c_1 与为 2 期积累的资本 k_1 之外，还增加了第 1 期支付的税额 t_1 与第 1 期购买的政府债券 b_1。

居民第 2 期的预算约束为

$$c_2+t_2=(1+r_2)k_1+w_2L+(1+r_{b2})b_1$$

这一方程右边的 $(1+r_{b2})b_1$ 是居民第 1 期所购入的政府债券 b_1 在第 2 期的本息偿付，r_{b2} 是政府债券在第 2 期的利率。注意，这里并没有像在时序图那样把第 2 期居民购入政府债券的数量写为 b_2。这是因为这里的模型只有两期，所以第 2 期居民必然会要求政府偿付第 1 期购入的政府债券的本息。将这一信息考虑进来，第 2 期的居民预算约束就变成如上方程的形式了。类似于第 1 期的预算约束，上面这个方程左边的 t_2 是第 2 期居民支付的税额。

为居民的优化问题设立拉格朗日函数，得

$$\begin{aligned}\mathcal{L}=u(c_1)+\beta u(c_2)&+\lambda_1[(1+r_1)k_0+w_1L-c_1-k_1-t_1-b_1]\\&+\lambda_2[(1+r_2)k_1+w_2L+(1+r_{b2})b_1-c_2-t_2]\end{aligned}$$

正如前面已经分析过的，缴税是居民必须履行的强制义务，而是否购买政府债券则是居民可自由决策的。所以，在居民的优化问题中，两期的税收 t_1 与 t_2 应当被视为外生给定的常数——居民将其视为自己所不能改变的量。而 c_1、c_2、k_1、b_1 则是居民可以选择的变量。因此，优化求解时应当让拉格朗日函数对这后 4 个变量的偏导数等于 0。于是，可得如下的一阶条件

$$\frac{\partial \mathcal{L}}{\partial c_1}=0\Rightarrow u'(c_1)=\lambda_1$$

$$\frac{\partial \mathcal{L}}{\partial c_2}=0\Rightarrow \beta u'(c_2)=\lambda_2$$

$$\frac{\partial \mathcal{L}}{\partial k_1}=0\Rightarrow -\lambda_1+(1+r_2)\lambda_2=0$$

$$\frac{\partial \mathcal{L}}{\partial b_1}=0\Rightarrow -\lambda_1+(1+r_{b2})\lambda_2=0$$

消去其中的拉格朗日乘子可得如下欧拉方程

$$\begin{aligned}&u'(c_1)=\beta u'(c_2)(1+r_2)\\&u'(c_1)=\beta u'(c_2)(1+r_{b2})\end{aligned}\tag{12.3}$$

对于居民优化问题的求解结果，有两点值得说明。第一，从上面求出的两个欧拉方程可以得知，第 2 期资本的回报率和政府债券的回报率应该完全相等，即

$$r_2=r_{b2}$$

为什么是这样的？因为站在居民的角度来看，投资和购买政府债券是可以把当前的消费转移到未来的两个可选途径。如果其中一条途径的回报率严格地高于另外一条途径，那么居民就肯定不会选择另一条途径。因此，要让居民愿意同时持有资本和政府债券，这二者的回报率就一定要相等。

第二，在求解出来的欧拉方程中并不包含两期的税收 t_1 与 t_2。从数学上来看很容易理解，因为居民将税收看成外生给定，因而在求解一阶条件时就将其消去了。从经济道理上来讲，这是因为一次总付税的形式并未改变居民所面对的价格信息（r_2、r_{g2}），所以居民在两期之间的跨期优化权衡与没有税收时相同。如果税收不是一次总付形式，而是从价税，比如，按照一定比率从资本的回报中征税，那么这种税收就会降低居民最终获得的资本回报率，因而会降低居民储蓄的动机。这会导致居民的储蓄行为偏离社会最优的选择，从而产生净福利损失。这种会改变经济主体对价格的认知的税收就叫做**扭曲性税收**（distortionary tax）。相反，一次总付税并不改变价格信号，而只是带来收入分配的变化，因而并不会因为扭曲经济主体的行为而产生福利损失。所以，一次总付税又叫做**非扭曲性税收**（non-distortionary tax）。这一讲的附录展示了一次总付税与扭曲性税收的福利差异。

12.4.3　政府行为

模型中有了政府之后，政府的行为就必须设定出来。这里，我们假设政府两期的开支 g_1 与 g_2 都外生给定，且既不进入居民的效用函数，也不进入厂商的生产函数。这样一来，

政府需要选择的就只剩怎样用税收和发债来支持外生给定的支出计划。同时，我们还假设无论是财政支出还是税收，其规模相对经济中的产出来说都比较小。所以在分析模型时不用考虑财政支出或税收必须小于产出的不等式约束。

政府并不一定每期都执行平衡的预算。也就是说，财政支出和税收并不一定期期都相等。这二者之间的差异可以用政府债券的发行和偿付来弥补。但是，对政府的一个合理要求是政府从长期来看需要收支平衡——一时的财政赤字必须靠未来的财政盈余来填补。具体到目前这个两期的模型中，这要求在第 2 期期末政府既无负债，也无盈余。下面我们来看看这意味着什么。

政府第 1 期的预算约束可以写成（将不等号取成等号）

$$g_1=t_1+b_1 \tag{12.4}$$

即政府第 1 期的开支可由第 1 期的税收 t_1 和第 1 期的发债 b_1 来支持。第 2 期的预算约束为

$$g_2+(1+r_{g2})b_1=t_2 \tag{12.5}$$

也就是说，第 2 期的税收 t_2 除了用来支持第 2 期的财政支出 g_2 外，还需用来清偿第 1 期发行政府债券的本息 $(1+r_{g2})b_1$。将政府第 2 期的预算约束代入政府第 1 期的预算约束，消去 b_1，可得

$$g_1+\frac{g_2}{1+r_{g2}}=t_1+\frac{t_2}{1+r_{g2}} \tag{12.6}$$

上式意味着，用政府债券收益率来贴现的话，政府两期开支的第 1 期贴现总和应该等于两期税收收入的第 1 期贴现和。这是我们在前面所说的政府从长期来看需要收支平衡的意思。

12.4.4 企业的优化问题

在这个模型中，企业并不积累资本，并不向政府纳税，也不购买政府债券。因此，这里企业的优化问题可以得到我们非常熟悉的结果——资本和劳动力的边际产出等于资本的回报率和劳动力的工资率。

$$AF_1(k_0^d,l_1^d)=r_1,\quad AF_1(k_1^d,l_2^d)=r_2$$
$$AF_2(k_0^d,l_1^d)=w_1,\quad AF_2(k_1^d,l_2^d)=w_2$$

12.4.5 均衡求解

将均衡条件 $l_1^d=l_2^d=L$，$k_0^d=k_0$，$k_1^d=k_1$ 代入企业的优化条件，可以得到熟悉的资本回报率和工资率的表达式

$$r_1=AF_1(k_0,L)$$
$$r_2=r_{g2}=AF_1(k_1,L)$$
$$w_1=AF_2(k_0,L)$$
$$w_2=AF_2(k_1,L)$$

将以上几个式子代入居民两期的预算约束可得

$$c_1+k_1+t_1+b_1=k_0+AF(k_0,L)$$
$$c_2+t_2=k_1+AF(k_1,L)+(1+r_2)b_1$$

将政府第 1 期和第 2 期的预算约束（12.4）式和（12.5）式（将 r_{g2} 替换为 r_2）分别代入上面居民第 1 期和第 2 期的预算约束式，消去 t_1、t_2 和 b_1 后可得

$$c_1+k_1+g_1=k_0+AF(k_0,L) \tag{12.7}$$
$$c_2+g_2=k_1+AF(k_1,L) \tag{12.8}$$

而前面居民跨期优化的欧拉方程（12.3）式也可以化为

$$u'(c_1)=\beta u'(c_2)[1+AF_1(k_1,L)] \tag{12.9}$$

（12.7）式、（12.8）式与（12.9）式含有 c_1、c_2、k_1 共 3 个未知数，因而可以将这 3 个未知数完全解出。所以，这 3 个方程就完全刻画了模型的均衡。

12.4.6　李嘉图等价

注意，刻画均衡的（12.7）式、（12.8）式与（12.9）式中，并不包含 t_1、t_2 及 b_1。这说明，只要政府满足其预算约束（我们在推导刻画均衡的方程时用到了这一条件），那么政府短期开支究竟是由税收还是由发政府债券来支持并不影响居民的消费与储蓄决策，自然也不会影响经济的总产出和总收入。这便是李嘉图等价所阐述的思想。

更详细地讲，李嘉图等价的意思是：有着理性预期的居民会将政府的预算约束考虑进来，会了解政府最终会用未来的税收来偿付其发行的政府债券。因此，在政府支出路径已经给定的前提下，政府为支出融资的方式（税收、发债）并不影响消费者的决策，也不影响宏观经济的总需求和总产出。

1. 税收乘数

仅仅这样平铺直叙地阐述李嘉图等价的含义，很多人还无法感受到这一理论的冲击力。事实上，这一理论的结论与前面阐述的凯恩斯的思想很不一样。我们先来算算在这样的模型中，财政乘数是多少。在前面的模型中，财政支出 g_1 与 g_2 的变动对经济的影响取决于对 g_1 与 g_2 流向的假设。假设 g_1 与 g_2 是进入消费者效用函数，还是进入厂商的生产函数，还是像前面的模型那样哪个都不进入，产生的结果是不一样的。为了避免在这个问题上纠缠过多，以便与前面凯恩斯的理论做简单明快的比较，我们计算模型中的税收乘数。

即使财政支出 g_1 与 g_2 都外生给定，两期的税收 t_1 和 t_2 仍然可以变化。在单期，税收的减少可被视为另一种形式的财政支出加大。但实际上，任何一期税收的变化都不会影响总产出、总消费和总储蓄。如果我们计算任何一期的税收乘数，会发现它是 0！为什么是这样的？让我们来看看第 1 期减税的效果。这时，居民被政府通过税收抽走的消费品固然是下降了，但他们会理性地预期到当前（第 1 期）税收的下降是以未来（第 2 期）税收的增加为代价而实现的。为了应对未来税收的增加，他们会相应减少第 1 期的消费支出，而累积更多的储蓄（部分储蓄用来购买政府发行的债券）。所以，第 1 期税收的减少并不增加第 1 期的产出和消费。减税的财政支出乘数为 0。

2. 政府债券

政府债券是政府的债务，但同时也是政府债券持有人的财富。而财富当然是越多越好。财富越多，消费者的消费越多，企业的投资也越多，经济的产出当然就会越多。那是不是说政府发行的政府债券越多越好呢？这正是罗伯特·巴罗 1974 年在其经典的《政府债券是净财富吗?》一文中试图回答的问题。[①]

正如我们在前面的模型中得到的分析结果所显示的，政府债务的增加（比如模型中的 b_1）并不会带来产出、消费的增加。因为居民非常清楚，这种债务的增加是以未来税收的增加为代价的。所以，尽管居民在当前（第 1 期）看似多持有了一些资产（b_1），但是他在第 2 期会需要缴纳更多的税额。考虑到这种前景，居民并不会因为多持有了一些政府债券而增加其消费。

用更为学究气的话来讲，居民会内生化政府的预算约束，从而清楚地知道自己持有的政府债券未来都是要靠自己多缴纳的税款来偿付的。因此，居民并不会把持有的政府债券视为净财富。

12.5 凯恩斯还是李嘉图?

现在我们有了两个截然相反的有关财政政策的理论。凯恩斯认为财政政策会带来乘数效应，因而对经济的影响很大。而李嘉图则相信财政政策对经济没什么影响，乘数效应根本不存在。很自然地，我们需要知道谁更正确。知道这个问题的答案不仅具有理论意义，更有十足的政策含义。对这个问题的回答决定了我们如何调控财政政策。

要判断李嘉图等价在现实中是否成立，最直接的方法是去估计现实中的财政乘数。《新帕尔格雷夫经济学大辞典》的“财政乘数”词条释义中综述了对财政乘数的数量研究。绝大多数估计值都显著地不为 0，并且有相当多的估计结果超过了 1。这一数量结果表明，李嘉图等价在现实中普遍不成立。毕竟，李嘉图等价的结论出自一个相当理想化的设定。现实中的税收大多都是扭曲性的，而非一次总付。且私人部门对财政政策未来的走势并不一定有非常清楚的预期，而会根据当前的财政政策调整其预期。比如，居民可能因为看见当前税收少，就预期未来财政支出也会比较少。这些都会造成现实对李嘉图等价的偏离。所以，现实世界中的财政政策更接近凯恩斯的理解，而非李嘉图的认识。

但是，用现实世界中的数据估算出来的财政乘数不为 0，并不意味着凯恩斯的理论就无懈可击。在凯恩斯的理论中，决定财政乘数的关键参数是消费者的边际消费倾向 c_1。既然这个参数如此重要，自然就有许多研究试图把这个参数估计出来。但在大量的研究之后，大家发现无法得到一个令所有人都信服的估计值。而后来消费理论的发展也让大家认识到，估计边际消费倾向的努力注定是徒劳的。早在 20 世纪 50 年代，著名经济学家米尔

① Barro, Robert J. (1974), “Are Government Bonds Net Wealth?” *Journal of Political Economy* 82 (6): 1095-1117. 文章电子版可见于：https://dash.harvard.edu/bitstream/handle/1/3451399/Barro_AreGovernment.pdf?sequence=4。

顿·弗里德曼就提出了**持久收入**（permanent income）的概念。弗里德曼认为，由于消费者有平滑消费的倾向，决定消费的是消费者对未来长期平均收入的预期，而非当期的收入。因此，如果消费者认为当期的收入变化是暂时的，其消费就不会对其做出反应。这时估计出来的边际消费倾向就会很小。相反，如果消费者相信当前的收入变化会长期持续（比如这个消费者当期失业了，并且预期自己会长期失业下去），那么他的消费对这个收入的变化就会很敏感，估计出来的边际消费倾向就会很大。所以，决定边际消费倾向的关键因素是消费者对未来收入的预期。这个预期的维度显然是凯恩斯理论所没有考虑到的。当然，这不仅仅是凯恩斯理论的问题，也是所有理性预期革命之前的宏观理论的问题。但这也确实表明了凯恩斯理论的基础不牢靠。

不过，也不能仅仅因为理论基础不牢靠就拒绝凯恩斯的观点。诺贝尔经济学奖得主索洛（就是那个提出索洛增长模型的索洛）曾经说过一段名言：

> 我记得曾经读到，人们现在仍然不完全明了长颈鹿是怎样把足够多的血液一路向上输送到它的头部的。但是，很难想象有人会因此得到结论说长颈鹿没有长脖子。至少那些去过动物园的人不会这么想。

理论是对现实的总结和升华。对有些现实问题，我们可能受认识水平所限，无法在理论上给出精准的刻画。但这些理论的局限并不代表对应的那些现实问题不存在。如果我们真的因为凯恩斯的理论不符合理性预期，就抛弃财政乘数的观念，那就变成索洛所说的不相信长颈鹿有长脖子的愚人了。

像凯恩斯这样的经济学大家都具有一种非常重要的特质，就是透过现象迷雾直达问题本质的能力。这种能力通常表现为他们超乎常人的直觉。这种直觉有时经过后人的加工，能够以严密理论体系的形式呈现在大家面前。*IS—LM* 模型就是经济学家希克斯（John Richard Hicks）和汉森（Alvin Hansen）对凯恩斯《就业、利息和货币通论》思想的数学精炼。有些时候，理论对直觉的阐释是完整而精确的。但还有很多时候，为了照顾理论阐释的需要，理论对直觉做出了片面或扭曲的反应。我们学习经济学的最终目的是获得理论所蕴含的那种直达本质的穿透力，与那些激发了理论发展的经济学大家们形成跨越时间和空间的共鸣。从这个意义上来说，理论只是渡河之舟。我们是因为要去对岸的某个地方，所以要选择合适的船。而不能反过来，因为上了某条船，所以被这条船盲目地带往某个方向。

现在让我们回到凯恩斯与李嘉图，看看他们最根本的分歧究竟在哪里。凯恩斯说，在经济衰退的时候，政府如果出钱雇人挖坑填坑，也能刺激经济增长。这是因为尽管挖坑填坑这个行为本身并不创造价值，也不提升任何人的福利，但是它让那些失业的工人有了工作，有了收入。这些工人把他们的收入再花出去，就能让更多人重新工作，获得收入。但对于这样挖坑填坑的政策，类似李嘉图这样的古典或新古典经济学家会说，这不会对经济有正面效果。因为政府出钱挖坑填坑的政策固然雇用了劳动力，但是这些人如果不干挖坑填坑的事，可以去干他们想干的更有效率的事情。所以，财政支出只是挤出了民间更加有效率的支出而已，对经济有害无益。

所以，凯恩斯与李嘉图的关键分歧在于对经济自然运行状态的不同理解。所谓自然运行状态，就是没有来自政府及其他外部因素的影响、经济自发运行的状态。在古典和新古典经济学家看来，经济中的资源总是被高效地运用着，劳动力也总是处在充分就业状态——这就是萨伊定律所反映的状态。就算存在失业，也是劳动者自己在权衡了劳动收入与闲暇之后，主动做出了不工作的选择。在这种自然运行状态中，如果政府出钱让大家挖坑填坑，就得让人放下他们手里的活计，去做那些他们没那么喜欢的事情，因而对经济会带来负面影响。

而在凯恩斯看来，经济在自然运行中完全可能产生资源配置的错误，导致资源利用效率下降，出现**非自愿失业**（unemployment）。注意，这里失业二字前面的“非自愿”三个修饰字非常重要。所谓非自愿失业，是失业人员愿意按照现行市场工资率参与工作，却无法找到工作机会的情况。凯恩斯相信，大萧条所导致的就是大量非自愿失业的存在。在这样的经济自然运行状态下，政府出钱雇人挖坑填坑，就能让一部分工人重新工作，重获收入，并通过乘数效应让更多人受益，最终利好整个经济。所以在前面利用 *IS* 曲线推导财政乘数时，我们可能会有“心想事成”的感觉，即好像想要什么样的产出水平，就得到什么样的产出水平。会有这种感觉是正确的。因为在那里其实是在推导经济的需求，而没有考虑经济的供给。当资源利用效率不高，存在非自愿失业的时候，供给就不是瓶颈。这时，有多少需求就有多少产出，确有心想事成的意味。

专栏 12-1

破窗理论①

经济学里有个“破窗理论”，讲的是砸破窗户的坏事反而会有利于整个经济。假想有人用砖头砸坏了一扇玻璃窗。砸坏窗户这个事情本身是坏的，造成了存量财富的净损失。但是，窗户被砸破了之后，修窗户的需求就被创造了出来，修窗工就有了工作，得到了收入。而修窗工将他得到的收入再花出去，就会变成经济中的更多需求。这样一直继续下去，砸破窗户这件坏事反而会增加经济中的总需求，刺激经济增长。所以，传统凯恩斯理论会认为，在经济衰退的时候政府出钱雇人挖坑再填坑，也能带动总需求的扩张，刺激经济，从而是件好事。

但是，破窗理论成立得有一个前提，那就是经济中存在需求不足、供给过剩的状况。就像在前面的例子中，如果修窗工正在失业，那么砸破窗户带来的需求确实会让他挣到钱。但是，如果经济中所有资源都正被满负荷使用呢？也就是说，修窗工的工作计划已经排得完全饱和了。这时，要去修被砸坏的窗户，他就必须放下手里正在干的活计。此时，砸破窗户并未带来总需求的扩张，反而是对之前资源高效配置的一种干扰。所以，砸破窗户是否真能刺激总需求，带动经济产出增加，关键要看砸之前经济是否处在需求不足、供给过剩的状况下。在凯恩斯看来，显然是这样的。而在信奉萨伊定律的古典和新古典经济学家看来，则不是如此。两派观点的根本分歧就在于此。

① 在犯罪学中有一个“破窗效应”的理论，说的是如果环境中的不良现象被放任存在，就会诱使人们去仿效，甚至变本加厉。比如说，一栋房子如果有一扇破窗户总是不修，更多的窗户就会被人破坏掉。我们这里讲的“破窗理论”与犯罪学中的“破窗效应”是两回事。

在上面两种对经济自然运行状态的不同理解的背后，更深层次的是对市场机制的不同的信仰。古典及新古典经济学家相信市场总能高效运转，因而能够达到最优的资源配置效率。既然市场这只“看不见的手”把事情都做得很好，政府这只“有形之手”就没有必要动作。而在凯恩斯看来，市场这只“看不见的手”有时会失灵（有时甚至会像大萧条时期那样长期大幅度失灵），所以有必要用政府的“有形之手”来对其加以修正。我们所看到的许多经济学中的争论、许多有关经济政策的争论，都是这种深层次信仰差异的表象。

那么，在凯恩斯与李嘉图中间，我们应该站在哪边？在回答这个问题之前，必须注意到，真实的世界不是用非黑即白的二分法所能描述的。市场有效的程度时高时低，并不总是有效的，也并不总是无效的。政府对经济的影响力不能说没有，但也绝非无限。政府与市场之间不是有你无它的相互排斥，而是必须相互协作。此外，我们还要注意到，两种思路的融合正在发生。一方面，凯恩斯理论在吸收了理性预期革命的精神之后，已经蜕变成了**新凯恩斯理论**（new Keynesian theory）。*IS* 曲线、*LM* 曲线在微观基础之上又被重新推导了出来，并成为分析货币政策的主要理论工具。另一方面，新古典理论也在通过引入摩擦、契约等概念，把市场失灵纳入自己的思考范围。

所以，对在凯恩斯与李嘉图之间如何选边的问题，我们必须采取一种中庸的回答。我们要承认二者都抓住了一些对真实世界的有益洞察，但又都不是绝对的真理。真实世界复杂而多变，诸多因素相互纠缠、相互作用。对中国经济这个计划与市场相结合的转型经济来说，情况更是如此。如何运用这些洞察所给予的穿透力，就所分析的具体问题，抓出最为本质、最有影响力的一条或几条逻辑线索，是技术，更是艺术。

在真实世界中，尽管不同国家政府的规模大小有差异，对经济的涉入程度也有不同，但各个国家政府的收支普遍都对经济有不可忽视的影响，并在一定程度上存在乘数效应。但这并不意味着李嘉图等价就没有意义了。李嘉图等价所揭示的民间部门在理性预期之下内生化政府预算约束的效应也在一定程度上存在，并成为财政政策面临的一个约束。经济越接近充分就业，产能利用率越接近常规水平，李嘉图等价对财政政策的约束就越明显，财政政策就越不容易发挥效果。相反，经济如果越是偏离充分就业水平，经济中越是存在资源的闲置，就越近凯恩斯对经济自然运行状态的假设，财政政策就越是有效。次贷危机之后，世界各国普遍陷入了产能过剩、需求不足的状态，因而就有了更高的呼声要财政政策发挥作用。而在中国，由于消费不足的结构失衡造成了长期持续的产能过剩问题，显性或者隐性的财政政策就成为稳定经济增长的关键政策工具。

在了解了这一讲所介绍的逻辑后，我们就知道真实世界中对财政政策讨论的焦点何在了。在讨论是否该用财政政策来刺激经济增长时，经济学家所争论的主要问题是财政乘数究竟有多大。而这些争论所反映的更深层次问题则是经济是否处在产能充分利用（充分就业）的状态下。能够找到这样的讨论切入点，理解像财政乘数这样看似技术性问题的重要意义，是与经济学家展开严肃对话的前提，也是参与真实世界经济政策辩论所必须跨越的专业门槛。

附录 12. A　扭曲性税收带来的福利损失

经济学原理或微观经济学课程中已经介绍了税收的扭曲性作用。所谓**扭曲**（distortion），就是对自由市场资源配置状况的偏离。它会带来整体福利的**无谓损失**（deadweight loss）。在税收方面，从价税（按照商品售价的一个比例来征税）改变了使用者对价格的感知，因而会导致资源配置的偏离，从而降低整体福利。在这里，我们在一个简单模型中来验证一下这个结论。

假设经济中的代表性消费者只消费一种商品 x，并从这种商品的消费中获得效用 $\log(x)$。商品 x 是由消费者用劳动力 n 生产出来的。用一单位 n 能生产一单位 $x(x=n)$。劳动力 n 带给消费者的效用为 $-n$。于是，消费者的优化问题可以写成

$$\begin{aligned} &\max_{x,n} \log(x)-n \\ &\text{s. t.}\quad x=n \end{aligned} \tag{12.10}$$

容易解出 $x=n=1$。在这种情况下，消费者的效用为 -1。在劳动力线性地进入效用函数的情况下，可以将劳动力理解为计价物，也可以将其看成效用的单位。

下面我们将政府引入模型，假设政府需要收取总额为 0.5 单位的税收（$t=0.5$）。我们先假设政府是通过一次总付税的形式来征税的。这时，消费者的优化问题写为

$$\begin{aligned} &\max_{x,n} \log(x)-n \\ &\text{s. t.}\quad x+t=n \end{aligned} \tag{12.11}$$

与优化问题（12.10）式相比，这里只是在消费者的约束条件中加上了一个常数 t。将约束条件代入目标函数中，可将约束优化问题化为如下无约束优化问题

$$\max_{n} \log(n-t)-n$$

在 $t=0.5$ 的情况下，解出 $n=1.5$、$x=1$。此时消费者的效用为 -1.5，比政府不收税时降低了 0.5。但消费者福利的 0.5 单位的损失都变成了政府收入，所以此时全社会并无福利损失。

下面我们假设政府只能用从价税的形式来收取这 0.5 单位的税收收入。这时，消费者面对的的商品 x 的价格就不再是 1，而是包含了税率的 $1+t_x$。此时消费者的优化问题为

$$\begin{aligned} &\max_{x,n} \log(x)-n \\ &\text{s. t.}\quad (1+t_x)x=n \end{aligned} \tag{12.12}$$

把约束条件代入目标函数可得

$$\max_{n} \log\left(\frac{n}{1+t_x}\right)-n$$

从中解出 $n=1$。相应地，消费者对商品的最优消费量为

$$x^{*}=\frac{1}{1+t_x}$$

政府所得的总税收等于税率 t_x 乘上消费者的商品消费量 x^{*}。要让总税收为 0.5，则有

$$t_x x^{*}=\frac{t_x}{1+t_x}=0.5$$

从中解出 $t_x=1$。也就是说，商品 x 的税率要为 100%，才能让政府收到总额为 0.5 的税收。此时，消费者的商品消费量为 0.5，消费者的效用为

$$U=\log(0.5)-1\approx-1.69$$

此时消费者的效用低于一次总付税的情形。而且，消费者因为征税所损失的福利 0.69（$=-1-(-1.69)$）大于政府的税收收入 0.5。所以此时全社会因为扭曲性税收损失了福利。

进一步阅读指南

贝纳西-奎里等人所著的《经济政策：理论与实践》是一本相当优秀的讨论经济政策的教科书（贝纳西-奎里等，2015）。这本书的第 3 章中有对财政政策的更全面介绍，值得参考。罗伯特·巴罗 1974 年发表的经典文章《政府债券是净财富吗?》标志着李嘉图等价在现代经济学中的复兴，有一定阅读价值（Barro，1974）。

练习题

12.1　在这一讲正文的模型中我们验证了李嘉图等价的成立。现在我们对这个模型做一些修改，假设第 1 期期初全社会所有资本都由企业所拥有，且企业的所有权不在居民手中（企业因而不向居民分红）。企业的经营目标是最大化其每期持有的资本存量。此外，假设政府只通过一次总付税的形式向企业收税，而不向居民征税。

（a）请画出这个修改后模型的时序图，并定义模型的一般均衡。

（b）请求解出刻画模型均衡的均衡条件。

（c）请验证李嘉图等价是否仍然成立。如果不成立，为什么?

（d）基于这道习题的结论，你能对中国的财政政策提出什么建议?

12.2　凯恩斯曾经说过，为了刺激经济增长，政府可以雇人在地上挖坑，然后再填上。凯恩斯所提出的建议看上去像是对人力资源的纯粹浪费。请问：

（a）凯恩斯为什么会认为这种浪费行为反而能刺激经济增长?

（b）凯恩斯给的建议在什么样的经济状况下才会有效?

（c）你认为古典经济学家（比如提出萨伊定律的萨伊）会认可凯恩斯开出的药方吗，为什么?

（d）凯恩斯和古典经济学家的关键分歧在哪里?

第13讲

灵活价格下的货币经济

一直到上一讲，我们的分析都围绕着真实经济变量展开。也就是说，在前面介绍的模型中，没有货币，也没有以货币计价的名义价格（但有以消费品计价的真实价格）。在没有引入货币的情况下，我们已经可以分析经济增长、经济结构、消费与储蓄决策、财政政策等一系列很有价值的问题。而在无货币的模型中讨论这些问题，更能够让我们绕开货币的干扰，看到这些问题的实质。比如，有人在现实中看到居民储蓄都是以银行存款、现金等形式存在的，因而错误地认为决定储蓄多寡的是货币政策。这就是没有认识到储蓄的本质——储蓄是通过牺牲当前的消费而换取未来的消费——所犯的错误。在无货币的模型中先把储蓄的本质讲清楚，就能够避免犯这样的错误。

但在现代经济中，货币是经济运行所不可或缺的润滑剂。在真实世界中，各种交易都以货币为媒介来进行。各种商品、服务、资产也都以货币来计价。掌控货币供给的中央银行的一举一动，都对宏观经济和金融市场有巨大影响。为了分析这些由货币而生的经济现象，我们的讨论自然要进入货币经济中。在这一讲中，我们假设经济中的价格是完全灵活的，可以自由变化。在灵活的价格下，我们会发现货币对实体经济不会产生影响。这当然与真实世界的情况是不一致的。但在灵活价格这种简单情况下的讨论可以帮助我们理解货币经济的基本概念、关键问题和核心思路。在下一讲，我们会讨论价格不能灵活变动情况下（黏性价格）的货币经济运行和货币政策思路。

13.1　真实世界中的货币

13.1.1　货币总量的统计

在进入对货币的理论分析之前，我们先来认识一下真实世界中的货币。所谓货币，在现代社会中，是用作交易媒介的金融工具。它同时还发挥着记账单位、价值储藏等其他功能。交易的形式是多种多样的，交易中的媒介也是多种多样的，货币因而也是多种多样的。我们钱包里的现金（纸币和硬币）、银行储蓄账户中的存款、证券公司户头里的保证金都是货币。当然，不同形式的货币的流动性（支付时的便捷性）是不一样的，所以可以按照流动性的差异在不同的口径上统计货币总量。货币统计最常用的口径是 M0（流通中现金）、M1（狭义货币）和 M2（广义货币）。以下是它们在中国的定义：

M0＝流通中现金
M1＝M0＋企业活期存款
M2＝M1＋企业定期存款＋居民储蓄存款(包括活期和定期)

从 M0 到 M2，口径越来越大，流动性越来越弱。

需要注意，中国 M1 的口径与世界上其他国家通常的定义不一样。在绝大多数国家，M1 都包括现金（M0）、企业活期存款和居民活期存款。之所以这样规定，是因为企业和居民可以用活期存款账户直接开支票来支付，所以可把活期存款账户视为一种流动性较高的货币形式。但我国过去只有企业能开支票，居民则不行，所以就把居民活期存款放到了 M1 之外。现在，我国居民可以很方便地通过信用卡、网络支付等工具使用其活期存款来进行支付。所以理论上现在应当把居民活期存款也放到 M1 口径里面。只不过这牵涉很多行政上面的手续，所以负责进行金融数据统计的中国人民银行一直没有做这件事。

在 2017 年年末，我国 M0 存量大约为 7 万亿元人民币，M1 存量大约为 54 万亿元，M2 存量大约为 168 万亿元，三者占我国 GDP 的比重分别为 9%、66%与 205%。我国 M2/GDP 比例在世界大国中算是很高的，而且在持续上升中（见图 13 - 1）。这个较高且不断上升的 M2/GDP 比例已经引发了大量讨论。

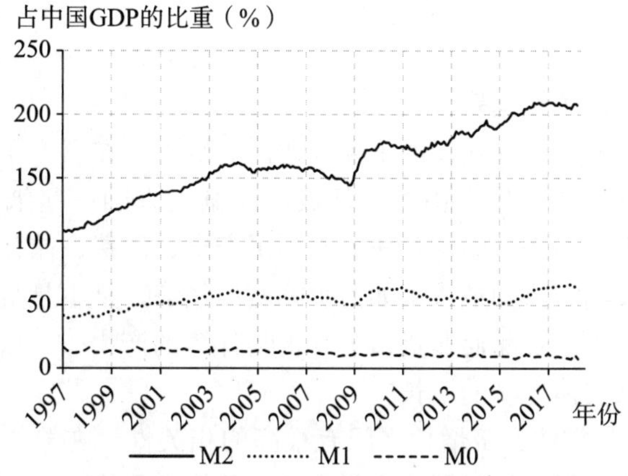

图 13 - 1　M0、M1、M2 与中国 GDP 的比例

资料来源：Wind

在当今的纸币体系下，货币是由包括中央银行在内的银行体系“无中生有”创造出来的。当银行向非金融企业和居民发放贷款时，货币就从无到有地产生了出来。具体来说，当商业银行向某企业发放贷款时，银行会直接在企业开设在银行的户头上增记一笔企业贷款，作为企业对银行的负债。同时，银行还会在企业户头上增记一笔企业的存款，作为企业的资产。通过这样的会计操作，银行发放的贷款就立即变成了贷款接受方的存款，从而在经济中创造了货币。银行向居民发放贷款也是类似的。除了贷款之外，银行购买非金融企业发行的债券，以及银行用自己手中的人民币换取企业或居民手中的外汇，都是在创造存款和货币。这其中的具体过程我们会在讲到货币政策传导机制时再详细介绍。在这里，大家记住货币（其主体是存款）是由贷款、债券融资和外汇占款等业务创造的就行了。由于货币主要由这三种业务所创造，货币（M2）的增量就与这三种业务的增量之和相差不多（见图 13-2）。

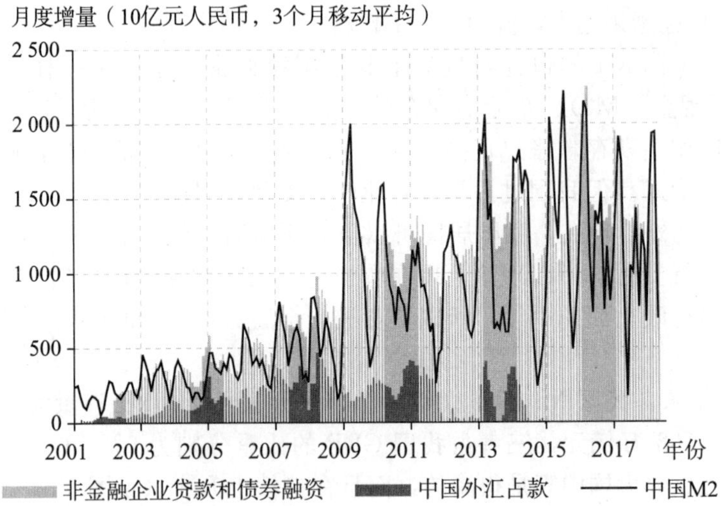

图 13-2　M2 的增量与贷款、债券融资和外汇占款的总增量大致相等

资料来源：Wind

13.1.2　有关货币的关键问题

进入货币经济后，我们有一些新的重要问题需要解答。在引入了货币之后，我们首先要问，货币为什么有价值？为什么用国家低成本印刷出来的一些纸币就能换回商品和服务？而在没有货币的真实经济模型中，我们看到了产出、消费、储蓄等真实变量的决定机制。在货币环境中，我们需要知道货币如何影响实体经济。是不是货币发行得越多，实体经济中的真实产出——以消费品而非货币为计价物计算的产出——就越高？换句话说，是不是增发货币可以刺激实体经济的增长？

在中国，M1 增速与实体经济增长之间有很高的相关性。在第 1 讲我们介绍过，克强指数（发电量、铁路货运量和信贷同比增长率的简单算术平均）是一个跟踪中国实体经济增长状况的不错指标。在过去的 20 年中，中国的 M1 同比增速与克强指数之间高度同步（见图 13-3）。在最近几年，M1 增速还逐步变成了克强指数的领先指标，从而成为预测中国经济走势的一个重要信号。尽管相关性并不一定意味着因果性，但如此长时间的显著正相关应该不是巧合。从这个证据来看，货币与实体经济之间应该是有联系的。这样一来，我们就必须知道货币是通过什么样的机制来影响实体经济的。了解了其中的机制后，我们还要问是否应该用货币政策来调控实体经济？如果答案是肯定的，那么用货币政策来调控实体经济时应该追求什么样的目标？怎样来操作？

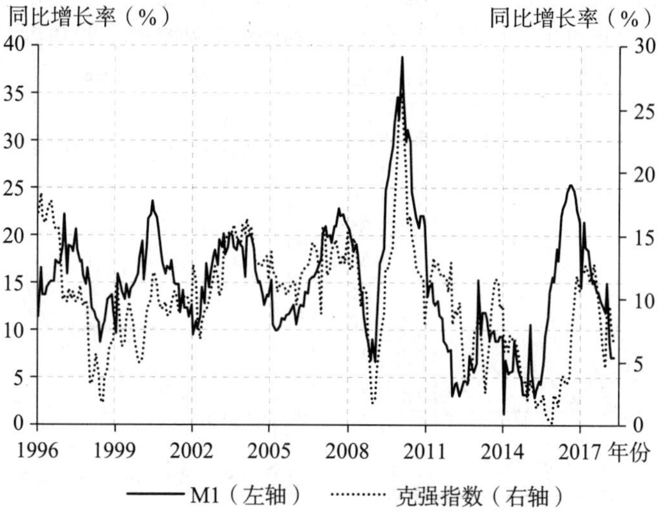

图 13－3　中国的 M1 增速与克强指数之间有极高的相关性

资料来源：Wind

有关货币的又一个重要问题是：货币会怎样影响价格？货币越多，商品价格就一定越高吗？货币经济学大家米尔顿・弗里德曼曾经说过一句名言："通货膨胀在任何地方都是一个货币现象。"（Inflation is always and everywhere a monetary phenomenon.）这反映了经济学家们持有的一种普遍观点——物价总水平变动（通货膨胀）的原因要在货币那里去找。

一个国家的通货膨胀通常用**居民消费价格指数**（consumer price index，简称 CPI）和**工业生产者出厂价格指数**（producer price index for industrial products，简称 PPI）两个指标来衡量。根据中国国家统计局给出的解释，"CPI 是度量居民生活消费品和服务价格水平随着时间变动的相对数，综合反映居民购买的生活消费品和服务价格水平的变动情况"。而 PPI 则"反映工业企业产品第一次出售时的出厂价格的变化趋势和变动幅度"。简单来说，CPI 是消费者普遍会购买的一篮子商品的加权平均价格。CPI 的变化率就是消费者会感受到的通货膨胀（物价上升）。目前，中国的 CPI 篮子中大概 30％是食品，剩余的约 70％是包含居住、衣着、交通通信、医疗、娱乐在内的非食品。PPI 与 CPI 类似，也是一篮子商品的加权平均价格。只不过 PPI 篮子的构成反映的是企业部门产品的构成。

可以发现，中国的 M1 增速与 CPI 变化率之间有很明显的正相关性，且领先于后者（见图 13－4）。类似的强相关性在 M1 与 PPI 之间也能看到。这是货币影响价格的一个明确证据。而如果货币能够影响价格水平，那么我们需要问：货币政策应该以什么样的通货膨胀水平为调控目标？货币政策又应该通过什么样的方式来进行对通货膨胀的调控？

中国的通货膨胀还具有非常强的结构性。这对货币政策的理论和实践都提出了挑战。在 2001—2016 年的这十几年里，CPI 中的食品价格累计上涨了超过 100％，而 CPI 里的非食品价格累计只上涨了约 20％（见图 13－5）。二者之间存在巨大差异。如果我们相信物价的上涨是由货币所推动的，那么为什么货币更多地推动了食品价格的上涨，而没有带来非食品价格的同步上涨？这样一来，非食品商品的卖家不是在货币增长中吃亏了吗？那它们又为什么十几年都不把自己的卖价给提上去呢？反过来，如果我们基于物价上涨的结构性而认为非货币因素在主导价格的上涨，那么又怎么解释观察到的货币与物价之间的高相关性呢？难道这种长期的相关性只是巧合？从货币政策调控的实践角度，我们需要知道面对主要由食品价格带动的通货膨胀，货币政策应该如何应对？

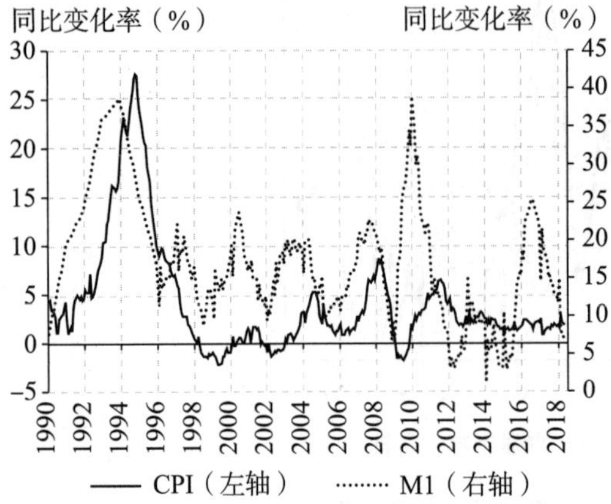

图 13－4　中国的 M1 增速对 CPI 有明显的领先性

资料来源：Wind

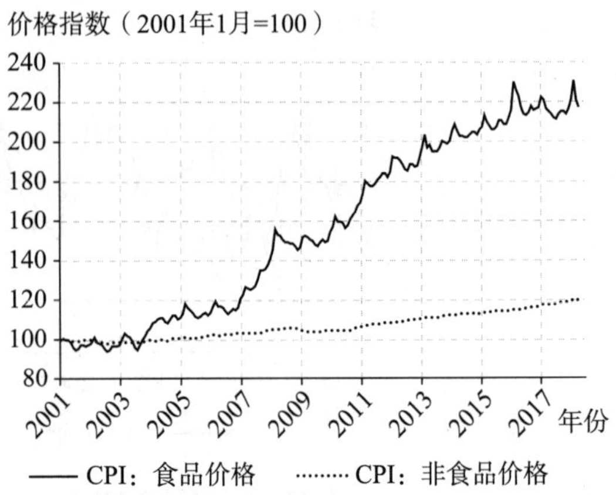

图 13－5　进入 21 世纪之后，中国食品价格涨幅远远高于非食品价格

资料来源：Wind

以上这些问题不仅具有理论价值，还有很强的现实意义。怎样回答这些问题决定了真实世界中货币政策该如何调控。如果我们相信货币既能影响实体经济，又能影响物价，那么就需要想清楚货币政策是应该以调控实体经济为目标，还是应该以调控物价水平为目标，还是二者兼顾？这两方面的目标应该分别是什么，二者之间又该如何权衡？资产价格也是一种价格，理应跟货币政策有关。那么如何识别出虚高的资产价格——所谓的资产价格泡沫，以及货币政策是否应该对资产价格泡沫做反应，都是货币政策调控者需要想清楚的问题。这些是从有关货币的基本问题就能想到的现实议题。对这些问题的分析将把我们引向货币政策规则、货币政策独立性等当今有关货币政策的核心讨论。

除了它们之外，研究者还在激烈讨论中国是否存在“货币超发”的问题。毕竟，中国 M2/GDP 比例相较其他世界大国已经处在高位，且还在持续上升。有人相信这是中国通货膨胀和资产价格泡沫的最终来源，并认为越来越高的货币存量最终会引发经济危机。不过，尽管我国货币总量看上去已经不小，但在次贷危机之后曾出现过长时间的实体经济“融资难”，实体经济中的企业感觉到货币非常紧缺。在 2013 年，我国甚至还发生过“钱荒”这样极端的事件，令短期利率上升到空前的高位。那么，中国究竟应该采取什么样的货币政策基调，是应该通过紧缩货币来刺破资产价格泡沫呢，还是应该放松货币来缓解实体经济融资难的问题？货币政策如果放松，货币就一定会流向政府希望它流向的方向吗？政府是否应该采取措施来引导货币流向经济的薄弱环节？

类似这样的问题我们还能问出很多。对这些问题的思考会把我们引入次贷危机之后我国纷繁复杂且看起来乱象不断的货币金融体系。怎样基于之前得到的对中国实体经济的理解，并结合财政问题，来理解中国的货币金融体系，是我们接下来几讲的主要任务。

13.1.3　交易方程式

用一个简单的方程对上面这些问题做一个梳理是有益的。经济学家习惯用如下这个叫做**交易方程式**（equation of exchange）的公式来把货币、价格和产出联系在一起

$$MV=Py$$

其中，M 是货币总量，P 是价格水平，y 是真实产出水平，V 是货币流通速度。从直观上来看，这个方程式很容易理解。经济中交易的名义总额（Py）需要以货币为媒介来进行。货币流通速度（V）越快，同样数量的货币总量就能支撑起更高的交易总量。如果货币流通速度在短期内变化不大，那么货币总量 M 与交易的名义总额 Py 就正相关。有关货币的关键问题就是 M 的变化究竟会怎样分别影响到 P 和 y。

我们可以认为 Py 就是名义 GDP，M 就是 M2（或 M1）。这样一来，货币流通速度的倒数（$1/V$）就等于 M2/GDP（或 M1/GDP）。所以，前面所说的中国 M2/GDP 比例持续升高，也可以等价地说成中国的货币流通速度持续变慢。从长期来看，我们需要解释中国的货币流通速度为何越来越慢。在未来，货币流通速度会不会突然变快，从而导致通货膨胀的大幅攀升或是资产价格泡沫的大爆发。这些将是我们要讨论的问题。

13.2　模型中货币的引入

我们继续在新古典一般均衡框架下研究货币问题。为此，我们需要把货币引入模型中。而要在一般均衡模型中引入货币，关键是要设定出促使人愿意持有货币的那种动机。当前，全球经济都处在“纸币”体系之下。纸币的英文名称叫做 fiat money。其中的单词 fiat 的中文释义是“命令、许可”（尽管意大利有个汽车品牌也叫 fiat（菲亚特），但它跟纸币真的没什么关系）。所以，fiat money 的字面意思就是法定货币。这表明，纸币的价值并非来自它本身——纸币不过是一些用很低的成本就能印制出来的彩色纸片而已——而是来自政府规定将其作为支付工具的命令。但这种政府命令该怎样在模型中表达？仅仅把货币加入前面几讲的宏观模型中并不能解决问题。

回忆我们在以前推导出的居民跨期优化的欧拉条件

$$u'(c_1)=\beta u'(c_2)(1+r_2^i)$$

其中，r_2^i 表示第 i 种资产第 2 期的回报率。上式应该对所有的资产，包括货币都成立。所以在均衡时，所有资产的回报率应该都相等。但是货币（想象成纸币）的回报率是 0，严格低于资本的回报率，所以理性的居民应当不持有货币才对。这说明，货币作为一种资产，一定还有一些别的好处，所以会让人愿意忍受其较低的回报率而持有它。

这种好处自然就是货币带来的便捷性。在以物易物的原始社会，交易的发生需要**需求的二重耦合**（double coincidence of wants）——交易双方恰好都需要对方手里的货物。显

然，这是很难碰上的。后来，大家慢慢发现，有些货物大家都会需要。因此，哪怕自己不需要，也最好把手里的东西先换成这些货物。因为以后看到自己需要的东西时，可以很方便地用这些货物来做交换。这些大家都需要的货物就是货币的前身，并逐步演化成了现代社会中的纸币。在宏观经济模型中，通常会使用 CIA 或 MIU 两种建模技法来在模型中体现货币的这种便捷性。

1. 现金先行（CIA）

所谓现金先行（cash in advance，简称 CIA），就是要求消费者在购买商品（通常是购买消费品）时，需要用货币来支付。因此，消费者的消费品购买总额受其货币持有量的约束

$$Pc \leqslant M$$

其中，c 是消费的真实量，P 是消费品的价格，M 是货币持有量。当在模型中引入了货币之后，惯例是用小写字母表示真实变量（real variables，用消费品为计量单位的变量），用大写字母表示名义变量（nominal variables，用货币为计量单位的变量）。加入了 CIA 约束后，消费者自然有动力积累货币。①

2. 货币进入效用函数（MIU）

另一种更为常用的方法是让货币直接进入效用函数（money in the utility，简称 MIU），即假设货币持有量能够直接带来效用。效用函数中的货币持有量是用名义价格缩减后的真实货币存量。相应地，消费者的效用函数可以写为②

$$u(c, M/P)$$

在前面讲经济学方法论时，我们曾经说过理性是经济分析的基石。效用函数代表了理性人的偏好，自然直接决定了经济分析的结果。因此，经济分析一般都不会改动效用函数，而只会用几种常用形式。原因很简单，只要选用了不同的效用函数，我们便能解释我们想解释的一切。但这实际上什么也解释不了。所以，凡是要更改效用函数的形式，都必须有非常合理的解释。自然，MIU 背后也有一个很合理的故事。

MIU 可以用“货币就是时间”来解释。通常我们假设消费者既偏好消费品，又偏好闲暇（在前几讲中，我们为了简化没有把闲暇放到效用函数中）。在没有货币时，消费者只能以物易物，交易起来非常不方便——只有发生需求的二重耦合时，以物易物的交易才能发生。而持有了货币就能降低搜寻交易的时间，从而相应增加消费者的闲暇，进而提升其效用。这样，货币的持有就能产生效用了。MIU 由于处理起来比较简单，因此在宏观模型中被广为使用。我们接下来也将用 MIU 来在模型中引入货币。

3. 货币的搜寻（search）模型

无论是 CIA，还是 MIU，都只是引入货币的建模取巧之举。更加符合直觉的建模方式是用搜寻模型。在模型中设定多个消费者，将其搜寻产品的过程给表现出来。然后对比

① CIA 模型最早的论述见于：Clower，Robert.，1967，“A Reconsideration of the Microfoundations of Monetary Theory，” *Western Economic Journal* 6：1－8。

② MIU 的最早论述见于：Sidrauski，Miquel.，1967，“Rational Choice and Patterns of Growth in a Monetary Economy，” *American Economic Review*，Papers and Proceedings 57：537－544。

在没有货币作交换媒介（media of exchange）时的搜寻均衡，以及有货币时的搜寻均衡，找出货币的价值。这方面最早可用的模型来自 Kiyotaki 与 Wright 在 1989 年发表的文章。[①] 这种搜寻模型能够更加直观地体现出货币作为交换媒介的价值，因而有其独特的优势。但是，这种模型处理起来较为复杂，很难与我们在前面几讲介绍的那种常规宏观分析模型结合起来。因此在这门课里就不做介绍了。

13.3　货币经济的模型分析

我们在私有经济模型中（企业由居民所拥有），通过 MIU 的方式引入货币，分析货币经济。经济中所有交易都以货币为媒介完成。这样，模型中的变量分成名义变量和真实变量两大类。名义变量的计量单位是货币，用大写字母表示；真实变量的计量单位是消费品，用小写字母代表。

我们结合时序图图 13－6 来介绍模型的设定。在第 1 期期初，居民除了有劳动力 l 与资本存量 k_0外，还持有货币量 M_0。在第 1 期生产结束之后，居民需要向政府交纳一次总付税 T_1，同时选择购买政府发行的名义债券 B_1（名义债券在第 2 期以 R_{b2}的名义利率付息并还本）。按照 MIU 的设定，假设居民不仅从消费中获得效用，也从持有的真实货币存量（货币持有量除以当期价格）中得到效用。要注意，居民是从第 1 期期初持有的货币存量 M_0中获得效用。可以将其想成是居民拿着第 1 期期初持有的货币出去买东西节省了时间，因而提升了自己的效用。

在第 1 期期末，政府投放货币供给，增加社会中的总货币存量。政府增发货币所得的收入叫做**铸币税**（seigniorage）。铸币税与税收、政府债券一道，是政府收入的来源，用来支持政府的财政支出。在第 1 期期末政府增发的货币并不进入第 1 期消费者的效用函数中（可以将其想成这部分新拿到的钱消费者还来不及花）。

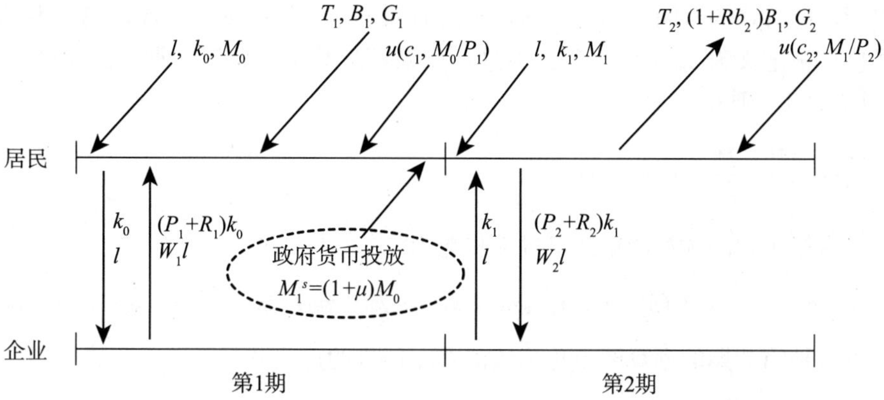

图 13－6

---

① Kiyotaki, Nobuhiro, and Randall Wright, 1989, "On Money as Medium of Exchange," *Journal of Political Economy* 97: 927－954.

13.3.1 居民

居民效用函数为

$$U=u(c_1, M_0/P_1)+\beta u(c_2, M_1^d/P_2)$$

其中，M_1^d中的上标 d 表明这是居民的货币需求，以便与稍后的货币供给相区分。为了分析的简便，我们假设效用函数中消费和货币存量相互之间可分，即

$$U=u(c_1)+v(M_0/P_1)+\beta[u(c_2)+v(M_1^d/P_2)] \tag{13.1}$$

这样的效用函数设定意味着，居民的货币持有量并不影响他们从消费中获得的效用。反过来，消费量也不影响居民从货币持有中获得的效用。

居民第 1 期和第 2 期的预算约束分别为

$$P_1c_1+P_1k_1+T_1+B_1+M_1^d\leqslant M_0+P_1k_0+R_1k_0+W_1l$$
$$P_2c_2+T_2\leqslant M_1^d+P_2k_1+R_2k_1+W_2l+(1+R_{b2})B_1$$

其中，B_1是居民第 1 期政府名义债券的购买量，R_{b2}是政府名义债券第 2 期的名义利率。注意，现在居民的预算约束式以货币为单位写出。不等式的左边是居民一期内的名义总支出，右边是居民一期内的名义总收入。可以将预算约束两边同时除以对应时期的价格，从而将其化为以消费品计价的约束式。这样将简化我们接下来的运算。第 1 期预算约束两边同时除以 P_1可得

$$c_1+k_1+t_1+b_1+\frac{M_1^d}{P_1}\leqslant m_0+k_0+r_1k_0+w_1l$$

这里的小写字母变量为对应大写字母变量用价格缩减后的真实变量（$t_1\equiv T_1/P_1$，$b_1\equiv B_1/P_1$，$r_1\equiv R_1/P_1$，$w_1\equiv W_1/P_1$，$m_0\equiv M_0/P_1$）。其中，只有货币持有量的缩减值处理起来稍微麻烦一些。由于当期的货币总量是在上一期确定的，但又是在当期进入效用函数的，所以货币持有量的时间下标与价格水平的时间下标会错一期。因此，第 2 期的缩减货币持有量应该被定义为 $m_1^d\equiv M_1^d/P_2$。不过，如果定义第 1 期到第 2 期的通货膨胀率为 π_2（$1+\pi_2\equiv P_2/P_1$），则有

$$\frac{M_1^d}{P_1}=\frac{M_1^d}{P_2}\cdot\frac{P_2}{P_1}=(1+\pi_2)m_1^d$$

这样，消费者第 1 期的预算约束还可进一步化为

$$c_1+k_1+t_1+b_1+(1+\pi_2)m_1^d\leqslant m_0+k_0+r_1k_0+w_1l \tag{13.2}$$

类似地，可以把第 2 期的预算约束化为以消费品计价的形式

$$c_2+t_2\leqslant m_1^d+k_1+r_2k_1+w_2l+\frac{1+R_{b2}}{1+\pi_2}b_1 \tag{13.3}$$

消费者在约束条件（13.2）式与（13.3）式之下，最大化目标函数（13.1）式。设定拉格朗日函数为

$$\mathcal{L}=u(c_1)+v(m_0)+\beta[u(c_2)+v(m_1^d)]$$
$$+\lambda_1[m_0+k_0+r_1k_0+w_1l-c_1-k_1-t_1-b_1-(1+\pi_2)m_1^d]$$
$$+\lambda_2\left[m_1^d+k_1+r_2k_1+w_2l+\frac{1+R_{b2}}{1+\pi_2}b_1-c_2-t_2\right]$$

其一阶条件为

$$\frac{\partial\mathcal{L}}{\partial c_1}=0\Rightarrow u'(c_1)=\lambda_1$$

$$\frac{\partial\mathcal{L}}{\partial c_2}=0\Rightarrow \beta u'(c_2)=\lambda_2$$

$$\frac{\partial\mathcal{L}}{\partial m_1^d}=0\Rightarrow \beta v'(m_1^d)-\lambda_1(1+\pi_2)+\lambda_2=0$$

$$\frac{\partial\mathcal{L}}{\partial k_1}=0\Rightarrow \lambda_1=\lambda_2(1+r_2)$$

$$\frac{\partial\mathcal{L}}{\partial b_1}=0\Rightarrow \lambda_1=\lambda_2\frac{1+R_{b2}}{1+\pi_2}$$

消去其中的拉格朗日乘子可得

$$u'(c_1)=\frac{1}{1+\pi_2}\beta[u'(c_2)+v'(m_1^d)] \tag{13.4}$$

$$u'(c_1)=\beta u'(c_2)(1+r_2) \tag{13.5}$$

$$u'(c_1)=\beta u'(c_2)\left(\frac{1+R_{b2}}{1+\pi_2}\right) \tag{13.6}$$

结合（13.5）式与（13.6）式，有

$$1+r_2=\frac{1+R_{b2}}{1+\pi_2} \tag{13.7}$$

上式便是著名的**费雪方程式**（Fisher's equation）。它说明名义利率等于实际利率加上通货膨胀率。

13.3.2　企业

假设企业的股权完全归居民所拥有。我们已经论证过了，在这种情况下企业的行为等价于其每期都清算时的行为。因此，我们可以假设企业的生命只有一期。在每期，企业向居民租赁资本、购买劳动力，完成生产后清算解散。

企业的所有交易均通过货币进行。为了把故事说圆，我们可以认为企业首先从其股东（也就是居民）手里获得货币，完成生产后再将货币交还给居民。企业的名义利润最大化问题为

$$\max_{k_t^d,l_t^d} P_tAF(k_t^d,l_t^d)-R_tk_t^d-W_tl_t^d$$

这等价于

$$\max_{k_t^d, l_t^d} AF(k_t^d, l_t^d) - r_t k_t^d - w_t l_t^d$$

可以得到我们熟悉的一阶条件（其中，$t=1, 2$）

$$AF_1(k_t^d, l_t^d) = r_t$$
$$AF_2(k_t^d, l_t^d) = w_t$$

13.3.3 政府

现在模型中的政府拥有财政政策和货币政策两大宏观政策工具。货币政策由政府所选择的货币增长速率 μ 决定。因此，第 1 期期末的货币供给为

$$M_1^s = (1+\mu)M_0 \tag{13.8}$$

通过增发货币，政府可以获得 μM_0 的铸币税收入。

政府两期的名义支出额分别为 G_1 与 G_2，现在可通过征税、发债以及铸币税三种方式来支持其支出。将政府的预算约束写成等式，其第 1 期的预算约束为

$$G_1 = T_1 + B_1 + \mu M_0$$

因为第 2 期期末就是“世界末日”，所以政府第 2 期不会再增发货币，该期的收入只能来自税收与发债。政府第 2 期的预算约束可以写为

$$G_2 + (1+R_{b2})B_1 = T_2$$

类似在居民优化问题中那样，政府的预算约束式左右两边同时除以价格水平，也可写成如下以消费品计价的形式

$$g_1 = t_1 + b_1 + \mu m_0 \tag{13.9}$$

$$g_2 + \frac{1+R_{b2}}{1+\pi_2} b_1 = t_2 \tag{13.10}$$

这一形式与在上一讲中我们看到过的政府预算约束类似。唯一的差别在于政府现在增加了第 1 期铸币税的收入 μm_0。将货币供给方程（13.8）式两边同时除以 P_1，有

$$\frac{M_1^s}{P_1} = (1+\mu)\frac{M_0}{P_1} \Rightarrow \frac{M_1^s}{P_2}\frac{P_2}{P_1} = (1+\mu)\frac{M_0}{P_1}$$

即为

$$(1+\pi_2)m_1^s = (1+\mu)m_0 \tag{13.11}$$

其中，$m_1^s \equiv M_1^s / P_2$。

13.3.4 均衡

在均衡时劳动力、资本和货币的供需相等

$$l_1^d = l_2^d = l$$
$$k_1^d = k_0, \quad k_2^d = k_1$$

$$m_1^s = m_1^d = m_1$$

因此，有

$$AF_1(k_0, l) = r_1 \quad AF_1(k_1, l) = r_2$$
$$AF_2(k_0, l) = w_1 \quad AF_2(k_1, l) = w_2$$

利用这些条件，可将居民的跨期优化欧拉方程（13.5）式化为

$$u'(c_1) = \beta u'(c_2)[1 + AF_1(k_1, l)] \tag{13.12}$$

下面我们来推导居民部门整体第1期面临的资源约束。将资本回报率和工资率的表达式代入居民第1期的预算约束可得

$$c_1 + k_1 + t_1 + b_1 + (1+\pi_2)m_1 = m_0 + k_0 + AF(k_0, l)$$

将政府第1期的预算约束（13.9）式代入上式，消去 t_1 与 b_1 可得

$$c_1 + k_1 + g_1 + (1+\pi_2)m_1 = (1+\mu)m_0 + k_0 + AF(k_0, l)$$

又由真实货币存量的变动方程（13.11）式可知在均衡时必有 $(1+\pi_2)m_1 = (1+\mu)m_0$，所以

$$c_1 + k_1 + g_1 = k_0 + AF(k_0, l) \tag{13.13}$$

下面我们再来推导居民部门第2期的资源约束。利用企业的优化条件以及费雪方程式，可将居民第2期的预算约束变形为

$$c_2 + t_2 = m_1 + k_1 + AF(k_1, l) + (1+r_2)b_1 \tag{13.14}$$

由于现在我们是在分析均衡的状况，在讨论经济中的总体资源约束，所以货币的持有并不会带来消费品的增加，因此可以将 m_1 从上式的右侧去掉。再将政府第2期的预算约束代入，可得

$$c_2 + g_2 = k_1 + AF(k_1, l) \tag{13.15}$$

利用（13.12）式、（13.13）式与（13.15）式，可以解出 c_1、c_2 与 k_1 三个未知数。这样一来，模型中的内生实际变量就都能确定下来。而这三个式子的形式与上一讲在私有经济下得到的刻画均衡的方程一模一样。这意味着，货币的引入并未改变实体经济的状况。相应地，上一讲我们在私有经济中所得到的一系列结论（包括李嘉图等价）在此仍然成立。

在均衡时，（13.11）式可以化为

$$(1+\pi_2)m_1 = (1+\mu)m_0 \tag{13.16}$$

可以看出，货币总量的增长率 μ 会影响到通货膨胀率和真实货币存量。在一般的多期模型中，我们只需要讨论稳态（steady state）就行。在稳态下，两期间的真实货币存量相等，通货膨胀率就等于货币总量增长率。但在这里的模型只有两期，所以无法达到稳态，因而在不补充更多条件的情况下无法求解出通货膨胀率。不过显然的是，货币增长率并不影响

消费、储蓄这样的实际变量。

13.3.5 一点技术性的讨论

这里我们需要对从（13.14）式到（13.15）式的推导做一些技术性的解释。其中的关键一步是我们从不等式的右边去掉了真实货币持有量 m_1。之所以能够这么做，是因为这里我们分析的是经济均衡的状况。而在讨论均衡时，我们也就是站在全社会的角度在考虑问题。在家户的微观的预算约束中，在第 2 期期初多持有一些货币 m_1，就可以多买到一些消费品。因为家户在第 2 期期末会从真实货币的持有中获得效用，所以第 2 期的货币也有价值，居民也有持有的动力。所以在微观层面家户的第 2 期预算约束中，需要包含货币持有量 m_1。

但是，微观层面用货币来购买消费品，只会带来消费品在居民间分布的变化，并不会凭空增加消费品的总量。因此，当我们站在全社会的角度来思考均衡时，我们在意的是全社会的消费品预算约束，此时的预算约束中就不应该包含货币存量 m_1 了。所以，尽管（13.3）式与（13.15）式看上去都是第 2 期的预算约束，但前者是微观层面居民的预算约束，后者是宏观层面消费品总量的约束式，是站在不同层面考虑的不同问题，故前者包含 m_1，而后者不包含。

13.4 对货币经济的讨论

13.4.1 古典两分法和货币的中性及超中性

为了看起来方便，我们把前面推导出的刻画均衡的方程（（13.12）式、（13.13）式、（13.15）式、（13.16）式）抄在下面

$$
\begin{cases}
u'(c_1)=\beta u'(c_2)[1+AF_1(k_1,L)] \\
c_1+k_1+g_1=k_0+AF(k_0,L) \\
c_2+g_2=k_1+AF(k_1,L)
\end{cases}
$$

$$(1+\pi_2)m_1=(1+\mu)m_0$$

这四个方程可以被分成两部分。前三个方程中只包含真实变量，靠它们可以完全确定模型中的真实内生变量。最后一个方程包含货币增长率，但它只影响名义变量。所以在这个模型，可以将实体经济（真实变量）与货币经济（名义变量）分开来分析。在宏观经济学中，这叫做**古典两分法**（classical dichotomy）。许多古典经济学家就持这种观点，认为货币只不过是蒙在实体经济上的一层帷幕，不影响实体经济的活动，因而相信实体经济和货币经济可以分开来分析。

而在前面这个模型中，经济中的真实变量无一受到货币存量以及货币增长率的影响。货币存量不影响实体经济变量的特性叫做**货币中性**（neutrality of money）。货币增长率不影响实体经济变量的特性叫做**货币超中性**（super-neutrality of money）。

前面的模型之所以呈现出这种古典两分法的特性，或者说货币呈中性及超中性，是因为模型中名义价格是灵活变化的，因而货币总量的变化只反映在名义价格上，而不影响真

实变量。但如果价格是黏性的（存在名义刚性），或者经济中有其他摩擦，这一结论就未必成立。可以这样形象地思考，把货币想象成水，在实体经济中流动。如果货币与实体经济之间没有摩擦力的作用，货币之水的流动就不会影响实体经济的运行。相反，如果二者之间存在摩擦力，那么货币之水就会带动实体经济。

实证研究发现，现实世界中的货币对实体经济是有影响的——货币中性及超中性的结论在现实中并不成立。尽管如此，古典两分法作为我们分析货币经济的起点，仍然有其价值。

首先，这一分析思路提示我们研究经济是要看到问题的本质，不能因为新因素的引入就迷失方向。在这一点上，我们要向古典经济学家学习。之前介绍萨伊定律时我们曾经说过，古典经济学家认为，货币并未改变人们是为了满足自己的需求才进行生产的这一事实。这意味着任何生产活动都一定对应着对商品和服务的需求。从这个意义上来说，“供给创造了自己的需求”是非常有穿透力的洞察。所以我们在研究货币经济时，一定要注意时不时地回到不含货币的真实经济中思考，看看问题的本质究竟是什么。

其次，古典两分法指出了研究货币与真实经济的联系的方向。当价格能够灵活变动时，货币呈现中性和超中性，对真实变量没有影响。因此，我们在真实世界中看到的货币对实体经济的影响力一定来自价格的非灵活变动。这种价格的刚性便是货币经济学研究的重点。

13.4.2　利率的决定

利率是如何决定的，是宏观经济分析的一个关键问题，在理论上和现实中都有很大的意义。这一讲所构建的货币经济模型可以给我们启发。模型中的真实利率决定于资本的回报率

$$r_2=AF_1(k_1,l)$$

名义利率则决定于费雪方程式

$$1+R_2=(1+\pi_2)(1+r_2)$$

由于所有资产的名义利率都应该相等，所以我们在上面的费雪方程式中省略了 R_{b2} 下标中表示政府债券的 b，从而表明这一方程对所有名义资产都适用。从这两个方程我们可以清楚地看到，真实利率 r_2 是由实体经济中资本的回报率所决定的，与货币无关。货币能影响的只是名义利率 R_2，而且是通过通货膨胀率对名义利率产生间接影响的。

将费雪方程式两边取对数，并利用近似关系 $\ln(1+\Delta)\approx\Delta$，可以将费雪方程近似化为如下更为常见的形式

$$R_2=r_2+\pi_2$$

即名义利率等于真实利率加上通货膨胀率。需要注意，无论是名义利率还是真实利率，确定的都是从现在到未来某个时点的回报率。因此，费雪方程式中的通货膨胀率指的也应该是从现在到未来的某个时点的物价上涨幅度，是预期通货膨胀率的概念。只不过预期通货膨胀在真实世界中难以直接观测到。所以在现实中我们往往用过去一段时间的通货膨胀率

来代替预期通货膨胀率。

13.4.3 最优货币数量

既然政府可以通过改变货币增长率来调控货币总量，我们自然会想知道多少货币总量才算最好。跟以前一样，这里对好与不好的评价标准是居民的福利。这是由弗里德曼提出的**最优货币数量**（optimum quantity of money）问题。[①] 由于通货膨胀率与货币增长率相关，所以这个问题等价于问最优的通货膨胀率是多少。又由于通货膨胀率加上真实利率等于名义利率，而真实利率又是由实体经济所决定的，与货币无关，所以最优货币数量问题还等价于问最优的名义利率是多少。

对这个问题，弗里德曼有一个非常精妙的答案，充分体现了这位经济学大师超乎常人的直觉。人们为了获得持有货币而带来的好处，宁可接受货币的 0 回报，而不去获得持有金融资产带来的名义利率。所以弗里德曼说，名义利率就衡量了货币带给人的边际收益（这种收益不是以货币形式呈现的）。经济学的最基本直觉是只有边际成本等于边际收益时才是最优的。在纸币体系下，货币的生产成本可以被视为 0。既然货币的边际成本是 0，那么最优的货币数量就应该让货币的边际收益也是 0，即名义利率也是 0。

所以，最优的货币数量就是让名义利率为 0 的货币量。由于真实利率由资本的边际回报率决定，一般都是正的，所以名义利率为 0 就意味着通货膨胀率需要是负的，自然也就意味着货币增长率应该是负的。因此，如果政府要实现最优货币数量，就需要不断回收货币，让物价负增长。

让我们用前面的模型来验证一下弗里德曼的直觉是否正确。前面我们在两期模型中导出了以下三个跨期的关系式

$$u'(c_1)=\frac{1}{1+\pi_2}\beta[u'(c_2)+v'(m_1^d)]$$

$$u'(c_1)=\beta u'(c_2)\left(\frac{1+R_2}{1+\pi_2}\right)$$

$$(1+\pi_2)m_1=(1+\mu)m_0$$

这三个方程在多期模型中仍然成立。也就是说，一个无限延续的经济达到其稳态时，也满足上面这些关系。在稳态中，消费和真实货币存量都是常数。我们以上标 ss 表示稳态，应该有

$$(1+\pi)m^{ss}=(1+\mu)m^{ss} \quad \Rightarrow \quad \pi=\mu$$

还有

$$u'(c^{ss})=\frac{1}{1+\pi}\beta[u'(c^{ss})+v'(m^{ss})]$$

这个式子可以变形为

---

① Friedman, B. M., 1969, "The Optimum Quantity of Money," in *The Optimum Quantity of Money and Other Essay*, Chicago: Aldine.

$$\frac{\beta}{1+\pi}v'(m^{ss})=\left(1-\frac{\beta}{1+\pi}\right)u'(c^{ss})$$

达到最优货币量时应该有真实货币存量带来的边际效用等于0，即 $v'(m^{ss})=0$。从上式可以看出，这只可能在 $\pi=\beta-1$ 时才有可能。由于 β 介于0和1之间，这意味着通货膨胀率 $\pi<0$。

在稳态时还有

$$u'(c^{ss})=\beta u'(c^{ss})\left(\frac{1+R}{1+\pi}\right)$$

从中推出

$$R=\frac{\beta}{1+\pi}-1$$

当达到最优货币数量时，名义利率 $R=0$。这样就验证了弗里德曼的直觉。事实上，弗里德曼最优货币的结论并不仅仅在这里的MIU模型中才有。在许多货币模型中，都能得到这一有些令人惊讶的结论。这充分展现了经济学直觉的强大。

对弗里德曼的最优货币数量我们要做两点评论：第一，它告诉我们真正重要的是真实货币存量，而不是名义货币存量。在政府制造通货紧缩而将名义利率压到0的时候，真实货币存量是无穷大的（货币存量带来的边际效用是0）。也就是说，名义货币总量在减少时，真实货币存量反而在增加——这是因为价格下降得比货币减少得更快。因此，研究货币时不要被名义货币蒙骗而产生幻觉，而要看到用价格缩减后的真实货币存量才是需要关注的关键。

第二，弗里德曼的最优货币数量在真实世界中不可行。这与我们后面会讲到的名义刚性有关。在整体物价水平上升的通货膨胀环境中，价格变动是比较灵活的。但在价格下降的通货紧缩状况中，价格则比较难调整。举例来说，在整体物价上涨5%的环境中，企业主给工人加薪3%是比较容易的，尽管这时工人的真实收入其实是下降了。但在整体物价下降5%的背景下，要给工人降薪3%则很困难，尽管降薪后工人的真实收入反而上升了。真实世界中这种价格调整的非对称性，使得经济一旦陷入通货紧缩就很难通过自发的调整走出来。此外，债务通常以名义货币单位计价。在通货紧缩的环境中，债务的真实价格会上升，从而加重借债人的债务负担。为了偿还价值量越来越大的债务，借债人只能不断减少自己的支出，节衣缩食来还债。当有许多借债人都陷入这样的情况时，就会导致经济陷入债务通货紧缩引发的长期萧条。政府不愿意制造通货紧缩的原因还能举出很多（比如名义利率的0下限等）。因此，真实世界中没有任何一个国家以最优货币数量为货币政策调控目标。

尽管最优货币数量在现实世界中不可行，但它至少告诉了我们从福利的角度来看，肯定不是通货膨胀越高越好。在现实中，各国中央银行往往以温和的通货膨胀（每年物价上涨2%）为货币政策调控目标。这样既不会因过高的通货膨胀而损失福利，又与通货紧缩留出了一定的安全距离。

进一步阅读指南

如果想更深入地了解中国的货币与金融统计体系，杜金富编写的《货币与金融统计学》（第三版）是不错的教材（杜金富，2013）。MIU 与 CIA 是宏观经济学中最为常见的货币经济模型，在常见的宏观经济学教材中都能找到论述。瓦什（Carl Walsh）所著的《货币理论与政策》（第三版）（*Monetary Theory and Policy*（3rd））是目前最为流行的研究生阶段的货币经济学专业课教材（Walsh，2010）。其中的第 2 章可作为这一讲内容的进阶参考读物。

练习题

13.1　在本讲介绍的两期拉姆齐模型中，假设企业的生产函数为 $y=k^{0.5}$（生产不需要劳动力），全社会第 1 期期初的资本存量为 k_0，完全由企业拥有。企业的所有权归于居民。全社会第 1 期期初的名义货币总量为 M_0，完全由居民持有。真实货币存量以 MIU 的形式进入居民的效用函数。效用函数的具体形式为

$$\log(c_1)+v\left(\frac{M_0}{P_1}\right)+\beta\log(c_2)+\beta v\left(\frac{M_1}{P_2}\right)$$

第 1 期与第 2 期之间的货币增长率为 μ。政府以一次总付转移支付的形式将增发货币所获得的铸币税支付给居民。

(a) 请画出模型的时序图，并定义模型的均衡。

(b) 请在模型中验证货币中性与超中性的结论是否成立。

13.2　在一个两期模型中存在大量完全竞争的居民。居民的总数被正规化为 1。居民最大化两期贴现效用和

$$\log(c_1)+\beta[\log(c_2)+\log(M_1/P_2)]$$

在第 1 期期初居民所拥有的资本总量为 k_0，初始货币总量为 M_0。每期居民都有总量为 L 的劳动力无弹性地提供出去。经济中还存在大量完全竞争企业，其生产函数为

$$y=k^{\alpha}l^{1-\alpha}$$

企业并不拥有资本，每期向居民租用资本并购买劳动力来进行生产。经济中的折旧率为 0。

第 1 期生产活动结束后，政府增发货币 μM_0，并将所有铸币税收入以一次总付转移支付的形式转移支付给居民。同时，居民相互之间通过名义债券 B_1 进行借贷。由于企业的利润为 0，所以企业的股权没有意义，不存在股权交易市场。在第 1 期，居民消费受到预持现金约束

$$P_1c_1\leqslant M_0$$

在第 2 期，居民从消费和持有的真实货币存量中获得效用。模型时序图如下页图所示：

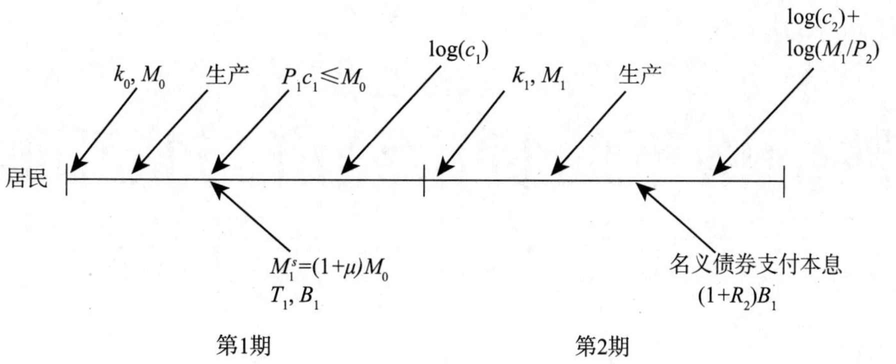

（a）请列出消费者的优化问题、企业的利润最大化问题以及政府的预算约束。

（b）求解消费者的优化问题，找出消费者的最优化条件。

（c）假设 $k_0=1$，$\alpha=0.5$，$\beta=0.9$，$L=1$，$\mu=0.1$。我们还假设第 1 期的 CIA 约束总是收紧的，并且 $m_0=M_0/P_1=1.5$。请计算此时两期间的通货膨胀率是多少。

13.3　根据你的观察，真实世界中的货币是中性的吗，是超中性的吗？你的根据是什么？如果你观察到了货币不是中性或超中性的，你觉得是什么原因造成的这样有异于本讲模型结论的结果？

13.4　如果政府真的按照弗里德曼给出的最优货币数量的规则调控货币政策，真实世界中的经济会变成什么样？你觉得有什么样的因素使得真实世界中的中央银行都不遵循弗里德曼的最优货币数量规则？

第 14 讲

黏性价格下的货币经济与货币政策

在上一讲的灵活价格假设下，我们得到了古典两分法的结论——货币对实体经济没有影响。在那样的情况下，货币经济和货币政策都没有什么好讨论的。但真实世界显然不是这样的。货币的变动对实体经济有不可忽视的影响。这种影响之所以会产生，重要原因是价格不能灵活变化，而是存在一定黏性。因此，货币的冲击就无法完全被价格变动所吸收，就会对实际变量产生影响。在这一讲中，我们把黏性价格因素纳入考虑，看看这会怎样改变我们对货币经济的认识。特别地，我们会研究在这种情况下货币政策存在的动态不一致问题，以及随之而来的货币政策调控基本理念。

14.1　总供给曲线

在上一讲中将货币引入一般均衡模型之后，接下来的一个自然而然的话题就是研讨货币政策的调控。但在上一讲中，我们在价格灵活变化的假设之下得到了古典两分法的结论——货币对实体经济没有影响。在这样的前提之下，货币政策没有什么好讨论的。但这种货币中性的结论并不符合现实，价格灵活变化的假设也有些过于理想化。在这一讲中，我们将放松价格灵活变化的假设，讨论在价格变化受到一定阻力的情况下货币对经济的影响。我们的讨论从对经济总供给曲线的分析开始。

供需分析是经济学最基本的分析工具。很自然地，在分析宏观经济时，我们会想套用微观经济学的思路，试图画出宏观经济的总供给曲线与总需求曲线。但必须要注意，虽然都叫供给曲线或者需求曲线，**微观层面的供给曲线或需求曲线与宏观层面的供给曲线或需求曲线不是一回事**。换言之，宏观层面的供给曲线和需求曲线不是微观曲线的简单加总。

这是一个很多人都会落入的陷阱，也是很多宏观错误认知产生的根源。

这种微观与宏观的区分在供给曲线上尤其重要。让我们先来看微观层面的供给曲线。按照经济学的惯例，我们会用横轴来代表产出（以字母“Q”加以标识），用纵轴来代表价格（以字母“P”加以标识）。对产出不会有什么歧义，无非就是某个企业以实物或货币计价的产出总量而已。但纵轴的价格代表什么？答案似乎非常显然，是以货币计价的某种商品的价格。但是，如果我们讨论的是真实经济，没有引入货币，是不是就没有办法定义商品价格，从而无法绘制微观供给曲线了？答案是否定的。在这种情况下，我们可以用某种商品为计价物，给出各个商品的价格，从而画出微观供给曲线。所以，在绘制微观供给曲线时，价格的准确含义是某种商品相对其他商品的**相对价格**。不管有没有货币的存在，相对价格都是存在的，微观供给曲线都可以画出。某种商品相对其他商品的相对价格越高（意味着一单位这种商品能够换到更多其他商品），厂商生产这种商品的积极性就越高，这种商品的供给量就越大。所以，微观供给曲线总是向上倾斜的，斜率为正（见图 14－1）。

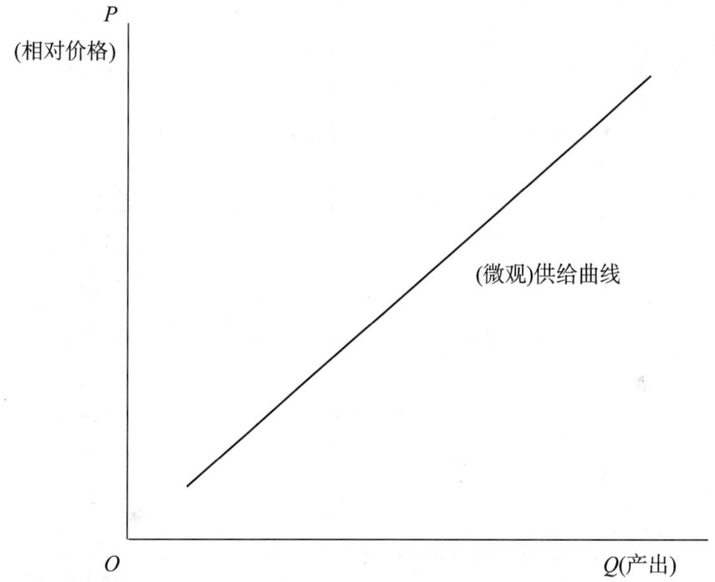

图 14－1　微观供给曲线

把微观供给曲线扩展到宏观供给曲线看上去是件简单的事情，但其实不然。我们似乎可以在每个相对价格水平上，把所有厂商的产量以某种统一的计价物折算而加总起来，从而得到描述相对价格与总产出之间关系的总供给曲线。但这个思路中实际上存在一个严重的逻辑错误，因而无法操作。这个错误就是：相对价格不可比。让我们想象一个简单的例子。假设一个经济体中只有苹果与梨两种产出品，且没有货币。这样，梨的相对价格就应该表示为“每一只梨等于多少只苹果”，而苹果的相对价格就该表示为“每一只苹果等于多少只梨”。显然，这两个相对价格之间是不可比的。如果我们非要以某种商品为计价物，比如说苹果，统一把相对价格表示为相对苹果的价格，那么，由于苹果相对于苹果的相对价格永远都是 1，苹果这种商品的微观供给曲线将会是一条水平线。因此，无论怎样都无法从微观供给曲线简单加总出宏观总供给曲线。

事实上，宏观总供给曲线与微观供给曲线完全是两个概念。宏观供给曲线中的价格是以货币计价的“总体价格水平”，而非商品间的“相对价格”。宏观供需分析中讨论的是经济的真实总供给及总需求与总体价格水平之间的关系。而微观供需分析中讨论的则是微观主体对某种商品的供给量或需求量与这种商品相对于其他商品的相对价格之间的关系。也正因为宏观总供给曲线与微观供给曲线不是同一个概念，所以不能想当然地认为二者的形状是一样的。

在古典经济学家看来，总供给曲线是一条垂直的直线。通过上一讲中对货币经济模型的分析，我们知道当价格自由灵活变化的时候，“古典两分法”（classical dichotomy）成立，货币完全不影响经济中的各个真实变量，只影响价格水平。也就是说，不管价格总水平是高是低，经济中的真实总产出是一个常数。这种关系在二维坐标图上表现为一条垂线——总产出不因整体价格水平的变化而变化（见图 14－2）。

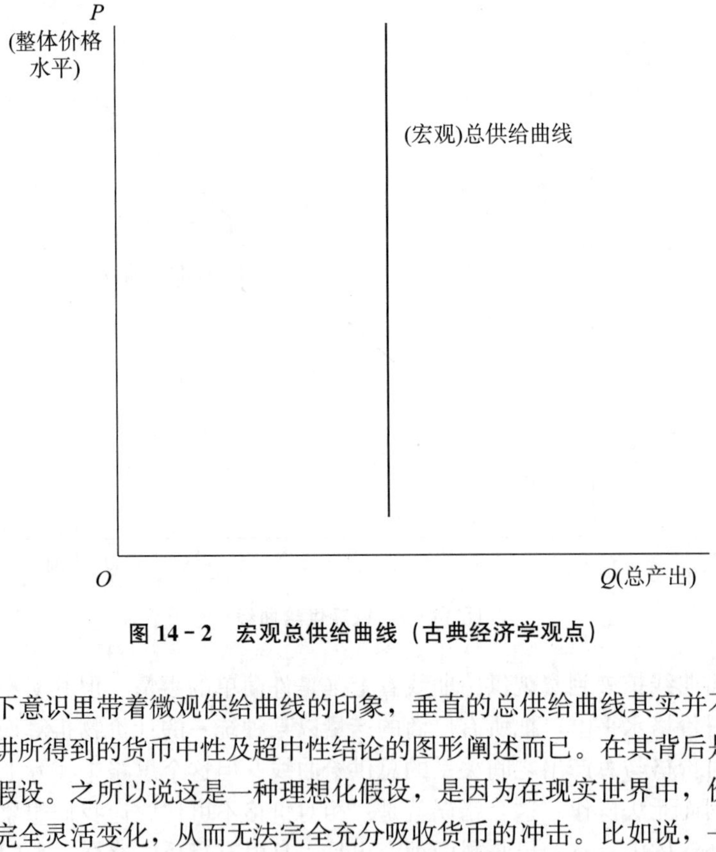

图 14－2　宏观总供给曲线（古典经济学观点）

如果不是下意识里带着微观供给曲线的印象，垂直的总供给曲线其实并不难理解。它只不过是对上一讲所得到的货币中性及超中性结论的图形阐述而已。在其背后是价格灵活变化的一种理想化假设。之所以说这是一种理想化假设，是因为在现实世界中，价格往往因为种种原因而不能完全灵活变化，从而无法完全充分吸收货币的冲击。比如说，一个餐馆刚刚印制好了自己的菜单。在一段时间里，它就没有办法再调整其菜品的价格。这种价格变化的不灵活性在现实世界中普遍存在，所以在真实世界中的总供给曲线并不是一条垂线。

在真实世界中，总产出总会增长，物价总水平也会因通货膨胀而不断走高。所以，我们在利用真实世界的数据分析总供给时，讨论的是产出的变化率与物价水平的变化率之间的关系，即经济增长与通货膨胀之间的关系。从中国 1980 年至今 30 多年的年度数据中，可以清楚地看到 GDP 真实增长率与通货膨胀水平（用 GDP 缩减指数估计）呈现正相关。类似的正相关性在美国经济的数据中也存在（尽管相关程度没有中国的数据那么高）。当然，我们并不能通过这些数据直接观测到总供给曲线——我们能看到的只是总供给曲线和总需求曲线的交点。因此，仅凭这些数据上的正相关性并不能说明真实世界中的总供给曲线不是垂直的。但我们还可以通过其他手段来估计货币对实体经济的影响（比如用计量的 VAR 模型来估计）。这些计量结果表明至少在短期，货币对实体经济有着显著的影响。综合这些证据，我们可以有把握地说，真实世界中的货币不是完全中性的，货币对实体经济有不可忽视的影响。因此，在经济理论的框架中，有必要把货币非中性的因素纳入进来。在对倾斜的总供给曲线的推导过程中，可以清楚地看到货币非中性由何而来（见图 14－3、图 14－4）。

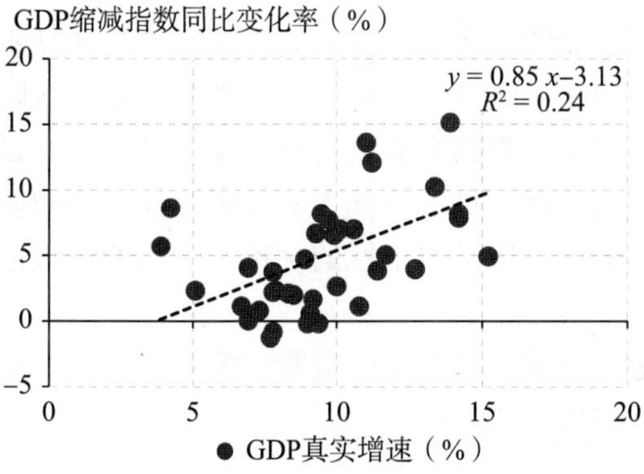

图 14－3　1980—2017 年中国 GDP 增速与通货膨胀

资料来源：Wind

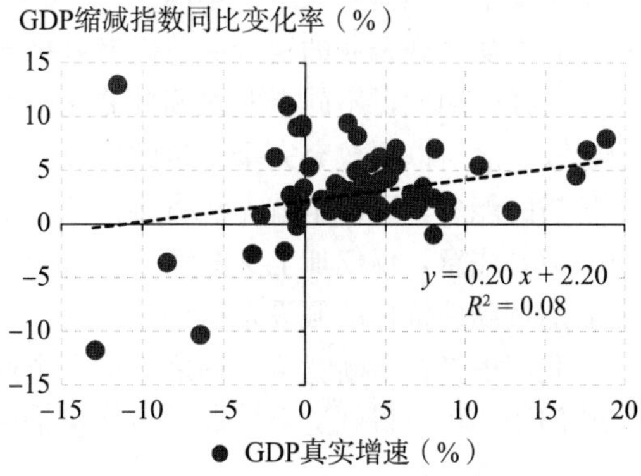

图 14－4　1930—2017 年美国 GDP 增速与通货膨胀

资料来源：Wind

14.2　黏性价格下倾斜的总供给曲线

我们对倾斜的总供给曲线的推导是对前几讲一般均衡模型的扩展，而非另起炉灶。在上一讲的模型中，我们得到了货币中性的结论。在那里，经济的产出水平完全由实体经济因素（如居民偏好、生产技术等）决定，与货币无关。我们将这个产出水平叫做**潜在产出水平**（potential level of output），或者叫做**自然产出水平**（natural level of output）。这是经济完全没有受到货币影响时的产出水平。可以认为这个潜在产出水平是经济中资源最优配置所达成的产出水平，由经济的供给面因素（劳动力、资本、技术水平）决定。我们用 Y_n 来代表这个自然的真实产出水平（下标 n 的意思是 natural）。[①]

当货币对实体经济有影响时，实体经济的产出水平就会偏离潜在产出水平（Y_n）。为

① 在这里我们要对记号做一下说明。按照上一讲的记号习惯，应该用大写字母来表示名义变量，用小写字母来表示真实变量。自然产出水平是一个真实变量，理应用小写字母来标记。不过，下面我还要用小写变量来代表对应大写变量的对数，所以这里就用大写的 Y_n 来标记真实的自然产出水平。只要我们对每个变量都做好标注，这样的记号应该不会引致混淆。

了在理论框架中把货币对实体经济的影响考虑进来，需要放弃价格灵活变化的假设，考虑价格变化不那么灵活的情况。这种阻碍名义价格灵活变动的因素叫做**名义刚性**（nominal rigidity），最早由凯恩斯提出。目前，名义刚性已经变成宏观模型中的标准假设，被广泛使用。

现在最广为接受的名义刚性假设是**黏性价格**（sticky price）。接下来我们会基于这种假设来推导向上倾斜的总供给曲线。但要事先声明，以下得到的所有结论（包括总供给曲线本身）都可以像前几讲那样，在一个一般均衡的模型中严格推导出来。不过，那种推导的复杂性已经超过了本课程所要求的技术水平。因此，这里的推演将采用论述和数学推导相结合的方式，以便降低推理的复杂程度。但大家要记住，这种简化的推演与前几讲一般均衡框架下的推演并无本质不同。

我们从微观企业的定价决策出发来推导总供给曲线。我们假设不同企业生产的产品不完全一样。因此，不同企业之间并非完全竞争，而是垄断竞争，每个企业都有一定的垄断定价权。之所以要放弃完全竞争的假设，是因为完全竞争的企业是价格的接受者，没有设定价格的能力，因而也就无法直接讨论价格形成的过程，自然也就无法分析黏性价格的影响。但要注意，仅仅加上垄断竞争的假设，并不会产生货币非中性的结论。货币非中性还需要通过黏性价格的假设来得到。

我们思考在垄断竞争格局之下单个企业的定价决策。求解一个垄断竞争厂商的利润最大化问题，可以得到这个厂商的最优定价决策采取如下的形式

$$P_t^* = P_t \cdot \left(\frac{Y_t}{Y_n}\right)^a$$

由于厂商的定价决策在每期都会做，所以这里我们加上了表示时间的下标 t。上式中的 P_t^* 是厂商会选择的最优产品定价，P_t是全社会总体价格水平，Y_t是全社会总产出水平，Y_n是自然产出水平（假设它不随时间变化，因此对其不加表示时间的下标 t）。a 是一个正的参数，表明厂商的定价对产出变化的敏感性。

上式表明，厂商的最优定价取决于两方面的因素。一方面，社会总体价格水平越高，厂商越倾向于给自己的产品设定一个更高的价格。这应该不难理解。社会总体价格水平越高，厂商所支付的成本就越高，自然想给自己的产品设定一个更高的价格。另一方面，经济中的总产出越是高于潜在产出水平（Y_t/Y_n越高），厂商的定价也越高。这是因为产出越高，对厂商产品的需求也越大，从而厂商需要在更高的边际成本上生产，自然需要通过更高的定价来弥补。参数 a 衡量了厂商合意定价对产出变化的敏感度。将上式左右两边取对数，并定义头上带波浪的小写字母为对应大写字母的对数值，可以把厂商的最优定价方程改写为如下的对数形式

$$\tilde{p}_t^* = \tilde{p}_t + a(\tilde{y}_t - \tilde{y}_n) \tag{14.1}$$

其中，$\tilde{p}_t^* \equiv \log P_t^*$，$\tilde{p}_t \equiv \log P_t$，$\tilde{y}_t \equiv \log Y_t$，$\tilde{y}_n \equiv \log Y_n$。

对于这种对数的形式我们要解释一下。因为两方面的原因，宏观模型中的方程经常会化成对数形式。其一，取对数后可以把乘除化为加减，把幂次方化为乘法，从而简化运算。其二，两个变量的对数之差近似等于二者的差异率。比如说有两个变量 A 与 B，那么

其对数之差即为

$$\log A-\log B=\log\left(1+\frac{A-B}{B}\right)\approx\frac{A-B}{B}$$

在这样的表示下，y_t-y_n即为实际产出相对于潜在产出水平的差异率，叫做**产出缺口**（output gap）。关于产出缺口我们还要做一点说明。从理论上来说，潜在产出水平（$\tilde{y}_n$）应该是经济不受货币影响时，完全由实体经济状况所决定的产出水平。这种产出水平在现实世界中是无法直接观察到的。我们只能观察到实际产出水平（$\tilde{y}_t$）。所以，潜在产出水平只能通过实际产出水平估算出来。经济学家认为实际产出水平会围绕潜在产出水平上下波动，所以潜在产出水平就用实际产出水平的长期趋势来估算。HP 滤波器是用来估算长期趋势的常用计量工具。在本讲的附录中有其简短介绍。

下面我们继续对总供给曲线进行推导。这里的关键是引入黏性价格，以实现货币对实体经济的影响。我们是通过对厂商定价的约束来实现黏性价格的。假设经济中存在两类企业。一类是灵活价格的厂商，占总厂商的比重为 $1-\theta$。这种厂商可以随时调整其价格，其最优定价由（14.1）式给出。

另一类是黏性价格的厂商，占总厂商的比重为 θ。我们假设这类厂商的价格都是在上一期制定的，在这一期不能改变。也就是说，这类厂商 t 期的价格是在 $t-1$ 期。由于在 $t-1$期，t 期的价格总水平 p_t与产出 y_t都还不知道，黏性价格厂商只能基于对这些指标的预期 $\tilde{p}^e_{t\mid t-1}$与 $\tilde{y}^e_{t\mid t-1}$来制定其价格。这里的上标 e 表示这是对变量的期望（expectation），下标 $t\mid t-1$ 表明这是 $t-1$ 期对 t 期指标做出的预期。这类企业的最优定价为

$$\tilde{p}^{**}_{t|t-1}=\tilde{p}^e_{t|t-1}+a(\tilde{y}^e_{t|t-1}-\tilde{y}^e_n)$$

为了简化，假设这类企业总是预期产出处在自然产出水平（$\tilde{y}^e_{t\mid t-1}=\tilde{y}_n$）。这样，黏性价格企业的定价就简化为

$$\tilde{p}^{**}_{t|t-1}=\tilde{p}^e_{t|t-1} \tag{14.2}$$

全社会总体价格水平是两类企业定价的加权平均，近似写为

$$\begin{aligned}\tilde{p}_t&=\theta\tilde{p}^{**}_{t|t-1}+(1-\theta)\tilde{p}^*_t\\&=\theta\tilde{p}^e_{t|t-1}+(1-\theta)[\tilde{p}_t+a(\tilde{y}_t-\tilde{y}_n)]\end{aligned}$$

如果 $\theta=0$，即经济中所有厂商都能灵活调整价格，那么上式中的 $\tilde{p}_t$就会被消去，从而得到 $\tilde{y}_t=\tilde{y}_n$，即产出一直保持在潜在产出水平上，且价格对产出没有影响。这便是上一讲得到的古典两分法的结果。

如果 $\theta>0$，即经济中存在黏性价格的企业，则可以将 $\tilde{p}_t$从上式中解出，得

$$\tilde{p}_t=\tilde{p}^e_{t|t-1}+\frac{a(1-\theta)}{\theta}(\tilde{y}_t-\tilde{y}_n)$$

定义 $\varphi\equiv\theta/[a(1-\theta)]>0$，上式可改写为

$$\tilde{y}_t=\tilde{y}_n+\phi(\tilde{p}_t-\tilde{p}^e_{t|t-1}) \tag{14.3}$$

这便是正斜率的总供给曲线。

我们还可以将这条总需求曲线改写成产出与通货膨胀之间的关系式。在（14.3）式等号右边的圆括号里加上和减去上期价格 p_{t-1}，可得

$$\tilde{y}_t=\tilde{y}_n+\phi[\tilde{p}_t-\tilde{p}_{t-1}-(\tilde{p}^e_{t|t-1}-\tilde{p}_{t-1})]$$

注意到价格水平的对数差分即通货膨胀率

$$\tilde{p}_t-\tilde{p}_{t-1}=\log P_t-\log P_{t-1}=\log\left(1+\frac{P_t-P_{t-1}}{P_{t-1}}\right)\approx\frac{P_t-P_{t-1}}{P_{t-1}}=\pi_t$$

所以（14.3）式可改写为如下形式

$$\tilde{y}_t=\tilde{y}_n+\phi(\pi_t-\pi^e_{t|t-1})$$

价格未必只是在第 1 期内有黏性。如果价格的黏性保持很多期，那么厂商在制定价格时就需要在很多期前预期当前的价格水平。所以，我们可把时间下标去掉，把上式改写为如下更为宽泛的形式

$$\tilde{y}=\tilde{y}_n+\phi(\pi-\pi^e) \tag{14.4}$$

在这里，我们并不明确说出通货膨胀预期形成的时间，而只是宽泛地说产出与通货膨胀超预期程度（$\pi-\pi^e$）正相关。

这里我们虽然是基于黏性价格的假设推导出如（14.4）式这样的总供给曲线，但这种形式的总供给曲线事实上是相当普遍的，在多种假设下都能推导出来。按照凯恩斯最初的设想，名义工资（W）应该在一定程度上是僵化的。因此，当货币扩张导致价格超预期上升时，真实工资率（W/P）会因而下降，从而促使企业雇用更多的劳动力来生产出更多的产出。这样一来，产出就与价格总水平正相关。在这样的逻辑下，也能推出前面这种形式的总供给曲线。卢卡斯（就是提出“卢卡斯批判”的那个卢卡斯）也在不完全信息的假设下推导出同样形式的总供给曲线。所以，我们应该把这里得到的总供给曲线更宽泛地理解为，价格无法完全吸收货币冲击时，表征通货膨胀与实体经济关系的方程。

14.3 菲利普斯曲线

前面推导出来的总供给曲线其实就是另外一种形式的菲利普斯曲线。这是因为产出缺口（$y-y_n$）与失业率之间有高度的负相关关系。如图 14-5 所示，如果用美国 1950—2017 年的年度数据来估算，美国的失业率每下降 1 个百分点，对应的美国的产出缺口上升约 0.8 个百分点。这一关系被称为**奥肯法则**（Okun's law），以第一个研究这种关系的经济学家阿瑟·奥肯（Arthur Okun）的名字命名。

可以把奥肯法则写成如下方程的形式

$$\tilde{y}-\tilde{y}_n=-b(u-u_n) \tag{14.5}$$

其中，$b>0$ 是一个参数，表征了失业率与产出缺口之间的数量关系。u 是失业率，u_n是所

谓的**自然失业率**（natural rate of unemployment）。与自然产出水平类似，自然失业率是在价格完全灵活变化的情况下，实体经济自然会产生的失业率。之所以在自然的情况下还会有失业，是因为就业市场处于人员与工作岗位不断匹配的过程中，不断会有人入职和离职。因此，会有一部分人处在工作转换的间隙，即暂时失业的状态。这种失业是劳动者主动选择的结果，是自愿的失业，与凯恩斯所说的非自愿失业不同。所以，当失业率达到了自然失业率，虽然还是有部分人失业，也认为达到了充分就业的状态。

有人可能会问，奥肯法则作为一种宏观指标间的数量关系，会受到卢卡斯批判吗？答案是否定的。奥肯法则是基于生产函数的，反映的是劳动力这种投入要素与产出之间的关系。这种关系不因人的行为的改变而变化，因而不会受到卢卡斯批判的影响。在当前的宏观经济分析中，奥肯法则仍然是一个需要考虑的重要数量关系。

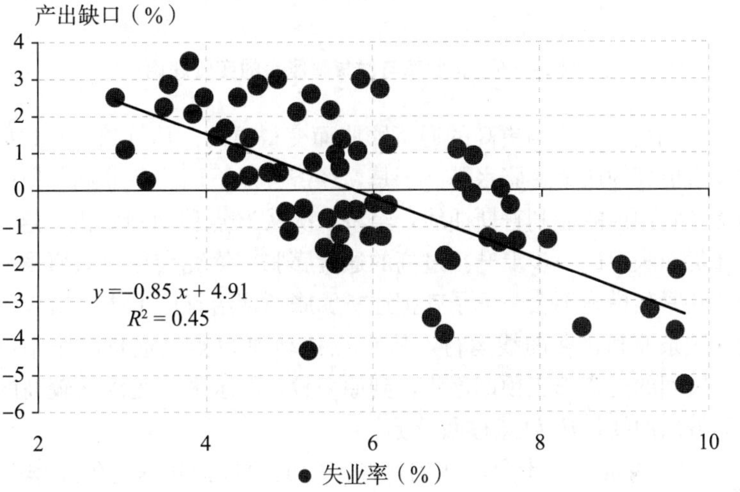

图 14-5　1950—2017 年美国的奥肯法则

资料来源：Wind

将奥肯法则（14.5）式代入总供给曲线（14.4）式，并略作变形可得

$$\pi = \pi^e - \phi(u - u_n) \tag{14.6}$$

其中，$\phi = b/\phi > 0$。在这个式子中，我们除了看到熟悉的通货膨胀与失业率之间的负相关关系外，还在通货膨胀的决定中看到了预期通货膨胀率 π^e。这个方程叫做**附加预期的菲利普斯曲线**（expectation-augmented Phillips curve）。

有了这条附加预期的菲利普斯曲线，我们现在可以深入研究 20 世纪 70 年代原始菲利普斯曲线消失的缘由了。我们先来看下图 14-6 中的理论推演。在这幅图中，我们在横轴为失业率（u）、纵轴为通货膨胀率（π）的二维平面中绘出了两条菲利普斯曲线。下面那一条对应较低的通货膨胀预期，而上面那一条对应较高的通货膨胀预期。假设我们最开始时处在低的菲利普斯曲线上通货膨胀较低的 A 点。在这一点通货膨胀较低，但失业率较高。假设开始时通过推高通货膨胀来压低失业率。当通货膨胀预期尚未被改变之前，经济状况会沿着较低的这条菲利普斯曲线从 A 点移动到 B 点，带来通货膨胀的上升和失业率的下降。

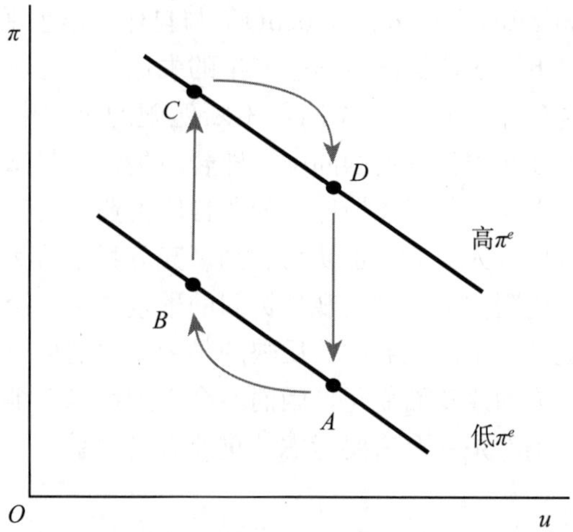

图 14-6　失业率与通货膨胀率的变化理论

但通货膨胀预期终究会因为更高的通货膨胀而变得更高。从（14.6）式可知，更高的通货膨胀预期会带来更高的通货膨胀水平。于是，经济会从下面这条菲利普斯曲线跳到上面那条对应更高通货膨胀预期的菲利普斯曲线，经济状况从 B 点移动到 C 点。这样，在失业率不变的情况下，通货膨胀率进一步上升。过高的通货膨胀率终究会导致政府采取紧缩措施来反通货膨胀。但这些紧缩措施不会一下子就把通货膨胀预期给打压下去。所以，经济会先沿高通货膨胀预期的这条菲利普斯曲线运行，从 C 点移动到 D 点，通货膨胀率下降，失业率上升。直到最后，民间的通货膨胀预期逐步回到原来较低的水平，经济从较高的菲利普斯曲线跳回较低的菲利普斯曲线，从 D 点移回 A 点。

当然，以上的逻辑推演是十分简化的，经济中的通货膨胀率和失业率的变化还受到很多其他因素的影响。比如，20 世纪 70 年代石油冲击所带来的供给收缩就对通货膨胀有推升作用。但是，这个逻辑基本把握了发达国家通货膨胀运行的主要力量。根据这个逻辑，在失业率和通货膨胀率的二维平面上，我们应该看到经济运行的轨迹画出顺时针的螺旋。在美国的数据中，这种螺旋确实清晰可见，印证了附加预期的菲利普斯曲线（见图 14-7）。

从附加预期的菲利普斯曲线可以看到两个重要结论。第一，**预期在经济运行中起着非常重要的作用**。在通货膨胀预期保持稳定的时候，通货膨胀率与失业率之间有显著的负相关关系。但当通货膨胀预期发生改变时，这种负相关关系也就随之破裂。在前面探讨经济学方法论的时候，我们曾泛泛讲过预期改变导致菲利普斯曲线消失的事情，到这里，我们对这一过程有了更清楚的理解。

第二，**货币政策只在短期内能影响实体经济。短期有多长，取决于货币政策能够“愚弄”大众多长时间**。如果观察前面推导出来的总供给曲线方程（14.4）式，可以发现如果通货膨胀预期一直等于实体通货膨胀（$\pi^e=\pi$），那么实际产出就将一直等于自然产出水平（$y=y_n$），货币政策就将对实体经济没有影响，回到货币中性的状态。货币之所以对实体经济有影响，是因为民间对货币状况的预期与实际的货币政策操作之间有差距。换言之，货币政策对于实体经济的影响来自“超预期”。但民众不会永远被货币政策所欺骗。货币政策对实体经济的短期“有效”终将被长期“无效”所取代。用总供给曲线的语言来说，

总供给曲线在短期是向上倾斜的，但在长期是垂直的。

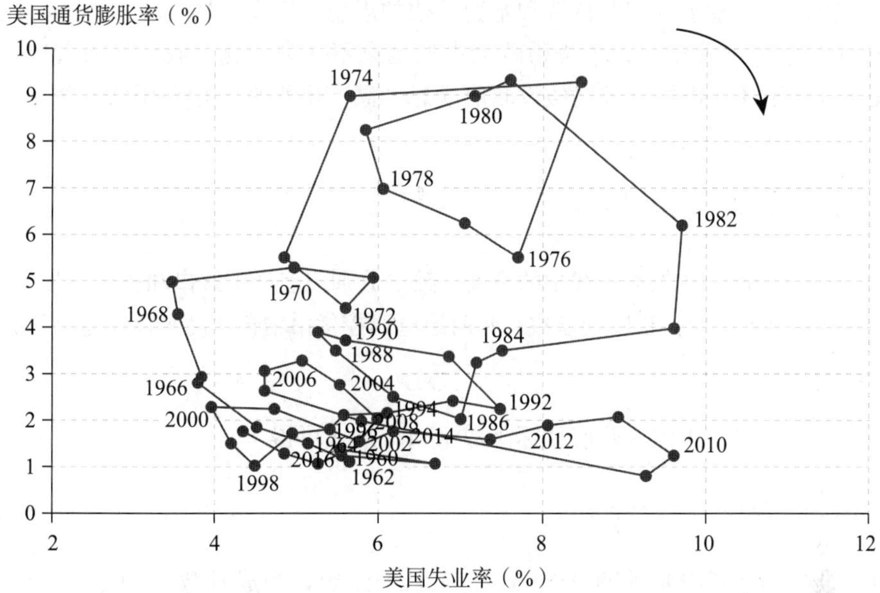

图 14－7　美国顺时针旋转的失业率与通货膨胀率轨迹图

资料来源：Wind

14.4　货币政策的动态不一致问题

通过前面的分析我们看到，预期是货币政策能否影响实体经济的关键。所以曾有人说“货币政策是调控预期的艺术”。世界上大多数经济体的中央银行都把物价稳定和经济增长（充分就业）作为自己追求的两个最重要目标。《中华人民共和国中国人民银行法》第 3 条明确指出：“货币政策目标是保持货币币值的稳定，并以此促进经济增长。”美国联邦储备委员会则把充分就业和物价稳定作为自己最重要的两个目标。在这样的目标下，我们要问：货币政策应该怎样调控预期，从而发挥其最大的效果？用前面的语言来说就是：货币决策者应当如何最优地“愚弄”民众，以最好地实现其目标？对这个问题的一个有些令人吃惊的答案是：货币政策应该完全不管实体经济，只做好控制通货膨胀这一件事情。这是来自**动态不一致**（dynamic inconsistency）理论的答案。

动态不一致又叫做**时间不一致**（time inconsistency），指的是政府有违背其之前的承诺而获取短期收益的动机。考虑到这种动机，民众就会在一开始就怀疑政府不会坚守其承诺，因而导致经济处在较为低效的状态。动态不一致问题早就为人所知。1790 年，美国第一任财政部长汉密尔顿（Alexander Hamilton）在提交给国会的报告中就呼吁政府偿还在独立战争时发行的大量公债，以维护国家的信誉，避免发生动态不一致问题。如果美国政府机会主义地逃避掉自己发行的公债，就会丧失良好信誉，导致未来再难以发行公债来筹集资金。

有关动态不一致的理论直到 1977 年才在普雷斯科特（Prescott）和基德兰德（Kydland）

两位经济学家的笔下得到严谨的阐述。这项贡献是他们二人于 2004 年获得诺贝尔经济学奖的重要原因之一。基于普雷斯科特和基德兰德的思想，巴罗（Barro）与戈登（Gordon）在其 1983 年发表的文章中讨论了货币政策中的动态不一致问题。我们将沿着巴罗与戈登的思路展开以下论述。巴罗与戈登假设政府既想推高产出水平，也想压低通货膨胀，因而试图最大化如下社会福利函数

$$\max_{\pi} V=\xi(\tilde{y}-\tilde{y}_n)-\frac{1}{2}\pi^2 \tag{14.7}$$

式中，$\tilde{y}-\tilde{y}_n$及 π 与前面总供给曲线中的意义一致，分别代表产出缺口和通货膨胀率。$\xi>0$是一个衡量政府看重经济增长程度的参数。政府通过调控货币增长速度来控制通货膨胀

$$\pi=\Delta m$$

将总供给曲线（14.4）式代入政府目标函数（14.7）式可得

$$\max_{\pi} V=\xi\phi(\pi-\pi^e)-\frac{1}{2}\pi^2 \tag{14.8}$$

假设社会中的通货膨胀预期已经形成（π^e已经给定，当成常数），上面这个优化的一阶条件表明，当政府将实际通货膨胀设定为如下水平时，政府的目标函数取得最大值

$$\pi^*=\xi\phi \tag{14.9}$$

注意，由于政府目标函数（14.8）中，产出缺口部分线性地进入函数，因此政府设定的最优通货膨胀水平 π^* 与社会的通货膨胀预期无关。在更一般的假设中，政府对通货膨胀的选择可能与居民的通货膨胀预期有关。上式表明，当政府既关心通货膨胀、又关心产出缺口时，会有动力制造一些通货膨胀，以提升当期的产出水平。当这一点被社会大众了解了之后，社会大众会理性地预期到政府推高通货膨胀来提升产出的行为，因此会预期到通货膨胀率不会是 0，即

$$\pi^e=\pi^*=\xi\phi$$

而政府实际制造出的通货膨胀率也为 π^*。此时，实际的通货膨胀与民众通货膨胀预期一致，产出将处在潜在水平上。将其代入央行的目标函数（14.7）式，可以求出当政府可以自由选择通货膨胀水平时，其目标函数值为

$$V^d=-\frac{1}{2}\xi^2\phi^2$$

但如果政府可以可信地承诺通货膨胀率一直会是 0，并让民众相信，此时产出缺口将为 0，通货膨胀率也为 0，此时政府的目标函数值为

$$V^c=0>V^d$$

也就是说，政府如果能够做出可信承诺，可以获得更高的社会福利。

思考题：V^d是最优化时取得的函数值，应该是目标函数能够取得的最高值。为什么V^c还能比它更大？

如果政府不能做出这样可信的（且自己无法违背的）承诺，而只能相机决策，民众就会知道，政府总有动机制造一些通货膨胀以推高产出水平。考虑到这一点，民众就总会预期一些通货膨胀。这只会无谓地带来高通货膨胀。这就是“动态不一致”问题。相反，如果政府可以可信地承诺未来的通货膨胀率是 0，那么通货膨胀率就会比相机决策时低，而产出水平则相同。这会增加社会的福利。在这里，政府通过捆住自己的手脚，反而提升了全社会的福利。

从动态不一致的分析中我们能得到的最重要的启示是，尽管货币政策在短期内有影响实体经济的能力，但决策者不应该动用这种能力，而只应把货币政策调控的目标聚焦在稳定通货膨胀上面。甚至，决策者还要捆住自己的手脚，让自己没有能力通过货币政策来刺激经济，这样反而能够获得更高的社会福利水平。

要化解动态不一致带来的通货膨胀倾向，需要让民众相信央行的目标函数中没有对产出水平的关注。有以下几种方法可以帮助实现这一目标：第一，实行**通货膨胀目标制**（inflation targeting），在法律上规定中央银行调控货币政策的目标只是保持通货膨胀稳定。新西兰目前就采用这样的方式，在法律上规定当通货膨胀偏离目标一定幅度的时候，央行行长会被解职。第二，增加**中央银行独立性**（central bank independence），让民众相信央行与政府之间可以有不同的目标函数。第三，选择一个有厌恶通货膨胀声誉（reputation）的人来担任央行行长（这是为什么央行行长或者有希望成为央行行长的人总是公开表现出不欢迎通货膨胀的原因）。这三种方法并不相互排斥，可以综合起来使用。

不过，我们还需要问：既然动态不一致的理论早在几十年前就提了出来，为什么像美联储这样的机构仍然要规定货币政策的目标既兼顾就业、也兼顾通货膨胀，而不实行通货膨胀目标制？原因很简单，许多决策者还是不愿意放弃用货币政策来调控实体经济这个选项。而动态不一致理论所预言的这种通货膨胀倾向也并非那么绝对。只要货币当局妥善调控，就可以在相当程度上维护通货膨胀的平稳。西方国家过去几十年稳定通货膨胀的成功经验已经证明了这一点。但这并不意味着动态不一致理论没有价值。恰恰相反，这种通货膨胀平稳运行的状况，在很大程度上是因为我们对货币运行的理解比以前更深，对动态不一致等问题有了更清晰的认识和对策。从这个意义上来说，动态不一致是央行货币政策调控的一个约束条件，是所有央行行长都必须慎重对待的问题。

而且，我们处在不确定的世界中，市场会有些外生冲击来让经济增长偏离潜在产出水平。用前面推导的短期总供给曲线来描述，就是产出缺口除了与通货膨胀正相关之外，还受到一个随机冲击 ε 的影响

$$\tilde{y}=\tilde{y}_n+\phi(\pi-\pi^e)+\varepsilon$$

面对这些外生冲击，货币政策有必要对冲其影响，平滑这些冲击带来的波动。而货币政策的应对可以通过两种主要的方式来进行，一种是调控利率、货币增长率等政策变量，另一种是调控民间的预期。而随着经济学对预期的重要性愈发重视，货币政策调控也愈发着重于对预期的调控。

就货币调控，英国央行前行长默文·金（Mervyn King）用他的“利率的马拉多纳理论”（Maradona theory of interest rates）给出了精辟而又风趣的解释。他是这么说的：

> 我把它叫做“利率的马拉多纳理论”。阿根廷的伟大足球运动员，迭戈·马拉多

> 纳，并不经常与货币政策联系起来。但他在 1986 年 6 月墨西哥世界杯上对英国那场比赛中攻进两球的表现，极好地诠释了我要表达的意思。马拉多纳的第一个"上帝之手"进球与中央银行古老的"神秘"操作手法类似。他的行动是出乎预料、时间不一致且违规的。他很幸运能逃过处罚。不过，他的第二个进球展现了预期在现代货币理论中的力量。马拉多纳从后半场开始带球跑了 60 码，晃过了 5 个防守队员，最终把球射入了英国队的大门。最神奇的地方是，马拉多纳几乎跑了一条直线。你怎么能跑一条直线来晃过 5 个防守队员呢？答案是英国防守队员在按照他们对马拉多纳下一步行动的预期做反应。由于他们预期马拉多纳会向左或向右移动，所以马拉多纳可以跑直线突破他们……货币政策有着类似的效果。市场利率根据央行下一步预期要做的行动来做出反应。①

所以，面对变动不断的世界，大多数中央银行并不是袖手旁观，而是通过各种手段积极地在经济中发挥自己的影响力。但现代货币政策的调控已经与几十年前很不一样。货币经济学的发展让中央银行对货币经济的运行规律理解得更加深刻。相应地，央行传统的、神秘主义的、追求出其不意的货币政策调控思路，已经让位于通过清晰沟通来主动引导市场预期的现代调控方式。带来这一转变的，就是这一讲中所介绍的现代货币政策理念。

14.5 中国又如何？

以上所介绍的理论都是基于西方国家的经济状况而建立的，对西方国家的经济和政策运行有不错的解释力。但在把这些理论运用到中国时，必须先知道这些理论对中国经济的解释力有多强。如果中国经济运行的规律与上面的阐述有偏差，那么用这些理论得到的结论来指导中国经济的实践就会导致偏颇。这是我们在把西方的经济理论运用到中国现实时必须时时注意的。对西方这些理论的逻辑和结论我们要掌握，但必须知道这些理论的前提假设及适用范围。西方有一句谚语："如果你手里有一把锤子，所有东西看上去都像钉子。"如果我们只是拿着西方经济理论这一大锤在中国经济中一顿乱捶，非但不会取得预想的成果，还有可能会带来不小的危害。

以上介绍的货币理论的关键，是倾斜的总供给曲线，或者说等价的、附加预期的菲利普斯曲线。前面我们给出了中国 GDP 增速和通货膨胀率之间的关系，正相关的关系相当清晰。这似乎表明了倾斜的总供给曲线在中国经济中的存在。但在前面我们还看到，从这一附加预期的总供给曲线（菲利普斯曲线）出发，应该能够看到经济状况在失业率—通货膨胀率平面上画出顺时针旋转的螺旋形轨迹。

由于中国的失业率数据质量极低，中国的菲利普斯曲线难以估计。但奥肯法则提示我们，失业率状况与产出缺口负相关，所以我们可以用估计出来的产出缺口来近似中国的失业率状况。图 14－8 和图 14－9 两幅图的纵轴都是中国的通货膨胀率（用 GDP 缩减指数估

① 默文·金的这段精辟而幽默的话语出自他 2005 年所做的演讲"Monetary Policy：Practice Ahead of Theory"。演讲全文见于：https：//www.bankofengland.co.uk/speech/2005/monetary-policy-practice-ahead-of-theory。

算)，而横轴则换成了中国的 GDP 产出缺口。两个横轴都做了逆序处理（越往右，数越小），因此可以把横轴视为失业率的一个表征。之所以要用两幅图，是为了让数据在图中排列得更稀疏一些，以便看清。

如果仔细观察这两幅图中的数据点，我们看到的是中国经济画出的逆时针（而非顺时针）旋转的螺旋形轨迹。这表明，中国经济的运行与美国这样的西方发达国家有重要差异。仅凭这一点，并不能说前面介绍的货币理论在中国不成立，或者说我们无法从这些理论得到有益的借鉴。但是，在运用这些理论时，还是应该保有适当的警惕，而不能盲目照搬。在后面几讲中我们还会就这一话题做更深入的展开。

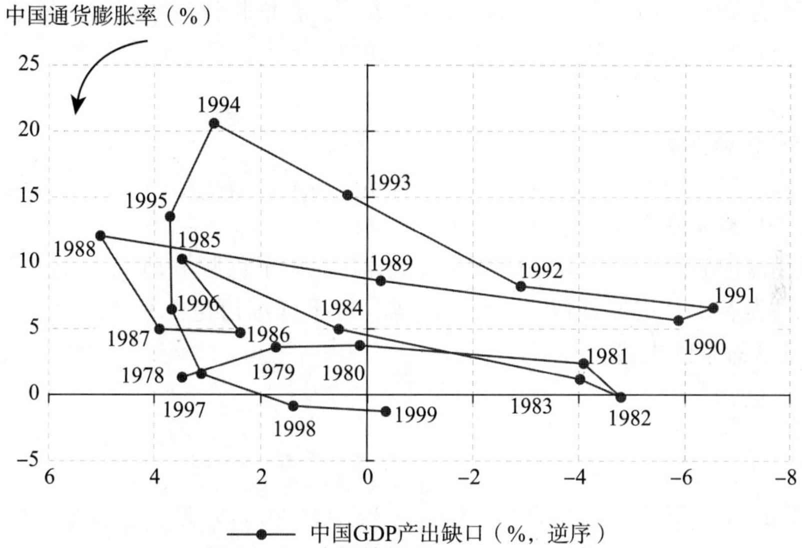

图 14－8　中国的状况：1978—1999 年

资料来源：Wind

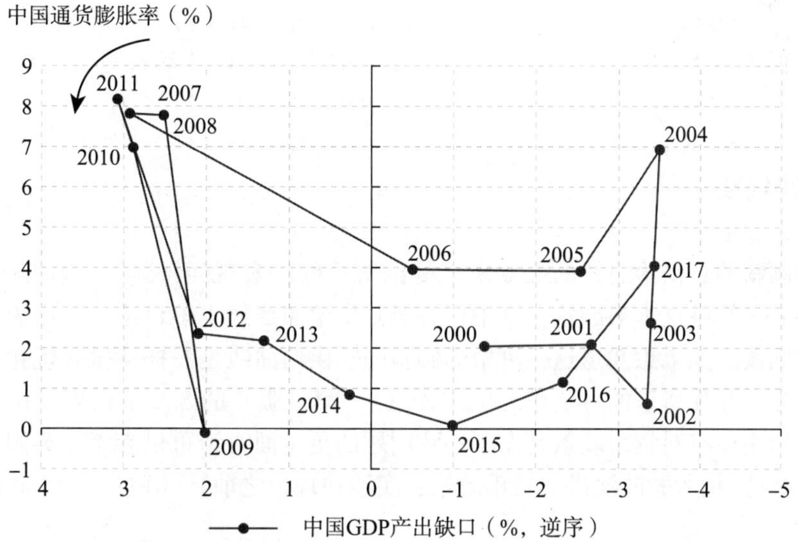

图 14－9　中国的状况：2000—2017 年

资料来源：Wind

附录 14. A 估算产出缺口的几种数量方法

本附录介绍两种常用的产出缺口的估计方法。(本附录内容仅供大家参考，不在课程考察范围之内。)

14. A. 1 生产函数法

生产函数法即我们前面介绍过的增长计量方法。在增长计量中回归所得的计量方程的拟合值即为潜在产出水平。拟合残差就是产出缺口。

14. A. 2 滤波方法

假设潜在产出是实际产出的长期趋势，实际产出围绕潜在产出上下波动。因此，估算潜在产出就是估算实际产出的长期趋势。

这可以用滤波方法——将高频的波动过滤掉，只剩下低频波动——来进行。宏观经济中常用的滤波器有 HP 滤波器以及 CF 滤波器。以下详细讨论 HP 滤波器 (HP filter)。[①] HP 滤波器的状态空间描述为

$$\Delta y_t^* = \Delta y_{t-1}^* + \varepsilon_{0,t}$$
$$y_t = y_t^* + \varepsilon_{1,t}$$

其中，$y_t \equiv \log(Y_t)$，Y_t是真实 GDP 产出水平。$\varepsilon_{i,t}$($i=0$，1) 是正态分布、相互独立、均值为 0、方差为σ_i^2的误差项。两个式子中，第一个式子叫做“状态转移方程”，第二个式子叫做“观测方程”。这个系统可以用 Kalman 滤波的方法加以估计。定义$\lambda \equiv \sigma_1^2/\sigma_0^2$为噪声信号比 (noise-to-signal ratio)。λ越大，意味着我们认为产出波动中的更大部分来自产出对潜在产出的偏离 (产出缺口)。这样，估算出来的产出缺口波动性越大，潜在产出就越平滑。

进一步阅读指南

本讲中倾斜的总供给曲线的推导来自曼昆所著的《宏观经济学》(第五版) 第 13 章 (曼昆，2005)。曼昆这本书的这一章中还有对总供给曲线的更多讨论，可作为本讲这部分内容的延伸阅读。如果想知道这一讲中的倾斜的总供给曲线是怎样从微观优化问题推导出来的，可以参见瓦什所著的《货币理论与政策》(第三版) 的 8. 2 节 (Walsh，2010)。这本书的第 7 章中还有对货币政策动态不一致问题的更全面讨论可供参考。英国央行前行长默文・金在 2005 年所做的演讲《货币政策：实践在理论之前》(Monetary Policy：Practice

① Borio，et. al.，2013，“Rethinking potential output：Embedding information about the financial cycle，” BIS working paper 2013 No. 404，http：//www. bis. org/publ/work404. pdf.

Ahead of Theory）非常值得一读，推荐给那些想了解货币政策操作实践的读者（King，2005）。

练习题

14.1　某经济的短期行为可用如下供给曲线来刻画

$$\tilde{y}=\tilde{y}_n+3\times(\pi-\pi^e)$$

其中，$\tilde{y}$ 与 $\tilde{y}_n$ 分别是产出水平和自然产出水平的对数，π 与 π^e 分别是实际通货膨胀率和预期通货膨胀率。政府既想推高产出水平，也想压低通货膨胀，因而试图通过控制通货膨胀率来最大化如下社会福利函数

$$V=\tilde{y}-\tilde{y}_n-\frac{1}{2}\pi^2$$

（a）如果政府可以自由地选择通货膨胀率，经济中的通货膨胀率是多少？社会福利函数的取值为多少？

（b）如果政府可以可信地承诺通货膨胀率为 0，经济中的通货膨胀率和社会福利函数的取值分别为多少？

（c）请给出三种在现实中政府可以用来化解货币政策动态不一致问题的方法。

14.2　请判断以下说法是否正确，并阐述你的理由：

（a）宏观经济不过是微观经济的加总。在任何一个市场里观察到的供给曲线（供给量与价格之间的关系）总是向上倾斜的。因此，各个市场供给曲线加总起来的宏观经济总供给曲线也自然应该是向上倾斜的。

（b）由于宽松的货币政策总是能够刺激经济增长，所以央行应该一直保持宽松的货币政策。

（c）对老师来说，应该在期末考试前告诉大家考卷很难，但在实际出题时则出得简单一些。这样做既能促使同学们认真复习，又不至于让同学们因为被难题打击而难过。

14.3　除了这一讲介绍的黏性价格之外，你还能想到什么其他因素可以使得宏观总供给曲线是倾斜而非垂直的？

第 15 讲

货币政策传导与流动性效应

之前对货币政策的介绍看上去似乎是清楚的。在名义价格能灵活变动的情况下，古典两分法成立，货币对实体经济没有影响。而在存在价格黏性使得价格不能灵活调整时，货币的冲击在短期内会扰动实体经济。但在两种情况下，费雪方程式都是成立的——名义利率等于真实利率加上预期通货膨胀率。

在这些看似清晰的结论中，其实隐藏了一个关键的问题尚未得到回答。细心的读者会问：**中央银行加大货币投放时，名义利率究竟是升还是降**？从费雪方程式来看，更高的货币增速带来更高的通货膨胀，因而会推高名义利率。但在真实世界中，中央银行投放货币时却会增加金融市场的资金量，从而压低作为资金价格的名义利率。事实上，中央银行在进行公开市场买入（即央行用货币买入市场上的债券）时，投放货币的效应是降低而非提高了名义利率。显然，理论与现实之间有巨大落差。不把这个落差解释清楚，就无法真正理解货币政策。填平这个理论与现实的差距，就是这一讲的主要任务。

在之前介绍的货币模型中，我们设想了一个非常理想化的货币经济。货币从央行那里发行出来，就会**瞬时、均匀**地分布到整个经济中，从而等比例地推高所有名义价格。这样，央行增发货币就会立即推高通货膨胀预期，从而通过通货膨胀预期这条路径推升名义利率。

但在现实中，货币从央行那里发行出来，到遍布整个经济体有一个过程，绝非瞬时完成的。这个过程叫做**货币政策传导**（monetary policy transmission）。传导过程中存在诸多摩擦。而传导的结果也不一定就导致增量货币在经济中的均匀分布。相应地，从央行投放货币到物价上涨之间存在时滞，而增量货币也未必会等比例地推升所有名义价格。增量货币在一定时间内，在经济的某个局部可能堆积，从而在这里导致名义利率的下降。这种效应被称为**流动性效应**（liquidity effect）。在这一讲中，我们把视线投向货币政策的传导过程，研究这其中的摩擦所带来的流动性效应。2015 年中国 A 股市场经历的大牛市就是流动性效应的一个戏剧性体现。

15.1　真实世界中的货币政策传导

15.1.1　货币的创造

所谓货币政策传导，是从中央银行对货币的创造，到实体经济中居民和企业等经济主体对货币加以运用来进行经济活动的全过程。这一过程事实上也是货币创造的过程。通过这一过程，中央银行的货币政策（主要表现为货币创造速度的快慢）对实体经济的活动产生了影响，因而可以通过货币政策来调控实体经济的运行。

货币政策传导包含两个主要环节——从中央银行到商业银行体系的第一环节，以及从商业银行体系到实体经济的第二环节（见图 15－1）。在当前的纸币（fiat money）体系下，中央银行是货币的终极创造者和调控者。但居民和企业所用的货币并不是直接从央行获得的。央行所发行的货币只是直接投放给金融机构（主要是商业银行），进入商业银行体系。这里央行发行的货币被称为**基础货币**（base money），或者**高能货币**（high-powered money）。在中国金融统计体系（也是 IMF 的数据统计体系）中，基础货币对应着**储备货币**（reserve money）这个统计口径。

当前的商业银行实行的都是**部分准备金制度**（fractional reserve banking）。因为一般情况下，银行的储户不会全部同时来提取存款，所以银行只需要保留一部分存款作为准备金，以备日常储户提款之需就可以了。这便是部分准备金制度。在部分准备金制度下，商业银行在获得央行投放的基础货币之后，可以以基础货币数倍的规模向非金融企业和居民发放贷款。这样，商业银行也就创造了货币。只不过商业银行的货币创造需要以央行投放的基础货币为“种子”来实现。商业银行能够以基础货币的数倍向外发放贷款，该倍数被称为**货币乘数**（monetary multiplier）。换言之，货币乘数就是商业银行创造的货币总量与央行发行的基础货币的比率。

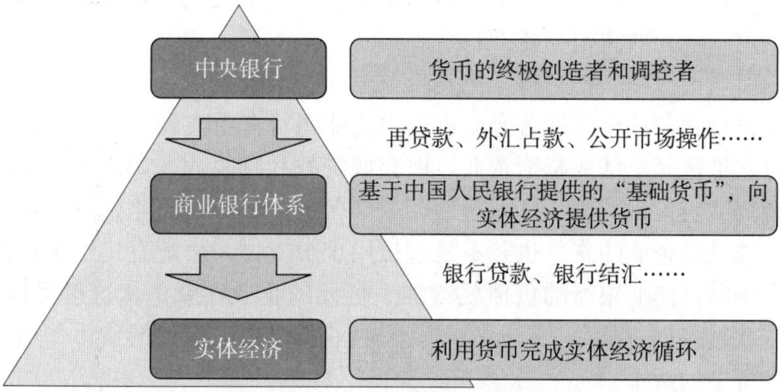

图 15－1　货币政策传导过程

为了建立对货币政策传导的直观感受，我们来看一下在这个过程中央行和商业银行资产负债表的变化。我们假设央行向商业银行投放了 1 亿元的基础货币。假设这 1 亿元是央行通过向商业银行发放贷款来发行的。[①] 在这个过程中，央行资产负债表的资产方增加 1 亿元对商业银行的贷款。注意，央行并不会用运钞车给商业银行运 1 亿元的钞票过去。事实上，央行只是在自己的资产负债表负债方简单增加一项负债——商业银行在央行 1 亿元的存款——就算完成贷款业务了。在这里可以看到，央行发放贷款的同时就创造了存款。相应地，商业银行资产负债表的资产方便增加 1 亿元“在央行的存款”，负债方增加 1 亿元“从央行获得的贷款”。这样，银行体系持有的基础货币便凭空增加了 1 亿元。这便是基础货币的创造（见图 15 - 2）。

央行资产负债表

资产	负债
1亿元 （对商业银行的贷款）	1亿元 （商业银行的存款）

商业银行资产负债表

资产	负债
1亿元 （在央行的存款）	1亿元 （从央行获得的贷款）

图 15 - 2　央行通过向商业银行贷款 1 亿元来发放基础货币

到这里，我们知道什么是基础货币了。所谓基础货币，其实就是商业银行（或其他金融机构）在中央银行的存款。这些存款是商业银行可以用来支付的工具。这与我们个人可以用自己在商业银行的存款来支付货款是同一个道理。但与个人及企业在银行的存款不一样，银行在央行的存款要分成两部分，其中一部分是央行规定的不可动用的部分，叫做**法定存款准备金**（required deposit reserve），另一部分银行可以自由使用，叫做**超额存款准备金**（excess deposit reserve）。法定存款准备金是央行规定的、商业银行应该为其存款准备的备付金。法定存款准备金与存款之间的比例叫做**法定存款准备金率**（required deposit reserve ratio，简称 RRR）。

基础货币可以被用来作为“种子”，让银行凭空创造广义货币——企业和居民在银行的存款。而法定存款准备金率便是决定银行创造货币规模的重要政策工具。下面让我们接着前面的例子，来看商业银行获得了央行发放的 1 亿元基础货币之后，创造广义货币的过程。我们假设央行设定的存款准备金率是 50%，即商业银行每吸收 1 元存款，就需要在央行的账户上锁定 0.5 元的法定存款准备金。

我们假设商业银行在获得央行 1 亿元贷款之前并未吸收存款。所以央行发放的 1 亿元都会变成商业银行的超额存款准备金，可以由商业银行自由支配。而为了获取利润，商业银行有动力将这 1 亿元全部放贷给企业，以获取贷款利息收入。如图 15 - 3 左侧所示，商业银行的资产负债表首先减少 1 亿元超额存款准备金。然后，商业银行资产增加 1 亿元对企业的贷款。这里对企业的贷款也并不是直接用现金支付，而是直接给企业的存款账户上增记 1 亿元。所以，商业银行的负债就增加 1 亿元的企业存款。从这里可以清楚地看到，商业银行的贷款直接创造了存款。而存款就是企业可以用来支付的货币。所以商业银行就创造了实体经济中的货币。

---

① 央行向金融机构发放的贷款叫做“再贷款”（central bank loan）。除了再贷款之外，央行还有其他很多工具也能用来发放基础货币。比如“再贴现”（rediscounting，央行贴现商业银行持有的票据）和“公开市场买入”（open market purchase，央行用自己发行的货币向商业银行购买债券）等。

企业的存款存回来，会相应增加商业银行 1 亿元可存在央行的存款。只不过其中有 0.5 亿元会变成法定存款准备金，剩下 0.5 亿元才是超额存款准备金。请注意，在这里我们为了叙述方便，把商业银行准备金的减和增分成了两个步骤。而在现实中并不会这样，商业银行在发放贷款时并不会实际支取和收入准备金，而仅仅是按照存款准备金率的规定，调整法定存款准备金和超额存款准备金的数额罢了。

在这一过程结束之后，商业银行的资产负债表资产方仍然有 1 亿元的准备金。只不过里面的超额存款准备金从 1 亿元下降到 0.5 亿元。但除此之外，银行还增加了 1 亿元贷款资产。相应地，银行负债增加了 1 亿元企业存款。所以银行的总资产从之前的 1 亿元扩张到了 2 亿元（见图 15－3 右侧）。于是，经济中的总存款就增加了 1 亿元。这便是广义货币的创造。

商业银行资产负债表变化

资产	负债
–1亿元①（超额存款准备金）	
+1亿元②（对企业的贷款）	+1亿元③（企业存款）
+0.5亿元④（法定存款准备金）	
+0.5亿元⑤（超额存款准备金）	

商业银行资产负债表

资产	负债
0.5亿元（法定存款准备金）	1亿元（从央行获得的贷款）
0.5亿元（超额存款准备金）	1亿元（企业存款）
1亿元（对企业的贷款）	

图 15－3　商业银行第 1 轮货币创造

以上只是商业银行的第 1 轮货币创造。在投放了 1 亿元贷款之后，商业银行仍有 0.5 亿元超额存款准备金可用，因而可以重复上面的过程再做贷款投放。只不过这时由于超额存款准备金所限，贷款规模就只能是 0.5 亿元了。这一轮贷款投放和存款创造结束后，银行的法定存款准备金上升到 0.75 亿元，超额存款准备金相应降至 0.25 亿元。而银行对企业的贷款增加到 1.5 亿元，负债方存款增加到 1.5 亿元。银行的总资产增加到 2.5 亿元（见图 15－4）。

商业银行资产负债表变化

资产	负债
–0.5亿元⑥（超额存款准备金）	
+0.5亿元⑦（对企业的贷款）	+0.5亿元⑧（企业存款）
+0.25亿元⑨（法定存款准备金）	
+0.25亿元⑩（超额存款准备金）	

商业银行资产负债表

资产	负债
0.75亿元（法定存款准备金）	1亿元（从央行获得的贷款）
0.25亿元（超额存款准备金）	1.5亿元（企业存款）
1.5亿元（对企业的贷款）	

图 15－4　商业银行第 2 轮货币创造

以上过程还可以进行很多轮。理论上，直到商业银行的所有准备金都变成法定存款准备金，再没有超额存款准备金来发放贷款时，这个过程才会停止。现实中当然不是这样，商业银行总会保留一些超额存款准备金来应对储户的提款。但从理论上，我们假设这种广义货币的创造过程可以进行到极限（没有超额存款准备金），以便计算商业银行创造广义货币的能力。容易看出，如果央行设定的法定存款准备金率是 RRR，那么银行用规模为 H 的超额存款准备金能够发放的贷款总额就是如下等比数列之和

$$H+(1-\text{RRR})H+(1-\text{RRR})^2H+\cdots=\frac{H}{\text{RRR}}$$

其中的 1/RRR 就是货币乘数。显然，存款准备金率 RRR 越低，货币乘数就越高，商业银行用同样数量的基础货币就能创造出更多的货币。所以，存款准备金率是一个非常重要的货币政策工具。要说明一下，以上论述是一种理论的简化，现实会比这更复杂。

15.1.2 现金的影响

前面的讨论中我们并未考虑现金。事实上，用现金作为支付工具完成的交易并不会牵涉到银行。但是现金从何而来呢？现金来自居民和企业从其银行储蓄账户提现（提取现款）。让我们假设一位储户从银行储蓄账户提现 1 万元，看看银行这边发生了什么。首先，银行的负债方减少 1 万元的存款。同时因为要支付现金给储户，银行资产方减少 1 万元的**库存现金**（cash in vault）。但商业银行的库存现金最终还是来自中央银行（现钞由央行印制）。所以为了补足库存现金以备随时支付，商业银行需要将其存放在央行中的 1 万元超额存款准备金转变为现金。这样，商业银行资产负债表的资产方就减少 1 万元超额存款准备金，但增加 1 万元库存现金。储户提取现金的行为就让商业银行资产负债表规模相应减少，银行的超额存款准备金也减少同样的数量。其后，因为银行的存款减少了 1 万元，所以相应会有5 000元的法定存款准备金解锁变成超额存款准备金（见图 15－5）。

商业银行资产负债表变化

资产	负债
–1万元②	–1万元①
（库存现金）	（存款）
+1万元③	
（库存现金）	
–1万元④	
（超额存款准备金）	
–5 000元⑤	
（法定存款准备金）	
+5000⑥	
（超额存款准备金）	

图 15－5　储户提现 1 万元时银行资产负债表的变化

因此，当经济中对现金的需求比较大时——我国每年春节之前都是这样——现金需求的扩张就会导致金融市场超额存款准备金减少，金融市场资金面抽紧。我国金融市场在春节之前都有所谓的年末效应，资金会变得比较紧张，原因就在于此（见图 15－6）。

不过相对于存款，现金的规模还是比较小的。2017 年年末，我国金融机构各类存款

总额接近 160 万亿元人民币，而同期我国流通中现金的规模只有约 7 万亿元。所以我们在前面分析货币创造时忽略现金的存在也不会带来太大问题。

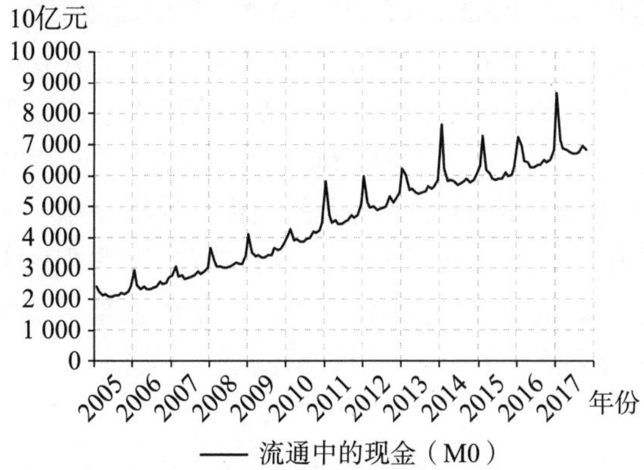

图 15－6　每年春节前，中国经济对现金的需求量都很大

资料来源：Wind

15.1.3　银行间的结算

有人可能已经看出来了，在上面的分析中我们假设只存在 1 家商业银行，所以银行贷款所创造的存款都会回存到这家银行。但现实世界中银行的数目很大。某家企业从一家银行获得了贷款，很可能会存到另外一家银行去。就算不这样做，企业在向别的企业支付时，它的存款也会转移到别的企业的开户银行那里去。这种存款在银行间的转移会怎样改变前面的分析呢？答案是没有影响。

我们还是来看一个具体的例子，假设发生了 A 银行向 B 银行 1 万元存款的转移。这有可能是某人将其 A 银行存款账户上的存款转移到了他自己在 B 银行的存款账户中，还有可能是 A 银行的储户向 B 银行的储户做了一笔支付，还有可能是 A 银行的储户借了一笔钱给 B 银行的储户。可能性有很多，但核心是存款的转移。

在这种存款的转移中，A 银行和 B 银行之间需要做清算。银行间清算的工具就是银行的超额存款准备金，也就是各个银行在央行可自由动用的存款。在前述的存款转移中，A 银行的负债减少 1 万元的存款，B 银行的负债增加 1 万元的存款。但在同时，A 银行需要向 B 银行支付 1 万元的超额存款准备金。所以 A 银行的资产会减少 1 万元的超额存款准备金，而 B 银行的资产则相应增加 1 万元的超额存款准备金（见图 15－7）。

A银行资产负债表变化

资产	负债
–1万元②	–1万元①
（超额存款准备金）	（存款）

B银行资产负债表变化

资产	负债
+1万元④	+1万元③
（超额存款准备金）	（存款）

图 15－7　商业银行间存款的转移

在这一过程中，我们可以得到两个非常有意义的结论：

第一，在这个过程中，超额存款准备金的总量没有发生变化，变化的只是超额存款准备金在银行间的分布。同时，银行体系的总资产规模也不变，变化的只是银行资产在银行间的分布。所以，银行间的存款转移和分布（对应企业和居民之间的相互借贷、支付行为）并不创造存款，也不带来货币总量的扩张。所以在前面讨论货币创造时，我们并不关注贷款和存款在银行间的分布。我们可以把前面所说的银行理解为整个商业银行体系。

第二，在银行间的支付清算中，支付工具是超额存款准备金。而由于几乎所有交易（尤其是大额交易）都是借助银行来完成的，所以超额存款准备金事实上是经济中的终极支付工具。而超额存款准备金的规模高度受到央行的控制。央行可以通过调节存款准备金率、公开市场操作等手段影响超额存款准备金的规模。这样一来，央行就对整个社会的经济活动有非常强的控制力。尤其是央行如果大规模收紧银行间市场的超额存款准备金规模，就会极大地抑制经济活动。在严重的情况下，甚至可能直接引发金融危机。2013 年 6 月我国金融市场发生的“钱荒”就是一个很好的例子。

15.2　货币政策传导与市场分割

之前我们导出了名义利率与实体经济之间的关系（也就是费雪方程式）。省略时间下标，将其重新抄写如下

$$R=\pi+r=\pi+AF_1(k,l)$$

其中，真实利率由实体经济的状况（资本、劳动力、生产技术）决定。名义利率则由通货膨胀和真实利率决定——货币投放加快导致通货膨胀上升，进而推高名义利率。

但费雪方程式在我国看起来完全不成立。我国存贷款基准利率长期为政府所管制。导致的结果是名义存贷款利率的变化幅度远远小于通货膨胀波动的幅度。这使我国的真实利率逆周期波动。而如果真实利率是由资本的边际产出决定，那么真实利率应该是顺周期波动才对——经济好的时候，资本边际回报率高，真实利率应该高一些（见图 15－8、图 15－9）。

图 15－8　我国名义利率的变化幅度远远小于通货膨胀

资料来源：Wind

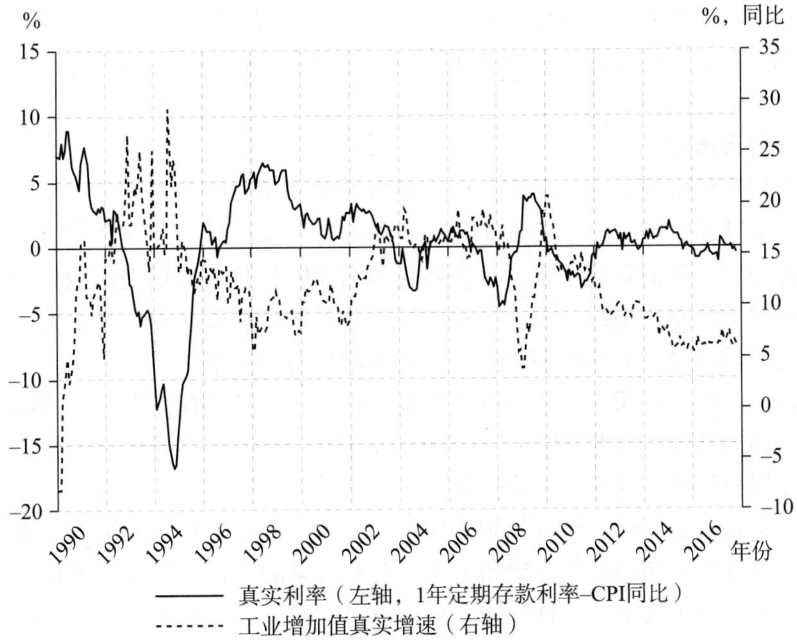

图 15－9　我国真实利率逆周期变化

资料来源：Wind

为什么理论与现实会有这样的差别？这是因为费雪方程式背后隐含假设了完全无摩擦的货币政策传导过程。具体来说，经济中的信贷市场（银行向实体经济中的企业和居民的放贷市场）和货币市场（银行间市场）的运行都非常顺畅，从而能够迅速将央行投放的货币传导到实体经济中。但这一点在我国金融体系的实际运行中并不成立。

15.2.1　信贷市场

可以将费雪方程式变形为

$$R-\pi=AF_1(k,l)$$

上式左边代表着获取信贷资金的真实利率（真实成本）。上式右边代表着实物资本所能带来的回报率。这个式子是信贷市场的均衡条件。当实物资本的回报率大于（或小于）信贷资金的真实利率时，实体经济对信贷资金的需求会变大（或变小）。而实体经济资金需求的增加，反过来会推升作为资金价格的名义利率。这样，名义利率的自发上升，最终让真实利率达到与资本回报率相等的水平。

但是在我国，名义利率长期受央行的管制，无法自由浮动。这样，经济过热时通货膨胀上升的速度会大大快于名义利率上升的幅度，从而导致真实利率下降。而真实利率的下降又会进一步刺激实体经济的信贷需求，引发更快的信贷增长，令经济更加过热。反过来，经济低迷时，真实利率反而会上升，对经济形成更强的紧缩效应。于是，在这里我们又看到了一种让中国经济向过热或过冷两个极端方向偏离的正反馈机制，从而加大了我国经济的波动。

这种对名义利率的管制导致信贷市场无法出清，因此需要采用行政性命令（如信贷额度管理，以及经济低迷时行政性要求银行放贷款）来控制信贷数量。在这种政府深度管制的市场中，真实利率为政府的行为所干扰，而不完全由实体经济的状况决定。

15.2.2 货币市场

在之前的货币经济模型中，我们假设了非常简单的货币投放过程 $M_1^s=(1+\mu)M_0$，好像政府能够精准地控制货币总量的增速。但实际的货币投放过程远比这复杂。在前一小节讲货币政策传导时，我们看到了货币总量还受到商业银行行为的很大影响。简单来说，如果商业银行不把货币乘数用足，那么即使央行投放了很多基础货币，全社会的总货币量也未必有很高的增长。央行能有较高掌控力的是基础货币的扩张。

在现实中，商业银行获得了央行投放的基础货币后，可以在向实体经济放贷以及在金融市场投资（如向其他金融机构借款或是向其他金融机构购买金融资产等）两者之间选择。如果商业银行体系将其基础货币过多地配置到其中的一个方向，就会导致这个方向的回报率降低。这时，套利的力量开始发挥作用，促使商业银行将更多资金配置到回报率相对高的方向，将这个方向的回报率给压下来。套利力量的存在会使得基础货币被均衡地投放到实体经济和金融市场中。这样一来，央行货币的投放会迅速带来实体经济货币总量的扩张，以及相应的通货膨胀水平的上升，从而推高名义利率。

但货币市场中的套利未必完美。商业银行获得了基础货币之后，未必能够顺畅地将其投放到实体经济中。这可能是因为银行自身稳健性有问题，因而放贷能力不足；又或者是因为实体经济融资需求不足，无法放贷。比如欧洲中央银行在2011年欧债危机之后，曾经大量向货币市场投放流动性。但这些流动性大部分积压在欧洲中央银行的账户上，并未带来实体经济货币量和通货膨胀水平的相应扩张。

流动性向实体经济流动的阻塞还有可能来自行政性命令。比如，2015年中国人民银行的定向宽松政策导向就人为地带来了信贷投放和实体经济信贷需求之间的错配，从而导致资金积压在货币市场上，形成了金融资产价格走牛以及实体经济融资难同时发生的局面。稍后我们会详解分析这一现象。

15.2.3 市场分割与流动性效应

当货币政策传导受阻时，本来应该统一的金融与实体市场经济就会分割成几个割裂的市场。在这些分割的市场之间，资产回报率水平（利率）有可能出现明显差异。这便是**市场分割理论**（market segmentation theory）要研究的课题。

我们可以做一个形象的比喻。经济中的货币就是水，起着润滑经济活动、支撑各种价格的作用。而央行就是一个大水龙头，是所有水的最终来源。央行面对的是一个由多个相互联系的池子组成的水系。这个水系中既有实体经济也有各种金融市场。所有的池子都通过一些渠道相互联系在一起。一般来说，央行只向银行间市场放水（投放基础货币）。但只要联系池子的渠道是畅通的，水到了银行间市场这个池子后，就自然会流到其他池子中，最终使得所有池子中的水面都持平。

但是，如果水流流向实体经济的渠道有阻塞，那么央行在银行间市场这个水池中放水就未必会提升实体经济这个池子中的水位，反而会导致银行间市场这个水池以及与其直接相联系的各个金融市场水池的水位快速上升。在这种情况下，央行带来的增量流动性就不会均匀地分布到整个经济中，而只是提升了金融市场中的流动性水平。这种货币政策效果在经济中非均匀分布，在局部带来较多流动性的效应叫做货币政策的“流动性效应”。在流动性效应存在时，不同市场的回报率水平（水位水平）就不再一样，而在流动性富集的地方明显偏低。对理解资产回报率的运行来说，这种因货币政策传导不畅而产生的流动性效应是非常关键的因素。

15.3　市场分割模型

我们运用一个模型来将上述市场分割逻辑严格描述出来。为了简化，这里我们研究一个禀赋经济——经济中没有生产活动，所有消费品的产出都是外生给定的。这个故事是这样的，在经济中存在着大量的“树”。每一期，树上都会结出果子，归树的拥有者所有。果子是经济中消费品的唯一来源，其产量是外生给定的。每期树结出果子后，人们可以相互交易树的所有权。在这个模型中，我们用预持现金约束（CIA）的方式将货币引入模型，以便把货币对交易行为的约束明显地描述出来。

与之前几讲类似，这里我们仍然利用一个两期模型来分析。由于这里的逻辑相对复杂，我们会尽量简化第 2 期的设定，而把有趣的东西都放在第 1 期。图 15－10 是这个模型的时序图。

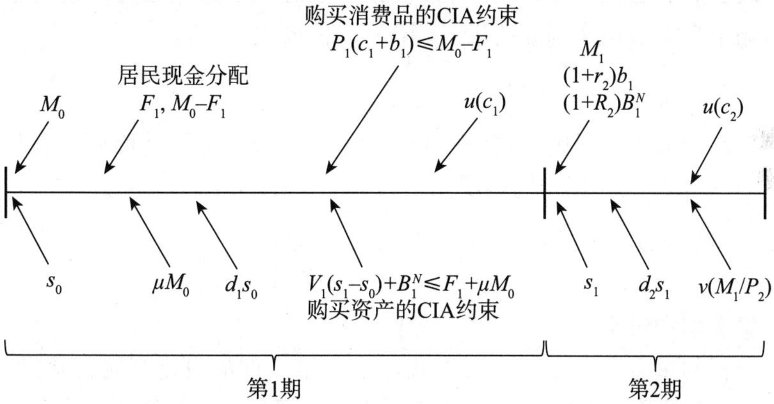

图 15－10

15.3.1　第 1 期的设定

为了在模型中产生出流动性效应，现在模型的设定要复杂一些。在第 1 期期初，居民持有总量为 M_0 的现金。此外，居民还持有树的份额 s_0。接下来在第 1 期中会按顺序发生以下一系列事件：

（1）居民将其持有的现金分成 F_1 和 M_0-F_1 两部分。F_1 是用来购买金融资产的部分，M_0-F_1 是用来购买消费品的部分。这里有一个至关重要的假设——居民在选择好了 F_1 之后，无法再对其进行调整。也就是说，居民在一开始决定好了现金在金融资产和消费品之间的分配比例后，不管情况如何变化都不能再改变。

(2) 每棵树结出消费品果实 d_1。持有树份额为 s_0 的消费者就获得总量为 $d_1 s_0$ 的果实。按照 CIA 模型的惯例，我们假设消费者不能直接吃掉他自己树上结出的果实，而必须要到市场上用现金去购买自己可以消费的消费品。这个假设是为了体现出消费者对市场的依赖。

(3) 政府在银行体系中注入增量货币 μM_0。我们假设政府是无偿地将这些增量货币注入金融资产市场，放到居民手中（可想成是政府将其铸币税收入用财政转移支付的形式直接交给居民）。这里的关键假设是，决定货币注入量大小的 μ 是一个随机变量，在之前并不为居民所知。也就是说，居民在之前将其期初现金持有分成两部分的时候，并不知道当期政府会向经济中注入多少增量货币——当然，居民会对 μ 有一个期望 $E[\mu]$。

(4) 在消费品市场中，居民用其之前准备的现金 M_0-F_1 来购买消费品。购买的消费品一部分用作第 1 期的消费 c_1，一部分 b_1 则被存储起来留待下期使用。购买消费品需要满足如下的预持现金约束（CIA）

$$P_1(c_1+b_1)\leqslant M_0-F_1$$

我们假设被储存起来的消费品可以获得 r_2 的真实回报率（r_2 是一个外生给定的常数）。也就是说，第 1 期总量为 b_1 的消费品被储存到了第 2 期，会变成总量为 $(1+r_2)b_1$ 的消费品。我们也可以把 b_1 理解为对真实债券的购买量。这种真实债券的真实回报率为 r_2。

(5) 居民分配在金融市场上的资金 F_1，加上政府新增投放给居民的资金 μM_0，是居民可以用来购买金融资产的总现金量。居民可以用这些资金（以名义价格 V_1）来购买树的所有权 s_1，或者购买名义债券 B_1^N。名义债券可被想成居民相互之间进行借贷的名义契约。在金融市场中有如下预持现金约束（CIA）条件成立

$$V_1(s_1-s_0)+B_1^N\leqslant F_1+\mu M_0$$

(6) 在第 1 期的最后，居民从消费中获得效用 $u(c_1)$。除了前面两个在消费品市场和金融市场的 CIA 外，居民在第 1 期还要满足如下的预算约束

$$P_1c_1+P_1b_1+B_1^N+V_1(s_1-s_0)+M_1\leqslant(1+\mu)M_0+P_1d_1s_0$$

15.3.2 第 2 期的设定

由于我们分析的重点在第 1 期，所以我们会将第 2 期的设定尽可能简化。在第 2 期，消费者拥有上期积累下来的现金、上期储存下来的消费品带来的回报、上期购买的名义债券的回报以及树上结出的果子。所有这些资源都会被用来购买第 2 期的消费。所以用名义值，消费者第 2 期的预算约束可以写成

$$P_2c_2\leqslant P_2(1+r_2)b_1+(1+R_2)B_1^N+P_2d_2s_1+M_1$$

在第 2 期，消费者除了从消费中获得效用外，还从持有的真实货币存量 M_1/P_2 中获得效用。之所以要让货币进入效用函数（MIU）来刻画货币的价值，是因为在这个模型中第 2 期是最后一期（临近世界末日），用 CIA 的设定不太容易把故事讲圆满。而如果用 MIU，则可以说第 2 期持有的货币减少了消费者搜寻交易机会的时间，从而提升了效用。这就比较容易说清了。所以，第 2 期消费者的效用为

$$u(c_2)+v(M_1/P_2)$$

15.3.3　消费者优化问题

通过两边同时除以价格水平，可以将消费者两期的预算约束以及第 1 期的两个 CIA 化成如下真实变量的形式。

$$c_1+b_1+b_1^N+v_1(s_1-s_0)+(1+\pi_2)m_1\leqslant(1+\mu)m_0+d_1s_1$$

$$c_2\leqslant d_2s_1+(1+r_2)b_1+\frac{1+R_2}{1+\pi_2}b_1^N+m_1$$

$$c_1+b_1\leqslant m_0-f_1$$

$$v_1(s_1-s_0)+b_1^N\leqslant f_1+\mu m_0$$

其中的各个小写字母变量均为对应大写字母变量的真实值（除以价格水平的折算值）。特别地，$m_0\equiv M_0/P_1$，$m_1\equiv M_1/P_2$。$1+\pi_2=P_2/P_1$则为第 1 期到第 2 期的通货膨胀。消费者的目标是最大化两期贴现效用和

$$u(c_1)+\beta u(c_2)+\beta v(m_1)$$

所以，消费者的优化问题可以写成

$$\max_{f_1}E\{\max_{c_1,c_2,b_1,b_1^N,s_1,m_1}[u(c_1)+\beta u(c_2)+\beta v(m_1)]\}$$

$$\begin{aligned}\text{s. t.}\quad & c_1+b_1+b_1^N+v_1(s_1-s_0)+(1+\pi_2)m_1\leqslant(1+\mu)m_0+d_1s_0\\ & c_2\leqslant d_2s_1+(1+r_2)b_1+\frac{1+R_2}{1+\pi_2}b_1^N+m_1\\ & c_1+b_1\leqslant m_0-f_1\\ & v_1(s_1-s_0)+b_1^N\leqslant f_1+\mu m_0\end{aligned}$$

注意，消费者在决策将多少第 1 期期初资金放在金融市场（f_1）上时，货币增长率 μ 还是未知的。所以消费者只能基于自己的预期来选择 f_1。所以在目标函数中需要加上表示期望的 E。而在决定其他变量的取值时，μ 已经变成已知的了。所以在选择这些变量时，就不再需要写期望符号了。用更严格的语言来说，选择 f_1 与选择其他控制变量的时候，消费者处在不同的信息之下。所以，这里的目标函数里要写两个最大化的符号 max。

不要被这个优化问题的怪异样子所吓倒。用我们熟悉的拉格朗日方法完全可以求解它。我们只要自己记得哪个变量是在哪个信息下选择就行了。建立如下拉格朗日函数

$$\begin{aligned}\mathcal{L}=&u(c_1)+\beta u(c_2)+\beta v(m_1)\\ &+\lambda_1\{(1+\mu)m_0+d_1s_0-c_1-b_1-b_1^N-v_1s_1+v_1s_0-(1+\pi_2)m_1\}\\ &+\lambda_2\left[(1+r_2)b_1+\frac{1+R_2}{1+\pi_2}b_1^N+d_2s_1+m_1-c_2\right]\\ &+\eta_1(m_0-f_1-c_1-b_1)+\xi_1(f_1+\mu m_0-v_1s_1+v_1s_0-b_1^N)\end{aligned}$$

一阶条件为

$$c_1:\quad u'(c_1)=\lambda_1+\eta_1 \tag{15.1}$$

$$c_2:\quad \beta u'(c_2)=\lambda_2 \tag{15.2}$$

$$b_1:\quad -\lambda_1+\lambda_2(1+r_2)-\eta_1=0 \tag{15.3}$$

$$b_1^N:\quad -\lambda_1+\lambda_2\frac{1+R_2}{1+\pi_2}-\xi_1=0 \tag{15.4}$$

$$s_1:\quad -\lambda_1 v_1+\lambda_2 d_2-\xi_1 v_1=0 \tag{15.5}$$

$$m_1:\quad -\lambda_1(1+\pi_2)+\lambda_2+\beta v'(m_1)=0 \tag{15.6}$$

$$f_1:\quad E[\xi_1-\eta_1]=0 \tag{15.7}$$

注意，在（15.7）式的这个一阶条件中，我们加上了期望符号。对这个方程我们要多做一些解释。这些解释对下面的分析也是有益的。在拉格朗日函数中，η_1与ξ_1分别是第1期消费品市场和金融市场的CIA的拉格朗日乘子。拉格朗日乘子的经济含义是“影子价格”，即在边际上放松约束条件所带来的目标函数值的上升幅度。在这里，η_1可以被理解为在边际上多为消费品市场准备1元钱，能够带来的消费者两期效用和的提升幅度。ξ_1则是多投放1元钱到金融市场上所带来的效用提升。当消费者达到效用最大化时，一定要使得资金在消费品和金融市场上的影子价格相等才行——否则消费者可以通过增加在影子价格高的市场的资金配置来获得更高效用。所以，消费者最优化的条件之一是$\eta_1=\xi_1$。不过，消费者在分配资金时，货币增长率μ还未知。而μ对两个市场的影子价格是会有影响的。所以，消费者的最优配置只能是两个影子价格的期望相等，即（15.7）式所要求的$E[\eta_1]=E[\xi_1]$。由于现金分配之后就不能改变，所以当μ的实现值与期望值不符时，η_1未必等于ξ_1。因此，这个一阶条件中的期望符号$E[\cdot]$是必不可少的。

下面我们来看看从这些一阶条件中能导出什么样的结论。将（15.1）式和（15.2）式代入（15.3）式中，消去拉格朗日乘子可得

$$u'(c_1)=\beta u'(c_2)(1+r_2) \tag{15.8}$$

这就是我们已经非常熟悉的有关真实回报率的欧拉方程。

将（15.1）式与（15.2）式代入（15.4）式，消去λ_1与λ_2可得

$$u'(c_1)-\eta_1+\xi_1=\beta u'(c_2)\frac{1+R_2}{1+\pi_2}$$

将（15.8）式代入上式，消去$u'(c_1)$可得

$$1+R_2=(1+\pi_2)(1+r_2)+\frac{1+\pi_2}{\beta u'(c_2)}(\xi_1-\eta_1) \tag{15.9}$$

这是一个非常重要的方程，我们稍后对其做深入分析。

类似地，将（15.1）式与（15.2）式代入（15.5）式，消去λ_1与λ_2可得

$$[u'(c_1)-\eta_1+\xi_1]v_1=\beta u'(c_2)d_2$$

将（15.8）式代入上式可得

$$\frac{d_2}{v_1}=1+r_2+\frac{1}{\beta u'(c_2)}(\xi_1-\eta_1) \tag{15.10}$$

这是另外一个值得分析的重要方程。

由于这个模型中没有生产活动，没有企业（消费品都是从树上掉下来的），所以前面对消费者优化问题的求解也就刻画了模型的均衡。就我们需要研究的流动性效应而言，模型推导到这里就已经足够了。

15.3.4　流动性效应

现在我们回头来看（15.9）式。如果居民在消费品和金融市场上的两个 CIA 的乘子 η_1 与 ξ_1 相等，则该式可以化为

$$1+R_2=(1+\pi_2)(1+r_2)$$

这就是我们之前曾经见过的费雪方程式——名义总回报等于真实总回报乘上价格变化。但当货币增长超过预期时（μ 超过消费者决定 f_1 时的预期），由于增量货币只会进入购买金融资产的市场，所以消费者购买资产的 CIA 会比购买消费品的 CIA 更为松弛。在这种情况下应该有 $\eta_1>\xi_1$。这是因为约束越松弛，约束所对应的资源越不稀缺。不那么稀缺的资源所对应的影子价格应该更低。ξ_1 是金融市场 CIA 的拉格朗日乘子。当货币投放超过预期时（μ 比之前想得更大），金融市场中的钱会比预想的更多，因而也就不那么稀缺。在这种情况下，金融市场中的钱不如消费品市场中的钱值钱，金融市场中钱的影子价格 ξ_1 就会小于 η_1。由于 $(1+\pi_2)/\beta u'(c_2)$ 总是正数，所以当 $\eta_1>\xi_1$ 时，（15.9）式意味着

$$1+R_2<(1+\pi_2)(1+r_2)$$

此时，费雪方程式不再成立，名义利率被超预期增长的货币压到了较低水平。

对（15.10）式可以做类似的分析。在 $\eta_1=\xi_1$ 的情况下，有

$$\frac{d_2}{v_1}=1+r_2$$

由于 $v_1=V_1/P_1$，上式可以变形为

$$V_1=\frac{P_2d_2}{(1+\pi_2)(1+r_2)}$$

这说的是名义股价等于未来红利的名义价值的贴现。贴现所用贴现率就是真实利率和通货膨胀率之乘积。但当货币增长超过预期时（μ 超过之前的预期），会有 $\eta_1>\xi_1$。此时有

$$V_1>\frac{P_2d_2}{(1+\pi_2)(1+r_2)}$$

也就是说，超预期的货币增长导致金融市场中的货币更为充裕，因而推高了名义股价。

15.4　利率的决定

在完成了模型的技术细节之后，我们现在回来看看整个模型传递出的经济道理。在这

个模型中，消费者需要在货币增速 μ 实现之前做好现金在消费品市场和金融市场的分配。之后，不管货币增长速度是多少，现金分配都无法变化。而又由于增量的货币会全部进入金融市场，货币增速一旦与之前的预期不符，货币在经济中的分布就会不再均匀。如果货币增长超过之前的预期，金融市场中的货币就会更多一些，在此处形成流动性效应，压低名义利率，推高金融资产价格。

这样，我们就有了一个名义利率决定的更完整方程——修正后的费雪方程式（15.9）式。让我们把它抄在下面

$$1+R_2=(1+\pi_2)(1+r_2)+\frac{1+\pi_2}{\beta u'(c_2)}(\xi_1-\eta_1)$$

这个式子表明，在名义利率的决定中，有两个力量在发挥作用。第一个是“费雪效应”（也可叫做通货膨胀预期效应），对应方程中 $(1+\pi_2)(1+r_2)$ 这一项。第二个是“流动性效应”，对应 $(1+\pi_2)(\xi_1-\eta_1)/\beta u'(c_2)$ 这一项。流动性效应产生于市场分割所导致的货币在经济中的非均匀分布。方程中拉格朗日乘子 ξ_1 与 η_1 之差就衡量了市场分割的程度。市场分割程度越高，流动性效应越大。

这个模型的设定当然是比较形式化的，但它所表达的逻辑却是普适的。当货币政策的传导过程并非完全顺畅时，货币在经济中的非均匀分布就会导致回报率在不同市场中出现差异。在货币比较富集的地方，资产的回报率就会相对较低。这个结论对投资者尤其有用。如果货币政策传导过程完全无摩擦，所有资产的回报率都一样，那么投资就简单了许多。但在现实世界中，不同资产的回报率（就算是在风险调整之后）也是不一样的，且会发生变化。预测不同资产回报率的变化就是投资者要考虑的一个关键问题。而要理解不同资产回报率的变化，非常重要的是看清资金在各个资产市场上的非均匀分布，分析并预测制约资金流动的摩擦力的变化。如果没有以上市场分割的逻辑，是很难抓住这个投资的要点的。

到这里，我们可以回答这一讲一开始时提出的关键问题了。央行加大货币投放时，名义利率究竟是升还是降？这个问题的答案取决于货币政策传导路径是否顺畅。如果很顺畅，那么央行基础货币的投放会马上带动实体经济广义货币的增长，进而推高通货膨胀，从而通过费雪效应令名义利率上升。相反，如果从金融到实体的传导环节不顺畅，基础货币的增长就不会带来广义货币的同步增长，通货膨胀就不会随基础货币的增长而上升。此时，在金融市场中更多表现出流动性效应，更高的基础货币增长反而让名义利率下降。[①]

至此，我们可以回答有关货币政策的最关键问题即利率是如何决定的了。答案是，真实利率是由实体经济的资本回报率决定的。而央行则通过费雪效应（通货膨胀预期到名义利率）和流动性效应影响名义利率。两种效应谁大谁小，关键取决于货币政策向实体经济的通货膨胀传导，以及向所关心的资产市场的传入和传出是否通畅。我们在中国经常看到

---

① 事实上，基础货币与金融市场流动性之间的关系也并非简单的线性关系。给定同样的基础货币总量，存款准备金率不同也会导致超额存款准备金规模的不同。而即使有同样的超额存款准备金规模，金融机构对经济和货币政策前景预期的不同，也会导致不同资金运用方式、流动性状况和利率水平。因此，这里正文中提到的基础货币不能从字面上去理解，而更多地要理解成央行通过基础货币调控所表达出来的态度。因为市场分割的原因，这种态度未必能够及时传递到实体经济中去。

由于名义利率的管制，名义利率减去通货膨胀率所估算的真实利率大幅波动的现象。这并不是说我国央行就控制了真实利率。这只是货币政策传导路径发生了阻塞，所以导致名义利率与真实利率之间因为流动性效应的存在而出现了明显背离。

15.5　流动性“堰塞湖”与 2015 年 A 股的大牛市

在前面的模型中，我们看到了货币政策产生“流动性效应”的机制。其核心是货币政策传导过程中存在摩擦，因而导致增量的货币在经济中非均匀分布，从而在局部形成了货币的过度富集，因而在局部压低了名义利率。这种情况也可以描述为市场间出现了分割，导致货币在不同市场间无法顺畅流动，因而导致了不同市场里货币“水位”的不同。

当然，货币政策传导中出现摩擦的地方有很多，所以流动性效应出现的地方可能不同。在前面介绍的模型中，由于居民无法调整分配给消费品市场的现金量，所以增量货币只能为金融市场所吸收，因而在这个市场中产生了流动性效应，影响到了这里的名义利率。这只是产生流动性效应的一种可能。但不管流动性效应产生在经济中的哪个地方，其背后的机制都和前面这个模型所介绍的类似。所以，对前面这个模型的理解要更重其神，而非其形。流动性效应产生的地方、产生的原因可能不同，但其产生的机制都是类似的。

我们在这里之所以介绍这么一个并不算很常见的市场分割模型（除了专业的货币经济学教科书外，大部分宏观经济教材都不会介绍这个模型），原因之一是只有把流动性效应考虑进来，我们才能对现实世界中的货币政策有一个完整的理解，才能完整理解利率的决定这个关键问题。因此，从现实应用的角度来看，市场分割模型有极大的价值。

介绍这个模型的第二个原因是，市场分割模型所体现出来的流动性效应这套逻辑，是理解 2015 年中国金融市场运行的关键。在这段时间，中国经济中最引人注目的便是股市“大牛市”以及随之而来发生在 2015 年第三季度的“股灾”。从长周期来看，2015 年的这次股市大牛市非常反常。从之前差不多十年的数据来看，表征实体经济景气度的“财新 PMI”（过去叫做“汇丰 PMI”）与上证综指之间高度正相关，同步变化——经济好，股指涨；经济差，股指跌。这不难理解，因为股市是经济的晴雨表。但是，从 2014 年下半年开始，上证综指却与财新 PMI 背道而驰，打破了过去十年来的相互关系（见图 15 - 11）。

对于这波 A 股的大幅走强，坊间曾有包括“改革牛”在内的很多说法。但这些坊间流行的逻辑（有些甚至算不上逻辑）都没有抓住现象背后的本质。2015 年 A 股这波大涨归根结底是货币政策传导不畅在金融市场上产生的“流动性效应”。一个明显的例证是在 2013 年下半年至 2015 年上半年，衡量实体经济获得的资金支持的指标——社会融资总量——长期处在同比少增的格局（当期增量低于上一年同期的增量），显示金融体系向实体经济的资金投放处在持续萎缩的状态。[①] 但从 2014 年下半年开始，银行间市场的成交量却大幅增加，显示金融体系资金泛滥。这种金融与实体的反差说明在“央行—金融体系—实体经济”的货币政

---

① 社会融资总量指一定时期内实体经济（非金融企业和个人）从金融体系获得的资金总量。它主要包括银行本外币信贷、委托贷款、信托贷款、未贴现银行承兑汇票、企业债券股票等融资。

策传导路径上，从金融到实体这一环节出现了阻塞，从而导致金融市场变成了流动性“堰塞湖”（liquidity barrier lake），因而令金融资产价格在经济疲弱背景下大幅走强（见图 15 - 12）。

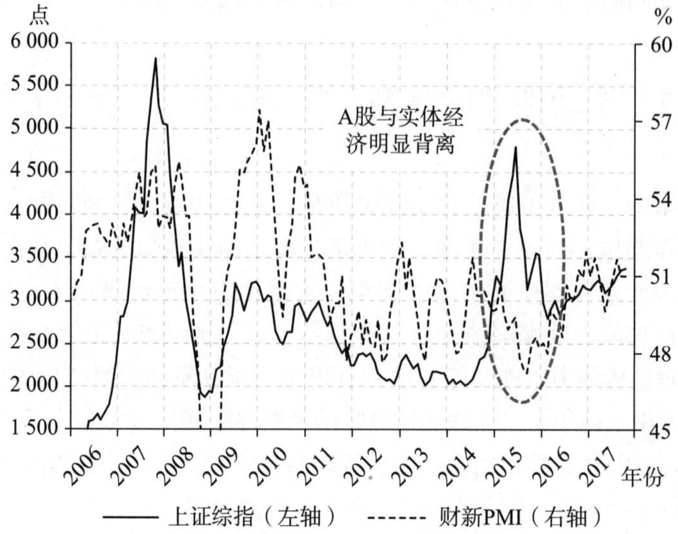

图 15 - 11　2015 年 A 股股指在经济景气持续下滑的背景下大幅走高

资料来源：Wind

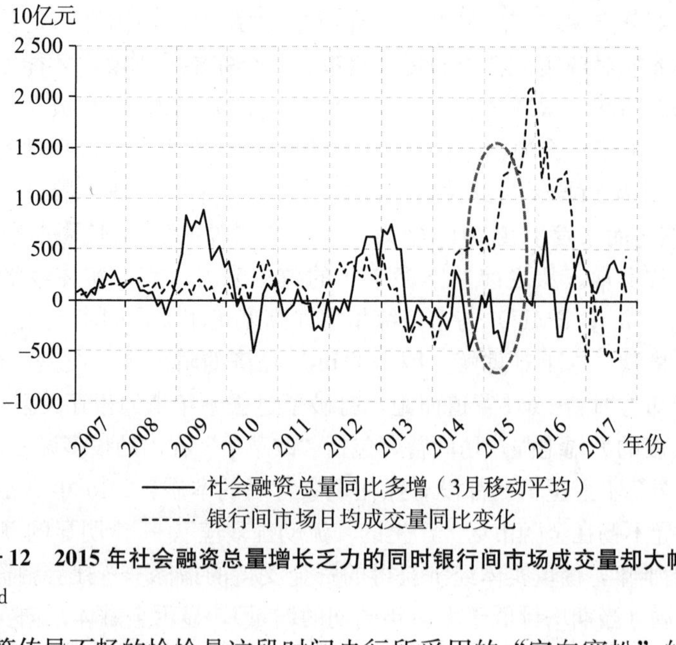

图 15 - 12　2015 年社会融资总量增长乏力的同时银行间市场成交量却大幅走强

资料来源：Wind

造成货币政策传导不畅的恰恰是这段时间央行所采用的“定向宽松”的货币政策导向。所谓定向宽松，是指央行在投放货币时，主动向农业及小微企业倾斜的政策导向。央行之所以会这么做，也有它的道理。中国的传统增长模式是投资拉动型，因此投资项目一直是融资的需求大户。在 2014 年，中国的投资主要由三项构成：制造业投资约占 1/3、房地产投资约占 1/4、基础设施建设投资（基建投资）约占 1/4（见图 15 - 13）。而在次贷危机之后，随着我国制造业产能过剩问题的日益凸显，制造业企业投资扩产的意愿也大幅下降，连带其融资需求也一路走低。于是基建投资和房地产投资成为稳增长的两个主要引擎（见图 15-14）。

但在政府看来，基建投资和房地产投资也非常明显地挤占了其他融资主体的空间。因此，从 2013 年开始，房地产调控就明显加码，导致房地产开发商的资金到位状况大幅恶化（见图 15-15）。而从 2014 年开始，基建投资的投资主体——地方政府融资平台——也面临越发收紧的融资环境，从而包括债券发行（城投债）在内的融资量明显萎缩（见图 15-16）。在挤压地产和基建融资空间的同时，定向宽松货币政策又向农业和小微企业倾斜。政府希望通过这样的定向政策来实现货币的“精准投放”。

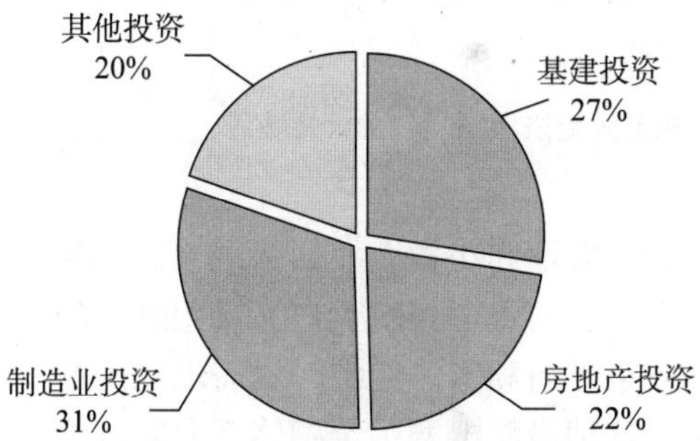

图 15-13 中国固定资产投资构成

资料来源：Wind

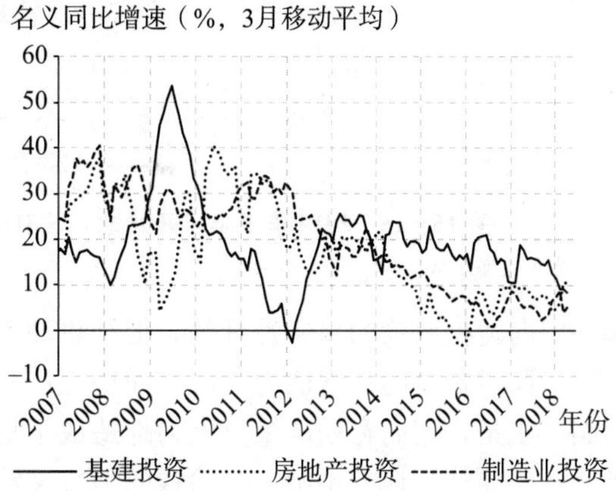

图 15-14 “四万亿元刺激”政策后，制造业投资增速一路走低，基建投资和房地产投资成为中国经济稳增长的主要引擎

资料来源：Wind

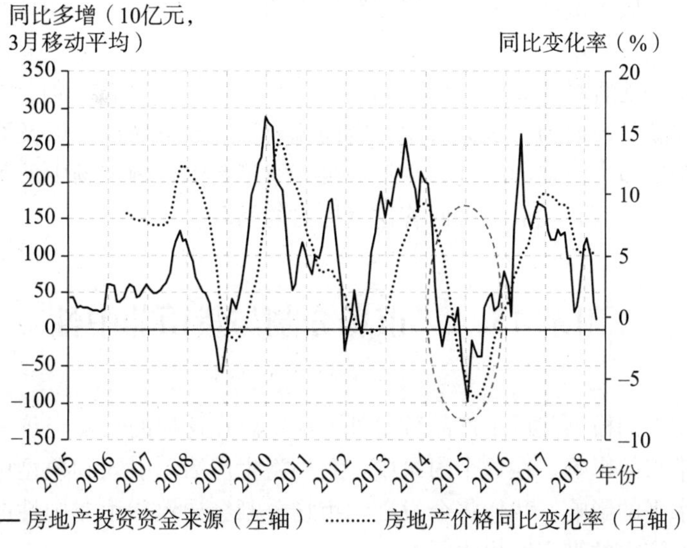

图 15-15 2014 年、2015 年房地产投资资金到位状况明显恶化

资料来源：Wind

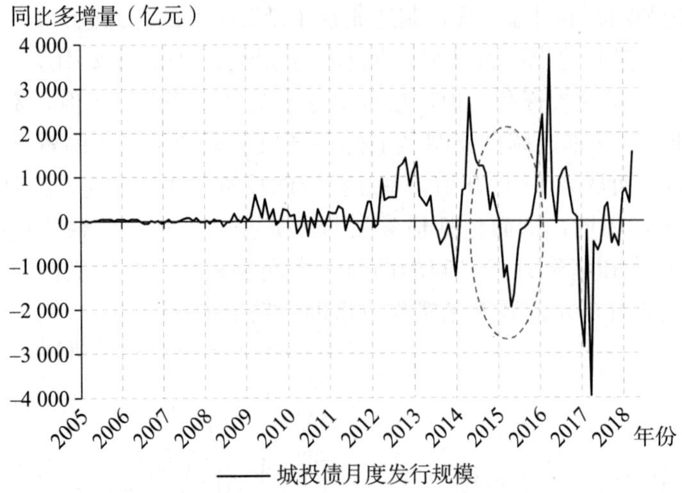

图 15－16　2014 年下半年开始地方政府融资平台融资大受挤压，发债量大幅萎缩

资料来源：Wind

定向宽松政策的愿望是好的，但结果却不尽如人意。农业和小微企业因为规模、风险等因素而对资金的吸纳能力有限。而房地产和基建两个传统的资金需求大户又受到融资的限制。于是，定向宽松政策就人为地造成了货币宽松政策导向和实体经济融资需求之间的错配——要钱的地方不给、要给钱的地方又给不出去。这种错配阻塞了金融体系向实体经济的流动性传导，因而导致了实体经济“融资难”和金融市场“不差钱”的鲜明对比。实体经济增长持续低迷与金融资产价格大幅走高的反差也随之而来。

所以，2015 年这波股市的大牛市其实是定向宽松政策基调导向阻塞了货币政策传导路径后，在金融市场形成的流动性效应所催生。归根结底，这波牛市就是一个金融市场过剩流动性推起来的股价泡沫。泡沫终归是要破灭的。在此背景下，2015 年 6—7 月 A 股会出现“股灾”就不难理解了。

以上逻辑很好地解释了 2015 年 A 股的牛市及随后的“股灾”。但是，有一个关键的问题还未回答，那就是政府为什么会采用“定向宽松”的政策导向，以及为什么它们会主动挤压基建投资和房地产投资的融资。在下一讲介绍了我国金融市场中的预算软约束以及随之而来的金融扭曲之后，我们再来回答这里提出的问题。

附录 15. A　市场分割与货币非中性

这一讲正文中的模型假设了产品数量外生给定。在这样的禀赋经济中无法讨论市场分割对实际产出带来的影响。在这个附录中，我们将生产活动引入到模型中，研究市场分割对利率和产出水平的影响。我们将会发现，市场分割会导致货币非中性的出现，更高的货币增长会提升经济中的真实产出水平。

这里的模型是富尔斯特（Fuerst）于 1992 年所撰写的《流动性、可贷资金与真实经济活动》一文中模型的简化版本。① 在这个模型中，假定代表性家庭包含 4 个成员，各司其职。他们分别是"买家""企业家""工人""银行家"。买家在每期一开始的时候就带上一定量的货币，负责采购当期家庭要用的消费品。而企业家则负责开一个工厂，雇用劳动力来生产。工人则向企业家出卖劳动力，获得工资收入。银行家负责吸收存款，并获得政府的增量货币注资，从而向企业家发放贷款。这里假设企业家必须在生产之前支付工人工资。因此企业家只有在从银行获得贷款之后才有可能生产。

在整个模型中存在一个不确定性的来源，那就是政府增发货币的数量。整个模型中最为关键的假设是，在买家决定带多少货币去购买消费品之前，他并不知道本期货币的增量会是多少。而在货币增量被观察到之后，买家也不能调节他持有的货币量。在后面我们将会发现，这一假设导致了增量货币在经济中的非均匀分布，因而会在局部产生出流动性效应。

与之前几讲的模型类似，这里我们仍然选用一个两期模型，以便简化分析。而由于这里的逻辑相对复杂，我们还会尽量再简化第 2 期的设定，而把有趣的变化都放在第 1 期。图 15 - 17 是这个模型的时序图。

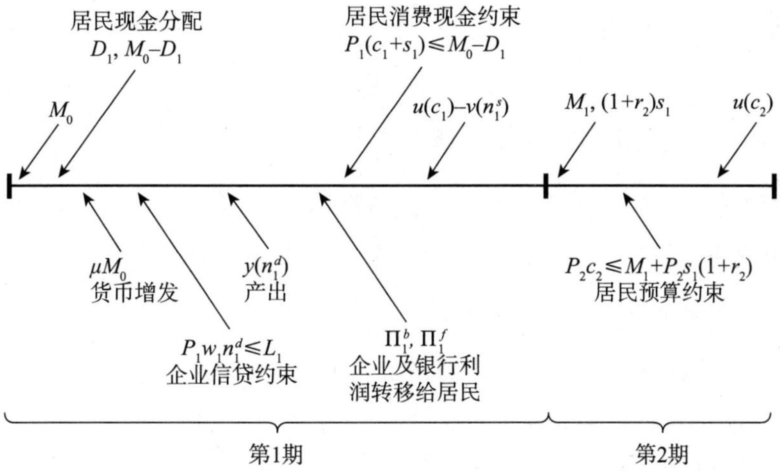

图 15 - 17

15. A. 1　第 1 期的设定

为了在模型中产生出流动性效应，现在模型的设定要复杂一些。在第 1 期期初，居民持有总量为 M_0 的现金。由于模型中的生产只利用劳动力一种投入要素，而无须使用资本，因此期初居民并不持有资本。接下来在第 1 期中会按顺序发生以下一系列事件：

（1）居民将其持有的现金分成存款 D_1 和现金持有 M_0-D_1 两部分。前者存入银行来获取利息，后者则持有以购买消费品（用于消费和储蓄）。银行对存款支付的名义利率为

① Fuerst, T. S., 1992, "Liquidity, Loanable Funds, and Real Activity," *Journal of Monetary Economics*, 29 (1): 3 - 24. 在瓦什所著的经典货币经济学教材《货币理论与政策》（第三版）的 211～215 页有这个模型的较简单描述。

R_1^D。这里有一个对整个模型都至关重要的假设：居民在选择好了 D_1 之后，无法再对其进行调整。也就是说，居民在一开始决定好了这一期准备多少现金来购买消费品之后，在之后不管情况如何变化，都不能再改变。

（2）政府在银行体系中注入增量的货币 μM_0。我们假设政府是无偿地将这些增量货币注入银行。这里的一个关键假设是，决定货币注入量大小的 μ 是一个随机变量，在事前并不为居民所知。也就是说，居民在之前将其期初现金持有分成存款和现金两部分时，并不知道当期政府会向经济中注入的货币量。

（3）银行从居民那里获取了 D_1 的存款，并得到政府注入 μM_0 的货币后，总共有 $D_1+\mu M_0$ 的"可贷资金"（loanable funds）。利润最大化的银行一定会将其全部贷出，变成总量为 L_1 的贷款。贷款的名义利率假设为 R_1^L。

$$L_1=D_1+\mu M_0$$

（4）企业进行生产。企业只需要用劳动力一种生产要素来生产，因而其生产函数为 $y(n_1^d)$。其中的 n_1^d 是企业对劳动力的需求。但是企业必须在生产前先向劳动者支付工资。因此企业只能向银行借入 L_1 的资金来支付工资。如果假设第 1 期的真实工资率为 w_1，则企业必须满足如下资金约束

$$P_1 w_1 n_1^d \leqslant L_1$$

定义 $l_1 \equiv L_1/P_1$，上式两边同时除以 P_1 得

$$w_1 n_1^d \leqslant l_1 \tag{15.11}$$

企业的名义利润为

$$\Pi_1^f = P_1 y(n_1^d) - P_1 w_1 n_1^d - R_1^L L_1$$

（5）银行通过吸收存款和发放贷款获得了利润。其利润为

$$\begin{aligned}\Pi_1^b &= R_1^L L_1 - R_1^D D_1 + \mu M_0 \\ &= R_1^L (D_1+\mu M_0) - R_1^D D_1 + \mu M_0 \\ &= (R_1^L - R_1^D) D_1 + (1+R_1^L)\mu M_0\end{aligned}$$

上面的第二个等号利用银行贷款 L_1 的表达式做了替换。从上式可以看出银行的利润来自存款的利差收入，以及央行无偿投放流动性的本息收入。我们假设银行处在完全竞争的状态。竞争使得银行存贷款利差为 0，即

$$R_1^L = R_1^D \equiv R_1$$

这样一来，银行的总利润应该为

$$\Pi_1^b = (1+R_1)\mu M_0$$

（6）居民获得工资收入、企业及银行转移来的利润后，选择当期的消费 c_1、下期持有的货币总量 M_1 以及为下期所做的储蓄 s_1。居民可以把储蓄 s_1 投放到国际资本市场上，获得一个外生给定的真实回报率 r_2。居民第 1 期的预算约束为

$$P_1c_1+P_1s_1+M_1\leqslant P_1w_1n_1^s+M_0-D_1+(1+R_1)D_1+\Pi_1^f+\Pi_1^b$$

由于企业和银行的经营者都是家庭的成员，他们可以和其他家庭成员随时沟通信息，所以可以将企业和银行的利润表达式代入家庭的预算约束，得到

$$\begin{aligned}&P_1c_1+P_1s_1+M_1\\&\quad\leqslant P_1w_1n_1^s+M_0+R_1D_1+P_1y(n_1^d)-P_1w_1n_1^d-R_1L_1+(1+R_1)\mu M_0\end{aligned}$$

将上式两边同时除以 P_1，可得以消费品为计价单位的约束式

$$c_1+s_1+(1+\pi_2)m_1\leqslant w_1n_1^s+m_0+R_1d_1+y(n_1^d)-w_1n_1^d-R_1l_1+(1+R_1)\mu m_0 \tag{15.12}$$

其中，$1+\pi_2\equiv P_2/P_1$，$m_0\equiv M_0/P_1$，$m_1\equiv M_1/P_2$，$d_1\equiv D_1/P_1$，$l_1\equiv L_1/P_1$。居民还需满足预持现金约束

$$P_1(c_1+s_1)\leqslant M_0-D_1$$

注意，由于储蓄 s_1 也是消费品（可以在第 1 期进行消费），所以我们要求对储蓄的购买也要用现金。可以将其化为以消费品为计价单位的形式

$$c_1+s_1\leqslant m_0-d_1 \tag{15.13}$$

（7）居民在第 1 期期末通过消费获得效用。同时，居民之前所付出的劳动会给居民带来负效用。所以居民第 1 期的效用函数为

$$u(c_1)-v(n_1^s)$$

其中，$u'>0$，$u''<0$，表明越多消费带来越高效用，但消费的边际效用递减。$v'>0$，$v''>0$，表明越多劳动力带来越多负效用，且劳动力带来的边际负效用递增。

15.A.2 第 2 期的设定

由于我们分析的重点在第 1 期，因此，这里我们将第 2 期的设定尽可能地简化，将其假设为完全没有产出，所有消费品都来自第 1 期的消费品储蓄。这样就无须考虑第 2 期的生产和劳动力供给的问题。居民在第 2 期只从消费中获得效用 $u(c_2)$。

第 2 期期初居民持有上期累积的现金总量 M_1。而居民第 1 期所做的储蓄 s_1，在第 2 期期初变成总量为 $(1+r_1)s_1$ 的消费品。r_2 为第 1、2 期间外生给定的真实回报率。可以将其理解为国际资本市场给出的消费品借贷的真实利率。因此，第 2 期居民的预算约束为

$$P_2c_2\leqslant P_2(1+r_2)s_1+M_1$$

上式两边同时除以 P_2 可得

$$c_2\leqslant(1+r_2)s_1+m_1 \tag{15.14}$$

对于这个预算约束我们需要做一点解释。从模型设定来看，第 2 期居民的所有消费都来自第 1 期储蓄所带来的回报 $(1+r_1)s_1$。而现金的持有并不会增加第 2 期全社会消费品总量。既然这样，为什么我们又要在前面的现金约束（15.14）式中又放上货币量 m_1 呢？

答案是我们必须区分开微观居民的决策和宏观均衡的状况。

在宏观层面，确实应该有 $c_2=(1+r_2)s_1$ 成立。但在微观层面，居民却的确有用持有的货币去向别的居民购买消费品的选择。而在这里，我们是在设定微观居民的优化问题并求解，所以必须在居民的现金约束式中加上货币持有量。而在宏观均衡的时候，由于所有居民都会想用货币从别的居民手里购买消费品，所以最终都无法如愿。但宏观均衡的状况并不是消费者在求解自己的最优化问题时需要考虑的。

15.A.3 居民优化问题求解

居民在（15.11）式、（15.12）式、（15.13）式、（15.14）式 4 个约束条件之下，最大化两期效用贴现和

$$u(c_1)-v(n_1^s)+\beta u(c_2)$$

其优化问题可严格写为

$$\max_{d_1} E\{\max_{c_1,c_2,n_1^s,n_1^d,l_1,s_1,m_1}[u(c_1)-v(n_1^s)+\beta u(c_2)]\}$$

之所以要分成两段优化，是因为居民在决定 d_1 的时候并不知道第 1 期的货币增量 μm_0。所以只能基于对 μm_0 的预期来做优化决策。上面式子中的 E 便是期望符号。而其余变量的选择都是在货币增量已经知道之后做出的。

设立拉格朗日函数

$$\begin{aligned}\mathcal{L}=&u(c_1)-v(n_1^s)+\beta u(c_2)\\&+\lambda_1\begin{Bmatrix}w_1n_1^s+m_0+R_1d_1+y(n_1^d)-w_1n_1^d\\-R_1l_1+(1+R_1)\mu m_0-c_1-s_1-(1+\pi_2)m_1\end{Bmatrix}\\&+\lambda_2[m_1+(1+r_2)s_1-c_2]+\eta_1(m_0-d_1-c_1-s_1)+\xi_1(l_1-w_1n_1^d)\end{aligned}$$

一阶条件为

$$c_1:\quad u'(c_1)=\lambda_1+\eta_1 \tag{15.15}$$

$$c_2:\quad \beta u'(c_2)=\lambda_2 \tag{15.16}$$

$$n_1^s:\quad v'(n_1^s)=\lambda_1 w_1 \tag{15.17}$$

$$n_1^d:\quad \lambda_1 y'(n_1^d)-w_1(\lambda_1+\xi_1)=0 \tag{15.18}$$

$$l_1:\quad \lambda_1R_1=\xi_1 \tag{15.19}$$

$$s_1:\quad \lambda_1+\eta_1=\lambda_2(1+r_2) \tag{15.20}$$

$$m_1:\quad \lambda_1(1+\pi_2)=\lambda_2 \tag{15.21}$$

$$d_1:\quad E[\lambda_1R_1-\eta_1]=0 \tag{15.22}$$

15.A.4 包含流动性效应的费雪方程式

由 c_1 与 c_2 的一阶条件（15.15）式、（15.16）式，以及储蓄 s_1 的一阶条件（15.20）式，可以得到我们熟悉的对真实利率的欧拉方程

$$u'(c_1)=\beta u'(c_2)(1+r_2) \tag{15.23}$$

将 c_2 的一阶条件（15.16）代入 m_1 的一阶条件（15.21）式，有

$$\lambda_1=\frac{\beta u'(c_2)}{1+\pi_2}$$

而 c_1 的一阶条件将（15.15）式与 l_1 的一阶条件（15.19）式相加，可得

$$(1+R_1)\lambda_1=u'(c_1)+(\xi_1-\eta_1)$$

前两式结合起来，有

$$u'(c_1)+(\xi_1-\eta_1)=\beta u'(c_2)\frac{1+R_1}{1+\pi_2}$$

上式减去有关 s_1 的欧拉方程（15.23）式可得

$$\xi_1-\eta_1=\beta u'(c_2)\left[\frac{1+R_1}{1+\pi_2}-(1+r_2)\right]$$

上式可进一步变形为

$$1+R_1=(1+\pi_2)(1+r_2)+\frac{1+\pi_2}{\beta u'(c_2)}(\xi_1-\eta_1) \tag{15.24}$$

（15.24）式是一个非常关键的方程。如果居民和企业分别的预持现金约束的乘子 η_1 与 ξ_1 相等，（15.24）式就可以化为我们熟悉的费雪方程式的形式[①]

$$1+R_1=(1+\pi_2)(1+r_2)$$

观察（15.24）式，其中的（$1+\pi_2)/\beta u'(c_2$）是个正数。所以如果企业预持现金约束的拉格朗日乘子 ξ_1 小于居民消费的预持现金约束乘子 η_1，那么名义利率就会低于真实利率与通货膨胀的乘积。为了了解这背后的经济学逻辑，我们需要知道两个乘子分别代表什么。我们将两个乘子及其对应的约束条件抄写在下面

$$\xi_1:\quad w_1 n_1^d \leqslant l_1$$
$$\eta_1:\quad c_1+s_1 \leqslant m_0-d_1$$

在高等数学中我们学到，拉格朗日乘子代表了约束条件的“影子价格”，代表了约束条件每放松 1 单位，优化目标值能改善多少。因此，乘子 ξ_1 的含义是：企业每多借到 1 单位的真实信贷，居民效用能提升的幅度。类似地，乘子 η_1 的含义在于：居民为购买消费品所准备的真实货币每增加 1 单位，居民效用能提升的幅度。

拉格朗日乘子什么时候大，什么时候小呢？当然是约束越紧，也就是对应的资源越稀缺时乘子越大。所以，当居民购买消费品时的现金稀缺度，比企业获得信贷时的信贷稀缺度更高时，乘子 η_1 就比乘子 ξ_1 大，名义利率 R_1 就越低。

在模型中这两个乘子谁大谁小呢？我们不需要把模型全部求解出来就能知道。当第 1

---

① 这里的费雪方程式之所以与上一讲的形式不太一样（R_2 变成了 R_1），是因为在这里的模型中，在第 1 期内部就存在着完整的借贷过程：企业从银行获得贷款，在生产结束后偿还贷款；居民在第 1 期期初向银行存入存款，第 1 期期末的时候就能获得本息的偿付。所以，这里的模型中名义利率就变成了 R_1。但这里面本质的经济逻辑没有变。

期货币增速 μ 比预期更高时，居民在货币增速实现之后就会发现自己分配在购买消费品上的现金 M_0-D_1 太少，而且无法调整。货币的增量就只能进入企业信贷市场。这样，企业信贷约束就会放松，从而导致乘子 ξ_1 小于乘子 η_1，因而令信贷名义利率下降。换一种说法，当货币超预期增长时，增量的货币只能进入信贷市场，为企业所吸收。为了促使企业借更多的信贷，名义利率必须下降。

这样，我们就有了一个名义利率决定的更完整方程——修正后的费雪方程式（15.24）式。名义利率究竟是升是降，取决于"通货膨胀预期效应"$(1+\pi_2)(1+r_2)$ 与"流动性效应"$(1+\pi_2)(\xi_1-\eta_1)/\beta u'(c_2)$ 孰大孰小。而乘子 ξ_1 与乘子 η_1 之间的差就衡量了市场分割的程度。市场分割程度越高，流动性效应越大，名义利率就越有可能在货币扩张后下降。

15.A.5 劳动力供给和产出

由居民劳动力供给 n_1^s 的一阶条件（15.17）式可知

$$\frac{v'(n_1^s)}{\lambda_1}=w_1$$

而将企业贷款 l_1 的一阶条件（15.19）式代入企业劳动力需求 n_1^d 的一阶条件（15.18）式，可得

$$y'(n_1^d)=(1+R_1)w_1$$

上两式结合起来，并注意到在均衡时有 $n_1^d=n_1^s=n_1$，可得

$$\frac{v'(n_1)}{\lambda_1}=\frac{y'(n_1)}{1+R_1} \tag{15.25}$$

由上式可知，由于流动性效应降低了名义利率 R_1，所以有流动性效应时的产出 $y(n_1)$ 比没有流动性效应时的产出更大。这很容易理解，面对更低的名义利率，企业会借入更多的贷款来雇用工人。这增加了企业对劳动力的需求，自然会带来更多的产出。所以在这个模型中货币不是超中性的。货币增速的变化会通过名义利率的渠道影响产出。

进一步阅读指南

市场分割理论是一个相当专业的货币经济学模型。一般来说，经济学研究生要在学习了高级宏观经济学之后，进入货币经济学的专业课中才会接触到这个模型。但以我在业界进行宏观经济分析的经验，这个模型对理解真实世界中的货币经济现象非常重要。因此，我认为需要在这门主要面对本科生的宏观经济学课程中介绍这个模型。想更深入地了解相关理论的读者可以参考瓦什的《货币理论与政策》（第三版）的 5.3 节（Walsh，2010）。如果想知道市场分割理论在真实世界中的运用，可以参见徐高于 2014 年发表的《牛市与流动性堰塞湖》一文。这篇文章给出了当时 A 股牛市的生成逻辑，有预见性地指出了这场牛市的泡沫本质。这一论断为 2015 年的"股灾"所印证。

练习题

15.1　请分析以下行为对相关金融机构资产负债状况的影响：

(a) 中央银行向商业银行 A 购买 5 亿元债券；

(b) 商业银行 A 向某工厂发放 10 亿元贷款（存款准备金率为 20%）；

(c) 小明用支付宝购物，用自己在商业银行 A 的存款账户支付了 1 000 元，商家的收款账户是商家在商业银行 B 的存款账户；

(d) 小明从其商业银行 A 中的存款账户中提取现金 5 000 元。

15.2　央行增加基础货币的投放会怎样影响名义利率？其中的机制是怎样的？

15.3　有人认为中国持续上升的 M2/GDP 比例说明中国存在着“货币超发”的现象——过快增长的货币推升了国内的通货膨胀水平和资产价格（特别是房价）。请用这一讲介绍的货币政策传导的知识来分析这种说法是否正确。

第 16 讲

理解中国金融市场的预算软约束视角

16.1 引　言

上一讲我们讨论了货币政策传导中的流动性效应。结论是，如果货币政策传导过程中存在摩擦，导致增量货币非均匀地分布到整个经济中，那么在经济中的局部就会出现货币过于丰裕，从而压低名义利率的流动性效应。央行货币扩张究竟是推高还是压低名义利率，就看由通货膨胀带来的费雪效应与流动性效应孰强孰弱，即货币政策传导到底有多顺畅。

2015 年发生在中国 A 股市场的“大牛市”，其实就是货币政策传导不畅，在金融市场形成的流动性“堰塞湖”所产生的结果。这个牛市归根结底是货币政策流动性效应的体现，是一个资产价格泡沫。造成这一后果的重要原因是决策者一方面压缩基建投资和房地产投资的融资，另一方面又向农业和小微企业倾斜投放融资的“定向宽松”政策导向。这种定向宽松的政策人为导致了流动性投放和实体经济流动性需求之间的错配——基建和房地产要钱却拿不到，“三农”和小微企业想放钱却放不出去（因为它们规模小、风险高）。这种错配堵塞了从金融体系向实体经济的货币政策传导，在金融体系内形成了较强的流动性效应。

理解了这一逻辑之后，我们自然要进一步追问：决策者为什么要推出“定向宽松”的政策？货币政策传统上来说是总量性的政策，货币当局管好货币总量、利率、通货膨胀这些总量指标就行了。至于货币投放出来后流向哪些行业和部门，理应让市场来决定。“定向宽松”事实上是对货币市场配置的一种干扰，是把总量性政策当成结构性政策来用，是行政力量对市场力量的取代。对于一直坚持市场化导向的决策者（尤其是中国人民银行）来说，采取这样的措施必然有其原因。

决策者要压缩房地产融资的原因比较明显。2013 年，中国房地产行业又进入了一轮复苏周期，房价快速攀升。面对高房价所引发的汹涌民意，政府从 2013 年下半年就开始进行了房地产调控。像过去历次房地产调控一样，房产限购和打压房地产开发商融资是两大杀手锏。这导致房地产投资到位资金——衡量房地产开发商融资状况的指标——在随后的 2014 年和 2015 年大幅走弱，占总投资 1/4 比重的房地产投资的融资需求难以表现出来（见图 16－1）。

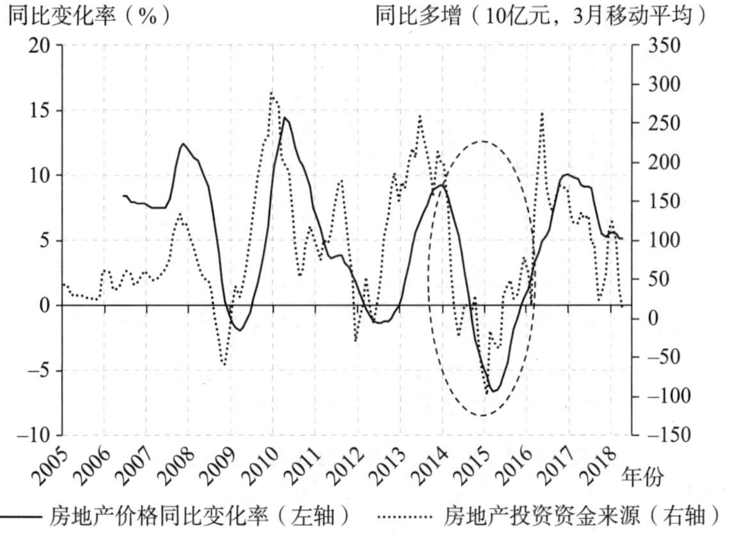

图 16－1　2013 年房价攀升引发了随后的严厉房地产调控；房地产投资到位资金被明显压缩

资料来源：Wind

打压基建投资融资的原因则没有那么明显。简单说来，基建投资虽然为中国经济所需要，但与它相伴的地方政府债务膨胀以及金融市场的扭曲则为决策者所不喜。这导致了政府对基建投资的态度转向严厉。在 2014 年 10 月出台的《国务院关于加强地方政府性债务管理的意见》（国发［2014］43 号）中，政府明确要求："坚决制止地方政府违法违规举债"①。这种政策导致基建投资的融资也急剧收缩。

现在，我们会着重分析基建融资对金融市场的扭曲作用。未来我们会详细分析包括地方政府债务在内的中国债务问题。对基建投资扭曲金融市场的分析不仅有助于我们理解 2015 年的 A 股"大牛市"，更可以帮助我们理解中国金融市场运行的一个深层次的逻辑，让我们看清利率市场化改革所面临的根本障碍所在。

在中国，基础设施投资的投融资主体（实际运营基建投资项目的机构）是地方政府成立的专门企业，被统称为**地方政府融资平台**（local government financing vehicle）。因为这些公司往往叫"XX 城建"，因而也被统称为**城投公司**。这些企业是国有企业，承担着为基建投资寻找融资，并建设基建投资项目的责任。目前，我国有上千家城投公司，承担着数十万亿元规模的基建投资建设任务。根据我们的估算，这上千家城投公司的平均总资产回报率（return on assets，简称 ROA，用息税前利润计算）在 2014 年甚至不足 3%。而这

① 文件全文可见于：http：//www. gov. cn/zhengce/content/2014－10/02/content _ 9111. htm。

些城投公司所发行债券（城投债）的平均票息率超过6%。也就是说，城投公司用超过6%的成本融来的资金，在它们手里只能产生不到3%的回报率（见图16-2）。很显然，城投公司的投资回报率甚至覆盖不了其融资成本。在不少人（尤其是外国观察家）看来，这就是“庞氏骗局”（Ponzi game）——城投公司只能借新债来还旧债，债务负担会越滚越大。近些年来各界对中国政府地方债务的担忧就来源于此。

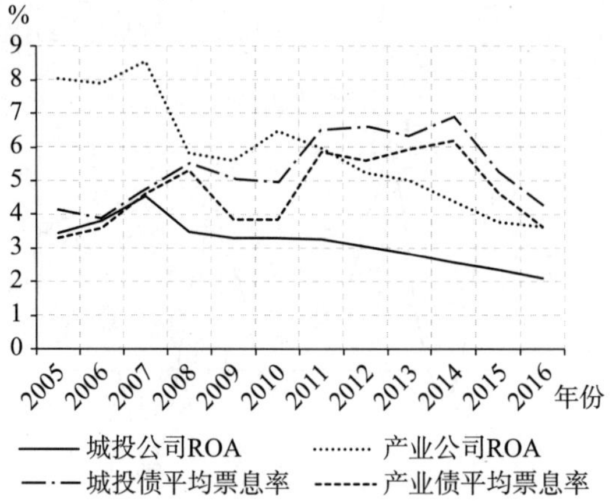

图16-2　城投公司与产业公司财务数据对比

资料来源：Wind

但这还不是最让人担忧的地方。图16-2还给出了产业公司（主要是制造业企业）的平均总资产回报率。一直以来，产业公司的ROA都明显高于同期城投公司的水平。所以按道理来说，产业公司应该在融资市场中获得更大的份额才对，但情况恰恰相反。我们专门统计了企业债与中期票据两种债券类别中城投债与产业债的数量。很明显，从2013年年初到2014年上半年，城投债的发行量都明显超过同期产业债，城投债在整个融资市场中占有的份额在扩张而非收缩。所以，这段时间里金融市场实际上是把更多的资金配置到了回报率较低的城投公司上。这一点在2013年6月“钱荒”之后的半年，利率大幅上扬时表现得尤为明显（见图16-3）。

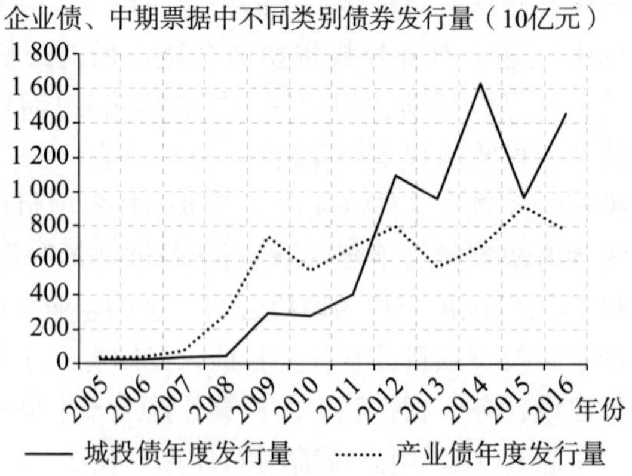

图16-3　城投债与产业债发行量对比

资料来源：Wind

部分是因为看到了城投公司对其他融资主体正在形成的挤出效应，政府在 2014 年明显收紧了对城投公司的融资投放。于是从 2014 年下半年到 2015 年，城投债发行规模大幅缩水，降低到了与产业债发行量相当的水平。看起来，金融资源配置的效率似乎得到了提升。但其另一结果却是上一讲我们分析的货币政策传导路径受阻，资金在金融市场积压形成流动性“堰塞湖”，金融资产价格明显泡沫化。

在这一讲接下来的内容中，我们将剖析城投债挤出产业债背后的逻辑。正如我们即将看到的，这牵涉经济学中**预算软约束**（soft budget constraint）理论。这一由匈牙利经济学家科尔奈（Kornai）最早提出来的理论在解释转型国家的经济发展时有非常强大的威力。[①] 从这个理论出发，我们可以理解为什么在消除预算软约束之前，我国金融市场内的扭曲无法消除，利率市场化改革难以成功。

16.2　投资项目的预算软约束

现在，我们的关注焦点是融资市场中投资项目的融资行为。为此，我们构建一个描述金融市场的部分均衡模型。所谓部分均衡（partial equilibrium），是指经济中某个单一市场的均衡。这与我们之前看到的描述整个宏观经济的一般均衡模型是不同的。之所以在这里不继续沿用一般均衡模型来进行分析，是因为这里对投资项目的模型设定会相当复杂。如果用一般均衡模型来建模，模型求解起来会相当复杂。而这种复杂性也不会带给我们更多洞察。

我们基于德瓦特里庞（Dewatripont）与马斯金（Maskin）描述预算软约束的经典模型来构造描述我国金融市场扭曲的模型。[②] 在模型中，我们关注的焦点是与政府相关的投资项目（比如现实世界中的基础设施投资项目）所存在的预算软约束问题。

在模型所刻画的金融市场中，存在“政府项目”与“民间项目”两类投资项目同时寻求融资。“政府项目”可被理解为诸如城市道路、地铁、地下管网等基础设施投资项目。这些项目除了会给项目运营方带来微观层面的回报（如过路费、车票收入、排污费等）之外，还在社会层面具有正的外部性（externality）——提升地区经济活动水平、增加税收、提升居民福利程度等。因此，尽管从微观视角来看，政府项目的投资回报率可能并不高，但从全社会的宏观视角来看，把这些项目的外部性考虑在内，其广义回报率可能很不错。这种微观与宏观之间的落差决定了政府项目难以为只考虑微观回报率的私人部门所青睐，因而需要政府来主导其建设。民间项目与政府项目不同，不具有外部性，所有回报都是微观层面回报（如投资设厂产生的利润）。因此，民间项目的回报率核算在微观和宏观层面都是一致的，无须政府的涉入。

---

① 科尔奈是“预算软约束”概念的最早提出者。他 1986 年发表的文章“The Soft Budget Constraint”是经典的文献。(Kornai，János，1986，“The Soft Budget Constraint，” *Kyklos*，39 (1)：3－30.)

② 讨论预算软约束的理论模型不少，大都是在博弈论的框架下展开。本讲的模型基于德瓦特里庞和马斯金于 1995 年，发表的经典文章构建。(Dewatripont，Mathias and Eric Maskin，1995，“Credit and Efficiency in Centralized and Decentralized Economies，” *Review of Economic Studies*，62 (4)：541－555.)

简单来说，下面的这个模型讲了这么一个故事。由于政府项目会带来一些政府想要的外部性，所以政府会愿意向它们提供补贴。政府的补贴带来了预算软约束问题——项目的投资者可以不为自己的失败买单。考虑到政府会来兜底，政府项目在融资时就会更加激进一些，让那些本来不应被启动的项目也启动起来。而由于市场上融资的供给是有限的，预算软约束的存在让政府项目过多地占用了融资资源，而让民间项目能够获得的融资份额减少。

16.2.1 政府项目："好"项目

模型的关键在于对存在预算软约束问题的政府项目的刻画。我们假设经济中存在着数量众多的政府项目。每个项目都需要 1 单位的初始融资来启动。这 1 单位的初始融资由资本市场中风险中性的融资方提供，并且所有项目经理也都是风险中性的。我们还假设政府项目分成"好"项目与"坏"项目，占政府项目总数的比重分别为 α 与 $1-\alpha$（见图 16-4）。在这一小节中，我们先分析"好"的政府项目。

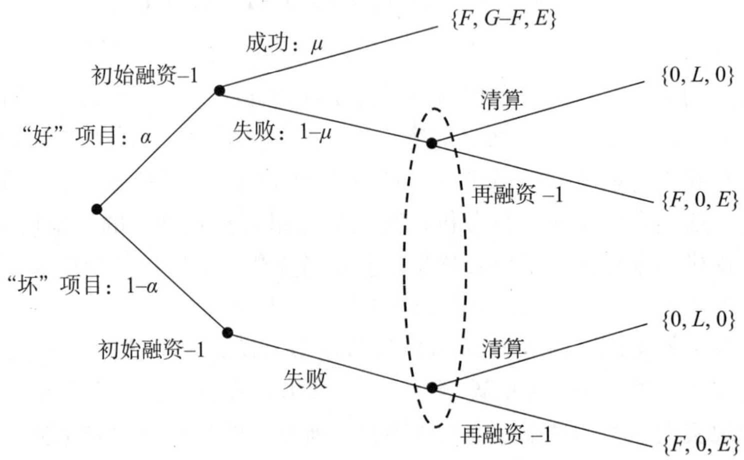

图 16-4 政府项目博弈树

1. "好"的政府项目的回报状况

结合上面的博弈树，我们先来介绍什么是"好"的政府项目。一个"好"的政府项目在获取 1 单位初始融资后，有 μ 的概率"成功"。成功的政府项目的微观投资总收益为 G。其中，F 归融资提供者所有，是融资方的总回报；剩余的 $G-F$ 归项目经理所有（在下面分析政府项目融资需求时会讨论 F 是怎样决定的，在这里我们先把它当成一个常数即可）。除此之外，成功的政府项目还会产生总量为 E 的外部性（社会回报）。所以，成功的政府项目的回报可以用三元组表示为 $\{F, G-F, E\}$。其中 F 和 $G-F$ 分别代表项目给融资方和项目经理带来的收益，二者之和 G 是政府项目的微观总回报，E 表示项目的外部性。将三部分加起来，就得到政府项目给全社会带来的总收益为 $G+E$。

需要注意，外部性 E 不能转化为项目的微观回报，因而不会为融资方和项目经理带来好处。我们可以设想这么一个具体的例子。在真实世界中修了一条城市道路。这条道路可能极大地便利了附近居民的出行，但带给居民的这种好处并不能变成这条道路的现金回报为道路投资者所获得。所以，融资方和项目经理只会考虑项目的微观总回报，而不会管项目的外部性有多高。会考虑外部性的只能是政府。

我们假设“好”的政府项目也有 $1-\mu$ 的概率“失败”。失败之后，政府可以决定是否为项目提供 1 单位的“再融资”。如果政府提供了这 1 单位的再融资，那么项目的回报将为 $\{F, 0, E\}$。也就是说，获得了再融资之后的政府项目能够为融资方提供与成功政府项目同样的回报 F，也能够创造出同样的外部性 E。但给项目经理提供的回报则从之前的 $G-F$ 下降为 0。“好”项目会成功还是失败是随机的，在项目获取初始融资之前谁也不知道。

如果政府不对失败的政府项目提供再融资，则项目进行清算，回报状况变为 $\{0, L, 0\}$。也就是说，清算的政府项目给融资方带来的收益为 0，外部性也为 0，并且给项目经理带来严格为负的回报 L——假设 $L<0$。

2. 政府的行为

我们用三个条件来刻画政府面对政府项目时的行为。

第一，政府有动力提供再融资来救助失败的政府项目。政府关注的是项目的社会总收益，即项目微观回报和外部性的总和。在面对一个失败的政府项目时，政府从社会收益和成本的角度来考虑，权衡是否向项目提供 1 单位的再融资。我们假设如下**事后（ex post）再融资条件**成立

$$F+E-1>L \tag{16.1}$$

（16.1）式左边是政府面对一个失败的政府项目时提供 1 单位再融资，让失败项目完成后的社会总收益净增量（项目的社会总收益 $F+E$，减去 1 单位再融资的成本），右边是让失败项目清算的社会总收益净变化。这一条件意味着在面对失败的政府项目时，政府总是愿意提供再融资来让项目完成。

第二，从最大化社会总收益的角度来看，政府不希望启动那些注定会失败的政府项目。注意，政府在考虑是否向失败项目提供再融资时，并不会考虑项目在一开始时获取的 1 单位初始融资，因为初始融资是沉没成本，不再影响之后的决策。但是，就算从（政府项目上马）事后来看提供再融资是值得的，也未必意味着从事前角度来看，这么做是有效的。为了反映这一点，我们还假设以下**事前（ex ante）不经济条件**成立

$$F+E<2 \tag{16.2}$$

（16.2）式表明，失败的政府项目就算获得了再融资而完成，带来的社会总收益 $F+E$ 也抵不过项目所使用的总融资（1 单位初始融资加上 1 单位再融资）。也就是说，如果在一开始时政府就能识别出那些注定会失败的政府项目，从社会收益最大化的角度出发，就不应该让这样的项目上马。但正如前面所设定的那样，在“好”的政府项目开始之前，谁也不清楚哪个项目会成功，哪个会失败。

第三，如果政府不对失败的政府项目提供再融资，就没有一个政府项目会被启动。为了让政府有动力参与到整个博弈中来，而不是立法禁止自己给失败项目提供再融资，还假设如下**政府参与条件**成立

$$\mu(G-F)+(1-\mu)L<0 \tag{16.3}$$

（16.3）式左边是在政府不可能提供事后再融资的条件下，政府项目的项目经理的预期回报。其中，$\mu(G-F)$ 是项目成功的回报乘以成功的概率，$(1-\mu)L$ 是失败的回报乘以失败的概率。当这一不等式成立时，如果政府在事前不承诺会为失败项目提供再融资，就不会有项目经理愿意启动任何政府项目。这样一来，政府项目所能带来的外部性就全然没有了。所以，政府参与条件保证了政府会留在这个博弈中。

16.2.2 政府项目："坏"项目

为了引入预算软约束，模型中假设除了"好"的政府项目外，还有"坏"的政府项目。"坏"的政府项目则必然失败（失败概率为 1）。但是，**一个政府项目究竟是好是坏，是项目经理的私人信息**。也就是说，这里存在着信息不对称，项目经理在一开始时（获取初始融资之前）就已经知道项目是好还是坏，但除项目经理外的其他人（融资方、政府）都无法识别出"坏"项目。因此，对于一个失败了的政府项目，除这个项目的项目经理之外，其他人都无法判断这是一个"好"项目失败了，还是它本来就是一个不可能成功的"坏"项目。所以，政府是否向"坏"项目提供再融资的决策不能基于项目属性（好或坏）。政府要么向所有的失败项目都提供再融资，要么都不提供。[①]

我们还假设，一个项目经理就算从其项目中最终只能获得 0 收益（项目失败后获得再融资完工），也有动力将这个项目启动起来。我们可以想成就算没有现金回报，项目还能给项目经理带来其他好处——比如成就感、名声等——从而促使其启动项目。这样一来，那些拿到了"坏"项目的经理，也会把自己的项目伪装成"好"项目启动起来。

预算软约束由此而来。在这里，预算软约束表现为政府对失败项目的兜底行为（提供再融资）。预算软约束让项目经理不再审慎，会把"坏"项目也启动起来。从前面列出的事前不经济条件（16.2）式可知，"坏"项目的启动是对社会资源的浪费。如果不存在政府会给失败项目提供再融资的预期，"坏"项目由于肯定会给对应项目经理带来严格为负的回报，从而不会被启动。但在这里的设定中，预算软约束无法消除。

第一，政府就算在事前（所有项目启动之前）做出不给失败项目提供再融资的承诺，也是一个"不可信的威胁"（non-credible threat）。这是因为在事后再融资条件（16.1）式成立的时候，大家都清楚只要项目一启动，初始融资变成沉没成本之后，政府的最优选择就是给失败项目提供再融资。因此，出于利益考虑的政府会在事后偏离其事前的承诺。因此，项目经理就不会相信政府真的会不向失败项目提供再融资，因而仍然会把"坏"项目也启动起来。

第二，正如政府参与条件（16.3）式所假设的，在没有政府再融资可能的时候，"好"项目带给项目经理的预期回报也是负的，所以项目经理就连"好"项目也不会启动。这是政府不能接受的。所以，即使知道提供再融资行为会带来预算软约束问题，知道通过立法等手段可以限制自身提供再融资从而使得项目预算得以"硬化"，政府最终还是会选择为失败项目提供再融资。

---

① 可以假设政府采用混合策略，以一定的概率向失败的政府项目提供再融资。这并不会改变本书的基本结论。

16.2.3　民间项目

模型中除了政府项目之外，还存在“民间项目”。民间项目比较简单。每个项目在一开始时需要 1 单位的初始融资。获取融资之后，民间项目有 η 的概率“成功”，获得总量为 P 的微观投资总收益。其中的 F' 归融资提供者，作为融资回报。剩余的 $P-F'$ 归项目经理所有。民间项目成功后并不会产生“外部性”。我们用三元组 $\{F', P-F', 0\}$ 来标识项目的回报情况。

民间项目在获得融资后，还有 $1-\eta$ 的概率“失败”。失败的民间项目给融资方、项目经理以及社会都带来 0 收益。其回报为 $\{0, 0, 0\}$（见图 16－5）。由于民间项目不创造任何社会外部性，所以政府不会对民间项目提供再融资的补贴。

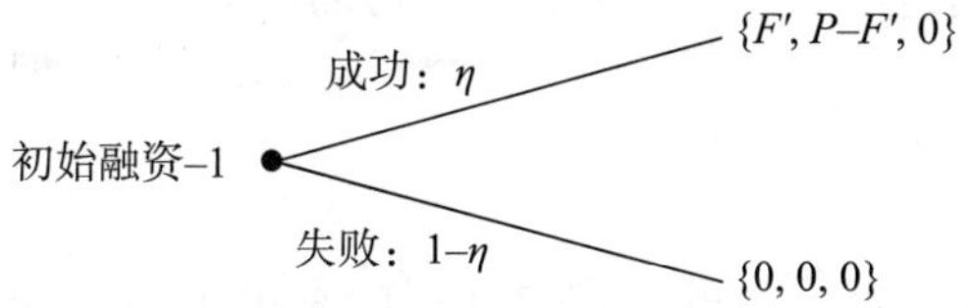

图 16－5　民间项目的博弈树

16.3　金融市场

16.3.1　融资供给

这里，我们通过对金融市场的部分均衡分析来研究政府项目对民间项目的挤出效应。为求出均衡，需要分别给出市场中融资的供给和需求。我们假设市场中的融资供给由一条向上倾斜的融资供给曲线所描述

$$Q^s = a + bR \tag{16.4}$$

其中，R 是融资的总回报率（包括本金和利息），a 和 b 都是正的常数。Q^s 代表融资资金的供给量。所有项目（政府和民间）的初始融资均来自融资市场。政府对失败政府项目提供的再融资不来自融资市场，而由政府财政支持。由于这里我们只分析融资市场的部分均衡，所以政府再融资的来源和规模在这里不做讨论。

16.3.2　融资需求

融资的需求面更复杂一些。融资的需求来自政府和民间项目的初始融资。为了得到融资的总需求，我们需要知道单一项目能够给融资方提供的融资回报是多少（即 F 应该是多少），以及项目的总数是多少。

我们假定可能启动的政府项目和民间项目的总数分别为 N_g 与 N_p。不同政府项目与民间项目所能产生的微观总回报（带给融资方和项目经理的总回报）不尽相同。也就是说，对不同的政府项目来说，G 可能是不同的。类似地，不同民间项目的 P 也可能是不同的。

我们假设对每一个微观总回报为 G 的政府“好”项目，都存在可能会伪装成它的政府“坏”项目。在微观总回报为 G 的政府项目中，“好”项目与“坏”项目的数量之比为 $\alpha/(1-\alpha)$。注意，这里我们规定任何一个政府“坏”项目，只能伪装成微观回报为一定水平的政府“好”项目。有人可能会问，既然“坏”项目怎么都会失败而要求政府提供再融资，为什么“坏”项目不能伪装成回报更高的“好”项目？想象这样两类政府项目，一类是翻新城市的地下污水管道，一类是修建一条高速公路。两类政府项目中都有可能既有“好”项目，也有“坏”项目。翻新污水管道的“坏”项目能伪装成翻新污水管道的“好”项目，但它不可能伪装成修建高速公路的“好”项目，让大家相信它可能的回报会很高。所以，我们假设每个“坏”项目只能伪装成某一微观回报水平给定的“好”项目，而不能任意伪装。

这里一个关键假设是，无论是成功的政府项目，还是成功的民间项目，能够用来提供给融资方的回报都不能超过项目微观总回报的 θ 份额，即

$$F\leqslant\theta G$$
$$F'\leqslant\theta P$$

换言之，项目经理必须至少从项目的微观总回报中拿走 $1-\theta$ 的份额。我们可以把这理解为为了激励项目经理努力工作来保证项目的成功，必须付给项目经理的最低报酬。我们可以把它理解为项目经理的**激励相容约束**（incentive compatibility constraint）。[①] 这样一来，只有那些微观总回报（G、P）足够高的项目才能够给融资方提供达到市场要求的融资回报率。

由于政府项目给融资方提供的预期回报为 F（因为政府会提供再融资来确保失败的政府项目也能偿付融资方），所以给定市场融资回报率 R，能够获得初始融资而上马的政府项目需要满足条件

$$R=F\leqslant\theta G \quad\Rightarrow\quad G\geqslant\frac{R}{\theta} \tag{16.5}$$

而由于民间项目能够给融资方提供的预期回报为 $\eta F'$（失败的民间项目没法给项目融资方提供回报），所以在市场融资回报率为 R 时，能够获得初始融资而上马的民间项目需要满足条件

$$R=\eta F'\leqslant\eta\theta P \quad\Rightarrow\quad P\geqslant\frac{R}{\eta\theta} \tag{16.6}$$

为了推导融资的需求曲线，需要知道政府项目和民间项目回报的分布，即 G 与 P 的分布。为了简化分析，我们假设 G 与 P 均服从在 $[0, M]$ 区间上的均匀分布，即 $0\leqslant G\leqslant M$，$0\leqslant P\leqslant M$。显然，当市场融资总回报率为 R 时，只有满足条件（16.5）式的政府项目，以及满足条件（16.6）式的民间项目能够获得初始融资。它们的融资之和就是市场中

---

① 我们可以这样来想，项目经理可以从临近成功的项目的总微观回报中偷得 $1-\theta$ 份额的个人收益。但项目经理如果这样做，就会让本来能够成功的项目失败。因此，为了激励项目经理把项目做成功，在签订融资合约时就必须保证项目经理至少能够从成功项目的总微观回报中拿走 $1-\theta$ 份额。这样，融资方能够从项目中得到的最高回报就不能超过项目微观总回报的 θ 份额。

的融资总需求。而由于每个项目的初始融资规模都是 1，所以市场中的融资需求就等于市场中能够启动的政府项目和民间项目的数目之和。

由均匀分布的性质容易知道，在市场回报率为 R 时，能够获得初始融资的政府项目的数目（同时也是政府项目的总融资需求）为

$$n_g=\frac{M-R/\theta}{M}N_g=N_g-\frac{N_g}{\theta M}R \tag{16.7}$$

能获得初始融资的民间项目的数目（民间项目的总融资需求）为

$$n_p=\frac{M-R/(\eta\theta)}{M}N_p=N_p-\frac{N_p}{\eta\theta M}R \tag{16.8}$$

所以，市场中的融资需求曲线为

$$Q^d=N_g+N_p-\frac{\eta N_g+N_p}{\eta\theta M}R$$

16.3.3　市场均衡

金融市场达到均衡时，有 $Q^s=Q^d$，即

$$a+bR=N_g+N_p-\frac{\eta N_g+N_p}{\eta\theta M}R$$

从中可以解出均衡时的融资市场利率和融资成交量分别为

$$R^{eqm}=\frac{\eta\theta M(N_g+N_p-a)}{\eta N_g+N_p+b\eta\theta M} \tag{16.9}$$

$$Q^{eqm}=a+\frac{b\eta\theta M(N_g+N_p-a)}{\eta N_g+N_p+b\eta\theta M}$$

下面我们来分析一下当融资市场资金供给收紧时均衡的变化。融资供给的收紧表现为融资供给曲线截距项 a 的下降（在给定的利率水平之下，融资的供给 Q^s 减少）。从上面均衡利率与均衡融资量的表达式来看，a 的下降会导致均衡利率 R^{eqm} 的上升，以及均衡融资量 Q^{eqm} 的下降。

我们更感兴趣的是融资收紧时政府项目和民间项目融资量的对比。由前面政府和民间项目分别的融资需求的表达式（16.7）式与（16.8）式可知，市场中政府项目融资与民间项目融资的比例为

$$\frac{n_g}{n_p}=\frac{M-R/\theta}{M-R/(\eta\theta)}\cdot\frac{N_g}{N_p}=\frac{\eta\theta M-\eta R}{\eta\theta M-R}\cdot\frac{N_g}{N_p} \tag{16.10}$$

容易计算

$$\begin{aligned}\frac{d}{dR}\left(\frac{n_g}{n_p}\right)&=\frac{N_g}{N_p}\left[\frac{-\eta(\eta\theta M-R)+(\eta\theta M-\eta R)}{(\eta\theta M-R)^2}\right]\\&=\frac{N_g}{N_p}\cdot\frac{\eta\theta M(1-\eta)}{(\eta\theta M-R)^2}>0\end{aligned}$$

所以，当融资供给收紧（a下降），导致均衡利率上升时（R^{eqm}上升），融资市场中政府项目会占据更大的份额。

16.3.4 一个数值算例

以上的代数运算比较抽象。我们用一个数值算例来提供更加形象的认识。我们假设 $E=1/2$，$L=-1/2$，$\theta=3/4$，$\mu=1/2$，$\eta=3/4$，$M=2$，$N_g=50$，$N_p=200$，$b=20$。表16－1中列出了a从25下降到10的过程中，均衡利率R^{eqm}、均衡融资量Q^{eqm}、政府项目融资量n_g以及民间项目融资量n_p的变化。表格中的最后3行用来检验前面列出的“事后再融资条件”“事前不经济条件”“政府参与条件”是否满足。从数值计算来看，确实随着资金供给的减少，政府项目在整个融资中的比例越来越大。

表16－1

	$a=25$	$a=20$	$a=15$	$a=10$
R^{eqm}	0.97	1.00	1.02	1.04
Q^{eqm}	44.47	39.90	35.34	30.77
n_g	17.55	16.83	16.11	15.38
n_p	26.92	23.08	19.23	15.38
n_g/n_p	0.65	0.73	0.84	1.00
$F+E-1-L(>0)$	0.97	1.00	1.02	1.04
$F+E-2(<0)$	−0.53	−0.50	−0.48	−0.46
$s^{max}=-(1-\mu)L/\mu+F(<M)$	1.47	1.50	1.52	1.54

16.4 透过预算软约束看中国金融市场

有了前面理论知识的准备，现在可以来回答本讲一开始时提出的问题了。为什么中国政府要在2015年间采取“定向宽松”的货币政策导向？这在一定程度上是因为政府想纠正前几年（尤其是2013年6月“钱荒”之后）金融市场中地方政府融资平台（城投公司）挤出其他市场化融资主体的状况。这种挤出之所以会产生，是因为融资平台背后有政府隐性担保（又叫做刚性兑付）做支撑，因而存在预算软约束。

16.4.1 预算软约束与利率市场化

预算软约束理论的价值远不止于告诉我们“定向宽松”货币政策的由来。事实上，这一理论是理解次贷危机后中国利率市场化改革的金钥匙。所谓**利率市场化**（interest rate liberalization）改革，简单来说就是放开对利率的管制。过去，中国长期对名义存贷款利率实施严格的管制。在相当长的时间里，存贷款基准利率都由央行直接设定。从总量来看，管制导致利率无法灵活变动来平衡资金市场的供需。而从结构来看，管制导致利率无法发挥信号作用，无法引导资金流向回报更高的企业（因为对所有企业来说，无论其利润水平高低，面对的管制利率都是一样的）。如此一来，国有企业因为与银行体系有更紧密的关系，因而能够获得更多资金支持。正是因为看到了这些不足，我国一直在推进利率市场化改革，逐步放开了对利率的管制。近期，对存贷款基准利率的管制也已经完全放开。至少从形式上来看，利率的市场化已经完成。

不过，如果认为利率管制放开之后利率市场化改革就大功告成了，就把这个问题想得太简单了。利率市场化改革的最终目的是要让自由浮动的利率引导资金做最优配置——理论上，高利润率的企业更能够出高利率来融资，从而能够得到更多资金支持。如果以这一标准来衡量，中国的利率市场化改革还远未成功。2013 年之后，金融市场中低回报的城投公司反而明显挤压了回报更高的产业公司，更是挤出民营企业，从而导致市场中资金整体配置效率不升反降。这正是促使政府在 2014 年开始“定向宽松”的一个重要原因。至于定向宽松的结果，我们在上一讲已经分析过了，此处不再赘述。为什么放开利率管制后，本应受益的民营企业反受其害？前面介绍的预算软约束理论会给我们答案。

放开了利率管制后，不同属性的企业在同一个融资市场里进行竞争。但是，存在预算软约束的企业在竞争中有了不公平的优势，从而使其他企业在竞争中受害。

在前面的模型中，由于政府会对失败的政府项目提供再融资，所以政府项目给融资方提供的是无风险的回报 F。而在融资方的眼中，民间项目的回报则有风险，其期望回报率只是 $\eta F'$。由于在同一个融资市场中，两类项目要给风险中性的融资方提供同样的期望回报率（$F=\eta F'$），因此必然有 $F'>F$。也就是说，民间项目必须承诺更高的成功时的回报率，才能获得融资。这样一来，能获得融资的民间项目的数量自然就会减少，政府项目因而对民间项目形成挤出。而从前面的分析可知，政府项目对民间项目的挤出力度还会随利率水平 R 的上升而加大。

回到现实世界。在前面的图 16 - 2 中，我们看到城投公司尽管 ROA 只有不到 3%，却能够以超过 6%的票息率发行城投债。为什么投资者敢于买城投债，而不担心城投公司的财务状况？因为投资者清楚，城投公司背后有地方政府的**隐性担保**（implicit guarantee），城投债的偿付有政府的兜底。这便是近些年来债券市场中普遍存在的“刚性兑付”的来源。这种预期也让城投债在投资者眼中变成了无风险债券，其 6%的债券票息率摇身一变成了无风险利率。当无风险利率被城投公司推升到这个高位时，民营企业发债就需要付出更高的利息率。而在经济下行的过程中，民营企业本来对利率的承受力就在降低（因为它们的利润率已经随着经济增长的减速而下滑）。于是，相当多的民营企业就只能退出融资市场。所以，尽管利率放开了似乎对民营企业有利，但预算软约束带来的不公平竞争环境反而让民营企业受害。利率市场化改革的最终目标因而无法实现。

因此，利率市场化改革的前提应当是消除金融市场中预算软约束的存在，让所有融资主体都站在同一起跑线上公平竞争。这需要清理城投公司，抑制其融资。这正是 2014 年国务院 43 号文件要求剥离地方政府融资平台的融资功能，以及货币当局会推出定向宽松的原因。但上一讲我们分析了，这样做的结果是催生了金融市场里的流动性“堰塞湖”，令金融资产价格在实体经济持续走弱的背景下大幅泡沫化。但这并不意味着清理融资平台是错误的，而只是给我们指出了更深层次的扭曲根源。

金融扭曲的根源还是在于我国财政制度有待改革。必须认识到，无论从长期提升中国经济增长潜力、提升民众福利的角度来看，还是从短期稳定经济增长的角度来看，地方政府融资平台所承担的基础设施投资任务都是必要的，相应的融资需求都是合理的。就像在前面的模型中，政府为了追求外部性 E，必须向失败项目提供再融资支持一样。化解金融扭曲当然有必要，但也不能把外部性也一并扔掉了。用前面的模型来说，政府不仅需要用财政资金来支撑再融资，也需要用财政资金来支撑政府项目的初始融资。而政府的资金则可以通过发行国债来筹措。这样，既可以消除预算软约束对金融市场的扭曲作用，也能保证基础设施投资的平稳。在财政没有承担起自己应该承担的这个责任时，清理融资平台就只能是按下葫芦起了瓢。

事实上，从 2015 年开始，政府已经意识到了这一点，因此启动了“地方债置换”项目来用国债替换之前地方政府融资平台发出的各种债务。这就是财政开始承担起责任的明证。相信在未来地方债置换的规模和范围还会进一步扩大。当财政把基建投资的融资责任接过去之后，预算软约束对金融市场的扭曲才会消除，利率市场化改革也才能顺利推进。

16.4.2 预算软约束与“融资贵”

2013 年 6 月，中国金融市场中爆发了一个罕见的现象：资金面大幅收紧，金融市场短期利率大幅飙高。在 2013 年 6 月 20 日的盘中交易时，银行间隔夜回购利率甚至达到了 30%（年率）的高位，创下了历史纪录。这场发生在 2013 年 6 月的资金紧张，被称为“钱荒”（credit crunch）。“钱荒”之所以会发生，是因为中国人民银行为了清查影子银行，而大幅收紧了基础货币的供应，从而导致短期利率飙升。“钱荒”之后的 2013 年下半年长期利率水平也明显上升，让实体经济企业面临的融资利率攀升至高位。这被各方称为“融资贵”现象。预算软约束理论能对融资贵的持续存在给出解释。

我们知道，利息归根结底来自实体经济的利润。利息是实体经济企业运用资金所创造的利润的一部分。因此，利息率应该与实体经济的利润率相匹配。费雪方程式 $R=\pi+r$ 讲的就是这么一个意思。尽管在短期，因为货币政策传导中存在摩擦，费雪方程式未必成立，但在长期，货币终究还是会传导到实体经济，费雪方程式不失为一个思考利率的基准。

图 16－6 中描绘了我们用中国的经济金融数据所估算的费雪方程式。这个计量方程的被解释变量是一个有代表性的长期利率——10 年期国债收益率。这是我国长期利率的一个基准。方程的解释变量包括 CPI 同比变化率（CPIyoy，刻画通货膨胀水平），工业增加值真实同比变化率（VAIyoy，用经济增速来表征实体经济投资回报率）。除此而外，方程中还加上了银行间市场的一个代表性的短期利率 7 天回购利率（R007）作为解释变量，以捕捉短期利率对长期利率的影响。模型的回归方程如下（括号内是回归系数的标准差）：

$$\underset{}{\text{TByield\_10y}}=\underset{(0.17)}{2.79}+\underset{(0.01)}{0.02}*\underset{}{\text{VAIyoy}}+\underset{(0.02)}{0.13}*\text{CPIyoy}+\underset{(0.04)}{0.08}*\text{R007}\qquad R^2=0.46$$

可以用上面这个回归方程的拟合值来作为对 10 年期国债收益率“合适水平”的估计。所谓合适利率水平，就是与经济状况相匹配的利率水平。图中的实线是模型的拟合值，即合适利率水平的估计值。图中的点线是 10 年期国债的现实观测值。

图 16-6　对 10 年期国债“合适水平”的估算

资料来源：Wind

从图 16-6 中看，这个计量模型的拟合度不错。但是，从 2013 年下半年到 2014 年，10 年期国债收益率长时间大幅度地高于估计出来的合适利率水平。这段时间也是各方普遍感受到融资贵的时期。从上面的计量分析，我们能看到融资贵问题确实存在。

要理解融资贵问题因何而来，我们首先需要弄清楚在现实世界中，为什么利率水平应该回归合适利率水平。其实道理还是前面所说的——利息来自实体经济的利润。如果利息率高于实体经济的利润水平，实体经济企业会发现在如此之高的利率水平上融资无利可图，因而会减少自己的融资量。这样一来，融资需求的减少就会将利率水平拉低到合适利率水平附近。反过来，如果利率远低于实体经济的利润率，实体经济的融资需求就会增加，从而把利率水平推上去。可以看到，其中关键是实体经济融资需求对利率具有的敏感性。

回到前面的模型，政府项目和民间项目相比，利率敏感性孰高孰低？前面我们已经给出了政府项目和民间项目的融资需求曲线方程。其中 R 前面的系数的绝对值表征了融资的利率敏感性。为了方便，我们将两条需求曲线抄在下面

$$n_g = N_g - \frac{N_g}{\theta M} R$$

$$n_p = N_p - \frac{N_p}{\eta \theta M} R$$

我们做出如下假设应该是合理的：$N_g < N_p$，即潜在的政府项目数小于潜在的民间项目数。在这种情况下，必然有

$$\left| \frac{N_g}{\theta M} \right| < \left| \frac{N_p}{\eta \theta M} \right|$$

所以，政府项目对利率的敏感性更低。这样一来，如果政府项目在整个融资项目中的比例升高，就会导致向均衡利率回归的力量减弱，利率就越可能长期高于合适利率水平。

如果假设潜在政府项目和民间项目的总数是一个常数 $N(N=N_g+N_p)$，那么前面均衡利率的表达式（16.9）式可改写为

$$R^{eqm}=\frac{\eta\theta M(N-a)}{(\eta-1)N_g+N+b\eta\theta M}$$

显然，N_g越大，R^{eqm}越大。也就是说，潜在项目中政府项目占比越高，均衡利率越高。这便是融资贵的成因。

用经济逻辑把上面的数理推理总结一下。在现实中，由于城投公司存在预算软约束，因而对利率的敏感度较低。当城投公司在整个融资中的占比上升后，实体经济融资需求并不会因为高利率而下降得足够多，利率向“合适水平”回归的力量就没那么强，利率水平因而长期处在高位而难以回落，融资贵现象便随之而生。

16.4.3 预算软约束与打破“刚性兑付”

许多人已经认识到，城投公司存在因**刚性兑付**（cast-iron guarantee）而产生的预算软约束问题，进而扭曲了金融市场。因此，为了理顺金融市场，需要打破刚性兑付。这个想法虽然好，但做起来却走了样，反而让民营企业受到的挤出更为严重。

城投公司（地方政府融资平台）是基础设施项目的投资主体，归根结底是在为地方政府做事。如果打破城投公司背后的刚性兑付，势必导致城投公司无法再获取资金，基建投资将会因融资来源枯竭而大幅下滑。而基建投资占我国总投资的约 1/4，是次贷危机后我国稳增长的重要引擎。政府势必无法放任基建投资滑坡情况的发生。因此，对城投公司的刚性兑付一直难以打破。

但是，打破刚性兑付的呼声还是有效果的，只不过这种效果更多体现在了民营企业身上。2014 年 3 月 5 日，上海超日太阳能科技股份有限公司发布公告，称自己无法按时兑付利息。这让其发行的“超日债”成了中国债券市场第一只实质性违约的债券。中国债券市场“刚性兑付”的潜规则就此终止。其后，陆续还有债券违约的事件发生。但是这些事件主要发生在民营企业身上。所以在投资者看来，债券市场打破刚性兑付之后，民营企业债券的风险度明显上升。

前面的（16.10）式给出了市场均衡时政府项目和民间项目融资之比。可以将此式稍微变形为

$$\frac{n_g}{n_p}=\frac{\theta M-R}{\theta M-R/\eta}\cdot\frac{N_g}{N_p}$$

很显然，民间企业成功概率 η 的减小会增加政府项目在总融资中的比重。这正是在现实世界中所发生的现象。随着民营企业债券违约概率的增加，债券投资者反而更加青睐受到预算软约束保护的城投债，从而导致民营企业在债券市场中受到更为严重的挤压。

16.5 对预算软约束的总结

预算软约束是分析转型经济体的重要视角。经济分析的基本假设是理性人会在自己的

预算约束中选取对自己最有利的选择。这是理性人假设的基本要求。但在预算软约束存在时，因为有外在的兜底性因素的存在，做决策的人并不需要完全为自己的选择买单。这样一来，他的行为就会与预算约束硬化条件下不一样。这并不是说理性人假设就失效了，而是说在存在预算软约束时，我们需要更准确地把握决策人真正的约束。没有把约束弄清楚，而想当然地按照通常的预算约束来思考问题，就无法得到正确的答案。

在中国有不少人将市场化改革简单理解为放开对价格的管制。对他们来说，价格一放开就什么问题都解决了，资源配置就能达到最优了。但事实上，市场的高效运行是需要一系列前提条件来保证的。其中，市场参与者要为自己的决策百分之百负责就是一个重要前提条件。但预算软约束的存在打破了这一条件。当决策人考虑会有人帮他兜底时，行事就会更加无所顾忌——反正惹出了不好的后果会有别人帮着承担。当市场参与者中有人是如此行事时，市场纪律就会被破坏，非但达不成资源的最优配置，反而可能导致“劣币驱逐良币”的后果。

在中国的金融市场中，地方政府融资平台（城投公司）身上有比较明显的预算软约束问题。它们因为从事着具有公益性、微观现金回报率不高的投资项目，因而需要政府的支持才能在金融市场中募集资金。政府的支持反过来使得融资平台在获取资金时对利率不敏感，敢于出高利率在市场中争抢资金。金融市场中的投资者由于知道政府会确保融资平台的“刚性兑付”，也把融资平台发行的债券当成无风险资产而加以追捧。这样就导致资金更多地被配置到融资平台上，反而让微观利润率更高的民营企业难以获取融资。所以，虽然利率市场化改革的初衷是让更多金融资源配置到回报率更高的民营企业那里去，改革施行后却适得其反。

这提示我们，在分析中国经济问题时，不能照搬西方经济学教科书的结论，不能把得自西方的理论当成教条来盲目运用。我们必须把经济学分析问题的方法和中国的具体情况结合起来，才能真正读懂中国。通过预算软约束来分析中国金融市场和利率市场化改革就是一个很好的例子。

进一步阅读指南

科尔奈是“预算软约束”概念的最早提出者。他 1986 年发表的文章“The Soft Budget Constraint”是经典的文献（Kornai，1986）。讨论预算软约束的理论模型不少，大都是在博弈论的框架下展开。本讲的模型基于德瓦特里庞和马斯金于 1995 年发表的经典文章(Credit and Efficiency in Centralized and Decentralized Economies）构建（Dewatripont and Maskin，1995）。在姚洋等人于 2015 年发表的《我国利率市场化的前提条件与推进策略研究》一文中，作者用本讲介绍的思路分析了中国的利率市场化改革（姚洋等，2015）。

练习题

16.1　在本模型中，存在市场融资方、项目经理、政府三个参与者。在不同情况下，投资项目将给市场融资方、项目经理带来回报并产生外部性。三个回报在图中的大括号中用三个数字分别标出，按顺序从左到右分别为市场融资方回报、项目方回报以及项目的外部性。政府看重的是社会总收益 ＝市场融资方回报＋项目方回报＋项目外部性－项目成本（初始融资或再融资）。

■ 首先，每个项目经理首先得到一个项目（不可更改），并获知项目是“好”还是“坏”的私人信息。项目为“好”的概率为 2/3，为“坏”的概率为 1/3。“好”项目有 2/3 的概率成功，有 1/3 的概率失败。而“坏”项目会确定性地失败。

■ 接下来项目经理决定是否将手里的项目提交给市场来寻求融资。市场决定是否提供 10 单位的初始融资给寻求融资的项目（市场融资方没有项目“好”与“坏”的信息）。

■ 成功的项目产生回报，失败的项目则需要政府追加 10 单位再融资才能完成。政府能看到项目的成败，但不知道项目是“好”是“坏”。

■ 政府如果决定向失败项目提供 10 单位的再融资，则项目完工，并产生完工回报（与成功项目的回报不一样）。如果政府不提供再融资，则失败项目被清算，获得清算收益。

各种情况下项目的收益请见下图。

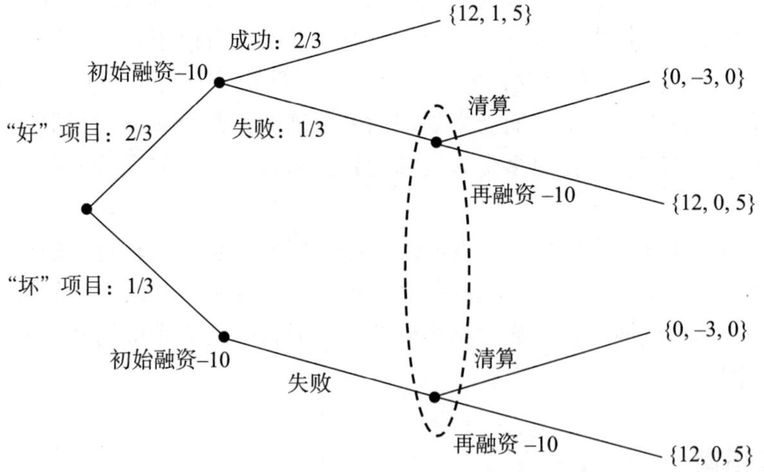

(a) 当看到失败项目后，政府会不会给失败项目提供再融资？为什么？

(b) 项目经理拿到“坏”项目之后，会不会将其提交给市场融资方来获取融资？为什么？

(c) 如果政府可以在一开始时立法禁止自己向失败项目提供再融资，从最大化社会总收益的角度来看，政府会这么做吗？

(d) 站在一开始来看，一个项目的期望社会总收益是多少？

(e) 假设项目成功时项目经理的收益是 2 而不是 1，这时站在一开始来看，一个项目的期望社会总收益是多少？

16.2 **（预算软约束模型中的政府随机再融资）** 在这一讲的正文中，我们构建了一个不完全信息动态博弈模型来分析在融资市场中存在的预算软约束问题。现在我们将讲义中政府确定性的再融资决策改为随机决策。当观察到失败的政府项目后，假设政府以 σ 的概率提供再融资，以 $1-\sigma$ 的概率清算项目。模型的其他设定不变。模型中各个参数的取值为：

$E=1/2$，$L=-1/2$，$\theta=3/4$，$\mu=1/2$，$\eta=3/4$，$M=2$，$N_g=100$，$N_p=200$，$b=20$，$\alpha=0.8$，$\sigma=1/2$。在下面作答计算时请把这些具体的参数值代入运算。

(a) 考虑项目经理的激励相容约束，给定市场融资回报率 R，能够获得初始融资而上马的政府项目 G 和民间项目 P 需满足什么条件？

(b) 给定市场融资回报率 R，计算能获得初始融资的政府项目数目 n_g 和民间项目数目 n_p，并导出市场融资需求曲线。

(c) 假设融资市场供给曲线为 $Q^s=a+bR$，请分别在 $a=10$ 和 $a=20$ 的情况下计算融资市场达到均衡时的市场利率 R^{eqm}、市场成交量 Q^{eqm} 以及市场中政府项目融资与民间项目融资的比例。

(d) 根据 (c) 小问的结果，分析融资市场的正向供给冲击会如何影响融资市场利率、融资成交量以及市场中政府项目融资与民间项目融资的比例，并解释其背后的经济学道理。

第 17 讲

常规货币政策

在前面几讲中，我们了解了货币的创造过程，知道了利率作为货币的价格是怎样决定的，分析了费雪效应和流动性效应对利率的影响，探讨了预算软约束对中国金融市场的扭曲作用及其对货币政策传导过程的影响。我们还讨论了在灵活价格和黏性价格的情况下，货币与实体经济的关系。在这一讲，我们要在前面介绍的这些内容的基础上分析货币政策的操作。我们会讨论，中央银行作为货币政策的调控者是怎样通过货币政策工具来调控宏观经济，进而实现其政策意图的。在这一讲中，我们先讨论封闭经济体内的货币政策操作，而把对开放经济条件下货币政策的研究留到以后。

17.1 货币政策的基本概念

用一句话来概括，货币政策通过调控货币政策工具来影响货币政策中介目标，进而实现货币政策最终目标。在这里，有最终目标、中介目标和工具三个层次的概念需要分别阐明。

17.1.1 货币政策最终目标

所谓**货币政策最终目标**（final goals of monetary policy），是货币政策调控最终想实现的目标。最终目标一般包括物价稳定（也可以说成是通货膨胀稳定）和促进经济增长（或者说是促进充分就业）两大目标。除此而外，还可能包括金融稳定、汇率稳定、长期利率稳定等其他目标。

在所有这些最终目标中，物价稳定无疑是最重要的货币政策最终目标。前面我们学过的货币政策的动态不一致理论告诉我们，中央银行（也叫货币当局，monetary authority）

应该只关注通货膨胀目标，而不关心其他目标，这样才能稳定经济中的通货膨胀预期。所以，所有国家的中央银行都一定会把物价稳定当成自己的货币政策的最终目标。不过，只有极少数国家的中央银行会只把物价稳定当成自己的最终目标。因为货币政策的动态不一致问题没有那么绝对，只要调控得当，中央银行完全可以在保证物价稳定的前提下实现其他的一些最终目标。

目前，世界上绝大多数国家的中央银行都会把促进经济增长（或是维护增长的稳定）也作为货币政策最终目标之一。由于经济增长与就业是紧密相关的，追求经济增长其实也就是促进就业，所以有些国家央行（如美联储）的提法是促进充分就业。

在次贷危机爆发后，大家充分地认识到了金融危机能够对经济带来多么严重的冲击。因此，在次贷危机之后，各国央行也普遍将金融稳定当成了一个货币政策最终目标。不过，与物价稳定和促进增长不一样，金融稳定到目前为止都是一个相当模糊的目标。怎样评估金融体系的稳定程度，以及怎样化解识别出来的金融不稳定，到目前为止都是一个存在不同看法的问题。

举个简单的例子，资产价格泡沫毫无疑问是金融不稳定的一个来源。但在资产价格泡沫破灭之前识别出泡沫的存在是非常困难的，因为资产价格反映的是对资产未来收益的预期。同样一个资产价格，有人可能觉得包含了对未来过度乐观的预期，因而存在泡沫，而有人则可能觉得这个价格是完全合理的。此外，抑制资产价格泡沫的政策也可能刺穿泡沫，人为引发市场的不稳定。所以，货币政策该追求什么样的金融稳定状态，该如何实现金融稳定，至今尚无定论。

在物价稳定、促进增长和维护金融稳定三大目标之外，按照不同国家的经济金融运行特点，有些国家的中央银行还可能把维护本币汇率稳定（一般是相对美元的汇率）作为一个货币政策最终目标，以便通过汇率的稳定来促进本国外贸的平稳发展。此外，有些国家的中央银行还会把维护长期利率稳定作为最终目标之一，以稳定本国政府的国债利息支出，增强本国政府债务的可持续性。

在中国，《中华人民共和国中国人民银行法》明确规定："货币政策目标是保持货币币值的稳定，并以此促进经济增长。"所谓币值稳定，也就是物价稳定——通货膨胀意味着货币相对商品贬值。所以，币值稳定和经济增长是中国货币政策的两大最终目标。当然，这两个目标的达成不仅仅是中央银行的事情。而中国人民银行在调控货币政策时要以之为努力的方向。

在每年春季召开的全国人民代表大会上，国家总理都会做《政府工作报告》。报告中通常会给出当年的 GDP 增速目标和 CPI 通货膨胀的目标。在中国，GDP 增速目标应该更多地被视为政府所能接受的经济增长的最低速度，是一个"底线"的概念。正因为此，在次贷危机之前中国 GDP 保持两位数增长时，中国的 GDP 增速目标长期保持在 8%。但在次贷危机之后，随着经济增速下滑到政府的底线附近，每年的 GDP 增速目标就变得比较重要。GDP 增速目标的下调往往意味着政府对经济增长减速的容忍度提升，也就伴随着刺激性政策力度的降低，因而会导致经济增速下降（见图 17－1）。

与西方发达国家将通货膨胀目标长期设定在一个固定水平（比如 2%）不同，中国的 CPI 目标经常会变化。在中国，CPI 目标更多地是一个引导市场预期的工具。通过对 CPI

目标的调整，政府释放出政策信号让民众知晓。所以，中国的 CPI 目标经常会变化（见图 17-2）。

图 17-1　中国的 GDP 增速目标与实现值

资料来源：Wind，中国政府网

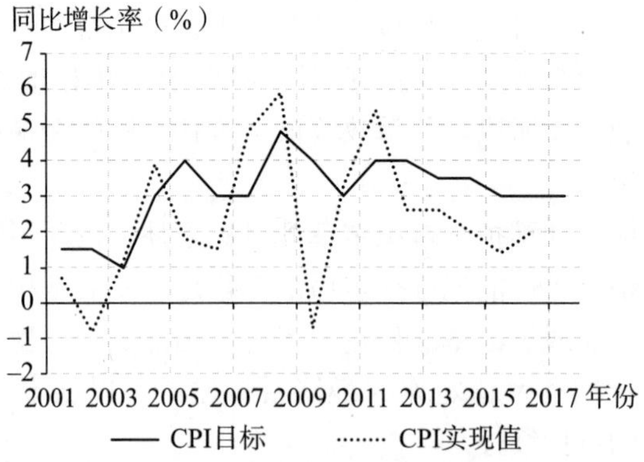

图 17-2　中国的 CPI 目标与实现值

资料来源：Wind，中国政府网

17.1.2　货币政策中介目标

货币政策最终目标能否实现，并不仅仅取决于货币政策。比如，通货膨胀就会受到货币政策之外的其他因素的影响。20 世纪 70 年代的石油冲击曾导致石油价格大幅上涨，明显推升了西方国家当时的通货膨胀率。而经济能否平稳增长，就更是要取决于很多因素了。所以，不能说货币政策能决定与最终目标相关的经济指标，而只能说货币政策能够影响到这些指标。以下为了表述方便，我们将诸如通货膨胀率、经济增长率这样的与最终目标相关的经济指标叫做货币政策的最终目标指标。

货币政策对最终目标指标的影响是间接而非直接的。也就是说，中央银行并不能通过自己的政策直接决定最终目标指标的取值，而只能通过一些中央银行有较强决定力的指标来间接发挥其影响力。这些与最终目标指标有一定相关性，又在很大程度上能够为货币政策所决定，能够帮助中央银行影响最终目标指标的经济指标，就叫做**货币政策的中介目标**

(intermediate goals of monetary policy)。

货币政策中介目标的选取有三个条件：第一，中介目标必须与货币政策最终目标指标有相关性。也就是说，中介目标的变化能够影响最终目标指标的变化。这样，中央银行才能通过调控中介目标来实现其最终目标。第二，中介目标必须是中央银行相对可控的指标。这一点应该是显然的。第三，中介目标应该是可被比较精确统计的指标。如果连统计都统计不清楚，那就谈不上调控了。

货币政策常用的中介目标有各个口径的货币总量（如 M2、M1、基础货币等）、信贷总量以及一些标志性的市场利率（如长期国债收益率）。在第 13 讲，我们曾经展示过中国 M1 增速与克强指数和 CPI 之间的对比图（参见图 13－3 和图 13－4）。可以看到，M1 与中国的经济增长和通货膨胀水平都有极好的相关性。按照中国的统计口径，狭义货币 M1 包含流通中现金和企业活期存款。其中，企业活期存款是大头，差不多占到 M1 的 90%。但由于企业活期存款的多寡主要由企业在其活期账户和定期账户间的存款配置行为决定，所以中央银行对 M1 的掌控力比较低。因此，尽管 M1 是与经济增长和通货膨胀相关性更强的指标，但它并不是一个好的货币政策中介目标的备选者。从 2007 年开始，中国就不再每年公布 M1 的增速目标了。

在中国，更为常用的货币政策中介目标是 M2 增速。广义货币 M2 包含流通中现金和所有企业居民存款。之前在讲货币政策传导的时候，我们介绍过，存款是由贷款派生的。这样一来，中央银行就可以通过对银行贷款行为的调控来影响 M2 增速。所以对中央银行来说，M2 是比 M1 更为可控的货币总量指标。于是，尽管 M2 增速与经济增长和通货膨胀之间的相关性不如 M1——但多少还是有些相关性的——M2 反倒是中国最重要的货币政策中介目标（见图 17－3、图 17－4）。

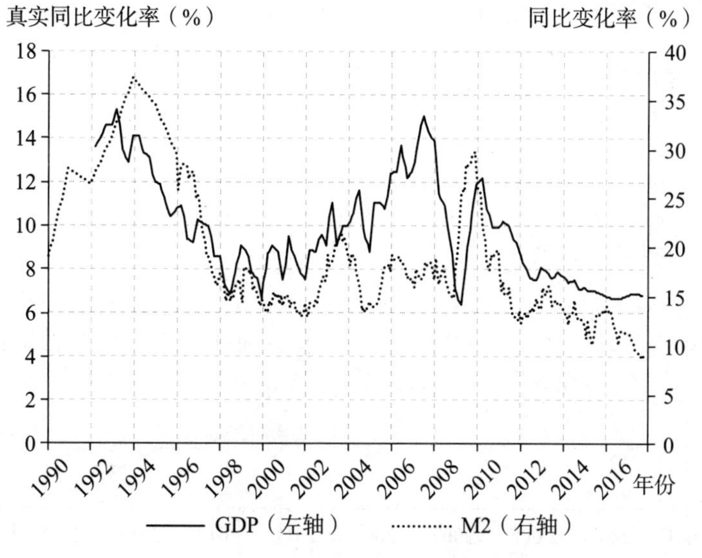

图 17－3　中国的 M2 与 GDP

资料来源：Wind

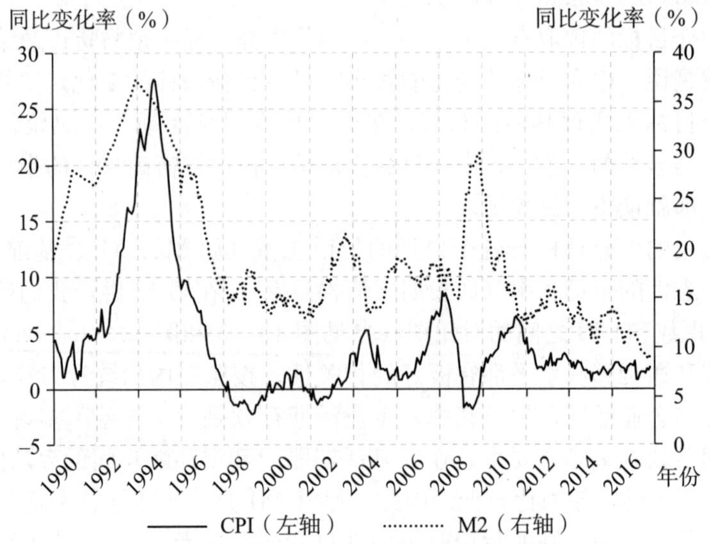

图 17－4　中国的 M2 与 CPI

资料来源：Wind

中国政府每年都会公布 M2 的增速目标，作为当年货币政策操作的一个重要指引。不过，M2 增速目标的变化比 M2 增速目标本身更有意义。如果比较每年 M2 增速最后的实现值和当年的目标值，能看到非常明显的差异。尤其是在 2009 年，在“四万亿元刺激”政策的背景下，大量投放的信贷令 M2 增速陡然加快，全年增长接近 28%，增速比当年目标增速高了超过 10 个百分点。不过在“四万亿元刺激”政策之后，M2 增速与目标之间的差距倒是缩小了许多，基本能做到接近目标了（见图 17－5）。

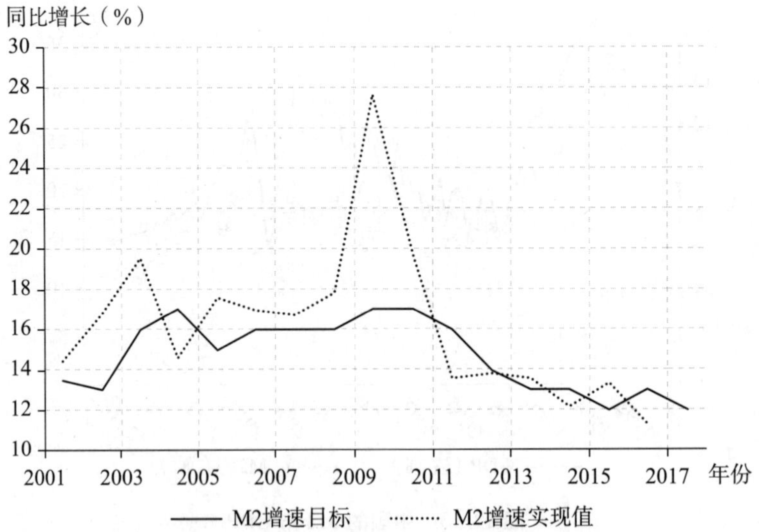

图 17－5　中国 M2 增速目标与增速实现值

资料来源：Wind

17.1.3　货币政策工具

中央银行对货币政策中介目标虽然有一定掌控力，但并不能精确地控制。此外，不少中介目标的统计也存在时滞，频率也并不高。中央银行每日（day-to-day）的货币政策操作并不是直接作用于中介目标，而是通过**货币政策工具**（monetary policy instruments）来进行的。

所谓货币政策工具，就是中央银行操作货币政策的具体手段。我们知道，货币创造有两个环节——基础货币的创造和广义货币的派生。央行是基础货币的创造者，自然对基础货币的数量和价格有很强的掌控力。所以，绝大多数货币政策工具都是调控基础货币的政策工具。

下面我们借助中国人民银行的资产负债表来介绍改变基础货币数量的办法。这些办法就对应着货币政策工具。表 17－1 是中国人民银行的资产负债表。其中负债方的**"储备货币"**就是**基础货币**。储备货币中的"货币发行"是中国人民银行发行的人民币现钞（大家放在自己钱包里的纸币）。**储备货币中的"其他存款性公司存款"就是商业银行存放在中央银行的存款准备金。其中既包含法定存款准备金，也包含超额存款准备金**。在央行的资产负债表上并不对二者进行区分。

表 17－1　　**中国人民银行资产负债表（2017 年 10 月）**　　单位：万亿元人民币

国外资产	22.2	储备货币	30.5
外汇	21.5	货币发行	7.5
黄金	0.3	其他存款性公司存款	23.0
其他	0.5	不计入储备货币的金融性公司存款	0.6
对政府债权	1.5	国外负债	0.1
对其他存款性公司债权	9.7	政府存款	4.1
对其他金融性公司债权	0.6	自有资金	0.0
对非金融公司债权	0.0	其他负债	0.6
其他资产	1.7		
总资产	35.9	总负债	35.9

资料来源：Wind

对整个金融体系来说，**超额存款准备金是最重要的**。在之前讲货币政策传导时，我们曾经介绍过，超额存款准备金是商业银行相互之间的支付工具。没有超额存款准备金，商业银行无法对外开展业务。因此，超额存款准备金的多寡就决定了金融市场中可用的"钱"的多少，决定了金融市场中交易的活跃程度。所以，**货币政策要调整的就是超额存款准备金**。法定存款准备金等于商业银行吸收的存款总量乘以**法定存款准备金率**（required reserve ratio，简称 RRR）。所以，要改变超额存款准备金的数量有两种办法。第一是改变存款准备金（也就是“其他存款性公司存款”）的数量，第二是改变存款准备金率。我们先来看第一种办法。

要改变“其他存款性公司存款”的数量，从央行资产负债表的资产方和负债方都能想办法。在人民银行资产负债表的资产方，**“国外资产”**是最大的一块。其中的绝大多数都是“外汇”。这就是所谓的**“外汇占款”**，是人民银行通过发行人民币换回的别国货币。国外资产的变化主要是被动的，主要取决于中国的外汇净流入状况。外汇流入得多了，国内居民和企业就会把更多的外汇拿到商业银行那里去换成人民币。商业银行又会把他们换得的外汇拿到人民银行这里来换成人民币。这就形成了更多的外汇占款的发放，以及央行持有的国外资产的更快增加。

在次贷危机之前的几年，中国有大量的经常账户盈余，导致外汇流入很多。在当时“强制结汇”（强制要求企业将其挣得的外汇换成人民币）的政策之下，这些外汇就带来了人民银行外汇占款的被动大量投放。为了不让金融市场因此陷入流动性泛滥的局面，人民银行采取了不少办法来对冲掉这些外汇占款的投放。我们会在未来讨论人民币汇率时对其做更为详细的解释。在这里，我们就先记住央行“国外资产”的变动主要是被动的就行了。因此，至少在中国，调控“国外资产”不是一个常用货币政策工具。

在人民银行的资产中，**“对其他存款性公司债权”**是另一大项。这部分是人民银行通过各种方式借给商业银行的钱。借钱的常用方式有“再贷款”（人民银行向商业银行发放信用贷款）、“再贴现”（商业银行用自己持有的未到期票据换取人民银行的贷款）、“逆回购”（人民银行以商业银行持有的债券为抵押品发放的贷款）。除了这三种常规方式外，近些年人民银行又创设了常备借贷便利（standing lending facility，简称 SLF）、中期借贷便利（medium-term lending facility，简称 MLF）、抵押补充贷款（pledged supplementary lending，简称 PSL）等新型工具。这里我们无须弄清每种工具分别是怎么操作的，只需知道央行有很多种手段可以借钱给商业银行就行了。这也是一种增加基础货币的重要方式。在央行借出的这些借款到期时，钱就又自动回到了央行的手中，基础货币也就会相应减少。

在人民银行的资产中，还有一部分是**“对政府债权”**。这部分是人民银行持有的中国政府发行的债券。《中华人民共和国中国人民银行法》第 29 条明确规定：“中国人民银行不得对政府财政透支，不得直接认购、包销国债和其他政府债券。”根据这个规定，人民银行不应该持有政府发行的债券。2017 年人民银行持有的约 1.55 万亿元国债来自 10 年前中国投资有限责任公司（简称中投公司）成立时财政部发行的特别国债，属于特殊情况。除了这个特殊情况之外，人民银行仅持有很少的国债，也很少在市场上交易。

但对其他国家央行（如美联储）来说，买卖政府债券是调控基础货币的重要方式。当中央银行在市场上买入国债时，就向市场投放了基础货币。反过来，央行卖出自己持有的国债时，就从市场中回收了基础货币。央行买卖国债，以及前面介绍的央行向商业银行发放借款的操作被统称为**公开市场操作**（open market operation，简称 OMO），是最为常用的货币政策工具。

专栏 17-1

中投公司的 1.55 万亿元特别国债

2007 年 9 月，中国投资有限责任公司（简称中投公司）挂牌成立。这是中国第一家主权投资基金公司。它成立的目的是通过多元化投资实现外汇资金的保值增值。在中投公司成立之前，中国的外汇储备都由人民银行下属的外汇管理局的储备司加以管理。

中投公司成立时，国家决定将 2 000 亿美元的外汇储备划拨给中投公司运作。但中投公司是一家国有独资公司，并不隶属于人民银行，所以外汇资金的划拨需要通过市场手段来完成。为此，财政部发行了总额为 1.55 万亿元人民币的特别国债，由人民银行以 2 000 亿美元的外储资金来加以认购。然后财政部再将这 2 000 亿美元注入中投公司。为了规避《中华人民共和国中国人民银行法》第 29 条之规定，特别国债的发行借道农业银行。具体来说，财政部向农业银行发行国债，农业银行认购后再将国债转手卖给人民银行。这样，人民银行就不是直接向财政部购买国债，也就符合了法律的规定。自那时起，这笔国债就一直待在了人民银行的资产负债表中。

在人民银行资产负债表的负债方还有不小的一块是**“政府存款”**。这是财政部存在人民银行的国库库款。按照法律规定，人民银行负责经理国库。在这样的制度下，财政资金存放在人民银行，其收支受到人民银行的监督。近年来，财政部也开始通过招标的方式把部分国库资金存放到商业银行那里去，但那部分比例仍然非常小。财政存款的大头仍然是放在人民银行账户上。

既然财政存款大部分放在人民银行，财政存款的变动也就会引起基础货币的变化。只不过财政存款的变化更多受到财政收支状况的影响，由财政部主导。所以对央行来说，财政存款的变化是被动的。人民银行需要通过其他货币政策工具来对冲财政存款变化带来的基础货币的增减。除了以上介绍的这些项目外，央行资产负债表中的其他项目规模都不大，不是货币政策常用的工具，这里就不说了。

前面讲的这些货币政策工具都是对基础货币总量进行调整，进而影响超额存款准备金数量的。除了它们之外，还有一个能在基础货币总量不变的前提下直接改变超额存款准备金的工具——存款准备金率。**存款准备金率是中央银行所规定的，商业银行必须存放在中央银行的法定存款准备金与商业银行吸收存款数量之间的比率。**换句话说，存款准备金率决定了商业银行在给定吸收存款的规模下，必须存放在中央银行的准备金的数量。2017 年，中国商业银行整体吸收的存款规模大概在 140 万亿元人民币。这意味着，存款准备金率 1 个百分点的变化就会导致超额存款准备金数量变化约 1.4 万亿元。而从公布的超额存款准备金率（超额存款准备金除以存款总额）来看，2017 年整个金融市场中的超额存款准备金（也叫超储）总量还不到 2 万亿元。很显然，存款准备金率的变化对超储的影响是巨大的。所以，存款准备金率属于货币政策的“大招”，等闲是不会动用的——就算要调整，每次也是只调整 0.5 个百分点（见图 17-6）。

2017 年，中国有广义货币（M2）总量接近 170 万亿元，基础货币（储备货币）总量约 30 万亿元。而真正决定着整个金融体系流动性多寡状况的不过是区区不到 2 万亿元的超额存款准备金。绝大多数货币政策操作都是围绕着这数量不大的超额存款准备金展开的。从这个意义上来说，货币政策算得上是“四两拨千斤”了。

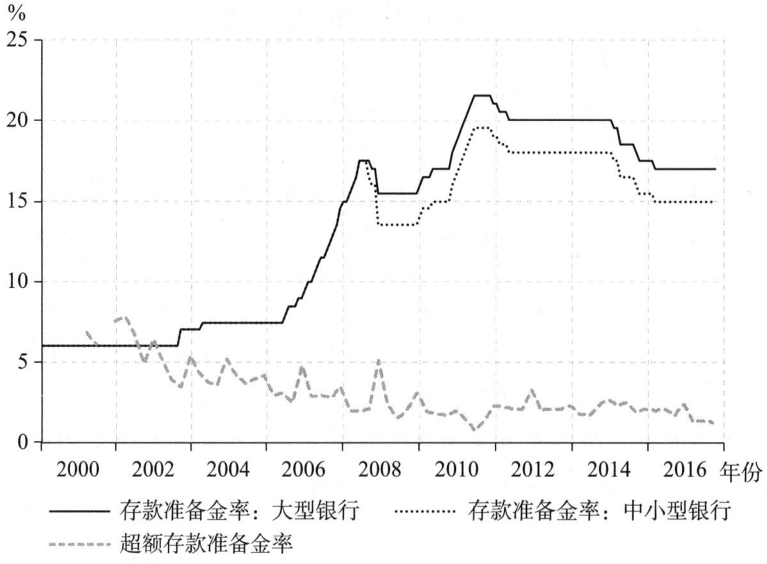

图 17-6　中国的存款准备金率及超额存款准备金率

资料来源：Wind

17.1.4　对货币政策工具的三点说明

最后，我们要对货币政策工具做三点重要的说明。第一，**重要的是各种货币政策工具综合运用得到的总效果，而不是单一货币政策工具的运用**。各个货币政策工具都会对超额存款准备金产生影响。一些其他的冲击（如外汇占款的发放、财政存款的变动）也会造成超额存款准备金的增减。因此，中央银行总是会综合使用各种工具，最终达成自己想要的超额存款准备金数量和金融市场流动性状况。所以，不要对央行单一货币政策工具的使用看得太重。

前面说过，存款准备金率是大招，按道理说上调存款准备金率是很强的货币紧缩信号。但在 2008 年次贷危机之前，中国有大量的外汇流入，导致人民银行通过外汇占款发放了大量基础货币。为了不让这些基础货币造成金融市场的流动性泛滥，人民银行在此期间连续上调了存款准备金率，将自己发放的外汇占款以法定存款准备金的形式锁定了起来。在这样的情况下，存款准备金率的上调就属于对冲性的操作，并不算明确的货币紧缩信号。

第二，**作为中国的中央银行，人民银行在前面介绍的这些常规货币政策工具外，还有不少有中国特色的货币政策工具**。比如，人民银行会通过信贷额度来直接约束每家商业银行的贷款发放。又比如，人民银行至今仍然直接设定存贷款的基准利率。虽然现在理论上对存贷款利率的管制已经完全放开，理论上商业银行可以任意设定其存贷款利率，但在人民银行所引导形成的各家商业银行的自律行为之下，商业银行的存贷款利率还是会设定在基准利率的附近。换言之，基准利率仍然是决定全社会存贷款利率的指针。

人民银行更为有力的一项工具是**窗口指导**（window guidance），简单来说就是人民银行向商业银行打招呼，促使后者贯彻人民银行的政策意图。这种中央银行和商业银行之间的沟通其实在其他国家也有，一般被叫做“道义劝说”。但与一般意义上的劝说不同，至少在中国，商业银行对人民银行的窗口指导要予以贯彻执行。

此外，人民银行近些年还在宏观审慎的框架下，创设了一些新的货币政策工具。其中比较重要的是动态差别准备金率。要知道，商业银行存放在人民银行的存款准备金只能获得很低的利息，远远赶不上向实体经济发放贷款赚钱。因此，存款准备金率越高，对商业银行利润的不利影响就越大。人民银行会根据各个商业银行的各项经营数据，计算出一个商业银行贯彻人民银行政策意图的总得分，并根据这一得分来差别化调整各家商业银行的存款准备金率。那些与人民银行要求差距较远的商业银行就会面临惩罚性的高存款准备金率。通过这样的方式，人民银行可以更加精确地调控各家商业银行的行为。

第三，**次贷危机之后，有不少非常规货币政策工具被创设出来**。其中最著名的就是**量化宽松**（quantitative easing，简称 QE）了。在 QE 中，中央银行直接购买长期国债和风险债券，直接压低长期国债收益率和风险溢价，以刺激金融体系向实体经济的信贷发放。此外，还有所谓的**扭转操作**（operation twist），中央银行通过买入长期国债，卖出短期国债，在保持其资产规模不变的前提下，压缩期限利差（长债收益率与短期债券收益率之差）。对这些非传统货币政策工具的应用，使得货币政策调控方式也从次贷危机前的常规领域进入了非常规领域。

17.2　常规货币政策操作理念

在介绍了货币政策的一些基本概念之后，下面我们来分析中央银行应该怎样来操作货币政策工具，进而实现其最终目标。这便是货币政策的操作理念。这里我们先讨论**常规货币政策**（orthodox monetary policy）的操作理念。在厘清了传统货币政策之后，我们在下一讲再展开对**非常规货币政策**（unorthodox monetary policy）的分析。

17.2.1　货币需求

货币政策分析的第一步是弄清货币政策工具之间以及真实经济与通货膨胀之间的关系。前几讲对货币经济的讨论已经为我们准备了足够多的预备知识。现在，我们先从对货币需求的推导来把货币和经济联系起来。

在第 13 讲的 13.3.1 节，我们求解了在 MIU 设定下消费者的优化问题。当时我们虽然是在一个两期模型中推导的跨期优化条件，但跨期优化的欧拉方程在多期模型中仍然是成立的。我们把当时推导出的有关名义债券和货币存量的两个一阶条件抄在这里，并把其中表示第 1 期的下标 1 改成下标 t，表示第 2 期的下标 2 改成 $t+1$。

$$u'(c_t)=\beta u'(c_{t+1})\left(\frac{1+R_{t+1}}{1+\pi_{t+1}}\right) \tag{17.1}$$

$$u'(c_t)=\frac{1}{1+\pi_{t+1}}\beta[u'(c_{t+1})+v'(m_t)] \tag{17.2}$$

注意，按照之前模型的设定，m_t是 t 期居民为 $t+1$ 期所累积的货币量，因而对应 $t+1$ 期的货币总量。

将（17.1）式代入（17.2）式，消去 $u'(c_t)$ 可得

$$u'(c_{t+1})R_{t+1}=v'(m_t) \tag{17.3}$$

如果假设效用函数为 CRRA 效用

$$u(c)=\frac{c^{1-\sigma}}{1-\sigma},\quad v(m)=\frac{m^{1-\sigma}}{1-\sigma}$$

则（17.3）式可以化为

$$\frac{c_{t+1}}{m_t}=R_{t+1}^{1/\sigma} \tag{17.4}$$

等式的左边是 t 期的以消费计算的货币流通速度。由于消费与总产出之间的比值一般比较稳定，所以上式左边也可以理解为用总产出计算的货币流通速度（差一个常数），对应真实世界中的名义 GDP 除以货币总量。等式右边与 t 期名义利率正相关。这个等式可以被理解为货币流通速度的决定方程——名义利率越高，货币流通速度越快。这个等式还可以被设想成经济对真实货币余额（货币流通速度的倒数）的需求方程——名义利率越高，对真实货币余额的需求越低。这背后的经济道理并不难理解。名义利率越高，说明持有不生息现金所吃的亏越大，人们自然愿意更快地把自己手里的钱花出去，货币流通速度自然更快。

如果观察中国的货币流通速度（M2 与 M1 除以名义 GDP）与中国名义利率（以 1 年期定期存款基准利率为指标），可以发现二者之间存在比较明显的正相关关系（见图 17－7）。而如果观察货币流通速度的变化与名义利率之间的变化，相关性就更加明显了（见图 17－8）。这说明即使在中国这么一个转型的经济体，从较长时间段来看，仍然存在着货币需求关系——名义利率的确会影响经济对真实货币存量的需求。

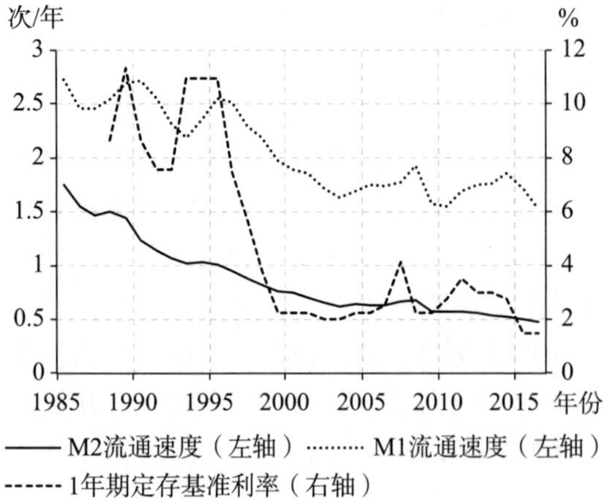

图 17－7　中国货币流通速度与名义利率

资料来源：CEIC

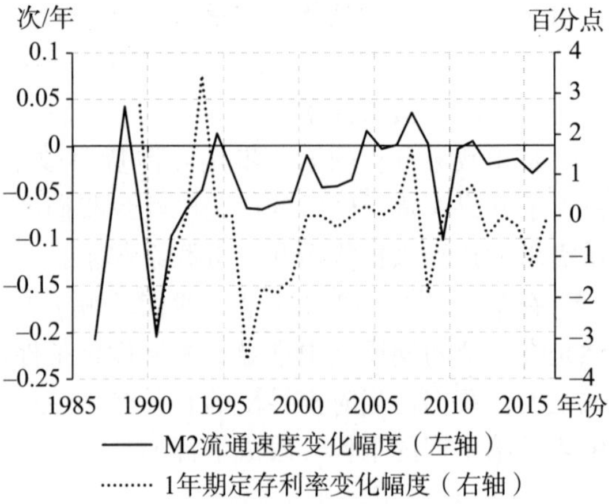

图 17－8　中国货币流通速度变化与名义利率变化的相关性很强

资料来源：CEIC

如果存在稳定的货币需求方程，那么货币政策既可以主要以数量（货币总量）为调控工具，也可以主要以价格（名义利率）为调控工具。但在现实中，世界上大多数国家的央

行以名义利率为主要货币政策调控工具。这里面的主要原因是货币需求方程并不稳定，会受到一些其他因素的扰动。为了描述这种扰动，可以把（17.4）式写成

$$\frac{c_{t+1}}{m_t}=R_{t+1}^{1/\sigma}\varepsilon_{t+1}$$

其中，ε_{t+1}是一个随机冲击，随时间变化。这样，如果中央银行保持货币总量的恒定增长，则会导致名义利率或消费的大幅波动，不利于金融体系和经济增长的平稳。而如果货币政策选择保持名义利率稳定，让货币总量的变化来吸收冲击，则更容易维护金融和实体经济的平稳运行。此外，利率可以随时精确观测，调控起来也比货币总量方便多了。

17.2.2　泰勒准则

上面我们分析了，在存在较大对货币需求的随机冲击时，名义利率是比货币总量更好的货币政策工具。那么接下来的问题自然是：中央银行应该怎样调控名义利率来实现其货币政策目标？

我们先来看一种最简单的调控方式，将名义利率固定在某个水平不变。有人可能会觉得这样会消除来自货币和金融层面对实体经济的冲击，从而有利于经济的平稳增长。真是这样吗？让我们用**新凯恩斯模型**（new Keynesian model）来分析一下。新凯恩斯模型由两个关键的方程组成。一个是我们之前在讲黏性价格时就看到过的方程。

在推导黏性价格下的总供给曲线时，我们曾经得到了如下附加预期的菲利普斯曲线

$$\pi_t=E_t\pi_{t+1}+\kappa(\tilde{y}_t-\tilde{y}_n) \tag{17.5}$$

其中，E_t表示的是t期形成的期望，$\kappa=a(1-\theta)/\theta$是一个正的参数。为了避免记号的混淆，现在我们把那些表示对数的变量加上了波浪符号。也就是说，$\tilde{y}_t=\log(y_t)$是t期真实产出的对数，$\tilde{y}_n=\log(y_n)$是自然产出水平的对数。这条曲线也叫做**新凯恩斯菲利普斯曲线**（new Keynesian Phillips curve）。这条曲线告诉我们，通货膨胀由两方面因素决定：一方面，对未来的通货膨胀预期越高，当前的通货膨胀越高；另一方面，当前产出越高，当前通货膨胀越高。

下面我们来推导新凯恩斯模型的另一个关键方程。我们假设效用函数是 CRRA 型，再把预期符号加入到（17.1）式中，并将贴现因子β替换为贴现率ρ的形式（$\beta=1/(1+\rho)$），可以得到

$$c_t^{-\sigma}=\frac{1}{1+\rho}E_t\left[c_{t+1}^{-\sigma}\frac{1+R_{t+1}}{1+\pi_{t+1}}\right]$$

上式两边同时取对数有

$$-\sigma\log(c_t)=-\log(1+\rho)-\sigma E_t\log(c_{t+1})+E_t\log(1+R_{t+1})-E_t\log(1+\pi_{t+1})$$

运用近似关系$\log(1+\Delta)\approx\Delta$，并注意到$t+1$期的名义利率$R_{t+1}$在$t$期就已经被确定在了金融契约中，且是已知的，上式可改写为

$$\tilde{c}_t=E_t\tilde{c}_{t+1}-\frac{1}{\sigma}(R_{t+1}-E_t\pi_{t+1}-\rho)$$

其中，$\tilde{c}_t = \log(c_t)$。如果假设产出的增长率与消费的增长率相等，上式又可改写为

$$\tilde{y}_t = E_t\tilde{y}_{t+1} - \frac{1}{\sigma}(R_{t+1} - E_t\pi_{t+1} - \rho) \tag{17.6}$$

这是所谓的**动态 *IS* 曲线**（dynamic *IS* curve）。这条曲线告诉我们当前产出由两方面因素决定：一方面，对未来产出的预期越高，当前产出越高；另一方面，当前真实利率越低，当前产出越高。

（17.5）式与（17.6）式共同构成了新凯恩斯模型。这是当前宏观经济学家分析货币政策的基本模型。我们用这两个方程来分析一下名义利率如果固定在某个数值不变会带来什么后果。（17.5）式与（17.6）式合起来是包含产出和通货膨胀两个内生变量、包含预期的差分方程组。在数学上可以严格地证明，这样的差分系统在名义利率固定不变的情况下是不稳定的。也就是说，如果名义利率保持不变，通货膨胀和产出都无法稳定，会走向极端。对这个差分方程组进行数学分析已经超出了我们这门课的技术要求，但我们可以用经济学逻辑推演得到同样的结论。

假设在一开始的时候因为某种原因，使得经济对未来通货膨胀的预期 $E_t\pi_{t+1}$ 上升了。由于名义利率 R_{t+1} 固定不变，这会导致真实利率 $R_{t+1} - E_t\pi_{t+1}$ 下降。由（17.6）式的动态 *IS* 曲线可知，在对未来产出预期不变的前提下，经济的产出 $\tilde{y}_t$ 会因此上升。再由（17.5）式的新凯恩斯菲利普斯曲线可知，产出 y_t 和通货膨胀预期 $E_t\pi_{t+1}$ 的上升会让通货膨胀 π_t 上升。而通货膨胀的上升又会导致通货膨胀预期进一步升高。这样就形成了一种正反馈机制，使得通货膨胀和产出越来越高，偏离稳态，整个系统因而走向发散。当某种扰动使得通货膨胀预期下降时，类似的正反馈机制也会出现，使得产出和通货膨胀越来越低。所以，将名义利率固定、不对通货膨胀做反应的货币政策无法实现稳定经济和通货膨胀的最终目标，因而是不可取的。

在前面的推演中，我们看到的关键机制是固定了名义利率之后，真实利率与产出之间的反向变化，真实利率反周期运动。在产出高的时候，真实利率反而低，火上浇油；在产出低的时候，真实利率反而高，雪上加霜。为了阻断这种正反馈机制，名义利率的变化幅度应该比通货膨胀预期的变化幅度更大，以便形成顺周期运动的真实利率。也就是说，通货膨胀预期每上升（或下降）1 个百分点，名义利率需要上升（或下降）超过 1 个百分点，使得在通货膨胀预期上升（或下降）的时候真实利率也上升（或下降）。这就是货币政策调控的**泰勒准则**（Taylor principle）。这一准则因泰勒（John Taylor）对其最早的讨论而得名。

泰勒准则告诉我们，货币政策，尤其是利率政策，一定得内生于经济状况（尤其是通货膨胀状况），根据经济状况的变化而调整。换言之，中央银行如果想要达成稳定通货膨胀和产出的最终目标，就必须根据经济形势而相机调整利率水平。换句话说，中央银行并不具有任意选择名义利率的能力，而必须将其设定在契合经济状况的水平上。

17.3 美国的货币政策传导

在讨论了常规货币政策操作的理念之后，下面我们以美国为例，来看看在真实世界中

这些理念是怎样体现出来的。

美国联邦储备委员会是美国的中央银行，负责调控美国的货币政策。在美国的货币政策中，**联邦基金利率**（federal funds rate，简称 FFR）是最重要的政策利率。联邦基金利率是美国金融市场中的隔夜拆借利率，反映了美国商业银行的资金状况。美联储的货币政策在很大程度上就是通过将联邦基金利率调控到自己想要的水平来实现的。美联储一般一年开 8 次议息会议。在每次会议上，**美联储公开市场委员会**（Federal Open Market Committee，简称 FOMC）的成员会在讨论后决定联邦基金利率的目标值。随后，美联储会持续在公开市场上吞吐基础货币，将联邦基金利率稳定在目标值附近（见图 17－9）。

要注意，美联储并不是行政性地把市场上的联邦基金设定为目标值，而是通过市场化的方法，在利率目标值附近大量投放或回收基础货币来使得联邦基金利率的市场观测值稳定在目标值附近。换言之，市场参与者总是能够按照在美联储设定的利率目标值差不多的水平借到钱。这样，美联储设定的利率目标值才是真正能影响到市场交易的有效利率。相反，如果美联储只是把利率行政性地设定在某个位置，而不辅以在这个利率水平上的基础货币投放，那么这个利率就不会对应真正的市场成交，也就不会影响市场的行为。

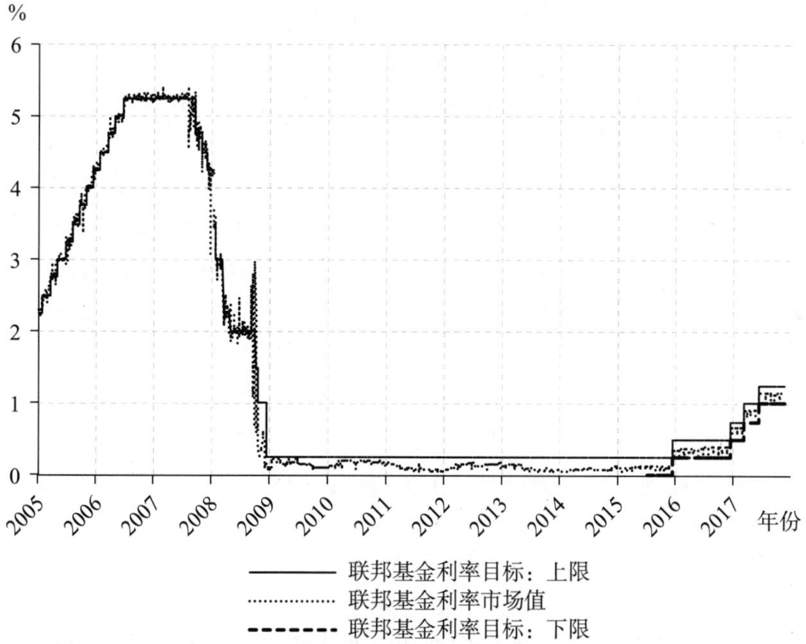

图 17－9　美国联邦基金利率目标和市场观测值

资料来源：CEIC

在 2015 年之前，美联储只是给出联邦基金利率的目标值。因此市场中的联邦基金利率水平会围绕这个目标值上下波动。从 2015 年开始，美联储引入了**利率走廊**（interest rate corridor）机制，同时设定联邦基金利率的上限目标值和下限目标值。美联储承诺在上限目标利率水平上会无限量地向市场提供基础货币——金融机构按照这个利率想借多少钱就能借到多少钱；并承诺在下限目标利率水平上会敞开向市场接受存款——金融机构按照下限利率愿意存多少钱进联储就能存多少。这样就有效地把市场上的联邦基金利率局限在了下限目标利率和上限目标利率之间，增强了对联邦基金利率的掌控力（见图 17－10）。

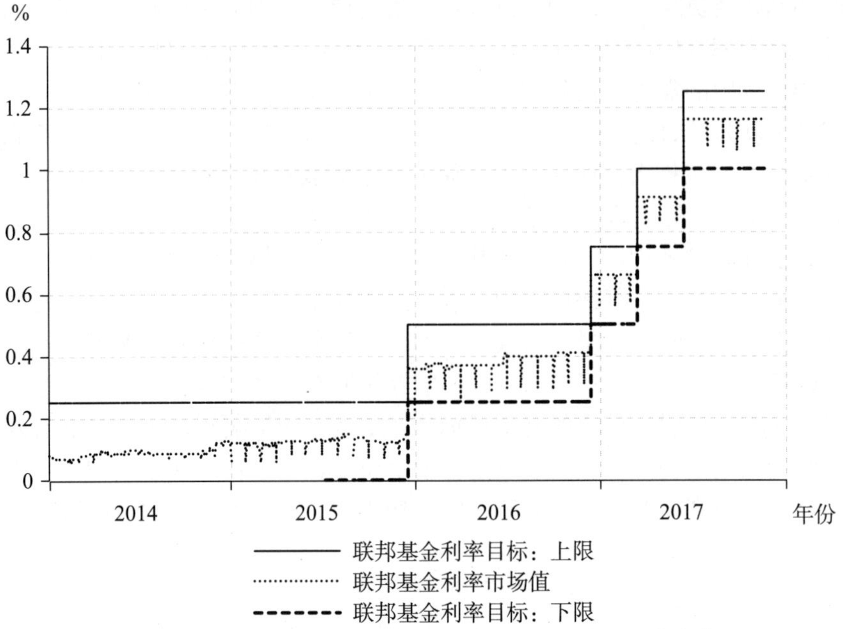

图 17－10　2015 年后，美国联邦基金利率形成了利率走廊

资料来源：CEIC

联邦基金利率是最短期的隔夜利率。美联储对联邦基金利率的调控会扩散到各个期限、各个品种的利率上去。于是在正常状况下，美联储就可以通过联邦基金利率间接影响市场上的各种利率（见图 17－11）。① 而美联储对利率的调控会影响到商业银行信用扩张的状况，进而影响到实体经济的增长状况（见图 17－12）。这样，美联储就通过对联邦基金利率的操控实现了对整个经济的调控。这便是真实世界中的货币政策传导过程。

由于美联储的货币政策最终目标是保持通货膨胀稳定和促进充分就业，所以美联储在调控联邦基金利率时，会对通货膨胀和产出的变化做出反应。提出了泰勒准则的约翰·泰勒在研究了美联储调控利率的行为后，提出美联储调控联邦基金利率的行为方式可以用如下简单方程来概括

$$R_t = 0.03 + 1.5 * \pi_t + 0.5 * (\tilde{y}_t - \tilde{y}_n) \tag{17.7}$$

也就是说，名义利率要跟通货膨胀率同向变化，通货膨胀率上升 1 个百分点，名义利率要升高 1.5 个百分点（这符合泰勒准则）。此外，名义利率还要跟产出缺口同向变化，只不过变化的敏感性不如对通货膨胀那么高而已。

形如（17.7）式这样的名义利率的调整规则被统称为**泰勒规则**（Taylor rule），是对中央银行利率调控行为的一种数量化的总结。实证研究者发现，发达国家的中央银行大多符合泰勒规则。事实上，我们自己也可以估计泰勒规则的方程。运用美国 1958—2007 年

---

① 注意，这里状语“在正常状况下”是不可少的。因为在次贷危机之后，美联储就发现自己通过联邦基金利率已无法有效调控长期利率，因而需要祭出非常规货币政策工具 QE。这是我们下一讲要讨论的内容。

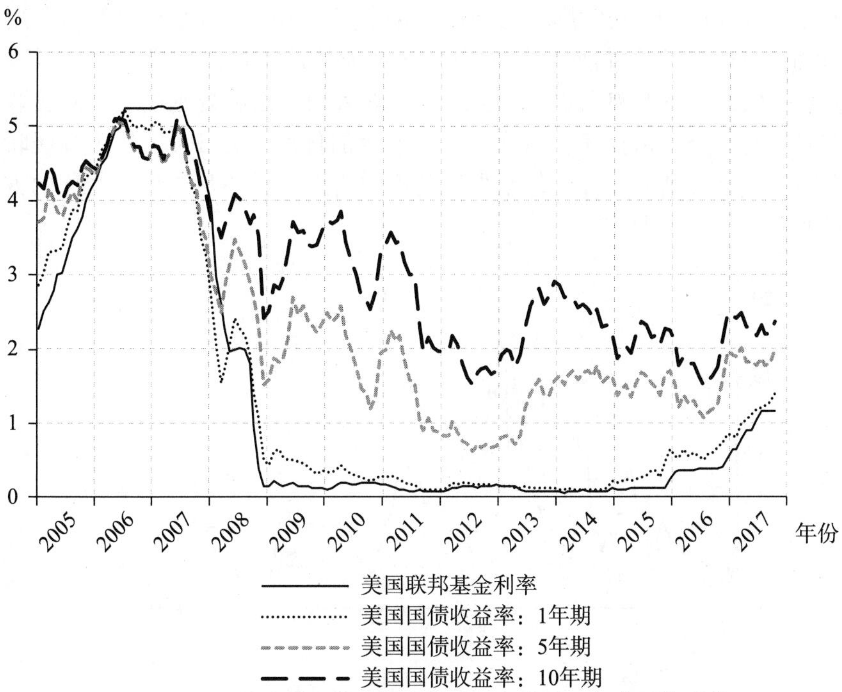

图 17－11　美国联邦基金利率影响了各期限、各类别的利率

资料来源：CEIC

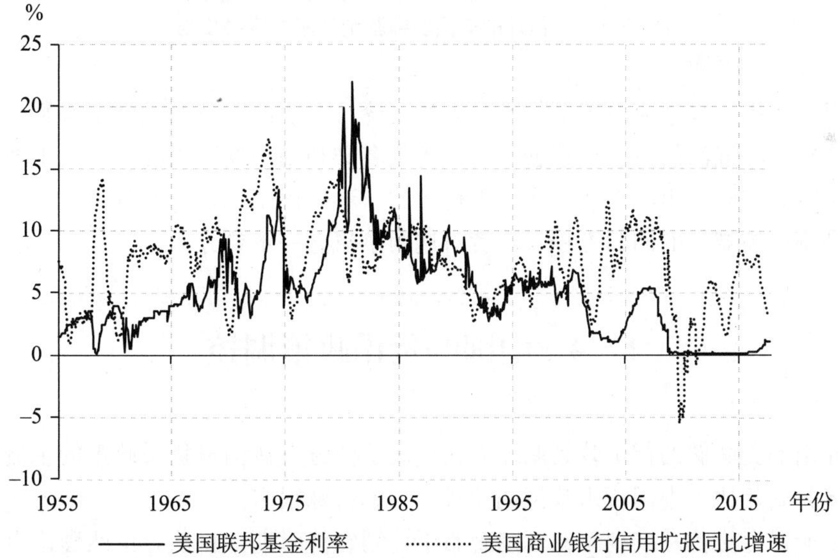

图 17－12　美国联邦基金利率政策影响了商业银行信用的扩张

资料来源：CEIC

的数据，我们估计得到了如下泰勒规则估计方程

$$R_t = 0.82 + 1.13 * CPI + 0.53 * OutputGap$$

$$(0.24)(0.05) \qquad (0.09) \qquad R^2 = 0.67$$

其中，CPI 是美国核心 CPI 通货膨胀的同比变化率，OutputGap 是产出缺口，用美国的不变价 GDP 数据通过 HP 滤波得到。括号中的数字为估计参数的标准差。可以看到，方程的拟合优度是不低的，各个参数也都是显著的。这表明，泰勒规则确实是对美联储常规货币政策操作方式的一个不错描述。当然，方程拟合的优度不是 100%，还有些联邦基金利率的波动不能为泰勒规则所解释。但至少泰勒规则给出了联邦基金利率变化的方向，这已经是很不错的结果了（见图 17－13）。

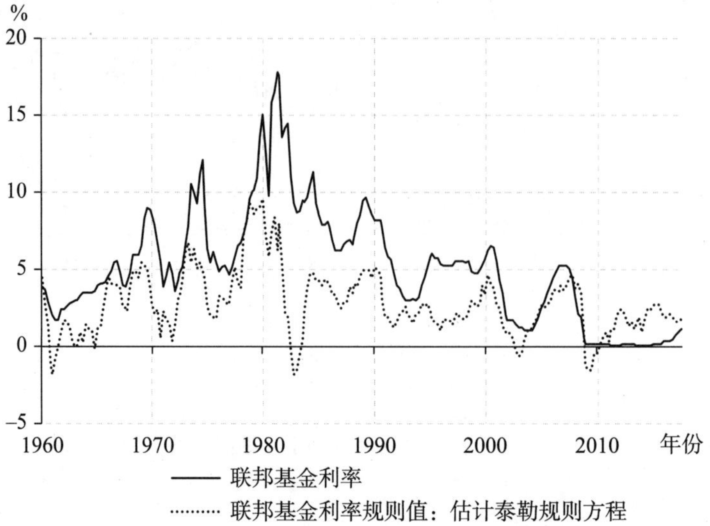

图 17－13　估计的美国联邦基金利率的泰勒规则

资料来源：Wind，作者估计

我们以一点提示来结束对美国货币政策的讨论。在前面，我们提到了泰勒准则和泰勒规则这两个很容易混淆的概念。泰勒准则说的是名义利率的变动幅度需要大于通货膨胀预期的变动幅度，否则货币经济体系将是不稳定的。泰勒规则是用现实数据估算出来的描述中央银行利率调控规律的回归方程。读者对这两个概念一定要分清楚。

17.4　中国的货币政策调控

前面介绍的美联储的货币政策调控方式代表了西方发达国家货币政策的主流。与美联储这种主流方式相比，中国货币政策调控看上去就特殊很多。

中国政府对存贷款基准利率的管制脱胎于计划经济时期。目前，虽然理论上对商业银行存贷款利率的管制已经没有——根据现有的法规商业银行可以自由设定其存贷款利率——但人民银行设定的存贷款基准利率仍然对市场利率发挥着重要影响。在自律的约束下，商业银行都会把自己的存贷款利率设定在基准利率附近。但很显然的是，人民银行对存贷款基准利率的调控不符合泰勒准则。存贷款基准利率的变动幅度长期大幅小于通货膨胀变化的幅度。这导致了真实利率的逆周期波动，对经济波动有放大的作用（见图 17－14）。

再来看中国的金融市场。与美国不同，中国到目前为止仍然没有在银行间市场设定基准利率。人民银行在向市场投放或回笼基础货币时，所用的利率水平虽然包含一定政策含义，但并没有真正将市场利率稳定下来。比如，逆回购操作是近些年来人民银行投放基础货币的一个重要工具。人民银行在进行逆回购时，是向金融机构买入债券，并承诺在一定期限后再把债券卖回给出售方。这样，人民银行在买入债券的时候就向市场投放了流动性。而在未来逆回购到期，债券再卖回给金融机构的时候，基础货币就自动回笼到央行了。

在 2016 年和 2017 年，人民银行的逆回购操作利率基本保持了稳定，但同时市场上的同期限利率却明显偏离逆回购利率。这说明，人民银行并没有在自己设定的逆回购利率水平上向市场投放足够多的基础货币。因此，市场利率并未被稳定在逆回购利率附近。相应地，逆回购利率对市场利率的影响就有限（见图 17－15）。

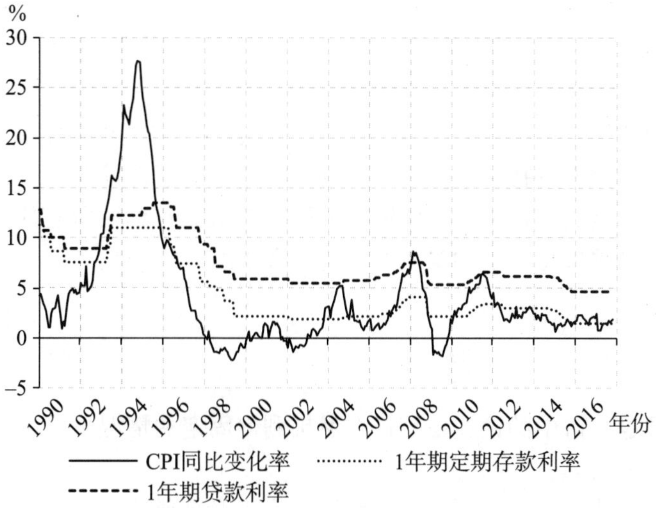

图 17－14　中国存贷款基准利率的变动显然不符合泰勒准则

资料来源：Wind

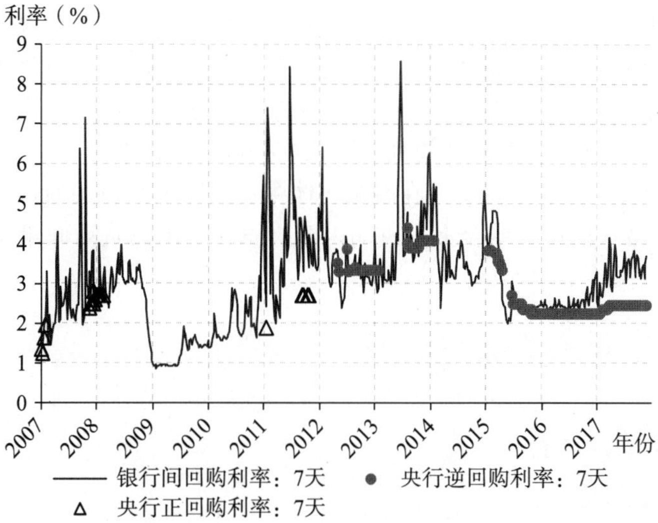

图 17－15　中国人民银行并未将银行间短期利率稳定下来，而是容忍它有一定波动

资料来源：Wind

以上只是简单地介绍了中国货币政策操作的两个特殊之处。从前面介绍的理念来看，中国这种货币政策操作方法的弊端是显而易见的。有人可能认为这代表了人民银行的工作人员在现代货币政策理论知识方面的欠缺。显然这不是事实。如果说几十年前人民银行还可能对现代货币政策理论不太了解，那么现在肯定不是这样了。当前，不少人民银行的工作人员都有着深厚的经济学素养以及长期调控货币政策的经验。有国外留学和工作经验的人民银行工作人员也不在少数。这里我们能看到的问题，人民银行的工作人员也能看到，甚至感受更深。之所以人民银行目前仍然还是如此操作货币政策，是因为它还面临着不少中国所特有的约束条件。能否看到这些约束条件，是理解中国货币政策的关键。在这里，我们先把这个话题引出来，而把对其的深入讨论留到本书的第19讲。

进一步阅读指南

有关常规货币政策，博芬格（Bofinger）所著的《货币政策：目标、机构、策略和工具》一书是一本相当全面且技术程度不那么高的参考书，值得推荐（Bofinger，2001）。若想了解中国的货币政策调控，来自人民银行的研究者伍戈和李斌所著的《货币数量、利率调控与政策转型》是很值得一读的参考书（伍戈和李斌，2016）。

练习题

17.1　请仿照这一讲中的论述，分析在名义利率固定的情况下，一个对通货膨胀预期的负向冲击会导致的后果。

17.2　在这一讲我们论证了利率政策必须内生于经济形势，根据经济形势（尤其是通货膨胀形势）的变化而相机调整。但在之前介绍货币政策动态不一致问题时，我们又说货币政策不应该相机抉择。这两种说法之间是否存在矛盾？

17.3　之前我们曾经推导过费雪方程式 $R=r+\pi$，说明名义利率等于真实利率加通货膨胀率。而通货膨胀率又可由货币增长率决定。所以中央银行通过将货币增长率设定在不同的水平，应该可以任意设定名义利率。那么为什么在这一讲的正文中又说央行不能任意设定名义利率呢？（提示：想想新凯恩斯模型的前提假设是什么。）

17.4　请解释什么是利率走廊。在融资主体存在预算软约束的时候，中国是否具备构建利率走廊的条件？（提示：结合上一讲的内容，思考中国的货币政策是否可以完全依赖价格型调控。）

第 18 讲*

非常规货币政策

如果我们是在次贷危机之前讲述货币政策，那么介绍上一讲的内容就足够了。但在次贷危机之后，全球经济陷入了长时间的衰退。为了刺激经济，发达国家的中央银行普遍采取了如零利率、量化宽松等过去极少采用的货币政策手段来刺激经济增长。可以说，以次贷危机为界，全世界货币政策操作发生了重大变化。危机后有许多新的货币政策工具进入了中央银行的工具箱。因此，现在要讲货币政策，就得把这些货币政策新的实践也包括进来。可以把次贷危机后的货币政策实践称为非常规货币政策（unorthodox monetary policy），以便与危机前适用于正常经济状况的常规货币政策（orthodox monetary policy）区分开来。

但要注意，非常规货币政策并不是对常规货币政策的否定，而是对后者的自然发展。在常规货币政策中，中央银行主要通过调控金融市场短期利率来实现货币政策最终目标。但在次贷危机之后的经济环境中，仅对短期利率做调控已经不够，央行需要利用新的政策工具来实现其最终目标。如果经济环境能够回到次贷危机前的正常状态，那么非常规货币政策工具也可以退出舞台。但即使那样，后危机时代的货币政策操作实践也已经极大地丰富了货币政策理论，扩大了央行的政策工具箱。

在这一讲，我们会讨论常规货币政策的适用范围，分析为什么在次贷危机之后的经济环境中，常规货币政策工具不再够用。我们还会介绍非常规货币政策的常用工具是什么，以及创设并使用这些工具的道理是什么。最后，我们还会介绍中国货币政策的实践，探讨中国货币政策与常规及非常规货币政策的关系。

18.1 常规货币政策与货币政策传导路径

从上一讲的介绍可以看出，常规货币政策操作的核心是对金融市场短期利率的调控。通过操控短期利率，央行可以影响各个期限、各个品种的利率，调控实体经济中的货币扩张速度，进而实现货币政策操作的最终目标——稳定通货膨胀和促进增长。

常规货币政策操作是否有效，取决于货币政策传导路径是否顺畅。之前说过，所谓货币政策传导路径，指的是从中央银行对基础货币的创造，到实体经济中居民和企业等经济主体对货币加以运用来进行经济活动的全过程。货币政策传导顺畅的意思是，在货币政策传导路径上的各个环节中，利率这一资金的价格信号都能够被传递过去。说得更具体一点，在货币政策传导路径上的各个市场中，利率都能够让市场中资金的供需相等，令市场出清。通过顺畅的货币政策传导路径，央行调控金融市场短期利率所释放的政策意图能传导到实体经济，并最终影响央行关心的通货膨胀率和经济增长率这些关键指标。

货币政策传导路径顺畅与否，取决于该路径上的各个环节中，套利力量是否在有效地发挥作用。套利主要发生在三个环节。第一是短期利率与长期利率之间的期限套利，它决定了短期利率与长期利率之间的利差——**期限利差**（term premium）。第二是无风险利率与风险利率之间的信用套利，它决定了无风险利率与风险资产回报率之间的利差——**风险溢价**（risk premium）。第三是金融市场利率与实体经济投资名义回报率之间的套利，它决定了金融市场向实体经济提供的融资的多寡。

先来看期限套利。金融市场中有不同期限的利率。最短期的是**隔夜利率**（overnight interest rate），是借款一天的利率。美联储调控的联邦基金利率就是隔夜利率。像10年期国债收益率这样的利率属于长期利率。最长期的利率是**永续债**（perpetual bond）的收益率。永续债是一种没有到期日，永远不偿还本金，但永远支付利息的债券。短期利率与长期利率之间虽然对应的时间跨度不同，但投资者可以在这二者间套利。比如，投资者如果预期未来1年的隔夜利率平均水平为2%，而现在的1年期国债收益率为4%，那么他就可以通过滚动借入隔夜资金买1年期国债来套取两个利率间的利差。所谓滚动借入隔夜（俗称“滚隔夜”）资金，就是每天都用隔夜利率借入隔夜资金，第二天再借入新的隔夜资金来偿还昨日借款的到期本金。只要隔夜利率大致稳定在2%，这种套利行为就能带来2%的回报率。

当期限套利的力量在发挥作用时，央行所设定的短期利率水平，以及市场对央行未来设定短期利率行为的预期，就能影响到各期限的利率。这样，央行就通过调控短期利率而调控了各个期限的利率水平。这里特别要注意到，市场对央行下一步行动的预期，也是货币政策发挥作用的重要途径。在之前讲货币政策的动态不一致问题时，我们曾经引述了英国央行前行长默文·金的“利率的马拉多纳理论”。默文·金说：“英国防守队员在按照他们对马拉多纳下一步行动的预期做出反应。由于他们预期马拉多纳会向左或向右移动，所以马拉多纳可以跑直线突破他们……货币政策有着类似的效果。市场利率根据央行下一步预期要做的行动来做出反应。”在这里我们看到了央行调控预期来影响市场利率的一个例子。当央行通过政策信号让大家相信它未来会加息时，即使当前的利率水平并未发生变化，也能让长期利率水平上升。所以，尽管各个国家的基准利率水平变化并不频繁，但央行却时时在通过预期管理来调控货币政策。由于预期管理主要靠央行官员说话来进行，所以央行的预期管理又被戏称为**“张开大嘴操作”**（open mouth operation）。

下面再来看信用套利。所谓信用套利，就是投资者在无风险资产与风险资产之间的权衡。像国债这样的无风险资产能够确定带来其事先承诺的名义回报率，其收益率就是无风险利率。而企业发行的无抵押信用债券虽然也会承诺固定的名义回报率，但因为存在违约的风险，所以是风险资产。普通股股票不承诺固定回报率，因而更是风险资产。投资者虽然都是风险厌恶的，但只要风险资产的期望回报率高于无风险利率，总是会有人愿意持有一些风险资产。只不过风险资产回报率与无风险利率之间需要有一个风险溢价来补偿投资者对风险的持有。当中央银行改变了无风险利率之后，风险资产回报率也会做相应的调整，以实现风险资产和无风险资产之间新的平衡。

最后再来看金融市场利率水平与实体经济投资回报率之间的套利。从收入分配的角度来说，利息最终来自实体经济的利润。金融市场的利率水平是实体经济融资者的融资成本。当融资成本低于实体经济投资项目所创造的名义投资回报率时，实体经济的投资者就有动力从金融体系中借出钱来进行投资。反过来，如果融资成本比实体经济投资的名义回报率还高，就说明借钱投资不划算，实体经济投资者就不会启动投资项目。所以，金融市场的利率水平一定不能高于实体经济的名义投资回报率，即实体经济企业的利润率。二者之间的差异就决定了从金融市场借钱来投资实体项目的回报率是多少，也就决定了会有多少融资从金融体系流向实体经济，因而也就决定了实体经济中货币总量的增长速度——融资是货币的增量。

通过上述的环环相扣的套利力量，央行所决定的金融市场短期利率就与实体经济的投资回报率之间建立起了联系。所以在货币政策传导路径顺畅的情况下，央行对名义利率的调控是受到约束的，必须让名义利率处在与实体经济投资回报率相契合的水平上。换句话说，货币政策必须内生于经济状况，随实体经济运行状况的变化而变化。这正是上一讲我们在新凯恩斯模型中所得到的结论。

用这里的逻辑我们也可以论证为什么央行在调控名义利率时需要满足泰勒准则。假设在一开始的时候，金融市场的名义利率等于实体经济的投资回报率。那么，在其他条件保持不变的前提下，实体经济的通货膨胀预期如果上升 1 个百分点，实体经济的名义投资回报率就会上升 1 个百分点。如果央行将金融市场的名义利率压制在升幅不到 1 个百分点的水平上，实体经济的投资者就会发现从金融市场借钱来投资项目是有利可图的，因而带来金融市场向实体经济更多的融资投放。

更多的融资会在实体经济创造出更多的存款，从而导致金融市场中更多的基础货币变成法定存款准备金而被锁定。这样，金融市场对基础货币的需求会增加。如果央行还需要继续维持之前的名义利率不变，就得加大基础货币的投放。而这更多的基础货币又会变成更多的融资投放，以及实体经济中更高的货币扩张速度，以及随之而来的更高通货膨胀和通货膨胀预期。如此循环下去，通货膨胀率必然会越来越高，失去稳定。如果实体经济的通货膨胀预期降低了 1 个百分点，而央行设定的名义利率降低的幅度不足 1 个百分点，则会导致越来越严重的通货紧缩，同样不能保证通货膨胀水平的平稳。我们会在本讲习题中让大家阐述通货紧缩背后的逻辑。所以，为了保持通货膨胀的稳定，央行在设定名义利率时必须满足泰勒准则。这里的讨论也能加深我们对利率决定问题的理解。

对以上讨论做一个简单的总结，常规货币政策是通过顺畅的货币政策传导路径来发挥其作用的。通过传导路径上各个市场中环环相扣的套利力量，央行对金融市场短期利率的调控能传导到实体经济的货币扩张上，最终影响通货膨胀和经济增速等货币政策最终目标指标。而通过顺畅的货币政策传导路径，实体经济的状况也对央行的货币政策构成了约束，要求央行将名义利率设定在契合于实体经济投资回报率的水平上。

18.2　货币政策传导的阻塞

在之前讲述货币政策的流动性效应时我们说过，在货币政策传导路径受阻时，在传导路径上会产生流动性效应，从而导致局部的名义利率与实体经济的投资回报率不匹配。2015 年中国 A 股市场的大牛市就是这么来的。当时，为了调控房价，并控制地方政府债务的扩张，政府有意识地打压了房地产和地方政府融资平台的融资。因此，尽管这两个行业能够承受较高的融资成本，但在政策约束下金融机构难以向它们提供融资。这使得金融与实体间的套利力量无从发挥，导致金融市场流动性泛滥和实体经济融资难的脱节现象随之而生。于是，股票价格在实体经济走弱的背景下大幅走牛，并最终以“股灾”收场。

货币政策传导路径的阻塞并不是中国特有的情形。在次贷危机后，发达国家普遍都面临货币政策传导不畅的局面。造成这种局面的主要原因有两个——银行体系资产负债表受损后的自顾不暇，以及流动性陷阱。我们先来说说前者，然后再详细分析后者。次贷危机爆发之后，欧美的许多银行因为持有次级按揭贷款（subprime mortgage loan）这样的“有毒资产”而损失惨重，资产负债表受损，资本金缩水。由于银行经营需要满足包括资本充足率在内的一系列监管指标的约束，所以受损的资产负债表就削弱了银行发放信贷的能力，因而导致从金融体系向实体经济的融资投放受限。所以在次贷危机以及欧债危机爆发之后，美欧中央银行向银行体系投放的大量基础货币都被商业银行用来修复其资产负债表了，而并未变成对实体经济的融资投放，从而形成了货币政策传导的阻塞。除了这个原因外，发达国家货币政策传导阻塞的更重要原因是**流动性陷阱**（liquidity trap）。这是一个更加需要深入分析的课题。

18.2.1　流动性陷阱

流动性陷阱是凯恩斯首先提出来的一个概念。它说的是当名义利率水平降低到不能更低的水平时，经济对货币的需求弹性会变得无限大。这时，无论央行增发多少货币，都会被人们储存起来，因而无法刺激经济增长，也不会影响利率和物价。

在上一讲，我们在 CRRA 效用函数形式下推导出了如下的货币需求（money demand）方程

$$\frac{c_{t+1}}{m_t}=R_{t+1}^{1/\sigma}$$

在方程左边分子分母上同时乘以 P_{t+1}，并注意到 $M_t=P_{t+1}m_t$ 为 $t+1$ 期的名义货币总量，上式可以化为

$$M_t=\frac{P_{t+1}c_{t+1}}{R_{t+1}^{1/\sigma}}$$

当名义利率 R_{t+1} 趋近于 0 时，名义货币总量 M_t 趋近于无穷大。这时实体经济对名义货币有无穷大的胃口，增发货币既无法让名义利率 R_{t+1} 进一步下降，也无法影响价格 P_{t+1} 与真实消费 c_{t+1}，货币政策对经济的调控能力消失。这便是对流动性陷阱的理论表述。

以上的介绍虽然是教科书中常见的，但过于抽象，无法让我们对流动性陷阱以及它对货币政策传导的阻塞产生直观的认知。所以接下来，我们要用更直观的推演来分析货币政策传导在零利率处受阻的道理。其实这个道理说起来很简单，就是虽然名义利率不能比 0 低（所谓名义利率的零下限），但实体经济名义投资回报率却可以是负的。所以当名义投资回报率下降到了 0 以下之后，常规货币政策对实体经济就无能为力了。

我们先来看看名义利率的零下限。名义利息率是将钱存入银行所获得的现金回报率。如果名义利率比 0 还低，就意味着钱存在银行里还会有损失。这时储户就有动力把钱取出来转而持有现金，至少现金拿着不会缩水。不过，持有大量现金也是有成本的——存放和转移时都需要不菲的安保成本——所以实际上在轻微负利率时，储户仍然会把钱存在银行里。但由于持有现金的这个选项终归还是存在的，所以名义利率不可能在 0 以下无限下降。所以可以说名义利率存在一个不能突破的下限，这个下限就在 0 附近。我们可以不太严格地把这个名义利率的下限叫做**零下限**（zero lower bound）——尽管名义利率可以比 0 略低一点。

1. 名义投资回报率为负的情况

名义利率虽然会碰到零下限，但实体经济的名义投资回报率却完全可能比 0 低很多。实体经济名义投资回报率等于实体经济真实投资回报率加上通货膨胀预期。真实回报率和通货膨胀预期都可能让名义投资回报率为负。

先来看真实投资回报率。在新古典经济学中有稻田条件（Inada condition），假设真实投资回报率一直是正的（参见本书 3.3.2 节）。但这只是为了数学处理方便而引入的一个数学假设，并不代表真实世界就一定是这样。真实世界中投资项目亏损严重，甚至亏掉原始本金的情况并不罕见。而就全社会来说，如果投资过剩的情况很严重，导致大量投资项目处在破产清算的状态，此时边际投资的真实回报率也应该为负。

当然，如果经济中存在着调节投资的市场化机制，那么真实投资回报率为负的情况应该不会发生。因为投资的机会成本是把投资资源转化成消费带来的效用提升。所以，如果投资决策最终由消费者做出，那么在真实投资回报率下降到 0 之前，经济就会自动停止投资。在之前讨论中国的消费不足时，我们曾对这一逻辑做过详细的分析。受制于收入分配结构，中国经济的投资决策并不完全由消费者部门做出，所以储蓄过剩、投资过剩的问题会浮现。在这样的情况下，中国完全可能出现真实投资回报率为负的情况。当然，有中国这样独特经济结构的国家在世界上是不多的。所以就世界多数国家来说，实际投资回报率为负的情况很难产生。让名义投资回报率降到 0 以下的更普遍原因是物价的负增长——通货紧缩。

就算真实投资回报率一直是正的，名义投资回报率也未必一直是正的。这是因为名义投资回报率等于实际投资回报率加通货膨胀预期，而通货膨胀预期完全可以是负的。在通货紧缩的状况下，以货币计价的真实商品的价格越来越低。反过来说，以真实商品计价的货币的价格越来越高。这意味着货币相对真实商品越来越值钱。在这种情况下，与持有货币相比，在真实经济中做实业投资的吸引力会比较低。投资者完全可能发现，借来现金做了投资项目之后，投资带来的实际回报换成现金后还不如当初借入的本金多。在这种情况下，实体经济的名义投资回报率就为负了。

如果实体经济的名义投资回报率都为负数，从金融市场借入资金来投资实体经济的项目就无利可图。此时实体经济的融资需求就会很低，中央银行也就没有办法通过降低名义利率来刺激向实体经济的融资投放，宽松货币政策因而不再有效。这就是凯恩斯所说的流动性陷阱。在流动性陷阱出现时，货币政策的传导路径不再通畅。

所以在调控向实体经济的融资投放时，货币政策的能力是不对称的。理论上，中央银行可以通过回收基础货币来把名义利率推升到任意想要的高度，从而使得金融市场的名义利率水平高于实体经济的名义投资回报率。这样就能降低流向实体经济的融资，对实体经济形成紧缩效应。但另一方面，名义利率却受制于零下限，而无法无限地降低。因此，当实体经济的名义投资回报率很低时，常规货币政策难以提升向实体经济的融资投放，无法刺激经济。因此可以把常规货币政策想象成马的缰绳。勒紧缰绳总能够把马给拉停，但要用缰绳把马推着向前却很难。

2. 通货紧缩的形成

下面我们再来看看通货紧缩（deflation）是怎么产生的。通货紧缩就是整体物价负增长，商品价格越来越便宜。经济学的基本原理是价格决定于商品的供需。物价总水平也是一种价格，自然决定于经济中名义总需求与总供给之间的对比。所谓名义总需求（nominal aggregate demand），就是经济中表现为货币购买力的对商品的需求。当名义总需求小于总供给时，整体物价就会下降，形成通货紧缩。所以最简单来说，通货紧缩就是名义总需求不足。

可以从货币政策和实际总需求两方面来理解名义总需求。先看货币政策，通过降低货币增长率，减少货币的供给，确实可以表现为货币购买力的总需求下降，从而导致通货紧缩。不过，在现行的纸币体系下，中央银行拥有无限的名义货币发行能力。而且虽然弗里德曼最优货币数量论的结论是最优的货币增长速度应该是负增长，但在真实世界中没有一家央行是以通货紧缩为物价目标的。相反，央行总是想通过货币政策来营造一种温和稳定的通货膨胀。除非货币政策调控失误，否则分析通货紧缩应该更多从实际总需求的角度来切入。

在现代社会，通货紧缩一般是由实体经济的实际总需求不足引发的。在这一点上，我们要告别古典经济学的萨伊定律了。萨伊定律说的是，任何生产活动背后都对应着对商品和服务的需求——因为人们生产不是为了满足自己的需求，就是为了用产出来交换自己想要的东西。就算是有储蓄的动机，真实利率也会让储蓄市场出清，所有储蓄都被人借去变成支出。如果萨伊定律成立，萨伊定律完全否定了实际总需求不足的可能。但从我们前面对中国经济消费不足的探讨可以知道，因为资本的所有制结构方面的特性，中国并不必然存在一个出清的储蓄市场，储蓄过剩、消费不足和随之而来的总需求不足是完全可以出现的。

日本则是另一个需求不足导致长期通货紧缩的例子。**资产负债表衰退**（balance sheet recession）是解释日本长期通货紧缩的最好理论。[①] 1990 年，日本房地产大泡沫破裂，房

---

① 日本学者辜朝明所著的《大衰退：宏观经济学的圣杯》（东方出版社，2016）是用资产负债表衰退理论解释日本经济的一本不错著作。

价和地价进入了长期下降的通道。在之前房地产泡沫膨胀的时期，日本的居民和企业因为房产价值上升而变得富有，并随之借入了大量信贷来扩张消费和购买更多房产。房价崩盘之后，大量居民和企业的资产明显缩水。但他们借入的债务都是相对刚性的，不会因为房地产价格的下降而减少。这样一来，许多居民和企业的资产负债表就严重受损，债务负担很大。为了偿还债务，居民和企业只能减少支出，存钱还债。这使得国民储蓄意愿上升，总需求随之下降。总需求下降导致物价负增长。在通货紧缩的背景下，由于债务是以名义利率计价的，所以债务的真实价值反而增加，进一步加大了负债者的债务负担，抑制其支出意愿。在这种循环之下，日本国内信用扩张的速度就大为减慢（表明居民和企业的借贷意愿极低），令日本经济进入了长期物价负增长、经济增长低迷的局面，即所谓的“失去的二十年”（见图 18-1、图 18-2）。

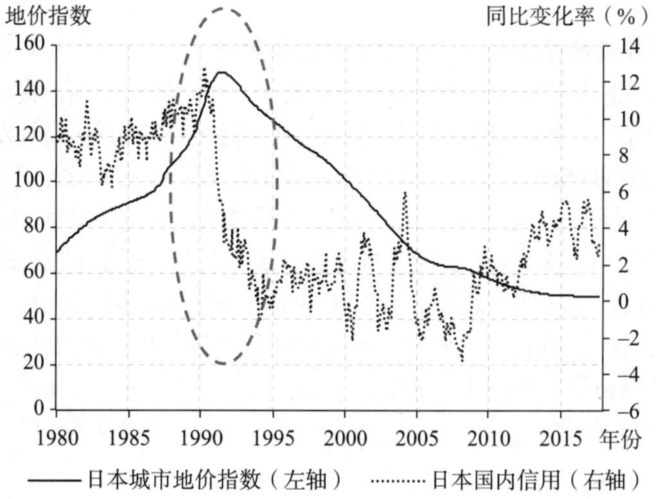

图 18-1 日本 1990 年房地产泡沫的破灭令日本国内信用扩张增速下了一个大台阶

资料来源：CEIC

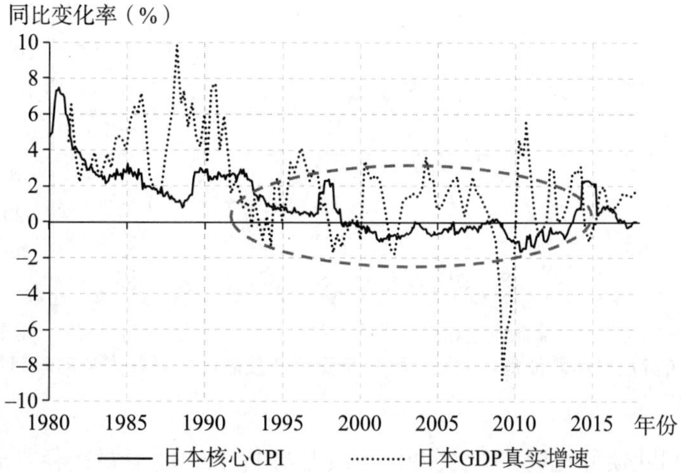

图 18-2 1990 年房地产泡沫破灭之后，日本“失去的二十年”

资料来源：CEIC

讲到日本，我们还必须顺便提一下人口红利的说法。一种流行的观点是：日本经济之所以从 1990 年开始持续低迷，是因为日本进入了老龄化社会。这种用人口结构来解释日本“失去的二十年”的理论，就像用人口红利终结来解释中国经济增长在次贷危机之后的减速一样，经不起推敲。用人口来解释经济增长，是对经济运行的一种宿命论解读。当前的人口结构是几十年前的生育状况所决定的，现在无法改变。因此，如果相信日本持续的经济低迷是由人口老龄化所引起，就意味着不管日本的经济政策是怎样的，不管有没有 1990 年资产价格泡沫的破灭，日本经济都不可避免地会沦落至低迷状态而无法自拔。下面我们马上会介绍的“安倍经济学”就是对这种观点的反证。因此，尽管人口结构变化确实与一些经济事件在时间上有同步性，但我们一定要对那些试图用人口来解释经济运行的说法保持警惕，因为这些所谓的理论更多体现了对经济运行规律的无知。

18.2.2 货币政策传导阻塞——次贷危机后的欧洲

前面论述了几种造成货币政策传导阻塞的情况——行政性的干预，银行体系资产负债表收缩，通货紧缩预期下流动性陷阱的形成。其中，后两种情形可能会同时发生（经济遭受的不利冲击既损害了银行的资产负债表，也引发了通货紧缩预期）。在次贷危机之后，货币政策传导受阻的情况在发达国家普遍出现。下面我们来看看货币政策传导阻塞在欧洲的具体表现。

2008 年的次贷危机和 2011 年欧债危机连续冲击了欧洲经济。欧洲银行体系遭受重创；欧洲实体经济的增长前景也明显恶化。在这样的背景下，尽管欧洲央行在 2008 年和 2011 年大幅度地扩张其资产负债表，向金融市场投放巨量基础货币，但并未逆转同期欧洲实体经济贷款增长的放缓趋势（见图 18－3）。

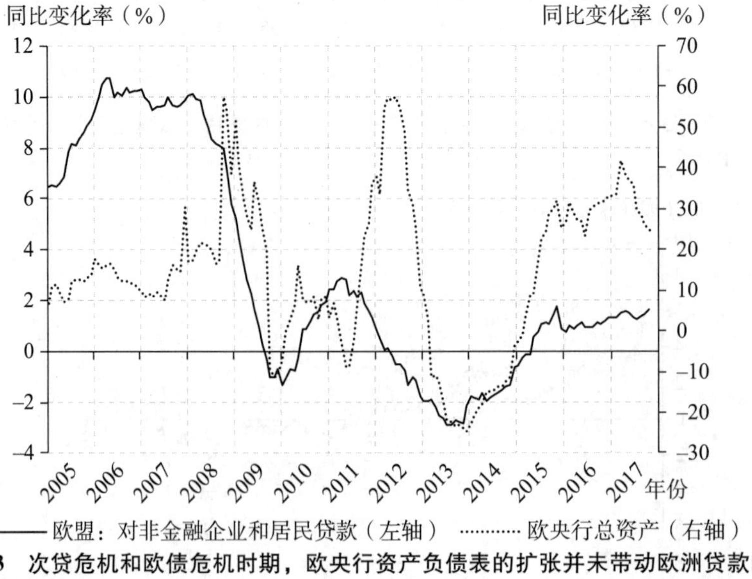

图 18－3 次贷危机和欧债危机时期，欧央行资产负债表的扩张并未带动欧洲贷款的增长

资料来源：CEIC

在次贷危机和欧债危机时期，欧央行投放基础货币的最主要途径是**长期再融资操作**（long term refinancing operation，简称 LTRO）。但是，尽管欧央行通过数轮 LTRO 给银行体系提供了超过万亿欧元的基础货币，商业银行却并未将其变成贷款投放出去，而是反手又将得到的基础货币存回到了欧央行的“常备存款便利”账户上。所谓常备存款便利，是维护欧央行设定的利率走廊下限的工具。商业银行可以以存款便利的利率水平在欧央行账户上存入任意数量的资金。这确保了市场利率不会落到存款便利利率水平之下。类似地，欧央行还有“常备借贷便利”工具，来确保市场利率不会超出借贷便利的利率水平——因为市场参与者可以以借贷便利利率从欧央行那里借入任意数量的资金。欧洲的商业银行在获得了欧央行 LTRO 投放的基础货币后，实在是找不到合适的投资方向，因此就把其中的大部分存放在了存款便利中（见图 18-4、图 18-5）。

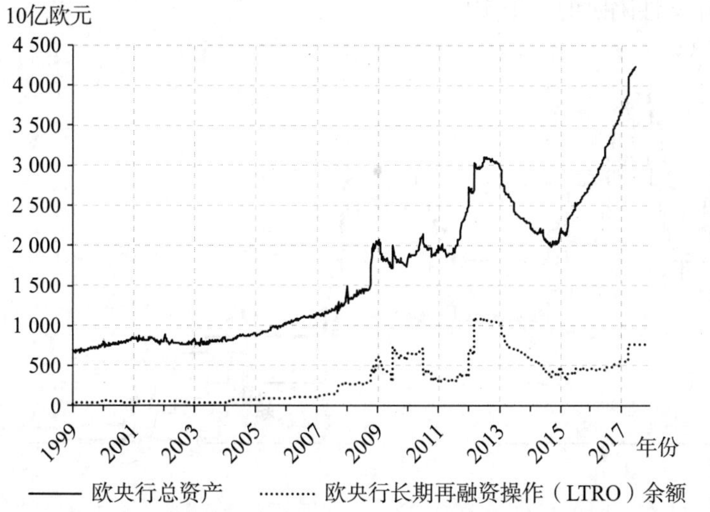

图 18-4 次贷危机后，欧央行资产负债表扩张的一个主要途径是进行长期再融资操作（LTRO）

资料来源：CEIC

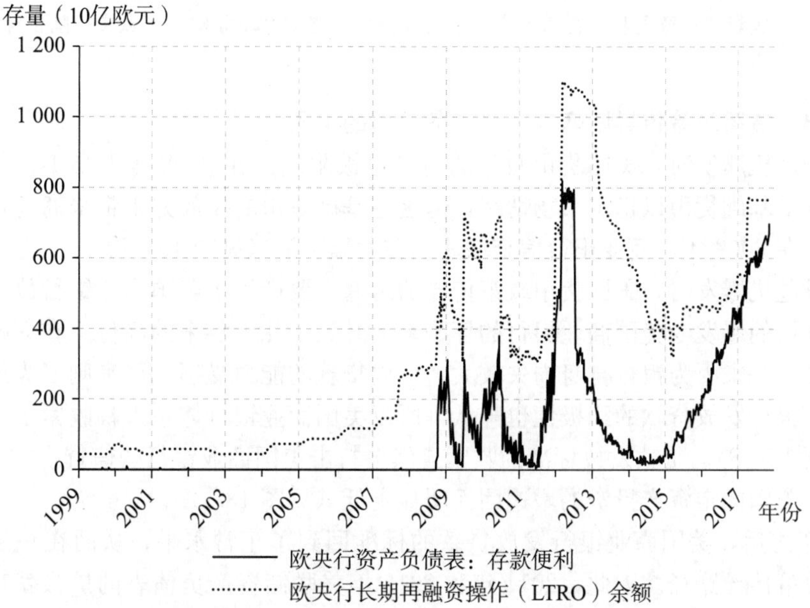

图 18-5 欧央行 LTRO 投放的资金的大部分变成了欧洲商业银行在欧央行存款便利上的存款

资料来源：CEIC

要知道，从2012年开始，常备存款便利利率就被欧央行下调到了0。从2014年开始，常备存款便利利率甚至被下调到了0以下。但在商业银行的眼中，与其把资金投放到实体经济中承担风险，还不如承受一点欧央行设定的负利率——虽有小亏，但胜在安全。这样，大量存款便利的存在就让欧元区金融市场利率收敛到了常备存款便利利率的水平上。而在过去，欧央行进行公开市场操作的再融资利率（refi rate）才是市场利率收敛的方向。但由于银行手中的基础货币已经多到需要存回欧央行账户的程度，所以再融资利率这个欧央行正常状态下的基准利率就不再对市场利率有很强的影响力了（见图18－6）。在这里，我们就看到了流动性陷阱的一个实例。

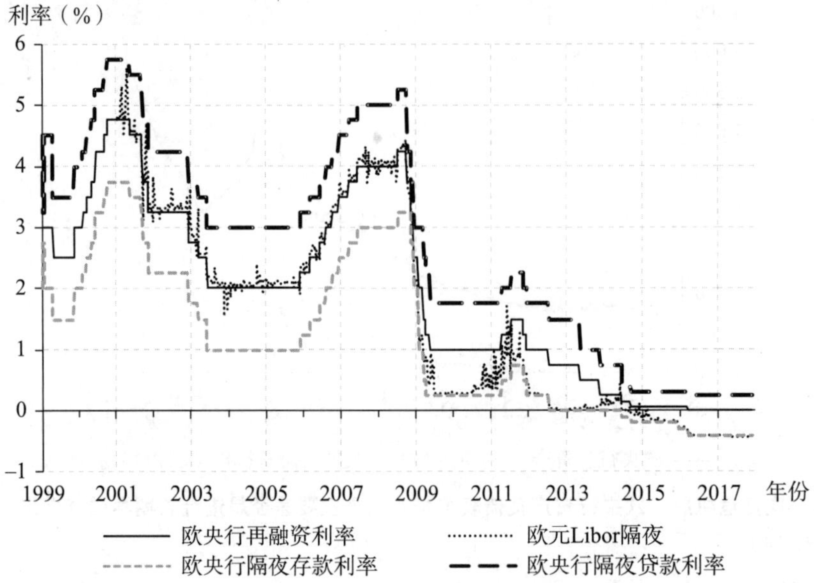

图18－6　大量“存款便利”存款的存在使得欧洲金融市场利率收敛到了欧央行隔夜存款利率

资料来源：CEIC

18.2.3　货币政策传导阻塞——次贷危机后的美国

在次贷危机爆发时，美国货币政策的传导也被阻塞。在2008年下半年，美联储向市场投放了巨量基础货币以稳定市场情绪，但这些基础货币的投放并未带来商业银行信贷的同比扩张。在2009年，商业银行信贷增速仍在大幅下滑（见图18－7）。

在次贷危机爆发时，美国货币政策传导的阻塞主要产生于美国商业银行放贷能力的下降。次贷危机的爆发令美国商业银行的坏账率上升到了几十年来的高位。在坏账率大幅攀升的过程中，一来因为银行自身损失较大，发放贷款的能力受损，二来则因为经济前景相当不明确，银行发放贷款的积极性也降低，所以美国商业银行体系大幅收紧了发放贷款的标准（见图18－8）。贷款发放标准的收紧自然会打击美国商业银行的信贷投放。缺少了信贷的支持，美国固定资产投资的增速因而明显走低（见图18－9）。

2010年之后，美国商业银行发放贷款的标准回到了正常水平，从而在一定程度上修复了货币政策传导路径。因此，2011年和2013年美联储资产负债表的扩张就带来了商业银行信贷增长的加速。不过，这段时间联邦基金利率已经下调至0利率的水平。所以这时美联储对信贷的刺激还是通过资产负债表扩张这种非常规货币政策工具来实现的。

图 18－7　在次贷危机爆发时，美联储资产的扩张并未带动美国商业银行信贷的增长

资料来源：CEIC

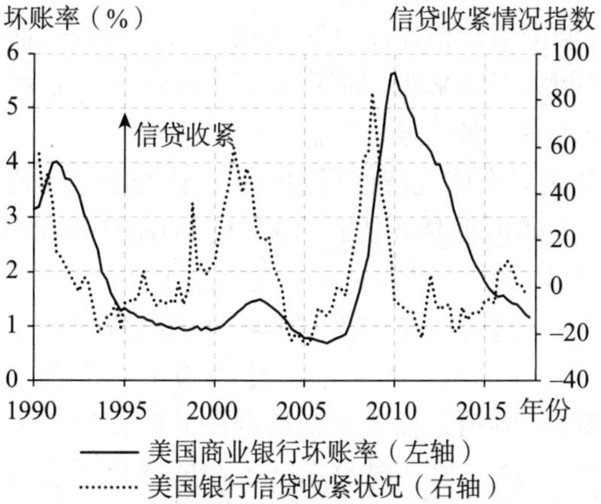

图 18－8　次贷危机令美国商业银行坏账率大幅上升，美国信贷发放标准因而收紧

资料来源：CEIC，FRED

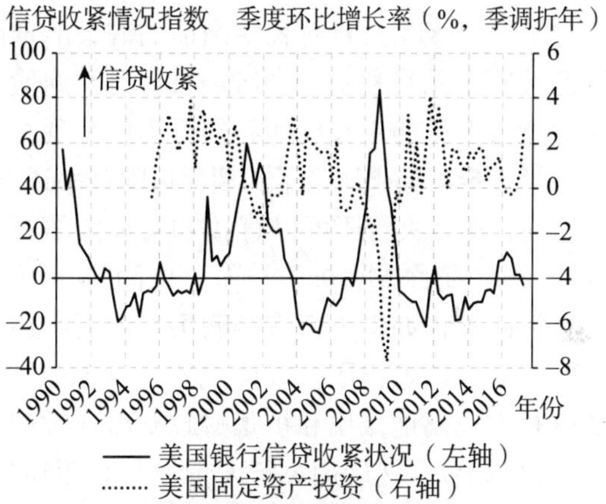

图 18－9　美国商业银行信贷发放标准的收紧令美国固定资产投资增速明显下滑

资料来源：CEIC

18.3　非常规货币政策的伯南克路线图

18.3.1　非常规货币政策的操作路线图

通过前面的分析我们可以看到，尽管造成货币政策传导路径阻塞的原因可能不同，但其结果都是常规货币政策的失效，以及央行对宏观经济调控力的降低（有时甚至连央行资产负债表的扩张都难以带动实体经济信贷的增长）。面对这样的局面，中央银行并不是黔驴技穷了，而是还有充分的货币政策工具可用来打破困局。从理论上来说，只要政府不惜代价，总有手段来打破通货紧缩带来的流动性陷阱。只不过这些货币政策工具在常规状况下并不会被动用，而在次贷危机之后异乎寻常的经济环境中才被广泛投入实践。

对非常规货币政策工具的使用有清晰的逻辑可循。在次贷危机爆发之前的 2002 年，美联储前主席本·伯南克（Ben Bernanke）就做过一场题为《通货紧缩：确保它不会在这里发生》的重要演讲，详细阐述了央行面对通货紧缩时的操作路线图。① 伯南克给出的这幅路线图，也就是非常规货币政策的运用手册。

这场演讲是伯南克访问了日本之后，有感于日本陷入长期通货紧缩陷阱难以自拔而做的。在演讲中伯南克说："通货紧缩在几乎所有的情况下都是总需求崩塌所带来的副作用——支出下滑得太过严重，以至厂商需要持续不断减价来找寻买家。"因此，要预防和对抗通货紧缩，就必须"用货币政策和财政政策来支持支出"。伯南克给出了走出通货紧缩的四个步骤。

第一步，在常规货币政策的领域不断降低短期基准利率，直至利率水平降到零下限，降无可降。

第二步，如果短期基准利率降到零下限还不足够，那么中央银行直接买入长期国债来压缩期限利差，进而压低长期利率。因为长短期利率之间一般会存在正的期限利差，所以即使短期利率降到了 0，长期利率也不一定就会到达 0。央行虽然可以通过承诺较长时间把短期利率维持在零下限，进而通过预期引导的方式降低长期利率，但不如直接买入长期债券来得直接。央行对长期国债的购买能推高长期国债价格，压低长期国债收益率，从而压低长期无风险利率。当然，央行对长期债券的购买会带来央行资产负债表的扩张。这种央行直接大量购买长期债券的行为就是现在已经鼎鼎大名的量化宽松。

第三步，如果压低了长期无风险利率还不足够刺激实体经济信贷的扩张，让经济走出通货紧缩，那么央行还可以直接购买风险资产——比如抵押贷款支持证券（mortgage backed securities，简称 MBS）。这样，央行可以直接压缩风险溢价，压低长期风险利率水平。

第四步，如果央行直接购买风险资产还不够——这可能是因为实体经济的投资意愿实在太过低迷，怎样压低资金成本都无法刺激起来——那么央行还有一个终极的"大招"，那就是大规模地减税和扩张财政支出（做什么都行，哪怕是像凯恩斯所说的政府出钱雇人挖坑再填上），然后用央行大量发行货币所得的铸币税来填补财政赤字。在这样货币化财政赤字的过程中，政府直接用自己印的钞票支撑了自己的需求扩张，因而必然能够把融资导入实体经济中，战胜通货紧缩。按照伯南克的说法，第四步实际上等价于弗里德曼提出的"直升机撒钱"，没有理由搞不出通货膨胀。伯南克也因此得到了"直升机本"（Helicopter Ben）的诨号。②

伯南克为日本走出通货紧缩开出的药方成为次贷危机之后各国推进非常规宽松货币政

① 伯南克这篇演讲稿的英文标题为"Deflation：Making Sure 'It' Doesn't Happen Here"。全文可见于 https：//www. federalreserve. gov/boarddocs/Speeches/2002/20021121/default. htm。

② 米尔顿·弗里德曼（Milton Friedman）是著名的货币主义经济学家，1976 年诺贝尔经济学奖得主。在他 1969 年出版的《最优货币数量》一书中，他说通货紧缩可以通过"从直升机上向下撒钱"来终结。这种说法只是一种形象的比喻，其真正含义是货币当局可以通过扩大货币的供给来结束通货紧缩。伯南克认为财政部大幅度减税，同时央行货币化财政赤字，实际上就等价于弗里德曼所说的"直升机撒钱"，是终结通货紧缩的利器。2002 年，伯南克的这番主张看起来很非主流，也引发了不小的争议。伯南克也就因此拥有了"直升机本"这个略带讽刺意味的外号。但在次贷危机之后再看，伯南克的主张已经不是那么让人难以接受了——尽管他本人在这一点上的态度已经有所退让。

策的路线图。可以说，伯南克给出的四步就是非常规货币政策操作的纲领。这四步的背后有非常清楚的逻辑线索，那就是央行跳过被阻塞的货币政策传导环节，通过对目标市场的直接干预来将自己的意图直接传递出去。

如果在长短期利率之间的套利力量难以发挥，央行在短期利率上的政策态度传导不到长期利率上，央行就通过买入长期国债来直接干预长期利率。如果在无风险资产和风险资产之间的套利力量不充分，央行就直接买入风险资产来压低风险利率。如果金融市场的利率调整无法促进实体经济融资的扩张，那么政府就可以通过财政政策在实体经济中自己创造需求，并用央行发行的货币来加以支持。所以说，非常规货币政策是央行为保证自己的政策意图能传导至目标市场，而对目标市场直接进行的干预。根据货币政策传导路径阻塞的情况，央行可以在距离货币政策终极目标远近不同的市场中来进行直接干预。目标市场越接近实体经济，非常规的货币政策操作就越极端。这样，就能保证货币政策仍能发挥作用。所以，非常规货币政策是对常规货币政策的扩展，是货币政策传导机制受到阻塞后，货币政策发挥效力的必要手段。

18.3.2 次贷危机后非常规货币政策的实践

在非常规货币政策的操作中，央行可使用的主要货币政策工具是量化宽松。所谓**量化宽松**（quantitative easing，简称 QE），又叫做**大规模资产购入**（large scale assets purchases），简单来说就是央行买入大量资产来向市场投放基础货币。央行在公开市场操作中也可能买入债券来释放基础货币。但 QE 与央行的公开市场操作有很大差异。首先，在公开市场操作中，央行买卖债券是为了达成一定的利率目标。也就是说，央行在公开市场操作中的目标是把市场利率调整到自己所设定的水平。利率目标一旦达成，就不需要再投放基础货币了。而在 QE 中，央行承诺买入一定数量（一般是很大规模）的资产来投放基础货币，而不管利率会如何变动。所以 QE 中重要的是数量而非价格。其次，在公开市场操作中，央行买卖的一般是短期国债。而在 QE 中，央行买入的是长期国债和长期风险资产（如 MBS）。因此，公开市场操作直接影响短期利率，而 QE 直接影响长期利率。

由于有这些特性，量化宽松会在短时间内令央行资产负债表规模大幅扩张，并且让央行持有资产的期限变得更长。美联储在 2008 年次贷危机前的资产规模还不到 1 万亿美元。通过次贷危机之后的三轮 QE，美联储的资产规模很快就在 2014 年达到了 4.5 万亿美元，几年时间里翻了两番还不止。其间，美联储持有的中长期国债规模从次贷危机前的不足 5 000亿美元，很快上升至接近 2.5 万亿美元的水平。美联储对 MBS 的持有也从无到有，在 2014 年就接近 1.7 万亿美元（见图 18－10）。

在 2011 年，美联储还进行了**扭转操作**（operation twist），卖出了 4 000 亿美元期限短于 3 年的债券，买入了等量期限在 6～30 年的长期债券。通过扭转操作，美联储将其持有的中短期债券转换成了长期债券。这样，美联储在保持资产规模不变的情况下加强了对长期利率的压制，以便进一步刺激实体经济。

伯南克为日本描绘的对抗通货紧缩的路线图在 2012 年终于为日本所采纳。当年，安倍晋三当选为日本首相，并提出了被称为“安倍经济学”（Abe economics）的经济政策纲领。这个纲领的核心是由超宽松货币政策、扩大财政支出和经济改革组成的“三支箭”。

由此，日本央行开启了大规模量化宽松的步伐。其实，日本央行在 2000 年前后就曾进行过量化宽松（所以日本是全世界第一个搞 QE 的国家），但当时量化宽松的规模不大，买入的也是短期债券，因而对经济的带动作用并不明显（见图 18－11）。而通过安倍晋三上台后进行的 QE，日本央行的资产规模则大幅扩张（见图 18－12）。在 2012 年底的时候，日本央行的总资产大概为 140 万亿日元。而到 2017 年 5 月，其资产规模突破了 500 万亿日元。主要受宽松货币政策的推动，日本经济在安倍晋三执政后表现良好。

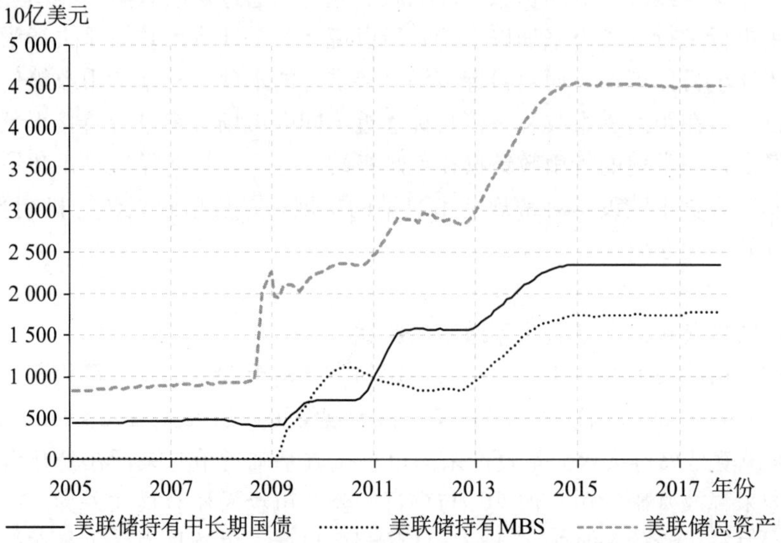

图 18－10　次贷危机后，美联储通过量化宽松购买了大量长期国债和 MBS

资料来源：CEIC

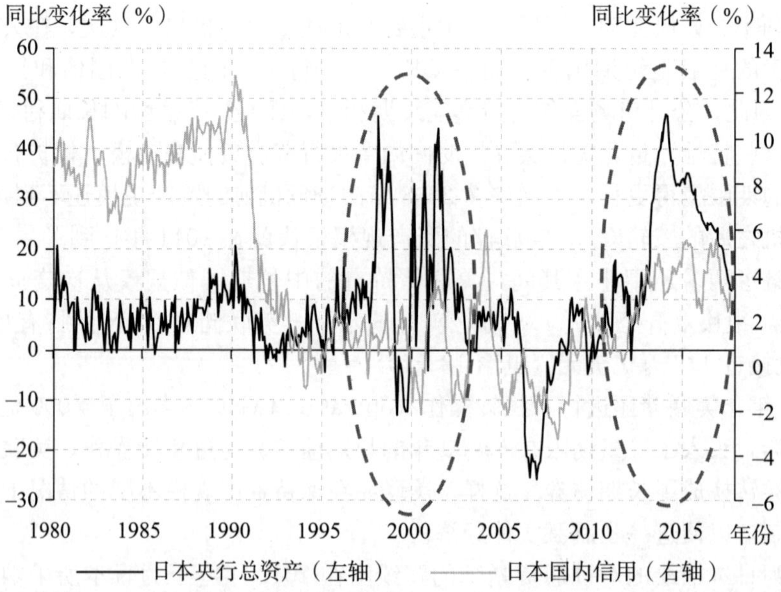

图 18－11　日本央行在 2000 年前后曾进行过 QE，但规模比不上“安倍经济学”时期

资料来源：CEIC

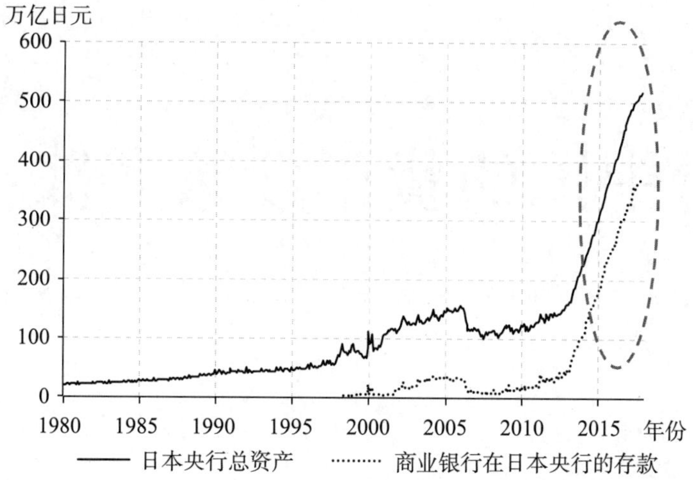

图 18－12　“安倍经济学”让日本央行的资产负债表前所未有地扩张

资料来源：CEIC

应该说，次贷危机之后发达国家央行采取的非常规货币政策还是颇有成效的。央行通过 QE 投放的大量流动性起到了稳定金融市场、刺激经济增长和通货膨胀的作用。鉴于经济复苏的良好态势，美国已经于 2015 年率先加息，让短期利率离开了零下限。美联储还于 2018 年开始缩表进程，逐步减小其资产负债表规模。

进一步阅读指南

直到次贷危机之后，学界对非常规货币政策的研究才开始变得活跃。放在这样的背景下，伯南克在 2002 年所做的演讲《通货紧缩：确保它不会在这里发生》可算是非常有前瞻性了（Bernanke，2002）。伯南克在演讲中所给出的应对通货紧缩的措施成为了次贷危机之后各国央行实行非常规货币政策的“路线图”。对于欲了解非常规货币政策的人来说，伯南克的这篇演讲稿是必看的文献。日本在 20 世纪 90 年代泡沫破灭之后，经济长期处于停滞状态的例子，以及次贷危机之后日本安倍晋三首相所采取的“安倍经济学”政策，从反面和正面两方面展现了非常规货币政策的必要性。在这方面，日本学者辜朝明所著的《大衰退：宏观经济学的圣杯》一书是不错的参考资料（辜朝明，2016）。徐高于 2015 年发表的《中国货币宽松的伯南克路线图》一文用非常规货币政策的逻辑分析了次贷危机之后中国的货币政策实践，可供关心中国货币政策的读者参考（徐高，2015）。

练习题

18.1　请列出货币政策传导路径的所有环节，给出每个环节可能被阻塞的原因，并给出疏通这些阻塞环节的可用货币政策工具和措施。

18.2　有人说次贷危机之后各国央行所采取的非常规货币政策手段本质上就是印钞。这些措施最终会带来通货膨胀的失控。你认同这种说法吗？为什么？

第 19 讲

中国的货币政策实践

在之前的四讲中，我们的讨论一直围绕货币政策传导路径展开。我们看到了货币政策传导路径的阻塞会怎样产生流动性效应，从而影响资产的回报率；我们介绍了地方政府融资平台对我国货币政策传导路径的影响。我们还从货币政策传导路径的角度梳理了货币政策的操作，并分析了非常规货币政策是怎样跳过阻塞的传导环节，让央行的意图传递至宏观层面的。在这一讲中，我们会沿着货币政策传导路径的逻辑，分析中国的货币政策实践。

中国的货币政策实践必须放在转型经济的大背景中来理解。改革开放以来，在从计划经济向市场经济的转型过程中，中国的市场化货币政策传导机制也在逐步成型。相应地，中国的货币政策操作也逐步从计划经济时期的计划型数量调控，逐步转向市场型价格调控。不过，一些计划经济的残余成分仍然对中国货币政策传导机制有阻塞作用，给中国人民银行的货币政策操作带来了约束。看清这些约束条件，并看懂中国人民银行在这些约束条件下做出的与西方货币政策理论不一致，但又合乎情理的选择，是理解中国货币政策实践的关键。

19.1 中国人民银行的历史沿革

《中华人民共和国中国人民银行法》第 2 条明文规定："中国人民银行是中华人民共和国的中央银行。中国人民银行在国务院领导下，制定和执行货币政策，防范和化解金融风险，维护金融稳定。”[①] 所以中国货币政策的实践，基本上就是中国人民银行发挥其中央银行职能的过程。因此，我们先对人民银行的历史沿革做一个简单介绍。了解这种历史背景对理解当前中国货币政策的实践是有帮助的。

1948年12月1日，中国人民银行（People's Bank of China，简称PBOC）成立于石家庄。中华人民共和国成立后，人民银行在全国建立了垂直领导的组织机构体系。在计划经济体制中，人民银行既是国家货币和金融管理的机构，也是经营银行业务的国家银行。人民银行负责吸收、集中和分配全国所有的信贷资金。通过这种“统存统贷”的方式，全国的信贷资金调配被纳入国家经济计划，成为政府管理经济的重要手段。可以说，从1948年人民银行成立到1978年改革开放开始，人民银行就是中国的金融系统，同时承担了中央银行和商业银行的职责。

改革开放之后，随着市场经济的发展，中国金融市场中也逐步形成了金融机构多元化发展的局面，商业银行、保险公司、信用合作社等商业金融机构逐步出现。在这种情况下，人民银行既当中央银行又当商业银行的模式已不符合形势的需要。因此，从1984年1月1日起，人民银行开始专门行使中央银行的职能。人民银行过去承担的商业银行的职能由新设立的中国工商银行承担。至此，中国形成了中央银行的基本制度框架。

1984—1995年，尽管人民银行已经开始独立发挥中央银行的功能，但其独立性仍然很低。在这段时间，人民银行经常性地需要增发货币来填补财政赤字，因而造成了货币增长和通货膨胀的失控。可以说，这段时间的人民银行货币政策是从属于财政政策的，自由调整的空间很小。用经济学的语言来说，这段时间货币政策与财政政策之间的关系可被称为**“财政主导”**（fiscal dominance），即财政政策给货币政策运行施加了很强的约束。

以1995年《中华人民共和国中国人民银行法》的颁布为标志，中国的货币政策运行进入了一个新的阶段。这部法律规定了财政赤字不得向人民银行透支。从此之后，增发货币来补财政窟窿的行为被法律所禁止。货币政策终于甩开了财政政策施加的一个重担，可以较为自由地追求自己的最终目标。这段时间，货币政策与财政政策之间的关系可被称为**“货币主导”**（monetary dominance），即货币政策在调控时无须考虑财政政策。

在1995年前后的两个阶段中，货币政策运行的状态是迥异的。在1995年之前，货币增长和通货膨胀时常失控。而在后一个阶段里，除个别时期外（如2009年的“四万亿元刺激”时期），货币和通货膨胀基本实现了平稳增长。这种明显的差异就来自财政主导向货币主导的转变。接下来，我们先来分析财政主导时期的中国货币政策（见图19－1）。

---

① 《中华人民共和国中国人民银行法》全文可见于：http：//www.gov.cn/test/2005－06/28/content_10577.htm。

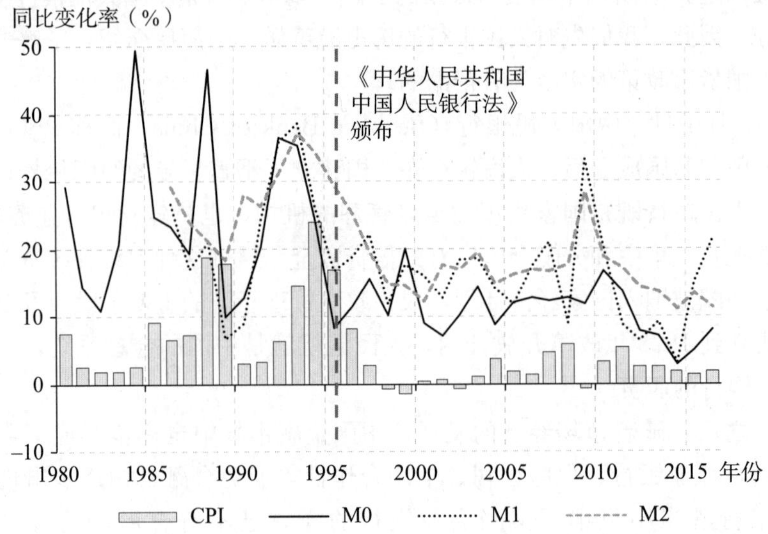

图 19-1　中国货币政策运行以 1995 年为界分成了差异明显的两个阶段

资料来源：CEIC

19.2　财政主导时期的中国货币政策

19.2.1　货币政策与财政政策两种配合方式

在第 13 讲的 MIU 模型中，我们曾经推出了政府在第 1 期和第 2 期的预算约束如下

$$g_1=t_1+b_1+\mu m_0$$
$$g_2+(1+r_2)b_1=t_2$$

其中，g_1 与 g_2 为两期政府的实际支出，t_1 与 t_2 是两期政府的实际税收，μm_0 是政府增发货币所获得的实际铸币税，b_1 是政府第 1 期发行债券的实际价值，r_2 是政府债券的实际回报率。消去 b_1，这两个式子可以合并成政府一生（两期）的预算约束

$$g_1+\frac{g_2}{1+r_2}=t_1+\frac{t_2}{1+r_2}+\mu m_0 \tag{19.1}$$

这个式子告诉我们，政府一生的财政总支出靠税收和货币发行（铸币税）这两个收入来源来支撑。这个式子把财政政策和货币政策联系在了一起。为了实现政府跨期预算约束式的成立，财政政策与货币政策需要有主次之分。一个政策工具被确定了下来，另一个就只能被动地调整来实现政府预算约束的成立。这样一来就有了两种财政政策和货币政策配合的方式：货币主导与财政主导。

所谓**货币主导**（monetary dominance），指财政政策在不考虑铸币税收入的前提下，通过税收及财政支出的调整来满足预算约束。这时，财政政策应满足如下跨期约束式

$$g_1+\frac{g_2}{1+r_2}=t_1+\frac{t_2}{1+r_2} \tag{19.2}$$

这样一来，货币政策完全不需要考虑政府的预算约束，可以自由地设定货币总量及名义利率。在这种情况下，货币政策是主动的，而财政政策是被动的，所以叫做货币主导。

另一种是**财政主导**（fiscal dominance）。在这种情况下，政府设定支出和税收计划时无须满足跨期约束式（19.2）式。财政收支的缺口完全由铸币税来填补。此时，货币政策的操作将受到财政政策的影响。如果财政赤字的规模变大，货币政策就得增加货币增长的速度，从而收取更多的铸币税来弥补财政的亏空。这时，经济中就会有更高的货币增速和通货膨胀水平。显然，这时财政政策是主动的，而货币政策是被动的，因而叫做财政主导。

19.2.2　中国的财政主导时期

在 1995 年《中华人民共和国中国人民银行法》颁布之前，我国财政政策与货币政策之间的财政主导态势非常明显。这方面最直接的证据来自这段时间中国财政部的财政预算报告。在每年年初的全国人民代表大会上，财政部都会向全国人大提交上一年财政预算执行情况和新一年国家预算草案的报告（简称财政预算报告）。财政预算报告全面反映了上一年财政的运行状况，以及新一年财政政策计划，是研究中国财政政策演变的重要资料。下面我们来看一段从 1985 年财政预算报告中摘抄出来的文字：

> 根据现在预计的数字，1984 年国家财政总收入为 1 465 亿元，国家财政总支出为 1 515 亿元。收入和支出相抵，财政赤字为 50 亿元。这一年的财政赤字，待决算编成后，准备向中国人民银行透支来弥补。[①]

这里所说的“向中国人民银行透支”，其实是让人民银行印制货币来弥补财政赤字的较为文雅的说法。50 亿元财政赤字大致占 1984 年中国 GDP 的 0.7%。人民银行透支这一财政赤字，就意味着基础货币要增加 50 亿元。而通过货币乘数，经济中广义货币的规模会数倍于这个数字。这自然会导致货币和通货膨胀的失控。

尽管当时的政府官员未必了解西方经济学中财政主导的理论，但他们对人民银行透支财政赤字的危害是心知肚明的。在 1987 年总理向全国人民代表大会所做的《1987 年政府工作报告》中有这么一段话[②]：

> 财政赤字和信贷差额是同货币发行紧密相联的。在经济增长过程中某些年份出现一些财政赤字和信贷差额并不可怕，但如果数量过大，持续的时间过长，就会导致货币过量发行，造成通货严重膨胀，引起物价急剧上涨，使经济生活发生混乱。

尽管决策者知道人民银行透支的危害，有时还是不得已而为之。这是因为当时中国的国债市场相当不发达，发行国债来弥补财政赤字面临较大阻力。改革开放后的 1981 年，中国政府才开始恢复发行“国库券”（当时国债的叫法），且发行是通过向企事业单位和居民行政分配来实行的。而直到 1986 年，中国才有了国库券交易的合法场所。在那之前，国库券的流通只能在黑市中进行。在当时这样的情况下，国库券的发行阻力很大，无法弥补财

---

① 《关于 1984 年国家预算执行情况和 1985 年国家预算草案的报告》，http：//www.npc.gov.cn/wxzl/gongbao/2000—12/26/content_5001623.htm。

② 参见 http：//www.china.com.cn/policy/txt/2008-03/19/content_13027059.htm。

政的亏空。因此，当财政支出较多的时候，财政就只能通过向人民银行透支来弥补赤字。

所以，在20世纪80年代和90年代初这段时间里，一旦财政支出较多（往往是因为政府做的投资项目较多），货币增长就会失控，从而导致高通货膨胀的现象。中国改革开放之后的两次高通货膨胀都发生在这段时间，从而给人们留下了“抢购风”的深刻记忆。

随着中国国债市场的发展，通过国债发行来弥补财政赤字的条件逐步成熟。再加上财政赤字向央行透支所产生的恶劣后果，所以中国政府终于在20世纪90年代中期下决心结束了财政主导的状况。1995年《中华人民共和国中国人民银行法》的颁布从法律上禁止了人民银行对财政透支，确立了货币主导的财政与货币政策配合框架。这部法律的第29条规定：“中国人民银行不得对政府财政透支，不得直接认购、包销国债和其他政府债券。”这样，财政赤字扩张导致货币超发的情况就得到了有效遏制，从而保证了之后通货膨胀水平的大致稳定。

19.2.3 恶性通货膨胀

既然讲到了财政主导，那就可以顺带讲讲财政赤字货币化走向极端时会发生的**恶性通货膨胀**（hyper-inflation）。根据菲利普·卡甘（Phillip Cagan）在其1956年经典文章中给出的定义，月通货膨胀率超过50%的通货膨胀叫做恶性通货膨胀。[①] 不要小看这50%的月通货膨胀率，如果它持续12个月，物价将上升到之前的130倍！按照卡甘的定义，恶性通货膨胀从20世纪才开始出现。在20世纪之前，虽然也发生过物价快速上涨的状况，但都够不上恶性通货膨胀的标准。

人类社会直到20世纪才出现恶性通货膨胀不是没有道理的。过高的通货膨胀总是和过快的货币发行速度联系在一起。直到20世纪，人类进入了纸币社会，货币与金银等实物脱了钩，政府才获得了无限的货币发行能力，恶性通货膨胀才成为可能。

恶性通货膨胀总是因为财政问题而产生。税收和货币发行是政府的两个收入来源（政府借的债总是要还的）。当税收无法支持财政支出时，政府就需要不断增发货币来筹集资金。而一旦这样做，通货膨胀就不是停留在高位那么简单了，而是会不断加速上升。要知道，政府看重的并不是名义值，而是其税收及铸币税的实际购买力（实际值）。政府的实际铸币税收入是

$$\mu m_0=\mu\frac{M_0}{P_1}$$

政府的铸币税是通过增发货币来获得的。如果政府要通过铸币税获得很高的实际收入（可能是因为政府的财政赤字规模很大），就必须有很高的名义货币增速。当货币增速高到一定的程度，价格的上升速度会快于名义货币的增速，从而导致实际货币存量的下降，令政府能够收到的实际铸币税减少。政府如果要确保其收到的实际铸币税稳定在一定数量，就需要以超过民间预期的速度发行货币。而当民间上调了其对货币增速的预期时，政府就得以更高的速度发行货币。总而言之，政府为了保证收到足量的实际铸币税，必须持续以超

① Cagan, Phillip, 1956, “The Monetary Dynamics of Hyperinflation,” In Friedman, Milton. *Studies in the Quantity Theory of Money*. Chicago: University of Chicago Press, ISBN 0-226-26406-8.

过民间预期的速度发行货币；而民间的预期会依据政府发行货币的速度不断向上调整。这样，就会导致货币增速和通货膨胀加速上升的状况。所以，恶性通货膨胀不可能是稳定状态。在其之下，物价水平必然会快速向无穷大发散，纸币很快变成废纸。

最近的恶性通货膨胀发生在 2008—2009 年的津巴布韦。2009 年 1 月 16 日，津巴布韦央行发行了面额为 100 万亿津元的纸币，创下了人类历史上流通货币面值的纪录。按照当时的汇率计算，100 万亿津元仅相当于约 30 美元。而在中华人民共和国成立之前，1948 年的国民政府也曾发生过“法币危机”，导致了恶性通货膨胀。这些恶性通货膨胀的历史让中央银行家总是对用货币政策来填财政的窟窿保持高度警惕。

既然恶性通货膨胀来自财政问题向货币政策的传导，那么修复财政问题，或者至少停止财政赤字货币化的进程，就是终结恶性通货膨胀的方法。杰弗里·萨克斯（Jeffrey Sachs）在玻利维亚的事迹便是一个很好的例子。1985 年，当时在哈佛大学任教的杰弗里·萨克斯受邀前往玻利维亚，帮助玻利维亚政府处理当时高达 24 000%的恶性通货膨胀。萨克斯发现玻利维亚国有石油公司出售石油的价格明显赶不上飞涨的物价水平。这使得石油相对其他商品的价格不断下滑，导致玻利维亚政府从石油销售中获得的实际收入减少到很低的水平。由于玻利维亚的财政收入在很大程度上依赖石油收入，这就导致玻利维亚财政出现了大规模的赤字，因而只能通过增发货币来弥补，进而形成更高的通货膨胀。了解到这一情况后，萨克斯给玻利维亚政府提出的建议是大幅提高石油售价，并辅以其他整顿财政的措施。一开始，玻利维亚官员对萨克斯的建议感到震惊——人们很难理解怎么能通过大幅上调石油价格来控制飞涨的物价。但后来政府官员被说服了，并将其付诸行动。玻利维亚的恶性通货膨胀在一周之内就结束了，这令当时年仅 31 岁的萨克斯一战成名。[①] 萨克斯在玻利维亚所倡导的一揽子经济改革方案被叫做休克疗法（shock therapy），其在之后苏联和东欧国家的转型中也得到了广泛应用。

最后需要指出，上一讲介绍的伯南克“直升机撒钱”的非常规货币政策虽然也是财政赤字货币化，但其目标不是要制造恶性通货膨胀。伯南克的“直升机撒钱”是在通货紧缩背景下，政府主动地通过财政赤字货币化来扩大总需求，营造通货膨胀。走出通货紧缩后，相关政策就会停止。而在发生恶性通货膨胀的经济体中，财政赤字的货币化是被动的，是政府走投无路的选择。所以二者之间是有本质不同的。

19.3 货币主导时期的中国货币政策

在 1995 年《中华人民共和国中国人民银行法》颁布之后，财政停止了向人民银行的透支，中国进入了货币主导时期。没有了来自财政政策的直接干扰，人民银行不再是财政的出纳，才谈得上对货币政策的独立调控。事实上，从财政赤字占 GDP 的比重来看，1995 年之后的财政赤字规模更大。但由于这些财政赤字并未向人民银行透支，所以 1995

---

① 杰弗里·萨克斯出版过一本名为《贫穷的终结》的书（上海人民出版社，2007)。书中第 5 章有对玻利维亚抗通货膨胀的生动记述。

年之后的货币增长反而更加稳定（见图 19－2）。

不过，货币主导模式的建立并不意味着中国的货币政策就与财政政策没有关系了。不管怎么说，人民银行和财政部都是国务院的下属部委，都需要服从政府宏观经济政策的大局。因此，在 1995 年之后仍然可以看到货币政策和财政政策之间明显的联动性——二者的放松和收紧往往同步发生。比如，在 2008—2009 年的“四万亿元刺激”时期，中国宏观经济政策快速转向稳增长，以对冲次贷危机带来的不利影响。相应地，财政政策和货币政策都转向极度宽松的态势，令财政赤字和信贷都同步大幅放大（见图 19－3）。不过，这种财政政策与货币政策之间的联动性与 1995 年之前的财政主导模式是有根本性差异的，不可同日而语。

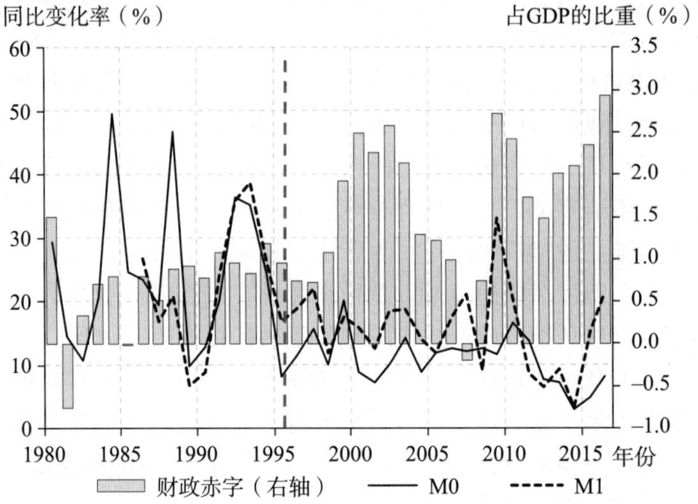

图 19－2　1995 年之后，尽管中国财政赤字占 GDP 的比重更高，但货币增长更平稳

资料来源：CEIC

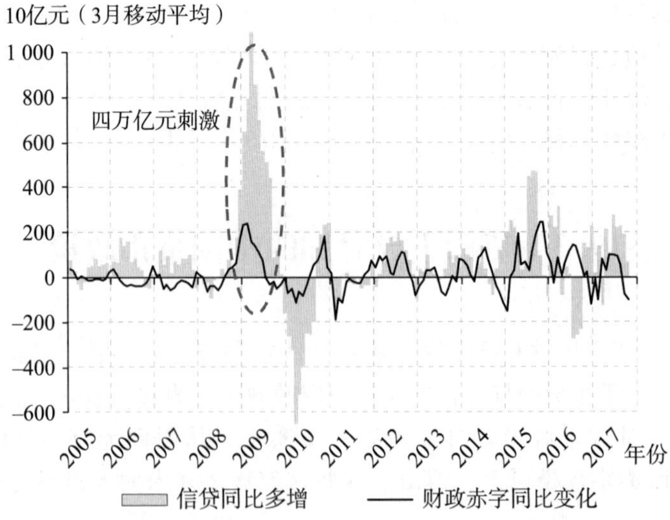

图 19－3　进入 21 世纪后，中国财政赤字和信贷之间仍有明显同步性

资料来源：Wind

19.3.1　我国货币政策的中国特色

尽管 1995 年《中华人民共和国中国人民银行法》的颁布确立了货币主导的模式，给了货币政策独立操作的空间，但如果把中国 1995 年之后的货币政策实践与西方发达国家做个比较，可以看到明显的“中国特色”。这种中国特色包括对存贷款利率的直接管制、金融市场短期基准利率的缺失以及数量型工具的广泛使用。

前面我们在讲常规货币政策时曾说过，中央银行调控的是金融市场短期基准利率。市场再将体现在短期利率上的政策意图传递到包括存贷款利率在内的其他市场利率中去，并最终影响实体经济的融资和整个宏观经济。但在中国，脱胎于计划经济时期的对存贷款利率的管制一直延续到现在。目前，虽然理论上对商业银行存贷款利率的管制已经没有了——根据现有的法规，商业银行可以自由设定其存贷款利率——但人民银行设定的存贷款基准利率仍然对市场利率发挥着重要影响。在人民银行所主导的商业银行的自律约束下，商业银行都会把自己的存贷款利率设定在基准利率附近。所以，人民银行对存贷款基准利率的调整对金融市场和宏观经济有重要影响。而人民银行设定存贷款基准利率的行为明显不符合泰勒准则。存贷款基准利率的变动幅度长期明显小于通货膨胀变化的幅度。这导致了真实利率的逆周期波动，对经济波动有放大的作用（见图 19－4）。

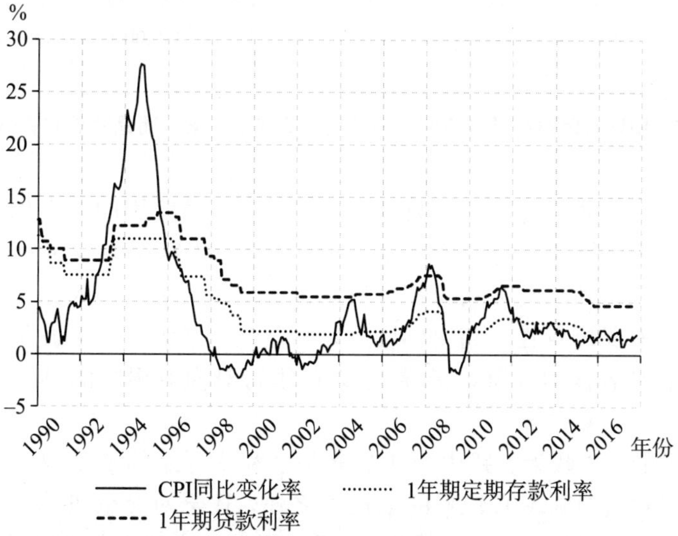

图 19－4　中国存贷款基准利率的变动显然不符合泰勒准则

资料来源：Wind

再来看中国的金融市场。与美国不同，中国到目前为止仍然没有在银行间市场设定基准利率。人民银行在向市场投放或回笼基础货币时，所用的利率水平虽然包含一定政策含义，但并没有真正将市场利率稳定下来。比如，逆回购操作是近些年来人民银行投放基础货币的一个重要工具。人民银行在进行逆回购时，是向金融机构买入债券，并承诺在一定期限后再把债券卖回给出售方。这样，人民银行在买入债券的时候就向市场投放了流动性。而在未来逆回购到期、债券再卖回给金融机构时，基础货币就自动回笼到央行了。在

2016 年、2017 年，人民银行的逆回购操作利率基本保持了稳定，但同时市场上的同期限利率却明显偏离逆回购利率。这说明，人民银行并没有在自己设定的逆回购利率水平上向市场投放足够多的基础货币。因此，市场利率并未被稳定在逆回购利率附近。相应地，逆回购利率对市场利率的影响就比较有限（见图 19-5）。

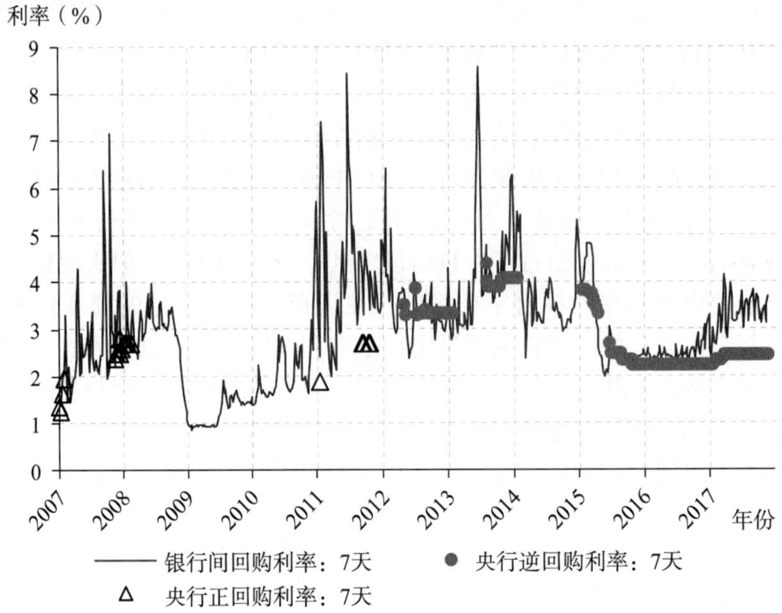

图 19-5　中国人民银行并未将银行间短期利率稳定下来，而是容忍它有一定波动

资料来源：Wind

在人民银行的货币政策操作中，数量工具也是被普遍使用的。直到现在，中国政府仍然会设定每年的 M2 增速目标。而在 2011 年之前，政府还会设定每年的新增信贷的数量目标。近年来，虽然不再公布每年信贷总量的增长目标，但人民银行对各家商业银行的信贷增长还是有额度管控。超出额度后，商业银行便无法再新发贷款。通过这些数量控制，再加上各种各样的"窗口指导"，人民银行对商业银行的具体经营行为也有极强的掌控力。

所以，在中国的货币政策实践中，从短期基准利率开始的货币政策传导路径并不明显。人民银行除了对短期利率有较强的掌控力之外，还会对金融机构的行为做直接的调控，并通过数量额度来控制一些金融活动的总量。此外，人民银行的货币政策操控也与货币政策理论的一些理念不符。

19.3.2　中国特色货币政策产生的机理

从以上的介绍可以看出，中国货币政策的实践与西方货币政策理论有明显差异，并且似乎存在显而易见的弊端（比如不满足泰勒准则）。但这绝不代表人民银行的工作人员不懂行。人民银行的许多工作人员都有深厚的经济学素养以及长期调控货币政策的经验，有国外留学和工作经验的人民银行工作人员也不在少数。我们能看到的问题，人民银行的工作人员也能看到，而且感受更深。之所以人民银行会有现在这样的货币操作行为，是因为它面临着不少中国所特有的约束条件。在这些约束条件之下，西方教科书上的那些操作理念就不一定适用了。

所以，理解中国货币政策的第一步是找出其背后的道理——弄清楚人民银行这么做为什么是对的。而任何对货币政策的改进建议，都必须基于对货币政策面临的约束条件的认识，从怎样放松这些约束条件出发来展开分析。

这种政策分析问题的思路不仅仅对中国的货币政策有效。事实上，分析中国所有的政策都应该如此进行。观察者们似乎总是能容易看到中国宏观政策中存在这样或者那样的问题，而将其归咎于决策者的愚蠢。但经济分析的核心假设是所有人都是理性的，会在自己的约束集内选取对自己有利的选择，政府中的决策者也不例外。外人看起来的昏招，很可能是决策者在约束条件限制下的无奈之举。要对政策提出改进建议，第一步是要解释为什么政策现在这么做是对的，那些看似不合理的行为是因为怎样的约束条件而产生的。第二步则是研究怎样放松这些约束，让决策者有更大的选择空间来施行更优的政策。只有这样提出的政策建议，才是切中时弊、有建设性和操作性的。在真实世界中，我们经常能够看到有人非难中国的各种政策，言辞激烈地对决策者加以斥责。这些人只是看到了问题的表象，但并没有真正看到引起这些问题的深层次原因。因此他们的建议就只能是隔靴搔痒，不具有可操作性，他们本人也会被决策者认为是不懂中国国情的。

中国的货币政策实践之所以会有前述的那些中国特色，主要原因有二。第一是在中国的金融和经济体系中缺乏货币政策传导所需的市场力量；第二是政策性负担在货币政策传导路径中形成了扭曲。

上一讲介绍过，货币政策传导顺畅的前提是在市场中存在着有效的套利机制。但中国的金融体系是在从计划经济向市场经济转型的过程中逐步建立的。一开始的时候，很多对货币政策传导至关重要的市场都不存在，或者发展不成熟。因此，仅凭市场力量难以将人民银行的意图传递出去。在市场力量还不足够时，人民银行需要借助行政力量来对一些金融活动做直接调控。但人民银行推动金融市场发展、构建市场化货币政策传导机制的方向是明确的，并且成效显著。所以我们才能看到在近些年，人民银行的货币政策能够更多地转向价格型操作，更多依靠市场力量来实现人民银行的意图。

但即使货币政策传导路径所需的各个市场都逐步构建起来了，政策性负担带来的传导扭曲仍然是人民银行面临的重要约束。在第 4 讲讨论发展战略和经济绩效时，我们说过中国的传统计划经济体制是内生于中国的要素禀赋和发展战略的。中华人民共和国成立初期，要在一个小农经济为主的经济体中推行赶超战略，发展重工业，必然导致建立起来的重工业企业不具有自生能力，需要依赖政府的补贴而存活。而这些补贴就带来了各种对市场的扭曲，最终形成了改革开放前中国的传统计划经济体制。运用同样的思路，我们能发现当前中国货币政策中各种扭曲产生的根源，及其对货币政策的影响。

改革开放之后，国有企业仍然在中国经济中占据很大份额。国有企业不完全是一个市场化的主体，而仍然承担着推行国家发展战略、维护就业市场稳定等政策性负担。其内部经营机制也存在着计划经济时代留下来的惯性。因此，如果像泰勒准则所要求的那样，让名义利率的变化幅度大于通货膨胀的变化幅度，在高通货膨胀时期，名义利率就会大幅攀升至高位，让国有企业大量倒闭，引发社会问题。为了避免这种情况的发生，名义利率的变动就相对温和，有意避免名义利率的大幅波动对企业经营的冲击。当然，这会导致真实利率在经济过热时（通货膨胀高企之时）反而下降，进一步刺激经济。所以，货币政策需要利用数量型工具，在名义利率无法升高时，通过对信贷和货币增长量的直接管控来给经济降温。

中国的商业银行体系到目前为止仍然是以国有为主。商业银行的稳定攸关中国整个金融体系的稳定。如果人民银行放开对存贷款利率的管制，让商业银行自由设定自己的利率，一定会引发银行间的价格竞争——大家争相提高存款利率来争抢存款；争相降低贷款利率来抢夺贷款客户。其结果是商业银行的存贷款息差收入减少，国有商业银行经营绩效下降，甚至最终产生亏损而需要国家来填。为了防止这种情况的发生，人民银行设定存贷款基准利率来保护银行系统的息差收入。后来，随着利率市场化改革的推进，商业银行在设定存贷款利率方面有了更大的自主权，可以在基准利率上下范围内浮动。但即使如此，人民银行也通过组建商业银行自律机制和窗口指导等方法，保证了商业银行在设定利率时不偏离基准利率太远。

除了管控利率来给国有企业和国有银行提供隐性补贴的动机外，货币政策传导路径上的经济主体的非市场化行为是人民银行面临的更大约束。这一点在次贷危机之后体现得尤为明显。在下面一小节中我们会做更深入的分析。

从以上的论述中我们就能看见，中国特色的货币政策实践有其产生的原因，是在现实约束条件下人民银行的合理选择。但这并不是说这样的货币政策操作就是最好的。从改革开放以来，中国金融改革的一个重要方向就是构建市场化的货币政策传导机制，实现市场化的价格型货币政策调控方式。这一改革可以被称为“利率市场化改革”。这一改革是次贷危机后中国金融市场发展的主轴，既取得了明显进展，也催生了许多新的问题。利率市场化改革是理解中国后危机时代金融发展的核心。

19.4 中国的利率市场化改革及其启示

所谓利率市场化改革，简单来说就是政府放开对利率的管制，让自由浮动的利率引导金融资源配置的改革。这个定义中包含两层含义。第一，是对利率管制的放开。这一点从利率市场化改革的名称中就能想到。考虑到中国长期存在对存贷款利率的管制，利率市场化改革的目标似乎也很容易想到——就是放开对存贷款利率的管制。不过，如果只把利率市场化改革理解成对利率管制的放开，就太过狭隘。第二，让自由浮动的利率引导金融资源配置的改革——这才是利率市场化改革的最终目标。

前面我们一直说中国的金融改革是构建市场化利率传导机制的过程，但我们还没说为什么要这样。事实上，这是更为关键的问题。不能说西方发达国家有一套货币政策调控体系，中国就一定需要照抄。应该是西方这套货币政策体系比较好，所以中国才要学习。所以，西方的这套现代货币政策体系为什么好，中国传统的货币政策体系为什么不好，是我们分析中国利率市场化改革的关键问题。

在中国经济转向市场经济的过程中，中国脱胎于计划经济的数量型货币政策调控体系越来越与中国经济的转型不相适应。第一，在数量型调控中，价格不能充分反映经济绩效信息，因而无法形成资源配置的优化。当利率被行政性地压制在低位以补贴国企时，利率就区分不了企业利润的高低，无法把更多金融资源导向利润更高的企业。第二，行政性设定的货币及信贷总量目标未必与经济形势的变化相契合。在市场的融资需求发生变化时，刚性的数量调控目标容易引发市场价格的大幅波动，威胁经济和金融体系的稳定。随着这些矛盾的浮现，中国货币政策向市场化价格型调控方向的改革就顺理成章了。

应该说，中国的利率市场化改革还是取得了明显的进展。尽管金融市场中还没有短期基准利率的概念，但人民银行对短期利率的调整还是会通过市场影响到长期无风险利率和风险利率。金融市场内的利率传导机制已经基本成型（见图 19－6）。而金融市场利率变化也会对实体经济的融资增长带来明显影响——高（低）利率对实体经济融资会带来抑制（刺激）作用（见图 19－7）。人民银行通过利率来调整整个宏观经济的能力已经大为增强。

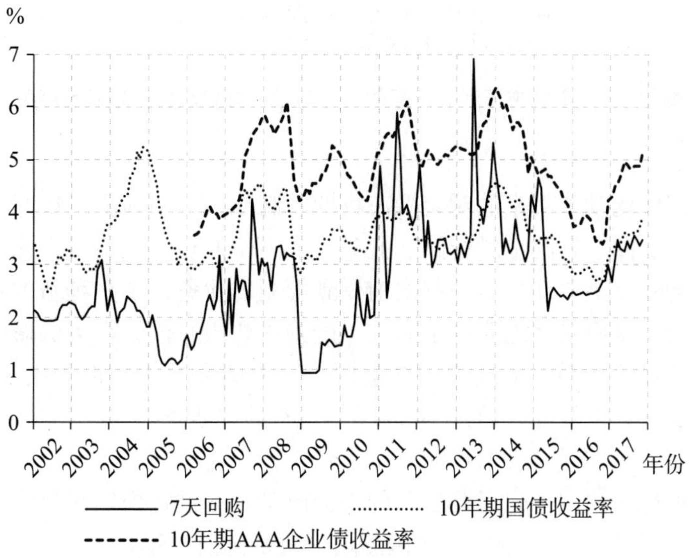

图 19－6　中国金融市场中的利率传导机制已经初步形成

资料来源：Wind

不过，中国的利率市场化改革还远远谈不上胜利在望。在货币政策传导机制的构建过程中，金融创新、政策性负担等因素交织在一起，给人民银行施加了许多新的约束，制造了许多新的麻烦。人民银行在对新形势下货币政策调控的摸索过程中，既取得了不少成果，也遇到了很多困境。可以说，次贷危机之后的中国利率市场化改革就是中国改革开放 40 年的一个缩影，可以让我们从中得到启示。

19.4.1　金融创新对数量调控效力的削弱

货币政策调控无非是通过数量（控货币总量）与价格（控利率）两个手段进行。在利率市场化改革的推进过程中，这两个手段都碰到了新问题，迫使货币政策必须做出相应的调整。我们先来看金融创新对货币政策数量型工具的影响。

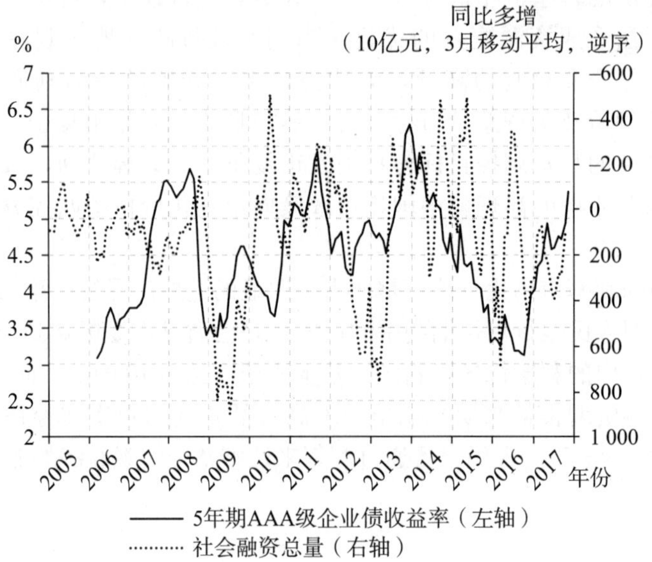

图 19－7　金融市场利率水平的变化与社会融资总量的增长负相关

资料来源：Wind

伴随着利率市场化改革带来的对金融市场的管制放松，中国金融市场在次贷危机之后迎来了金融创新的热潮，新的金融产品、业务方式不断涌现。但不可否认的是，规避金融监管是金融创新的一个重要动力。一些之前受到管制的业务换了一种新的模式之后，就避开了监管者的视线，堂而皇之地开展了起来。受到这些规避监管行为的影响，过去行之有效的信贷额度等数量管控手段的效力就被削弱。这方面最突出的例子就是 2012—2013 年影子银行的快速发展，以及随之而来的 2013 年 6 月的“钱荒”。

2008 年，在美国次贷危机的冲击下，中国经济增速大幅下滑。为了应对外部冲击，中国政府出台了被称为“四万亿元刺激”的强力政策，通过宽松的财政政策和货币政策刺激国内的总需求。受其影响，2009 年中国新增信贷量比前一年翻了一番，接近 10 万亿元。宽松的政策带来了经济的快速复苏，但同时也造成了高通货膨胀和资产价格泡沫等副作用。因此，从 2011 年开始，“四万亿元刺激”政策就开始快速退出。但此时实体经济中那些因刺激政策而上马的投资项目尚未建成，实体经济融资需求仍然旺盛。因此，商业银行为了规避监管，新创设了许多金融工具和业务模式，来变相向实体经济投放贷款，规避人民银行的信贷额度控制。这些实质上是银行信贷，却又包装成其他形式的金融业务，被称为**影子银行**（shadow banking）业务。

从 2011 年开始，影子银行业务快速发展，其中一个重要方式是商业银行通过“买入返售金融资产”来向实体经济企业提供融资。所谓买入返售金融资产，就是银行向实体经济企业买入一项金融资产——比如某个投资项目的受益权——并承诺在未来某个时间以约定的价格把这项金融资产再卖回给实体企业。这个业务的实质是实体经济企业从银行那里获得了一笔抵押贷款。但以这样新的方式来进行，商业银行可以绕开信贷额度的约束。所以，尽管 2011—2013 年信贷增长较为平稳，但上市银行的资产负债表仍然迅速扩张。这种扩张就主要是通过影子银行业务来实现的（见图 19-8）。

图 19-8　随着金融创新的推进，信贷额度对商业银行资产扩张的约束力明显下降

资料来源：Wind

面对影子银行业务扩张带来的社会融资过快增长的局面，人民银行传统的信贷额度等数量管控工具不再有效。在这种情况下，人民银行收紧基础货币供给来控制社会融资总量扩张的态度越来越明确。2013 年 6 月，恰逢美国退出其第三次量化宽松（QE3）带来的全球资本回流美国。中国金融市场的流动性也随之收紧。但在 6 月中旬的一次会议中，人民银行明确告诉商业银行不会投放基础货币来平抑资金面的紧张，而要求商业银行自己做好流动性管理。这让市场紧张情绪进一步加剧，利率进一步飙涨，“钱荒”随之爆发（见图 19-9）。

图 19-9　2013 年 6 月人民银行控制社会融资总量的过快增长，出现“钱荒”

资料来源：Wind

随着资金面的持续收紧，中国整个金融体系濒临崩溃。中国的商业银行会大规模倒闭的说法也在老百姓中间流传开来。在压力之下，人民银行于 2013 年 6 月 25 日发布公告，称会投放基础货币来“平抑短期异常波动，稳定市场预期，保持货币市场稳定”。此公告一出，“钱荒”即告结束，资金面很快恢复正常。

我们该如何理解“钱荒”呢？一方面，“钱荒”中人民银行的流动性调控确实存在可以商榷之处。中央银行是金融监管者，更是金融市场的最后贷款人，理应在市场陷入流动性危机时提供流动性来稳定市场。但人民银行出于控制影子银行扩张的考虑，面对资金面的收紧时行动迟缓，最终导致市场上的紧张情绪不断升级，资金面收紧到引发危机的程度。

但另一方面，我们也需体谅人民银行，看到人民银行在“钱荒”时的不得已。在金融机构大规模通过所谓金融创新来规避监管，使得传统的信贷数量管控手段失效时，人民银行通过收紧基础货币的投放来抑制社会融资总量的过快增长也是情有可原的。“钱荒”反映的是中国货币政策在面临新的约束后所产生的新问题。

19.4.2 政策性负担对价格调控的约束

下面再来看政策性负担对货币价格调控带来的干扰。这就是我们在讲预算软约束时介绍过的城投公司（又叫地方政府融资平台）带给货币政策传导机制的扭曲。城投公司是地方政府出资设立的国有企业，承担着为地方政府建设基础设施的责任。由于基础设施多具有公益性，项目微观层面的现金回报率很低。这些基础设施项目的建设就给城投公司带来了政策性负担。为了确保城投公司能够在金融市场中获取融资，把这些项目给建起来，地方政府就必须通过各种方式给城投公司提供补贴。这就给城投公司带来了预算软约束。

预算软约束的存在，使得城投公司虽然总资产回报率不高，但能够以高利率来发行债券。因此，尽管城投公司的回报率明显低于产业公司，但在利率市场化改革之后，城投公司的发债量却反而超过产业债，城投公司在金融市场中反而占据了更高的融资份额。再加上城投公司有政府提供的预算软约束的支撑，对利率并不敏感，其融资行为因而较难受到利率的调控（见图 19－10、图 19－11）。

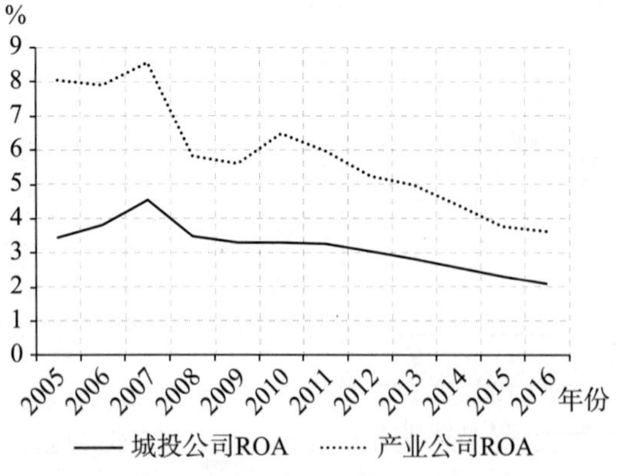

图 19－10 城投公司回报率低于产业公司

资料来源：Wind

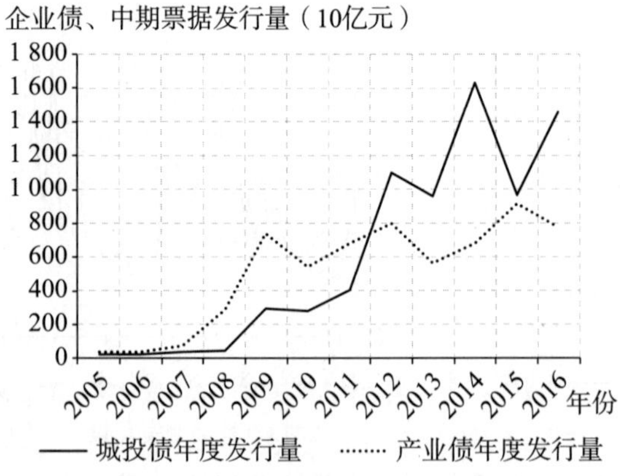

图 19－11 城投债在金融市场中挤出了产业债

资料来源：Wind

当存在着这样的政策性负担对金融市场带来的干扰时，货币政策的价格调控就难以达到其预想的效果。从总量上来说，人民银行的利率调控很难控制住实体经济的融资增长。而从结构上来讲，非市场化的融资主体反而能够挤出市场化的融资主体，产生劣币驱逐良币的现象。所以在地方政府融资平台这个问题上，我们看到的是货币政策传导路径受到非市场因素的干扰后，对央行货币政策调控所形成的约束。

19.4.3　利率市场化改革的启示

上面所列举的只是利率市场化改革之后，中国金融市场种种乱象的两个实例。这些乱象之所以会产生，是因为中国金融体系正在进行从计划经济向市场经济的转型。在转型过程中，脱胎于计划经济的数量型调控方式逐步失效。但由于市场化的货币政策传导机制尚未完全建立，市场型价格调控工具又无法充分发挥效果，中国的货币政策调控因而陷入了困局。在次贷危机之后，中国金融市场之所以会出现这么多的新问题，而人民银行之所以需要创设许多新的货币政策工具，原因都在这里。

作为中国几十年改革开放进程的一个缩影，中国的利率市场化改革能够带给我们很重要的启示，帮助我们理解中国改革的逻辑。

第一，我们要对利率市场化改革所带来的种种乱象抱有宽容的态度。就像中国经济的市场化转型一样，中国金融体系和货币政策调控机制的市场化改革也是一项前无古人的壮举。在这个过程中自然会碰到很多前所未有的问题。因此，不应奢望一开始就能设计出一个十全十美的计划，让所有的问题都不发生。利率市场化改革只能像中国几十年改革开放的历程一样，摸着石头过河，通过不断地发现问题和解决问题来推进。因此，绝对不可以用金融市场中出现的乱象来否定利率市场化，就像我们不能以改革开放中产生的新问题来否定改革开放一样。

第二，要在乱象之中看到中国金融市场和中国货币政策调控都在取得实质性的进展。金融创新确实带来了许多规避监管的行为，但这反过来也让监管者看到了监管漏洞所在，因而能有针对性地采取措施来提升监管效力。从 2017 年开始，中国更是开启了混业监管改革的进程，令“一行三会”（人民银行、银监会、证监会、保监会）之间的协作变得更加紧密，有效减少了监管漏洞，抑制了影子银行等规避监管业务的发展。

而地方政府融资平台对金融体系的扭曲作用，也让大家认识到了清理融资平台对利率化改革的重要性。所以这才有了 2014 年下半年国务院出台的 43 号文件，试图剥离地方政府融资平台的融资功能。但在抑制了融资平台的融资之后，基建投资却因融资不足而增速下滑，加重了经济增长的下行压力。此外，它还导致了货币政策传导路径在从金融到实体这一环节出现阻塞，令金融市场出现流动性“堰塞湖”，催生了 A 股的大牛市以及随之而来的股灾。于是大家又认识到，融资平台所支撑的基建投资对中国经济增长的稳定非常重要。但融资平台的融资又的确会对金融体系带来很强的扭曲作用。因此，从 2015 年开始，中国又推出了地方债置换的政策，通过在国债口径下发行地方债来支撑基建投资。这样，就实现了公益资金对公益项目的对接，从而在保证基建投资平稳增长的前提下，减少了融资平台对货币政策的干扰。当然，地方债置换仍然面临着不小的障碍，其规模也不足以完全支撑所有基建投资的融资。但不可否认的是，它确实是一项进展。

所以，尽管在利率市场化改革过程中确实产生了很多新问题，造成了一些乱象，但利率市场化改革给中国金融体系和货币政策调控带来的积极意义也不容抹杀。在改革的过程中，各方对改革的方向、改革的难点、改革的步骤都有了更清晰的认识，政策也越发符合实际，运转有效。这正是中国改革开放 40 年成功路径的一个缩影。

进一步阅读指南

伍戈和李斌所著的《货币数量、利率调控与政策转型》一书是有关中国货币政策实践的不错参考书（伍戈和李斌，2016）。姚洋等人于 2015 年发表的《我国利率市场化的前提条件与推进策略研究》一文，用本讲介绍的思路分析了中国的利率市场化改革（姚洋等，2015）。

练习题

19.1　请根据以下问题比较中国与美国的货币政策实践。

(a) 人民银行和美联储的货币政策目标分别是什么？有何异同？

(b) 人民银行和美联储的资产负债表中，占比居于前 5 位的资产分别是什么？中美央行资产负债表之间为何有这样的差距？（提示：人民银行资产负债表数据可见于人民银行网站；美联储资产负债表数据可见于美联储 FRED 数据库。）

(c) 美联储的基准利率是什么？美联储对其基准利率的调控是怎样影响其他利率和宏观经济的？人民银行的基准利率是哪些，与美联储基准利率有何差别，为什么会有这样的差别？

(d) 美联储的货币政策调整满足泰勒准则吗？人民银行满足吗？为什么会有这样的差异？

19.2　中国为什么要推进利率市场化改革？利率市场化改革的目标应该是什么？利率市场化改革还面临哪些障碍？怎样成功推进利率市场化改革？

第 20 讲

开放经济中的货币

之前我们对货币经济和货币政策的讨论都是在封闭经济中进行的，没有考虑别国对本国的影响。在这一讲中，我们会把之前的讨论扩展到开放经济中，引入汇率这个重要变量。我们会研究汇率是怎样决定的，会受到什么因素的影响，其运动有什么特别的规律。我们还会分析汇率与国内货币政策的关系，并探讨人民币汇率机制选择的问题。

20.1 认识汇率

20.1.1 汇率的种类与标价

所谓**汇率**（exchange rate），是不同货币间相互兑换的比率，也可以说是用其他货币表示的货币的价格。一种货币如果相比另外一种货币变得更值钱了——同样多的这种货币能够兑换到更多的另一种货币——就说前一种货币相对后一种货币**升值**（appreciation）。反过来，如果一种货币变得更不值钱了（相对别的货币而言），就说它在**贬值**（depreciation）。

汇率可以分为**双边汇率**（bilateral exchange rate）与**有效汇率**（effective exchange rate）两种。所谓双边汇率，是任意两种货币之间的兑换率。我们在银行柜台看到的外汇牌价就是双边汇率。按照双边汇率，我们可以将一种货币换成另外一种货币。不过，双边汇率仅仅反映了一种货币对另一种货币的兑换比率，不能全面反映某种货币的强弱。比如，有时人民币可能对美元贬值了，但同时又对韩元升值了。因此，为了全面衡量某种货币的强弱，还会计算某种货币相对其他一篮子货币的加权平均汇率，并称之为名义有效汇率（nominal effective exchange rate，简称 NEER）。[①] 计算有效汇率的权重往往是货币发行国对其他国家的贸易量。还需要注意的是，有效汇率只是一个计算出来的指数，并不意味着用有效汇率可以将某种货币换成一篮子货币。有效汇率的绝对水平没有太大意义，有意义的只是有效汇率这个指数的变化。相比有效汇率，双边汇率应用得更广。所以人们在谈论汇率时如未做说明，都是在谈双边汇率。我们也遵循这一习惯，以下除非特别说明，所说的汇率都是双边汇率。

双边汇率有个很容易让人混淆的地方，就是汇率的表示方法。比如当我们在谈论人民币兑美元的汇率时，既可以说 1 美元可以换成多少元人民币，也可以说 1 元人民币可以换成多少美元。两种说法都是人民币和美元间汇率的正确表达。为了区分，用本币表示 1 单位外国货币的价格的方法叫做汇率的**直接标价法**（direct quotations）；而用外币表示 1 单位本币的价格的方法叫做汇率的**间接标价法**（indirect quotations）。

包括人民币在内的世界上的大多数货币，都是用直接标价法来标示其汇率的。所以我们在中国的商业银行看到的外汇牌价，都是用直接标价法来把 1 单位外币表示成一定数量的人民币。比如，2017 年 12 月美元兑人民币汇率是 6.6，就意味着 1 美元可以换 6.6 元人民币。对那些不太值钱的外币，直接标价法会标出 100 单位外币兑换多少元人民币。比如，2017 年 12 月日元兑人民币汇率约为 5.8，就意味着 100 日元可以兑换 5.8 元人民币。在本币汇率用直接标价法标示时，汇率的上升表示本币贬值——1 单位外国货币能够兑换更多单位的本币。不过，世界上还有欧元、英镑等货币习惯采用间接标价法，把汇率表示成 1 单位本币能换多少单位外币。比如 2017 年 12 月欧元兑美元的汇率大概是 1.2，就表示 1 欧元能换 1.2 美元。

究竟是用直接标价法还是间接标价法，完全是约定俗成的习惯。当谈论与美元的双边汇率时，对人民币就是用直接标价法，对欧元就是用间接标价法。如果不熟悉，那就注意看汇率中两种货币的先后顺序。当我们说某货币兑某货币时，总是把 1 单位前面的货币表示为若干单位后面的那种货币。所以，USDCNY 就是把 1 单位美元表示成为若干人民币，称为美元兑人民币汇率；EURUSD 就是把 1 欧元表示为若干美元，称为欧元兑美元汇率。USD、CNY 与 EUR 则分别是美元、人民币和欧元的国际通用英文缩写。

有效汇率由于是一个计算出来的指数，所以大家约定了计算方法，使得有效汇率指数上升对应本币升值（与直接标价法的双边汇率正好相反）。在 2005 年之前，美元兑人民币汇率都处在严密管制的状态，波动很小。那段时间里最大的波动发生在 1994 年 1 月。当时为了消除外汇的黑市，政府一次性将美元兑人民币汇率调整到了当时的（黑市）市场汇率水平，从而形成了一次大的人民币对美元的贬值。从 2005 年 7 月的汇率改革开始，美元兑人民币汇率进入了有管理的浮动状态，虽有变化，但幅度不太大。在过去 20 年，尽管美元兑人民币汇率变化幅度有限，但因为美元兑其他货币汇率有变化，所以人民币对一篮子货币的名义有效汇率有明显波动（见图 20-1）。

---

① 还有一种有效汇率叫做实际有效汇率（real effective exchange rate，简称 REER），是在 NEER 的基础上扣除了各国通货膨胀后计算的加权平均实际汇率。它反映本国商品对一篮子国家商品的平均兑换率。

图 20－1　美元兑人民币汇率及人民币名义有效汇率

资料来源：Wind

20.1.2　名义汇率与实际汇率

把一种货币兑换成另一种货币的汇率是**名义汇率**（nominal exchange rate）。而把一国的真实商品兑换成另一国真实商品的比率叫做**实际汇率**（real exchange rate）。在经济分析中，我们一般用直接标价法来记汇率。以下如非特别说明，所有的汇率都是直接标价法的汇率。

如果商品可以跨境自由流动，不同地点的商品应该符合**一价定律**（law of one price）。如果以 P 和 P^* 分别代表本国和外国的商品价格（宏观经济学中的惯例是用上标“*”号表示外国变量），以 E 表示直接标价法记的外国货币兑本国货币的名义汇率（1 单位外国货币等于多少单位本国货币），那么一价定律可以写成如下公式

$$P=EP^* \tag{20.1}$$

让我们来对这个式子建立一个直观印象。如果 1 个苹果在美国卖 1 美元，且美元兑人民币的汇率是 1 美元兑 6.5 元人民币，那么 1 个苹果在中国就应该卖 6.5 元人民币。如果不是这样的，就可以通过在中美之间转卖苹果来套取两地的价差。只有当一价定律（20.1）式成立时，中美之间才没有套利的机会。

用直接标价法，本国与外国间的实际汇率（1 单位外国商品可以兑换多少单位本国商品）可定义为

$$e=\frac{EP^*}{P}$$

在一价定律成立时，实际汇率一定是 1。但有些时候，本国与外国之间的套利力量发挥得并不充分，使得一价定律不成立。这时实际汇率就不再是 1 了。不过在这一讲中，我们还

是假设一价定律成立。①

如果我们假设一价定律对任何时期 t 都成立，那么（20.1）式可以写成

$$P_t=E_tP_t^*$$

上式中的 P_t 与 P_t^* 可分别理解为本国和外国的总体物价水平。上式两边同时取对数，并注意到该式在 t 期和 $t+1$ 期都应成立，可得

$$\log P_{t+1}=\log E_{t+1}+\log P_{t+1}^*$$
$$\log P_t=\log E_t+\log P_t^*$$

以上两式相减，并利用近似等式 $\log(1+\Delta)\approx\Delta$，可以得到

$$\frac{P_{t+1}-P_t}{P_t}=\frac{E_{t+1}-E_t}{E_t}+\frac{P_{t+1}^*-P_t^*}{P_t^*}$$

即

$$\frac{E_{t+1}-E_t}{E_t}=\pi_{t+1}-\pi_{t+1}^* \tag{20.2}$$

其中，π_{t+1} 与 π_{t+1}^* 分别是本国和外国的通货膨胀率（物价的变化率）。这个式子告诉我们，当一价定律成立时，本国汇率（直接标价法）的变化率等于本国与外国通货膨胀率之差。注意，这里的本币汇率是用直接标价法标出的。所以如果本国通货膨胀率更高，就说明本国的货币相对商品的贬值速度快于外国货币，这时本国货币就会相对外国货币贬值（表现为直接标价法汇率的上升）。

20.2 汇率决定的模型分析

在认识了汇率之后，我们自然想知道汇率是由什么因素决定的，是怎样决定的。还是像以前一样，我们在一个两期的一般均衡模型中来分析问题。模型的时序图如图 20-2 所示。模型中包含本国和外国两个国家。本国和外国的设定完全相同（只是具体参数值可能不一样）。按照惯例，本国的变量不加上标“*”号，外国的变量要加上标“*”号。

这里我们先介绍本国的设定。本国居民每期从消费量和实际现金持有量中获得效用。经济中不存在生产活动（也没有厂商）。在两期期初，本国居民会分别得到外生给定的消费品禀赋 y_1 和 y_2（消费品不可储存）。在第 1 期期初，本国居民还持有初始现金禀赋 M_0。在第 1 期，本国消费者还可以购买本国发行的名义债券 B_1（以本国货币计价），以及外国

---

① 国际经济学中有一个理论叫做“巴拉萨-萨缪尔森效应”（Balassa-Samuelson effect），说的是发展中国家货币的实际汇率会相对发达国家货币长期升值。这是因为国家间在非贸易品（如理发服务）上不存在充分套利，所以非贸易品的价格并不相等。发展中国家的劳动力成本便宜，所以发展中国家的非贸易品价格就低于发达国家，从而使得一价定律不成立。不过随着发展中国家的进步，其劳动力成本也逐步向发达国家收敛，导致发展中国家与发达国家在非贸易品价格上的差异缩小。这样就表现为发展中国家货币相对发达国家的真实升值。有兴趣的读者可参见奥布斯特菲尔德（Obstfeld）与罗格夫（Rogoff）所著的经典教材 *Foundations of International Macroeconomics* 的 4.2.3 节。

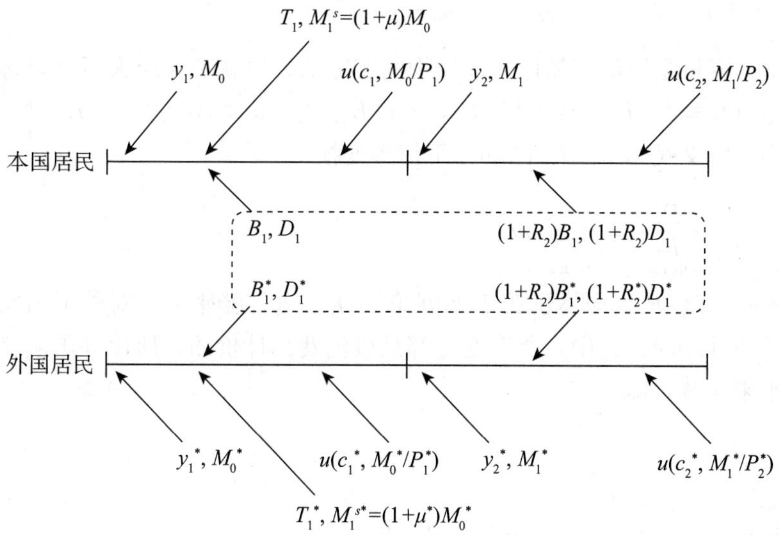

图 20 - 2

发行的名义债券 D_1（以外国货币计价）。在第 1 期，政府还会以速率 μ 增发货币。增发货币所得铸币税以一次总付税 T_1 的形式还给本国居民。在第 2 期，本国和外国发行的名义债券均到期偿付本金和利息，利息率分别为 R_2 与 R_2^*。在模型中，本国与外国是对称的。外国的设定与本国类似，此处不再赘述。

在这个模型中，本国只有居民部门存在。求解了本国的居民问题，也就找出了本国经济的运行状态。与第 13 讲的 MIU 模型一样，这里我们仍然假设本国居民的效用函数是如下消费与货币持有相互可分的形式。

$$U=u(c_1)+v(M_0/P_1)+\beta[u(c_2)+v(M_1^d/P_2)] \tag{20.3}$$

其中，M_1^d 的上标 d 表明这是居民自主选择的第 2 期货币持有量。

以本国货币计价的本国居民第 1 期的预算约束为

$$P_1c_1+T_1+B_1+E_1D_1+M_1^d\leqslant M_0+P_1y_1$$

由于本国居民购买的外国发行的名义债券 D_1 是以外国货币计价的，所以需要将其乘以本币汇率 E_1（直接标价法），以转换成本币的单位。另外说明一下，这里的 D_1 是本国居民购买的外国名义债券，是由本国居民决定的，所以不加上标“ * ”。以本币计价的本国居民第 2 期的预算约束为

$$P_2c_2\leqslant M_1^d+P_2y_2+(1+R_2)B_1+E_2(1+R_2^*)D_1$$

其中，R_2 与 R_2^* 分别是本国和外国名义债券的名义利率（分别以本币和外币计价）。由于外国债券的本息都是用外币计价的，所以这里还需要用第 2 期的名义汇率 E_2 来折算以成本币计价的价格。

为了简化下面的计算，我们还是像之前一样，在约束式左右两侧同时除以本国价格，将其化为以消费品计价的实际变量的关系式。第 1 期预算约束两边同时除以 P_1 可得

$$c_1+t_1+b_1+d_1+(1+\pi_2)m_1^d\leqslant m_0+y_1 \tag{20.4}$$

其中的小写字母变量是用消费品作为计价物的实际值，也就是对应大写字母标量将价格水平缩减后的值（$t_1\equiv T_1/P_1$，$b_1\equiv B_1/P_1$，$r_1\equiv R_1/P_1$，$w_1\equiv W_1/P_1$，$m_0\equiv M_0/P_1$）。这里我们再次用到了定义式 $m_1^d\equiv M_1^d/P_2$ 和如下恒等变换

$$\frac{M_1^d}{P_1}=\frac{M_1^d}{P_2}\cdot\frac{P_2}{P_1}=(1+\pi_2)m_1^d$$

其中，$\pi_2(1+\pi_2\equiv P_2/P_1)$ 是本国第 1 期到第 2 期的通货膨胀率。对外国名义债券的缩减要注意。由于在（20.4）式中，所有变量都是以消费品计价的，所以外国名义债券应该用外国价格水平来缩减，即

$$d_1\equiv\frac{D_1}{P_1^*}$$

而由一价定律可知 $P_1^*=P_1/E_1$，代入上式可得

$$\frac{E_1D_1}{P_1}=\frac{D_1}{P_1^*}=d_1$$

类似地，可以把第 2 期预算约束化为消费品计价的形式

$$c_2\leqslant m_1^d+y_2+\frac{1+R_2}{1+\pi_2}b_1+\frac{1+R_2^*}{1+\pi_2^*}d_1 \tag{20.5}$$

其中用到了如下恒等变换

$$\frac{E_2(1+R_2^*)D_1}{P_2}=\frac{(1+R_2^*)D_1}{P_2^*}=\frac{1+R_2^*}{P_2^*/P_1^*}\frac{D_1}{P_1^*}=\frac{1+R_2^*}{1+\pi_2^*}d_1$$

所以，本国消费者就是在（20.4）式与（20.5）式的约束之下，最大化目标函数（20.3）式。设定拉格朗日函数为

$$\begin{aligned}\mathcal{L}=&u(c_1)+v(m_0)+\beta[u(c_2)+v(m_1^d)]\\&+\lambda_1[m_0+y_1-c_1-t_1-b_1-d_1-(1+\pi_2)m_1^d]\\&+\lambda_2\left[m_1^d+y_2+\frac{1+R_2}{1+\pi_2}b_1+\frac{1+R_2^*}{1+\pi_2^*}d_1-c_2\right]\end{aligned}$$

其一阶条件为

$$\frac{\partial\mathcal{L}}{\partial c_1}=0\Rightarrow u'(c_1)=\lambda_1$$

$$\frac{\partial\mathcal{L}}{\partial c_2}=0\Rightarrow \beta u'(c_2)=\lambda_2$$

$$\frac{\partial\mathcal{L}}{\partial m_1^d}=0\Rightarrow \beta v'(m_1^d)-\lambda_1(1+\pi_2)+\lambda_2=0$$

$$\frac{\partial\mathcal{L}}{\partial b_1}=0\Rightarrow \lambda_1=\lambda_2\frac{1+R_2}{1+\pi_2}$$

$$\frac{\partial \mathcal{L}}{\partial d_1}=0 \Rightarrow \lambda_1=\lambda_2 \frac{1+R_2^*}{1+\pi_2^*}$$

消去其中的拉格朗日乘子可得

$$u'(c_1)=\frac{1}{1+\pi_2}\beta[u'(c_2)+v'(m_1^d)] \tag{20.6}$$

$$u'(c_1)=\beta u'(c_2)\left(\frac{1+R_2}{1+\pi_2}\right) \tag{20.7}$$

$$u'(c_1)=\beta u'(c_2)\left(\frac{1+R_2^*}{1+\pi_2^*}\right) \tag{20.8}$$

这样就完成了对消费者优化问题的求解。

按道理，接下来应该求解外国居民的优化问题，然后再用市场出清条件刻画出均衡。但就我们要讨论的汇率决定问题来说，这里已经有足够多的成果可供讨论了。所以我们的模型推导就在这里停下来。在这个模型中，包括汇率在内的所有名义价格都是可以灵活变化的，所以古典两分法在这个模型中仍然成立。本讲的习题会要求读者完成整个模型的推演，并验证古典两分法的结论。

20.3　汇率的决定

20.3.1　利率平价关系

利用前面求解的本国消费者优化问题，我们可以得到一个非常重要的本国和外国间的利率平价关系。结合（20.7）式与（20.8）式，有

$$\frac{1+R_2}{1+\pi_2}=\frac{1+R_2^*}{1+\pi_2^*}$$

这是一个非常关键的方程。它说的是在达到最优之后，购买本国债券和外国债券会带来同样的实际回报率（以消费品计价）。因此，这两种储蓄方式对本国消费者是无差异的。可以对这个式子左右两边取对数，并再次运用近似关系 $\log(1+\Delta)\approx\Delta$，可以得到

$$R_2-R_2^*=\pi_2-\pi_2^* \tag{20.9}$$

即本国和外国的名义利率之差等于本国和外国的通货膨胀之差。这个等式应该是不难理解的，本国如果有更高的通货膨胀率，就意味着本国的名义资产（回报用本币计价的资产）更快地变得不值钱。所以为了让人愿意持有本国名义资产，本国名义资产的名义回报率就需要更高一些，以补偿持有者因为通货膨胀而遭受的损失。

在前面的（20.2）式中，我们推出了本币汇率（直接标价法）的变化率等于本国和外国的通货膨胀率之差。将其代入（20.9）式可得

$$\frac{E_2-E_1}{E_1}=R_2-R_2^* \tag{20.10}$$

这说明本币汇率的变化率等于本国和外国名义利率之差。这个式子可以写成更简洁的形式

$$\frac{\Delta E}{E}=R-R^{*} \tag{20.11}$$

这叫做**无抛补利率平价**（uncovered interest rate parity），反映的是在本国名义资产和外国名义资产之间的无套利关系。“无抛补”（uncovered）的意思是这种套利存在风险——因为未来汇率的变化是未知的，只能是个预期。与之相对的还有一个**抛补利率平价**（covered interest rate parity），即用远期汇率这种金融工具来锁定远期汇率变化后形成的利率平价关系。

无抛补利率平价给出了本币汇率变动的决定方程。它说明本国与外国之间的名义利率差需要用本币汇率的变化预期来加以抵消。也就是说，如果本国名义利率高于外国名义利率，那就必须有本币相对外币的贬值预期才行。如果本币没有贬值预期，那么大家都会愿意持有名义回报率高的本币资产，而不愿持有名义回报率低的外币资产，这就没法达成均衡。

最后要说明一点，尽管在这里推导无抛补利率平价关系时用到了一价定律，但其实利率平价是比一价定律更普遍的结论。利率平价反映的是国内外资本市场间的无套利关系。就算一价定律不成立，无抛补利率平价也会因为国内外资本的自由流动而成立。

20.3.2 灵活价格下本国货币总量扩张对汇率的影响

下面我们来研究在外国保持不变时，本国货币冲击对本币汇率的影响。我们假设一开始时本国和外国的名义利率相等，本币汇率保持稳定（不升值也不贬值）。我们还假设一开始时本国基础货币总量也稳定不变。在某时刻，本国基础货币总量突然超预期地跳升到某个更高的水平，之后又保持不变（见图 20－3）。那么这种基础货币的一次性超预期冲击会如何影响本国汇率呢？

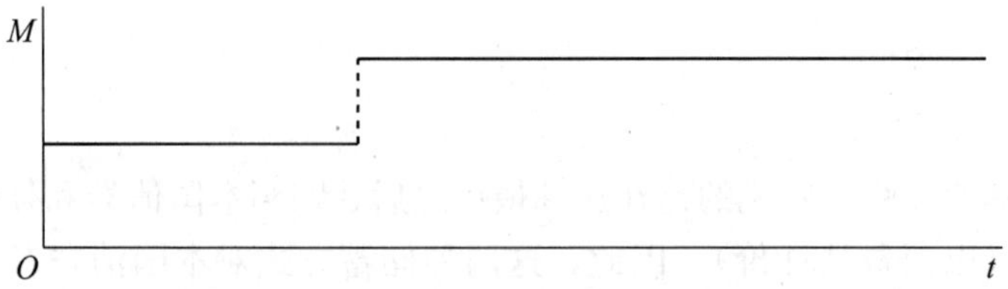

图 20－3　本国基础货币一次性超预期冲击

当货币政策传导完全顺畅且价格完全灵活变化时，基础货币超预期的一次性扩张会瞬时反映到总体价格上。价格水平会从之前的位置一次性地跳升到一个更高水平，并在那里稳定下来。而由于在货币总量跳升的前后，货币增长率的预期都是 0，所以通货膨胀预期也应该一直保持在 0 的水平不变。

至于名义利率，在货币政策传导路径完全顺畅、价格也灵活变动时，应该由费雪方程式决定。由于通货膨胀预期一直维持在 0，真实利率也不会因为货币扩张而变化，所以名义利率不会因为货币量的扩张而变化。

至于本币汇率，则会像本国价格水平一样，一次性地跳升到更高水平并稳定在那里（一次性贬值后保持稳定），继续保持无抛补利率平价关系的成立。由于在这种理想情况下一价定律会一直成立，所以从一价定律的方程 $P=EP^{*}$ 也能推出本币汇率的变化——外国物价水平不会因为国内货币扩张而变化，所以国内物价的跳升就对应本币汇率的跳升（本币贬值）。上述四个变量的变化示意图如图 20－4 所示。

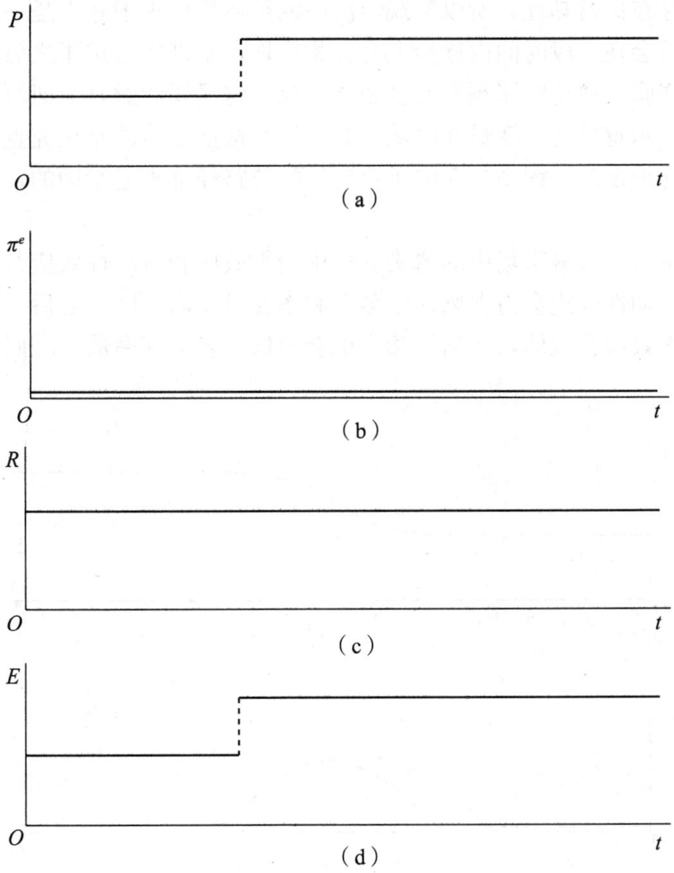

图 20－4　灵活价格下本国货币冲击的影响

20.3.3　汇率超调

以上的分析是建立在货币政策传导机制完全顺畅的前提下的，要求基础货币的一次性超预期扩张在瞬时就传导到整个经济。在这种情况下，本国和外国间的一价定律是时时成立的。但通过前面几讲对货币政策传导路径的介绍，我们知道这种假设太过于理想化。在真实世界中，基础货币的一次性超预期扩张会在金融体系和经济中有一个逐步扩散的过程。名义价格也可能因为黏性的存在而无法一步调整到位。在这种情况下，一价定律就可能在短期内被打破。不过，正如前面推导无抛补利率平价时所说的，利率平价在一价定律不成立时仍然有效。所以在存在货币传导阻塞和价格黏性时，汇率面对超预期的货币总量一次性扩张就不是一次性贬值到位，而会先向一个方向走过头，然后再回调一定幅度。这就是多恩布什（Dornbusch）在 1976 年提出的**汇率超调**（exchange rate overshooting）。[①]

---

① Dornbusch, Rudiger, 1976, "Expectations and Exchange Rate Dynamics," *Journal of Political Economy*, 84 (December): 1161－1176.

这里，我们还是假设基础货币的走势像刚才一样，在某个时刻超预期地跳升到某个高位。而在跳升的前后，基础货币的增长率都是 0。不过，考虑到货币政策传导有一个过程，并且经济中可能存在价格黏性，所以宏观经济中的整体价格水平并不是一次性跳至高位后就保持不变，而是会在一段时间内逐步上升。相应地，基础货币扩张之后，经济中会出现一段时间的通货膨胀，通货膨胀预期也会随之变化。这里要注意，下面所绘制的各个变量的动态变化图都是示意性的。变量在收敛到其长期均衡值之前的路径究竟是怎样的，要看具体的模型是怎样设定的。图 20-5 中所绘制的收敛路径都不是精确的，而只是表示一个意思。

之前我们分析过，金融市场中的名义利率由费雪效应和流动性效应共同决定。基础货币刚刚扩张时，流动性效应会占上风，令名义利率在短期内下降。之后，随着货币政策传导的推进，流动性效应会减弱，而通货膨胀也会走低，名义利率最终会回到基础货币扩张前的水平。

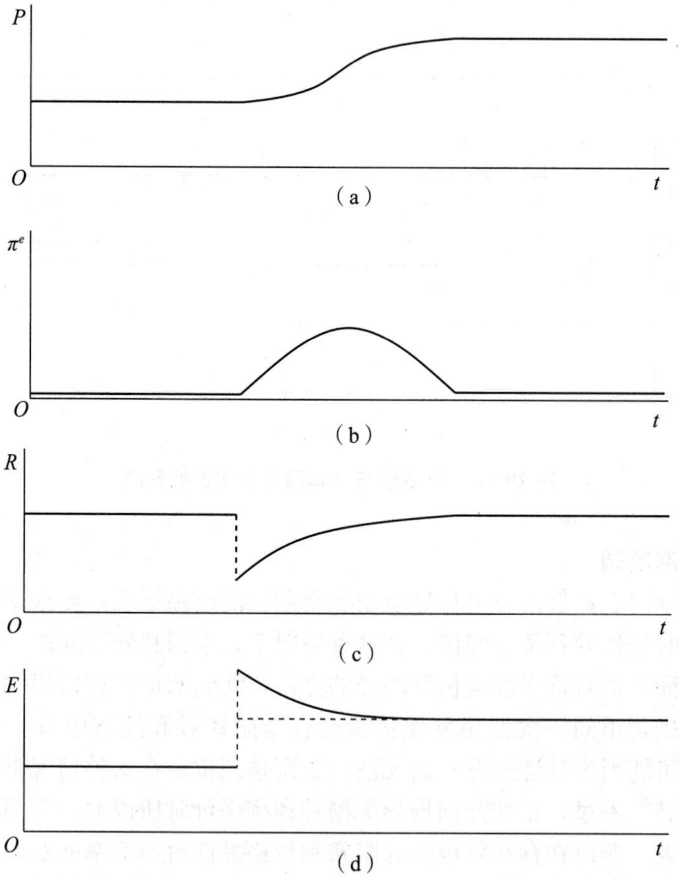

图 20-5　一价定律不成立时，本国货币冲击的影响

在这种情况下，我们来看本币汇率的变化。在本国基础货币扩张之前，本国和外国的名义利率相等，本币汇率保持不变，无抛补利率平价是成立的。而随着本国基础货币扩张在短期内压低本国名义利率，为了继续保持利率平价的成立，就必须出现本币相对外币升值的预期。但由于本国基础货币扩张从长期来看是要带来本币贬值的，为了使得在本国名义利率低于外国的这段时间出现本币的升值预期，在基础货币扩张时本币的贬值幅度就必须超过其新的长期均衡水平。也就是说，本币必须一开始就贬过头，直到出现升值预期。这样，本国货币会呈现出先贬值、再升值的走势。这就是所谓的汇率超调。

当然，汇率超调并不一定会发生。它是否发生以及发生的程度有多严重，取决于具体的经济状况。但汇率超调可能出现这个事实本身就需要引起我们的注意。汇率超调说明汇率波动并不完全由宏观经济的长期基本面因素决定，会出现过度波动的倾向。

20.4　蒙代尔不可能三角与对外汇冲销

下面再让我们来分析本国政府在开放经济中面临的货币和汇率政策选择。

20.4.1　蒙代尔不可能三角

我们继续从无抛补利率平价关系式来展开分析。我们把这个式子抄到下面。

$$\frac{\Delta E}{E}=R-R^*$$

无抛补利率平价关系式包含了四方面的因素。汇率的变化 $\Delta E/E$、本国名义利率 R 与外国名义利率 R^* 是容易看出来的。但除了这三者之外，还有一个因素便是这个等式本身。这个等式反映了本国和外国资本市场间不存在套利机会，其前提是本国和外国间资本的自由流动。所以，这个等式本身代表了资本的跨境自由流动。

在这四个因素中，外国名义利率由外国决定，本国能施加影响力的只有本币汇率、本国名义利率以及本国的跨境资本流动三个因素。而由于利率平价关系式带来的约束，本国能决定的三个因素中其实只有两个自由度。也就是说，确定了三个因素中的两个，剩下的一个也就必然被确定下来，而不能自由变化。这就是蒙代尔不可能三角的基本含义。

蒙代尔不可能三角（Mundellian impossible trinity）又叫**三元悖论**（trilemma），是蒙代尔最早提出的开放经济条件下的政策选择理论（也有人说最早由保罗·克鲁格曼提出）。它说的是在开放条件下，在本国货币政策独立性，固定汇率和资本自由流动这三个目标中，政策最多只能同时满足两个。

如果资本能够跨境自由流动，就意味着利率平价关系成立。这时如果要让本国名义利率不跟着外国名义利率变化而变化，而能够保有国内货币政策的独立性（国内自由设定名义利率），那么本币的汇率就必须能够灵活变化，通过汇率的变动来对冲利差的压力。而如果本国政府既想保有货币政策的独立性，又想把汇率稳定在某个目标位置（固定汇率），那么就只能管制资本的跨境流动，使利率平价关系式不成立。

在跨境资本自由流动的情况下，政府不能同时实现本国货币政策的独立性和固定汇率。这是因为如果政府把汇率稳定在某个水平不变，而国内利率又高于国外利率（$R>R^*$），那么投资者就会不断把外币换成本币来购买本国资产。而为了把汇率稳定在某个目标位置，央行就必须不断在外汇市场上发行本币来兑换外币——央行发行的用于购买外汇的本币叫做**外汇占款**。外汇占款的发放会带来本国基础货币的持续扩张，最终会把本国利率给压下来。

在资本自由流动和固定汇率下，本国利率如果低于外国利率（$R<R^*$），情况会更糟。因为这时本国会出现大量的资本外流——投资者在外汇市场抛售本币换外币来购买国外资产。为了稳定汇率，本国政府只能在外汇市场上卖出自己手中的外币，买入本币。而这会让本国政府手中的外汇储备快速流失。外汇储备下降到一定程度，本国政府就会无力维持固定汇率，因而会形成汇率危机，使本币大幅贬值。

所以在现实中，一个国家在对外政策上只有三种选择：（1）进行跨境资本流动的管制，以实现本国货币政策的独立和固定汇率；（2）实行浮动汇率制，让汇率自由变动，以保证本国货币政策的独立性和资本的自由流动；（3）放弃本国货币政策的独立性，让本国名义利率盯住外国名义利率，以实现资本的自由流动和固定汇率。如果用三角形的三个顶点分别表示本国货币政策独立、固定汇率和资本自由流动，政府在这个三角形的三个顶点中只能取其二，而不可能全部获得（见图 20－6）。

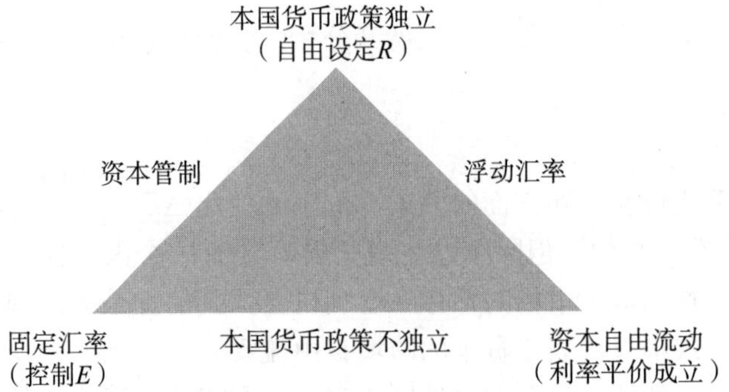

图 20－6　蒙代尔不可能三角

近些年随着全球化的发展，国家间的经济联系已变得越来越密切。共同国际因素（如全球避险情绪）所造成的跨境资本流动冲击已经很难为浮动汇率所隔绝。这让一些学者提出，现在政府所面临的已经不再是三元悖论了，而是在本国货币政策独立性和资本自由流动之间二选一的**二元悖论**（dilemma），即不管采用的是固定汇率还是浮动汇率，只要资本是自由流动的，本国都难以保持货币政策独立性（Rey，2018）。不过，只有在一定条件下（如全球避险情绪强到一定程度）二元悖论才成立。三元悖论的价值并不因为二元悖论的提出而降低。

20.4.2　外汇冲销下的可能三角

尽管蒙代尔不可能三角理论有着令人赞叹的清晰度和美感，但它也并不是那么绝对的。对一个拥有经常账户顺差的国家来说，通过持续的外汇冲销来同时达到三个目标是可能的。所谓**外汇冲销**（foreign exchange sterilization），是指央行通过货币政策工具来回笼或锁定发放出去的外汇占款，以避免外汇占款对国内金融市场形成冲击的操作。

下面我们来研究人民银行怎样通过外汇干预来确保人民币汇率稳定在目标水平上，并同时通过外汇冲销来对冲发放出来的外汇占款。我们假设中国流入了 100 美元的外汇。这 100 美元首先进入了中国的私人部门，成为私人部门的资产。如果要将汇率稳定在 1 美元兑 6.5 元人民币，人民银行就得在这个汇价上买入美元，卖出人民币。这样，私人部门手中的 100 美元就变成了 650 元人民币，而人民银行资产负债表的资产方多了 100 美元的外汇，负债方多了 650 元的基础货币发放。这一步是人民银行通过外汇干预来稳定人民币汇率。

为了不让第一步中发放的 650 元基础货币影响国内名义利率，人民银行需要通过冲销操作来将其收回。人民银行有许多方法来冲销外汇占款，其中一个曾大规模使用的是发行人民银行票据来回笼基础货币。所谓人民银行票据（简称“央票”），是人民银行发行的债券。央票虽然也是中国政府发行的债券（人民银行是中国政府的一部分），但它不属于国债，因而不违反《中华人民共和国中国人民银行法》第 29 条不允许央行直接购买国债的规定。央票是人民银行为了回笼基础货币而专门创设出来的一种货币政策工具。人民银行可以向商业银行发行价值 650 元人民币的央票，来换取商业银行手中 650 元的基础货币。这样，央行资产负债表负债方里，650 元的基础货币就变成了 650 元的负债（央票对应的债务）。

外汇干预与外汇冲销这两步合起来的总效果，就是商业银行手中的 100 美元变成了 650 元的央行票据。央行增加 100 美元的外汇资产，并增加 650 元的央票对应的债务（见图 20－7）。商业银行手中的 650 元的央行票据并不会增加金融市场中基础货币的数量。这样，资本的流入就不会改变国内金融市场的流动性状况和名义利率。人民银行就能在资本自由流入的情况下既实行规定汇率，也保证自己货币政策的独立性。

	央行		商业银行	
	资产	负债	资产	负债
第一步：外汇干预	+100美元	+650元人民币	–100美元 +650元人民币	
第二步：外汇冲销		–650元人民币 +650元债务	+650元央票 –650元人民币	

图 20－7

发行央票只是人民银行冲销外汇占款的一个手段。另一个更为简便、同时成本也更低的办法是提高存款准备金率。这样，虽然外汇占款发放了出去，但以存款准备金的形式锁定了起来，因而不会给国内金融市场的流动性带来影响。在中国 2001 年加入世界贸易组织（WTO）之后，中国的贸易顺差大幅增加，产生了大量的资本流入。相应地，人民银行的外汇占款也快速攀升，推动人民银行外汇占款大量发放，资产负债表大幅扩张（见图 20－8）。尽管如此，人民银行通过央票的发行和存款准备金的锁定，将外汇占款的绝大部分都对冲掉了（图 20－9）。通过这样的冲销操作，人民银行在长期实现了人民币汇率的稳定和国内货币政策的独立。

不过要说明一点，通过外汇冲销来突破不可能三角只对中国这样的经常账户盈余国家适用。这是因为经常账户盈余国家面对的是持续不断的资本流入。这时，央行只需要考虑怎样把发行的外汇占款（本币）给冲销掉就行了。但如果央行面临的是资本流出的局面，就会碰到硬约束。在资本流出的压力下，央行如果要稳定本币汇率，就必须不断卖出自己手中的外汇，买入本币。这会使央行外汇储备不断下降。外汇储备下降到一定程度之后，央行就无力再维持固定汇率，就得被迫放任本币贬值。所以对经常账户的逆差国，不可能三角是一个硬约束。

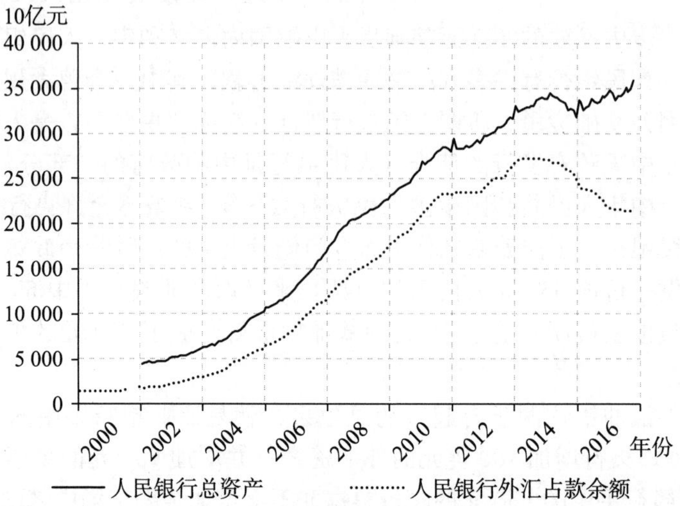

图 20-8　人民银行的资产负债表扩张主要因外汇占款发放而起

资料来源：Wind

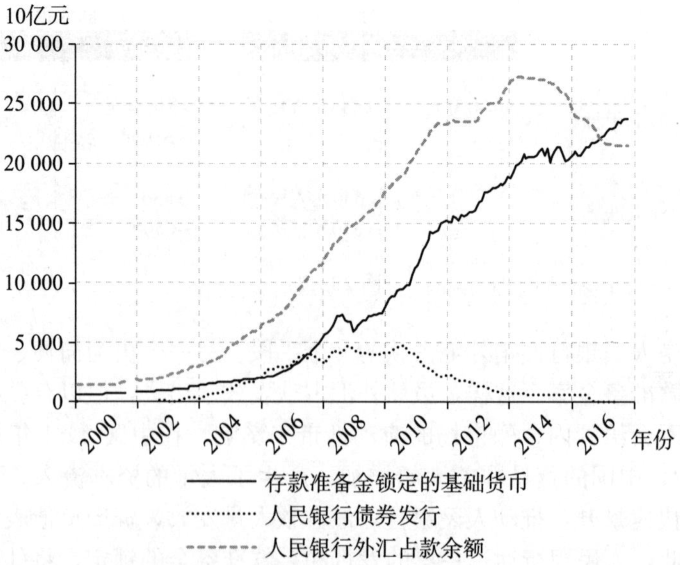

图 20-9　存款准备金和央行票据发行是两种主要的外汇占款冲销手段

资料来源：Wind

20.5　人民币汇率机制的选择

在讨论了这么多有关汇率的理论后，我们来看看人民币汇率机制的选择。从图 20－1 中的汇率走势可以看出，美元兑人民币汇率正逐步从管制的固定汇率走向浮动。其中，2005 年 7 月的汇率改革是一个重要的分界点。不过，即使美元兑人民币汇率的弹性在 2005 年之后明显增强，中国政府对人民币汇率的干预还是存在的。

在国内，大家对人民币汇率终将走向完全浮动的大方向不存在太多分歧，但对于人民币汇率要多快走向完全浮动则有不同意见。有一派观点认为人民币汇率应该立即自由浮动，以便通过自由浮动的汇率来确保中国货币政策的独立性。显然，这派观点的根据是蒙代尔不可能三角。在 2015 年 8 月 11 日人民币汇率进行了又一轮改革并引发明显的人民币贬值压力后，这派观点的声音变得更大了。

还有另一派观点也支持人民币尽快自由浮动。其观点是美元兑人民币汇率已被低估了。低估的人民币汇率让中国的出口产品在世界市场上获得了竞争优势。这种优势反过来导致了中国国内经济结构的失衡，出现消费不足的问题。国外的观察者经常会对人民币汇率抱有这样的观点。这也是别国政府在人民币问题上对中国政府施压的一个主要逻辑。

不过，这些都不是人民币需要立即走向完全浮动的充分理由。正如前面对不可能三角所做的分析，就算跨境资本流动的管制失效，人民银行也完全可以通过外汇冲销操作来同时实现国内货币政策的独立和固定汇率。也就是说，通过浮动汇率来实现国内货币政策独立的迫切性并不强。

而我们在之前对中国经济结构失衡的分析也表明，中国的消费不足主要是收入分配格局所导致，并非源于人民币汇率的低估。如果让人民币大幅升值，确实会打击中国的出口，但这只是让中国面对的外需减弱，国内投资回报率下降。不过，投资回报率的下降并不会自然地导致消费的增加（参见第 9 讲）。所以，人民币的升值并不会自动平衡中国经济，只会令中国经济因总需求不足而陷入低迷。

所以，人民币走向自由浮动的收益并不明显。相反，自由浮动的风险却很大。这是因为自由浮动的汇率会表现出极强的随机性，给国内经济和金融体系带来很大冲击。要理解这一点，需要看看在真实世界中均衡汇率这个概念是怎样失效的。

所谓**均衡汇率**（equilibrium exchange rate），就是与经济基本面相吻合的汇率水平。那些相信均衡汇率存在的人认为，可以通过对经济状况的分析来研判汇率水平是否适当，判断汇率是高估了还是低估了。从理论上来看，均衡汇率的存在似乎也是显然的，求解 20.2 节中的一般均衡模型，就能把汇率水平给解出来。这个解就把汇率与其他宏观经济变量联系起来了。无抛补利率平价关系式就可以被看成一个汇率变化的决定方程。

不过，现实中的均衡汇率概念并没有理论中想象的那么美好。权威的《国际经济学手册》（第 3 卷）的第 33 章 1.4 节（1705 页）里有对汇率研究的综述。在大量回顾了学术研究成果后，该章作者得到的基本结论是在浮动汇率制下，没有什么宏观变量对汇率走向有解释力，汇率变化具有极强的随机性。

事实上，如果观察欧元兑美元汇率的变化，可以发现它在 2000 年之后与美欧间的通货膨胀差还算有比较明显的正相关性（见图 20－10）。但是，如果看欧元兑美元汇率与美欧利差之间的关系，其相关性就弱很多了。注意，由于名义利率指的是从现在到未来一段时间的名义回报率，所以它应该与现在到未来一段时间的汇率变化率预期相对应。在这里我们选取的是美欧 1 年期国债收益率差额，所以我们用了 1 年后欧元兑美元汇率的同比变化率来制图，以确保时间段的对应（见图 20－11）。

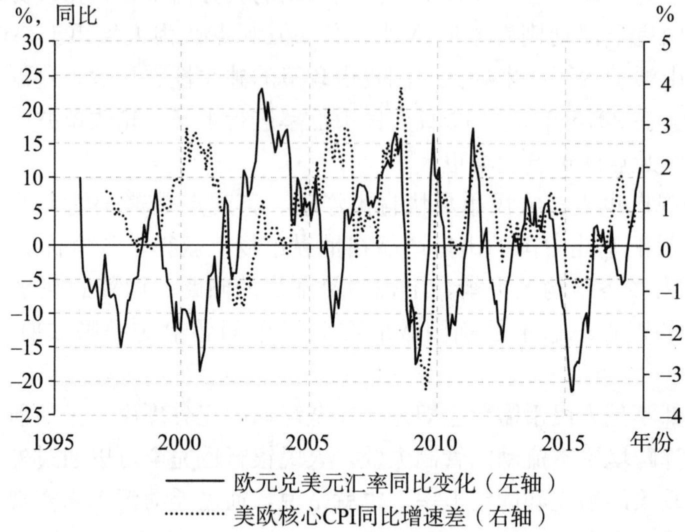

图 20－10　欧元兑美元汇率变化与美欧之间通货膨胀差异有一定相关性

资料来源：Wind

图 20－11　欧元兑美元汇率变化与美欧之间国债利差的相关性不强

资料来源：Wind

而真实世界中美元兑人民币汇率的走势与理论就相差更远了。从数据中可以看到，中国的通货膨胀率超过美国，往往带来人民币对美元的升值，而不是无抛补利率平价所预期的贬值。中美之间的名义利率差也与美元兑人民币汇率变化呈现负相关关系，而不是理论所预期的正相关。利率平价理论在人民币身上并不适用（见图 20 - 12 和图 20 - 13）。

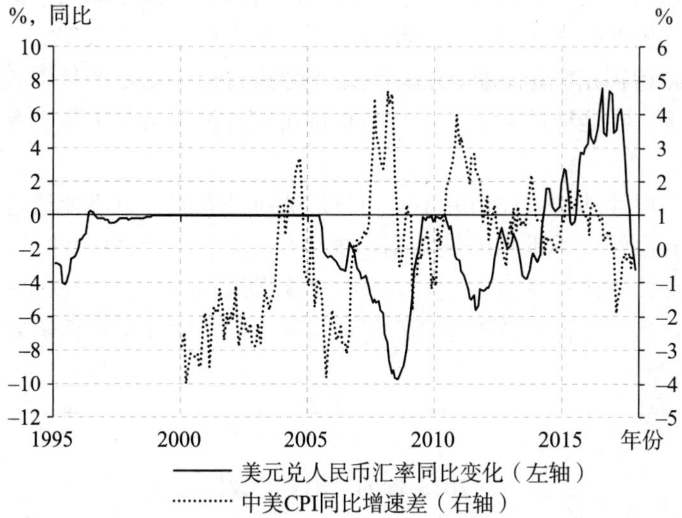

图 20 - 12　美元兑人民币汇率变化与中美之间通货膨胀差异甚至存在负相关

资料来源：Wind

图 20 - 13　美元兑人民币汇率变化与中美间利率差相关性不太强

资料来源：Wind

多方面的原因都会造成理论与现实之间的这般落差。一个就是前面所说的汇率超调理论。基于汇率超调理论，并不是汇率的所有变化都能在宏观经济数据上找到原因，有可能汇率就是在做过度波动。事实上，多恩布什提出汇率超调理论的本意就是为了解释外汇市场的过度波动。

此外，作为世界上最大的金融市场，外汇市场中的交易量是天量。根据国际清算银行（Bank for International Settlement）的统计，2016年全球外汇市场日均交易量超过5万亿美元。而同期全球一年的GDP总量也就70多万亿美元。显然，在外汇市场过于庞大的交易量里，非基本面的投机性因素应该占了不小比例。所以，早在20世纪70年代，诺贝尔经济学奖得主詹姆斯·托宾就提出了“托宾税”的概念，倡议全球向外汇交易征税，以降低外汇市场中的投机性因素。现在几十年过去了，托宾税并未变成现实，但托宾所指出的问题却愈演愈烈。特别在次贷危机之后，全球主要央行极度宽松的货币政策更是引发了全球汇率的大幅震荡。在这样的背景下，自然很难用宏观经济指标来得出有意义的均衡汇率的估算。

总结一下，自由浮动的人民币并不是当前形势所必需的，也不能通过它实现中国经济结构的平衡。而自由浮动后带来的波动则可能给中国经济带来很大冲击，形成新的风险。2015年8月11日又一次汇率改革后，人民币大幅贬值带来的冲击就是一个很好的例子。权衡收益和风险，人民币汇率政策还是不应该快速走向自由浮动，而需要保有政策对人民币汇率的掌控力。

专栏20-1

2015年的“811汇改”

2015年8月11日，人民银行对人民币汇率机制又进行了一次改革，在两天之内让人民币对美元贬值接近3%。在“811汇改”之后，人民币在2015年下半年进入了持续贬值的状态，冲击了中国国内金融市场，并造成了中国外汇储备的快速流失。进入2016年后，通过强化对跨境资本流动的管制，并微调人民币汇率形成机制，中国政府最终使人民币汇率稳定了下来，但在这个过程中也付出了不小的代价。

与很多人想的不一样的是，“811汇改”之后人民币对美元的贬值并非源于美元走强。美元指数是美元对一篮子货币的有效汇率指数，反映了美元的强弱。美元指数在2014年下半年到2015年第一季度上涨了25%。但在这段时间内，人民币对美元并没有明显贬值。而从2015年第一季度到2016年年末特朗普当选美国总统之前，美元指数一直在水平震荡，并未进一步走强。而且这段时间，人民币对美元却大幅贬值。所以很显然，这段时间人民币对美元的贬值并不是美元走强所致（见图20-14）。

“811汇改”后，人民币对美元贬值的关键原因是人民币汇率形成机制变化导致的市场预期失稳。这里我们需要知道一些有关人民币外汇交易方式的知识。每天隶属于人民银行的中国外汇交易中心会发布当天美元兑人民币汇率的中间价。按照规定，当天的外汇交易必须在这个中间价上下一定范围内进行。这就是说，中间价决定了当天人民币汇率的波动范围。在每天交易结束时，自然还会有一个美元兑人民币汇率的收盘价——这是一个由市场力量所决定的汇价。

在2015年8月11日之前，每天的中间价与上一日收盘价之间经常会有较大偏离。2015年上半年尤其是这样。当时，美元兑人民币汇率的日内走势一般都是人民币走贬。但第二天的中间价并不会紧跟上一日收盘价，而是会相对上一收盘价明显升值。这样就通过中间价的设定把人民币汇率给拉回了上一日的起点。于是，尽管人民币汇率可以连续多日走贬，但美元兑人民币汇率却可以在长期内保持稳定。这种中间价的形成方式当然有很强的行政调控色彩，但也确实保证了人民币汇率的稳定。人民银行对中间价的设定就起到了引导市场预期的作用。

图 20-14　2015 年 8 月 11 日汇率改革之后，人民币对美元快速贬值

资料来源：Wind

但这种调控方式也存在问题。它让美元兑人民币有了两个汇率，一个是市场形成的每日收盘价，一个是带有行政色彩的每日中间价。而且这两个汇率之间经常会有明显偏差。2015 年是人民币努力争取被纳入国际货币基金组织（IMF）的特别提款权（SDR）篮子的一年。人民币是否被纳入 SDR 被视为人民币是否受到国际社会认可的一个标志，因而很是重要。2015 年 8 月 3 日，国际货币基金组织发布了一个题为《SDR 估价方法回顾》的报告。其中提出人民币纳入 SDR 的一个重要技术性障碍——在人民币存在两个汇率的情况下，该用哪个汇率来给纳入了 SDR 中的人民币估值？这个报告发布一个多星期后，人民银行就在 8 月 11 日进行了汇率改革，让每日中间价紧盯上一日的收盘价，从而让人民币的两个汇率合二为一。尽管人民银行在官方表态中从没说这次汇改与 IMF 的报告有关，但这两件事在时间上如此接近，应该不是巧合。①

"811 汇改"带来了人民银行没有想到的严重后果。之前，人民银行一直是人民币汇率的稳定器，通过中间价的调整来引导市场预期。但"811 汇改"之后，中间价完全由市场力量决定，人民银行失去了这个重要的预期引导工具，而在 8 月 11 日和 12 日，人民银行放任人民币对美元贬值 3%的做法，也让市场担心人民银行会推动人民币进一

① IMF 这个报告的英文标题为"Review of the Method of the Valuation of the SDR—Initial Considerations"。对人民币中间价和市场价差异的讨论在该报告的第 50 段。报告全文可见于 http：//www. imf. org/external/np/pp/eng/2015/071615. pdf。

步贬值。在这种预期之下，中国的资本流出压力陡增，大量的换汇压力令人民币对美元进一步贬值。而人民币的贬值走势又反过来助长了贬值预期，从而形成了贬值预期与贬值走势相互加强的恶性循环，让人民银行的外汇储备大幅快速流失。

尽管当时有不少放任人民币一次性大幅贬值的呼声，但最后中国政府还是决定要维护人民币汇率的稳定。进入2016年之后，人民币中间价形成方式又有微调。从那之后，人民币中间价并不完全紧跟上一日收盘价，而是会有些微小的偏差。这些小偏差的出现是人民银行有意为之。这些偏差就反映了人民银行的态度，从而让人民银行能够再次通过中间价来引导预期。这一措施，再加上同期对跨境资本流动管制的加强，最终使人民币汇率稳定了下来（见图20-15）。

图20-15 "811汇改"后的半年时间里，人民币汇率完全由市场决定，导致汇率预期失稳

资料来源：Wind

尽管汇率稳定了下来，但代价已经付出。中国的外汇储备从2015年7月的3.7万亿美元，快速下降到2015年年底的3.3万亿美元。2015年下半年人民币的快速贬值也对中国金融市场形成了明显的冲击，打击了各方对中国经济的信心。

客观地说，"811汇改"是人民币被纳入SDR必须经过的一步，而且它也确实消除了中间价与收盘价之间长期大幅偏离的现象。2016年后，虽然中间价又相对上一日收盘价有一些微小偏差，但这种偏差远比"811汇改"之前小。这标志着人民币汇率形成机制的进步。但"811汇改"也提示我们，汇率自由化之路并不像想象中的那么美，反而可能带来很大的风险。

进一步阅读指南

汇率是宏观经济学研究的一个重要课题。贝纳西-奎里等人所著的《经济政策：理论与实践》一书的第 5 章有对汇率政策的更多讨论（贝纳西-奎里，2015）。奥布斯特菲尔德和罗格夫所著的 *Foundations of International Macroeconomics* 一书的第 8 章与第 10 章有对汇率的更加完整、也更加理论化的分析（Obstfeld and Rogoff，1996）。在 2015 年“811 汇改”之后，人民币面临很大贬值压力。这引发了有关是否应该让人民币一次性大幅贬值来释放贬值压力的广泛讨论。徐高于 2016 年初发表的《人民币一次性贬值是下策》这篇文章可作为切入当时那场政策讨论的一个角度（徐高，2016a）。之后，中国政府并未将人民币一次性贬值，而是采取有效措施维护了人民币汇率的稳定。

练习题

20.1 请完成本讲 20.2 节一般均衡模型的推导，并验证古典两分法结论的成立。

(a) 请列出外国居民的优化问题并求解。

(b) 请给出全球经济的市场出清条件，推导刻画均衡的方程。

(c) 验证古典两分法结论在这个模型中成立。

20.2 **（汇率的不确定性）** 一个国家中同时流通两种货币的制度叫做复本位制。中国历史上就曾采用过金银复本位，同时用黄金和白银做流通货币。这道习题让大家分析在复本位制下两种货币之间的兑换率问题。我们在一个两期封闭的经济中思考问题。为了简化，假设经济中没有生产活动，所有消费品都是在每期期初外生给定的。消费品也不可以储存。在第 1 期期初，消费者持有 M_0 与 M'_0 两种初始货币存量。在第 1 期和第 2 期，以第一种货币计价的第二种货币的价格分别是 E_1 与 E_2。消费者的效用函数还是常规的 MIU 形式。只不过这次是两种货币共同进入效用函数。

$$U=u(c_1)+v\left(\frac{M_0+E_1M'_0}{P_1}\right)+\beta u(c_2)+\beta v\left(\frac{M_1+E_2M'_1}{P_2}\right)$$

其中，P_1 与 P_2 是两期中以第一种货币为计价物的消费品价格。在第 1 期，政府分别以 μ 与 μ' 的速率增发两种货币

$$M_1^S=(1+\mu)M_0$$
$$M_1^{S'}=(1+\mu')M'_0$$

政府所得铸币税以一次总付税的形式返还给消费者。消费者在第 1 期可以相互发行名义债券进行借贷（名义债券以第一种货币为计价物）。第 1 期的名义债券在第 2 期兑付本金和利息。

(a) 请画出这个模型的时序图。

(b) 请列出消费者的优化问题并求解。

(c) 如果两种货币被消费者同时持有，两种货币的增长率之间应该有什么样的关系？

(d) 如果两种货币都被消费者持有，两种货币之间的兑换率能确定下来吗？为什么？

第 21 讲

中国的通货膨胀与房价

在前面对货币政策的讨论中，通货膨胀一直是一个关键的宏观经济变量。货币政策必须对通货膨胀率做合适反应才能保证货币经济的稳定。但在之前的讨论中，我们并没有深入分析通货膨胀本身，而只是将其当成两个时间点物价水平的变化率。但实际上，通货膨胀比这种简单理解复杂得多，而在中国尤其如此。中国的通货膨胀呈现出明显的结构性。这使得学者们对中国通货膨胀的认识出现了分歧。而对中国通货膨胀的认识也影响到了真实世界中货币政策对通货膨胀的应对。在这一讲中，我们把注意力聚焦到中国的通货膨胀上，着重分析中国结构性通货膨胀的逻辑。除此而外，这一讲我们还要讲讲房价这个与通货膨胀密切相关的重要价格指标。

21.1　有关中国通货膨胀和房价的关键问题

21.1.1　中国通货膨胀的统计

我们对中国通货膨胀的分析还是从对通货膨胀的数据统计开始。**通货膨胀**（inflation）的定义是总体物价水平的全面上涨。通货膨胀率就是总体价格水平的变化率。这个定义看上去挺简单，但里面有三个问题需要回答：包含什么东西的价格？是东西的什么价格？不同东西的价格如何加总？下面我们一一作答。

先来看“什么东西”这个问题。通货膨胀对应的总体价格水平包含了一个经济体内主要商品和服务的价格。当然，最理想的情况是把所有商品和服务的价格都包含进来，但那是不可能的。所以只能选取其中主要且能够测量的那些价格。还有一点需要注意的是，通货膨胀中不包含资产价格的变化。特别地，房价不包含在通货膨胀口径中。这是存在较多争议的地方。

下面我们再来看“什么价格”这个问题。在统计通货膨胀时，所有价格都是品质调整之后的连续价格。像猪肉这样的商品由于会一直在市场上交易，且其形态和品质也不会发生太大变化，所以价格统计起来比较容易。但像智能手机这样的商品更新换代很快，品质会发生很大变化。比如，苹果手机的 iPhone 7 就与 iPhone 6 差别很大，二者的价格不能直接相比。所以，统计商品和服务的价格序列时，必须对商品品质的变化进行调整，以保证我们一直在比较类似的商品。在实际操作中，统计机构通常会用 **Hedonic 模型法**（又叫做特征价格法）来估计经过品质调整之后的可比价格序列。[①]

接下来我们再来看“如何加总”这个问题。首先得知道，不同商品的价格是不能直接相加的——2 000 元一台电视机与 5 元一斤苹果这两个价格怎么加在一起？所以加总的其实是各种价格的变化率，从而形成各类价格总体变化率的指数。因此，我们在谈通货膨胀指数时，其实谈的是这个指数的变化率。在下面除非特别说明，讲到通货膨胀指数时指的都是变化率。

通货膨胀是各类商品价格变化率的加权平均数。加权的权重视我们统计价格水平所选用的视角而定。不同的权重对应着不同的通货膨胀指数。常用的视角有两个。第一个是站在消费者的视角，统计消费者所感受到的总体价格水平的变化。这就是**居民消费价格指数**（consumer price index，简称 CPI）。这里要用消费者的消费支出构成作为权重来加总各类价格。还有一个是站在生产者（企业）的视角，统计企业产品总体出厂价格的变化，这就要用企业部门的产出结构作为权重来加总。这便是**工业生产者出厂价格指数**（producer price index，简称 PPI）。除了这两个常用的通货膨胀指数外，还有生产者购进价格指数、固定资产投资价格指数等其他指数从别的视角来计算通货膨胀。

除了这些价格指数之外，还有一个最大口径的价格指数是 **GDP 缩减指数**（GDP deflator）。与上面介绍的这些通货膨胀指数不同，GDP 缩减指数不是用各个具体价格数据加总得到的。它是用名义 GDP 增速减去真实 GDP 增速得到的（中国国家统计局会同时公布 GDP 的名义值和实际增速）。所以，GDP 缩减指数反映的是 GDP 口径下总体价格的变化状况，因而可算作全社会口径下的通货膨胀。不同的通货膨胀指数从不同侧面衡量了经济中总体价格的变化情况（见图 21-1）。

在中国，CPI 是最重要的通货膨胀指数。直到现在，中国政府每年仍然会设定当年 CPI 的增长目标。中国 CPI 的权重篮子里有 8 大类。其中份额最大的是食品，占比接近 30%。其次是居住，占比为 20%。剩下的 6 大类包括烟酒、衣着、家庭设备、医疗、交通通信和文化（见图 21-2）。特别要说明一点，CPI 中的居住这一项里包含水电气价格、建筑及装修材料价格以及房屋租金。房价作为资产价格，并不包含在 CPI 的居住项内。

在构成 CPI 的 8 大类商品中，食品的权重最大。而且食品价格的波动幅度远远大于其他 7 类。进入 21 世纪之后，食品价格同比涨幅最高时接近 25%。而同期，居住价格的同比涨幅从未超过 10%。剩下 6 大类商品的平均同比涨幅更是从未超过 3%。在食品

---

① CPI 中的品质调整方法可以参见美国劳工统计局给出的解释及其中的引文：https：//www.bls.gov/cpi/quality-adjustment/home.htm。

占比大且波动幅度大的情况下，中国的 CPI 通货膨胀为食品价格波动所主导（见图 21-3）。

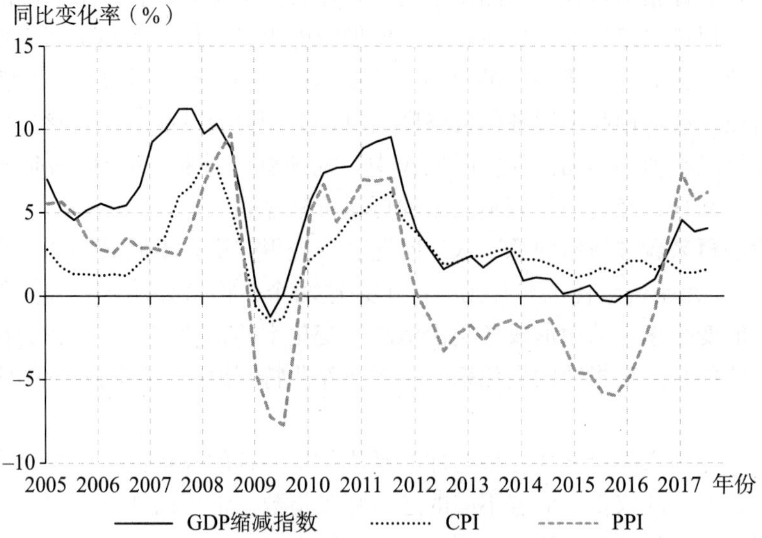

图 21-1　中国各个口径的通货膨胀指标

资料来源：Wind

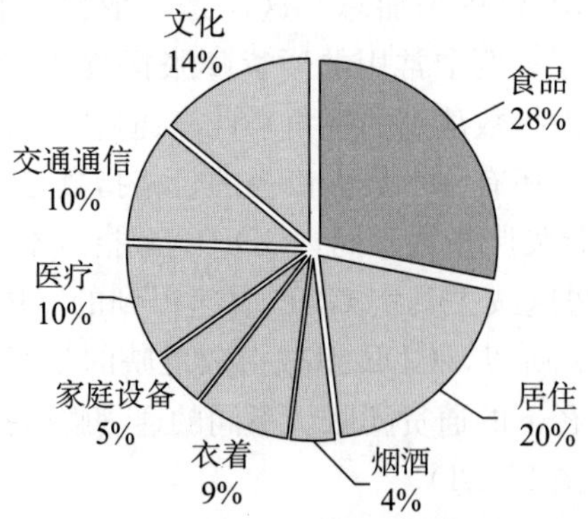

图 21-2　中国 CPI 的权重构成

资料来源：Wind

在中国，PPI 是第二重要的通货膨胀指数。由于 PPI 衡量的是企业产品出厂价格的变动，它的权重构成就与 CPI 很不一样。在 PPI 权重中，生产资料大概占了 3/4，生活资料仅占约 1/4。在构成生产资料的采掘、原材料和加工三个分项中，加工的份额最大，差不多占到了 PPI 的一半。在这种权重构成之下，PPI 的波动就为生产资料价格的变化所主导。一般来说，生产资料的价格变化比消费品更剧烈。这样一来，中国 PPI 的波动就比 CPI 更大，PPI 与中国实体经济增长状况的相关性也更强。PPI 往往被当作实体经济景气程度的一个价格信号（见图 21-4、图 21-5）。

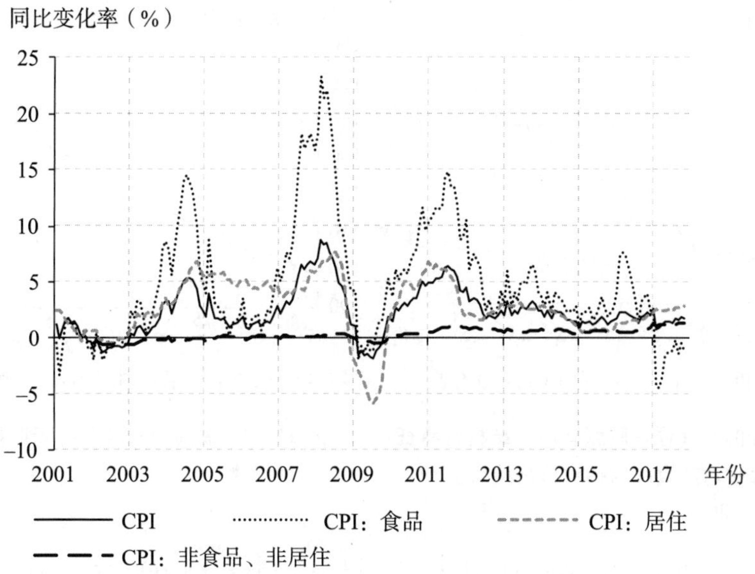

图 21－3　中国 CPI 波动为食品价格所主导

资料来源：Wind

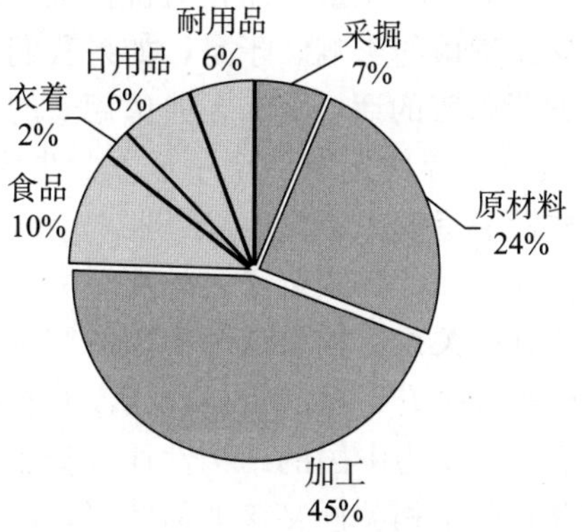

图 21－4　中国 PPI 的权重构成

资料来源：Wind，用 2001—2016 年 PPI 分项数据估算

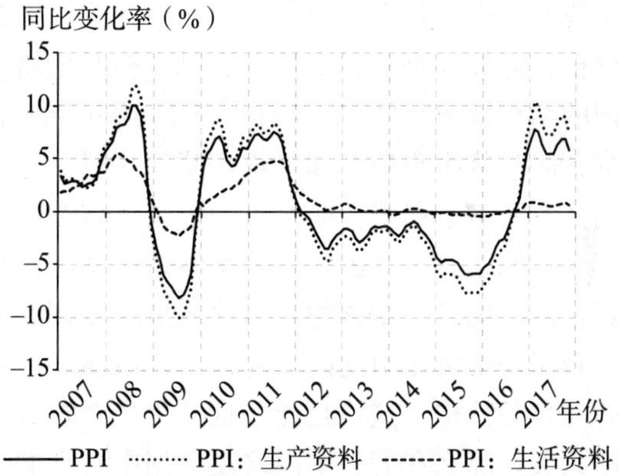

图 21－5　中国 PPI 波动为生产资料价格所主导

资料来源：Wind

21.1.2　中国结构性通货膨胀带来的问题

2000—2017 年，中国 CPI 中的食品价格累计涨幅接近 120%。而同期，非食品价格的累计涨幅仅有约 20%。如果把居住一项扣除，非食品价格的涨幅还会更低。所以，中国的 CPI 通货膨胀在长期里都表现出了很强的结构性，物价上涨主要体现在食品价格上，从而形成了食品相对非食品的相对价格长期上升的态势（见图 21－6）。这种结构性在发达国家的通货膨胀数据中很难看到。以美国为例，在 2008 年次贷危机之前，美国 CPI 中的食品饮料和非食品两项价格的长期走势非常接近（见图 21－7）。

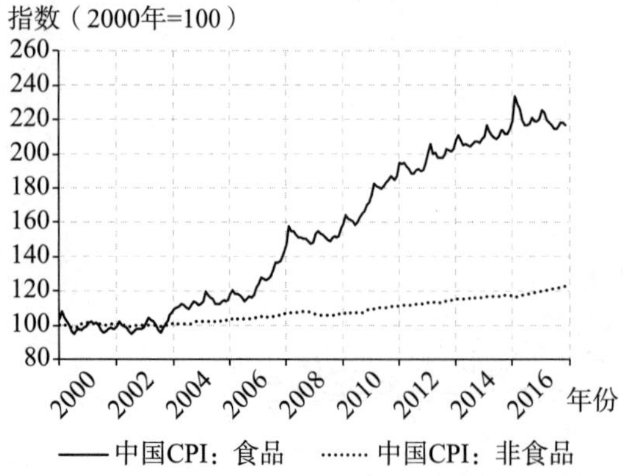

图21－6 中国的CPI通货膨胀有明显结构性特征：食品相对非食品的相对价格持续上升

资料来源：CEIC

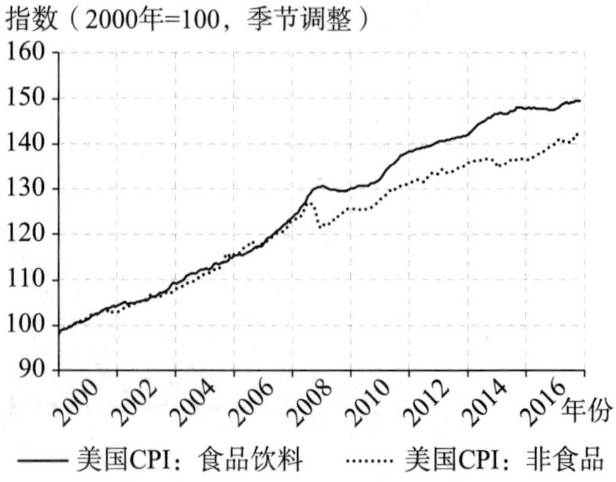

图21－7 美国的CPI中并无明显结构特征

资料来源：CEIC

中国CPI通货膨胀中这种长期结构性差异带来了理论与实践两方面的难题。先来看理论方面的问题。货币经济学的大家、诺贝尔经济学奖得主米尔顿·弗里德曼（Milton Friedman）曾经说过一句名言："通货膨胀在任何时候任何地方都是一个货币现象。"（Inflation is always and everywhere a monetary phenomenon.[①]）从前几讲对货币经济的讨论中我们知道，货币至少在长期是中性的，不改变经济中的实际变量。而相对价格虽然也叫价格，但其实是实际变量。所以，相对价格理应不受到货币的影响。于是，如果我们将中国的结构性通货膨胀（structural inflation）认定为通货膨胀的话，那么在弗里德曼的"通货膨胀是货币现象"和"长期货币中性"这两个断言中，就必定有一个不成立。事实上，确实有人基于弗里德曼给出的定义，认为中国的结构性通货膨胀不算通货膨胀。

但问题并不会因为将中国的结构性通货膨胀被排除在通货膨胀定义之外而消失。这里真正的问题是：**中国的结构性通货膨胀到底与货币有什么关系**？如果认为中国的结构性通货膨胀是由货币引起的，为什么货币在长期都只是较多地推升了食品价格，而没有相应推高非食品价格？这不是让非食品生产者吃亏了吗？而如果认为中国的结构性通货膨胀与货币无关，那么我们在中国宏观数据中看到的二者间存在的正相关性又该如何解释，难道只是巧合吗（见图21－8）？

对中国结构性通货膨胀的理解还决定了人民银行需要怎样应对CPI的变化。我们知道，货币政策要内生于经济状况，对通货膨胀变化做出反应。但中国的CPI通货膨胀主要由食品价格推动。在食品价格中，猪肉价格的影响又特别大。在中国的CPI构成中，猪肉是权重最大的单一商品，占比接近3%。此外，猪肉价格的变化幅度又很大，有时一年能上涨80%。这样一来，中国的CPI通货膨胀有时就由猪肉价格所主导，变成"猪肉引发的通货膨胀焦虑"[②]（见图21－9）。但从猪肉价格与生猪出栏量（反映猪肉的供给）之间的

---

① Milton Friedman, *Inflation: Causes and Consequences*, Bombay: Asian Publishing House, 1963.

② 2007年7月，财经媒体上有这么一篇题为《悄悄引发通货膨胀焦虑——一块猪肉能闯多大的祸？》的文章，反映的就是这种来自猪肉的通货膨胀压力。文章可见于 http://news.163.com/07/0706/10/3INBJS9L000120GU.html。

负相关关系可以看出，猪肉价格的波动主要来自供给面的因素，应该与主要影响需求面的货币政策关系不大（见图21-10）。这样，问题就来了：面对由猪肉价格推高的CPI通货膨胀，货币政策该如何应对？如果货币政策不做出反应，通货膨胀上行所引发的经济过热压力难以抑制；如果做出反应，似乎又很难想象可以通过通货紧缩来加大猪肉的供给、平抑猪价。

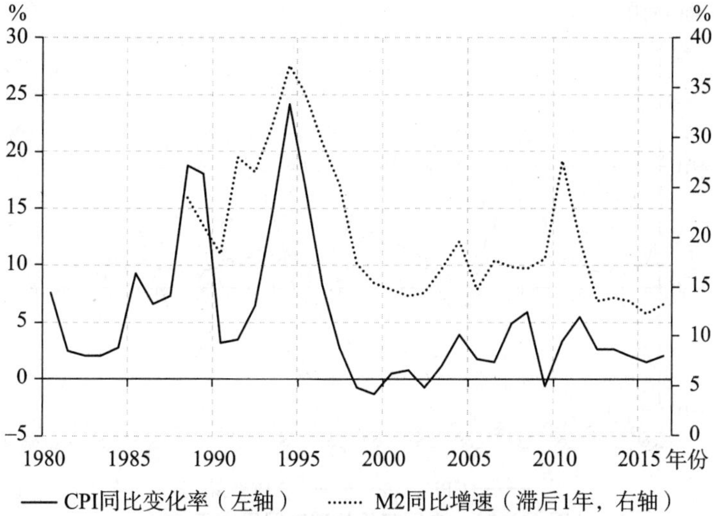

图21-8　中国货币增速与CPI通货膨胀正相关

资料来源：Wind

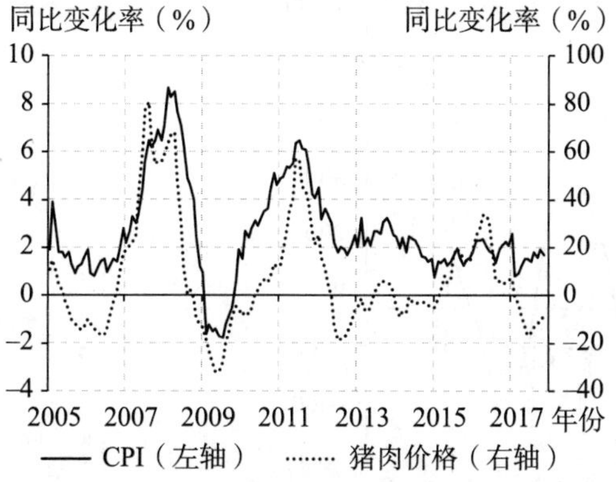

图21-9　中国CPI通货膨胀有时主要由猪肉价格推动

资料来源：Wind

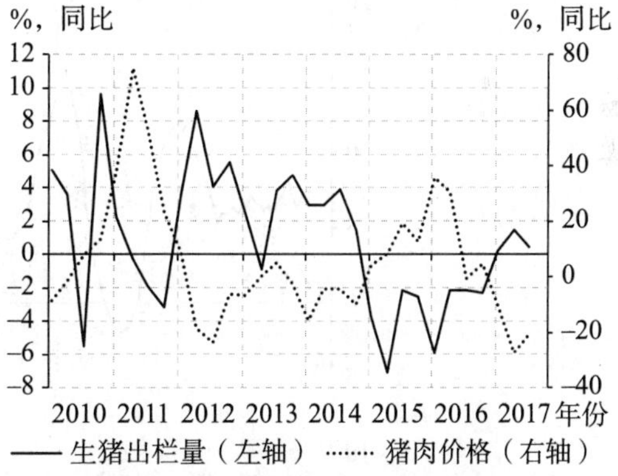

图21-10　中国生猪价格与生猪出栏量之间明显负相关，表明猪肉价格波动主要来自供给因素

资料来源：Wind

21.1.3　中国房价带来的问题

对中国通货膨胀的讨论离不开房价。有人认为，中国的通货膨胀不管是什么原因造成的，都推高了房价。因此，即使通货膨胀压力来自猪肉这样无法为货币政策直接调控的领域，货币政策也需要从控制房地产泡沫的角度来收紧。这个逻辑在2007年比较流行。但在次贷危机之后，中国的房价在CPI基本保持平稳的背景下大幅波动了几轮，且在波动中对 CPI 有一定的领先性（见图 21 - 11）。这让通货膨胀引发房价上涨的说法不那么流行了。次贷危机之后的流行说法是，房价上涨本身是货币发行带来的货币现象。在宏观数据中可以清楚地看到，中国的社会融资规模增长领先房价涨幅，且二者之间有明显的正相关性（见图 21 - 12）。因此，似乎有必要在房价上涨时收紧货币政策来抑制地产泡沫。

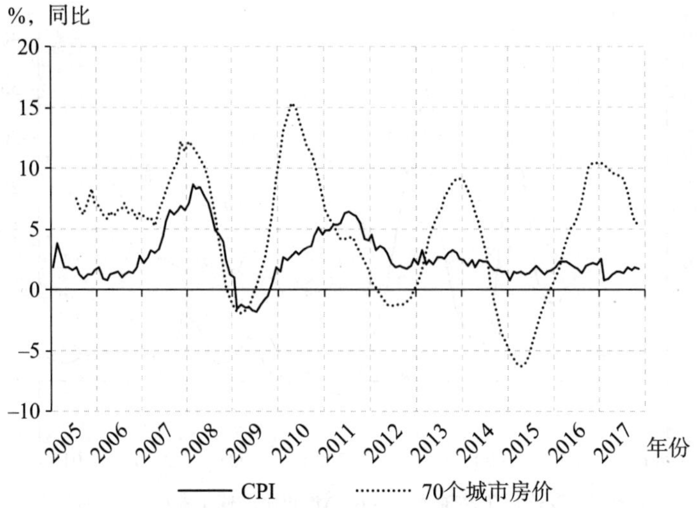

图 21 - 11　中国房价的波动明显大于 CPI

资料来源：Wind

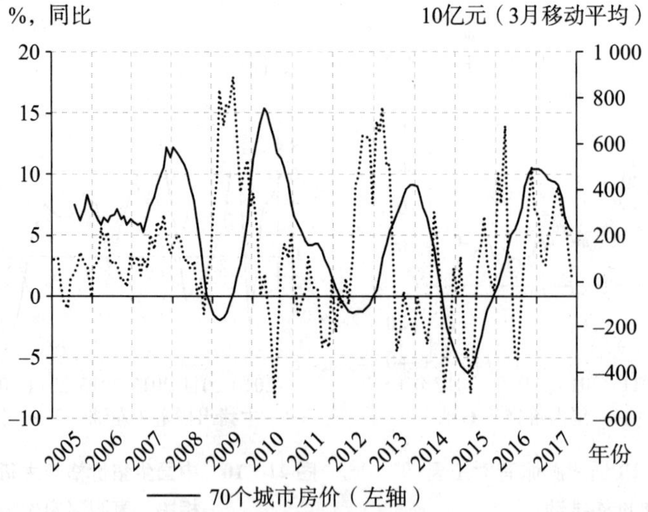

图 21 - 12　中国社会融资规模的变动对中国房价涨幅有很好的领先性

资料来源：Wind

把房价与货币联系起来的说法同样会遇到问题——难以解释房价上涨中的结构性。2011—2017 年，中国一线城市（包含北京、上海、广州和深圳）的新房房价累计涨幅接近 80%。同期二线城市（主要为大型省会城市）和三线城市的房价涨幅就低很多（见图 21 - 13）。如果房价只是货币现象，为什么货币只是更多地推高了一线城市的房价？

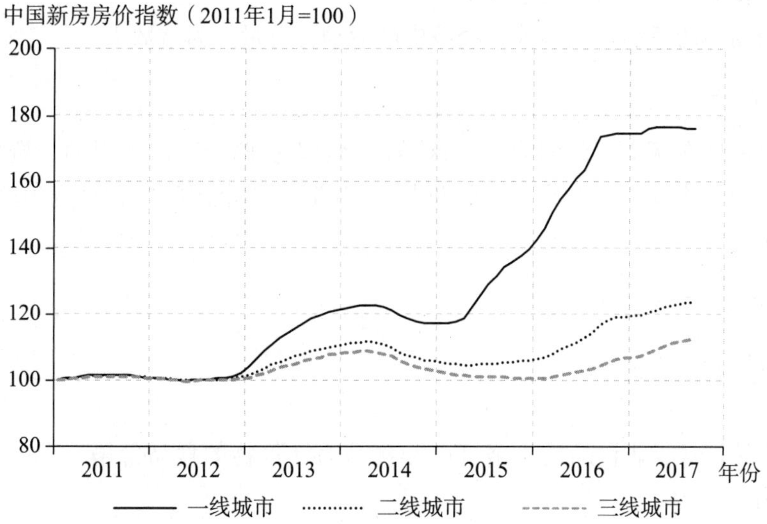

图 21－13　中国的房价涨幅也有明显的结构性特征

资料来源：Wind

21.2　理解中国的结构性通货膨胀

前面我们看到了中国结构性通货膨胀带来的理论和实践问题。其核心是结构性通货膨胀与货币政策之间的关系。在这一节中，我们会借助国际经济学中著名的巴拉萨-萨缪尔森效应（Balassa-Samuelson effect）来回答这个关键问题。简单来说，货币政策可以通过劳动力成本的渠道推升食品的相对价格，让通货膨胀表现出结构性特征。

21.2.1　结构性通货膨胀的模型分析

在这一小节中，我们的任务是解释食品相对于非食品的相对价格的变化。由于目标放在相对价格这个实际变量上，这里的模型中没有引入货币。我们将把相对价格的变化与劳动力从食品部门向非食品部门的转移联系起来，介绍非食品部门的劳动生产率上升如何推高食品部门的劳动力成本，进而推升食品相对价格的逻辑。下一小节我们再来研究货币政策与劳动力转移之间的关系。

1. 经济的生产面

我们在一个静态模型中进行分析。假设经济中存在食品（F）和非食品（N）两个生产部门。两个部门的生产都只使用劳动力这一种生产要素（没有资本）。两个生产部门的差异在于非食品部门的技术进步速度快于食品生产部门。两个生产部门的生产函数分别为

$$y_F = l_F^{\alpha}$$
$$y_N = A l_N^{\alpha}$$

其中，A 是非食品生产部门的技术水平。[①]

两个部门雇用的劳动力之和等于经济中的劳动力总量（为常数 L）

$$l_F+l_N=L$$

劳动力可以自由地在两个部门间流动。这样，劳动力在两个部门获得的工资率应该相等。设经济中的工资率为 w（以非食品为计价物）。这时，两个部门中完全竞争企业的利润最大化问题分别为

$$\max_{l_F} p l_F^{\alpha}-w l_F$$

$$\max_{l_N} A l_N^{\alpha}-w l_N$$

其中，p 是食品相对于非食品的价格（以非食品为计价物的食品价格）。这两个问题的一阶条件分别为

$$\alpha p l_F^{\alpha-1}=w$$

$$\alpha A l_N^{\alpha-1}=w$$

上两式相比可得

$$p=A\left(\frac{l_F}{l_N}\right)^{1-\alpha} \tag{21.1}$$

2. 经济的需求面

为了把相对价格 p 最终确定下来，我们还需要把经济的需求面也设定出来。我们假设经济中代表性消费者的效用函数为以下的对数形式

$$\log c_F+\log c_N$$

消费者的收入来自其劳动所得工资。于是，代表性消费者的优化问题写为

$$\max_{c_F, c_N} \log c_F+\log c_N$$

$$\text{s.t.} \quad p c_F+c_N=wL$$

这一优化问题的一阶条件为

$$p=\left(\frac{c_F}{c_N}\right)^{-1} \tag{21.2}$$

3. 均衡

在均衡时，消费者对两种产品的消费等于两种产品的产出（$c_F=y_F$，$c_N=y_N$）。将其代入（21.2）式可得

---

① 这里也可以假设食品部门的生产函数中也包含代表技术水平的变量。但这里重要的是两个部门的技术水平差异。所以为了简化分析，我们只在非食品部门的生产函数中加上了表征技术水平的 A。

$$p=A\left(\frac{l_F}{l_N}\right)^{-\alpha} \tag{21.3}$$

由（21.1）式与（21.3）式可得

$$A\left(\frac{l_F}{l_N}\right)^{1-\alpha}=A\left(\frac{l_F}{l_N}\right)^{-\alpha}$$

从中解出

$$\frac{l_F}{l_N}=1 \tag{21.4}$$

再将（21.4）式代入（21.1）式，可得

$$p=A$$

当 A 上升时，食品相对于非食品的相对价格 p 上升。

4. 对模型的讨论

这里所讨论的模型虽然是静态的，但可以把它理解为对一个经济体在某个时刻状况的描述。在不同的时间，这个经济体因为两个部门间生产技术差异程度的不同，会有不同的相对价格水平。当非食品部门的技术水平增速快于食品部门时，单位劳动力在非食品部门的产出增长也就更快，因而会导致非食品部门的工资上涨（以非食品为计价物）。由于劳动力会在两个部门间自由流动，所以这会带来食品部门工资的上涨。但是，食品部门的技术进步速度没有那么快，如果食品的相对价格还维持在之前的水平，那么更高的工资率将会让食品生产企业无利可图，只能停止生产。所以，为了保证食品的持续生产，食品部门就只能通过食品相对价格的上升来吸收劳动力成本上涨的压力。在这个模型中，因为模型设定的关系，非食品和食品两个部门的就业数量都是不变的。但在现实中，非食品部门技术水平的上升会让它对劳动力更有吸引力，带来劳动力从食品部门向非食品部门的转移。这就会导致非食品部门就业与食品相对价格的正相关关系。

这种正相关关系可以在中国宏观经济数据中观察到。改革开放之后，中国有过几次劳动力从食品部门（农业部门）向非食品部门（工业和服务业）的加速转移。在数据中，中国非食品部门就业占比的上升速度与中国 CPI 通货膨胀之间有一定正相关性。这种相关性在 1995 年前后都存在。只不过在 1995 年前，同样幅度的非食品部门就业占比上升对应着更高的 CPI 通货膨胀率。这种差异我们已经在第 19 讲中用货币政策与财政政策的关系解释过了，不太明白的读者可以参见第 19 讲的 19.2 节与 19.3 节（见图 21－14）。

21.2.2　中国结构性通货膨胀的逻辑

在前一小节的模型中，为了建模简便，我们把两个部门间的技术水平差异作为模型的驱动变量。但这个模型要表达的核心逻辑其实并不在这里。这个模型要传达的主要思想是，非食品部门对食品部门劳动力吸引力的增强，会推升食品部门的劳动力成本。而食品

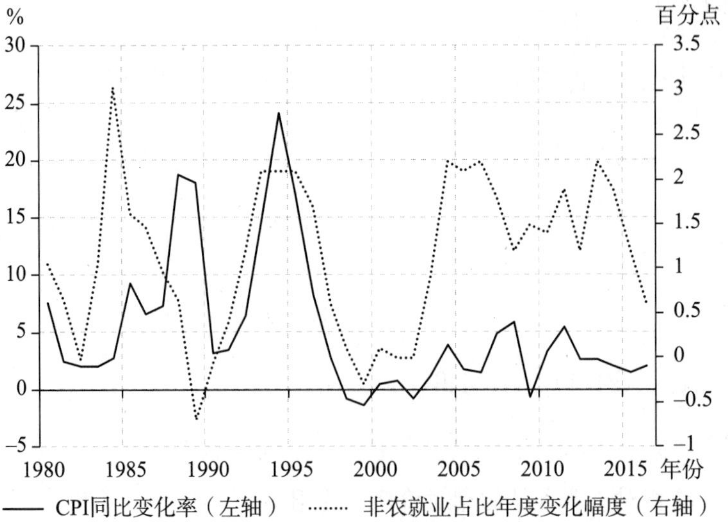

图 21－14　中国非农就业占总就业比重的变化与 CPI 通货膨胀之间正相关

资料来源：Wind

部门通过技术进步来吸收劳动力成本上涨的能力比较差，因此就只能通过食品涨价来保证自己的持续经营，因而形成食品相对于非食品的相对价格的抬升。这里面的关键是非食品部门带来的全社会劳动力成本上升的压力。在前一小节的模型中，这种压力来自非食品部门更高的技术水平。而在真实世界中，这种压力还可以来自货币政策。

我们可以设想非食品生产企业面临着信贷约束，需要从银行获得贷款来购买劳动力并组织生产。在这种情况下，宽松货币政策能够放松非食品生产企业的信贷约束，从而让非食品企业可以雇用更多劳动力，让劳动力更快地从食品部门转移到非食品部门。这会推高非食品部门的劳动力成本，进而推升非食品的相对价格。本书第 15 讲附录 A 中介绍了这种企业生产面临信贷约束的情形。把那个模型和这里的模型组合在一起，就得到了联系货币政策与食品相对价格的完整故事。

现在我们可以回答之前提出的有关中国结构性通货膨胀的关键问题了。问题一，**中国的结构性通货膨胀是货币现象吗？是，但不全是**。中国的结构性通货膨胀与货币政策相关，宏观数据中看到的这二者间的相关性并非偶然。但中国的货币政策对 CPI 结构性通货膨胀的影响是间接的，得经由劳动力市场传导过去。

问题二，**中国的货币当局需要对食品价格上涨引发的结构性通货膨胀做出反应吗？需要，但做出反应的时候得小心**。结构性通货膨胀虽然主要表现为食品价格的上涨，但它也是对经济运行与货币增长的一种反映。如果货币政策不因为结构性通货膨胀的走高而收紧，就容易让经济运行至过热的状况。但是，货币政策做出反应时必须小心分辨结构性通货膨胀的成因，看看它究竟是就业市场收紧所致，还是为食品生产的供给性因素所形成。货币政策应该只对前一类成因导致的结构性通货膨胀做出反应，而放任后一类成因导致的食品价格上涨。

此外，由于经济增长和货币政策向 CPI 的传导主要通过劳动力市场来实现，所以 CPI

对经济和货币状况的反应并不灵敏。在次贷危机之后，中国政府愈发重视劳动力市场的稳定，并出台了一些稳定就业市场的举措。因此，虽然中国经济增长在“四万亿元刺激”政策退出之后曾持续放缓，令 PPI 连续数年同比负增长，但因为城市中并未出现大规模失业，也没有形成城镇农民工大规模返回农村的情形，所以 CPI 仍然保持了稳定的正增长，在一定程度上与经济及货币状况脱节。所以，对判断中国经济运行状况来说，PPI 是比 CPI 更好的价格信号。

专栏 21-1

巴拉萨-萨缪尔森效应与购买力平价

这一节用来分析结构性通货膨胀的模型体现了巴拉萨-萨缪尔森效应的思想。这是国际经济学中一个著名理论。它用劳动生产率差异解释了不同国家间的价格差异，说明了国与国之间为什么会偏离一价定律，为什么落后国家的实际汇率会相对发达国家逐步升值。正因为国家间的价格水平会偏离一价定律，所以在做国家间经济规模比较时，需要用购买力平价（PPP）来把价格差异带来的影响对冲掉，以得到更真实的比较结果。

我们先通过一个简单模型来认识巴拉萨-萨缪尔森效应。假设一个小国有可贸易品（工业部门）T 与不可贸易品（服务业）N 两个产业，它们占经济的比重分别为 η 与 $1-\eta$。因为可贸易品可在国家间便捷运输，所以一价定律在这个部门是成立的

$$P^T=EP^{T*}$$

其中，P^T 与 P^{T*} 分别为本国与外国的可贸易品的价格，E 为直接标价法下的本币汇率。由于不可贸易品难以在国家间运输套利，所以一价定律在不可贸易品部门一般不成立

$$P^N\neq EP^{N*}$$

其中，P^N 与 P^{N*} 分别为本国与外国的不可贸易品价格。

贸易品和不可贸易品都只用劳动来生产，生产函数为 $y=al$。其中，a 为劳动生产率，代表每单位劳动力能够生产多少数量的产品。贸易品和非贸易品两个部门的劳动生产率分别为 a^T 与 a^N。我们假设不可贸易品部门的劳动生产率在本国和外国相等（$a^N=a^{N*}$），而可贸易品部门的劳动生产率在国家间有差异（$a^T\neq a^{T*}$）。由于服务行业的技术进步很慢，所以不同国家有接近的劳动生产率很正常。想想理发这种不可贸易的服务产品，发达国家的理发师并不能比发展中国家的理发师快出多少。但在可贸易品部门，由于技术进步速率很快，发达国家的劳动生产率很容易远超发展中国家。

在一个国家内部，因为劳动力的自由流动，两个部门的工资率应该相等，不妨将其设为 W。这样，厂商的利润最大化行为会使得两个部门产品的售价满足以下两个条件

$$a^TP^T=W,\quad a^NP^N=W$$

于是有

$$P^N=\frac{a^T}{a^N}P^T$$

因为这里的生产函数为线性形式，所以无须考虑经济的需求面就能把两种产品的相对价格确定下来。一国的价格总水平为两个部门价格的加权平均

$$P=(P^{T})^{\eta}\left(\frac{a^{T}}{a^{N}}P^{T}\right)^{1-\eta}=P^{T}\left(\frac{a^{T}}{a^{N}}\right)^{1-\eta}$$

$$P^{*}=(P^{T*})^{\eta}\left(\frac{a^{T*}}{a^{N*}}P^{T*}\right)^{1-\eta}=P^{T*}\left(\frac{a^{T*}}{a^{N*}}\right)^{1-\eta}$$

于是，两国间的实际汇率（直接标价法）就为

$$e=\frac{EP^{*}}{P}=\left[EP^{T*}\left(\frac{a^{T*}}{a^{N*}}\right)^{1-\eta}\right]\Big/\left[P^{T}\left(\frac{a^{T}}{a^{N}}\right)^{1-\eta}\right]=\left(\frac{a^{T*}}{a^{T}}\right)^{1-\eta}$$

由此可知，实际汇率受到本国与外国在可贸易品部门的劳动生产率差异的影响。发展中国家由于起点低，进步相对也就快一些（这是索洛模型里国家间收敛的结论），所以它与发达国家在可贸易品劳动生产率上的差异就会减小（a^{T}/a^{T*} 变大），因而形成发展中国家的货币相对发达国家货币的实际升值。自 2005 年人民币汇率改革之后，人民币就进入了对美元实际升值的长期趋势（见图 21-15）。

发展中国家货币的实际升值可以表现为两种形式，一种是名义汇率的升值，另一种是发展中国家更高的通货膨胀。究竟哪种形式会出现，取决于发展中国家汇率制度的选择。这是不少人呼吁中国应该让人民币汇率自由浮动的又一个原因。因为人民币名义汇率如果不能够自由升值，那么就会在中国国内产生出比较强的通货膨胀压力，不利于物价的稳定。

图 21-15　2005 年汇率改革之后，人民币相对美元的实际汇率升值

资料来源：Wind

巴拉萨-萨缪尔森效应是一种令汇率长期偏离一价定律的力量。它告诉我们，发展中国家的实际汇率一般是被低估的。换言之，用市场汇率计算的发达国家物价水平一般

高于发展中国家。因此，在比较不同国家的经济规模时，需要把这种汇率低估考虑进来。**购买力平价**（purchasing power parity，简称 PPP）是一种根据各国价格水平差异计算出来的货币间折算系数。用购买力平价来将各国 GDP 转换为同一单位，就能够更精确地比较国家间的经济规模大小。之前我们所做的国家间比较，大多都是用 PPP 进行的。

21.3　理解中国的房价

现在我们再来看看中国的房价。首先要说明，我们谈论的是中国城镇地区的房地产市场，这也是大家讨论房地产时所指的对象。从图 21－12 所示的社会融资规模与城市房价涨幅之间的高度相关性来看，房价上涨里面有很强的货币因素在起作用。但从一、二、三线城市房价的明显分化来看，房价上涨也不只是货币现象。

从 2005—2018 年的数据中能看到房屋销售面积增速与房价增速之间有很高的相关性（而且房屋销量增速领先）。这种价量同向变化的特性表明，中国房地产市场的波动主要受需求面因素影响。而货币政策作为控制总需求的政策工具，会对房价有很强的影响力并不奇怪（见图 21－16）。下面我们从房地产市场的需求与供给两方面来分析，看看中国房地产市场为什么会呈现出这种需求主导型波动特性。

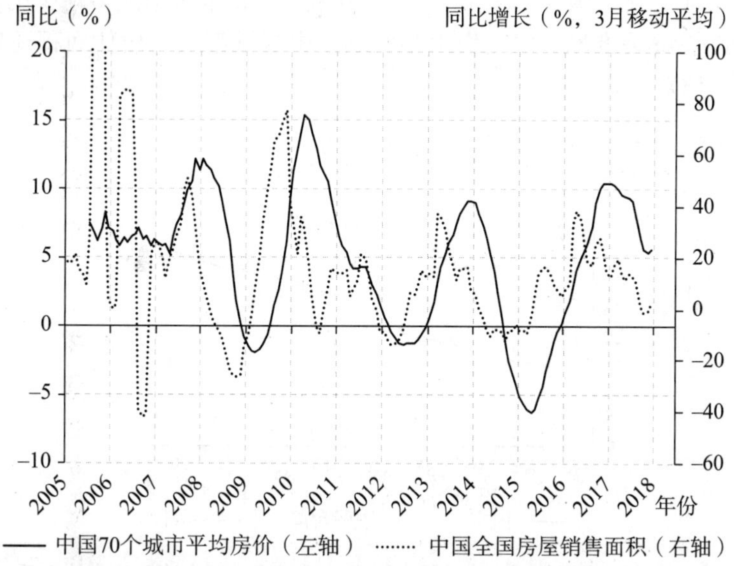

图 21－16　房屋销量与房价之间的正相关关系表明中国房地产市场的波动主要来自需求面

资料来源：Wind

21.3.1　中国城市居民的住房需求远未饱和

我们先来看房地产的需求。截至 2016 年，按常住人口计算的中国城市化率仍然不到 60%，而用城市户籍计算的城市化率还不到 40%。依照日本、韩国这些东亚邻国的经验，中国的城市化率应该上升到80%～90%的水平才会稳定下来。这就是说，中国的城市化进程目前仍处在中途。在未来10～20年，每年仍然会有1 000万以上的农民要变成城市居民。这些新城市人会带来对城市房屋的稳定增量需求（见图21－17）。

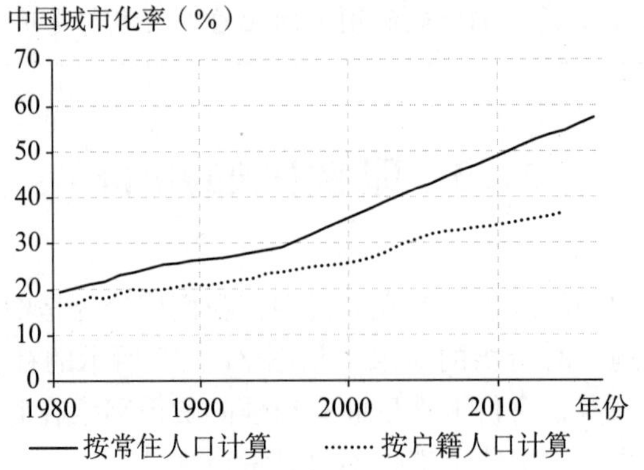

图21－17 中国的城市化进程仍在中途

资料来源：Wind

还是截至2016年，中国城市人均居住面积已经达到35平方米。这听上去似乎是一个不小的数字，因为它意味着平均下来，一个三口之家的居住面积有100多平方米。但如果做一下对比，就会发现这个数字其实并不算大。2016年，中国台湾的城市人均居住面积已经超过45平方米，比中国大陆多出了10平方米。而日本这个人多地少的国家，其城市人均居住面积也有45平方米。以它们为参照物，中国城市人均居住面积还有很大的上升空间（见图21－18）。

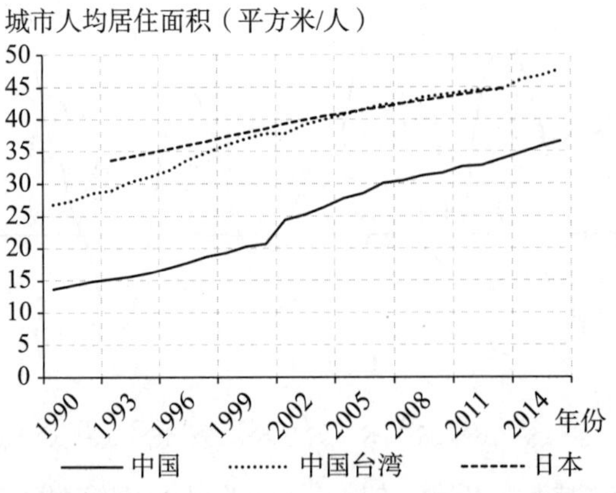

图21－18 中国的城市人均居住面积明显低于中国台湾和日本的水平

资料来源：Wind

此外，中国城市居民的住房改善需求也不能忽视。大家都在讲中国的消费升级，但对中国居民来说，决定其生活品质的最重要因素是其居住状况。中国居民在收入上升之后愿意住进更大更好的房子，本身也是合理的。

把以上这些因素都考虑进来，可以知道中国城市居民的住房需求远未得到满足。中国城市里的房子不是已经修建得太多了，而是还没修建够。在相当长的时间内，中国经济中仍然会存在对城市房产的旺盛需求。

21.3.2　土地制度是中国房价持续上行的关键原因

看完了需求再来看供给。房屋供给与其他商品的供给有很大不同，房屋生产需要用到土地这种数量有限的生产要素。而房屋又是高度不可贸易的商品，所以一个地区的房屋供给量基本完全由这个地区的土地供给量决定。

在中国，城镇建设用地归国家所有。只有修建在城镇建设用地上的房屋才是合法商品房，购房者才有可能获得产权证。农村土地虽然归农村集体所有，但要在上面修建商品房，必须先经过征地这道手续，把土地所有者变为国家，把土地性质变更为城镇建设用地。在这样的法律规定下，中国城镇地区的唯一合法土地供应者就是中国政府。而实际操作土地供应的是各地的地方政府。

经济学规律告诉我们，垄断供应者总会减少供给，推高价格，获得垄断收益。政府作为土地的垄断供应者也不例外。根据 2004 年 3 月颁布的《关于继续开展经营性土地使用权招标拍卖挂牌出让情况执法监察工作的通知》（国土资发［2004］71 号）之规定，从 2004 年 8 月 31 日起，所有经营性土地出让都必须通过公开竞价的方式进行。这改变了之前中国土地市场较为混乱的局面，但也让地方政府开始实行其对土地的垄断供应权。这便是中国房地产市场中有名的“831 大限”。

“831 大限”彻底改变了中国房产市场的运行态势。“831 大限”之前的 1998—2004 年，中国全国土地供应年均增速接近 30％，房屋完工面积年均增速接近 20％。而在“831 大限”后的 2005—2016 年，全国土地供应和房屋完工面积年均增速分别下降到了－5％与 6％。土地和房屋供给增速的下台阶带来了房价增长的上台阶，令中国进入了房价高增长的阶段（见图 21－19）。

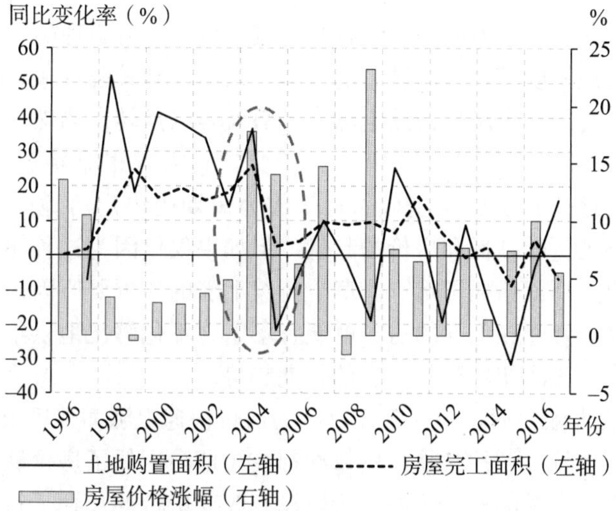

图 21－19　2004 年“831 大限”之后，中国土地和房屋供应增速大幅下滑，房价开始快速上涨

资料来源：Wind

而对一线城市来说，就不是供给增速下降的问题了。上海、北京这两个一线城市分别在 2004 年和 2005 年创下了它们年度房屋完工面积的峰值，均在 3 000 万平方米左右。之后，这两个城市的房屋完工面积大幅下滑，最后稳定在一年 1 500 万平方米左右。随着房屋供给量的缩减，这两个城市的房价大幅上升。事实上，中国大城市房屋完工面积增速与房价涨幅之间有明显的负相关关系，表明房屋供给是房价涨幅的重要决定因素（见图 21 - 20）。

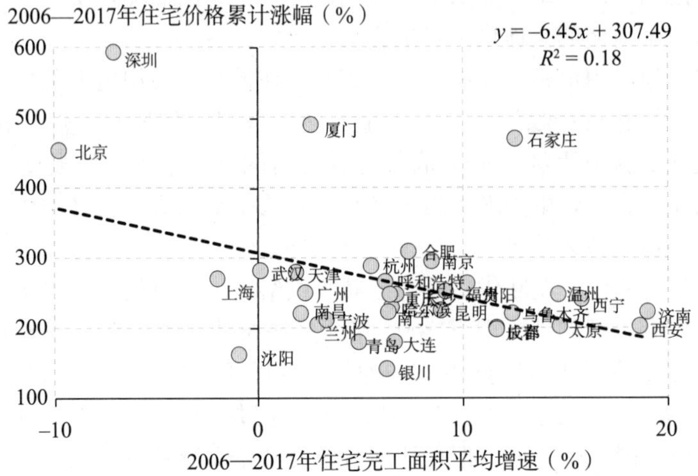

图 21 - 20　各城市住宅价格涨幅与住宅完工面积增速负相关

资料来源：Wind

除了土地和房屋供给较少之外，一线城市的高房价还反映了这些城市中大量优质公共服务资源带来的人口吸引力。在行政性配置力量的影响下，北京、上海所拥有的一流大学和医院的数量与其他城市不在同一个数量级上。这些优质资源吸引了人口的流入，加大了这两个城市中的房地产需求。但这两个城市的土地供给有限，很难对价格做出反应。在这样的供需矛盾之下，北京、上海的房价远远高于其他城市是有道理的。①

在中国现行的土地制度下，中国城市的房地产供给受到较强约束，高房价没法带动房地产供给的扩张。于是，城市房价持续上涨的趋势就难以逆转。当然，对房屋这种价格动辄数百万元的商品来说，不借助贷款等金融工具，其需求很难释放出来。所以货币政策——尤其是针对房地产行业的信贷政策——成为短期内决定房地产需求强弱的重要力量，因而牵动着地产销量的高低和房价的起伏。但如果仅仅因为这种相关性，就把房价上涨看成一个货币现象，那就错抓了重点。房价持续上涨的最重要原因是地方政府对土地供应的垄断。地价很高，修建在上面的房子就便宜不了。不化解土地供给的约束，而只是在货币政策方面做文章，无法扭转房价上涨的长期趋势。

在 2004 年"831 大限"后，中国曾几次因为房价快速上涨而严厉收紧了房地产调控政策，紧缩货币来控制房价。调控政策虽然每次都在短期内压低了房价涨幅，但它们因为没有触及房地产市场供需失衡的核心矛盾，所以没有改变房价的长期上行趋势。相反，由于

① 可以说，一线城市的房价中包含着优质公共服务资源所带来的经济租金。

这些调控政策在短期内还抑制了地产投资，所以反而加大了几年后的房地产供需矛盾，让房价每次都在房地产政策放松之后报复性反弹。

21.4　理解中国的地方政府财政

从前面的分析可以看到，中国房价的持续上涨与地方政府卖地的土地财政之间有直接关系。于是，有人将中国的高房价归咎于地方政府对土地财政的依赖，以及造成这一局面的地方政府财权事权不平衡的局面。1994 年，中国进行了分税制改革（tax-sharing reform），几乎将当时地方政府一半的公共财政收入上收到了中央政府。分税制改革之后，地方政府公共财政收入明显低于其公共财政支出，呈现出了财权小于事权的局面。虽然中央政府每年都会通过税收返还和转移支付来弥补地方政府的收支缺口，但对地方政府来说，中央给的钱显然不如自己收的钱用起来方便（见图 21－21）。

在第 12 讲介绍财政政策时我们说过，卖地收入是地方政府在公共财政收入之外的另外一个财源。而且卖地收入用起来更加灵活，没有公共财政收入那么多条条框框的约束。从 2003 年开始，卖地收入就成为地方政府的一个重要收入来源，这笔收入占地方政府公共财政收入的比例常年在 50%上下波动（见图 21－22）。

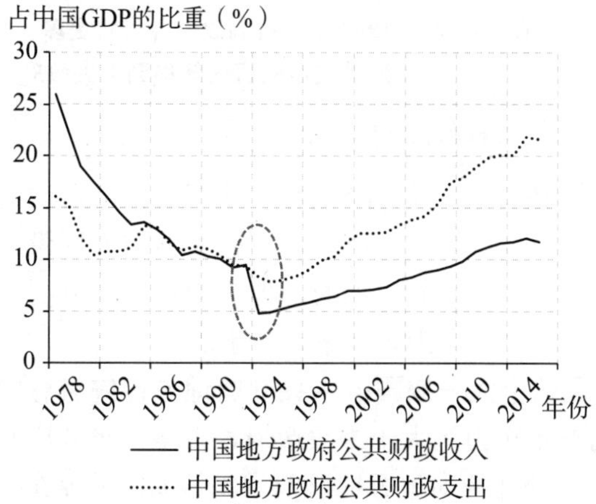

图 21－21　1994 年分税制改革之后，中国地方政府公共财政收入持续低于其公共财政支出

资料来源：Wind

图 21－22　土地出让收入是中国地方政府的重要财源

资料来源：Wind

不过，土地财政因地方政府垄断土地供应而生，与地方政府财权与事权是否平衡没有太大关系。就算地方政府财权与事权是平衡的（地方政府在公共财政方面没有收支缺口），面对能卖出高价的土地，地方政府也会高价卖地。无他，经济规律使然。因此，地方政府财权与事权平衡与否与中国房价的趋势没有太大关系。

但既然讲到了这儿，我们就顺便分析一下中国地方政府的财政问题。中国当前的财政格局形成于 1994 年的分税制改革。分税制改革的核心是财权向中央政府集中。通过这次改革，中央政府公共财政收入占 GDP 的比重从 1993 年的 2.7%上升到了 1994 年的 6.0%；而地方政府的这个比重则从 1993 年的 9.5%下降到 1994 年的 4.8%。在公共财政收入被大量上收到中央政府之后，中央政府和地方政府之间的财政支出格局却没有发生变化，地方政府仍然负担财政支出的大头。1994 年，中央政府和地方政府的公共财政支出占 GDP 的比重分别为 3.6%和 8.3%。于是，地方政府公共财政收入明显小于其公共财政支出，形成了地方政府财权小于事权的局面，并一直延续至今（见图 21－23、图 21－24）。

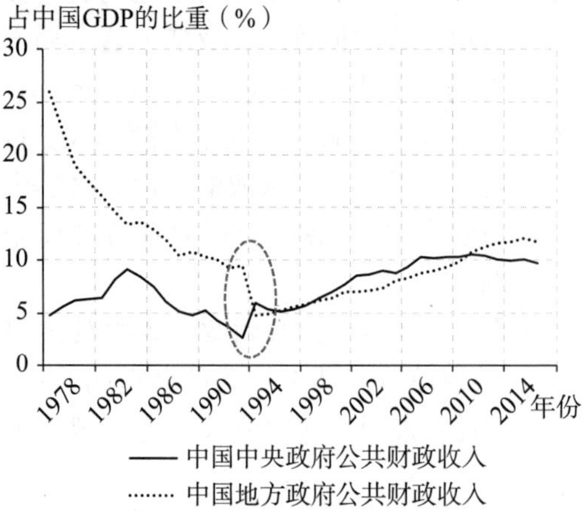

图 21－23　1994 年分税制改革将更多财政收入上收到了中央政府

资料来源：Wind

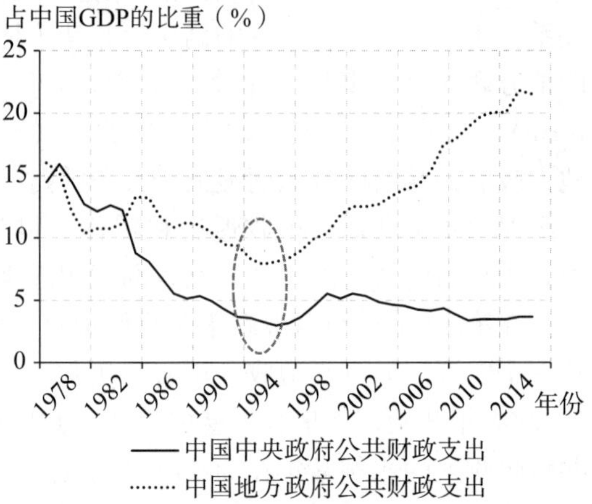

图 21－24　1994 年分税制改革并未将更多财政支出的责任转移到中央政府

资料来源：Wind

现在有不少人认为需要重新平衡地方政府的财权与事权，降低地方政府对土地财政的依赖，从而遏制房价持续上涨的趋势。前面已经说过，地方政府就算在公共财政方面没有缺口，该高价卖地还是会高价卖地，所以这个逻辑的后半截说不通。但我们还是要分析一下是否应该平衡地方政府的财权和事权。出于三方面的原因，答案是否定的。

第一，**地方政府财权和事权的不平衡是中国这个大一统国家中央制衡地方传统智慧的体现**。在 1994 年分税制改革之前，地方政府的财政实力远大于中央政府，以至中央政府有时甚至需要向地方政府借钱。可想而知，这种局面下中央对地方的制衡力是偏弱的，存在一定的“诸侯坐大”“政令不出中南海”的倾向。而通过分税制改革，把财权上收到中央，让地方政府形成对中央政府的财政依赖，就能够增强中央政府对地方政府的掌控能力。

第二，**财权集中到中央有利于保证财政收入的稳定**。中华人民共和国成立之后，中国政府公共财政收入占 GDP 的比重走出了三段大的趋势。在改革开放前的几十年里，除了“大跃进”和“文化大革命”这两个极端时期外，中国公共财政收入占 GDP 的比重稳定在 25%～30%的区间。而从改革开放启动到 1994 年分税制改革这段时间里，中国公共财政收入占 GDP 的比重持续下滑，最低的时候只有 10%。而在分税制改革之后，中国公共财政收入占 GDP 的比重开始持续回升，一路上升至 20%以上。当财权大量掌握在地方政府手中时，地方政府出于招商引资的需要，相互之间展开了激烈的税收竞争，给企业提供许多税收优惠。从地方政府的角度来看，这有利于活跃当地经济。但站在全国层面来分析，这却意味着财政占经济的比重下滑，降低了政府对宏观经济的掌控力。因此，有必要将财权集中到中央政府，以便强化税收征管（见图 21 - 25）。

第三，**财权集中到中央政府，中央政府才有财政实力来缩小地区间差异，促进全国各区域的协调发展**。从各地方政府公共财政赤字与其收入的比例来看，财政收入越低的省份（主要处于中西部欠发达地区），获得的中央政府财政支持力度越大。这就形成了东部发达地区向中西部不发达地区大量做财政转移支付的局面。这种财政转移支付有利于缩小地区间的发展差距，增强各个区域的向心力（见图 21 - 26）。

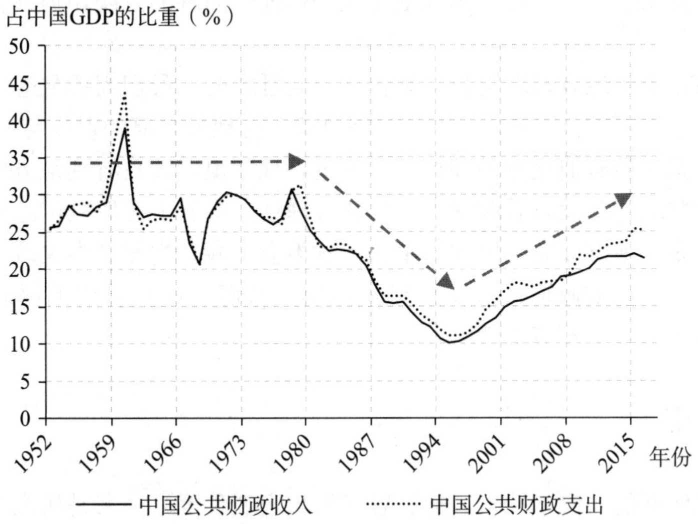

图 21 - 25　1994 年的分税制改革改变了中国财政收支占 GDP 的比重持续下降的趋势

资料来源：Wind

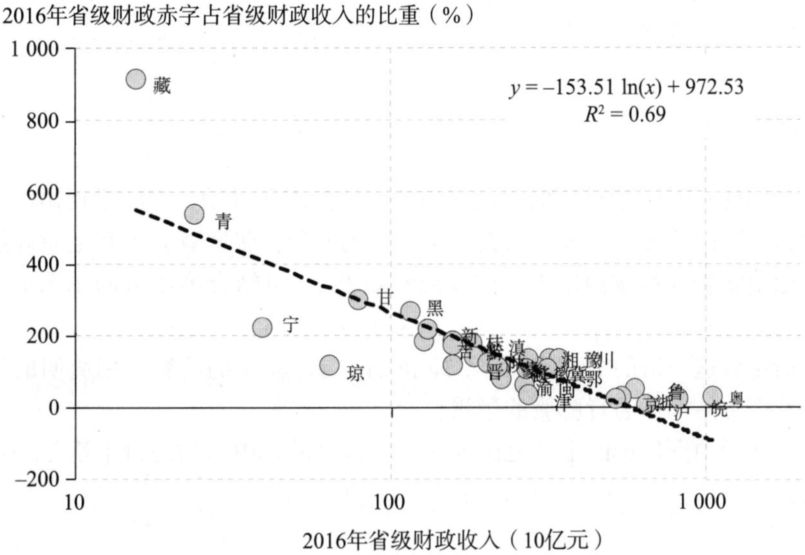

图 21 - 26　财政收入向中央政府集中，使中央政府有能力进行地区间的大规模财政转移支付

资料来源：Wind

在这里我们可以回忆一下第 11 讲中介绍过的欧债危机。我们说过，欧债危机爆发的根本原因在于欧元区是一个没有财政联盟的货币联盟。由于区内所有国家都使用同样的货币，执行同样的货币政策，所以各国无法用货币和汇率来平衡各国之间的竞争力差异。但各国之间又无法用财政转移支付来弥合差异，于是欧元区内部的失衡问题就变得越发严重，令欧元区出现了分崩离析的倾向。中国的各个省、市、自治区也都处在同一个货币联盟中（都使用人民币）。如果各个地方政府的财权与事权都平衡，本地的收入本地花，区域间的大规模财政转移支付就难以实现，就会形成穷者愈穷，富者愈富的失衡局面，加大地区间的差距。这虽然不至于让中国像欧元区一样面临崩解的危险，但终究不利于国家和社会的稳定。

其实，在讨论平衡地方政府财权与事权这个问题之前，我们需要先想一想，为什么在 20 世纪 90 年代初，朱镕基总理会力推分税制改革，把地方政府的财权与事权弄得不平衡。朱总理做这件事情自然有他充分的理由。只不过，现在很多人只看到地方政府财权与事权不平衡所带来的弊端，却没有看到这种格局的合理性。基于上面罗列的这些原因，我们相信在可预见的未来，地方政府的财权与事权依然不会平衡。当然，中央政府有可能通过上收一部分事权来降低地方政府的收支差额，但地方政府对中央政府的财政依赖不会被消除。事实上，这种依赖也不应被消除。

进一步阅读指南

伍戈与李斌所著的《成本冲击、通胀容忍度与宏观政策》一书是研究中国通货膨胀的不错专著，值得推荐（伍戈和李斌，2013）。徐高 2014 年发表的《房价上行趋势难逆转》一文中有对中国长期房价的更全面分析（徐高，2014b）。值得一提的是，这篇文章发表于房地产调控明显收紧、房价下行压力明显加大的 2014 年年初。让人在经济的短期起伏中看到长期方向，不随波逐流，正是宏观经济学能够赋予一个人的能力。

练习题

21.1　中国的 CPI 通货膨胀时常由猪肉价格的上涨所推动，有时呈现出明显的“猪肉引发的通货膨胀”的特征。这种由猪肉价格推动的通货膨胀究竟算不算通货膨胀？货币政策面对这种通货膨胀究竟该做出怎样的反应？（提示：可结合第 1 讲的 1.2.1 节与这一讲的 21.2 节来思考。）

21.2　请结合这一讲的 21.2 节和第 15 讲的附录 15.A 的内容，用简明的语言阐明中国的货币增长产生结构性通货膨胀的逻辑。

21.3　你认为中国房价的上涨是由什么因素推动的？中国的房价上涨是一场注定会破灭的泡沫吗？

第 22 讲

中国的债务问题与金融乱象

22.1 引　言

在之前的几讲中，我们一直在讨论货币金融的内容。这些讨论主要是从理论的脉络展开的——其中以货币政策传导路径为核心线索。这些讨论中虽然穿插讲述了一些中国的货币金融现象，但是不成系统，有些零散。在这一讲中，我们会把之前所介绍的货币金融理论知识点拼装起来，形成一幅理解次贷危机后中国货币金融体系的完整图景。可以说，这一讲是对前几讲内容的一个应用性总结。

这一讲还会呼应第 4 讲对中国传统计划经济体制的介绍。在那里我们分析过，中国的传统计划经济体制产生于一对矛盾，即中华人民共和国成立后以小农经济为主、资本稀缺的要素禀赋状况，与国家发展资本密集型重工业行业的赶超战略之间的矛盾。由于要素禀赋与发展战略的不匹配，赶超战略下建立起来的重工业企业缺乏自生能力，无法在正常的市场竞争中存活下来。为了保证重工业企业的持续经营，政府需要通过压低资金价格、压低工资水平、压低农产品价格等一系列手段来扭曲市场和价格。中国改革开放前的传统计划经济体制由此而生。所以，中国的传统计划经济体制并非凭空而来，而是内生于经济的要素禀赋和发展战略，有其形成的道理。对次贷危机之后中国货币金融体系的分析也要沿着类似的思路展开，看到现象背后的深层次逻辑。

次贷危机之后，随着利率市场化改革所带来的金融创新大潮，中国货币金融体系里产生了不少的新现象。在有些人眼里，这段时间的金融市场甚至可以用“乱象不断”来形容。在其中我们既看到了影子银行的兴起，也经历过了“钱荒”“股灾”这样的极端事件。

但在这看似纷繁复杂的乱局中其实有一条非常清晰的逻辑主线。这种种金融乱象，其实都产生于中国的储蓄过剩与政府去杠杆政策导向之间的矛盾。从这对矛盾出发来进行推演，可以很容易找到各种金融现象产生的原因。

这里面的逻辑并不复杂。在第 7 讲到第 11 讲中，我们分析了中国实体经济结构失衡的原因。中国的收入分配格局决定了全社会总收入不能充分流向消费者、转化成消费，因而产生了消费不足、储蓄过剩的问题。而由国民经济核算恒等式（$S-I=CA$）可知，国内储蓄要么变成国内投资，要么通过经常账户顺差的形式借给外国人。次贷危机之后，外需走弱导致中国储蓄输出面临很大的阻力，因而只能把更大份额的储蓄转化成国内投资。而这种储蓄向投资的转化要通过金融体系的融资来实现。

但由于中国的金融体系为债权性融资所主导，储蓄向国内投资的转化必然带来债务的不断上升。中国政府出于对债务危机爆发的担忧，因而推行了去杠杆政策，试图压低国内债务增长。由于融资就是债务的增量，所以去杠杆政策就表现为对金融体系融资的约束。但在储蓄过剩的经济格局没有改变的前提下，储蓄向投资转化的势能持续存在。所以，融资能堵一时，但堵不了一世。政府对信贷等传统融资方式的管控反而给金融市场参与者带来了更强的规避监管动力，导致新的风险更高的融资通路被创设出来。种种金融乱象就在这种监管者与市场之间的“猫鼠博弈”中产生了出来。

由此可见，次贷危机之后中国货币金融体系之所以会有种种乱象，主要是在中国经济状况与货币金融政策之间存在矛盾。从理论上来说，货币金融体系内生于实体经济状况。有什么样的实体经济结构，就应该有什么样的货币金融运行状态。如果货币金融政策在调控时不考虑实体经济的状况，往往无法实现决策者预想的目标，并且还会在经济体系中引入更多扭曲。所以说，实体经济与货币金融之间是相互联系而非割裂的。理解中国实体经济的结构失衡，是看清中国货币金融体系大图景的前提。这是我们在进入对货币和金融的讨论前，需要先分析中国实体经济结构的原因。从这个角度来说，本讲内容也可以被看成对实体经济和货币金融讨论的一个融会贯通式的总结。

22.2 中国去杠杆政策的由来

在第 7 讲到第 11 讲这五讲中，我们已经充分讨论了中国的消费不足、储蓄过剩的失衡格局。在这一讲中，我们着重分析中国去杠杆政策的由来，以及这一政策和实体经济失衡机构之间的矛盾。下面，我们先来看看这个去杠杆政策是怎么被提出来的。

所谓**去杠杆**（deleveraging）政策，就是抑制债务增长的政策。其具体形式包括对高负债企业的融资限制（甚至直接将其关停），以及要求金融机构停止向高负债企业提供融资。2015 年年末，中国政府推出了“供给侧改革”（supply-side reform）。这一改革计划包含被俗称为“三去一降一补”的五大任务，分别是“去产能”“去库存”“去杠杆”“降成本”“补短板”。自此，去杠杆成为一项核心宏观政策。而去杠杆政策之所以会受到政府的高度重视，是因为中国的债务看上去的确不算少，爆发债务危机的风险似乎不低。

国际清算银行（BIS）估计了全世界 40 多个主要经济体的非金融部门总债务水平。这里的非金融部门包含居民、政府和非金融企业。根据国际清算银行的估算，中国的非金融部门总债务（以下简称总债务）占 GDP 的比重从 2008 年年末的 141%快速上升到了 2017 年的 255%，在 10 年间上升超过 100 个百分点，增速大大高于次贷危机之前。不过尽管上升速度加快，直到 2017 年中国的总债务占 GDP 的比重也不算太高。在国际清算银行所统计的 40 多个经济体中，中国的总债务占 GDP 的比重接近所有经济体的平均水平，而明显低于发达经济体的均值（见图 22-1）。

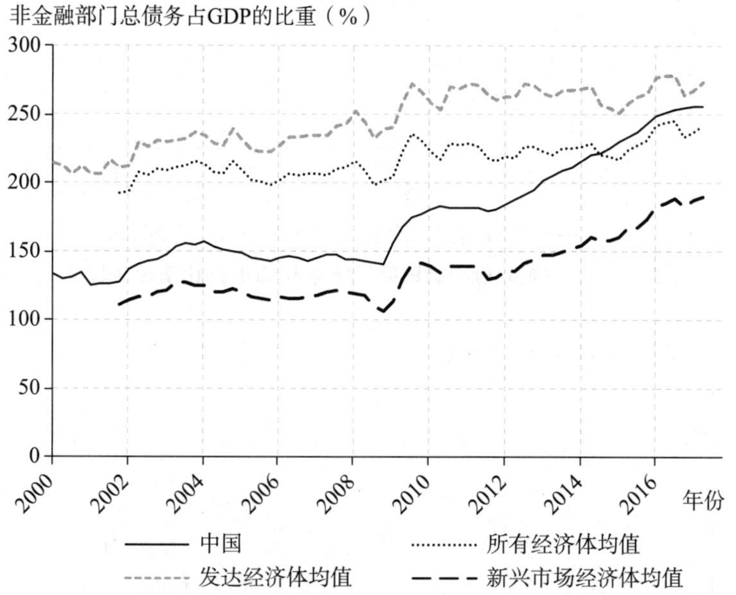

图 22-1　中国的非金融部门总债务占 GDP 的比重在次贷危机后显著上升

资料来源：BIS

下面再来看看在中国经济体内部究竟是谁在借债。2017 年，中国政府和居民两大部门的债务占 GDP 的比重都在 45%附近，加起来还不到中国总债务规模的一半（见图 22-2）。但同时，中国非金融企业部门的债务却让人担心。2017 年，中国非金融企业债务占 GDP 的比重已经超过 160%，高于世界绝大多数经济体。比中国水平更高的基本都是卢森堡、中国香港这样的小型经济体（见图 22-3）。

企业借债主要是用来做投资。所以分析中国企业部门债务的成因要从对投资的分解开始。中国的固定资产投资构成非常简单，主要包括三个部分。其中，制造业投资大概占 1/3，房地产投资大概占 1/4，基建投资也占 1/4。这三个部分合起来占到了中国总投资的 80%，是中国投资的主体（见图 22-4）。在次贷危机之后，中国国内产能过剩的压力越来越明显。在现有产能已经无法充分开工的情况下，制造业企业投资扩产的动力自然会很弱。所以在次贷危机之后（尤其是“四万亿元刺激”政策退出之后），中国制造业投资增速持续下滑，并在 2016 年下滑至零增长水平。这样一来，次贷危机之后中国经济的主要投资引擎就只剩下房地产投资和基建投资。这二者成为企业部门债务的主要流向（见图 22-5）。

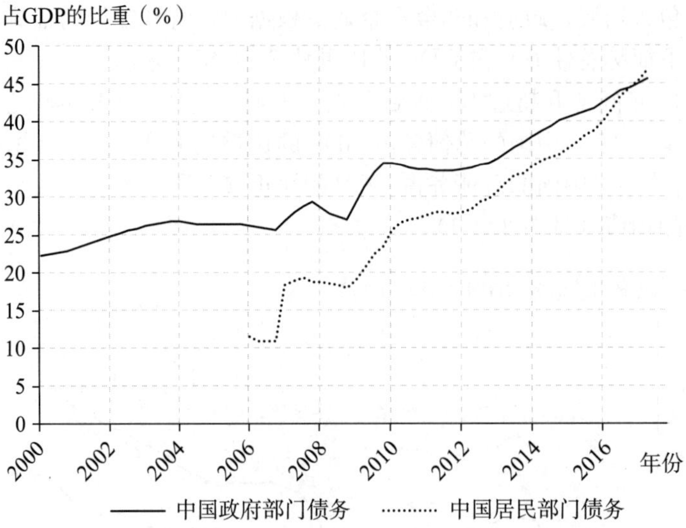

图 22-2　中国政府和居民部门债务占 GDP 的比重相对较低

资料来源：BIS

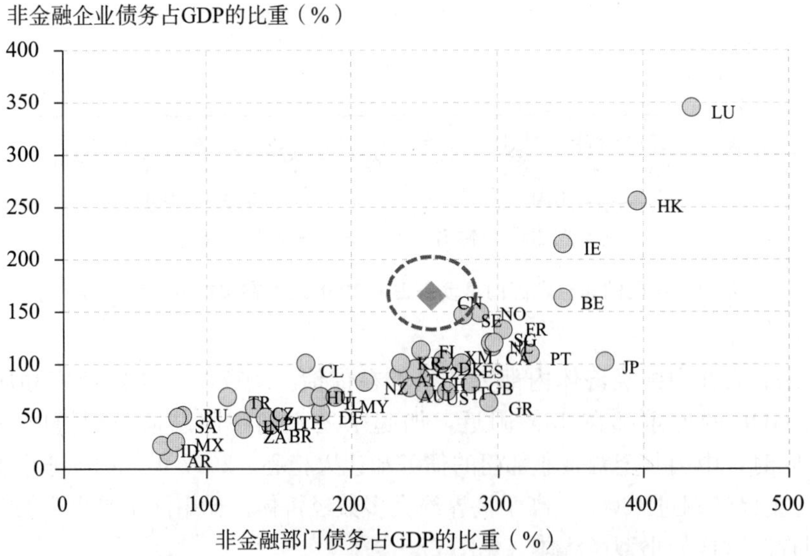

图 22-3　中国非金融企业部门债务规模明显偏高

资料来源：BIS

中国这样的投资结构也反映在了企业部门的资产负债率上。工业企业（主要是制造业企业）的资产负债率在次贷危机之后也延续了之前的下降趋势。这其中又以非国有工业企业的资产负债率下降得更为明显。国有工业企业的资产负债率虽然因为“四万亿元刺激”政策而回升，但随后也逐步走稳（见图 22-6）。

与工业企业资产负债率持续下降的趋势不同，中国房地产开发商的资产负债率在次贷危机之后明显反弹至历史高位。而这还不是房地产行业负债的全部。中国居民部门的几乎所有的负债都是银行贷款。而居民贷款余额的大概 60%是居民购房贷款。这就是说，居民部门负债的大部分也流向了房地产行业。所以房地产行业无疑是中国债务的一个主要吸纳者（见图 22-7）。

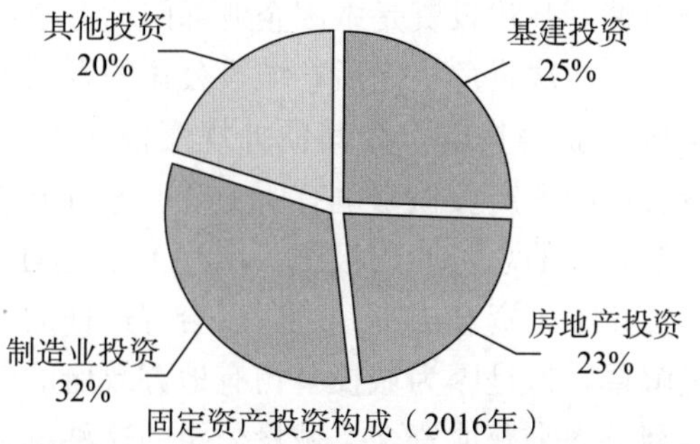

图 22－4　基建投资、房地产投资和制造业投资构成中国投资的主体

资料来源：Wind

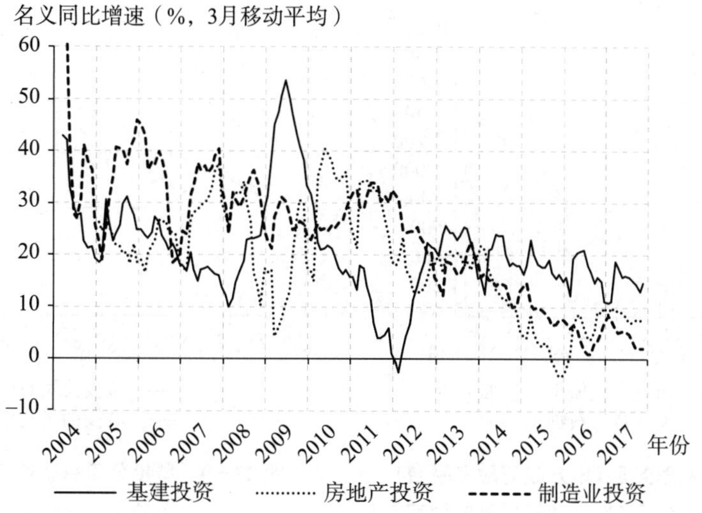

图 22－5　“四万亿元刺激”之后制造业投资增速持续放缓，基建投资和房地产投资成为稳增长的主要引擎

资料来源：Wind

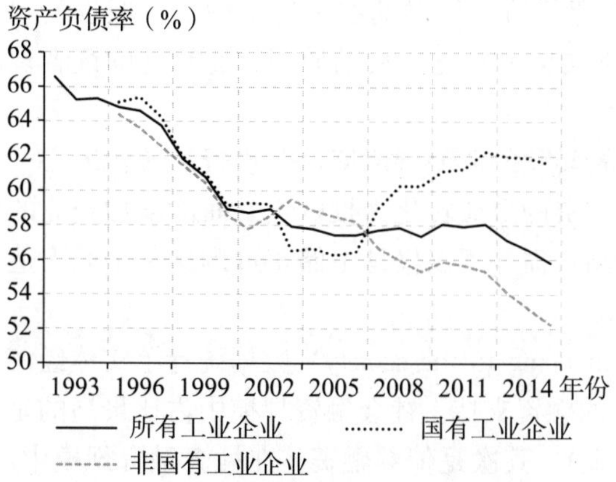

图 22－6　中国工业企业资产负债率在次贷危机后逐步下降

资料来源：Wind

图 22－7　中国房地产开发商资产负债率在次贷危机后明显走高

资料来源：Wind

作为又一个重要投资引擎，基建投资是中国企业部门债务累积的又一个方向。基建投资的投融资主体是城投公司。在次贷危机之后，城投公司的发债规模大幅攀升，除了债券之外，城投公司还大量从银行获得贷款，令其债务规模快速扩张。2012 年后，随着城投债发行规模的扩张，城投公司的资产负债率也有所上升。不过城投公司最让人担心的还是其偏低的投资回报率。城投公司的总资产回报率（ROA）远远赶不上城投公司发债的票息率，表明其投资回报率还覆盖不了资金成本。之所以会有这样的现象，我们在前面介绍预算软约束理论时已经做过解释，这是因为城投公司有地方政府的信用支撑，存在预算软约束，所以能够也愿意出高利息率来获取资金。城投公司的这种融资方式引发了不少人对中国爆发债务危机的忧虑（见图 22－8、图 22－9）。

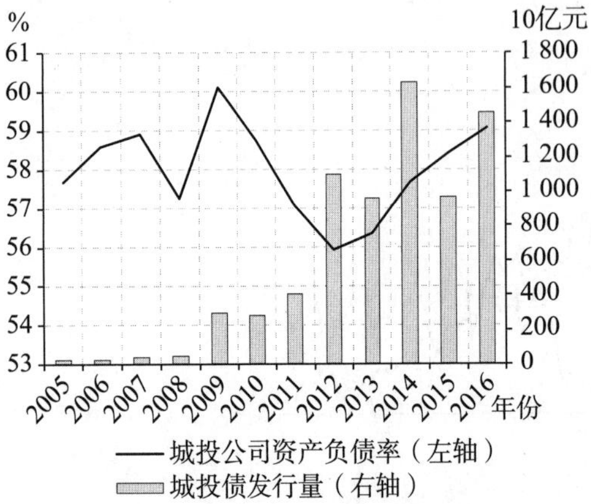

图 22－8　中国城投公司（地方政府融资平台）资产负债率在次贷危机后整体稳定

资料来源：Wind

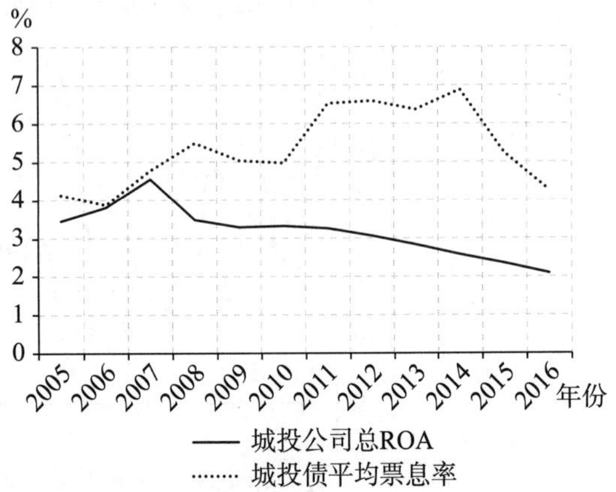

图 22－9　城投公司总资产回报率（ROA）还赶不上其债券票息率

资料来源：Wind

城投公司融资的另一个特征也值得关注。虽然城投公司的融资量在持续扩张，而且其投资回报率还低于融资成本，但城投公司的资产负债率仍然基本保持了稳定。城投公司 2016 年的资产负债率还低于 2009 年的水平。下文会分析这背后的原因，有兴趣的读者现在可以猜一猜这是为什么。

前面我们看到了中国国内储蓄有向国内投资转化的需要。但储蓄向投资的转化未必一定会带来债务的扩张。如果储蓄主要通过股权融资的形式转化为投资，反而能增加企业的资本金，降低企业的资产负债率。所以中国的高负债并不仅仅是由储蓄过剩这一个原因造成的，还与中国的融资结构有直接关系。

人民银行发布的**社会融资规模**（aggregate financing to the society）数据统计了实体经济（不包含政府）从各个渠道获得的来自金融体系的融资支持。社会融资规模中占比最高的是银行信贷（包含普通贷款、委托贷款和信托贷款），其次是债券融资。在社会融资规模中，股权融资的占比还不到 10%。也就是说，中国的社会融资规模为债权性融资所主导。在这样的融资结构之下，储蓄向投资的转化就必然形成越来越多的债务（见图 22－10）。

社会融资规模中银行信贷的高占比还带来了另外一个问题。我们在前面讲过，银行信贷会创造广义货币，所以信贷的扩张不仅增加了中国经济中的债务，也带来了货币总量的快速扩张，令中国广义货币（M2）占 GDP 的比重持续上升。这被不少人看成是中国货币超发的明证。于是，融资扩张除了引发债务危机的忧虑外，还带来了超发货币推高通货膨胀和资产价格的担忧（见图 22－11）。

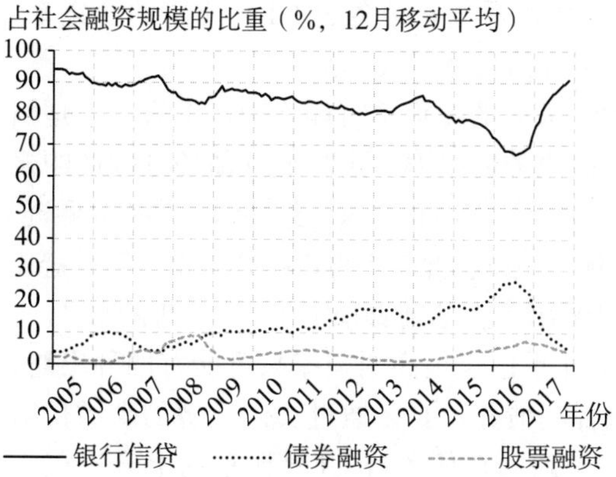

图 22－10　中国的金融融资体系为债权型融资所主导

资料来源：Wind

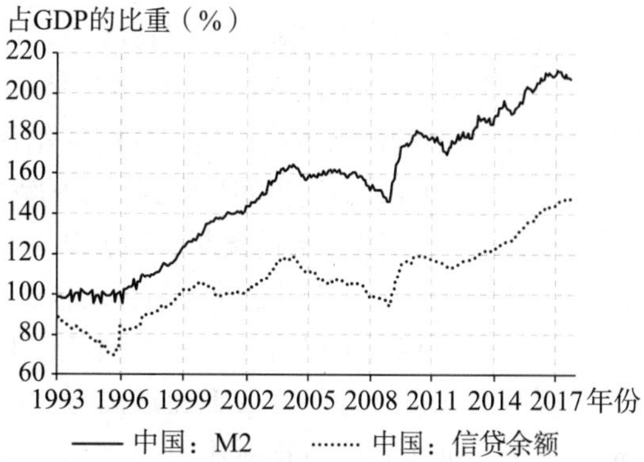

图 22－11　中国债权型融资的扩张创造了货币，引发了“货币超发”的忧虑

资料来源：Wind

22.3　对中国债务问题的认识

总结一下前面所介绍的情况：中国的债务规模在次贷危机之后上升速度较快，其中又以非金融企业部门的债务规模尤为庞大。债务主要流向房地产投资和基建投资。而房地产行业存在房地产泡沫的风险；基建投资则回报率偏低。所以看起来，中国爆发债务危机的可能性不算小，因而有必要通过去杠杆政策来抑制债务的扩张。这是次贷危机之后对中国债务问题的主流看法，也是中国去杠杆政策的由来。但这种主流看法也是对中国债务问题的常见误解，是催生次贷危机后中国金融乱象的重要原因。在解释为什么这种主流看法是误解之前，我们先来看看这种看法的道理何在。

22.3.1　对中国债务问题的误解

不考虑收入水平而只谈论债务规模没有太大意义。10 万元的负债对一个穷人来说已经是很大的数字了，而对一个富翁来说则可能根本不算什么。所以，我们需要讨论的是中国债务占 GDP 的比重，也就是名义债务总额除以名义 GDP 所得的比率。以 dratio 来代表这个比率，它可以写成如下公式，

$$\text{dratio}_t = \frac{D_t}{P_t y_t}$$

其中，D_t、P_t 与 y_t 分别为 t 时期的名义债务总量、总体价格水平和实际总产出。对这个式

子左右两边对数后做差分，并运用我们已经非常熟悉的近似关系 $\log(1+x)\approx x$，可以把这个式子化为

$$\frac{\Delta \text{dratio}}{\text{dratio}}=\frac{\Delta D}{D}-\frac{\Delta P}{P}-\frac{\Delta y}{y} \tag{22.1}$$

其中，我们略去了表示时间的下标 t。从这个式子可以看出，债务占 GDP 比重的变化率，等于名义债务的增长率减去通货膨胀率，再减去经济的实际增长率。

一个看似显然的结论是，一个经济体的债务占 GDP 的比重不可能无限制上升。这是因为债务占 GDP 的比重越高，债务方能够给债权人提供的回报率一定越低（债务方破产的概率也更高）。而在债务回报率下降到一定的程度后，债权人将停止向这个经济体提供债务融资，从而导致这个经济体债务链条断裂。所以一个经济体的债务状况是否可以持续（是否能够避免债务危机的爆发），关键看这个经济体的债务占 GDP 的比重是否能够稳定在一个合理的水平。

从（22.1）式可以看出，一个债务占 GDP 的比重已经很高的国家只可能有四种出路，要么削减名义债务规模，要么通过高通货膨胀来稀释债务，要么通过实体经济的高增长来稀释债务。如果这三点都做不到，就只有最后一条路，在债务占 GDP 比重的上升过程中爆发债务危机。

我们用这一分析框架来思考中国的债务问题。中国债务占 GDP 的比重已经处在一个不低的水平，还在快速上升。中国经济的真实增长率也在次贷危机之后明显放缓，看起来很难回到高增长状态。而如果通过高通货膨胀来稀释债务，等同于对民众财富的掠夺，既会伤害中国货币政策的声誉，也会引发社会的不满。所以看上去中国如果想避免债务危机的发生，必须削减名义债务规模——这就是中国去杠杆政策的由来。

上面介绍的是国际通行的分析国家债务可持续性的框架。从这个框架来看，中国显然需要去杠杆。不过，这是对中国债务问题的一种误解。之所以说它是误解，并不是因为这一思路框架内部存在什么逻辑问题，而是因为这个框架的一个重要前提假设在中国并不成立，从而导致这一框架不适用于中国。

22.3.2 债务与储蓄

（22.1）式所代表的分析框架中只包含对债务方行为的分析，而没有包含对债权方行为的讨论。这是因为这个框架对债权方行为有一个重要隐含假设，那就是债权方会在乎债务的回报率，会在债务回报率下降到一定水平之后停止对债务方的融资支持。在这个隐含假设之下，债务方的债务占 GDP 的比重如果太高，一定会受到来自债权方的压力。

经济中的储蓄者是债务的债权方。对消费者来说，消费是储蓄的机会成本。消费者会在消费与储蓄这两种选择间权衡。储蓄的回报率如果下降，消费者就会觉得储蓄不那么划算了，还不如多消费一些获得的效用更高。所以如果储蓄者是消费者，那么他一定会在乎储蓄的回报率，并在储蓄回报率降低时减少储蓄、增加消费。而如果储蓄者通过债权融资的方式将自己的储蓄借给债务方，债务的回报率就是储蓄的回报率。

但在第 9 讲分析中国消费不足的结构失衡时，我们得到的结论是：因为收入分配的原因，中国经济中存在着大量刚性储蓄者（国有企业及许多民营企业）。这些储蓄者只储蓄、不消费，因而对储蓄的回报率不敏感。这就意味着在中国经济中存在大量不在乎债务回报

率的债权方。于是，前文介绍的那个债务分析框架的隐含假设在中国就不成立。分析中国的债务问题，必须把债务方和债权方都纳入考虑。

从宏观经济数据中就能够看到中国储蓄行为的刚性。储蓄和债务的回报率归根结底取决于实体经济的投资回报率。所以，如果储蓄行为对储蓄的回报率敏感，应该能够看到经济中的储蓄率（储蓄占 GDP 的比重）与投资回报率的正相关关系。我们估算了全球 GDP 与全球资本存量比率。这个比例因为正比于投资回报率，所以可以作为投资回报率的一个跟踪指标。① 数据显示，全球的 GDP 与资本存量比率在次贷危机后明显下降，表明全球投资回报率在这段时间显著走低。但在同时，全球的储蓄率却依然处在 30 多年的高位，并未跟随投资回报率而下降。而在次贷危机之前，这二者之间是有比较明显的相关性的。这说明，次贷危机之后的全球储蓄行为表现出了强于危机之前的刚性（见图 22－12）。

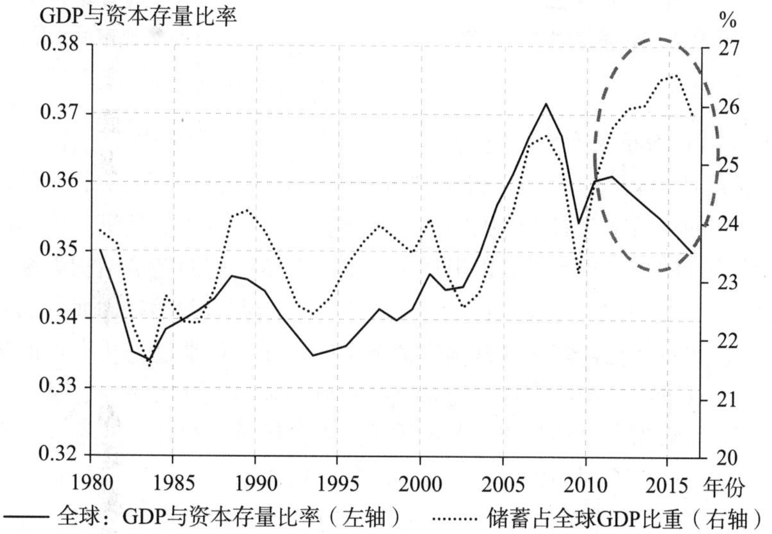

图 22－12　次贷危机之后，全球储蓄率并未随同全球资本回报率的下降而下降

注：资本存量用投资数据估算（折旧率假设为 5%，1980 年的 GDP 与资本存量比率假设为 0.35）

资料来源：IMF WEO

后危机时代全球储蓄的刚性主要来自中国。因为 GDP 增速与投资回报率之间也有正相关关系，储蓄率如果有弹性，理应与 GDP 增速同向变化。但观察次贷危机前后的两段时间，可以发现中国的储蓄率并未在危机后随经济增速的下滑而下降，反而处在明显偏高的水平，偏离了次贷危机前中国自己的历史规律。而如果把中国剔除，世界其他国家和地区的储蓄行为在次贷危机前后并无明显差异，与经济增速之间有明显的正相关关系。因此可以说，次贷危机之后全球的高储蓄主要产生于中国。由于中国储蓄占世界总储蓄的比重已经很高（在 2016 年时已接近 1/4），中国储蓄的刚性已经带来了世界储蓄的刚性。换句话说，中国的储蓄过剩已经演变为全世界的储蓄过剩（见图 22－13、图 22－14）。

---

① 如果生产函数为柯布-道格拉斯型 $y=k^{\alpha}l^{1-\alpha}$，那么资本的边际回报率就为 $\partial y/\partial k=\alpha k^{\alpha-1}l^{1-\alpha}=\alpha y/k$。所以资本的边际回报率就等于产出资本比率乘上资本的份额。

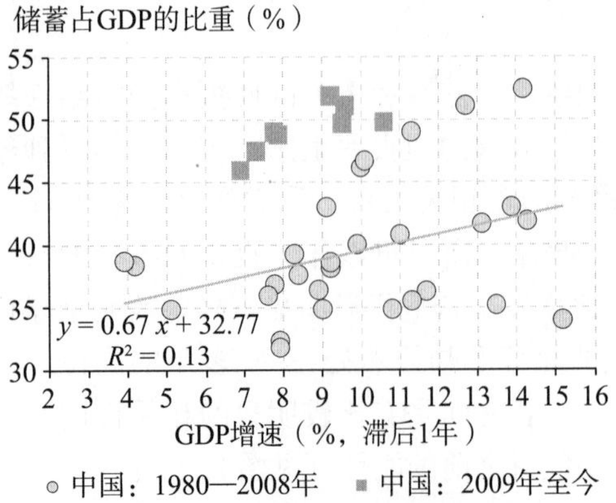

图 22-13　中国的储蓄率在次贷危机之后明显偏高

资料来源：IMF WEO

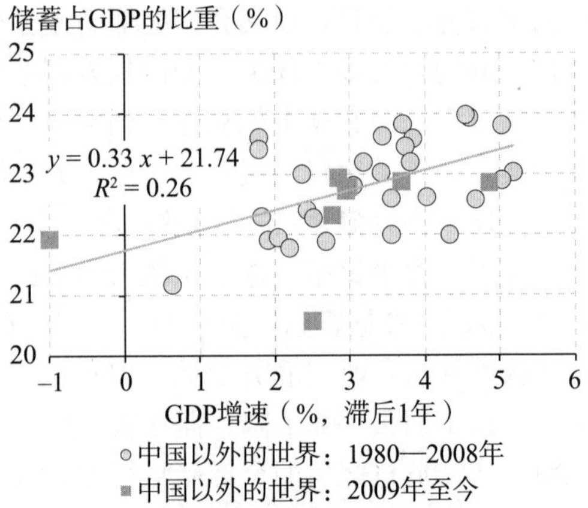

图 22-14　世界其他国家和地区的储蓄率在次贷危机前后无明显差异

资料来源：IMF WEO

在第 11 讲中我们分析了次贷危机的爆发终结了美国的加杠杆进程。相应地，中国国内储蓄向国外（主要是美国）的流动变得更加困难——表现为中国经常账户顺差的收缩。因此，中国更大比例的国内储蓄需要向国内投资转化。这就导致次贷危机后中国国内债务更快的膨胀速度。但这样的状况其实以前也出现过。中国储蓄过剩的经济结构失衡已经持续了多年。1997 年亚洲金融危机之后，中国的经常账户盈余也曾明显收缩，因而在那时也出现过国内储蓄更多向国内投资转化，因而推升国内债务率的情况。观察过去几十年的数据，可以在中国国内债务上升速度与中国经常账户盈余之间看到明显的负相关关系。从 $S=I+CA$ 的国民经济核算恒等式能看出，这种负相关关系体现了中国储蓄的刚性（见图 22-15）。

但需要注意的是，尽管中国国内债务在次贷危机之后快速上升，中国对外资产负债状况仍然良好。2017 年，扣除对外负债后，中国持有的外国净资产约为 1.8 万亿美元，大概占同期中国 GDP 的 15%。这说明中国的储蓄其实比国内债务更多，因而才形成了对外国的庞大债权（见图 22-16）。

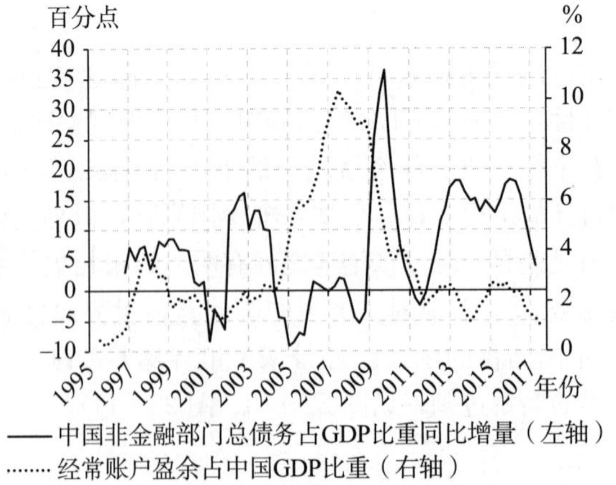

图 22-15　中国的总债务变化与经常账户负相关

资料来源：BIS，Wind

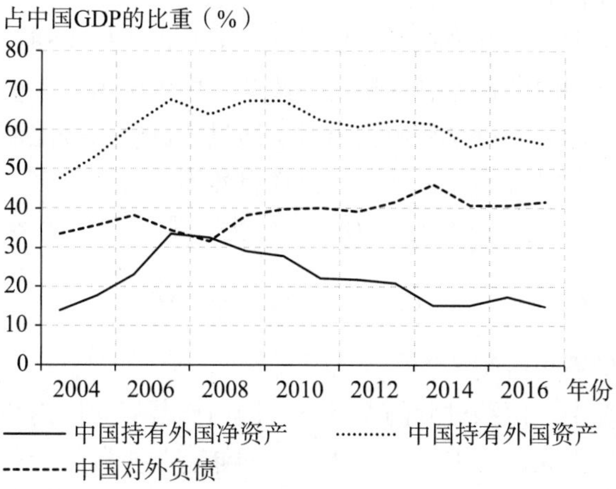

图 22 - 16　中国仍然拥有规模庞大的外国净资产

资料来源：CEIC

需要把中国的债务问题放在储蓄过剩的背景中来理解。把中国的经济结构失衡纳入分析框架，可以发现中国的国内债务来自中国的高储蓄。也就是说，中国的国内债务是内债，对应着国内的储蓄。这与曾经爆发过债务危机的欧洲边缘国家很不一样。在第 11 讲中我们介绍过，欧债危机其实是一场表现为债务危机的国际收支危机，是欧洲边缘国家的国内储蓄不足以支撑其国内投资而造成的。而中国则恰恰相反，国内储蓄不是太少，而是太多了。因此在次贷危机之后中国仍然保持着非常健康的国际收支状况，并拥有规模庞大的国外净资产。把欧债危机硬往中国身上套，是没有看懂中国经济，找错了参照物。

在次贷危机之后，中国国内投资回报率确实在不断下滑，但下滑的根本原因是国内储蓄行为缺乏对储蓄回报率的敏感性。储蓄回报率的下降并未带动储蓄有相应幅度的减少。这样一来，过剩的储蓄就压低了全社会投资回报率，事实上，在投资已经过剩、投资回报率已经很低的情况下，最有效的投资方式是不投资，也就是把那些准备用来投资的资源转化为消费。但在中国的收入分配制度下这是很难实现的。因此，中国刚性的储蓄还会源源不断地产生。相应地，储蓄流向低投资回报就是不可避免的，同时也是可持续的。

至于城投公司，它们其实是一种有道理并可持续的商业模式，并非庞氏骗局。城投公司所从事的基本都是公益性的基础设施投资项目，项目微观层面的现金回报率的确不高。但这些项目还有很大一部分回报表现为外部性，体现在社会层面。举个例子，在城市里修一条地铁，靠卖地铁票显然挣不到很多钱——如果地铁真靠卖票挣了大钱，老百姓一定抱怨地铁票价太高。但地铁的建成会推升周边的地价和房价，活跃当地的经济活动，创造税收，还会提高居民的出行便捷性。这些都应该算成这条地铁的回报。只不过，这些回报只体现在社会层面，只能为政府所获得。这样一来，政府通过隐性补贴来支持这些公益性项目从金融市场获取融资就有其合理性。这也是城投公司资产负债率一直保持稳定的最主要原因。因为城投公司的融资最终给政府创造了优质项目，并提升了政府手里土地的价值。

这些资产的升值可以保证城投公司资产负债率的稳定。[①]

所以，虽然中国国内债务规模在次贷危机之后上升得比较迅速，但这并没有带来太大的债务危机风险。只要国内储蓄过剩的格局不改变，中国国内债务的上升就是必要而可持续的。化解中国债务问题的上策是从源头出发，通过推进收入分配制度改革来降低国内储蓄、增加消费。国内储蓄没有那么多了，债务就自然不会有那么多了。而如果储蓄过剩的格局得不到改变，储蓄向国外输出的阻力又比较大，那么就应该容忍这些储蓄向国内流动，累积成债务。

22.3.3 债务、储蓄与融资

前一小节论述了在中国储蓄过剩的背景下，国内储蓄有向国内投资转化的必要。这种转化必须通过金融体系来完成。因此，实体经济的储蓄与投资行为就与金融体系中的货币和融资的变化有对应关系。在这一讲的一开始，我们说货币金融体系是内生于实体经济的，其实就是这个意思——实体经济的状况会在货币金融体系中反映出来；实体经济也为货币金融体系的运行设置了边界条件。

在改革开放之后的几十年中，中国的 M2 占 GDP 的比重持续上升。有人因此认为中国货币发得太多了，有**“货币超发”**（oversupply of money）的问题。这种说法似是而非——**中国持续上升的 M2 占 GDP 的比重是中国储蓄过剩的表现**。

面对居高不下的 M2 占 GDP 的比重，正确的问题不是问中国为什么会有这么多货币，而是问中国这么多的货币为什么没有被花出去。通过第 17 讲与第 18 讲对货币政策的讨论，我们知道货币政策是内生于经济状况的，中央银行并不具有无限的调控货币的能力。以货币发行为例，在纸币体系下，银行系统的确可以创造任意数量的名义货币。但在货币政策传导路径顺畅的情况下，这些货币会很快反映到价格上，使得通货膨胀上行。这样，用价格水平缩减过后的实际货币存量反而有可能下降。而我们看到的中国 M2 占 GDP 比重是真实货币存量的概念。它究竟是上升还是下降，并不完全由中央银行决定。

事实上，中国 M2 占 GDP 比重持续上升的背后是中国储蓄的不断累积。正是因为中国储蓄率高，所以货币所蕴含的购买力并未完全转换为名义总需求，而是沉淀在了金融体系中。这样，中国才能有高于通货膨胀率的货币增长速率，从而实现了真实货币存量的不断上升。所以，**中国的货币存量不过是实体经济储蓄的货币表现形式，而并非央行超发的货币**。

中国为债权融资所主导的融资结构也与中国经济结构失衡密切相关。与债券不同，股票的红利支付并非是强制性的。企业就算有利润，也完全可以选择不分红。不过按道理说，企业股东作为企业的所有者，对企业的管理层有支配力，甚至可以罢免企业的管理人员。这种股份制企业的经营机制保证了企业管理层会按照股东的意志来经营企业（包括分红行为）。因此，尽管股票分红并非是强制性的，但股东可以预期能从股票中获

---

① 政府可以通过“划拨”的方式将土地直接注入城投公司。近些年来，随着土地管理制度的日益严格，划拨操作起来已经越来越困难。一种新的方式是城投公司通过正常的“招拍挂”手续从政府手中购得土地，随后政府将购地款返还给城投公司。这是一种变相将土地注入城投公司的方法。

得稳定红利收入。所以说，**股票投资价值的根本保证是企业股东对企业管理层具有支配力**。

但在中国的股票市场（中国 A 股市场）中，国有企业占有很大份额。民营上市企业中也不乏一股独大的状况。在这种情况下，中国 A 股市场的普通投资者对企业管理层并没有多少话语权，无法有效约束企业管理层的行为。这就造成了企业分红不足的状况。在这种情况下，股票就缺乏投资价值。相应地，中国 A 股市场中的投资者就更多依靠炒作股票价格来获利。而对炒作者来说，当然是炒作的标的越少越好，这样才容易影响标的的价格。所以，中国的股票市场对于新股发行的承受力很有限。新股票发行得多了就会抑制市场中的炒作行为，令炒作者离场，让股票价格下跌。而为了稳定股票价格，监管者就不得不控制甚至暂停新股发行，从而让股票市场的融资功能受到限制。

这样，中国金融市场就只能主要通过债权型融资来将储蓄转化为国内投资。于是，社会融资规模就为债权型融资所主导，社会融资的扩张就与债务规模上升直接挂上了钩。反过来，任何对国内债务规模的抑制政策都会表现为对社会融资规模扩张的约束。

22.3.4　盲目去杠杆的弊端

从前面的分析可以看出，中国国内债务规模上升的直接原因是国内储蓄过剩以及债权型主导的融资结构。而其更深层次的原因则是本书第 9 讲分析的中国消费不足的经济结构失衡。在经济结构没有得到根本性调整之前，国内债务规模的上升是合理且可持续的。如果没有认清这一点，而是盲目地压缩国内债务，只会适得其反。

由于债务的增量与社会融资规模的增长直接相连，所以对债务总量的约束就会表现为对社会融资增长的压制。这会产生两方面的主要后果。一方面，社会融资增长的放缓将收紧实体经济的融资瓶颈，在严重的时候造成实体经济的“融资难”，令经济的真实增速减缓，物价下行压力浮现。而我们通常关注的宏观经济债务指标是债务与名义 GDP 之间的比值——一般称之为**宏观杠杆率**（macro leverage ratio）。而在推进宏观去杠杆政策时，名义 GDP 增速受到的影响可能比债务的名义规模受到的影响更大，从而令宏观债务率不降反升。

中国的房地产市场运行就是一个很好的例子。从数据上来看，社会融资规模的加速扩张总是会带动中国房价的上涨（见图 22 - 17）。这其中的道理并不复杂。房产的总价很高，普通购房者一般都需要借助银行贷款才能购买。这样一来，贷款（社会融资规模的主要组成部分）发放是否宽松就决定了房地产的需求是否旺盛，因而也就决定了房价上涨的动能是否强劲。而反过来，房价的上涨又能够推升贷款抵押物的价值，因而提升实体经济对贷款的需求。因此，似乎很容易就能能得出结论：应该打压房价来抑制全社会债务总规模的增长。

不过，数据显现的逻辑正好相反——房价上升（而非下降）更有利于中国宏观杠杆率的下降（见图 22 - 18）。这是因为房地产是中国实体经济的最重要投资引擎，房价的上升会带动房地产投资，从而令经济的名义增长率走高，从而通过做大分母的方式压低宏观杠杆率。相反，房价涨幅的回落（甚至负增长）会给名义经济增长带来明显不利影响，反而容易推升宏观杠杆率。如果没有看到杠杆率分子与分母之间的这种关联性，去杠杆政策就容易跳入自己给自己挖的陷阱而难以自拔，在“去杠杆—杠杆率上升—更强的去杠杆—更快的杠杆率上升”的循环中越陷越深。[①]

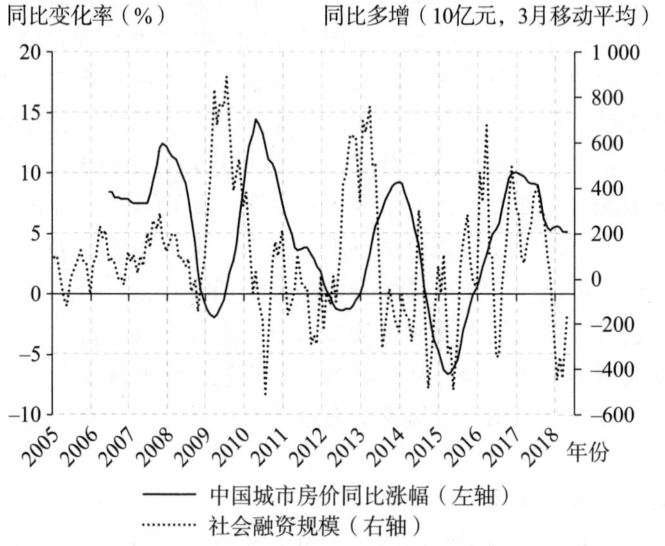

图 22－17　社会融资规模的扩张总是会带动中国房价的上涨

资料来源：Wind

图 22－18　房价上升更有利于宏观杠杆率的下降

资料来源：BIS，Wind

盲目的去杠杆政策带来的另一个负面影响表现在金融体系中。社会融资的发放是货币

① 彭文生曾经在 2018 年发表过一篇题为《房价不跌难以降杠杆》的访谈（http：//www. sohu. com/a/232146185＿481741），从中可以看出对债务和房价的不当认知是怎样引出似是而非的结论的。我们学习宏观经济学的一个重要目的就是要避免各种偏见对自己的影响，真切地把握真实世界中宏观经济的运行。

政策传导路径的关键一环，是资金从金融体系流向实体经济的主渠道。约束社会融资的扩张也就是在阻塞货币政策传导路径，会让流动性效应在金融市场显现。次贷危机之后中国金融体系中频出的“乱象”可以用这一逻辑线索来很好地解释。

22.4　后危机时代中国金融乱象的由来

从前面的论述我们可以看出，中国储蓄过剩的失衡经济结构，再加上债权融资主导的融资结构，决定了中国在外需走弱的背景下，必然要将国内储蓄大量转化为国内投资，从而带来国内债务的持续累积。因此，中国国内债务的上升是合理而可持续的。不过，中国国内的宏观政策却在前述对中国债务问题的误解之下，试图强行抑制国内债务的上升。而金融体系是联系储蓄和投资的渠道，金融体系中的融资就是债务的增量。于是，去杠杆政策就人为阻塞了货币政策的传导路径，令金融体系中的流动性效应显现。中国金融体系在次贷危机之后出现的种种乱象，在很大程度上就产生于去杠杆政策与储蓄过剩的经济结构之间的矛盾。

如果把储蓄看成一个水池，那么在正常状况下，这个水池本身存在着水位调节机制。这种调节机制就是储蓄与消费之间的自动调整。如果储蓄是由消费者做出的，那么在储蓄过多、储蓄回报率过低的情况下，消费者会减少储蓄，增加消费。这样一来，就能让储蓄这个池子里的水位下降。但中国的特殊经济结构决定了储蓄与消费之间的这种调节机制并不健全，储蓄池子很难向消费“泄水”。

这样，在流向国外受阻的情况下，储蓄就有很强的势能要流向国内投资。作为联系储蓄与投资的渠道，中国金融体系为债权型融资所主导。储蓄向投资的流动就会形成债务的增加。在这样的背景下，国内去杠杆政策就主要表现为对融资渠道的管控和堵塞。但由于流动的势能一直在那里，堵塞了一条通路，并不能真正让储蓄向投资的流动停止下来，而只是让储蓄改道由金融体系中的其他渠道流向投资。去杠杆政策对这种储蓄流动的不断阻塞，反而导致了新的更隐蔽融资渠道的创设，反倒加大了金融体系的风险度，引发了不少乱象。在下面这些乱象的介绍中，大家可以看到后危机时代中国的种种金融乱象是怎样产生的。

22.4.1　“四万亿元刺激”与影子银行的兴起

2008 年次贷危机的爆发对中国经济带来了巨大的冲击，也促使中国政府立即采用“四万亿元刺激”政策（four-trillion stimulus package）来对冲外需的走弱。“四万亿元刺激”对中国金融体系带来的巨大影响主要表现在 2009 年的天量信贷上。2009 年，中国新增信贷达到创纪录的 9.6 万亿元，几乎是 2008 年新增信贷量的两倍。这一纪录直到五年之后的 2014 年才被打破（见图 22－19)。

天量信贷令国内总需求快速膨胀，有力地托底了经济增长，但它同时也带来了明显的副作用。2009 年商业银行信贷投放更多是为了完成宏观政策目标，因而在微观审慎方面控制得不够严格。信贷投放时出现了不问企业是否有融资需求，也不问资金投向的倾向。

有不少企业把获得的贷款用于炒房炒地。这样，“四万亿元刺激”很快就带来了高通货膨胀和房价的快速上涨，从而使宏观政策在2010年明显转向紧缩。

图22-19 “四万亿元刺激”带来了2009年信贷的天量投放

资料来源：Wind

“四万亿元刺激”的快速推出带来了副作用。而2010年“四万亿元刺激”的快速退出也同样带来了问题。在“四万亿元刺激”之下，实体经济启动了不少投资项目。而这些投资项目是有建设周期的。在2010年信贷规模明显紧缩的时候，“四万亿元刺激”时期启动的大量投资项目仍在建设过程中，对资金的需求仍然旺盛。此时银行若强力收贷，就是在制造烂尾工程。在旺盛的实体经济融资需求与紧缩性的货币政策之间，金融机构不得已开始寻找变通的办法。2010—2011年的变通办法，就是通过票据向实体经济提供融资。

所谓票据，就是由银行或企业签发的，约定自己或委托付款人在指定状况下（见票时或者在未来某个指定日期）向持票人无条件支付一定金额的有价证券。由银行发出的票据叫做银行承兑汇票；由非银行企业发出的票据叫做商业承兑汇票。银行向企业开出银行承兑汇票，实质上就是银行在向这家企业提供信贷额度。而银行在支付票据的时候，实际上就是在向企业发放贷款。因此，银行对汇票的支付被看成贷款的一种，会占用银行的贷款额度。

2010—2011年间，在银行贷款额度明显收缩的背景下，银行通过农信社倒票的方式规避了贷款额度控制，把资金投放到了实体经济中。具体来说，商业银行将已经支付的汇票卖给农村信用社（简称农信社）。卖出后，这些票据所占用的信贷额度也就被释放了出来。但农信社规模比较小，并没有那么多资金来从商业银行买入票据。所以实际上农信社在买入了票据后，会立马将这些票据转手卖回给商业银行。只不过在卖的时候，双方会约定在未来某个时候，农信社会把这些票给再买回来。这样，商业银行从农信社手里买入这些票据的时候，在会计上会将其记为“买入返售”金融资产。按照规定，这些未来会卖出的金融资产，并不占用商业银行的贷款额度。而对农信社来说，卖出的票据应该在会计上记录为“卖出回购”，仍然要占用农信社的贷款额度。但由于农信社的会计制度没有那么严格，它们会把这些卖出的票据直接记为卖断（即已经完全卖出），这样就也不占用农信社的贷款额度——这就是为什么一定要通过农信社倒票的原因。通过这样腾挪，票据融资就绕开了人民银行贷款额度的管控。

在 2010 年下半年到 2011 年上半年这段时间里，农信社倒票的行为愈演愈烈，使得社会融资总量中的票据融资（包括已经贴现的票据和未贴现票据）快速增长。票据融资的增长对冲了中长期贷款收缩给实体经济带来的效应，但也引起了金融监管者的注意。2011 年 5 月，银监会大幅度加强了对农信社的监管，有力地抑制了农信社吃票倒票的行为，令票据融资迅速进入负增长状态。也是由于这一轮的清查，尽管金融市场的整体利率水平相当平稳，但票据利率却在 2011 年第三季度大幅飙高，创出了历史纪录。这一纪录即使在 2013 年“钱荒”时也未被打破。在这里，我们看到了监管者与金融机构的第一轮博弈（见图 22 - 20、图 22 - 21）。

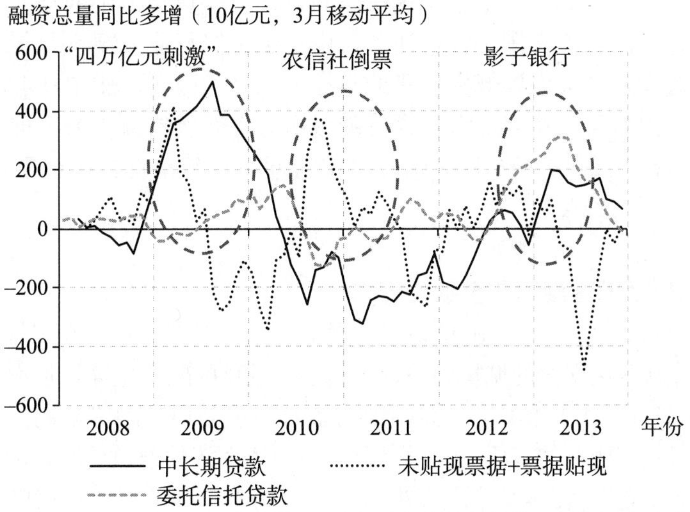

图 22 - 20　“四万亿元刺激”之后有“农信社倒票”和“影子银行”

资料来源：Wind

图 22 - 21　2011 年的“清查农信社倒票”和 2013 年的“钱荒”

资料来源：Wind

中长期贷款的负增长，再叠加上票据融资的收缩，令经济增长面临很大下行压力。因此从 2012 年开始，宏观政策又有所松动，贷款额度开始放松。但此时利率市场化改革的大潮已经启动，商业银行已经通过金融创新有了与监管者博弈的更多手段。影子银行成为这段时间商业银行规避监管的主要方法。所谓**影子银行业务，就是那些被包装成其他金融业务的银行存贷款业务**。我们举个银信合作（银行与信托公司合作）规避贷款管控的例子。银行可以委托一家信托公司成立一个信托计划，将信托计划中的资金投放给指定企业。信托公司再将这个信托计划的受益权卖给银行——信托计划中的资金就来自银行支付的买价。在这个业务中，企业是银行找的，资金是银行出的，资金的风险也由银行承担，信托公司只起到通道的作用。但通过了信托公司这个通道，这笔实际上的贷款就不再受到贷款额度的控制了。

在 2012 年下半年到 2013 年上半年这段时间，社会融资规模中的委托贷款、信托贷款增速大幅加快。这些就对应着影子银行业务。由于影子银行业务规避了传统的贷款额度管控，所以导致监管者对社会融资规模扩张的掌控力下降，因而形成了社会融资规模的过快增长。受其影响，房价再次快速上涨，通货膨胀压力也有所抬头。为了抑制融资的过快增长，人民银行不得已在 2013 年 6 月大幅收紧银行间市场流动性，令金融市场短期利率大幅飙高，从而形成了“钱荒”。

22.4.2 流动性“堰塞湖”与金融杠杆

“钱荒”带来的后果在第 15、16 两讲里已经分析过。简单来说，在“钱荒”之后的高利率环境中，有预算软约束支撑的城投公司，挤出了市场化的融资主体，加大了资金配置的扭曲。为此，中国政府在 2014 年下半年大幅加强了对城投公司的融资限制。这再叠加上房地产调控带来的对房地产融资的打压，使得资金流向实体经济的通道受阻，因而在金融市场中形成了流动性“堰塞湖”。实体经济融资难与金融市场不差钱的反差局面随之而生，金融资产价格因而在实体经济持续走弱的背景下大幅走强，形成泡沫（见图 22－22、图 22－23）。

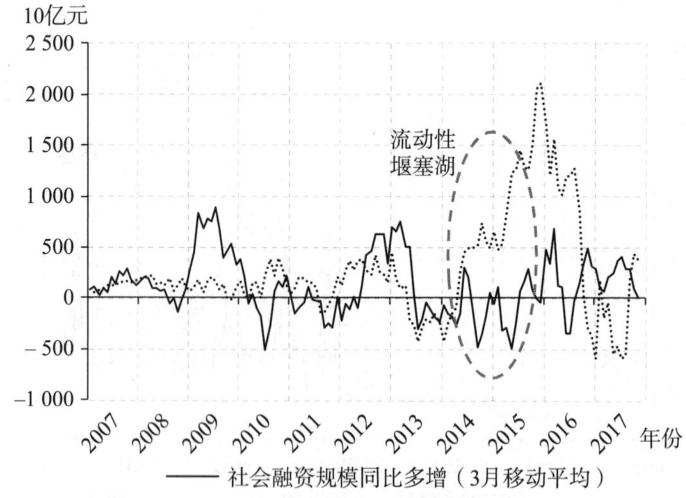

图 22－22 2014—2015 年的流动性“堰塞湖”

资料来源：Wind

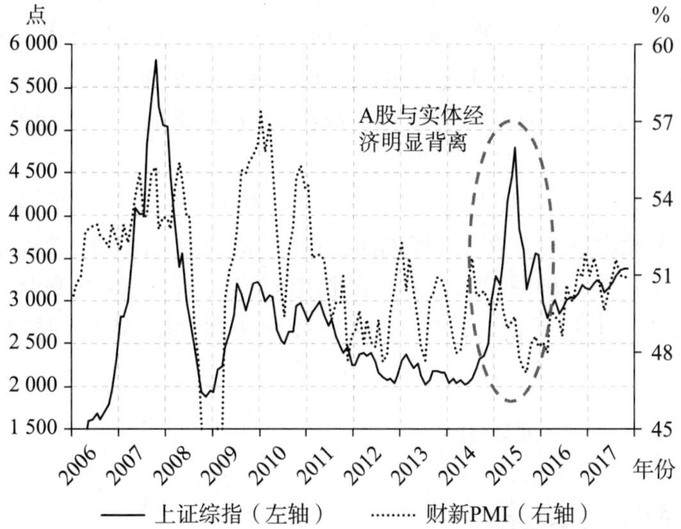

图 22－23　2015 年 A 股与实体经济大幅背离

资料来源：Wind

与以往历次中国 A 股市场的牛市相比，2015 年的大牛市有很大的不同。2015 年是一次有很多杠杆资金推波助澜的牛市。在 2010 年，中国启动了股票市场的融资业务。所谓融资，就是证券公司借钱给投资者买股票。在 2014 年上半年，A 股市场中的融资余额也就不过区区 4 千亿元人民币。但从 2014 年下半年到 2015 年上半年，随着 A 股股指的大幅上扬，融资规模也快速扩张，在 2015 年 6 月达到了 2.3 万亿元的高位（见图 22－24）。

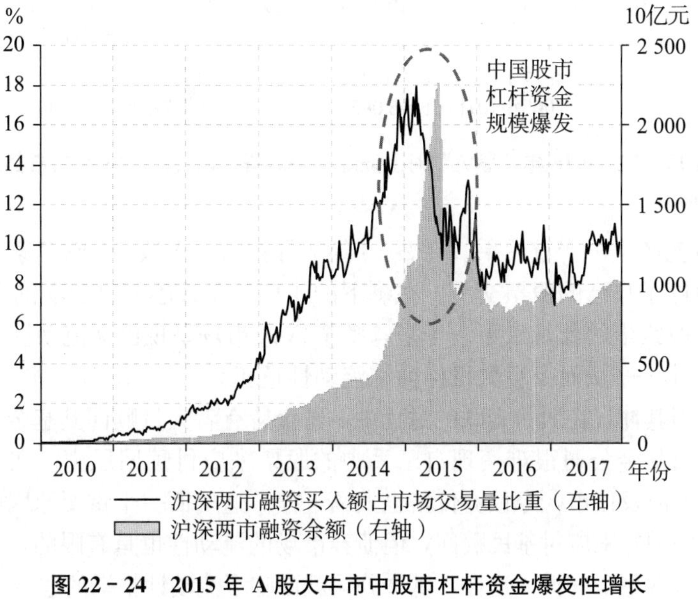

图 22－24　2015 年 A 股大牛市中股市杠杆资金爆发性增长

资料来源：Wind

融资炒股是一柄“双刃剑”，在股票价格上涨时，它能够放大投资者的收益；但在股票价格下跌时，它也会让投资者的损失倍增。所以融资资金是相当不稳定的，股市一有风吹草动，就会夺路而逃。2015 年 6 月下旬，A 股股指开始快速下挫。这引发了融资客对股票的抛售，因而加大了股指下跌的速度。融资资金平仓与股指下跌之间的恶性循环就此形成，令 A 股急跌。

可以把 2015 年的这次 A 股大跌与 2010 年、2007 年和 2001 年的 A 股大熊市做个对比。在之前 3 次 A 股大跌中，在上证综指的阶段性高点之后的 20 个交易日里，上证综指累积也就下跌约 15%。但是 2015 年，在股指高点之后的 20 个交易日里，上证综指累积下跌超过 30%。也就是说，2015 年这次股市下跌的最显著特征是它跌得非常急（见图 22－25）。

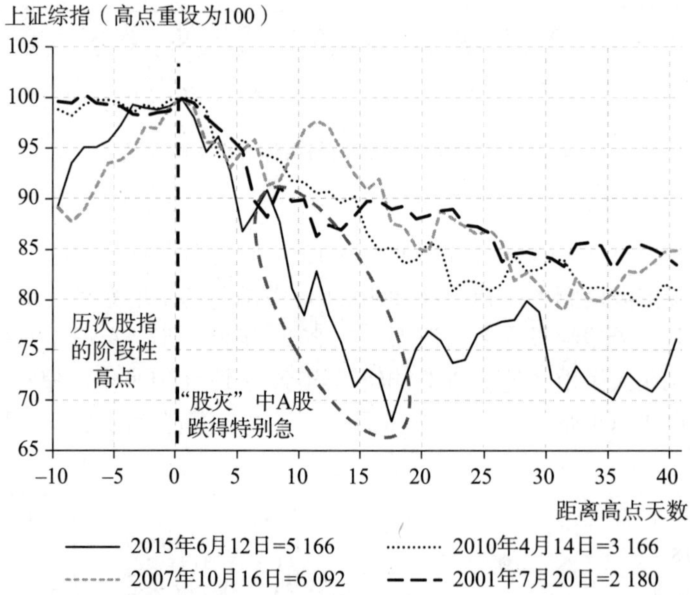

图 22－25　2015 年“股灾”时上证综指下跌得比以往历次 A 股熊市都急

资料来源：Wind

股市跌得急就产生了严重后果。在 2015 年 7 月初时，A 股 2 000 多家上市公司中有一半主动停牌，暂停了自己的股票交易。在剩下的 1 000 多只还可以交易的股票中，又经常发生一开盘就千股跌停的壮观景象。于是，整个 A 股市场呈现出无流动性下跌的状况——想卖股票也卖不掉——从而令金融机构面临流动性危机。

公募基金首当其冲，在股价走跌的过程中，基金持有者大量赎回其基金份额。但由于股市无流动性下跌，基金公司很难变现自己手中的股票来应付赎回压力。在 2015 年 7 月初，股市的下跌很快就波及债市，令债券价格也大幅下挫。这里面一个重要原因就是基金公司开始卖出自己手中的债券来应付基民赎回，但债券市场的流动性也是有限的，卖债券能救得了基金公司一时，但救不了一世。这样，基金公司就面临了流动性枯竭的危机局面。

另一类深受影响的金融机构是证券公司。证券公司向股票投资者借出了 2 万多亿元的融资。从理论上来说，这些融资受到强制平仓机制的保护。具体来说，证券公司会随时监控融资客的头寸，一旦融资客融资买入的股票价值跌到了接近融资额的水平，证券公司就会要求融资客追加保证金。如果融资客不能追加，证券公司会强制接管融资客的账户，将融资客手中的股票强行卖出，以偿还其借入的融资。但在 A 股进入无流动性下跌时，证券公司想强制平仓也平不掉（因为股票卖不出去）。这样，证券公司就只能看着自己借出的融资随着股指的下跌而逐步变成坏账，危及自身的资产负债表。

于是，在新中国历史上，第一次出现了股市下跌引发系统性金融危机的状况。面对这样的危局，政府只能强力救市。通过放松货币政策，强力打击市场中的做空行为，并且拿出数万亿元的资金直接买入股票，政府终于在付出了很大代价之后稳住了股票市场。这次 A 股的下跌被称为“股灾”，也被载入了中国金融史册。

“股灾”并不是金融乱局的终结。“股灾”之后，随着股市资金大量流入债市，债市杠杆成为新的风险源。债市加杠杆的主体广义基金（广义基金包括基金公司和银行理财）。在“股灾”之前，广义基金一个月通过回购净融入的资金量（借入资金量减去借出资金量的差额）最多也就 1 万多亿元。但在“股灾”之后的 2015 年下半年，广义基金一个月回购净融入的资金量快速飙升到 4 万亿元的规模（见图 22 - 26）。广义基金用借入的大量短期资金购买了长期债券。在第 18 讲的 18.1 节我们介绍过，只要长期债券的收益率高于短期利率，广义基金就可以获得长短期利率之间的利差。但这是以广义基金的杠杆率上升为代价而获得的。

有了“股灾”的前车之鉴，政府自然不会对债券市场杠杆的上升无动于衷。从 2016 年下半年开始，监管者通过推升短期利率来抑制债券市场杠杆的上升，从而导致债券利率在这段时间明显上升。但即使在这些抑制杠杆的政策仍在推行的过程中，广义基金的杠杆率在 2017 年第三季度仍然重新上升。很显然，监管者与金融机构之间的博弈在这个时候仍未结束。

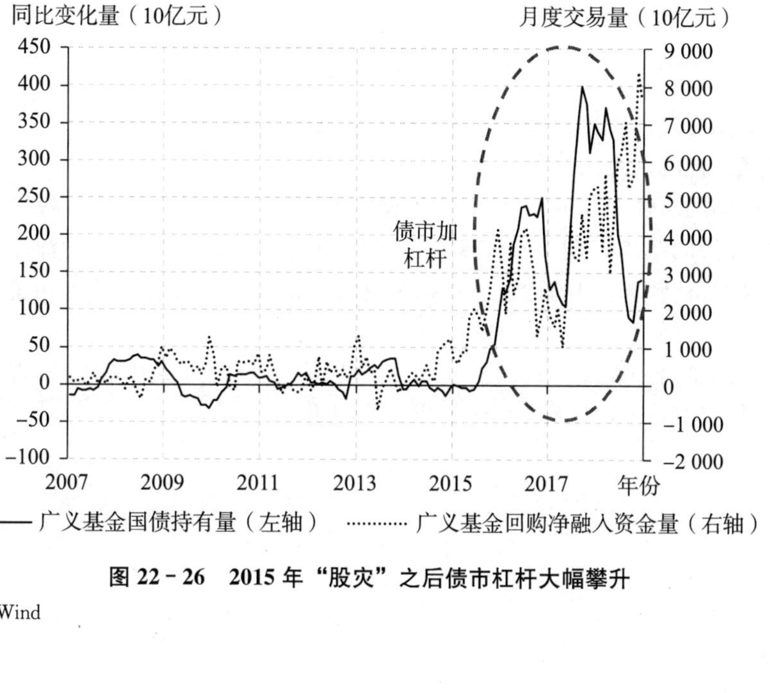

图 22 - 26　2015 年“股灾”之后债市杠杆大幅攀升

资料来源：Wind

22.4.3 金融乱象的逻辑

从前面的介绍可以看出，次贷危机之后的中国金融体系可说是乱象不断。在第 4 讲中，我们通过资本稀缺的禀赋结构与赶超战略的矛盾解释了中国传统计划经济体制的形成。在这里，我们看到了这一分析思路的再次应用，看到了储蓄过剩和去杠杆的矛盾是如何在中国金融市场中掀起了阵阵涟漪，催生了种种乱象。

该如何消除这些金融乱象呢？最好的出路自然是通过实体经济的消费转型减少中国的储蓄，从源头上减少债务的积累。但这需要的是收入分配体系的重大调整。如果消费不足的失衡经济结构得不到改变，那么在外需不强的背景下，就应该放任国内过剩储蓄向投资的转化，也就是容忍国内债务的上升。不过政府可以引导储蓄通过银行信贷这种较为透明且风险较小的方式向投资转化。但在次贷危机之后，基于对中国债务问题的有偏认知，去杠杆政策非但没有解决债务问题，反而让储蓄向投资转化的融资路径变得更加隐蔽，更有风险，令金融乱象丛生。追根溯源，后危机时代中国的金融乱象产生于经济结构与宏观政策之间的矛盾，其根本原因是对与中国债务问题的不当解读。在这里，我们看到的是思想对现实的巨大影响。正如凯恩斯所说的，“统治世界者，就只是这些思想而已”。在下一讲，我们将进入一个新的单元，把分析聚焦于这些“统治世界的思想”。

进一步阅读指南

如想更全面地了解如何分析一个国家的债务问题，世界银行于 2005 年出版的专著 *Fiscal Sustainability in Theory and Practice* 值得推荐（Burnside，2005）。徐高于 2013 年发表的《中国需要正确加杠杆》一文可作为本讲内容的补充（徐高，2013）。

练习题

22.1 请浏览财经媒体，找出 3～5 种流行的有关中国债务问题的流行看法。你是否认同这些观点？你的观点又是什么？

22.2 中国的实体经济存在着结构失衡。有观点认为可以通过对融资流向的管控来“倒逼”实体经济的结构转型。具体来说，截断资金向产能过剩行业的流动，同时尽量将融资导向符合经济转型方向的行业。你认为这种“倒逼”能起作用吗？可能会带来什么样的副作用？

22.3 请浏览财经媒体，找出次贷危机之后中国金融体系中曾经浮现过的“乱象”，并按照这一讲介绍的内容梳理这些乱象背后的逻辑。

第 23 讲

新—新古典综合给出的正统答案

23.1 引 言

正如凯恩斯的名言所说的那样，“统治世界者，就只是这些思想而已”。我们之前对经济理论的介绍，对经济现象的探讨，其实都是在一个思想体系中展开。这就是被称为“新—新古典综合”（new neoclassical synthesis）的当代主流宏观经济学体系。体系中的各部分内容组合成了一套完整的世界观，形成了对经济运行和政策调控的系统性看法。用一句话来概括就是，**新—新古典综合世界观认为“经济是一个被掺了沙子的市场体系”**。这套世界观主导了当前的宏观经济分析，是宏观经济学对经济现象给出的正统答案。这套世界观在很大程度上决定了经济学家们如何看待经济运行，如何进行经济研究，以及如何提出政策建议。很多对当前中国经济的看法和建议也只有放到这套世界观之下才能得到理解。

所以在这一讲中，我们要在更高的层次上来介绍这套支配了世界经济的世界观。我们要追寻历史线索，从伟大经济人物们跨越时空的对话与争论之中，看到这套世界观的源流，从而加深对经济思想的理解。我们要看到这套世界观如何主导了真实世界中的经济政策，从而将广大民众置于其掌控之中。最为重要的是，我们要看到这套世界观在带给我们分析世界的穿透力的同时，如何局限了我们的思维。

世界上最难打破的墙，是我们根本就没有意识到的墙。世界观就是这样的墙。世界观作为一套对世界运行的系统看法，在很大程度上决定了我们会注意到真实世界中的什么现象，会对这些现象做出什么样的解读和反应。可以说，世界观就像一副有色眼镜，让我们只能看到色彩斑斓世界中的特定几种颜色。而我们只能看到的这几种颜色，反过来会强化我们对这副眼镜的信心，让我们愈发相信世界就是如透过这副眼镜所看到的那样。

但人类对真理的追求只能是一个无限逼近的过程，自然科学尚且不敢说已经找到了绝对真理，更何况是建立在种种假设（尤其是理性人假设）上的经济学。一套世界观支配了我们，并不代表这套世界观就一定是正确的，可以不经我们的审视。对任何一种思想来说，我们是否真正懂得它的标志是我们能否对其做出批判。而我们真正接受一种思想的标志则是，在批判了它之后，仍然将其视为自己最好的选择。只有这样，我们才能确信自己对某种思想的接纳并非盲信，自己并非为这种思想所束缚，能够拥抱未来可能出现的更好选择。

因此，这一讲和下一讲的最重要任务是让大家看清新—新古典综合这套世界观的隐含假设是什么，应用的边界在哪里，让大家知道在这套世界观之外还有广阔天地，而并非一片荒漠。这样我们才能清楚地了解这个框架的应用范围，从而成为这个框架的主人而非奴隶。但在批判之前，我们得先看看新—新古典综合的历史脉络。在历史的追问中，我们才能看到这套世界观是如何形成并如何代表着迄今为止我们对经济运行的最佳解读的。

23.2 新—新古典综合的历史由来

任何理论都不是凭空而来的，更何况一套综合的世界观。当前主流宏观经济学所秉承的这套被称为“新—新古典综合”的世界观是经济学长期发展的产物，是数代经济学家智慧的结晶。追根溯源，看看它是如何在历史发展中逐步成型的，对理解这套世界观大有帮助。但要先说明一下，下面的对新—新古典综合思想产生的历史回顾并不是对宏观经济思想发展历史的全面介绍，而只是对新—新古典综合思想的追溯。这里介绍的内容是宏观经济思想发展的主流，但并非宏观经济思想的全部。我们可以把这些思想称为正统（orthodox）宏观经济思想。非正统（unorthodox）的宏观经济思想会在下一讲介绍。

23.2.1 古典理论

大家公认，1776年亚当·斯密（Adam Smith，1723—1790）发表《国富论》标志着经济学作为一门独立学科的出现。从《国富论》发表到之后的约一百年，这个时期在经济学史上被称为**“古典”**（classical）时期。亚当·斯密、大卫·李嘉图（David Ricardo，1772—1823）、托马斯·马尔萨斯（Thomas Malthus，1766—1834）以及约翰·密尔（John Stuart Mill，1806—1873，又被译为约翰·穆勒）是这一时期的经济学大师。当然，这段时间还出现了卡尔·马克思（Karl Marx，1818—1883），他的观点相对不同，但也是对古典经济学产生重大影响的经济学大师。古典经济学大师们对经济的关注集中于宏观经济，并且都相信商品的价格由生产商品的成本决定。

从19世纪下半叶到20世纪初，随着边际革命的兴起，经济学家认识到商品的价格由供给和需求共同决定。这段时间在经济学史上被称为**“新古典”**（neoclassical）时期。新古典经济学家更多地把目光投向微观的厂商和个人，讨论微观资源的分配和效率，而不是像古典经济学家那样聚焦在宏观经济上。古诺（Cournot，1801—1877）、杰文斯（Jevons，1835—1882）、瓦尔拉斯（Walras，1834—1910）和马歇尔（Marshall，1842—1924）是这一时代经济学的大师。

我们都知道，1936 年约翰·梅纳德·凯恩斯（John Maynard Keynes，1883—1946）发表《就业、利息和货币通论》（*The General Theory of Employment, Interest and Money*，简称《通论》），标志着宏观经济学作为一个独立的经济学分支登上了历史舞台。凯恩斯将其之前的宏观经济思想统称为**“古典理论”**（the classics）。在下面的论述中，我将以古典理论来指称凯恩斯之前的宏观经济思想。大多数古典经济学家有着对**高效运转的市场机制，对斯密的“看不见的手”的高度信仰**。这种对市场的信仰是古典经济学的一个主要标志。①

没有什么比**“萨伊定律”**（Say's law）更好地体现了古典理论的思想精髓。萨伊定律又叫做“萨伊市场定律”（Say's law of market）。其最简洁的表述是：**“供给创造自己的需求。”**这一定律得名自 19 世纪法国经济学家让-巴蒂斯特·萨伊（Jean-Baptiste Say）。我必须承认，当我第一次知道萨伊定律时，认为世界上没有比它更傻的定律了。你随便到街上跟一个商人说，他的生产活动总是能够为自己的产品带来需求，这个商人一定会认为你不是疯了就是傻了（或者更糟地，两者都是）。对真实世界中的生产者来说，为自己的产品找到销路，往往是比把产品生产出来更困难的事情。

不过，萨伊定律并不像它初看上去的那样天真。恰恰相反，萨伊定律包含着对市场经济的深刻洞察（这是它能够成为一个经济学定律流传下来的原因）。在萨伊看来，尽管人在市场中以货币为媒介进行着各种交易，但这些都是障眼法。通过货币进行的交易与原始社会中的以物易物没有本质的区别。在原始社会的以物易物的市场中，我们生产一个产品，如果不是为了自己要用，就一定是要用它来交换其他自己需求的东西。如果一个人没有任何需求，那么他就不会生产任何东西。所以，生产的目的不是生产，而是为了满足生产者的需求。有产品生产出来了，一定是因为先有需求存在。当然，一个人的多种多样的需求不可能通过他自己的生产完全满足，必须通过市场来进行交换。但一个人在生产出了多余的产品提供给市场时，也就在市场中创造了对别的产品的需求。在以货币为媒介的现代市场中，在货币面纱之下，隐藏的仍然是这种以物易物交易的本质。供给会找不到需求，就像一个人为了生产而生产一样，是不会发生的。

当然，在引入货币作为价值储藏手段之后，一个人可以将其收入储蓄起来留待未来使用。这样，产品的出售似乎就未必会带来对产品的等量需求。但是，像萨伊这样的古典经济学家相信，灵活变化的利率会时刻保证借贷市场出清。有人将其当前的收入储蓄起来，就一定会有人把这些储蓄借出来用掉。这样，萨伊定律仍然成立。所以在古典经济学家看来，货币的引入只是在实体经济上蒙上一层货币面纱。把这层面纱揭开，会发现货币无非

① 马尔萨斯和马克思是古典经济学家中两个明显的例外。他们对市场机制是否真的那样完满有着深深的怀疑。在下一讲我们会介绍这两位大师的观点。

是表现在名义价格上的一个计数符号，并不会改变实体经济的运行状况。现代经济学中的“古典两分法”反映的就是古典经济学家的这种观点。

很显然，萨伊定律将经济分析的关注焦点放在了供给面。只要有了供给，高效运转的市场就一定能够找到相应的需求。因此，需求不会成为经济增长的长期瓶颈。这是大多数古典经济学家所持有的观点。所以在古典经济学中，经济分析的关键因素是供给而非需求。

尽管现代的宏观经济学教材（特别是高级宏观经济学教材）中已经不讲萨伊定律了，但萨伊定律的精神仍在。想想我们之前讲过的私有制新古典增长模型（拉姆齐模型）。在那里，两个福利经济学定理保证了市场均衡和中央计划者产生的配置一模一样。而中央计划者模型其实就等价于一个只有一个人的经济（我们将其称为鲁滨逊经济）。对一个人独自生活的鲁滨逊来说，任何生产活动一定是为了满足他自己的需求。对鲁滨逊来说，找不到需求的生产活动是不可想象的。相应地，在市场均衡中，找不到需求的供给也是不可能产生的。所以，在拉姆齐模型中，其实已经内嵌了萨伊定律，包含了对有效市场的信仰。

23.2.2 从大萧条到“新古典综合”

宏观经济学是实践性的学科，其存在的目的是解释世界。那些不能为之前的理论所解释的重大事件，往往是宏观经济学发展和变革的契机。1929 年的**大萧条**（great depression）就是这样的契机。在大萧条之前，西方国家虽然也曾发生过经济危机，但其危害相对较小、持续时间相对较短。危机之后不久，经济就能重回繁荣的轨道。所以在大萧条之前，经济学家普遍相信萨伊定律成立。经济危机只不过是小感冒，很快就能过去。但大萧条的发生改变了大家的认知。在大萧条的高峰期，美国失业率达到了惊人的 25%，产能过剩比比皆是，卖不出去的牛奶被成吨地倒掉。显然，萨伊定律在大萧条中并未发挥效力，人们对市场机制的信仰崩塌了。

在这样的环境中，凯恩斯为大家指出了另一条出路。凯恩斯认为，市场未必总是像古典经济学家所相信的那样有效，大萧条就是市场可能会严重失灵的明证。市场并不总是能够为供给找到相匹配的需求。相反，经济完全可能陷入有效需求（effective demand）不足、产能过剩的局面。所以，在市场这只“看不见的手”不能有效平衡供给和需求时，政府这只“看得见的手”就得发挥作用，通过宏观政策来管理需求，把经济带出萧条的深渊。在这样的思路下，凯恩斯为应对大萧条开出了积极财政的药方，力主通过政府创造需求的方式来走出需求不足的困境。

凯恩斯的理论与古典理论形成了鲜明的反差。古典理论相信市场，因而认为政府只应发挥好“守夜人”的功能，通过保证法律和秩序的执行来为市场运行创造条件即可。而凯恩斯则认为市场会失灵，因此政府必须有所作为，来弥补市场的不足。

但在人类思想发展的历程中，对于任何一种思想，都能找出与之相反的思想。很多时候，某种思想本身的发展恰恰是其对立思想发展的最大助力。凯恩斯理论在一定程度上是对市场信仰的否定。而哈耶克（Hayek，1899—1992）则对凯恩斯理论持否定态度。哈耶克对政府持怀疑态度，认为政府不可能得到足够多的准确信息来对资源做出有效配置。此外，政府在经济活动中的作为越多，就越容易导致公权力对个人自由的侵犯，最终导致令自由丧失的集权主义。哈耶克的这些思想集中体现在他 1944 年出版的名著《通向奴役之路》中。凯恩斯和哈耶克之间的战火绵延了几十年。直到二人均已过世的现在，二人所代表的两种观点之间仍在争论。在几十年的争论中，两派观点的强弱变化主导了全球经济的风潮。

在黑格尔的辩证法中，认识总是通过“合题”对“正题”和“反题”的融合来实现螺旋形上升的。宏观经济学的发展也是如此。如果把古典理论对市场的信仰作为正题，那么凯恩斯理论就是反题。而如果把凯恩斯的理论作为正题，那么哈耶克就是相对的反题。最终，在**市场和政府之间需要得到折中和调和的合题**。这个合题，就是萨缪尔森所提出的**“新古典综合”**（neoclassical synthesis）。

依据新古典综合的思路，市场和政府必须结合起来。市场有高效运转的时候，也有失灵的时候。而政府则可以通过它的宏观调控政策，时刻将市场引导到有效运转的轨道上。做个比喻，市场就像一匹肆意的快马，政府就是御马的骑手。路得靠马来走，但方向要靠政府来执缰。这段时间，菲利普斯曲线的发现为政府提供了一条得心应手的缰绳。将凯恩斯的思想与菲利普斯曲线结合在一起，就是新古典综合的核心分析框架 *IS—LM—AS—AD* 模型。在这个框架中，*IS—LM* 模型决定了经济总需求，而菲利普斯曲线因为联系了失业率（与产出负相关）与通货膨胀率，因而决定了总供给。二者结合起来就决定了经济的产出（失业率）和价格水平。

在新古典综合的思想中，宏观经济就是一台机器，经济学家的任务就是把这台机器的结构和参数弄清楚。所以，经济学家们在经济和市场的各种数据中搜寻相关性，估计变量间的统计关系。这样的研究形成了描述经济的大规模联立计量方程模型。运用这些模型，经济学家们可以分析各种经济政策变化对经济的影响。于是，政府只需要按动经济机器的按钮（调控宏观政策），把机器运行调控到合意状态就行了。

这套政策思路在第二次世界大战之后的 20 多年里取得了良好的效果，西方发达国家在此期间经济强劲增长，经济波动也大幅缓和。以至到 20 世纪 60 年代末期，有经济学家开始问经济周期是否已经成为一个过时的概念。①

新古典综合对宏观经济研究的方法论也带来了显著影响。在新古典综合的框架下，宏观经济学为类似 *IS—LM—AS—AD* 的模型所主导，着力刻画宏观经济变量之间的数量联系，与重在求解优化问题的微观经济学很不一样。直到现在，新古典综合所形成的宏观经济理论模型仍然是许多中级宏观经济学教材的核心内容。所以同时学习中级宏观经济学与中级微观经济学的同学会感觉二者之间是截然不同的，完全不像同一学科的两个分支。这就是新古典综合的方法论带来的感受。

23.2.3　从滞胀到“新—新古典综合”

就像大萧条引发了宏观经济学的凯恩斯革命一样，20 世纪 70 年代菲利普斯曲线的消失，经济增长停滞与高通货膨胀并存的**“滞胀”**（stagflation）的出现，引发了宏观经济学

① Bronfenbrenner, Martin, 1971, “Is the Business Cycle Obsolete?” *The Economic Journal*, 81 (324): 951.

的又一次革命——**理性预期革命**（rational expectation revolution）。这场革命开始的标志是1976年"卢卡斯批判"的问世。在其1975年的经典文章《经济计量政策评估：一项评论》中，卢卡斯说由于人的行为会随环境的变化而变化，所以那些基于人的行为假设的经济分析是无效的。① 而 $IS—LM—AS—AD$ 模型中的大量方程都是对人类行为的假设与估计。如果说菲利普斯曲线的消失还仅仅是让新古典综合名声扫地，那么卢卡斯批判就从学理上宣判了新古典综合模型的死亡。卢卡斯批判掀起了理性预期革命的帷幕。这场革命以对新古典综合的批评起，以新—新古典综合的出现终，造就了现在主流宏观经济学的世界观。

在讲经济学方法论以及短期总供给曲线时，我们已经对菲利普斯曲线消失的原因做过详细分析，此处就不再赘述。从经济思想发展的角度来看，菲利普斯曲线消失、滞胀的出现，意味着真实世界中出现了宏观经济理论所不能解释的现象，自然引发对理论的反思。对菲利普斯曲线消失的研究让经济学认识到，人的行为会因为周围环境的变化而变化，因而让宏观经济变量之间的关系不稳固——当人的预期发生变化时，这些关系就会破裂。因此，宏观经济分析必须从微观主体（居民、企业）的理性出发，通过求解微观主体的优化问题来推导宏观上稳固的关系式。

理性预期革命给宏观经济学带来了翻天覆地的变化。正如托马斯·库恩（Thomas Kuhn）所说："革命之前的科学家世界中的鸭子到了革命之后就成了兔子。"在这场革命之后，经济学家相信**宏观经济模型必须有微观基础**（micro-foundation），必须从微观优化问题出发。至此，宏观经济学回归微观经济学的范式，优化求解成为分析的核心。

在经济学思想上，理性预期革命带来了对古典经济思想的复归。基于理性预期、微观主体优化以及市场出清这样的假设，宏观一般均衡模型重新找回了古典理论的结论。在拉姆齐模型中，我们看到了经济均衡与鲁滨逊经济的等价，看到了萨伊定律的重现。而在加入了货币并假设价格灵活变化的拉姆齐模型中，我们看到了"古典两分法"的结论。更宽泛地说，理性预期革命让人对市场的理解更加深刻，让人看到了市场如何精巧地把具有理性预期的人组织在一起，也让人看到了政府跟具有理性预期的民众进行的博弈，以及这种博弈怎样让宏观政策变得无效。于是，宏观思想中有关市场和政府的天平又重新摆向市场。

这些基于微观主体最优化、价格灵活变化的宏观模型被统称为**"新古典宏观理论"**（new classical macro theory）。注意，这里"新古典"中的"新"字，与萨缪尔森的"新古典综合"中的"新"是不一样的。这里的"新"在英语中的对应单词为"new"，而萨缪尔森的"新"对应着英文中的字根"neo"——此"新"非彼"新"。

新古典理论发展下去，在20世纪80年代演变成了**"真实经济周期"**（real business cycle，简称RBC）理论。这是由普雷斯科特（Prescott）与基德兰德（Kydland）在1982年首创的。RBC理论本质上就是一个基于微观基础的新古典宏观模型。只不过学者们发

① Lucas，Robert，1975，"Econometric Policy Evaluation：A Critique，" in Brunner，K. and A Meltzer（eds），*The Phillips Curve and Labor Markets*（*Carnegie-Rochester Conference Series on Public Policy 1*），New York：American Elsevier：19－46.

现，在这种具有理性预期的动态模型中，如果加上随机变化的技术冲击（索洛剩余），模型就能很逼真地模拟出真实世界宏观经济变量的运行动态。这种模型与现实的相似性让不少经济学家相信，真实世界的经济波动就是由技术进步的冲击驱动的。

无论是从模型构建还是从思想上，RBC 理论与新古典理论都近乎相同，因此可以把 RBC 理论和新古典理论视为同义语。从模型构建上来说，RBC 理论无非就是在拉姆齐模型中加入了一个随机变化的技术冲击。而从思想上来说，RBC 理论得到的结论是：经济周期是市场对外生技术冲击的最优反应，并不是市场失灵的证据，而是市场有效的表现。在 RBC 理论看来，经济衰退时失业率之所以高，是因为经济衰退时技术进步率很低，导致真实工资率偏低，所以工人基于劳动和闲暇的权衡，主动选择减少工作，增加闲暇。换言之，RBC 理论认为失业都是自然的，而不是因为就业市场出了问题。显然，RBC 理论是利用新的宏观分析技术对市场信仰的重申。

不过，就像古典宏观理论一样，RBC 理论对过于理想化的假设也明显与现实不符。没有人会相信大萧条时期美国 25%的失业率是因为美国工人嫌工资低，主动休假所造成的。凯恩斯对古典理论的否定不是全无道理，理性预期革命之后的宏观经济学有必要给政府留出空间。这就催生了**“新凯恩斯”**（new Keynsian）理论。

灵活高效运转的市场会达成最优的资源配置，自然不会给政府留出作为的空间。因此，为了在模型中留出政府有所为的空间，得到政府应该有所为的结论，就需要假设市场的运转没有那么顺畅高效。新凯恩斯理论是通过在新古典模型中“掺沙子”来做到这一点的。新凯恩斯理论假设存在种种“名义刚性”阻碍了价格的灵活调整。因此，在面对外部冲击时（比如技术冲击），市场至少在短期内无法做出最优的反应。同样地，由于名义刚性的存在，市场也无法及时对政府政策变化做出完全反应，因而无法完全对冲政策的影响。相应地，宏观政策至少在短期内对经济有影响。这样至少在短期内，可以通过政策来弥补市场对外部冲击的不完全反应，从而提升经济整体的福利。

将 RBC 理论和新凯恩斯理论的韵味融合在一起，就得到了**“新—新古典综合”**（new neoclassical synthesis）。这里之所以说是“韵味融合”，是因为从方法论上来说，RBC 理论与新凯恩斯理论并无太大差异，都是基于理性预期、微观基础的宏观一般均衡模型。二者的差异无非在于一个假设价格灵活变化，一个假设价格变化有黏性。**新—新古典综合的宏观模型，简单说起来就是一个 RBC 理论的内核，加上名义刚性在短期内给市场运行带来的阻力**。在短期，价格没有调整到位，宏观政策可以作为、应该作为。而在长期，价格总是会调整到位的，所以长期宏观政策应该不能作为、不应作为，而应该完全让市场发挥其作用。这样，至少在一定程度上，市场与政府取得了平衡。至此，现代主流宏观经济模型，以及对应的现代主流宏观经济学世界观浮出水面（见表 23-1）。

23.2.4　对宏观经济思想史的评论

科学哲学家托马斯·库恩在其名著《科学革命的结构》中提出了**研究范式**（paradigm）的概念。所谓范式，就是一个研究者群体共同遵循的世界观和行为方式。它主要包含理念（philosophy）和方法（methods）两部分内容。库恩所说的科学革命就是研究范式的改变。按照库恩的定义，宏观经济学在过去一百年已经发生了至少两次重大的革命——凯恩斯革命和理性预期革命。这两次革命代表了经济学家对宏观经济认识翻天覆地的改变，是认识水平的飞跃。我们现在所用的新—新古典综合的世界观就是这些革命的产物，是众多研究者（其中不乏大师）的智慧结晶，代表了目前我们对宏观经济运行的最深刻认识。

表 23-1　新—新古典综合思想的源流

<table>
<tr><th colspan="2">名称</th><th>英文名称</th><th>时间</th><th>代表人物</th><th>核心思想</th></tr>
<tr><td rowspan="3">古典理论</td><td></td><td>classics</td><td>1936 年《通论》问世之前</td><td></td><td>对“看不见的手”的高度信仰，相信“供给创造需求”的萨伊定律</td></tr>
<tr><td>古典</td><td>classical</td><td>18 世纪到 19 世纪上半叶</td><td>斯密、李嘉图、密尔</td><td>注意力集中于宏观经济，相信商品的价格由生产商品的成本决定</td></tr>
<tr><td>新古典</td><td>neoclassical</td><td>19 世纪下半叶到 20 世纪初</td><td>马歇尔、瓦尔拉斯、古诺、杰文斯</td><td>边际革命兴起后注意力集中于微观经济学，认识到商品的价格由供给和需求共同决定</td></tr>
<tr><td colspan="2">新古典综合</td><td>neoclassical synthesis</td><td>《通论》问世至 1976 年卢卡斯批判</td><td>凯恩斯、萨缪尔森</td><td>市场与政府的折中，凯恩斯需求管理思想与菲利普斯曲线的结合，IS—LM—AS—AD 模型</td></tr>
<tr><td rowspan="2">新古典理论</td><td></td><td>new classical</td><td>1976 年卢卡斯批判至今</td><td>卢卡斯、普雷斯科特</td><td>宏观经济模型必须有微观基础，对市场信仰的复兴，拉姆齐模型（RBC 模型）</td></tr>
<tr><td>新—新古典综合</td><td>new neoclassical synthesis</td><td>20 世纪 80 年代至今</td><td></td><td>RBC 理论内核套上名义刚性给市场运行带来的短期摩擦力：政策可在短期内起效，长期经济运行由市场决定</td></tr>
</table>

在宏观思想的发展中，我们看到的一个永恒主题是市场与政府的关系。古典经济学家们相信市场的高效，因而认为政府应该只是“守夜人”式的小政府。凯恩斯则认为市场会严重失灵，因而建议政府要主动地通过宏观政策来调节总需求，通过政府的“看得见的手”来为市场“看不见的手”纠偏。卢卡斯等人认识到民众对宏观政策的理性反应会让政策失效，普雷斯科特则相信经济周期是市场对技术冲击做出的最优反应，再加上菲利普斯曲线消失带来的冲击，经济学家们又重拾了对市场的信心，而认为需要把宏观政策的运用局限在短期。从这一主题就衍生出了到目前仍在争论的许多问题：萨伊定律是否成立？市场中是否会出现需求不足的现象（是否会有非自愿失业）？经济运行的瓶颈究竟是在供给面还是在需求面？

作为一门实践性极强的学科，宏观经济学思潮在很大程度上随宏观经济运行态势的变化而变化。在第 1 讲我们介绍过，可以通过观察市场中价量的相关性来判断市场波动的来源。市场中的交易量和交易价格如果同向变化（价涨量涨、价跌量跌），则表明市场波动的源头是需求，需求面因素是市场运行的紧约束。相反，如果市场价量间是负相关的（价涨量跌、价跌量涨），则供给面因素是市场运行的紧约束。这一方法对宏观经济也是适用的——从经济增速与通货膨胀之间的相关性可以推知经济运行的紧约束在供给面还是需求面。

我们计算了美国从 1800 年到现在这 200 多年里经济增速与通货膨胀之间的相关系数（每年计算一个过去 10 年二者的相关系数）。可以看到，在 19 世纪，二者之间的相关系数多数时间是正的，但变化比较频繁。而从 1929 年大萧条到第二次世界大战结束，二者之间长期高度正相关，表明在这段时间里需求面因素是美国经济运行的主导因素。注重需求管理的凯恩斯思想会在这段时间产生是很自然的。而在从第二次世界大战结束到 2008 年次贷危机爆发的这段时间里，美国经济增长和通货膨胀间长期负相关，表明美国经济在这段时间里为供给面因素所主导。宏观经济学会在这段时间里抛弃传统凯恩斯的思想，而重新拥抱古典经济学的一些理念就不奇怪了。而在次贷危机之后，经济增长和通货膨胀重新变成高度正相关，表明需求面因素对经济运行的影响力重新加大。所以在这段时间里，经济学界开始重新重视凯恩斯的思想（见图 23－1）。

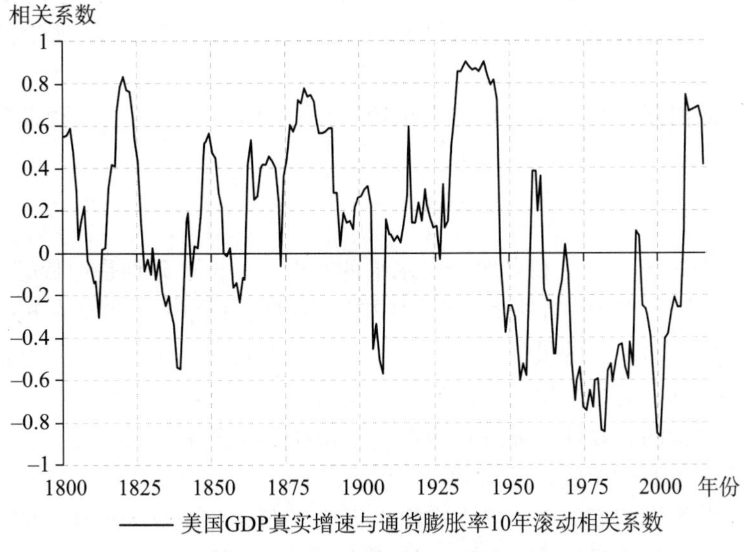

图 23－1　美国 200 多年来经济增长与通货膨胀之间的相关关系

资料来源：www. measuringworth. com

新—新古典综合世界观是 20 世纪 70 年代理性预期革命的产物，内核是对市场高效运转（至少是在长期）的信仰。相应地，这套世界观相信经济运行的约束在供给面。但很显然，世界经济运行的状况已经与这个框架产生时的历史背景有极大差异。2016 年，世界银行首席经济学家、内生经济增长理论的开创者保罗·罗默（Paul Romer）发表了一篇题为《宏观经济学的麻烦》（The Trouble with Macroeconomics）的文章，抨击了 20 世纪 70 年代之后的宏观经济学发展是在开倒车。[①] 当经济理论与现实发生矛盾时，就会引发这样的对理论的反思。这也是我们要站在新—新古典综合的框架外来看待世界的主要原因。

① 文章可见于 https：//paulromer. net/wp-content/uploads/2016/09/WP-Trouble. pdf。

23.3　新—新古典综合的世界观

前面对宏观经济思想变迁的回顾已经在一定程度上揭示了新—新古典综合（即当前主流宏观经济思路）世界观的内涵。但考虑到这种世界观的重要性，我们还是在这里对其做出更详细的讨论。我们从外到内，分别讨论这种世界观下对经济波动、长期增长以及政府和市场关系的看法。

23.3.1　新—新古典综合的经济波动观

短期波动和长期增长是宏观经济学两个永恒的话题。我们先来看波动。对经济波动，我们需要知道：经济为什么会波动？我们**是否应该**运用宏观政策来减缓经济波动（俗称熨平经济周期）？如果应该，我们**是否有能力**减缓经济波动？如果又应该、又有能力，我们**应该怎样**减缓经济波动？在新—新古典综合的框架中，我们可以从两个角度出发讨论经济波动的问题。一个是在新凯恩斯的名义刚性层面上，一个是在 RBC 理论的技术冲击层面上。

我们先来看新凯恩斯的角度。我们先把第 14 讲中推导出来的附加预期的菲利普斯曲线方程抄在下面

$$\tilde{y}-\tilde{y}_n=\phi(\pi-\pi^e)+\varepsilon$$

其中，$\tilde{y}$ 与 $\tilde{y}_n$ 分别是产出水平和自然产出水平的对数，π 与 π^e 分别是通货膨胀率和通货膨胀率预期，ε 是一个产出缺口的外生周期性冲击。面对 ε 的冲击，价格在短期内无法灵活变化，因而无法实现对冲击的最优应对。此时，短期内通过宏观政策来对冲这些冲击是必要的，而且是可能的。通过采用与外部冲击相反的宏观政策，可以平滑经济的波动。不过必须知道，宏观政策的有效性只体现在短期——预期未完全调整到位之前。超过了这个短期的界限，宏观政策非但无效，反而有可能引发负作用（比如让预期失稳）。

在新—新古典综合的框架中，潜在产出水平 $\tilde{y}_n$ 是价格完全灵活变化时实体经济所决定的产出水平。它虽然与货币无关，但受实体经济中消费者偏好、资本存量、技术水平等诸多因素的影响。我们可以将 $\tilde{y}_n$ 理解为不含有货币的拉姆齐模型中的产出水平。

在之前求解拉姆齐模型时，为了简化，我们假设家庭无弹性地将其所有可劳动时间都提供出去。但在现实中，工人的劳动力提供不是全无弹性的，而是会受到工资率的影响。在之前介绍的一期宏观模型中，我们就能看到家庭在劳动力提供上的权衡。家庭有如下在消费与闲暇之间的权衡方程

$$AF_2(k,l)u_1(c,1-l)=u_2(c,1-l)$$

注意，我们假设消费者的总可用时间为 1，其闲暇就为 $1-l$。

这个式子可以这样分析来建立起直观印象。我们假设消费者在边际上减少一点闲暇（增加一点工作）。这样会让消费者的效用下降 $u_2(\cdot)$ 那么多。但是，这增加的工作会带来 $AF_2(k,l)$ 那么多的消费增加（劳动力的边际产出就是劳动力的真实工资率）。这样，

消费者就能从消费方面增加 $AF_2(k, l)u_1(\cdot)$ 那么多的效用。消费者达到最优化时，这二者应该相等，从而得到上面的方程。从这个方程可以看出，当技术水平 A 上升时，消费者会选择增加劳动力的供给，经济中的产出随之增加。A 下降则反之。所以，技术水平 A 就可以是经济波动的一个来源。对这种技术冲击，经济会做出最优的反应（消费者的最优劳动—闲暇选择随 A 的变化而变化）。既然经济已经做出了最优反应，政府就不应该试图用其政策去烫平这种经济面对技术冲击自发形成的最优波动反应。所以在 RBC 理论的框架下，政府就不应该试图去烫平周期。

所以，在新—新古典框架中，经济波动的来源可以区分为两类：第一类是对产出缺口的冲击（如前面的 ε），第二类是对潜在产出水平的冲击。周期性的宏观政策应该对第一类冲击做出反应，但应该对第二类冲击保持沉默。这里就产生了一个关键的政策含义。决策者在面对经济波动时，首先需要弄清波动的来源是哪一类冲击。对冲击来源的定性就决定了对冲击的政策应对方式。

但问题是，在真实世界中我们无法直接看到各种冲击本身，而只能看到它们所导致的经济波动状况。虽然我们可以利用理论模型来试图分解出冲击的来源，但因为理论模型本身的设定可能与实际状况不太一致，且数量分析不可避免地会存在误差，所以对真实世界中经济波动来源的确定在一定程度上是经验的，存在着艺术的成分。这是经济学家在面对经济波动时（尤其是面对中国经济的波动时）总是争论不休的一个重要原因。

23.3.2　新—新古典综合的经济增长观

经济增长是经济学需要讨论的另一个永恒话题。如果把视线放得更长远一些，观察几十年甚至上百年经济发展的历史，可以发现哪怕是 1 个百分点的经济增速的差异，在一段时间之后会演变为收入水平的巨大鸿沟。因此，从对人类长期福利的角度来看，经济增长是比经济波动更加重要的话题。

新—新古典综合模型供给面的核心是新古典生产函数

$$y=AF(k,l)$$

经济中理性人的种种选择，只是在决定从这个生产函数中得到的产出是如何分配的而已。因此，要研究长期经济增长（研究 y 是如何持续增长的），必须从这个新古典生产函数出发，研究这个函数中的三个组成部分——技术、资本和劳动力。在这里面，我们看不到任何政策变量的直接存在。而从索洛模型中我们知道，如果我们的关注点在人均产出上（它与居民福利直接相关），会发现只有技术水平 A 才是重要的。这是因为资本的回报率会递减，所以资本积累无法成为推动人均收入水平上升的持续动力。

所以，用新—新古典综合的世界观来看问题，决策者不应该试图利用财政和货币这样的周期性政策来试图改变长期经济增长的轨迹。财政和货币应该被视为周期性的政策，只在短期有效，而对长期增长的路径没有什么影响力。如果政府试图提升长期经济增长的速度，只应该把注意力集中在长期技术水平的提升速率上。这可以通过加大在基础方面的研究支出、出台有利于研发的法规以及通过改革提升资源配置效率等手段来实现。

23.3.3 新—新古典综合中的需求结构

新—新古典综合模型需求面的核心是居民跨期优化的欧拉方程

$$u'(c_1)=\beta u'(c_2)(1+r_2)$$

这个式子就决定了经济中的消费和储蓄（投资）。这个式子说明，消费者之所以会储蓄，是因为储蓄能够在未来带来消费。也就是说，储蓄只是在未来获取消费的手段，消费才是消费者最终的目的。因此，消费与储蓄的配比是由消费者对不同时间消费的权衡所决定的。在这样的框架下，作为储蓄者的消费者是一定会在乎储蓄的回报率（r_2），并根据储蓄回报率的变化而调整其行为。

新—新古典综合模型还假设经济中的所有储蓄行为都由消费者做出（企业为消费者所拥有）。这样，消费者的优化选择就能保证经济中消费与储蓄的配比时时处在最优的状态（最有利于消费者效用最大化的状态），因而不存在消费不足、储蓄（投资）过剩的可能。

23.4 新—新古典综合世界观对中国经济的影响

在次贷危机之后，随着中国经济学教育水平的上升，以及去西方的留学人员的大量归国，在西方宏观经济学界居统治地位的新—新古典综合世界观对中国经济研究和经济政策的影响越来越大。正如凯恩斯在其《通论》中写下的名言："经济学家以及政治哲学家之思想，其力量之大，往往出乎常人意料。事实上统治世界者，就只是这些思想而已。"虽然不能说现在的中国经济已经被新—新古典综合世界观所统治，但深受其影响却是不争的事实。而且，这种影响还在加强。

当前，对中国经济政策的最大争论在于，政府究竟应该在多大程度上放任经济增长的下滑，在多大程度上利用财政政策及货币政策来托底经济增长？在"四万亿元刺激"及随后的几年，这种争论表现为"调结构"和"稳增长"之争，之后又表现为"供给侧"和"需求侧"之争。在这种争论中，对"稳增长"和"需求侧"刺激政策的批评意见往往引用宽松的财政政策和货币政策所引发的种种副作用作为其经验论据，而其逻辑思路则来自新—新古典综合。

中国自次贷危机后，就一直在利用宽松的财政政策和货币政策来试图对抗经济面临的下行压力。而在前面我们已经看到，在新—新古典综合的世界观体系中，财政政策和货币政策这种周期性政策的效果只局限于短期，它们也只应该被应用在短期。很自然地，新—新古典综合派的观察者会对我国过去几年的宏观政策持批评态度，认为是对宏观政策的误用。

在次贷危机之后，认为我国经济增长的减速是因为潜在产出水平下降的论调就不绝于耳。其中最有代表性的就是"人口红利终结说"。持这种观点的人认为，因为我国劳动年龄人口数量的减少，我国的潜在产出水平 $\bar{y}_n$ 已经下降。对于这种经济增长的下滑，新—新古典综合体系给出的对策是"放任"——宏观政策对这种经济减速无能为力，不应试图托底增速。

用新—新古典综合的世界观来看中国经济，后危机时代我国长期的稳增长政策是错误的，而且制造了不少的副作用。相应地，我们理应对这些政策错误加以清算，并把政策重心转移到对长期经济增长真正有意义的技术水平 A 上面。中国着力推行的“供给侧改革”包含“去产能、去库存、去杠杆、降成本、补短板”（俗称“三去一降一补”）。其中的“三去”明显就是对过去刺激性政策的否定和清算。至于我国长久以来的结构改革的呼声、释放改革红利的呼吁，则或多或少反映了倡议者对技术水平 A 的关注。

中国会爆发债务危机的论点也是新—新古典综合框架的一个推论。正如前一讲所分析的那样，在储蓄者的储蓄行为会因为储蓄回报率的变化而调整的情况下，债务方的债务规模如果太高，必定会导致储蓄者停止对其的借贷，导致债务危机的爆发。许多人并没有看到中国的高债务是中国储蓄过剩的经济结构导致的。在经济结构没能调整过来之前，强行抑制中国国内债务的扩张，只会让实体经济失去稳定。这些人也没有看到，种种抑制国内债务向国内投资转化的政策，反而增强了金融机构规避监管的动力，导致新的资金通路被创设出来，从而引发了次贷危机之后中国经济体系中的一系列乱象。而在新—新古典综合的框架中找不到对中国金融乱象的很好解释，所以不少人只能用所谓的“金融周期”的逻辑来硬套中国货币金融的现实。可以想象这种解释是多么无力。

尽管不少人在自觉或不自觉地用新—新古典世界观来分析中国经济，来提出政策建议，但他们中很少有人（如果不是全然没有的话）注意到了自己存在的一个致命的自相矛盾之处。他们认识到，中国经济的现状与新—新古典综合所描述的世界不一样。事实上，他们正是用新—新古典综合作为蓝本，对中国的经济结构提出评判，对中国的改革路径做出规划。但是，中国经济异于新—新古典综合的现实状况，恰恰证明了新—新古典综合并非放之四海而皆准的真理。既然中国的状况与新—新古典综合明显有差异，又怎么能用新—新古典综合的结论来批评中国的宏观政策呢？

事实上，虽然新—新古典综合是一个严谨的逻辑体系，但它是否真的正确描述了真实世界经济的运行仍然存疑。尤其是次贷危机的爆发，已经让不少经济学家对这个体系本身的正确性提出了质疑，并试图在体系内对其加以改进。还有一些经济学家从根本上对这个体系做出了批判，并试图用别的体系对其加以替代。而中国的许多观察者却仍然将新—新古典综合当成教条，盲目地将其中的结论照搬到中国来，而全然不顾得到这些结论的前提条件在中国是否成立。这种对新—新古典综合的教条式运用已经成为中国经济在次贷危机之后面临的最大风险。

在下一讲，我们将更深入地批判新—新古典综合世界观，并在它之外提出别的宏观经济分析思路。但在那之前，我们必须对观察中国经济的人提出忠告：理论体系就像是眼镜的镜片，有时确实能帮我们更清楚地看清现实。但是，我们也必须了解自己所依凭的体系的来龙去脉和应用边界，否则自己就会成为体系的奴隶，把镜片所折射出来的幻象也当成了现实。

进一步阅读指南

新—新古典综合是当今宏观经济学的主流，也是世界各国央行看待经济运行的世界观的体现。古德弗伦德和金两人于 1997 年发表的《新—新古典综合与货币政策的角色》(The New Neoclassical Synthesis and the Role of Monetary Policy) 一文从货币政策的视角综述了新—新古典综合的主要思想（Goodfriend and King，1997)。货币经济学大家伍德福德发表于 2009 年的《宏观经济学的收敛：新综合的元素》(Convergence in Macroeconomics：Elements of the New Synthesis) 也值得参考（Woodford，2009)。兰德曼发表于 2014 年的《危机后的短期宏观：新—新古典综合结束了吗?》(Short-Run Macro After the Crisis：The End of the "New" Neoclassical Synthesis?) 一文回顾了新—新古典综合的思想，值得一读（Landmann，2014)。

关于经济思想的演进和发展，有不少优秀教材可供选择。埃克伦德和赫伯特所著的《经济理论和方法史》(第 4 版) 是一本经典著作（埃克伦德和赫伯特，2001)。坎特伯里的《经济学简史》是一本较新的教材，值得一读（坎特伯里，2013)。森图姆的《看不见的手——经济思想古今谈》读来引人入胜，值得推荐（森图姆，2016)。

练习题

23.1 请借助以下几个问题简要概括新—新古典综合世界观的主要内容：

(a) 宏观经济长期增长的源泉和障碍是什么?

(b) 宏观经济短期波动的原因是什么?

(c) 市场与政府是什么样的关系?

(d) 宏观政策应该做什么，不应该做什么?

23.2 中国宏观经济运行的哪些特征不能由新—新古典综合的框架解释?

23.3 请浏览财经媒体，找出最近几年中国政府的主要宏观政策措施。在这些措施中，哪些渊源于新—新古典综合世界观，哪些不是?

23.4 新—新古典综合世界观回答了你对真实世界宏观经济运行的所有疑问了吗? 你还能想出什么样的不能为这个框架所解释的问题?

第 24 讲

非正统宏观经济理论给出的不同答案

24.1 次贷危机对新—新古典综合的挑战

毫无疑问，上一讲介绍的新—新古典综合宏观思想体系是一个严谨的框架，充满了理论的美感，也对真实世界的经济运行给出了许多有洞见的结论。但再完善的理论体系也不等于真理，也都必须接受实践的检验。这对经济学来说尤其如此。在 20 世纪，我们已经看到了大萧条和滞胀带给宏观经济学的两次革命——凯恩斯革命和理性预期革命。这两次革命的发生都源于无法为旧理论体系所解释的重大经济现象的出现，也都带来了宏观经济学研究范式的根本性改变。

就像大萧条和滞胀一样，发生于 2008 年的次贷危机也对宏观理论体系提出了挑战。只不过这次迎接挑战的是从理性预期革命中产生的、目前居于统治地位的新—新古典综合体系。至少在三个重要的方面，次贷危机及危机前后的经济运行不能被新—新古典综合体系所解释。

第一，新—新古典综合中金融体系的缺失让其很难解释次贷危机，更谈不上预防次贷危机了。其实，要说新—新古典综合体系中完全没有分析金融体系的内容并不公允。在新—新古典综合体系中，有大量的文献在讨论银行、金融危机、金融契约等内容。但客观地讲，金融在新—新古典综合体系中仅处在较为边缘的位置。尤其在为中央银行家等宏观决策者所广泛使用的新凯恩斯模型中，整个金融体系仅为一个名义利率所概括。而在次贷危机中，金融体系却是危机的震中。次级按揭贷款质量的恶化在金融体系中引发了一系列连锁反应，最终金融市场近乎整体崩塌。来自金融体系的冲击波重创了全球实体经济，最终让全球经济运行脱出了危机前的轨道。对次贷危机的反思让人们意识到，危机前在宏观理论中对金融的忽视，是导致危机发生的一个重要原因。

第二，对后危机时代全球经济的运行及宏观政策的运用，新—新古典综合无法给出令人满意的解释。简单来说，新—新古典综合是一个 RBC 模型的内核外套名义刚性等“摩擦力”带来的市场短期不完美。换言之，新—新古典综合相信市场在长期会让资源处在最有效配置的状态，对有效状态的偏离只在短期存在。相应地，宏观政策只能在短期内有效果，也只应在短期内施行。但在后危机时代，全球经济都明显偏离了危机前的轨道，新—新古典综合所相信的市场长期的调整机制并未见效，全球经济长期低迷。而为了托底经济增长，各国都普遍采用了极度宽松的宏观政策，政策应用早已突破短期的界限。这一点在货币政策上表现得尤为明显。美欧日的中央银行都采取了非常规的极度宽松的货币政策，不仅将利率水平降低到了 0，还大规模地扩张了央行的资产负债表，向金融体系注入了天量的流动性。这些政策都已突破了新—新古典综合所认为的政策应用范围，自然无法从这个理论体系中获得支持与指导（见图 24－1）。

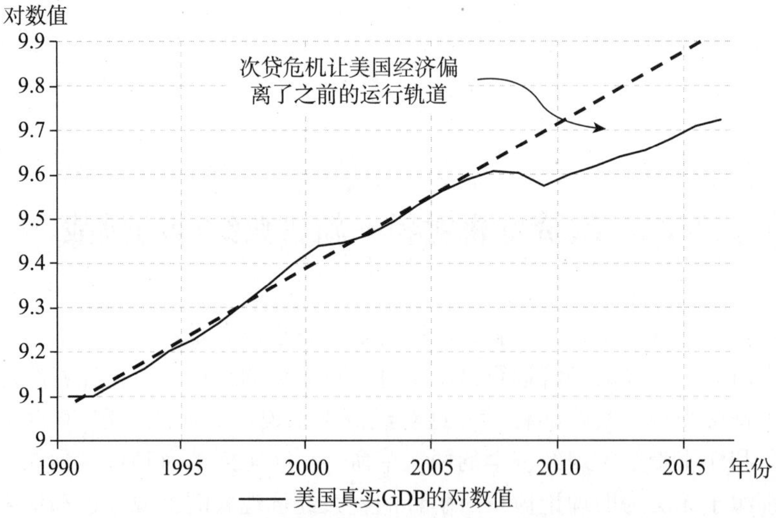

图 24－1　次贷危机让美国经济偏离危机前的轨道

资料来源：Wind

第三，新—新古典综合对危机前后世界经济的主要特征——全球失衡——以及随之而来的种种结果缺乏解释力，自然也无法开出有效的药方。2005 年 3 月，美联储前主席伯南克在其著名的题为《全球储蓄过剩与美国经常账户逆差》的演讲中，就提出了顺差国储蓄过剩压低美国利率的观点。① 在很大程度上，催生次贷危机的美国房地产泡沫就源于全球的储蓄过剩。而在后危机时代，全球储蓄过剩又演变成了全球总需求的不足，令经济增长长期陷入低迷。在新—新古典综合框架中，由于相信市场对资源有高效的调整力量，因而不存在储蓄过剩和需求不足发生的空间。因此，对当前全球经济普遍存在的结构问题，新—新古典综合除了比照市场的理想状态开出一些市场化的药方之外，并不能提出太多洞

① 伯南克的这篇讲话的全文可见于 https：//www.federalreserve.gov/boarddocs/speeches/2005/200503102/。

见。而这些源于新—新古典综合的药方在实际应用中甚至会导致事与愿违的结果。

显然，次贷危机前后的经济实践在许多重要的方面与新—新古典综合的框架不符。这与大萧条暴露了古典经济学的不足、滞胀暴露了新古典综合的不足是类似的。这很自然地引发了许多人对作为当代主流宏观经济学基本思想的新—新古典综合的质疑。在许多实践者看来，秉承新—新古典综合的研究者愈发沉迷于其复杂而抽象的数学模型中，与真实世界的隔阂越来越大。

而在宏观经济学内部对新—新古典综合的框架也有许多反思。越来越多的研究者认识到，新—新古典综合所采用的**动态随机一般均衡模型**（dynamic stochastic general equilibrium model，简称 DSGE）虽然在理论上相当严谨，但也给宏观经济分析施加了过于严格的约束。在理性预期的框架下，哪怕是非常简单的问题也会因为对未来预期的引入，因而需要求解相当复杂的动态优化问题才能够得出结论。而在模型设定变得更为复杂时，对应的动态优化甚至连数值方法都很难得到令人满意的答案。而如果把微观主体的异质性考虑进来，**"维度的诅咒"**（curse of dimensionality）会让问题变得全然无法分析。这种数学处理上的障碍局限了新—新古典综合框架下的宏观经济研究。宏观研究者变得越来越方法导向，以模型是否能够求解、易于求解来作为自己建模的重要考虑。这使得宏观研究的问题导向色彩日益淡化，对真实世界中一些鲜活而重要的问题变得视而不见。这让宏观经济学这门本应相当贴近实践的学科变得越来越脱离实际，愈发沉迷在自己假想的世界中。这些现象让一些著名的宏观经济学家无法忍受。诺贝尔经济学奖得主克鲁格曼在 2009 年的一次讲座中就曾说过，过去 30 年的宏观经济学"从好的方面来说是无用，从坏的方面来说则是有害"（spectacularly useless at best，and positively harmful at worst）。而世界银行首席经济学家、新增长理论的缔造者之一保罗·罗默（Paul Romer）也曾提出过类似的批评。①

因此，无论是从真实世界经济现实的变化来看，还是从宏观理论自身发展的角度来看，我们似乎都应该处在一个宏观经济学"革命"的时期。但是，与大萧条和滞胀发生之后不一样的是，这次还看不到一个新的宏观经济学分析范式在孕育中，看不到另一场革命发生的可能。从好的方面来说，这表明新—新古典综合与之前被取代的体系不一样，还是在相当多的方面被证明了其有效性和价值，有其可取之处。而从坏的方面来说，则说明至少从现在看来，我们还找不到突破当前思维障碍的出路，还找不到新—新古典综合的替代品。但我相信，在经济学家的不懈努力下，情况不会永远如此。也许在某个我们没有注意的角落，一场新的宏观经济革命的种子已经发芽。

但在革命尚未到来之前，宏观经济学家也不是无事可做。次贷危机的爆发已经在两个方面促进了宏观经济学的发展。其一，新—新古典综合框架本身在因应次贷危机所提出的挑战而完善自身。这个框架的核心是长期有效市场（RBC 理论）外套短期摩擦的混合体。当我们发现真实世界的市场并非如 RBC 理论所设想的那样完美时，就可以通过在模型中

---

① 罗默在 2016 年发表的一篇题为《宏观经济学的麻烦》（The Trouble with Macroeconomics）的文章，对当前主流宏观经济学理论提出了尖锐的批评。文章全文可见于：https：//paulromer. net/wp-content/uploads/2016/09/WP-Trouble. pdf。

加入更多的不完美因素来更好地逼近现实。这种改进的基本思想是，只要我们在 RBC 理论中掺入足够多的“沙子”（摩擦），终究能够让这个模型运行起来像现实世界中的市场经济那样蹩脚。至于新—新古典综合中缺乏对金融足够关注的问题，则可以通过在宏观模型中加入足够多的金融因素来改善。契约理论的发展已经为宏观模型在这方面的拓展准备了不少可用的工具。

事实上，在前面几讲对货币金融的讨论中，我们已经把分析重点放在了金融体系不完美上，通过对货币政策传导路径各种阻塞的研究，揭示真实世界中各种复杂货币金融现象背后的道理。这些内容在传统宏观经济学的教材中是极少被涉及的。因此可以说，大家面前的这份讲义，本身就是拓展新—新古典综合框架来解释中国问题的一种尝试。可以看到，通过在新—新古典综合中引入真实世界的约束条件，可以在不颠覆框架的前提下，解释很多新的问题。这也说明新—新古典框架还是有拓展空间可被发掘的。

次贷危机后宏观经济学的第二个发展方向将视线投向了新—新古典综合框架之外，试图在这个框架之外为宏观经济研究找出新的范式。持这种观点的研究者不接受如理性、市场出清、稻田条件等新—新古典综合框架的基本假设，另起炉灶来创建与新—新古典综合迥异的宏观模型。用新—新古典综合的眼光来看，这些模型所反映的思想是古老的，因为其思想往往发轫于理性预期革命之前；这些模型也是幼稚的，因为它们也缺乏新—新古典综合模型的凝练与自洽。按照经济学史的分类，这些理论承继于与新—新古典综合相对的**“非正统流派”**（heterodox schools）。毫无疑问，次贷危机的爆发已经让学界内外对这些非正统的宏观经济理论产生了更大的兴趣，为它们的发展注入了新的活力。在这一讲的余下部分，我们将对这些非正统理论略作介绍，以便让大家在新—新古典综合之外看到别的选择。

24.2 非正统宏观经济理论历史溯源

就像新—新古典综合有其清晰的历史发展脉络一样，非正统宏观经济理论也有其漫长的历史传承。其中的一些核心思想可以追溯到马尔萨斯、马克思、凯恩斯这样的经济学大家。对这方面的历史线索做一个回溯，能够帮助我们更深刻地理解相关的思想。

但在进入历史之前我们必须先声明，与新—新古典综合不一样，非正统宏观经济理论并不是一个统一的体系。事实上，它是由许多不同的流派所组成的松散集合。它们最主要的共同点在于它们都不接受新—新古典综合（及其古典前身）的框架。但在具体反对新—新古典综合框架的哪些部分，以及如何用更好的假设和分析来加以替代上，非正统宏观理论并没有太多的共识。如果非要用一句话来对非正统宏观经济理论中的各个流派做一个总结，那就是**它们都对市场的有效心存疑虑**。

在上一讲我们说过，古典和新古典宏观经济学最深的内核，是断言供给会创造需求的“萨伊定律”。它反映了一种对有效市场的高度信赖（甚至可以说是信仰）。而与新古典传统截然不同的非正统宏观经济理论，其思想则可溯源到对萨伊定律的反驳。让我们再回顾一下萨伊定律的逻辑。萨伊相信，任何生产活动都会产生收入。这些收入会被收入的获得者立即花掉。因为某人如果不是有支出需求的话，根本就不会开始生产活动。如果假设灵活变动的利率能够让借贷市场出清，储蓄的引入也不会改变上面的结论。

对萨伊定律的反驳主要针对从收入到支出这个环节。不少经济学家相信，有了收入未必会有支出的意愿。如果支出意愿不足，需求就会成为经济运行的瓶颈，供给就未必创造等量的需求。马尔萨斯是最早提出这番逻辑的经济学大师。许多现代人对马尔萨斯的了解仅限于"马尔萨斯陷阱"，但其实马尔萨斯在有效需求理论方面的创建同样令人印象深刻。在一封寄给大卫·李嘉图的信中，马尔萨斯写了下面这段话（《李嘉图著作和通信集》，Ⅵ，131～132 页）：

> 有效需求由两个成分构成，即购买力和购买愿望……我认为购买力并不一定包含成比例的购买愿望，我也不同意……谈到某个国家，供给总不能超过需求。一国必然拥有购买它所生产的全部产品的购买力，但我很容易地设想它不拥有购买这些产品的愿望。

乍看上去，需求不足似乎很难想象。就算在物质生活水平相当丰富的现代，也远远不能说人的欲望已经充分得到了满足。总想得到更多、总想得到更好是人类的天性。所以经济学总是假设人的偏好是无餍足的。既然人的欲望无穷，又怎么能说派生于人的欲望的需求会不足呢？

人的欲望无穷不假，但只有具有购买力的欲望才是我们关心的需求。人的欲望如何表现为经济中的需求，取决于经济中的收入是如何分配的。让我们想象这么一个由工人和资本家组成的经济体。其中，工人的收入只来自其工资，且工资水平极低，仅够其温饱。所以，工人会将其所有工资收入都用来购买消费品。资本家的收入来自企业的利润（资本的回报）。资本家将其收入的大部分投入到消费品生产的行业中去。假设工人的工资上涨的速率赶不上资本扩张的速率，那么工人对消费品的购买力将赶不上消费品生产能力的扩张，从而让资本家获得的利润也减小，反过来抑制资本家的投资行为。于是，经济增长就会在需求不足的约束下减速。在这里，收入并未能与人的欲望有效地结合起来，因而需求而非供给成为长期增长的瓶颈。

用新古典的理论体系来看上面的故事，能够给出很多质疑。比如，如果全社会生产技术由一个规模报酬不变的新古典生产函数来刻画，那么工资总量占总收入的比重会是一个常数——意味着工资的增长率会与总产出的增长率持平。而从消费者跨期替代优化的角度来看，如果资本太多了，资本回报率的下降会让人多消费、少储蓄，资源自动就从投资转到了消费上。但是，非正统宏观经济理论反对的正是新古典的生产函数，以及新古典对市场高效配置资源的假设。当放弃新古典对市场的信仰之后，资源在经济中的错误配置就会产生需求不足的状况。所以，是否相信存在需求不足，关键在于是否相信市场的力量。这正是马尔萨斯与萨伊的关键分歧所在。

马尔萨斯有关需求不足的观点在历史长河中并非一个独立的事件。在马尔萨斯之前，法国重农学派思想的奠基人魁奈（Francos Quesnay，1694—1774）所提出"经济表"中，就孕育了需求不足以及后来凯恩斯所说的乘数效应的雏形。而在马尔萨斯之后，马克思、凯恩斯继续发展了需求不足的思想。

在马克思看来，资本家为了节省工资成本，会越来越多地用资本来替代劳动力。但这会导致贫困的失业者队伍日益庞大（马克思称他们为“失业后备军”），降低全社会对消费品的需求。于是，消费品的需求短缺令资本家获得的利润率下降，最终引发危机。马克思相信，资本主义越发达，庞大供给与不足需求之间的矛盾就越突出，最终令资本主义走向灭亡。以现代的眼光来看，马克思的理论中存在一些可改进之处，但马克思确实抓住了市场运行中的一些不足，其理论对资本主义的危机有一定解释力。这也是为什么在次贷危机之后，对马克思理论的关注度又重新上升。

正如我们在上一讲回顾历史时所看到的，对古典经济学和萨伊定律的最有力反驳来自凯恩斯。凯恩斯并不完全否认市场有自发的调节作用，但他相信这种调节会相当缓慢。在凯恩斯看来，等到这种调整力量在长期终于发挥出来时，什么都晚了。所以凯恩斯会说：**“在长期我们都死了。”**（In the long run，we are all dead.）凯恩斯相信，需求不足、产能过剩的状况会持续存在很长时间。**凯恩斯认为，在产能过剩的状况下，需求能够创造更多的需求（即所谓的乘数效应）。**

在讨论需求时，凯恩斯把需求主体分为了两类。居民（工人）是一类，资本家和政府是另一类。对居民来说，其支出决定于其收入（主要是工资）。而对资本家和政府来说，则是反过来，其收入在一定程度上决定于他们的支出。在这里，我们再次看到了微观思维与宏观思维之间的差异。在微观层面，一个微观主体的支出总是应该被其收入所决定。但在宏观层面，则存在某些宏观部门的支出会变成对自己的需求，进而变成自己的收入的情况。**宏观与微观的差异在于，在宏观层面一些部门的收支之间存在着反馈效应，在微观层面则无此机制。**

卡尔多（Kaldor，1956）曾说过一句名言：**“资本家挣到他们所花的，工人花掉他们所挣的。”**用这句话来概括前面的区分十分恰当。这种某些宏观部门收入与支出之间的反馈效应，凯恩斯曾用《圣经》中“寡妇之坛”的故事做过比喻。[①] 在1930年出版的《货币论》一书中（Keynes，1930），凯恩斯说：“企业家不管花多少开支在消费上，属于企业家的财富增量仍然与之前相同。利润，作为企业家资本增量的来源，不管花掉多少在狂欢的生活中都不会枯竭，就像寡妇之坛一样。”

我们知道，新—新古典综合中已经包含了凯恩斯的一部分思想。但有经济学家认为，新—新古典综合对凯恩斯思想的吸收是片面的，缺失了凯恩斯最核心的思想。在新凯恩斯模型中，名义刚性导致的市场失灵只存在于短期，很快就会为RBC理论所设想的有效市场所替代。这显然与凯恩斯所说的“在长期我们都死了”的意思相差甚远。所以，在新—新古典综合对凯恩斯理论的包容方式之外，还有经济学家试图构建其他的理论模型来更好地体现凯恩斯的思想。这其中，剑桥学派及其演化而成的**“后凯恩斯”**（post-Keynesian）

---

① 《旧约全书》“王上”（The First Book of Kings）第17章讲述了这么一个故事：在撒勒法有一位寡妇接待了先知以利亚。以利亚让寡妇拿些吃的和喝的来。寡妇对以利亚说：“我指着永生耶和华你的神起誓，我没有饼，坛内只有一把面，瓶里只有一点油。我现在找两根柴，回家要为我和我儿子做饼。我们吃了，死就死吧！”以利亚对她说：“不要惧怕，照你所说的去做吧！只要先为我做一个小饼，拿来，然后为你和你的儿子做饼。因为耶和华以色列的神如此说：‘坛内的面必不减少，瓶里的油必不缺短，直到耶和华使雨降在地上的日子。’”寡妇照以利亚的话去做，坛内的面果然不减少，瓶里的油也不缺短。寡妇和她的家人以及以利亚吃了许多日子。

学派影响较大。哈罗德（Roy Harrod，1900—1978）、卡尔多（Nicholas Kaldor，1908—1986）、罗宾逊（Joan Robinson，1903—1983）和卡莱斯基（Michal Kalecki，1899—1970）是其中的代表性人物。

后凯恩斯学派不是像新—新古典综合那样的一个逻辑严密的理论体系，而是许多思想和模型组成的一个松散组合。其中还可以分出几个明显的分支。但**后凯恩斯学派的学者都把对有效需求**（effective demand）的关注放到了自己研究的中心。在方法论上，后凯恩斯学派秉承实在论（realism）的方法，认为宏观模型应该与它要描述的真实世界类似。这与秉承工具论（instrumentalism）的新古典学派差异明显。后者认为一个模型只要其结论有用，假设是否真实并不重要。后凯恩斯学派认为，正是因为秉承工具论的方法论，所以新古典学派才日益沉迷于自己假想的世界中，与现实的差距越来越大。

以上算不上是对非正统宏观经济理论的全面历史回顾。在这里，我们意在梳理出“需求不足”这个概念的历史发展脉络，从而为下面的模型分析以及对中国需求不足的分析厘清历史背景。对非正统宏观经济理论的更全面介绍可参见本讲最后给出的参考书目。

24.3　需求不足的模型分析

在有了以上铺陈之后，现在我们来看一个探讨需求不足状况下经济运行的理论模型。这是剑桥学派的剑桥模型（Cambridge model）。由它所衍生出来的卡莱斯基模型（Kaleckian model）是目前后凯恩斯学派的主要分析工具。

在进入模型之前，需要先给出一个小小的警示。接下来大家会看到的这个模型与之前我们介绍的所有模型都有很大不同。这个模型没有从微观主体的优化问题出发，而是直接假设了宏观变量之间的一些关系。也就是说，这个模型会受到卢卡斯批判的攻击。用新古典的眼光来看，这个模型包含着任意做出的假定，属于“特设模型”（ad hoc model）。注意，在当前主流宏观经济的语汇中，“ad hoc”绝对是一个贬义词。因此，主流宏观经济学会认为这个模型缺乏理论上的严谨和严密。

但因为两方面的原因，我们还是要在这里向大家展示一下这个模型。第一，我们要让大家看到在新—新古典综合框架之外的“另类”选择。前面已经论述过了，新—新古典综合理论体系并不能很令人满意地解释次贷危机前后的经济运行。因此，尽管这个框架逻辑严密，具有理论美感，但我们必须要保持开放的心态，至少应去了解在这个框架之外的其他选择。也许这些别的选择还仍显稚嫩，但它们至少能够开阔我们的眼界，让我们认识到新—新古典综合的局限，不至于盲目地把这个体系的结论当成真理。

第二，这个模型因为没有新—新古典综合的条框约束，所以能够体现出一些在新古典框架中无法体现的洞察。新古典体系固然严谨，但它也给宏观分析穿上了一身很紧的紧身衣，从而让不少有价值的思路和逻辑无法在这个体系中体现出来。去掉这身紧身衣可以带来更大的自由，从而使对一些问题的讨论变成可能。下面这个模型所体现的需求过热和过冷倾向，对分析中国经济是十分有益的。

24.3.1 剑桥模型

一个封闭经济体的名义总产出从收入法来看，包含工资、企业利润及政府税收三部分。而从支出法来看，则包含消费、投资和财政支出三部分。将其用公式写出来就是

$$Y_t = W_t + \Pi_t + T_t = C_t + I_t + G_t$$

定义政府财政赤字 $D_t = G_t - T_t$，则上式可以改写为

$$W_t + \Pi_t = C_t + I_t + D_t$$

再将消费分解为工人消费 $C_{w,t}$ 与资本家消费 $C_{c,t}$，则有

$$W_t + \Pi_t = C_{w,t} + C_{c,t} + I_t + D_t \tag{24.1}$$

以上只是对国民收入的统计式所做的恒等变换，因此无法从中得到太多有意思的观察。为了得到更有趣的结论，我们做出如下两个重要的假设。

假设一：工人仅获得工资收入，且将其工资收入完全用于消费，即

$$W_t = C_{w,t} \tag{24.2}$$

假设二：资本家的储蓄率为常数 $s>0$ ［即 $(1-s)\Pi_t = C_{c,t}$］。

假设二与索洛模型的外生储蓄率假设类似，比较容易让人接受。假设一则看上去与现实差异较大，有些突兀。在真实世界中，工人的收入不仅来自工资，还包含其所持有的资产（如企业股份）所产生的回报。而且工人的储蓄率也不可能完全是 0。这里之所以要做这样的简化假设，是为了抓住真实世界中工人的支出在很大程度上由其收入所决定的这一特性。这与我们下面马上要讨论到的资本家形成了明显反差——资本家的收入在很大程度上由其支出所决定。这一假设是卡尔多“工人花掉他们所挣的”这句话的体现。

基于假设一，我们可以将工资和工人的消费从（24.1）式中消去，得到

$$\Pi_t = C_{c,t} + I_t + D_t$$

这表明资本家的利润等于资本家自己的消费和投资再加上政府的财政赤字。于是，资本家自己的开支越大，自己的利润就越高。这便是卡尔多“资本家挣到他们所花的”这句话的体现。

再将假设二［即 $(1-s)\Pi_t = C_{c,t}$］代入上式，可进一步得到

$$\Pi_t = \frac{I_t + D_t}{s} \tag{24.3}$$

这便是后凯恩斯理论中有名的**“剑桥利润方程”**（Cambridge profit equation）。它表明资本家的利润正比于资本的增长速度。从这个剑桥方程我们可以看出，资本家的收入（利润）在一定程度上是由资本家的投资支出所决定的。

将剑桥利润方程（24.3）式左右两边同时除以 t 期期初的名义资本存量 K_{t-1}，并定义 $r_t \equiv \Pi_t / K_{t-1}$ 为资本回报率，$g_t \equiv I_t / K_{t-1}$ 为 t 期资本存量的增长率，$d_t \equiv D_t / K_{t-1}$ 为政府财政赤字与资本存量之比，那么可以把上面的剑桥利润方程化为

$$r_t = (g_t + d_t)/s \tag{24.4}$$

这个方程叫做**"剑桥方程"**（Cambridge equation），体现了资本回报率由资本增长率和财政赤字决定的逻辑关系。

下面我们再来讨论资本增长率的决定。资本的增长来自投资，所以资本增长率就由资本家的投资意愿决定。而资本家在决定投资多少时，最重要的考虑应当是对未来资本回报率的预期。因此，可以将资本家意愿的资本增长率（体现了资本家的投资意愿）表示为如下函数

$$g_t^d = f(r_t^e) \tag{24.5}$$

其中，g_t^d是资本家意愿的资本增长率［上标 d 表示"意愿"（desire)］。r_t^e是 t 期期初的时候资本家对 t 期期末的资本回报率的预期［上标 e 表示"预期"（expectation)］。函数 $f(\cdot)$是一个凹函数［$f'(\cdot)>0$，$f''(\cdot)<0$］。函数 $f(\cdot)$ 的一阶导数为正，说明资本家对未来资本回报率的预期越高，意愿的资本增长率也越高。函数 $f(\cdot)$ 的二阶导数为负，表明预期资本回报率对投资意愿的提升作用存在边际效益递减的特性。我们假设资本家用静态预期的方式形成预期。就是说，资本家在每期期初的时候都预期这一期期末的资本回报率会跟上一期相同，即

$$r_t^e = r_{t-1}$$

下面，我们用图形的方式来分析（24.4）式与（24.5）式组成的系统，讨论经济中资本增长率和资本回报率的变化。我们将这两个方程绘制在 r—g 二维坐标系中（见图 24－2)。其中，(24.4）式是一条直线，(24.5）式是一条向上凸起的曲线。这两条线相交于 H 与 L 两点。我们将 H 点叫做"高水平稳态点"，将 L 点叫做"低水平稳态点"（注意，L 是不稳定的。对 L 的微小偏离都会不断加大)。当资本家对资本回报率的预期高于 L 点所对应的水平时，资本回报率和资本增长率最终会收敛到 H 点。而当资本回报率预期低于 L 点时，资本回报率和增长率都会向下发散。这幅图形因为形状酷似香蕉，所以被叫做"香蕉图"（banana diagram)。

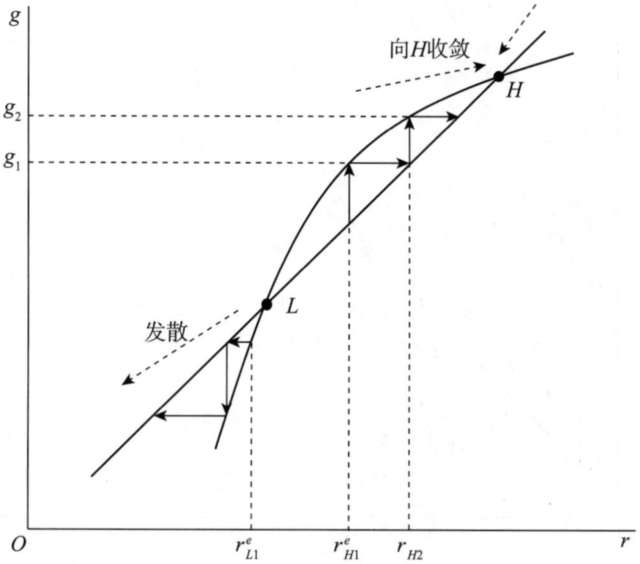

图 24－2　香蕉图

下面我们来看看具体的运动过程。假设资本家初始的资本回报率预期为 r^e_{H1}，高于 L 点对应的水平。在此预期下，由（24.5）式知资本家的意愿资本增长率为 g_1。又由（24.4）式知，当资本增长率为 g_1 时，实现的资本回报率为 $r_{H2} > r^e_{H1}$。r_{H2} 就是资本家在第 2 期期初对资本回报率的预期。依此类推，可以看出经济的运行轨迹终究会收敛到 H 点。类似地，如果初始资本回报率预期低于 L 点对应的水平，经济将进入资本回报率和增长率不断下滑的连续滑坡状态。

24.3.2 对模型的评论

上面这个模型讨论的是经济中需求的决定，并不涉及供给面的因素。这个模型的一个潜在假设是经济处在产能过剩的状态，因此有多少需求就能实现多少产出。我们之前介绍的凯恩斯的财政乘数模型中也有这种“心想事成”的味道。当然可以在模型中加入供给面，从而形成对经济更为全面的描述。但因为在这里我们关注的重点在于需求如何运动，所以就不再介绍更多内容了。

与新—新古典综合所相信的市场自动调节的机制不同，这里我们看到了**需求面自我加强的机制**。在初始预期比较乐观的情况下，资本家的投资热情较高。较高的投资反过来形成了较高的资本回报率，又印证了之前乐观的预期。于是，经济就持续处在投资旺盛、资本回报率较高的状态。相反，如果初始预期比较悲观，那么悲观预期所带来的低迷投资反过来又会进一步强化悲观预期，从而将经济锁定在低迷的状况中。

在这个模型中，我们还看到了财政政策产生长期效果的可能。图 24-3 绘出了两条剑桥方程线。下方的方程对应较大的财政赤字（以 d-big 标出）。两条剑桥方程线与曲线分别交于 L_1 与 L_2 两点。假设一开始时资本家预期为 r_1，正好处在 L_1 与 L_2 之间。如果一开始时财政赤字比较小，那么经济将会进入收缩通道，增速与资本回报率持续下滑。这时，如果政府可以扩大开支，令剑桥方程线下移到 d-big 处，让交点移动到 L_2，这样，就能让经济

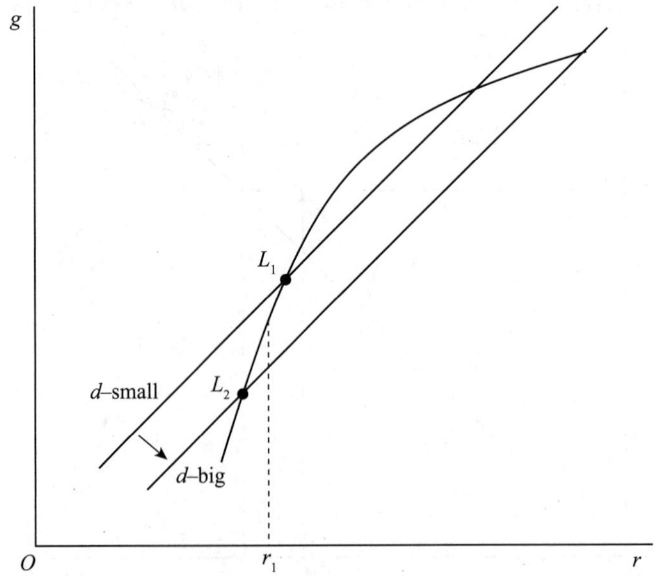

图 24-3

进入向好轨道，最终收敛到高水平稳态。于是，这里的财政政策就不仅具有短期效应，还因为决定了经济的长期走向而有显著的长期效应。

24.4　对中国经济的讨论

借助上面介绍的模型，我们来分析中国经济。基于之前对中国经济的介绍（尤其是国企造成消费不足的内容），我们应该知道新古典所假设的那一套市场调节机制在中国经济的现实中并未充分体现出来。而在后危机时代，诸多证据也显示中国经济处在产能过剩、需求不足的状态。这表明前面这个描述需求不足的宏观模型对中国经济是适用的。

在过去的几十年中，中国经济运行的两极化倾向十分明显。经济一向好就很快走向过热，必须通过宏观政策紧缩来加以冷却。而经济一旦恶化就很快滑向过冷，即使依靠宏观政策托底也很难保持稳定。“**一放就活、一活就乱、一乱就收、一收就死**”的“活乱循环”十分明显。宋国青曾经把中国经济比喻为乒乓球。宏观政策就像两个拍子，不断把中国经济从两个极端击打回中间区域。在过去的 30 多年中，试图让中国经济稳定处于中间区域的努力都没有成功。可以说，中国经济的平稳运行有赖于宏观政策长期不间断的调控。这与新—新古典综合世界观中的经济运行截然不同，而更接近剑桥模型所阐述的经济增长状态（见图 24－4）。

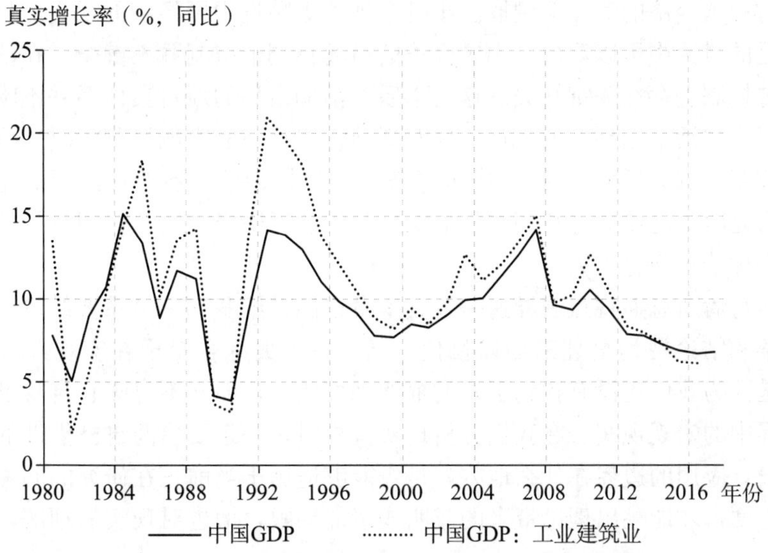

图 24－4　中国经济长期处在过热和过冷的极端状态

资料来源：Wind

前面介绍的模型提供了中国经济为何会如此运行的答案。在市场调节机制不太有效的情况下，模型中所阐述的正反馈效应起主导作用。我们可以将模型中的低水平稳态点 L 视为中国经济增长的中间水平。而将高水平稳态点 H 视为不可接受的经济“极端过热”状态。这样，低水平稳态点 L 就像一个刀锋一样，决定了经济运行的方向。由于预期的自我放大机制，低水平稳态点 L 是不稳定的，任何对它的微小偏离都会被不断放大。所以，经济增长的中间水平更像是个分水岭。在这个分水岭上下，经济处在持续向好与持续恶化的趋势演进中，因而需要宏观政策的持续调控。要让中国经济跳出这样的过热与过冷交替的循环，关键不在于宏观调控，而在于改变经济结构，重塑市场化的调节机制——让中国经济更像新古典模型所描绘的状况，而不是剑桥模型所阐述的状况。

再来谈中国的宏观政策。新—新古典综合框架相信经济增长会围绕一个长期趋势——潜在产出水平——波动。且在波动中，因为市场的调节力量，存在较强的向趋势回归的力量。在这样的世界观中，对次贷危机之后中国经济增长长达数年的减速就只能解释为潜在产出水平的下降。相应地，新古典给出的药方就是不要再试图利用扩张性宏观政策来托底经济增长。要放手让经济增长滑下去，经济回落到潜在产出水平后自然就能稳定下来。我国不少研究者和决策者都受到了新—新古典综合的这个框架的影响。近年来政府在稳增长方面的迟疑，以及不少人对稳增长政策的批评，都与之相关。

但剑桥模型给了我们一个不一样的世界观。在产能过剩、需求不足的状况下，中国经济的运行并非围绕什么潜在产出水平波动，也谈不上什么向趋势回归的力量。相反，经济运行有趋向两个极端的倾向。在次贷危机之后，中国经济增长显然是在滑落的方向上越走越远。因此，如果放任经济增长的下滑，并不会迎来经济增长的自动平稳，而只会让经济下滑的力量在正反馈中愈发增强，最终导致经济危机。面对这样的局面，宏观政策需要长期发力，来托底经济增长，保证经济的平稳运行。

很显然，新—新古典综合与后凯恩斯理论给当下的中国经济开出了截然不同的药方。哪个药方更对中国经济的症，关键取决于哪个理论更贴近中国经济的现实。从之前我们对中国消费不足的讨论中可以看出，中国经济的市场化调节机制并不健全，在消费和投资之间的资源配置机制上存在关键缺失。这与本质上信仰市场的新古典体系并不吻合。而从中国经济长久以来“活乱循环”的表现，以及当前普遍存在的产能过剩状况来看（去产能位列“供给侧改革”五大任务之首），中国经济也应更接近后凯恩斯理论所描述的状况。因此，中国政府此时更应该通过长期的积极宏观政策来托底经济增长，用政策的“球拍”把中国经济这个球给重新打上去。

而新古典与后凯恩斯观点迥异这一事实本身也能带给我们一个重要结论——不能将新古典这个框架和结论视为真理来加以盲信。新—新古典综合是现在宏观经济学的主流不假，但这只是因为我们还没有找到更好的框架来替代它，而并不意味它自身已经完美地解释了真实世界中的宏观现实。在我们分析现实世界时，一定要追问自己借助的理论有什么样的前提假设，应用的边界在什么地方，是否能够适用于当前正在研究的问题？只有保持这种怀疑的态度，才能跳出理论带来的或明或暗的局限，增进对现实的理解，而非成为某个理论的奴隶。

西方有句谚语说得很好：“如果你手里有一把锤子，所有东西看上去都像钉子。”当我们只认识新—新古典综合这一种宏观经济思想体系的时候，自然只会用这个框架去解释所有看到的问题。这里我们之所以要介绍非正统宏观经济理论，就是想让大家知道在新—新古典综合之外还有其他对宏观经济问题的不同答案，让大家了解在新—新古典综合这把锤子之外还有其他的工具。这样我们就能针对不同问题选取恰当的工具，而不至于用锤子乱砸一气，把屋子砸塌了也不知道为什么。至少就分析中国经济波动而言，剑桥模型给出的答案是很有启发性的。

进一步阅读指南

拉沃伊所著的 *Introduction to Post-Keynesian Economics* 一书是了解后凯恩斯理论的不错入门读物（Lavoie，2009）。世界银行首席经济学家罗默在 2016 年发表了一篇题为《宏观经济学的麻烦》的文章，对当前主流宏观经济学提出了尖锐的批评（Romer，2016）。看看这些批评，会让人对这一讲介绍的非正统宏观经济理论更为同情。除此之外，我们继续推荐上一讲推荐过的几本介绍经济思想史的教材：埃克伦德和赫伯特所著的《经济理论和方法史》（第 4 版）；坎特伯里的《经济学简史》；森图姆的《看不见的手——经济思想古今谈》。

练习题

24.1　次贷危机及之后的全球宏观运行中，有哪些特征不能为上一讲所介绍的新—新古典综合框架所解释？可以通过在新—新古典综合中完善模型的构建来弥补其解释力的不足，还是必须在新—新古典框架的方法论之外来另辟蹊径？

24.2　这一讲介绍的剑桥模型的核心是对需求面的分析。这种分析思路的隐含假设是什么？

24.3　剑桥模型与传统凯恩斯理论（*IS*—*LM* 模型）在思想上有什么共同之处，又有什么不同？

24.4　中国经济运行的哪些特征更接近新—新古典综合的认识，哪些又更容易被非正统宏观经济理论所解释？

第 25 讲

理解中国经济的六层思维

25.1 引 言

前两讲进入了对经济思想的讨论。我们既看到了居于主流的新—新古典综合世界观，也看到了非主流宏观经济学对现实给出的不同解释。正如凯恩斯所说的，“统治世界者，就只是这些思想而已”。凯恩斯的断语对中国也适用。可以毫不夸张地说，我们在中国经济中看到的所有现象，都是这样或那样的思想的产物。因此，对中国经济更深层次的理解来自对这些思想的把握。我们只有了解了这些思想的论点和论据，并看清它们相互之间的交锋与渗透，才能理解正在真实世界持续进行着的种种政策辩论，并且在这些攸关亿万人福祉的问题上找准自己的立场。更进一步，我们还可以参与到这些辩论中去，发出自己的声音。如果能够在这些辩论中说服别人，改变别人的思想，也就改变了世界。

所以在这一讲中，我们要梳理正影响着中国经济的几种代表性思想。这些差异明显且相互碰撞的思想牵动着中国经济的运行。这些思想的差异性来自两个方面。其一是中国经济本身的复杂性。中国经济正处于转型时期，市场经济与计划经济因素相互交织，产生出了许多较为复杂、在其他国家很难见到的现象。面对大量尚未有定论的现象，人们会众说纷纭也很自然。其二，出于多种原因，次贷危机后的中国经济学领域又出现了一次西学东渐的浪潮，西方主流经济学对中国学界、商界和政界的影响都越来越大，对中国传统的经济学认知形成了又一次冲击。在这样的背景下，不同观察者会从不同角度、不同观念乃至不同世界观出发来看待中国经济，因而也就形成了百花齐放的局面。

为了厘清各种观点，在复杂的思想图谱中理出头绪，这一讲会用从下到上共六个思维层次来解读中国经济。通过由浅入深的这六个认识层次所搭成的阶梯，我们能拨开层层迷雾，直达中国经济运行逻辑的本质。而这六个层次也能成为归纳当前在中国流行的经济思想的坐标系，让不同思想各归其位，从而让我们更清楚地看到它们之间的异同。

但在进入六层阶梯的攀登之前，我们需要先做一个准备工作，介绍一下理解转型经济体的最重要经济学分析工具——次优理论。这个理论是休克疗法与渐进式改革两种转型思路的理论基础。在接下来介绍理解中国经济的六层思维时，次优理论可以帮助我们在其中完成一步关键的思维跃迁。

25.2 次优理论

25.2.1 次优理论的内容

经济学证明了，在理想的情况下，市场可以实现最优资源配置（福利经济学第一与第二定理）。我们可以将理想状态下的市场状况称为**"最优结果"**（first-best outcome）。显然，这种最优是在很多前提条件之下才能实现的。这样的前提条件包括价格能够灵活变化、没有对市场的垄断、没有政府对经济运行的行政性干预等。如果这些前提条件不能都满足，那么市场经济的最优无法达到，而只能实现约束之下的最优（那些没有满足的前提条件就给市场运行施加了约束）。约束下的最优多半会差于无约束的最优。我们可以将约束下的最优称为**"次优结果"**（second-best outcome）。

1956 年，利普西（Lipsey）与兰开斯特（Lancaster）两位经济学家创立了**"次优理论"**（second-best theory），讨论的就是次优结果。半个多世纪以来，这个理论不仅成为转轨经济学的一个重要理论基础，也在公共经济学等领域得到了广泛应用。这一讲附录中介绍的最优税收理论就体现了次优理论的思想。次优理论简单说起来就是：**"如果最优经济结果（first-best）成立的前提条件不能全部满足，那么最优经济结果将无法达到；而且，在前提条件不能全部满足时，并不是满足的前提条件的数目越多，结果就越好。"**

次优理论的这个介绍看上去平淡无奇。前半句本质上就是一个同义反复——既然实现最优的前提条件不完全具备，结果自然不会是最优的。真正有意思的是后半句。只要所有前提条件没有被同时满足，那么满足的前提条件的数目与结果的好坏之间并无必然联系。这里虽然没有谈到什么情况会是"次优"（second-best），但潜台词说的是**没有一般的规律来找出什么是"次优"**。特别地，不要认为越是接近于最优状态（只要不是完全等同于"最优"），结果就会越好。

可以用一个例子来形象阐述次优理论的思想。假设对一种病有一个由 5 味药所组成的药方最为对症。也就是说，这个包含 5 味药的方子是治这种病的最优（first-best）选择。那么如果这 5 味药中有一味怎么也找不到，治这个病的次优选择是什么？是把能找到的 4 味药配起来吃掉吗？未必！各味药之间有着复杂的相互影响。5 味药的方子是治病的良药，缺了一味药的 4 味药的配方反而可能是毒药。在缺了一味药的约束条件下，次优选择是什么有多种可能。甚至还可能是剩下的 4 味药全都不吃，转而寻求其他的药方。这里的关键是，缺失了一味药之后，治病的次优方子并无一般可遵循的原则，需要视病理、各种药的药理来具体问题具体分析。而且，在 5 味药配不全的情况下，并不是剩下的 4 味药吃的种数越多，效果就越好（吃 4 味药未必比吃 3 味药更好）。

25.2.2 次优理论与经济转型

次优理论这个看似平淡无奇的东西在现实中有巨大的应用价值。对转轨经济体（transition economies，从计划经济向市场经济转型的经济体）来说尤其如此。甚至可以说：**次优理论是理解经济转型的前提**。这是因为**从计划经济向市场经济的转轨就是从（计划经济的）“次优”向（市场经济的）“最优”的转换**。离开了次优理论，就理解不了这个过程。目前，计划经济向市场经济的转轨有两种策略：**休克疗法**（shock therapy）和**渐进式改革**（piecemeal reform）。看起来有些神奇的是，这南辕北辙的两种转型策略都以次优理论作为自己的理论依据。

推崇休克疗法的人认为，既然市场的最优只能是在所有前提条件都同时满足的情况下才能实现，那么市场化改革就应该一步到位，把这些前提条件一股脑全部同时构建出来。否则，经济的状况反而有可能在转型的过程中恶化。所以，从计划经济向市场经济的转型必须一次到位。如果一步步地慢慢来转，非但无法实现市场经济的“最优”，还会让经济状况从之前的“次优”滑向“次次优”又或是更差的境地。

而认同渐进式改革的人则声辩说，市场化最优所需的这些前提条件中，有些需要较长时间才能建立。比如，政府可以在一夜之间放开对物价的管制，但要让居民和企业培养起遵守市场纪律、尊重契约精神的习惯和文化则需要很长时间。又比如，政府施加在企业身上的政策性负担可能一时半会难以消除。这意味着市场最优所需的所有条件不可能在短期内就齐备。所以，即使同时把市场经济所需的各项法规、政策、制度都迅速建立起来，市场也不可能达成最优。相反，这种短期内剧烈的转变还极有可能令经济状况大幅恶化。因此，休克疗法并非转型的良药，经济转型需要一步步慢慢来。

苏联及东欧国家在休克疗法上的失利，以及中国渐进式改革的成就已经对两种策略的高下做出了评判——渐进式改革更胜一筹。但是，休克与渐进的争论还在继续，并不时以不同形式浮现于公共舆论与政策领域。近些年中国宏观政策在稳增长与促改革之间的摇摆不定就是一个表现。

在次贷危机之后中国经济的运行中，我们已经在两个方面看到了不遵循次优理论、盲目推进市场化改革带来的恶果。第一个例子是次贷危机后的中国金融乱象。在过去，中国金融市场对资金的配置在很大程度上受到行政影响，较多地补贴了国有企业，而对更有活力的民营企业的支持力度不够。因此，有人提出要推进利率市场化改革，认为只要放开了对利率的管制，利润率更高的民营企业自然就能够给出高利率来获得更多资金支持。但是，国有企业（尤其是地方政府融资平台）因为身负政策性负担，存在预算软约束，因而并不完全按照市场规则来行事。尽管其利润率较低，却仍然能够在政府的信用支撑下给出高利率来争抢资金。于是，利率管制放开的结果反倒是国有企业在市场中明显挤出了民营企业，与改革的初衷南辕北辙。这就是在利率市场化改革前提条件未完全具备的情况下，强行推进改革所导致的从“次优”向更差境地（而非“最优”）的变化。

另一个例子是中国经济的结构转型。在次贷危机之后，因为外需的低迷，国内越来越多的人相信我国需要通过消费转型，将增长引擎从外需和投资切换成为消费。我们之前探讨过，中国经济消费不足的根源在于收入分配，以及随之而来的调节消费与投资的市场力量的缺失。在收入分配不能得到有利于消费者的改善之前，妄图通过稳增长政策放手、放任经济增长下滑来平衡经济，只能导致经济危机的结果，一如剑桥模型中那种自我强化的需求收缩。从次优理论的角度来看，过去几年我国对经济增长下滑的放任，并非是把经济引向“最优”，而是让它从之前的“次优”向更差状态滑落。

从这两个例子可以看出来，转轨经济更需要的是对实际问题实事求是的分析，而非对所谓“最优”的空想。那些不懂次优理论的人，往往已经犯了“空想”的毛病而不自知，反而会对一些更符合实际的政策（如稳增长）横加指责。这种人往往帮了中国经济的倒忙。

25.2.3　对次优理论的反思

次优理论尽管是个好东西，但就像对待任何理论一样，也必须时刻保持反思的心态，时时以实践为标准来审视这一理论本身。以中国经济的运行实践来看，**次优理论的最大不足是它并未指出从“次优”到“最优”的具体路径**。

次优理论认为，在怎样寻找“次优”方面并无一般规律可循，需要具体问题具体分析。这其实并未对实践给出太多理论上的指引，但让我们来思考中国经济转型的现实。在实践中，我们其实并不清楚达成市场经济的“最优”还缺失什么关键的条件。以利率市场化改革为例，只有在改革启动之后，看到了地方政府融资平台对民营企业的挤出，我们才认识到了消除预算软约束对理顺金融体系的重要意义。也只有看到了放任经济增长下滑并不能解决中国经济的结构问题，才会有越来越多人认识到“还富于民”对消费转型的意义。在转轨的实践中，我们处在未知的领域中。而在改革让经济从“次优”滑向更差境地时，经济绩效的恶化也指明了缺失的关键条件的所在，为我们在未知领域中指出了前进的方向。努力构建出所暴露出来的关键缺失条件，就让中国经济实现了进步。

受到中国转轨实践的启示，笔者相信如果将“未知”（而不是由概率所描述的“不确定性”）纳入理论框架，提炼出中国实践中的这种“改革—暴露问题—识别关键缺失条件—构建缺失条件—进步—再改革”的循环，就能给出指导经济转轨的更佳经济理论。相信也能够通过理论来证明，这种试错式的循环会带来经济绩效的持续上升，而不像次优理论那样无法给出结论。谁能做出这样的理论成果，谁就大大推动了经济理论的发展。

25.3　理解中国经济的前五个思维层次

有了前面的准备，现在我们可以来看影响着中国经济的思想了。分析一个近乎完美的市场经济体（比如西方发达市场经济国家），我们的视线主要聚焦在“最优”。而分析中国这么一个转轨经济体，这么一个市场运行仍受到不少计划经济残余约束的经济体，重点就得放在“次优”。分析“最优”，借助市场经济的运行规律就足够了。但分析“次优”，就需要结合市场经济规律和对诸多约束条件的认识，来探究市场机制在特定约束条件下的特定表现。

因此，就经济学本身而言，没有所谓的“中国经济学”。因为建立在理性人假设基础之上的均衡分析是经济学的基础，无论是分析中国还是其他国家，都需要坚持。就算我们跳出新—新古典综合的框架，在非主流经济学中寻找思维工具，能找到的也都是针对一般经济现象所做的阐述。

但是，从理解经济运行的表现的角度来看，存在“面向中国的经济分析”。它运用经济分析的一般规律，来解释在中国特定约束条件下的特定市场运行现象。这些约束条件很可能在西方国家十分罕见，因而不被西方主流经济学所重视。这是西方许多观察家经常会误读误判中国经济的原因。在下面对不同层次思维的介绍中可以看到，是从“最优”还是从“次优”的角度来观察中国经济，是造成观点差异的主要原因。

25.3.1 第一层思维：唯 GDP 论

对中国经济最朴素的认识可用“发展是硬道理”这句老话来概括。中国改革开放 40 年所取得的成绩，大部分来自这句话。这句话虽然简单，却包含了相当关键的两层意义。第一，它明确了工作方向就是“发展”，从而凝聚了各方力量，形成了合力，减少了内耗。第二，它也为“发展”本身确立了不可动摇的地位，明确了以发展来解决发展中碰到的各种问题的思路，而将“不发展”排除在了政策选项之外。

在实践中，发展这个较为抽象、内涵甚广的词，往往落脚于经济增长——或者更为明确地说——GDP 的增长。GDP 衡量了一个国家或地区在一定时期内生产的所有最终产品和劳务的市场价值。尽管对 GDP 这个数据的口径和统计方法仍然有一些批评，但它仍然不失为最为全面衡量经济规模且在国家间最为可比的经济数据。因此，对很多人来说，“发展是硬道理”最终就落脚到对 GDP 增长的追求之上。

GDP 导向虽然粗糙，但胜在简单明晰，因而容易贯彻实施。中国各个地方政府的 GDP 竞赛是中国快速发展的一个重要原因。而对 GDP 增长的关心也让我国各级政府成为经济发展的“扶助之手”，而不像很多其他国家的政府一样变成对经济的“掠夺之手”。

从改革开放几十年的实践来看，落脚在 GDP 导向上的发展观给中国带来了丰厚回报。世界第二的经济体量，在国际社会举足轻重的地位，以及国内人民群众大幅上升的生活水平，无不来自于此。

25.3.2 第二层思维：天真的市场派

如果说改革开放后中国经济工作的主要目标是经济增长，那么实现这一目标的主要手段就是市场化改革。可以毫不夸张地说，中国改革开放的历史就是市场化改革不断取得成功的历史。这让市场化的方向深入人心。

在次贷危机之后，中国国内各方在市场化这一改革方向上没有明显分歧，但对如何推进市场化改革却有不同认识。有人认为，市场化改革应该推得越快越好，市场化程度越高越好。这种人相信，当前中国经济面临的种种问题都可以归结到市场化改革不到位之上。在次贷危机之后，随着中国经济增长下行压力的加大、结构问题的暴露，这样的看法更是得到了不少人的认同。

这些人认为，既然当前中国经济出现了产能过剩、债务高企等结构性问题，那就应该放开市场，让市场自发去调整。在调整过程中，产能过剩、债务高企的“僵尸企业”就会被市场淘汰，而留下那些更有发展前途、更加健康的企业。通过这样的市场出清过程，中国经济就能甩掉结构包袱、轻装上阵。毫不奇怪地，有这样认识的人会对刺激经济增长的政策不以为然。在他们看来，刺激投资这种传统增长引擎只是“走老路”，只会减慢市场化改革的步伐、延缓市场出清的过程，无助于在更长期保持中国经济增长的稳定。

可以用“天真的市场派”来概括这种对市场改革的认识。之所以说它是天真的，是因为这种思维过于理想化，低估了现实的复杂性。市场出清固然在理论上看起来有吸引力，但它在现实中是否具有可操作性则是一个大问题。事实上，东欧国家之所以在 20 世纪 90 年代采用“休克疗法”来进行经济转型，就是因为这种空想主义的市场化思维，相信短期的阵痛能换来长期更加健康的经济增长。但历史证明了，这种空想主义的政策远未取得其预想结果，甚至给某些国家带来了经济灾难。相比之下，中国更加务实的渐进式改革思路取得了更好的绩效。

然而，随着次贷危机的爆发，以及随后“四万亿元刺激”政策副作用的显现，中国国内不少人出于对现实状况的不满，不知不觉中接受了这种天真的市场化思维，希望能够通过快速的市场化改革来摆脱当前的困局。抱有这种过度理想化思维的人容易把市场看成目的而非手段，用是否市场化来作为评价一切的标准。这样，就与“发展是硬道理”这一导向有了不易觉察却又含义重大的差距。

25.3.3 第三层思维：现实主义

要看清“天真的市场派”的偏颇之处，需要再进一层，借助次优理论来分析问题。这层思维认识到现实与理想之间存在落差，在一些关键条件没有具备时，过于理想化的经济政策难以取得其预想的结果。

直观来看，要解决中国产能过剩的问题，似乎简单让那些有过剩产能的企业倒闭就行了——这正是天真的人开出的药方。但这些人没有看到，在产能过剩的表象背后存在深层次结构问题。中国的收入分配格局不利于居民，政府通过税收和国有资产从全社会总收入中拿走了很大份额，而居民在总收入中的比重则明显偏低。政府收入大量向投资的转化，是中国产能过剩的根本原因。因此，如果要真正实现消费转型的结构调整，中国需要调整收入分配结构，把更多收入导向消费者。在那之前，放任有过剩产能的企业倒闭并不会自动增加居民消费。相反，企业倒闭会引发工人失业、降低全社会的收入预期和支出意愿，进一步抑制经济中的总需求。而需求的萎缩反过来会让更多企业经营困难，甚至也变成产能过剩企业。这便是上一讲介绍的剑桥模型中经济在低水平均衡之下不断下滑的景象。

利率市场化改革是另一个例子。中小企业融资难、融资贵是中国长期存在的问题。天真的人相信，只要放开了利率管制，中小企业就能通过支付较高利息来获取更多金融资源流。然而，这个美好愿望在次贷危机之后的利率市场化改革实践中并未实现。相反，在利率管制放松之后，有预算软约束的融资主体（主要为地方政府融资平台）反而能够支付高利率来争抢资金，因而在融资市场占据了更大份额，更加严重地挤出了民营中小企业。于是，利率市场化改革反而让中小企业的融资环境进一步恶化，加大了金融市场的扭曲。

所以，有必要从“现实主义”的角度来思考问题。要知道市场只是手段而非目的，市场化改革不可太过于理想化。要把市场这一手段用好，需要看清市场面对的现实约束在哪里，实事求是地权衡市场化改革的利弊，仔细规划改革的路径和步骤。在条件不成熟时，不可硬推市场化改革。

因此，在收入分配等结构性障碍被破除之前，消费转型这种理想化的“最优”结果很难达成，中国经济将在相当长的时间内处于需求不足的状况。此时，通过刺激投资来稳定增长是“次优”的选择，是在现实约束下中国经济能够找到的最好出路。而那种试图通过放任经济增长下滑、市场自动出清来调节经济结构的政策非但不能达成“最优”结果，还极可能让中国滑向经济硬着陆、社会失稳等更差的结局。而在实体经济储蓄过剩的状况未能改变之前，放任储蓄向国内投资流动所带来的债务上升也是“次优”结果。强行去杠杆的政策非但不能达成其目的，反而还会加大实体经济的下行压力，催生金融乱象。

还值得一提的是，用“现实主义”思维看问题，得出的政策药方往往与“唯 GDP 论”者给出的建议类似。二者都提倡用刺激性的政策来稳定 GDP 增长。但这现实主义的第三层思维是从对中国经济结构问题的分析出发，权衡多种选项后得出的结论。不可将其与盲目追求 GDP 增长的第一层思维混为一谈。事实上，从第一层思维到第三层思维，经历了否定之否定，实现了认识上的螺旋形提升。

25.3.4 第四层：现实主义的市场派

“现实主义”的思维虽然看到了市场化所面临的现实约束，但并未给出解决办法。事实上，中国经济面临的有些现实约束化解起来困难重重，绝非短期内能够见功。这样看来，理想化市场改革所需的条件似乎在相当长的时间内都无法完全具备。这就让市场化改革陷入了进退两难的境地——不改革则无法解决问题，但推进改革又很可能让情况变得更差。难道中国经济就要被永远锁定在“次优”状况中了吗？

答案是否定的。现实主义并不代表不要市场化。毋庸置疑，市场化改革是中国经济长期的唯一出路。但天真地不顾一切地强行推进市场化改革也要不得。恰当的市场化改革方式——也是我国过去几十年一直采用的方式——是现实主义的市场化。这就进入了第四层思维。

从第四层思维来看，市场化改革的过程，是市场面临的现实约束不断暴露又不断被化解的过程。在中国改革开放的历程中，市场化改革带来短期阵痛的情况屡见不鲜。这些阵痛，其实就是经济状况从“次优”滑向“次次优”的表现。但也正是通过这些阵痛，改革者认识到了制约市场化成功的真正约束所在。这些约束可能一开始时看起来似乎不可逾越，但只要改革者实事求是地想办法，总能找出突破的方法。我国过去 40 年就是这么一路走过来的。

从这个角度来看，市场化改革难以避免引发阵痛。但是，需要把阵痛视为改革举措与现实状况不匹配的信号，视为发现核心现实约束的契机，并针对这些约束实事求是地分析和改进改革举措。从而，最终实现约束条件的逐步放松，让经济状况逐步走向市场化的“最优”。相反，如果无视阵痛所释放的信号，而只是一厢情愿地认为只要改革持续推行下去，阵痛就会消失，那么阵痛就很可能长期化，甚至最终让改革进程出轨。这便是天真的市场派和现实主义市场派最大的差别所在。

仍然以利率市场化改革为例。在放松利率管制的过程中，确实产生了预算软约束主体对民营中小企业的挤出效应。但也正是这种挤出，让各方清楚认识到了消除预算软约束对金融改革的重要意义。因此，2014 年国务院才会发布 43 号文来试图清理金融市场中预算软约束的源头——地方政府融资平台。尽管清理融资平台的过程有波折和反复，但这种进二退一正是市场化改革的常态。在各方认识到融资平台这个利率市场化改革的关键约束之后，我们就离利率市场化改革的成功又近了一步。

需要注意，"现实主义的市场派"与"天真的市场派"虽然都以市场化为导向，但二者之间又有一次否定之否定的认识螺旋形上升。现实主义市场化的关键在于实事求是，研究怎样在现实约束下用好市场这种手段，提升经济绩效。而天真的市场化则在一定程度上把市场当成目标，脱离实际地来追求理想中的最优。中国渐进式改革的成功是现实主义市场化之成功，而东欧休克疗法的失败是天真的市场化之失败。

25.3.5　第五层思维：总设计师思维

"现实主义市场化"给出了改革推进的方法，但疑问仍然存在。中国在过去几十年突破了许多关键约束，从而实现了市场化改革的不断深化。但回溯历史，可以发现这些约束的突破似乎都来自一个个偶然事件。可以设想，如果没有小岗村，如果没有朱镕基总理推动中国加入 WTO，中国经济恐怕会是另外一番光景。看上去，过去几十年中国经济的成功可能只是因为运气好，赶上了这些好事情。

把中国改革开放的成功归结为偶然和运气，显然不能令人满意。必须看到偶然背后的必然，才算真正触及了中国成功的精髓。要做到这一点，需要在认识上再上一层，上升到可被称为"总设计师思维"的第五层思维。之所以将这层思维做如此命名，是因为它与中国改革开放总设计师邓小平的思想有共通之处。

这层思维可用下面这个假想例子来引出。想象在一个小山村中，有一个小孩在附近的山林中走失了。为了找回这个小孩，全村人一齐出动，搜遍了附近所有可能的地点，最终终于成功找到了这个小孩。在这个故事中，小孩在哪里被找到、被哪位村民找到，完全是偶然事件。但是，小孩被找到这个结果是必然的。原因有二：其一，把小孩找到是所有村民非常明确的目标；其二，村民们展开了一项全面而系统的搜索工程，把所有可能的地点都找过了。有了明确的目标，又有了系统的搜索，小孩被找到只是一个时间问题，没有悬念。

在真实世界中，中国改革开放后的市场化改革是一项前无古人的伟大创举，没有先例可循。改革过程中需要突破的约束既有经济层面的，也有社会和政治层面的。之所以这些障碍能够被逐一突破，关键在于两句老话。

第一句是"发展是硬道理"。这句话不仅给各方树立了非常清晰的目标，还给出了明确的评价标准，从而能把各种力量往一处引。第二句是"摸着石头过河"。中国的改革过程不是谁设计出来的，而是基层广大人民群众不断摸索、不断试错给找出来的。这种试错过程本身也是市场经济分散决策的一种体现。在这个过程中，政府最大的作用在于识别出那些摸索出来的成功经验，将其在全国范围推广。小岗村搞“大包干”是个偶然事件。但有了前面两句话，“大包干”这种更有效率的生产组织形式迟早都会被利用起来。没有小岗村先做，也会有其他村来第一个吃螃蟹。

事实上，我们之所以将邓小平尊称为改革开放的总设计师，并不是因为他设计出了我国改革的精确路线图，而是因为他倡导了“发展是硬道理”和“摸着石头过河”，给大家指明了目标，并且在全国范围内形成了摸索出路的系统工程。这是我国过去几十年现实主义市场化改革的成功精髓，是一个个偶然背后的必然。

专栏 25－1

中国经济面临的最大风险

进入第五层思维后，我们能看到次贷危机后中国经济面临的最大风险所在——中国正在抛弃改革开放的成功精髓。与它比起来，经济增长减速、债务高企、银行坏账等这些人们日常谈论的风险只是癣疥之疾。

一方面，发展这个曾经无比清晰的目标正在变得模糊。在后危机时代，稳定中国经济增长的难度越来越大，而稳增长政策（尤其是“四万亿元刺激”政策）所产生的副作用也不可忽视。这催生了对刺激政策的负面态度。还有人用一些似是而非的理论试图论证中国经济增长就应该减速，中国高增长的好日子已经结束。更有甚者，还因为发展所产生的副作用而否定发展本身，将经济增长复苏看成坏事。在这样的氛围中，经济发展这个曾相当清楚的目标正在变得模糊，各方对中国经济增长的信心也不断衰弱，“发展是硬道理”正在变成一句空话。

另一方面，基层试错的空间正在收窄。在中国经济结构性、周期性问题集中爆发的复杂局面中，更需要各方在摸索中找寻中国经济的出路。既然是摸索，就一定既有摸对的时候，也有摸错的时候。过去，我们的评价方法都是看主流，对失误保留相当程度的容忍度。但现在因为种种原因，求全责备的不宽容态势正在明显抬头。这让各方试错的积极性大幅降低，“不作为”大面积蔓延。

很明显，增长目标的淡化正在让各方无所适从，而试错空间的减小也让各方不敢尝试、不敢作为。中国改革开放辉煌的基础正在被掏空。造成这一切的有多方面原因。在经济层面，最主要的莫过于“天真的市场派”对于宏观政策思路的干扰。把市场当成目的而非手段，自然就模糊了本应清晰的发展目标。而当不少人过于理想化地分析宏观政策、求全责备时，实务者的试错空间自然就被挤压。这样一来，当空想主义者们试图将中国经济引向其理想中的“最优”时，他们实际上正在侵蚀我国过去几十年成功的基础。

面对这样的巨大风险，当前急需通过三件事来让中国经济重回正轨。

第一，重新强调“发展是硬道理”，再次明晰经济工作的目标。中国当然有必要追求更加可持续、更加惠及民生、更加环境友好的高质量增长。这里，增长前面的定语还可以写很多。但是，无论是什么样的高质量增长，都要以经济增长为基础。离开了经济增长，其他都无从谈起。因此，再次强调经济增长的重要性，摒弃漠视增长甚至敌视增长的错误倾向，是当务之急。

第二，给试错留出更大空间，鼓励各方“摸着石头过河”。在后危机时代复杂的经济局面下，没有什么政策能做到面面俱到，十全十美。任何政策决策都只能是几害相权取其轻。更何况，中国的改革开放无先例可循，很多政策都需要在摸索中找寻恰当的推进方法。在这样的情况下，做评价时更需要看主流，而不能抓住一点错漏不放。这样才能放开各方的手脚，释放其积极性。

第三，坚持实事求是地设计和评价经济政策。经济政策是在现实中加以运用的，面临着种种现实约束。因此，需要客观地分析不同现实因素之间的相互作用，在现实约束下找寻最优的可行方案。不顾现实而过于理想化地设计政策，多半会南辕北辙。尤其需要摒弃把市场当成目的的“天真的市场化”思维，而需要从实际出发、实事求是地设计和推进各项经济政策。

25.4 第六层思维与中国经济学人的历史使命

25.4.1 第六层思维：道路自信

理解中国经济的第六层思维与前五层思维有很大的不同，代表着中国看待西方的视角的转换。在前五层思维中，我们看到的共性是对中国现状的不满与对改进的渴求。包含“天真的市场派”人士在内的所有人都希望让中国变得更好。只是在怎样让中国变得更好这一点上，不同的人有不同的看法。

这种思维共性有其现实背景。中国仍然是一个发展中大国，虽然按照市场汇率来计算的经济体量已经居于世界第二，但人均收入水平仍然与西方发达国家有很大差距。在经济层面之内和之外，中国存在的许多不足是显而易见的，需要通过改革来消除。中国共产党第十九次代表大会将中国的主要矛盾重新定义为“人民日益增长的美好生活需要和不平衡不充分的发展之间的矛盾”。应该说，这个定义是恰如其分的。在这个现实矛盾之下，大家自然会渴求改进。

前五层思维的共性也有其历史渊源。1840年鸦片战争以后，中国“天朝上国”的“荣光”先是被西方的坚船利炮、后为西方的先进科学技术文化给击碎。中国经济占世界经济的比重也持续下滑，从19世纪初的1/3下降到改革开放前的不足5%。随之而来的是中国对西方的仰视、对自身的否定以及对西方思想的全方位引入。在前五层思维中，无论是“天真的改革派”，还是现实主义的改革派，其实都是在用西方主流经济学的眼光在看待中国，在西方经济学开出的改革清单上一个个打钩。二者的差别无非是打钩的方式不一样——天真者是鲁莽地打钩，而现实主义者是小心谨慎、逐步试错式地打钩。

但在进入21世纪后，全世界最重要的经济现象是中国经济的复兴。在失去世界第一的宝座一百多年之后，根据IMF用购买力平价（PPP）所做的估算，中国经济规模已经在2014年超过美国，成为世界第一。而就算是用市场汇率计算，中国的经济体量也应该在2030年左右超过美国。在人类历史上，我们见惯了国家的兴衰。但一个曾经的世界第一跌落宝座后重回世界之巅的事情，在之前还从来没有发生过。因此可以说，我们正在见证历史（见图 25－1）。

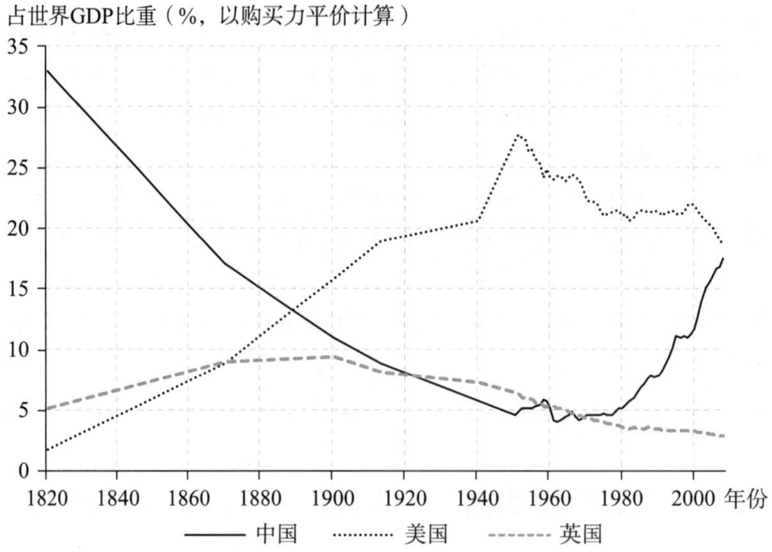

图 25－1　正在重回世界之巅的中国经济

资料来源：Maddison，数据截止到 2008 年

在仰视西方一百多年之后，在中国实现伟大复兴的历史时期，我们有必要将看待西方的眼光转为平视。虽然中国仍然有大量需要加以改进之处，有大量东西需要继续向西方学习，但同时我们也要认识到，中国很多不同于西方的地方也仅仅是不同，而不是不足。

本书曾花了大量篇幅来分析中国消费不足、储蓄过剩的结构失衡。用西方主流经济学的视角来看，这是一个需要改变的不足。但我们必须认识到，这种结构失衡其实也是中国国际竞争力的一个来源。很多人都在讲中国正在丧失劳动力成本的优势，但很少有人注意到中国在资本方面的成本优势。资本作为另外一种重要的生产要素，其成本是储蓄者对储蓄回报率的要求。如果储蓄者要求的储蓄回报率很高，资本就很贵，低回报率的投资项目就无法启动。而我们之前分析过，中国储蓄过剩的核心原因是中国存在大量不在乎储蓄回报率的储蓄者。不管是什么原因造成的，中国储蓄者对储蓄回报率的低要求意味着中国的资本成本很低。所以我们能看到，凡是中国大举进入的产业区段，别国的企业往往都会在竞争中败下阵来。这其中的一个重要原因是中国企业能够承受比别国企业更低的利润率。这就是中国资本成本优势的体现。因此，即使在次贷危机之后，中国仍然在扩张自己在全球出口市场中的份额。这就是中国强劲国际竞争力的明证（见图 25－2）。

我们在本书中还分析了国有企业对中国经济结构失衡的影响。但我们也要看到，国有企业在中国经济发展中也发挥了重要的积极作用。地方政府融资平台虽然对金融市场有扭曲作用，但它们所建起的基础设施提升了中国的长期发展潜力，也改善了中国居民的福利。而中国的航天工程、高速铁路、重大装备制造这些具有一定公益性的项目，也是因为国企才得以快速推进。在未来，如果人工智能真的大量取代了人的工作岗位，那么传统的资本与劳动力结合的生产方式就可能转变为仅靠资本来生产的方式。在那种情况下，如果资本都由私人所拥有，资本所有者与劳动者之间的矛盾可能就会变得突出甚至激化。在那种情况下，国企的存在就可以缓和二者间的矛盾，防止马克思所预想的悲观情况的发生。

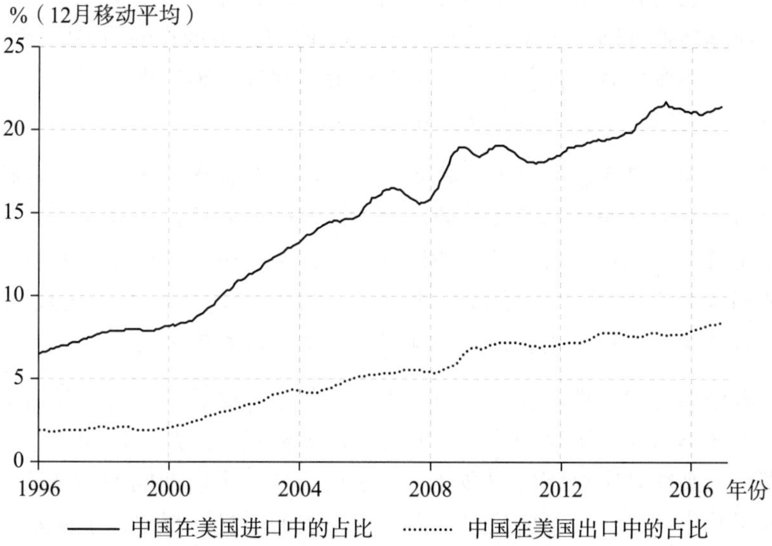

图 25－2　中国持续保有强劲国际竞争力，仍在持续扩张自己在国际出口市场中的份额

资料来源：CEIC

在庆祝中国共产党成立 95 周年的大会上，习近平提出了“四个自信”，即中国特色社会主义道路自信、理论自信、制度自信、文化自信。这当然是中国政府官方的宣传导向，但同时也是中国重回世界之巅时自然会浮现的一种思维。我们当然需要警惕这种自信转化为自大，但确实也有必要用这种更为健康的思维来取代过去的自卑。这样才能与当前所处的历史时期相称。

25.4.2　历史时期的历史使命

读者可能会感到奇怪，为什么直到这里才给出对中国经济结构失衡的正面解读。这是因为本书基本是在当前西方主流宏观经济学的框架下来介绍中国经济，所以在分析中其实预设了西方主流的价值判断，会将中国的不同看成需要改进的不足。但正如我们之前回顾宏观经济学思想发展历史时所看到的，理论与现实的落差往往是理论发展的契机。

在中国实现伟大复兴的历史时期，我们必须对中国经济实践给予更多肯定，在看到中国的不足的同时，也更多注意中国的长处。在《中国的经济制度》一书中，张五常写下了这么一段话：

> 我可以在一个星期内写一本厚厚的批评中国的书。然而在有那么多的不利的困境下，中国的高速增长持续了那么久，历史从来没有出现过……中国一定是做了非常对的事才产生了我们见到的经济奇迹。那是什么呢？这才是真正的问题？①

中国做了什么样非常对的事？这是比“中国还有哪些地方做得不够好”更重要的问

① 张五常. 中国的经济制度. 北京：中信出版社，2017.

题。这个问题的答案对仍然生活在发展中国家的几十亿人来说也有巨大意义。

但是，这个问题的答案很难来自西方主流经济学界。麻省理工学院（MIT）的经济学教授德隆·阿西莫格鲁（Daron Acemoglu）是目前研究经济增长的明星经济学家，也是诺贝尔经济学奖的有力竞争者。他曾写过一本在全世界都很有影响力的畅销书《国家为什么会失败》。在这本书的第 15 章中有如下对中国的论述：

> 中国的增长是建立在采用当前技术和快速增加的投资，而不是创造性破坏的基础上的。中国产权的保护还不完善，劳动力的流动受到制约，为确保共产党在经济和政治决策方面的核心地位，政府对经济保持高度控制……中国的增长或许不可持续……威权政治制度下的增长，尽管已经持续了一段时间，但是不会变成真正的持续增长——因为持续增长是由包容性经济制度和创造性破坏带来的。①

阿西莫格鲁的看法很有代表性。在很多西方观察者看来，尽管中国已经长时间地保持了高速增长，但他们并不认同中国这种不同于西方的发展模式。这是中国崩溃论一直大有市场的原因。许多西方观察者宁可相信中国经济的成功只是一个短期的偶然现象——尽管这个短期已经延续了几十年——也不愿反思他们看待中国的眼光是否出现了偏差。

21 世纪必然是中国的世纪，经济学的发展也必须对这种变化做出回应。对中国经验的总结和升华只能由深刻理解中国的中国人来做出。这是历史时期赋予中国经济学人的历史使命。笔者衷心希望能够有人给出更好的框架来解释中国的成功经验，让这本书的分析变得过时。如果这本书能够通过启发读者来加速它自己的淘汰，那就达成了作者所期望的最高目标。

附录 25. A　最优税收理论

这个附录介绍最优税收理论。之所以在这一讲来谈这么一个财政话题，是因为最优税收理论体现了次优理论。当然，最优税收理论本身也是一个值得了解的经济学成果。在第 12 讲的附录 A 中，我们看到了扭曲性税收带来的福利损失。但在真实世界中，征税往往只能通过扭曲性税收来实现。最优税收理论所研究的问题就是，如果只有扭曲性税收工具可用，那么在保证总税收收入达到某个目标的前提下，应该怎样设计税收体系来尽量减少税收带来的福利损失。而与这一讲正文中的次优理论相呼应的是，最优税收理论得到的反弹性法则告诉我们，最有利于居民福利最大化的征税体系并不是扭曲性税收的种类越少越好，而是要在扭曲性税收不能避免的情况下，对所有商品都征收扭曲性税收（只是税率不一样）。

在这里的模型中，我们假设经济中存在大量的竞争性居民与企业。居民的效用函数为

$$U=u(x)+v(y)-al$$

其中，x 与 y 分别为居民对两种商品的消费量，l 为居民的劳动量。函数 $u(\cdot)$、$v(\cdot)$ 满

---

① 阿西莫格鲁. 国家为什么会失败. 长沙：湖南科学技术出版社，2016.

足新古典效用函数的一般假设。a 是一个正的常数，衡量了单位劳动带给居民的负效用。为了简化分析，我们这里将劳动带来的负效用设定为了线性。完全竞争的厂商向居民购买劳动力，用以生产商品 x 与 y。厂商的生产技术非常简单，每 1 单位劳动可以用来生产 1 单位的 x 或是 1 单位的 y。

25. A. 1　一次总付税情况

作为比较的基准，我们先来看一次总付税的情况。假设政府通过一次总付税（lump-sum tax）从居民收入中收走总量为 T 的税收。则居民的预算约束可写为

$$p_x x + p_y y \leqslant wn - T$$

其中，p_x 与 p_y 分别为两种商品的市场价格，w 为工资率。不失一般性，我们将工资率正规化为 1（即用劳动作为经济中诸商品的计价物）。由于一次总付税并不会影响商品的价格，所以有

$$p_x = p_y = w = 1$$

这样，如果定义用工资率折算过的税收真实价值为 $t \equiv T/w = T$，居民的预算约束式可以改写为

$$x + y = n - t$$

为了求解居民的优化问题，设立拉格朗日函数如下

$$\mathcal{L} = u(x) + v(y) - al + \lambda[n - t - x - y]$$

其一阶条件为

$$x:\quad u'(x) = \lambda$$
$$y:\quad v'(y) = \lambda$$
$$n:\quad a = \lambda$$

消去拉格朗日乘子后可知，在一次总付税下，居民的最优消费应当满足

$$u'(x^{**}) = v'(y^{**}) = a$$

也就是说，政府所征收的一次总付税数量的多寡并不影响居民对两种商品的消费量。征税的效果只是减少了居民的收入，因而会让居民增加其工作时间。这样，总量为 t 的一次总付税将让居民增加 t 单位的劳动，从而降低的居民总效用幅度为 at。

25. A. 2　扭曲性税收下居民的优化问题

但在现实中，一次总付税并不常见。政府税收往往都是从价税（即税收包含在两种商品的价格中）。在这种情况下，居民所面对的商品价格中就包含有税收。所以，如果仍然将工资率正规化为 1，并假定 t_x 与 t_y 分别为两种商品的税率，那么商品价格为

$$p_x = 1 + t_x$$
$$p_y = 1 + t_y$$

于是，居民的预算约束可写为（把不等号改为等号）

$$(1+t_x)x+(1+t_y)y=l$$

为了求解居民的效用最大化问题，建立拉格朗日函数如下

$$\mathcal{L}=u(x)+v(y)-al+\lambda[l-(1+t_x)x-(1+t_y)y]$$

其一阶条件为

$$x:\quad u'(x)=\lambda(1+t_x)$$
$$y:\quad v'(y)=\lambda(1+t_y)$$
$$l:\quad a=\lambda$$

消去拉格朗日乘子后，可知居民最优消费量应该满足如下条件

$$\frac{u'(x^*)}{1+t_x}=\frac{v'(y^*)}{1+t_y}=a \tag{25.1}$$

可以解出居民对商品 x 与 y 的最优消费量分别为

$$x^*=u'^{-1}(a(1+t_x))$$
$$y^*=v'^{-1}(a(1+t_y))$$

注意，对 x 的最优消费量 x^* 只是对 x 的税率 t_x 的函数。类似地，对 y 的最优消费量 y^* 只是对 y 的税率 t_y 的函数。

25.A.3 扭曲性税收与一次总付税的福利比较

下面我们来看看扭曲性税收是怎样使福利下降的。给定一个正的总税收水平 t，设在最优的扭曲税收下居民的消费为 x^* 与 y^*，效用为 U^*，一次总付税下居民的消费为 x^{**} 与 y^{**}，效用为 U^{**}，则有

$$U^*(t)=u(x^*)+v(y^*)-a(x^*+y^*)$$
$$U^{**}(t)=u(x^{**})+v(y^{**})-a(x^{**}+y^{**})$$

由前面求出的最优税收的一阶条件（25.1）可知

$$u'(x^*)=a(1+t_x(t))\qquad v'(y^*)=a(1+t_y(t))$$
$$u'(x^{**})=a\qquad\qquad v'(y^{**})=a$$

两种情况下居民福利的差异是一个 t 的函数，定义为

$$\begin{aligned}D(t)&\equiv U^*(t)-U^{**}(t)\\&=u(x^*)+v(y^*)-a(x^*+y^*)-[u(x^{**})+v(y^{**})-a(x^{**}+y^{**})]\end{aligned}$$

显然，$D(0)=0$。又有

$$\frac{\partial D(t)}{\partial t}=u'(x^*)\frac{\partial x^*}{\partial t}+v'(y^*)\frac{\partial y^*}{\partial t}-a\left(\frac{\partial x^*}{\partial t}+\frac{\partial y^*}{\partial t}\right)$$

$$=(u'(x^*)-a)\frac{\partial x^*}{\partial t}+(v'(y^*)-a)\frac{\partial y^*}{\partial t}$$
$$=at_x(t)\frac{\partial x^*}{\partial t}+at_y(t)\frac{\partial y^*}{\partial t}$$

而对 $u'(x^*)=a(1+t_x(t))$ 两边对 t 求偏导，可得 $u''(x^*)\frac{\partial x^*}{\partial t}=a\frac{\partial t_x(t)}{\partial t}$。由于 $u''(x^*)<0$，$\frac{\partial t_x(t)}{\partial t}>0$，所以必有 $\frac{\partial x^*}{\partial t}<0$。同理可得 $\frac{\partial y^*}{\partial t}<0$ 。所以当 $t>0$ 时，必有 $D(t)<0$。所以，当税收收入不为 0 时，扭曲性税收下的福利总是低于一次总付税下的福利。

25.A.4　最优税收问题

既然扭曲性税收会带来福利的损失，我们自然就会想知道怎样能够减少这种福利损失。这便是最优税收的问题。最优税收理论研究的是，在保证税收总收入达到 t 的前提下，怎样设计税率来让居民的效用尽可能高。运用前面的记号，这个问题可用数学表达为

$$\max_{t_x,t_y} U^*=u(x^*)+v(y^*)-a[(1+t_x)x^*+(1+t_y)y^*]$$
$$\text{s.t.}\quad t\leqslant t_x x^*+t_y y^*$$

其中，x^* 与 y^* 是消费者在税率 t_x 与 t_y 之下的最优消费量。

为求解，设立拉格朗日函数为

$$\mathcal{L}=u(x^*)+v(y^*)-a[(1+t_x)x^*+(1+t_y)y^*]+\mu[t_x x^*+t_y y^*-t]$$

对 t_x 的一阶条件为

$$u'(x^*)\frac{dx^*}{dt_x}-a(1+t_x)\frac{dx^*}{dt_x}-ax^*+\mu\left(x^*+t_x\frac{dx^*}{dt_x}\right)=0$$

利用（25.1）式可以消去其中的前两项。于是可得

$$ax^*=\mu\left(x^*+t_x\frac{dx^*}{dt_x}\right)$$

类似可得

$$ay^*=\mu\left(y^*+t_y\frac{dy^*}{dt_y}\right)$$

将上两式相比得到

$$\frac{x^*}{y^*}=\left(x^*+t_x\frac{dx^*}{dt_x}\right)\Big/\left(y^*+t_y\frac{dy^*}{dt_y}\right)\tag{25.2}$$

如果定义商品 x 与 y 的需求价格弹性（price elasticity of demand）为

$$\varepsilon_x\equiv-\frac{dx^*}{x^*}\Big/\frac{dp_x}{p_x}=-\frac{dx^*}{x^*}\Big/\frac{dt_x}{1+t_x}$$
$$\varepsilon_y\equiv-\frac{dy^*}{y^*}\Big/\frac{dy_x}{y_x}=-\frac{dy^*}{y^*}\Big/\frac{dt_y}{1+t_y}$$

注意，其中用到了 $p_x=1+t_x$ 与 $p_y=1+t_y$ 的关系。上两式变形可得

$$\frac{\mathrm{d}x^*}{\mathrm{d}t_x}=-\frac{x^*}{1+t_x}\varepsilon_x,\quad \frac{\mathrm{d}y^*}{\mathrm{d}t_y}=-\frac{y^*}{1+t_y}\varepsilon_y$$

将其代入（25.2）式可得

$$\begin{aligned}\frac{x^*}{y^*}&=\left(x^*-t_x\frac{x^*}{1+t_x}\varepsilon_x\right)\Big/\left(y^*-t_y\frac{y^*}{1+t_y}\varepsilon_y\right)\\ &\Rightarrow 1=\left(1-\frac{t_x}{1+t_x}\varepsilon_x\right)\Big/\left(1-\frac{t_y}{1+t_y}\varepsilon_y\right)\\ &\Rightarrow \frac{(1+t_x)-t_x\varepsilon_x}{1+t_x}=\frac{(1+t_y)-t_y\varepsilon_y}{1+t_y}\\ &\Rightarrow (1+t_x)(1+t_y)-t_x\varepsilon_x(1+t_y)=(1+t_x)(1+t_y)-t_y\varepsilon_y(1+t_x)\end{aligned}$$

化简为

$$\varepsilon_x\left(\frac{t_x}{1+t_x}\right)=\varepsilon_y\left(\frac{t_y}{1+t_y}\right) \tag{25.3}$$

25.A.5　最优税率的反弹性规则

（25.3）式中圆括号内部是商品含税价格中被征税征走的部分，我们可以把它们叫做含税价税率。而前面推导出来的最优税收规则告诉我们，商品含税价税率应当被设定为对应商品价格弹性的倒数——这便是最优税收理论中的“反弹性规则”（inverse elasticity rule）。[①] 为了看清这一点，我们把（25.3）式再稍作变形得

$$\frac{t_x}{1+t_x}=\frac{\tau}{\varepsilon_x},\quad \frac{t_y}{1+t_y}=\frac{\tau}{\varepsilon_y} \tag{25.4}$$

其中，τ 是政府选择的一个常数。政府要征的税越多，τ 就应该越大。

这便是最优税收理论中著明的“反弹性规则”。这个规则从直观上来理解并不困难。税收总量等于税率乘以税基。所谓税基，便是被征税的经济行为总量。在前面的模型中，税基便是均衡时居民对两种商品的需求量（同时也是购买量）x^* 与 y^*。提高税率固然能够从单位税基中收到更多的税款，但同时也会抑制经济活动，令税基收缩，从而也对总税收带来负面影响。为了提升税收总额，税率需要设得高。但为了减少税收带来的扭曲，税率又需要设得低。这样，如果在那些需求价格弹性较高的商品上设定较高的税率，由于税收会较大幅度地减少税基，因此必须设定很高的税率才能够收足税款。这显然不如在需求价格弹性较低的商品上设定较高税率划算。

还需要说明一下的是，在前面的（25.4）式中得到了非常清爽整洁的反弹性规则表达式。但是，这一式子的成立是建立在前面很简单的效用函数的设定之上。如果在效用函数中两种商品是不可分的，那么简洁的反弹性规则表达式就推不出来了。而在现实中，不同

---

① 这一规则最早由拉姆齐（就是拉姆齐模型的提出者）于 1927 年提出。参见文献：Ramsey，F.，1927，“A Contribution to the Theory of Taxation，” *Economic Journal*，37：47－61。

商品在居民效用函数中应当是不可分的才对，所以严格来说，反弹性规则在真实世界中并不成立。但是，反弹性规则仍然是设计税收体系的一种大致不错的近似，是思考这类问题的起点。

25. A. 6　最优税收与次优理论

在前面的模型中，t_x与t_y是两个“扭曲”（distortion）的来源。它们扭曲了居民对商品价格的认知，让居民的行为偏离了在没有扭曲时的最优行为。而由于不受干扰的市场机制能够产生最优的资源配置，所以扭曲性税收的存在会降低社会的总福利。一次总付税尽管也会从居民收入中拿走一部分资源，但它并不会改变居民所面对的商品价格。所以，一次总付税被叫做非扭曲性税收。

给定政府要征收的税款总额 t，一次总付税下的状况是“最优”。而在一次总付税不可能，只能通过扭曲性税收来征税的情况下，反弹性规则给出的税率可产生出“次优”的资源配置。这个次优是在扭曲性税收这个约束条件下的最优。

尽管扭曲性税收会带来福利（效用）的损失，扭曲性税收的数量多寡（被征税的商品种类数目）与经济福利并无必然关系。最优的扭曲性税收并不是对最少的商品征税，而是要对所有商品都征税，只不过不同商品的税率需要根据其需求价格弹性来分别设定。这表明，在存在扭曲性税收这一约束条件时，经济的次优状况（也就是最优的扭曲性税收）是对所有商品征收扭曲性税收。

进一步阅读指南

有关次优理论与经济转型的关系，沃尔夫发表于 1999 年的《转型策略：选择与结果》（Transition Strategies：Choices and Outcomes）一文是一篇不错的介绍（Wolf，1999）。在次优理论被提出来的 50 年后的 2007 年，这一理论的创始者之一利普西发表了题为《50 金色华诞时对次优理论的反思》（Reflections on the General Theory of Second Best at Its Golden Jubilee）的文章（Lipsey，2007）。推荐对次优理论感兴趣的读者阅读这篇文章。这一讲对中国经济前五层思维的讨论取自徐高 2016 年发表的文章《理解中国经济的五层思维》（徐高，2016b）。

练习题

25.1　经济学评价“最优”和“次优”的标准是什么？什么是经济学所认为的“最优”状态？按照经济学的标准，中国经济目前处于“最优”状态吗？（提示：想想福利经济学第一和第二定理。）

25.2　你是否认同经济学对“最优”和“次优”的评价标准？你自己有什么样的标准？按照你的标准，中国经济目前处在什么样的状态？

25.3　请浏览财经媒体，找出目前流行的对中国经济的看法。你认为这些看法处在这一讲提出的六层思维中的哪一层？

参考文献

[1] Barro, Robert J., 1974, "Are Government Bonds Net Wealth?" *Journal of Political Economy*, 82 (6): 1095 - 1117. https: //dash. harvard. edu/bitstream/handle/1/3451399/Barro _ AreGovernment. pdf? sequence=4.

[2] Barro, Sala-i-Martin, 1995, *Economic Growth*, New York: McGraw-Hill.

[3] Bernanke, 2002, "Deflation: Making Sure 'It' Doesn't Happen Here," https: //www. federalreserve. gov/boarddocs/Speeches/2002/20021121/default. htm.

[4] Bernanke, 2005, "The Global Saving Glut and the U. S. Current Account Deficit," http: //www. federalreserve. gov/boarddocs/speeches/2005/200503102/.

[5] Bofinger, 2001, *Monetary Policy: Goals, Institutions, Strategies, and Instruments*, Oxford: Oxford University Press.

[6] Borio et. al., 2013, "Rethinking Potential Output: Embedding Information about the Financial Cycle," BIS Working Paper 2013 No. 404, http: //www. bis. org/publ/work404. pdf.

[7] Burnside, 2005, "Fiscal Sustainability in Theory and Practice," the World Bank.

[8] Coyle, 2014, GDP: *A Brief But Affectionate History*, Princeton: Princeton University Press.

[9] Dewatripont, Mathias and Eric Maskin, 1995, "Credit and Efficiency in Centralized and Decentralized Economies," *Review of Economic Studies*, 62 (4): 541 - 555.

[10] Financial Crisis Inquiry Commission, 2011, "The Financial Crisis Inquiry Report: Final Report of the National Commission on the Causes of the Financial and Economic Crisis in the United States," https: //www. gpo. gov/fdsys/pkg/GPO—FCIC/content-detail. html.

[11] Friedman, Milton, 1953, "The Methodology of Positive Economics," in *Essays in Positive Economics*, University of Chicago Press: 3－43.

[12] Goodfriend, Robert King, 1997, "The New Neoclassical Synthesis and the Role of Monetary Policy," NBER Macroeconomics Annual 1997, Volume 12: 231－296.

[13] IMF, 2008, "Balance of Payments Manual," https: //www. imf. org/external/np/sta/bop/BOPman. pdf.

[14] IMF, 2015, "Review of the Method of the Valuation of the SDR—Initial Considerations," http: //www. imf. org/en/Publications/Policy-Papers/Issues/2016/12/31/Review-of-the-Method-of-Valuation-of-the-SDR-Initial-Considerations-PP4975.

[15] Kaldor, N., 1956, "Alternative Theories of Distribution," *Review of Economic Studies*, 23 (March): 83－100.

[16] Keynes, J. M., 1924, "Alfred Marshall, 1842-1924," *The Economic Journal* Vol 34, No. 135: 321－322.

[17] Keynes, J. M., 1930, *The Treatise on Money*, London: Macmillan.

[18] King, Mervyn, 2005, "Monetary Policy: Practice Ahead of Theory," https: //www. bankofengland. co. uk/speech/2005/monetary-policy-practice-ahead-of-theory.

[19] Kornai, János, 1986, "The Soft Budget Constraint," *Kyklos*, 39 (1): 3－30.

[20] Landmann, 2014, "Short-Run Macro After the Crisis: The End of the 'New' Neoclassical Synthesis?" University of Freiburg Department of International Economic Policy Discussion Paper Series No. 27, http: //www. vwl-iwipol. uni-freiburg. de/iwipol//discussion _ papers/DP27 _ Landmann _ Short _ Run _ Macro. pdf.

[21] Lavoie, Marc, 2009, *Introduction to Post-Keynesian Economics*, Palgrave: Macmillan.

[22] Lipsey, 2007, "Reflections on the General Theory of Second Best at Its Golden Jubilee," *International Tax and Public Finance*, August 2007, 14 (4): 349－364.

[23] Lipsey, R. G., and K. Lancaster, 1956, "The General Theory of Second Best," *The Review of Economic Studies*, 24: 11－32.

[24] Lucas, Robert E., 1978, "Asset Prices in an Exchange Economy," *Econometrica*, 46: 1429－1445.

[25] Lucas, Robert, 1975, "Econometric Policy Evaluation: A Critique," In Brunner, K. and A. Meltzer, *The Phillips Curve and Labor Markets* (*Carnegie-Rochester Conference Series on Public Policy 1*). New York: American Elsevier: 19－46.

[26] Modigliani, Franco and Shi Larry Cao, 2004, "The Chinese Saving Puzzle and the Life-Cycle Hypothesis," *Journal of Economic Literature*, 42 (1): 145－170.

[27] Muth, John F., 1961, "Rational Expectations and the Theory of Price Movements," *Econometrica*, 29 (3): 315－335

[28] Obstfeld, Rogoff, 1996, *Foundations of International Macroeconomics*, Cambridge: MIT Press.

［29］ Ricardo，David，1951—1955，*The Works and Correspondence of David Ricardo*，10 vols，P. Sraffa（ed.），London：Cambridge University Press.

［30］ Romer，Paul，2016，"The Trouble with Macroeconomics，" https：//paulromer. net/wp-content/uploads/2016/09/WP-Trouble. pdf.

［31］ Stock，James and Mark Watson，1999，"Business Cycle Fluctuations in US Macroeconomic Time Series，" in J. B. Taylor，M. Woodford（ed.），*Handbook of Macroeconomics*，Volume 1A，Chapter 1，Elsevier.

［32］ Walsh，2010，*Monetary Theory and Policy*，Cambridge：MIT Press.

［33］ Wolf，1999，"Transition Strategies：Choices and Outcomes，" Princeton Studies in International Finance，No. 85，https：//www. princeton. edu/～ies/IES_Studies/S85. pdf.

［34］ Woodford，Michael，2009，"Convergence in Macroeconomics：Elements of the New Synthesis，" *American Economic Journal*，1（1）：267－279.

［35］ Yang，Dennis T.，2012，"Aggregate Savings and External Imbalances in China，" *Journal of Economic Perspectives*，26（4）：125－146.

［36］ 阿西莫格鲁. 国家为什么会失败. 长沙：湖南科学技术出版社，2016.

［37］ 埃克伦德，赫伯特. 经济理论和方法史. 4 版. 北京：中国人民大学出版社，2001.

［38］ 巴苏. 政策制定的艺术——一位经济学家的从政感悟. 北京：中信出版社，2016.

［39］ 贝纳西-奎里，等. 经济政策：理论与实践. 北京：中国人民大学出版社，2015.

［40］ 杜金富. 货币与金融统计学. 3 版. 北京：中国金融出版社，2013.

［41］ 费雪. 利息理论. 上海：上海人民出版社，1999.

［42］ 辜朝明. 大衰退：宏观经济学的圣杯. 北京：东方出版社，2016.

［43］ 坎特伯里. 经济学简史——处理沉闷科学的巧妙方法. 北京：中国人民大学出版社，2013.

［44］ 林毅夫. 新结构经济学：反思经济发展与政策的理论框架. 北京：北京大学出版社，2012.

［45］ 林毅夫，蔡昉，李周. 中国的奇迹：发展战略与经济改革（增订版）. 上海：上海三联出版社，1999.

［46］ 林毅夫，等. 充分信息与国有企业改革. 上海：格致出版社，2014.

［47］ 曼昆. 宏观经济学. 5 版. 北京：中国人民大学出版社，2005.

［48］ 彭文生：房价不跌难以降杠杆. 搜狐，2018－05－19. http：//www. sohu. com/a/232146185_481741.

［49］ 萨克斯，拉雷恩. 全球视角的宏观经济学. 上海：上海三联书店，1997.

［50］ 森图姆. 看不见的手——经济思想古今谈. 北京：商务印书馆，2016.

［51］ 斯密. 国富论. 北京：华夏出版社，2008.

［52］ 威廉森. 宏观经济学. 5 版. 北京：中国人民大学出版社，2015.

［53］伍戈，李斌．成本冲击、通胀容忍度与宏观政策．北京：中国金融出版社，2013.

［54］伍戈，李斌．货币数量、利率调控与政策转型．北京：中国金融出版社，2016.

［55］徐高．深度理解消费转型．金融市场研究，2012（5）.

［56］徐高．构建国企所有权竞争市场，推进消费转型．金融发展评论，2012（12）.

［57］徐高．中国消费不足吗？来自“世界末日”的启示．证券时报网，2012－12－22．http：//finance.ifeng.com/roll/20121222/7467590.shtml.

［58］徐高．中国需要正确加杠杆．中国证券报，2013－12－17.

［59］徐高．牛市与流动性堰塞湖．财新网，2014－12－01．http：//opinion.caixin.com/2014－12－01/100757383．html.

［60］徐高．房价上行趋势难逆转．财新网，2014－02－26．http：//xugao.blog.caixin.com/archives/68196.

［61］徐高．中国货币宽松的伯南克路线图．财新网，2015－06－02．http：//opinion.caixin.com/2015－06－02/100815644.html.

［62］徐高．人民币一次性贬值是下策．财新网，2016－01－22．http：//opinion.caixin.com/2016－01－22/100902442.html.

［63］徐高．理解中国经济的五层思维．财新网，2016－06－22．http：//opinion.caixin.com/2016－06－22/100957344.html.

［64］姚洋，等．我国利率市场化的前提条件与推进策略研究．金融监管研究，2015（3）.

［65］张军．消费不足是个伪命题．经济，2010（11）.

［66］张五常．中国的经济制度．北京：中信出版社，2017.

［67］中华人民共和国国家统计局．中国主要统计指标诠释．北京：中国统计出版社，2010.

数据库索引

BIS	国际清算银行数据库。http：//www. bis. org/
CEIC	CEIC 经济数据库。https：//www. ceicdata. com/zh-hans
COFER	IMF"官方外汇储备币种构成"数据库（Currency Composition of Official Foreign Exchange Reserves）。http：//www. imf. org/en/Data
FRED	美国圣路易斯联储经济数据库（Federal Reserve Economic Data）。https：//fred. stlouisfed. org/
Maddison	Angus Maddison 估计的公元 1 年到公元 2008 年的世界经济数据。http：//www. ggdc. net/maddison/oriindex. htm
PWT	宾大世界表国际经济数据库（Penn World Table）。http：//www. rug. nl/ggdc/productivity/pwt/
UNData	联合国数据库 http：//data. un. org/
WEO	IMF"世界经济展望"（World Economic Outlook）数据库。http：//www. imf. org/external/ns/cs. aspx？id=28
Wind	Wind 资讯数据库。http：//www. wind. com. cn/

名词索引

（词条之后的数字为章节号）

出版后记

毫不夸张地说，《宏观经济学二十五讲：中国视角》是一本酝酿了十四年的书。

我在 2005 年就萌生了要写一本理论与现实相结合的分析中国经济的书的念头。当时我正在北京大学中国经济研究中心（国家发展研究院的前身）攻读经济学博士学位。出于对三尺讲台的向往，我从博士一年级的第二个学期开始做助教，一干就干了 6 个学期。其中有 3 个学期做高级宏观经济学的课程助教。有感于同学们学习高级宏观经济学理论的困苦，我撰写了数份学习笔记发到中国经济研究中心的论坛上。这些笔记的受欢迎程度是我始料未及的。其中长约 2 万字的《高级宏观经济学入门导引》一文在互联网上还流传甚广，给我挣得了不大不小的名声。

其后不久，我就接到了中国人民大学出版社编辑的电话，询问我是否有兴趣将《高级宏观经济学入门导引》一文扩充为一本教材出版。虽为这样的邀请所激励，我还是婉言谢绝了出版社的好意。一方面是因为当时的自己深感知识储备还不够，不敢贸然揽下写书的重担；另一方面则是因为自己打从心底里想写一本能解释中国经济现象的书，而不仅仅是对经济理论的空洞复述。尽管书在那时并未动笔，但种子已经埋下了。

在后来的工作中，之前埋下的种子逐步破土发芽。我本科和硕士研究生都是在西南交通大学交通运输学院读的。当时之所以会义无反顾地做大尺度跨越，从一个工科男变成一个经济学博士研究生，完全是由于我为经济学解释现实的能力所折服。我还清楚地记得，我的经济学入门读物是萨缪尔森的那本经典的《经济学》教科书。在该书中，我看到了基于边际效用的对水和钻石价格高低的解释。这让一个困惑我多年的问题变得豁然开朗，也点燃了我心中的热情。从那至今，这份用经济学来解释现实问题的热情一直没有消退，并将我的职业生涯引向业界，让我投身于第一线的经济工作中。

无论是在国际货币基金组织、世界银行这样的国际机构中，还是在瑞银证券、光大证券这样的商业机构里，我都是在做真实世界中的宏观经济分析工作。我总是带着实践中碰到的问题在经济学理论中寻找答案，也总是会把理论结论带到实践中来检验。这般下来，理论与现实之间的鸿沟渐渐被跨越，让我真正感受到了经济理论在帮助我们认识现实、改造现实方面所具有的巨大威力。这种因理论充盈而产生的力量感让我激动，让我急于与更多人分享这种美妙的感觉。

但工作不只有令人激动的一面，也时常有令人沮丧的时候。沮丧感经常来自现实世界中的公开经济辩论。正如我在本书中所介绍的，统治世界的只是思想，现实世界中有关各个经济问题的政策辩论往往能影响政策走向，从而与每个人的切身生活产生大多数人不太明了却真实不虚的联系。作为这种辩论的观察者和参与者，我经常会沮丧地发现一些偏颇的观点竟然大行其道，甚至左右着大政方针。事实上，如果辩论者对经济概念和理论的掌握更扎实一些，很多不必要的争论完全可以避免，政策的施行也能更加得体与奏效。

这给了我很强的动力，让自己将对中国经济的理解以书本的形式系统地记录下来，以帮助人们澄清观念，从而减少经济政策辩论中令人沮丧的成分。此外，我更希望通过本书来给青年学子们树立起我所认为的分析问题的正确框架和方法。

本书的发芽结果，除了前面所说的激动与沮丧这两个内因之外，还离不开在北京大学国家发展研究院教书这个外因。2014 年，姚洋老师邀请我回北京大学国家发展研究院给同学们开课。作为一个对讲台有颇多眷恋的人，我立即就答应了。感谢北京大学国家发展研究院提供的优秀教学环境，让我有机会得天下英才而教之。教学相长，没有台下优秀同学们的激发，本书肯定不会达到现在这个水平。而每周固定时间的讲课也变成了一个有力的外在纪律约束机制，督促我一讲又一讲地写出了这本约 70 万字的书稿。除此之外，每次讲课对我来说也是极享受的过程，能带来心情的极大愉悦。有不少同学跟我说过，每次下课时都觉得还没听够。其实我又何尝不是如此，每次都感觉讲得还意犹未尽，结束得依依不舍。写书是个高强度的脑力活动。如果没有上课带来的好心情，本书的写作进度应该会慢很多。

讲完了本书的由来之后，还有必要对本书的书名做一下解释。相信很多同学都看过平新乔老师写的《微观经济学十八讲》。十几年前我在准备考北京大学的博士研究生时，就曾认认真真地把这本书从头啃到了尾。我非常喜欢这种讲义的风格。所以当我自己写教科书时，也很自然地选择讲义这种形式。又由于北京大学国家发展研究院对每门课的学时有限制，25 节每节两小时的课已经是我能够在一学期中得到的最长时长了，所以本书就很自然地变成了“二十五讲”。我之前在中国人民大学出版社出版的《金融经济学二十五讲》也是由此而得名。至于本书书名中的“中国视角”四字，来源显而易见——这是一本致力于分析中国经济现实的书。

前面说过，本书起意于十几年前。当年中国人民大学出版社的邀请是一个重要触发因素。所以在多年之后我要出书时，第一个想到的就是中国人民大学出版社。出版社经济分社的高晓斐副社长为本书以及之前的《金融经济学二十五讲》的出版做了大量工作。非常凑巧的是，高社长就是当年联系我的出版社编辑。后来我们失去了联系，直到近年才因为我要出版的两本书而重新接上了线。这其中的机缘巧合我在《金融经济学二十五讲》那本书的出版后记中已有介绍，此处不再赘述。除了高社长之外，出版社的陈慧庚编辑也为本书的出版做了大量工作，是必须要感谢的。

随着这本《宏观经济学二十五讲：中国视角》的出版，过去几年我在北京大学开设的宏观经济学与金融学两门课也算结出了令我满意的果实。但这两本书只是逗号，而不是句号。接下来有两本书已经提上了议事日程，并会随着我2019年在北京大学国家发展研究院给研究生开设的新课程而进入实际推进状态。尽管下一次再写出版后记不知道会是在多少年之后，但只要坚持走下去，总是能到达目的地的。更何况，向目标前进的路程本身就是效用的来源。所以我们就在我的下一本书里再见吧。

徐　高

2019年1月9日

于美国纽约

图书在版编目（CIP）数据

宏观经济学二十五讲：中国视角 / 徐高著. —北京：中国人民大学出版社，2019.2
21 世纪经济学系列教材
ISBN 978-7-300-26680-0

①宏… Ⅱ. ①徐… Ⅲ. ①宏观经济学-高等学校-教材 Ⅳ. ①F015

中国版本图书馆 CIP 数据核字（2019）第 024430 号

21 世纪经济学系列教材
宏观经济学二十五讲：中国视角
徐 高 著
Hongguan Jingjixue Ershiwu Jiang：Zhongguo Shijiao

出版发行	中国人民大学出版社		
社　　址	北京中关村大街 31 号	**邮政编码**	100080
电　　话	010－62511242（总编室）		010－62511770（质管部）
	010－82501766（邮购部）		010－62514148（门市部）
	010－62511173（发行公司）		010－62515275（盗版举报）
网　　址	http://www.crup.com.cn		
经　　销	新华书店		
印　　刷	运河（唐山）印务有限公司		
开　　本	787 mm×1092 mm　1/16	**版　　次**	2019 年 2 月第 1 版
印　　张	31　插页 1	**印　　次**	2025 年 6 月第 16 次印刷
字　　数	724 000	**定　　价**	65.00 元

版权所有　侵权必究　　　印装差错　负责调换